高等学校交通运输与工程类专业教材建设委员会规划教材

Modern Bridge Engineering

现代桥梁工程

石雪飞　李国平　李建中　主　编
　　　　项海帆　葛耀君　主　审

人民交通出版社股份有限公司
北　京

内 容 提 要

本书作为高等学校土木工程专业桥梁方向、道路桥梁与渡河工程专业的桥梁工程课程教材,重点介绍了混凝土梁桥和混凝土拱桥,简要介绍了斜拉桥和悬索桥。全书共分十三章和一个附录,内容包括总论、梁桥结构概念、中小跨径混凝土梁桥、大跨径连续体系梁桥、梁桥总体分析、主梁空间受力分析、梁桥支座和墩台基础、混凝土拱桥、拱桥结构分析、拱桥施工、斜拉桥、悬索桥、总结与展望和桥梁示例等。主要内容体现了现代桥梁工程的五个基本特征,即长大化、组合体系、离散结构计算、基于施工方法的结构设计和长期性能演化等。

本书可作为高等学校土木工程专业和交通运输工程专业的桥梁工程教材,也可供相关专业的技术人员参考。

图书在版编目(CIP)数据

现代桥梁工程 / 石雪飞,李国平,李建中主编. —北京:人民交通出版社股份有限公司,2021.3
ISBN 978-7-114-16058-5

Ⅰ.①现… Ⅱ.①石… ②李… ③李… Ⅲ.①桥梁工程—高等学校—教材 Ⅳ.①U44

中国版本图书馆 CIP 数据核字(2021)第 018356 号

高等学校交通运输与工程类专业教材建设委员会规划教材
Xiandai Qiaoliang Gongcheng

书　　名:	现代桥梁工程
著 作 者:	石雪飞　李国平　李建中
责任编辑:	卢俊丽　张江成
责任校对:	孙国靖　扈　婕
责任印制:	张　凯
出版发行:	人民交通出版社股份有限公司
地　　址:	(100011)北京市朝阳区安定门外外馆斜街3号
网　　址:	http://www.ccpcl.com.cn
销售电话:	(010)59757973
总 经 销:	人民交通出版社股份有限公司发行部
经　　销:	各地新华书店
印　　刷:	北京武英文博科技有限公司
开　　本:	787×1092　1/16
印　　张:	38.5
字　　数:	928 千
版　　次:	2021年3月　第1版
印　　次:	2021年3月　第1版　第1次印刷
书　　号:	ISBN 978-7-114-16058-5
定　　价:	96.00 元

(有印刷、装订质量问题的图书由本公司负责调换)

前言

桥梁是指在水上或空中跨越障碍物以便通行的建筑物。桥梁工程是指桥梁全寿命环节的规划、设计、施工、运行和拆除等的工作过程,是研究这一过程的工程科学和技术,也是土木工程专业和交通运输工程专业桥梁工程方向的主要专业课程。本书作为桥梁工程课程的教材,重点介绍混凝土梁桥和混凝土拱桥的分类、组成、构造、设计、分析和施工等,简要介绍斜拉桥和悬索桥的结构构造、设计计算和架设施工等。

现代桥梁工程在时间意义上是指国外20世纪70年代有限元方法兴起之后、国内80年代改革开放之后的桥梁工程,技术意义上是指具有现代特征的桥梁工程。桥梁工程的现代特征可以归纳为长大化、组合体系、离散结构计算、基于施工方法的结构设计和长期性能演化。本书充分体现了现代桥梁工程的这五个特征。其中,桥梁工程长大化主要体现在第一章、第十一章到第十三章中;桥梁组合体系是在简单体系的基础上发展起来的,第四章中的索辅梁桥、第八章到第十章的组合体系拱桥都突出了组合体系这一现代桥梁特征;现代桥梁受力分析的离散结构计算方法主要体现在各种桥型的计算分析方面;基于桥梁施工方法的结构设计的现代桥梁特征集中体现在第三章中小跨径混凝土梁桥中;随着桥梁全寿命设计的不断普及和推广,桥梁长期性能演化越来越被重视,第四章中专门安排了大跨径箱梁桥抗裂设计内容。

本书是在国内外现有桥梁工程教材特别是范立础院士和顾安邦教授主编和主审的《桥梁工程》教材的基础上,结合现代桥梁工程特点编写的教材,全书共分十三章及一个附录。第一章总论,主要介绍桥梁工程基本概念、桥梁分类与组成、历史与现状、设计原则与程序、设计荷载与组合等;第二章梁桥总体设计,主要介绍梁的受力与构造、梁桥支撑体系、立面布置和截面形式;第三章中小跨径混凝土梁桥,分别介绍采用就地支架、移动模架、预制装配、节段预制拼装、整孔预制安装和顶推等施工方法的中小跨径混凝土梁桥;第四章大跨径连续体系梁桥,主要介绍结构体系及构造特点、预应力钢束及普通钢筋、大跨径箱梁桥抗裂设计、悬臂施工法和体外预应力索辅梁桥等;第五章梁桥总体分析,主要介绍永久作用内力、可变作用内力、其他作用内力、桥梁变形计算等;第六章主梁空间受力分析,主要介绍主梁活载内力分配计算、桥面板简化计算、翼缘板剪力滞效应分析和箱梁空间效应分析等;第七章梁桥支座和墩台基础,主要介绍梁桥支座、墩台和基础的设计和施工;第八章混凝土拱桥,主要介绍拱桥组成和类型、简单体系拱桥和组合体系拱桥等;第九章拱桥结构分析,主要介绍拱轴线确定、简单体系拱桥分析、组合体系拱桥分析和拱桥稳定性分析等;第十章拱桥施工,分别介绍简单体系和组合体系拱桥的施工方法;第十一章斜拉桥,主要介绍斜拉桥的结构组成与分类、设计与构造、计算分析和施工等;第十二章悬索桥,主要介绍悬索桥的结构组成与分类、设计与构造、计算理论与方法和施工等;第十三章总结和展望,主要介绍各种跨径桥梁的适用范围、主要问题和挑战以及现代桥梁工程。附录为桥梁示例,给出了连续梁桥示例、拱桥示例、斜拉桥示例和悬索桥示例等。

  本书由主编和主审负责确定各章节内容、制定全书大纲,并且由同济大学桥梁工程系教师分工编写。第一章由项海帆院士和葛耀君教授共同负责编写,李建中教授编写了第三节中的桥梁附属设施;第二章和第三章由石雪飞教授负责编写;第四章由徐栋教授负责编写;第五章由阮欣教授负责编写;第六章由徐栋教授和阮欣教授共同负责编写;第七章的第二节桥梁支座由李建中教授负责编写,其余章节由王志强副教授负责编写;第八章和第九章由李国平教授和李建中教授共同负责编写;第十章由叶爱君教授负责编写;第十一章由肖汝诚教授负责编写;第十二章由葛耀君教授负责编写;第十三章由项海帆院士和葛耀君教授共同负责编写;附录由徐栋教授、李国平教授、肖汝诚教授和葛耀君教授分别编写了四个示例。全书由项海帆院士和葛耀君教授主审。

  本书主要内容来自国内外桥梁工程教材和同济大学桥梁工程系研究成果,希望能对读者有所裨益。错误和不当之处还望各位同仁批评指正。

项海帆   葛耀君
于同济大学
2020 年 2 月

目录

第一章 总论 ... 1
- 第一节 概述 ... 1
- 第二节 桥梁发展历史与现状 ... 3
- 第三节 桥梁基本分类与组成 ... 10
- 第四节 桥梁设计原则与程序 ... 23
- 第五节 桥梁设计荷载与组合 ... 31

第二章 梁桥结构概念 ... 45
- 第一节 梁的受力与构造 ... 45
- 第二节 支承体系选择 ... 47
- 第三节 立面布置 ... 57
- 第四节 截面形式 ... 63

第三章 中小跨径混凝土梁桥 ... 76
- 第一节 结构特点 ... 76
- 第二节 上部结构施工方法 ... 78
- 第三节 就地支架现浇梁 ... 79
- 第四节 移动模架现浇梁 ... 87
- 第五节 预制装配梁 ... 92
- 第六节 节段预制拼装梁 ... 115
- 第七节 整孔预制安装梁 ... 125
- 第八节 顶推施工梁 ... 128

第四章 大跨径连续体系梁桥 ... 133
- 第一节 概述 ... 133
- 第二节 结构体系及构造特点 ... 136

第三节	预应力钢束及普通钢筋	141
第四节	大跨径箱梁桥抗裂设计	147
第五节	悬臂施工法	154
第六节	体外预应力索辅梁桥	166

第五章 梁桥总体分析 173
第一节	概述	173
第二节	永久作用内力	176
第三节	可变作用内力	200
第四节	其他作用力	208
第五节	梁桥变形计算	213

第六章 主梁空间受力分析 217
第一节	主梁活载内力分配计算	217
第二节	桥面板简化计算	238
第三节	翼缘板剪力滞效应分析	246
第四节	箱梁空间效应分析	254
第五节	斜弯桥分析	276

第七章 梁桥支座和墩台基础 290
第一节	概述	290
第二节	梁桥支座	292
第三节	梁桥墩台	302
第四节	梁桥基础	325

第八章 混凝土拱桥 343
第一节	概述	343
第二节	拱桥组成和类型	345
第三节	简单体系拱桥	353
第四节	组合体系拱桥	384

第九章 拱桥结构分析 405
第一节	概述	405
第二节	拱轴线确定	406
第三节	简单体系拱桥分析	413
第四节	组合体系拱桥分析	429
第五节	拱桥稳定性分析	433

第十章 拱桥施工 442
| 第一节 | 概述 | 442 |
| 第二节 | 简单体系拱桥施工方法 | 443 |

第三节 组合体系拱桥施工方法……………………………………… 462
- 第十一章 斜拉桥…………………………………………………………… 475
  - 第一节 概述………………………………………………………… 475
  - 第二节 斜拉桥结构组成与分类…………………………………… 482
  - 第三节 斜拉桥结构设计与构造…………………………………… 486
  - 第四节 斜拉桥计算分析…………………………………………… 502
  - 第五节 斜拉桥施工………………………………………………… 508
- 第十二章 悬索桥…………………………………………………………… 515
  - 第一节 概述………………………………………………………… 515
  - 第二节 悬索桥结构组成与分类…………………………………… 522
  - 第三节 悬索桥结构设计与构造…………………………………… 526
  - 第四节 悬索桥计算理论与方法…………………………………… 536
  - 第五节 悬索桥施工………………………………………………… 544
- 第十三章 总结与展望……………………………………………………… 551
  - 第一节 中小跨度桥梁……………………………………………… 551
  - 第二节 大跨度桥梁………………………………………………… 552
  - 第三节 特大跨度桥梁……………………………………………… 553
  - 第四节 超大跨度桥梁……………………………………………… 554
  - 第五节 现代桥梁工程……………………………………………… 555
- 附录 桥梁示例………………………………………………………… 558
  - 附录一 预应力混凝土连续梁桥示例……………………………… 558
  - 附录二 混凝土拱桥示例…………………………………………… 577
  - 附录三 混凝土斜拉桥示例………………………………………… 584
  - 附录四 大跨度悬索桥示例………………………………………… 591
- 参考文献……………………………………………………………………… 603

第一章

总论

桥梁工程是土木工程专业桥梁工程方向的主要专业课程,同时也是交通工程、交通运输、道路工程等专业的重要专业课程。现代桥梁工程则是时间和技术意义上,具有现代特征的桥梁工程专业知识。本章总论作为现代桥梁工程的开篇,主要介绍桥梁工程基本概念、桥梁发展历史与现状、桥梁基本分类与组成、桥梁设计原则与程序、桥梁设计荷载与组合等,为后续混凝土梁桥、混凝土拱桥、斜拉桥和悬索桥的构造布置、结构设计、分析计算、工程施工等打下良好基础。

第一节 概 述

一、桥梁

桥梁是指架设在水上或空中以便通行的建筑物(《辞海》),或者是一种跨越障碍的交通功能结构物(《中国大百科全书》)。桥梁的英语翻译是 bridge,其解释是提供跨越河流、运河、铁路等的通道结构(《牛津词典》),或者是承担跨越障碍物的通道结构(《大英百科全书》)。

桥梁包含有三层含义,第一层是跨越障碍物,包括天然的障碍物,例如,山川、峡谷、江河、湖海等,以及人工的障碍物,例如,铁路、公路、线路、建筑物等;第二层是从水上或空中即障碍物的上方跨越,以区别于从水下或地下即障碍物的下方穿越(从下方穿越的结构物为隧道);

第三层是能够为火车、汽车、行人、气液流等提供通行的结构物。总之，桥梁可以定义为从上方跨越障碍物以便通行的结构物。

桥梁是人类文明的产物，也是人类社会发展、进步的一个重要标志。人类最基本的生活需求"衣、食、住、行"中，桥梁是为人类基本需求"行"服务的。从古到今，桥梁与人们的生活和生产息息相关，是人类重要的依靠，还与战争、宗教、戏剧、民俗等有着千丝万缕的关系。

二、桥梁工程

桥梁工程是指桥梁全寿命环节的规划、设计、施工、运行和拆除等的工作过程，是研究这一过程的工程科学和技术。桥梁工程既是以桥梁作为学习内容的一门课程，还是以桥梁作为研究对象的一门学科，又是以桥梁作为从事工作的一种专业。

桥梁工程的主要内容包括勘测、设计、施工、监测、养护、检定、试验等方面。桥梁勘测是指通过对水文、地质、地形的勘测并考虑与线路的连接，进行桥址选择，考虑通航和线路要求以确定桥面高程和桥梁跨度；考虑基底不受冲刷或冻胀以确定基础埋置深度，设计导流建筑物等。桥梁设计是指根据设计任务书编制各种可能采用的桥型方案，进行技术经济比较，提出推荐方案，提供给建设单位进行决策，并确定桥梁上部结构和下部结构的尺寸，绘制设计图。桥梁施工是指按现场和施工单位的具体条件选择施工方法，进行施工组织设计和施工监控，推广使用建筑信息模型（BIM）技术，按设计建造桥梁。桥梁监测是指在桥梁建成通车后，通过预先布设的传感系统，由桥梁管理单位进行实时的桥梁健康监测。桥梁养护是指通过及时地修复和更换桥梁部件以延长桥梁寿命，保证使用安全。桥梁检定是指确定既有桥梁所能安全承受的活荷载和抗洪能力。桥梁试验是指测定实桥或模型在荷载下的应变、位移及振动等行为，与计算或预期效果进行对比，为桥梁设计及其科学技术的发展积累资料。

三、现代桥梁工程

现代桥梁工程从时间意义上是指国外20世纪70年代有限元方法兴起之后、国内80年代改革开放之后的桥梁工程，从技术意义上是指具有现代特征的桥梁工程。

现代桥梁工程的主要特征可以归纳为长大化、组合体系、离散结构计算、基于施工的结构设计和长期性能演化。长大化是现代桥梁工程的基本特征之一，目前全世界最长的铁路桥梁已经达到165km（京沪高铁丹阳—昆山大桥）、公路桥梁已经达到54km（泰国Bang Na高架公路）；目前全世界最大跨度的悬索桥已经达到1991m、斜拉桥1104m、拱桥552m、梁桥330m。现代桥梁工程中组合体系替代了简单体系，梁桥有连续刚构桥和索辅梁桥等结构组合体系，还有混凝土与钢结合的材料组合体系；拱桥的组合体系除了有上承式、中承式和下承式之分，还有柔拱刚梁、刚拱柔梁和刚拱刚梁等形式；而斜拉桥本身就是拉索受拉、桥塔受压、主梁压弯的组合体系，再加上主梁结构和桥塔材料的混凝土与钢的材料组合体系；悬索桥也是一种组合体系桥梁。离散结构计算是指采用有限元离散分析方法代替传统的解析分析方法或样条分析方法。现代桥梁特别是采用机械化施工的桥梁结构，往往需要按照施工要求进行结构设计，特别是中小跨度的混凝土桥梁，可以按照现场浇筑、预制拼装、预制拼装与现场浇筑组合、顶推等几类施工方法的要求进行桥梁结构设计。传统桥梁工程往往只关注施工过程和竣工状态，现代桥梁工程必须延伸到全寿命周期，即结构长期性能演化和耐久性。

四、桥梁工程定位

桥梁是为了跨越天然或人工障碍所构筑的工程结构,是关系国计民生的经济大动脉和交通承载体——公路和铁路的关键连接节点;随着城市交通和高速交通的现代化建设,传统的桥梁演变成现代城市高架道路和高架轻轨以及高速公路长桥和铁路长桥,因此,现代桥梁成为现代公路和铁路的关键连接区段和重要组成部分。我国地形复杂、河流众多、海岸线漫长,使得公路线和铁路线上分布着许许多多的桥梁和隧道,特别是高速公路和高速铁路沿线的桥梁密度更高、数量更多、跨度更大。到2019年年底,我国已经建成公路桥梁80多万座、计5000多万延米,铁路桥梁20多万座、计2000多万延米,在数量上跃居世界首位。

桥梁工程作为一个学科,是土木工程和交通运输工程的重要分支,桥梁工程科学研究的目的是发现,即发现客观存在的规律和问题,服务或防患于未然;桥梁工程作为一种专业,主要有勘测设计、建设施工、养护维修、加固改造和分体拆除之分,桥梁工程技术研究的目的是创新,即创造有增值的工具或方法,主要有发明新的技术、改进旧的技术和集成好的技术;桥梁工程作为一门课程,处于数学物理基础课和力学材料专业基础课的顶层——专业课,内容主要涵盖设计计算和施工安装,桥梁工程设计施工的目的是建造,即建造客观不存在的桥梁,建造的最高境界是创造,主要表现为采用新材料、新体系、新结构、新施工方法等方面的工程创造。

桥梁工程与政治、经济、军事、科技、文化和艺术等密切相关。政治安定、经济繁荣,桥梁工程就得到发展,反之,则会停滞不前;在军事方面,战争可以促进建桥技术的发展,同时也带来了桥梁结构的破坏;科技与桥梁工程的关系毋庸置疑;桥梁与文化和艺术的关系,体现在桥梁建筑的美学风格和装饰等方面。桥梁工程的持续发展,对交通运输事业进步、国民经济发展、各族人民团结、繁荣文化交流和巩固国防建设等都具有重要的推动作用。

第二节 桥梁发展历史与现状

一、桥梁起源

地球上最早出现的桥梁是自然造就的,树木因风吹或雷击倒下,恰好横跨在小河或山涧两边而成为天然独木桥,山脉中因地壳运动或自然侵蚀形成的天然石桥,藤蔓生长延伸而形成的天然索桥。早期人类从这些自然界天生的桥梁得到灵感和启发,进而有意识地推倒树木以跨越障碍,这种人为的独木桥可能于旧石器时代就已出现。

到了新石器时代,农耕聚落已经形成,聚落居住区位于中央位置,外环以深沟。中国陕西西安半坡村遗址、陕西临潼姜寨遗址、内蒙古赤峰敖汉旗兴隆洼遗址的居住区外围均有壕沟环绕。这些壕沟的主要目的是防止野兽或其他部落入侵,但为了本部落人的通行,壕沟上应有桥梁。同一时期中国长江下游沼泽水网地区的江南古村落或择台地而建、或沿河建筑,为了村落内以及与外界的相互联系,也需要在水道上架桥。

另一方面,中国浙江余姚河姆渡母系氏族聚落遗址、江苏常州圩墩遗址、浙江桐乡罗家角遗址均出土了大量建造干阑式建筑的榫卯和带榫眼的桩木、木插销、较粗的丫杈形木件,还有加工木构件的石斧、石楔、石锛、骨凿等工具。这些考古发现表明,既有随处可得的树木和加工木材的工具,又有趋于成熟的榫卯结构和建房、挖井、打桩、立柱等建筑经验,此时人类建造木梁木墩桥的条件已经具备,顺应同时期古聚落、古村落通行于壕沟、水道之上的需求,可以推断新石器时代人类已经得以在居住区有组织地建造桥梁。

进入新石器时代晚期,开始出现原始设防的城堡,如中国迄今已发现60多个史前古城,城邑雏形的出现标志着人类聚居规模跨出了一大步,而这些古城的护城河、防御壕沟上一定会建有桥梁。同一时期,我国曾记载出现了使役牛马的驼运道,交通的发展和道路的延伸会有桥梁出现。因此,人类的桥梁建设起源于新石器时代中晚期是一种合理的推断,虽然迄今尚未有考古挖掘的实证。

二、古代桥梁

古代桥梁大都是简支梁桥,由树干或石梁横跨小溪而成。在亚洲和南美的河谷中,也有用植物纤维编成绳索跨越形成索桥。遇到较宽的河,就用大的石桩做成桥墩,上铺石板为梁,做成多孔梁桥。这些桥梁大都是由士兵押着奴隶们建成的,供民众日常生活之用。

图1-1 西班牙Alcantara桥

罗马帝国时期为军事需要修建了通往各地的大道以通行马车,那时已发明了最初的水泥用于建造河中的石墩。罗马时期最著名的是半圆石拱桥,比石梁桥跨度更大,比木梁桥更耐久,在很宽的河流上还建造了多孔拱桥。留存至今的罗马石拱桥有很多,如西班牙Alcantara跨越Tagus河的多孔石拱桥,每孔跨长13.6~28.8m(图1-1),还有法国南部Nimes附近的Garda高架渡槽桥,采用3层半圆拱结构,第一层142m、第二层242m、第三层275m。

罗马帝国覆灭后欧洲进入中世纪,欧洲桥梁进步缓慢。最著名的桥梁是建成于1209年的老伦敦桥,该桥为19孔,跨度7.2m,桥上有房子和店铺,使用了600多年后才被拆除。还有1177年所建的法国Avignon的Saint-Benzet桥,至今部分残迹尚在。

文艺复兴以后,意大利建筑师Andrea Palladio把房屋中的屋架移植至桥梁,设计了若干木桁架桥,跨度增加至30m。此后,木桁架桥的跨度在欧洲各国得到了发展,1755年瑞士人Hans Grubenmann建成了跨度分别为52m和59m的两座跨越莱茵河的木桁架桥。在拱桥的发展方面,意大利人Bartolommeo Ammannati创造了矢跨比1/7的椭圆形拱,于1569年在佛罗伦萨建成了Santa Trinita桥,该桥先通过行人,后通行汽车,直至第二次世界大战中被毁。意大利还在1591年建造了威尼斯的Rialto桥,该石拱桥跨度为27m,矢高6m,用6000根木桩做桥台基础以抵抗拱的推力,这一技术沿用至今。18世纪中叶,法国工程师Jean-Rodolphe Perronet设计了许多坦拱桥,其中最著名的是1791年建成的巴黎跨越Seine河的Concorde桥。

中国古代桥梁主要是以木梁、木桩、石梁、石墩为主的梁式桥,而浮桥和索桥均首创于中国。公元前1142年周文王所建的渭河浮桥比世界公认的波斯王大流士所建博斯普鲁斯海峡浮桥要早649年。中国的索桥,最早称为"笮桥",由竹或藤编成,两汉时期在云南、贵州、四川、青海、甘肃、新疆等地均普遍采用,四川大渡河泸定铁索桥则建于1706年。据英国李约瑟

(Joseph Needham)考证：文艺复兴时期和近期的欧洲工程师们受到中国铁索桥的一系列影响，其中《徐霞客游记》和法国传教士的《中国奇迹览胜》两本书中记载了大量中国索桥，而西方则是在18世纪末才开始建造最初的悬索桥。

中国的木伸臂梁桥也是独创的桥型。北宋汴梁(今开封)清明上河图中的虹桥，中国称之为"贯木拱桥"(或扁梁木拱桥)，桥跨20m，为世界桥梁史上独有。宋代以后全国建造这类桥梁甚多，遍布福建、浙江两省。

中国的石拱桥比罗马拱桥晚了约500年，但西方也承认中国隋代李春所建的河北赵州桥是拱桥的杰作，该桥主跨37m，矢高仅7m，矢跨比1/5，且采用减轻重量的空腹拱(图1-2)。欧洲直到18世纪中叶才出现空腹坦拱桥。

三、近代桥梁

18世纪中叶英国工业革命以后，传统的木、石等天然材料逐渐被铸铁所替代，铸铁强度更大且价格也不贵。第一座跨越英国塞文(Severn)河的铸铁拱桥——跨度30.65m的Coalbrookdale桥于1779年建成(图1-3)，该桥由Thomas Pritchard设计，Abraham Dardy施工，它标志着西方用木石建造桥梁时代的终结，也被称为西方近代第一桥。但比中国隋朝公元581年—600年(开皇年间)已出现的铁链索桥晚了1000多年。1795年，英国Severn流域发生洪灾，大部分石拱桥都被冲毁。由于铸铁拱桥是空心结构，阻水面积小，Coalbrookdale桥是唯一幸存的。此后，苏格兰工程师Thomas Telford根据这一经验建造了许多更大跨度的铸铁拱桥，如1814年在苏格兰建成的跨越Spey河跨度为46m的Craigellachie桥。

图1-2　中国赵州桥　　　　　　　　图1-3　英国Coalbrookdale桥

更经济的锻铁问世后，Telford开始设想用锻铁眼杆建造吊桥，1826年他在威尔士的Manai峡谷建成了跨度达174m的Manai桥，成为当时最大跨度的桥梁。1893年，该桥的木桥面被更换为钢桥面，随后在1940年，又用钢缆更换了已锈蚀的锻铁眼杆，至2017年仍在使用。

英国工业革命造就了近代科学技术，材料和机械的不断进步，加上蒸汽机车和铁路的出现以及炼钢法的诞生，使19世纪成为铁路和钢桥的时代。

1850年，英国工程师R.Stephenson设计了第一座跨度141m的锻铁箱梁桥——Britannia桥，火车可在锻铁制造的箱梁中通行(图1-4)。该桥原计划从桥塔上用悬索加强，后通过理论计算和试验证明并不需要，因而留下了无用的顶部带孔的高塔。在19世纪下半叶，法国工程师Gustave Eiffel建造了4座铁路桁架桥和两座拱桥，其中Garabit拱桥跨度达到162m。1867

年,德国工程师 Heinrich Gerber 在木桁架的启发下建造了第一座跨度为 38m 的锻铁桁架桥。

图 1-4 英国 Britannia 桥

移居美国的德国工程师 John Roebling 在 1841 年建立了工厂,把锻铁丝制成缆索作为悬索桥的主缆以代替锻铁眼杆,又发明了空中纺缆法以避免预制缆索吊装的困难。1855 年,他在西纽约州建成了跨越 Niagara 河的一座跨度 246m 的铁路悬索桥。为了提高刚度以避免振动,还增加了辅助斜拉索。虽然由于悬索桥的刚度较小,要求列车只能以 5km/h 的速度缓慢通过,但该桥还是服务了 42 年。

第一座完全采用钢材建造的桥梁建成于 1874 年,美国工程师 James B. Eads 设计建造了这座三孔铁路钢拱桥,该桥中跨 156m,两个边跨 151m,用气压沉箱建造基础,并用悬臂拼装法进行拱圈施工。1890 年由英国工程师 Benjamin Baker 设计和 John Fowler 合作建成了主跨 513m 的铁路悬臂钢桁架桥——苏格兰福思湾桥(图 1-5)。1869 年,Roebling 在主持兴建纽约布鲁克林桥(Brooklyn)时因病去世,由其家人继续建造这一工程。由于钢材的问世,加上气压沉箱施工困难拖延了工期,使该桥能采用镀锌防腐的钢丝编成主缆,于 1883 年完成了这一主跨 479m 的公路悬索桥(图 1-6),该桥与苏格兰福思湾桥一起代表了 19 世纪钢桥的最高成就。1907 年由加拿大工程师 Edward Hoare 设计、Theodore Cooper 监理的主跨 548.6m 的悬臂钢桁架桥——魁北克大桥,在施工中发生下弦杆失稳破坏,推动了钢结构稳定理论的发展。

图 1-5 英国苏格兰福思湾桥

图 1-6 美国纽约布鲁克林桥

进入 20 世纪 30 年代后,悬索桥在美国得到快速发展,应当提及的桥梁是 Othmar Ammann 设计的 George Washington 桥(跨度 1067m,1931 年)和 Joseph Strauss 设计的旧金山金门大桥(跨度 1280m,1937 年)。与此同时,钢拱桥也得到了发展,美国 Gustav Lindenhal 设计的美国 Bayonne 桥(跨度 510m,1931 年)和 Ralph Freemam 设计的澳大利亚悉尼港拱桥(跨度 503m,1932 年)代表了钢拱桥的杰出成就。

1888 年,奥地利学者 Joseph Melan 发表了悬索桥的挠度理论,说明随着跨度的增加,主缆的重力刚度可降低对桥面刚度的要求。这一理论在 1930 年后开始影响悬索桥的设计者,使桥面高度减小以获得更美观的外形和更经济的效果。但是在 1940 年秋,建成仅 4 个月的华盛顿州 Tacoma 桥（主跨为 840m，梁高仅 2.4m，高跨比仅 1∶350）在不足 20m/s 的风速下发生弯扭耦合颤振（风致自激振动），经过 40min 不断加大的扭转振动，终于在加劲梁达到 40°扭角时吊杆被拉断，并使桥面折断坠入河谷中（图 1-7）。Tacoma 桥风毁后，悬索桥建设又回到了之前使用刚度较大的桁架桥面的时代。经过 30 年的研究，美国 Robert H. Scanlan 创立了桥梁抗风理论，才为此后建设更大跨度的悬索桥和斜拉桥创造了条件。

图 1-7 美国 Tacoma 桥风毁

1824 年英国人 J. Aspdin 发明了波特兰水泥，开创了混凝土结构的历史。1867 年法国花匠 J. Monier 发现在水泥砂浆的花盆中放入铁丝网可以更牢固和耐久，并申请了钢筋混凝土的专利，并于 1875 年建造了世界上第一座跨度 13.8m 的人行桥。此后，许多学者研究了钢筋混凝土的受力性质，建立了设计理论，有力推动了钢筋混凝土结构的发展。1898 年法国工程师 F. Hennebique 设计建成了跨度达到 50m 的钢筋混凝土拱桥——Chatellerault 桥，成为 19 世纪另一重大桥梁成就。进入 20 世纪后，钢筋混凝土桥已成为中小跨度桥梁的主要形式，许多研究者成为 1929 年成立的国际桥梁与结构工程学会（IABSE）的积极推动者，各国都制定了钢筋混凝土桥梁的设计规范，这是第二次世界大战前的一大热点。其中建成于 1930 年的主跨为 89m 的镰刀形拱桥——Salginatobl 桥，在 20 世纪末的全球最美桥梁评选中名列第一，具有杰出的美学价值。

1876 年英商在上海私修淞沪铁路，是中国建设铁路和铁路桥的开端，如清朝末期修建的京广（北京—广州）和津浦（天津—浦口）铁路上的两座跨黄河铁路钢桥，而较具有代表性的公路桥为 1909 年由德商承建的兰州黄河桥。"中华民国"时期，1932 年由浙江省建设厅动议，邀请茅以升任桥工处处长、罗英任总工程师自主建设公铁两用杭州钱塘江桥。1934 年 11 月举行开工典礼，1937 年 9 月下层铁路通车，10 月上层公路通车。但同年 7 月抗日战争全面爆发，在利用钱塘江桥将大量物资抢运到华中、华南地区后，为阻止日军南进，于 1937 年 12 月将该桥炸断。

四、现代桥梁

第二次世界大战后，世界进入了相对和平的发展时期，土木工程也进入了以计算机为标志的"现代土木工程"新时期。经过一段战后恢复期，欧美各国于 20 世纪 50 年代陆续开始实施高速公路的建设计划，出现了许多具有现代桥梁工程标志的新技术，其中德国工程师成为先驱者。1950 年，德国工程师 Finsterwalder 运用法国人 Freysinett 于 1928 年发明的预应力混凝土技术首创了无支架悬臂挂篮施工技术，建成了位于 Baldnistin 的 Lahn 河桥，在 1952 年又建成了突破 100m 跨度的 Worms 莱茵河桥。20 世纪 50 年代初，德国人 Leonhardt 在修复德国莱茵河钢桥的工作中，创造了各向异性钢桥面板，以代替战前普遍采用的钢筋混凝土桥面板，为现代钢桥向大跨度发展创造了条件。

1956年，德国工程师Dischinger在瑞典成功地建造了第一座现代斜拉桥——主跨182.6m的Strömsund桥，成为以后莱茵河上一系列斜拉桥的先声（图1-8）。Leonhardt首创斜拉桥施工控制的"倒退分析法"，并在1958年设计的Düsseldorf北桥中得到了成功应用。1959年，德国首创采用下承式移动托架（Vorschubrüstung）施工方法建造了Kettiger Hang桥，以后又将托架上的现场浇筑发展成预制节段拼装的工法。1959—1962年，Leonhardt创立的设计公司发明了顶推法施工新技术，并于1964年建成了世界第一座用顶推法施工的总长500m的委内瑞拉Caroni河桥。法国工程师Muller于1964年在设计建造全长3km的Oleron跨海大桥中首创采用上层移动支架（又称为造桥机）进行预制节段的悬拼施工。

1966年出现的一项重大创新是英国式流线型箱梁悬索桥的问世，即由英国Freeman & Fox公司的总工程师Wex所设计的主跨为988m的Severn桥（图1-9）。1967年，德国人Homberg在设计德国波恩市北桥时首次采用单索面密索体系斜拉桥，使斜拉桥更为美观。1971年，法国工程师Muller将德国首创的钢斜拉桥和法国的预应力技术相结合，设计建造了采用预应力混凝土桥塔和桥面的单索面斜拉桥——主跨320m的Brottone桥，还首创了万吨级的盆式支座和千吨级的成品拉索。1972年，德国人Leonhardt建造了第一座混合桥面（中跨钢箱梁，边跨混凝土梁）独塔斜拉桥——Kurt-Schumacher桥（主跨287.6m）。瑞士人Menn于1979年建成了世界上第一座预应力混凝土连续刚构桥——瑞士Fegire桥（主跨107m），又在1980年首创了第一座矮塔斜拉桥（板拉桥）——主跨174m的瑞士Ganter桥，从而使梁式桥的跨越能力很快超过了200m，终于在20世纪90年代突破了300m。

图1-8　瑞典Strömsund桥

图1-9　英国Severn桥

综上所述，预应力技术及施工工法的成熟、斜拉桥的复兴以及钢箱梁悬索桥的问世，是第二次世界大战后桥梁工程的三项标志性的重要发展成就。它们分别由法国、德国和英国的工程师和学者发明和创造，推进了桥梁工程的发展。

真正意义上的现代桥梁工程，始于20世纪70年代，正是丹麦和日本两国开始实施连岛计划的时代。日本从1975年的关门大桥起步，到1998年建成明石海峡大桥（主跨1991m的悬索桥，图1-10）、1999年建成Tatara桥（主跨890m的斜拉桥），完成了本州—四国3条联络线的跨海工程。丹麦则从1970年建成的小海带桥起步，到1998年建成主跨1624m的大海带悬索桥，1999年与瑞典合作建成连接两国的公铁两用、桥隧结合的Öresund海峡大桥，完成了北欧诸国的跨海连岛工程计划。

在世纪交替之际，欧美各国建造了一些包含原创技术并具有里程碑意义的桥梁，主要有：混合梁斜拉桥法国诺曼底桥，采用抗风雨振拉索，于1994年建成；五跨曲线矮塔斜拉桥瑞士桑尼伯格桥,于1994年建成;希腊Rion-Antirion桥,采用加筋土隔震深基础,于2004年建成;法国米洛高架桥,采用顶推施工的连续斜拉桥,于2004年建成(图1-11);美国旧金山海湾二桥,主要特点是采用了带剪力键的抗震塔柱,于2012年建成;土耳其Bosphorus三桥,超千米的悬索-斜拉协作体系桥梁,于2016年建成。

图1-10 日本明石海峡大桥

图1-11 法国米洛高架桥

中华人民共和国成立后的第一个五年计划期间,由苏联专家帮助建造了第一座长江大桥——武汉长江大桥。1959年正在建设中的南京长江大桥在苏联专家撤走后被迫进行自主建设,并于1968年建成通车,使京沪铁路得以跨越长江(图1-12)。

1988年上海第一座跨越黄浦江的大桥建设是一次重要机遇,在李国豪的主张下,上海市政府做出了自主建设南浦大桥的决策(图1-13)。南浦大桥的胜利建成促成了20世纪90年代在全国范围内自主建设大跨度桥梁的高潮,使中国桥梁走出了一条自主建设的成功之路。其中最具有代表性的有以下12座桥梁:杨浦大桥是创造了当时世界跨度纪录的主跨602m的斜拉桥,于1993年建成;万县长江大桥是世界上第一座超过400m的钢筋混凝土拱桥,于1997年建成;江阴长江大桥是中国第一座超千米悬索桥,于1999年建成;卢浦大桥是世界上第一座超过500m跨度的箱形拱桥,于2003年建成(图1-14);东海大桥是中国第一座真正意义的跨海大桥,于2005年建成;重庆长江大桥复线桥是世界上第一座超过300m的混合刚构桥,于2006年建成(图1-15);苏通长江大桥是世界上第一座超千米斜拉桥,于2008年建成(图1-16);西堠门大桥采用分体箱加劲梁,于2009年建成(图1-17);大胜关京沪高速铁路大桥是钢桁拱铁路桥,于2009年建成;泰州长江大桥是世界上第一座三塔悬索桥,于2012年建成;合江长江大桥是跨度超过500m的钢管混凝土拱桥,于2012年建成;港珠澳大桥是世界最长的跨海桥隧工程,于2018年建成。

图1-12 中国南京长江大桥

图1-13 中国上海南浦大桥

图1-14 中国上海卢浦大桥

图1-15 中国重庆长江大桥复线桥

图1-16 中国苏通长江大桥

图1-17 中国西堠门大桥

综上所述，近200年近代桥梁时代的特征是出现了钢桥、悬索桥和钢筋混凝土桥。许多学者从发生的桥梁失稳(压屈失稳、风致颤振失稳)事故中吸取教训，通过研究建立了相关的设计理论和施工方法，为保证桥梁的安全做出了贡献。第二次世界大战后至今70余年的现代桥梁时代，其主要特征为预应力技术的应用、斜拉桥的复兴以及采用各向异性钢桥面现代悬索桥的出现，使各类桥梁的跨度迅速增大，也为跨海工程提供了建造超大跨度桥梁的可能性。现代桥梁出现的主要问题是预应力混凝土连续梁桥的裂缝和各向异性钢桥面的疲劳裂缝，它们影响桥梁的耐久性，如何通过材料设计方法、构造和施工工艺改进解决这两个裂缝问题，也是当前桥梁学者研究的热点课题。虽然超大跨度桥梁的抗风问题日益重要，但都得到了很好的解决，至今没有再出现Tacoma桥风毁那样的事故。

第三节 桥梁基本分类与组成

桥梁是跨越障碍物的一种空间结构，需要具备将桥面荷载和结构恒载传递到基础的能力。为了达到跨越障碍和传递荷载的目的，桥梁结构可供选择的类型很多，每一类桥梁的组成也不尽相同，因此，有必要用桥梁工程师共同的语言设定桥梁分类标准和结构组成。

一、桥梁分类标准

桥梁工程师在设计桥梁时需要考虑各种因素，包括通行荷载、跨越能力、建筑材料甚至计算模型，以便确定桥梁的类型，因此，桥梁分类对工程师十分重要，它们是桥梁工程师相互交流的共同语言。需要设定桥梁分类标准,主要从桥梁用途、受力形式、建筑材料、几何外形、跨径大小等方面考虑。

1. 按桥梁用途分类

桥梁按用途分类,可分为公路桥梁(highway bridge)、铁路桥梁(railway bridge)、公铁两用桥梁(highway and railway bridge)、城市桥梁(municipal bridge)及人行桥梁、输水桥梁、农用桥梁等。

公路桥梁与城市桥梁均以通行汽车为主,与专供列车行驶的铁路桥梁相比,活载相对较小,桥面相对较宽,特别是城市桥梁。公铁两用桥梁能够同时承受公路和铁路荷载,可分为双层桥面(例如武汉长江大桥)和单层桥面(例如钱塘江二桥)两种形式。人行桥梁是专供行人和自行车通行的桥梁,活载较小、桥面较窄、结构造型灵活,更注重美学设计。输水桥梁和农用桥梁都是为了满足简单功能要求的特殊桥梁。

我国的桥梁按其用途分类后,所属管理部门主要分为交通部门管理公路桥梁、市政部门管理城市桥梁、铁道部门管理铁路桥梁和公铁两用桥梁,其余桥梁按照用途和业主分属不同部门管理。对于这三大类桥梁,其设计、施工和养护管理标准也不同,同样形成了公路、市政和铁路三大桥梁体系。本书以公路桥梁为主,兼顾城市桥梁和铁路桥梁。

2. 按受力形式分类

桥梁按照受力形式分类是指从桥梁承重结构和桥面结构的三种基本受力方式,即拉伸、压缩、弯曲进行分类,可以分为受弯为主的梁桥、受压为主的拱桥、受拉为主的悬索桥和组合受力的斜拉桥四种类型。

1) 梁桥

梁桥(girder bridge)也称为梁式桥,其承重结构和桥面结构一般是同一个主梁,通过主梁弯曲作用将竖向荷载传递至基础(图1-18)。由于外荷载与梁桥轴线方向接近垂直,与其他同等跨径的桥梁结构体系相比,梁桥所需承受的弯矩最大,因此梁桥的跨越能力有限,一般适用于中小跨径桥梁。对于跨径在 50m 以下

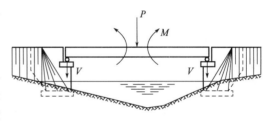

图 1-18　梁桥

的梁桥,我国公路上常使用结构简单、施工方便的预制装配式钢筋混凝土和预应力混凝土简支梁桥。当跨度较大时,为了满足经济性要求,可在地质条件较好的地区修建连续梁桥,连续梁桥的最大跨径已经达到 300m 以上。为了使梁桥达到更大的跨径,桁架梁桥能够充分发挥钢材的性能,极限跨径能达到 500m 左右,但桁架桥随着跨径的增加梁高急剧增加,出于美学的原因,目前已经很少采用大型的桁架式梁桥。

2) 拱桥

拱桥(arch bridge)也称为拱式桥,拱桥的承重结构是拱肋,主要受压。拱桥的力学原理是在竖向荷载作用下拱肋通过压缩作用将荷载传递至基础,拱脚处的基础将承受水平推力(图 1-19)。这种水平推力将显著抵消荷载所引起的拱肋弯矩,特别是在跨中截面,因此与同等跨径的梁桥相比,拱桥的弯矩和挠度要小得多。拱桥的跨越能力较梁桥大,外形也较美观,在地基条件许可的情况下,修建拱桥往往是经济合理的。当基础条件不满足抗推要求时,采用

系杆平衡拱所产生的水平推力就成为一个有效的选择,并由此形成组合体系。

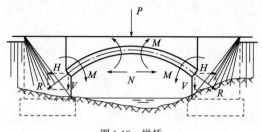

图1-19 拱桥

3) 悬索桥

悬索桥在中国古代称为吊桥,主缆是悬索桥的主要承重构件,由桥塔支撑并锚固于桥台处的巨大锚碇上,而自锚式悬索桥的主缆则直接锚固于加劲梁上。桥面也称为加劲梁,通过一端连接在主缆上的吊索悬吊,成为弹性支撑的连续梁。主缆一般受有很大的拉力。桥塔承受缆索通过索鞍传来的垂直和水平荷载以及加劲梁支撑在塔身上的反力,将各种荷载传递到塔墩和基础上(图1-20)。悬索桥可以实现很大的跨径,例如日本明石海峡大桥主跨跨径为1991m。悬索桥是柔性结构,整体刚度较小,在风荷载、地震荷载及车辆冲击荷载等动荷载作用下容易产生振动。历史上悬索桥发生破坏的事故较多,如1940年刚建成4个月的旧Tacoma悬索桥在20m/s的八级风作用下发生风毁。

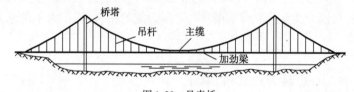

图1-20 悬索桥

4) 斜拉桥

斜拉桥也称为斜张桥,是一种组合受力的桥梁,由主要受压的桥塔、受拉的斜拉索与受压弯的主梁组成(图1-21)。主梁被斜拉索吊住,可以看作多点弹性支承的连续梁,但是,由于斜拉索水平分力的作用,主梁的受力表现为压弯作用,有助于提高主梁截面的抗拉能力。斜拉桥的跨越能力已经超过1000m,仅次于悬索桥,在技术可达的跨径范围内,由于斜拉桥属于自锚体系,不需要建造造价昂贵的锚碇,一般来说斜拉桥的经济性优于悬索桥。

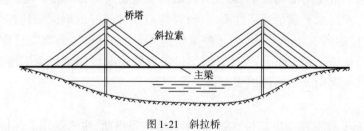

图1-21 斜拉桥

除了以上四种基本桥型之外,还有受弯为主的主梁和受压为主的立柱或竖墙整体结合的刚架桥(rigid frame bridge)、受压为主的拱肋和受弯为主的主梁多种结合的拱梁组合体系、受拉为主的斜拉和悬索体系结合的斜拉-悬索协作体系桥梁等。本书主要介绍以上四种基本桥型。

3. 按建筑材料分类

桥梁按建筑材料进行分类并不意味着整座桥梁都是使用同一种材料,而是指其主要材料或主要结构所用的材料。在现代桥梁中,钢和混凝土是两种最主要的建筑用材。在某些石材丰富的国家和地区,石材也被广泛应用到桥梁结构的墩台基础建设中。此外,木材、铝材、不锈钢、耐候钢、超高性能混凝土等也被用于现代桥梁的建造。近年来,碳纤维等新型高级组合材料在桥梁结构的维修中应用也越来越广泛,新材料的发展可以使桥梁工程师建造出跨径更大、更牢固的桥梁;反过来,材料也制约桥梁跨径的发展。

1) 混凝土桥

混凝土桥包括普通钢筋混凝土桥和预应力钢筋混凝土桥。混凝土桥充分应用了混凝土的抗压性能和钢筋的抗拉性能,所建造的桥梁具有适应性强、施工工业化、就地取材、养护费用低、整体性好等优点。但与钢桥相比,混凝土桥梁高较大,随着跨径的增长,桥梁自重急剧增大,因此其跨径能力受到限制。另外,对于现浇的混凝土桥存在施工周期长、支架和模板费用较高等缺点。

混凝土梁桥在我国的中小跨径桥梁中占据主导地位。对于跨径 20m 以下的桥梁,可以用钢筋混凝土简支梁桥;跨径为 30～50m 采用预应力混凝土简支梁桥;更大跨径则可以用连续梁或连续刚构桥。以受压为主的拱桥也经常采用钢筋混凝土来修建,跨径最大已达 420m(重庆万县长江大桥)。斜拉桥的边跨也经常采用预应力混凝土主梁。

2) 钢桥

钢材的重度大于混凝土,但是其强度高,重度与强度的比值比混凝土小得多,因此构件自重轻,跨越能力强,是大跨度桥梁的理想材料。钢材便于预制加工,施工速度快,因此在工期紧张、施工条件差的桥梁建设中,钢桥是较好的选择。钢材的主要缺点是易受腐蚀,养护费用高。腐蚀、疲劳、受压失稳是钢桥破坏的主要原因。同时,钢桥的材料费和加工费与混凝土桥梁相比要高,因此钢桥的总体造价高于混凝土桥梁。

常见的使用钢材的梁桥有钢板梁桥和钢桁梁桥。钢板梁桥通常由钢板主梁和支撑于其上的混凝土桥面板组成,目前最常见的是考虑钢主梁与桥面板共同受力的钢-混凝土组合梁桥。钢桁梁桥的跨越能力比钢板梁大,在我国主要应用在铁路桥梁中,如武汉长江大桥、南京长江大桥。对于大跨度的钢桥,如悬索桥和斜拉桥,其加劲梁常采用钢箱梁、钢桁梁。拱桥也可用钢材建造,跨径可比混凝土拱桥大,但造价更高。为了提升钢桥的耐久性,耐候钢、不锈钢等新型钢材也被应用到桥梁建设中。

3) 组合桥与混合桥

组合桥(composite bridge)是指主要受力构件的截面由两种或两种以上材料组成的桥梁,最常见的是钢-混凝土组合桥,它能发挥钢与混凝土各自的优势,取得整体结构的合理性与经济性。常见的组合桥包括钢梁与钢筋混凝土桥面板组合成的组合梁桥和波折钢腹板(杆)组合梁。组合结构除应用在受弯构件外,还经常应用到受压为主的桥墩和拱结构中,如型钢混凝土柱、钢管混凝土柱和钢管混凝土拱等。

除钢与混凝土组合外,很多应用在航空航天和国防领域的高级组合材料也被应用到桥梁之中,如纤维加劲塑料(FRP)、碳纤维加劲塑料(CFRP)、玻璃纤维加劲塑料(GFRP)等,只是这些材料还主要应用于旧桥的维修加固中,还未作为主要材料应用到新桥建设中。

混合桥(hybrid bridge)是指桥梁主要受力构件在长度方向由两种或两种以上不同材料构

成的截面组成的桥梁,如边跨混凝土梁、主跨钢梁的斜拉桥,除此之外,混合结构还经常被用在桥梁塔柱上。

4) 木桥及圬工桥

木材曾在桥梁中得到广泛的应用,修建了大量的木桥,然而今天则仅限于公园、临时性桥梁或木材极其丰富的山区。

圬工材料包括砖、石和素混凝土。在历史上曾大量的修建圬工拱桥,但由于架设困难、人工和施工费用高,跨越能力弱,现在除少量富有石材的山区和公园中建造外,已极少修建。但用圬工材料建造的墩台基础仍被广泛应用于地方道路桥梁中。

本书主要介绍各种类型的混凝土桥。

4. 按几何外形分类

根据桥梁平面线形和支座连线方向等几何外形,可以将桥梁分为直桥、弯桥和斜桥三类,如图1-22所示。

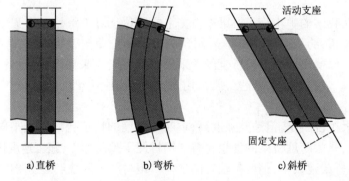

图1-22 桥梁几何外形

直桥在平面上的形状为矩形,桥梁的支座连线与桥梁轴线垂直,是目前多数桥梁设计所采用的形式。弯桥的桥梁轴线采用了曲线形式,也称为曲线桥,从而会增大桥梁构件的设计计算和施工安装的难度。斜桥是指桥梁的支座连线与桥梁轴线不相互垂直的桥梁,也称斜交桥,其桥面构造和支座设置比较复杂。近年来,随着桥梁计算理论的成熟及桥梁施工技术的进步,为了更好协调整体路线的设计,桥梁在跨越山谷、河道时经常采用弯桥或斜桥的形式。

5. 按跨径大小分类

我国公路桥梁按照规模与技术难度的不同,分为特大桥、大桥、中桥、小桥和涵洞等,表1-1给出了《公路桥涵设计通用规范》(JTG D60—2015)中的桥梁分类标准。该标准对桥梁分类采用了反映工程建设规模的多孔跨径总长 L 和反映技术复杂程度的单孔跨径 L_k。

桥涵按跨径分类　　　　　　表1-1

桥涵分类	多孔跨径总长 L(m)	单孔跨径 L_k(m)
特大桥	$L > 1000$	$L_k > 150$
大桥	$100 \leq L \leq 1000$	$40 \leq L_k \leq 150$
中桥	$30 < L < 100$	$20 \leq L_k < 40$
小桥	$8 \leq L \leq 30$	$5 \leq L_k < 20$
涵洞	—	$L_k < 5$

我国铁路桥梁按照跨度大小的分类,与公路桥梁稍有不同,《铁路桥涵设计规范》(TB 10002—2017)中只考虑桥梁总长一个因素,将铁路桥梁分为四类:

特大桥:桥长500m以上。

大桥:桥长100~500m。

中桥:桥长20~100m。

小桥:桥长20m及以下。

二、桥梁基本组成

各种桥型的基本组成虽然不尽相同,但是主要可以分为两类,即主要参与受力的桥梁结构和主要提供服务的附属设施。桥梁结构一般分为上部结构、下部结构和支座系统。上部结构包括桥面结构和承重结构;下部结构可分为桥墩或桥台和基础;支座系统是联结上、下部结构,并传递荷载的结构。

1. 上部结构

桥梁的上部结构又称为桥跨结构,是桥梁跨越障碍时的主要承载结构,不同结构类型的桥梁其划分方式有所不同。对于梁桥,上部结构的桥面结构和承重结构是结合在一起的,桥面结构作为直接承重构件,承受的荷载通过梁体传递到支座;对于拱桥、斜拉桥和悬索桥,拱桥的承重结构为拱,斜拉桥的承重结构为拉索、塔柱及主梁,而悬索桥的承重结构则为主缆,吊杆和桥面结构为传力结构,塔柱是支承结构。

2. 下部结构

桥梁下部结构是结构体系的组成部分,它不仅承受着上部结构施加的作用,并将该作用及其本身受到的作用传递至地基。下部结构包括桥墩、桥台和基础。

桥墩支承相邻两孔的桥跨结构,位于桥梁的中间部位。桥台位于桥梁端部,前端支承桥跨,后端与路基衔接,具有连接桥跨与路基和支挡台后路基填土的作用。桥梁墩台除承受上部结构的作用力外,还受到风力、流水压力及可能发生的流冰压力。因此,桥梁墩台应具有足够的强度、刚度和稳定性。

基础通过压缩及摩擦作用将桥上全部荷载传递到地基。基础可分为浅基础和深基础,当作用于桥墩上的荷载较大时,浅基础仅在地基条件很好的情况下使用,如岩石地基或密实场地;但是当桥梁的等级较低时,如跨线桥、人行桥等也可以考虑采用浅基础。基础工程在整个桥梁工程施工中是比较困难的部位,而且经常需要在水下施工,因而遇到的问题也很复杂。

3. 支座系统

支座系统是设置在桥梁上部结构和下部结构之间的传力装置,在桥梁结构中被称为支座。支座不仅需将上部结构的竖直和水平荷载传递至下部结构,同时要满足相应结构体系的变位要求。关于支座的类型与构造、设计与计算将在后述章节中介绍。

4. 组成示例

图 1-23 给出了最常见的梁桥和上承式拱桥的主要尺寸和名称术语,一般包括五大部件,即桥跨结构、支座、桥墩、桥台和基础。

设计水位:相应于设计洪水频率的洪峰流量水位。高水位:洪峰季节河流中的最高水位。

低水位:枯水季节河流中的最低水位。通航水位:通航河流(各级航道)能保持船舶(队)正常航行的最高和最低水位。

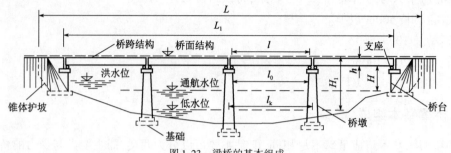

图 1-23 梁桥的基本组成

桥位:建桥所选择的位置。

主桥:跨越如大江、大河等主要障碍物的桥跨称为主桥。根据宣泄设计流量、通航要求和结构构造等确定。

引桥:桥梁中连接主桥和路堤的部分。

桥梁高度:桥面至低水位之间的距离,如图 1-23 中的 H_1,或为桥面与桥下线路路面之间的距离。

桥梁建筑高度:桥上行车路面横向最高点(或轨顶)的高程与同截面结构最下缘的高程之差,如图 1-23 中的 h。

桥下净空:为满足桥下通航(或行车、行人)的需要和保证桥梁安全而对桥跨结构底缘以下规定的空间界限,是设计水位或计算通航水位至桥跨结构最下缘的距离,如图 1-23 中的 H。

桥面净空:为保证列车、车辆、行人等安全通行,在桥面一定高度和宽度范围内不容许有任何建筑物或障碍物的空间界限。

净跨径:梁桥是指设计洪水位上相邻两个桥墩(或桥台)之间的净距;拱桥为拱脚截面最低点之间的水平距离,如图 1-23 和图 1-24 中的 l_0。

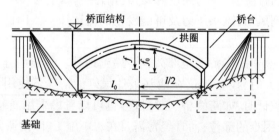

图 1-24 上承式拱桥的基本组成

计算跨径:对于有支座的桥梁,是指桥跨结构所支承的相邻墩台上的支座中心之间的距离;对于无支座的拱桥,为拱脚截面形心点之间的水平距离,如图 1-23 和图 1-24 的 l。

标准跨径:梁式桥是指相邻两桥墩中线之间的距离或桥墩中线与桥台台背前缘线之间的距离,如图 1-23 中的 l_k;拱桥则是指净跨径。

总跨径:多孔桥梁中各孔净跨径的总和。

桥梁总长:两桥台背墙前缘之间的距离,如图 1-23 中的 L_1。

桥梁全长:简称桥长,是桥梁两端两个桥台的侧墙或八字墙后端点之间的距离,如图 1-23

中的 L；对于无桥台的桥梁，则为桥面行车道的全长。

三、桥梁附属设施

桥梁附属设施包括桥面铺装、伸缩装置、排水系统、人行道与栏杆和灯柱照明五小部件。

1. 桥面铺装

桥面铺装直接承受车辆荷载，其功能是保护承重结构不直接承受轮载的磨耗及雨雪的侵蚀，并具有一定的均匀分布车轮集中荷载的作用，因此桥面铺装必须具有足够的强度、良好的行车舒适性及抗冲击、耐疲劳等特性，同时还应具有良好的防水性及对温度变化的适应性。

桥面铺装的磨耗层不做受力计算，在扣除磨耗层后，如果施工中能确保铺装层与桥面板紧密结合成整体，则可计算在桥面板厚度内，与桥面板共同受力。桥面铺装在桥梁的恒载中占有相当的比重，这在小跨度桥梁中体现尤为明显，故应尽量减轻桥面铺装的重量。

根据不同的材料会有不同的桥面铺装类型，常见的桥面铺装类型有沥青表面处置、沥青混凝土、水泥混凝土等。沥青表面处置桥面铺装耐久性差，仅在中低级公路桥梁中使用。沥青混凝土和水泥混凝土桥面铺装应用较广泛，其中水泥混凝土桥面铺装耐磨性能好，适合重载交通，但养护周期长，后期维修较麻烦；沥青混凝土桥面铺装养护维修方便，但易老化变形，并且作为钢箱梁的桥面铺装时，两者的黏结问题一直是一项世界级难题。

桥面铺装层中间或下面一般应设置防水层，它将透过铺装层渗下的雨水汇集到排水设施（泄水管）排出。钢筋混凝土桥面板与铺装层之间是否要设防水层，应视当地的气温、雨量、桥梁结构和桥面铺装的形式等具体情况而定。

防水层主要有三种类型：①撒布薄层沥青或改性沥青，其上撒布一层砂，经碾压形成沥青涂胶下封层；②涂刷聚氨酯胶泥、环氧树脂、阳离子乳化沥青、氯丁胶乳等高分子聚合物涂胶；③铺装沥青或改性沥青防水卷材以及浸渍沥青的无纺土工布等。近年来随着路面防水技术的发展，高分子聚合物沥青防水涂料技术已得到广泛应用。该涂料不但具有高分子聚合物的优异弹塑性、耐热性和黏结性，又具有与石油沥青制品良好的亲和性等优点。无防水层时，对于水泥混凝土铺装应采用防水混凝土，对于沥青混凝土铺装则应加强排水和养护。

桥面铺装的重量对桥梁的经济性可能产生较大影响。因此，要求桥面铺装尽可能薄些，以减小重量。桥面铺装一般不做受力计算，如在施工中能确保铺装层与行车道板紧密结合成整体，则铺装层的混凝土（除去 $0.01 \sim 0.02$m 厚的车轮磨耗部分）还可以计算在行车道的厚度内，与行车道板共同受力。为使铺装层具有足够的强度和良好的整体性，一般宜在混凝土中铺设直径为 $4 \sim 6$mm 的钢筋网。

2. 伸缩装置

伸缩装置是为确保主梁和桥台之间行车道板的连续而设置在梁段与桥台背墙之间、两相邻梁段之间的装置。具体而言，伸缩装置容许桥梁上部结构和下部结构产生相对运动，如由于温度变化及混凝土收缩、徐变引起的主梁伸缩，由于车辆荷载引起的主梁扭转等相对运动。此外，伸缩装置还应具备承载由车辆直接作用而引起的竖向荷载的能力。

伸缩缝应具有足够的强度并能防止雨水、垃圾泥土的渗入。需要注意的是，在伸缩缝附近的栏杆、人行道结构也应断开，以满足梁体变形的需要。在计算伸缩缝的变形量 l 时，应以安装伸缩缝结构时的温度为基准温度,考虑由温度变化引起的伸缩量、收缩徐变引起的伸缩量、安装偏差及其他因素,伸缩缝的变形量 Δl 可按下式计算:

$$\Delta l = \Delta l_t^+ + \Delta l_t^- + \Delta l_s + \Delta l_c + \Delta l_e \tag{1-1}$$

式中:Δl——伸缩缝伸缩量;

Δl_t^+——温度升高引起的梁伸长量;

Δl_t^-——温度下降引起的梁缩短量;

Δl_s——混凝土收缩引起的梁缩短量;

Δl_c——混凝土徐变引起的梁变形量;

Δl_e——安装偏差和其他因素的富余量,可按温度变化和混凝土收缩、徐变引起梁变形量的20%计。

根据伸缩装置必须具备的容许变形值,可以有多种设计方法,主要有聚合物改性沥青伸缩装置和两端分别锚固在主梁桥面板与桥台混凝土含钢元件的伸缩装置。前者主要应用于小伸缩量的桥梁;后者则允许产生更大的伸缩变形(±1200mm)。在我国公路桥梁和城市桥梁工程上使用的伸缩缝种类很多,常用的伸缩缝主要有:U形镀锌铁皮伸缩装置、钢梳齿板形伸缩装置、橡胶伸缩装置和模数支承式伸缩装置。

1) U形镀锌铁皮伸缩装置

对于中小跨度桥梁,当梁体变形量在2~4cm以内时,可采用以镀锌铁皮为跨缝材料的伸缩缝构造(图1-25)。弯曲U形断面的镀锌铁皮分为上下两层,上层设置石棉纤维垫层,然后用沥青填塞。

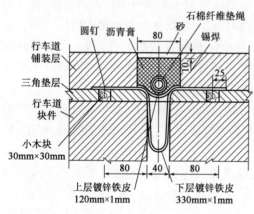

图1-25 U形镀锌铁皮伸缩装置(尺寸单位:mm)

2) 钢梳齿板形伸缩装置

钢梳齿板形伸缩装置是用钢材装配制成的,其面层板呈齿形,从左右伸出桥面板间隙处相互啮合的悬臂式构造,能直接承受车轮荷载(图1-26)。钢梳齿板形伸缩装置的变形量可达4cm以上。

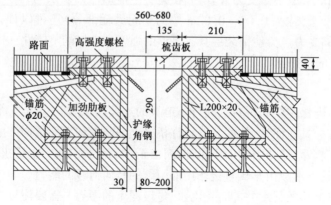

图1-26 钢梳齿板形伸缩装置(尺寸单位:mm)

3）橡胶伸缩装置

板式橡胶伸缩装置利用优质橡胶作为伸缩缝的填嵌材料，既富有弹性，又能满足变形要求，兼备防水功能。通常的橡胶伸缩装置构造如图1-27所示。

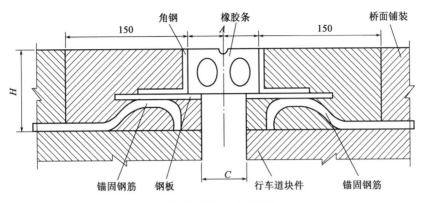

图1-27　橡胶伸缩装置（尺寸单位：mm）

4）模数支承式伸缩装置

模数支承式伸缩装置为橡胶材料与异型钢材组合的伸缩装置。这类伸缩装置的构造相同点是，均由V形截面或其他截面形状的橡胶密封条（带）嵌接于异型边梁钢和中梁钢内，组成可伸缩的密封体。异型钢梁直接承受车辆荷载，且可根据要求的伸缩量，随意增加中梁钢和密封橡胶条（带），加工组装成各种伸缩量的系列产品。图1-28为典型的模数支承式伸缩装置，其最大位移量可达1m以上。

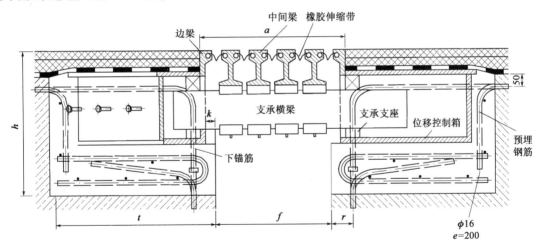

图1-28　模数支承式伸缩装置构造图（尺寸单位：mm）

伸缩装置对桥梁正常功能发挥十分重要，因此需要对其进行恰当的维护和管养。伸缩装置受到车辆荷载作用，极易发生磨损及疲劳等问题，因而具有有限的设计寿命。伸缩装置的替换费用十分昂贵。由伸缩装置的故障而引起的桥梁病害十分严重，如伸缩装置损坏后，水就可以通过伸缩装置侵蚀桥梁支座系统，因而，尽量减少伸缩装置的数量是当前桥梁设计的趋势。

设置伸缩装置的必要性主要取决于桥梁可伸缩段的长度及交通量评估。当桥梁可伸缩段很短时，为了降低管养费用可不设伸缩装置。然而这种做法是缺乏远见的，因为要经过几年之后才能评估未设置伸缩装置而导致桥梁伸缩变形受限从而引起的各种桥梁危害（桥面板开裂引起的钢筋锈蚀),其次还需要额外考虑结构与基础之间的相互作用。对于大跨径桥梁,当跨径为600~1000m时,可不设置中间伸缩装置。

3. 排水系统

桥梁设计时必须规划有效且可靠的排水系统,以确保桥梁的耐久性。桥面积水不仅危害交通安全(如车辆打滑、制动距离增加等),而且会加速桥梁退化。值得注意的是,当位于桥面铺装层中的防水层损坏或有缺陷时,极易引起混凝土发生冻融作用或受氯化物侵蚀(如向桥面撒盐以消融结冰而产生的氯化物)。对于钢构件而言,积水也会引起钢材发生锈蚀。因而有必要在桥上沿横向和纵向规划一套完整有效的排水系统。桥面横坡和纵坡设置及排水系统细节设计必须防止发生局部积水。桥梁排水系统还必须具备收集有毒污染液体的能力,防止污染物向周边地区扩散,如桥上可能发生碳氢化合物泄漏事故。

桥梁排水系统包括桥面纵横坡和泄排水设施。

1) 桥面纵横坡

桥面设置纵横坡,以利于雨水迅速排除,防止或减少雨水对铺装层的渗透,从而保护行车道板,延长桥梁使用寿命。桥面纵坡一般都做成双向纵坡,在桥中心设置曲线,纵坡一般以不超过3%~4%为宜;桥面横坡一般采用1.5%~3%。对于板桥(矩形板或空心板)或就地浇筑的肋板式梁桥,为节省铺装材料并减轻恒载重量,可以将横坡直接设在墩台顶部,而使桥梁上部构造做成双向倾斜,此时,可将铺装层在整个桥宽上做成等厚[图1-29a)];在装配式肋板式梁桥中,为使主梁构造简单、架设与拼装方便,通常横坡不再设在墩台顶部,而直接设在行车道板上,先铺设一层厚度变化的混凝土三角形垫层,形成双向倾斜,再铺设等厚的混凝土铺装层,如图1-29b)所示;在比较宽的桥梁(或城市桥梁)中,用三角垫层设置横坡,将使混凝土用量或恒载重量增加太多。为此,可将行车道板做成倾斜面而形成横坡,如图1-29c)所示,它的缺点是主梁构造复杂,制作麻烦。

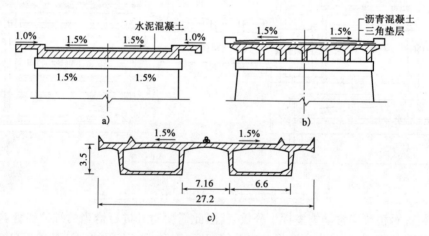

图1-29 桥梁横坡设置方法(尺寸单位:m)

2) 泄排水设施

为了迅速排除桥面积水,防止雨水积滞于桥面并渗入梁体而影响桥梁的耐久性,在桥梁设计时要有一个完整的排水系统。在桥面上除设置纵横坡排水外,常常需要设置一定数量的泄水孔和泄水管。通常当桥面纵坡大于2%,而桥长小于50m时,一般能保证从桥头引道上排水,桥上可以不设泄水孔,可在引道两侧设置流水槽,以免雨水冲刷引道路基;当桥面纵坡大于2%,而桥长大于50m时,为防止雨水积滞桥面就需要设置泄水孔,每隔12~15m设置一个泄水口;当桥面纵坡小于2%时,一般每隔6~8m设置一个泄水孔,其过水面积每平方米桥面不小于$2 \times 10^{-4} \sim 3 \times 10^{-4} m^2$。泄水孔距缘石的距离为0.10~0.50m。

泄水管一般布置在人行道下面,见图1-30。桥面水通过设在缘石或人行道构件侧面的泄水孔,汇聚到泄水孔三个周边设置的聚水槽进入泄水管。为防止大块垃圾进入堵塞泄水道,在进水的入口处设置金属栅门。连接泄水管的排水管可沿行车道两侧左右对称排列,也可交错排列。

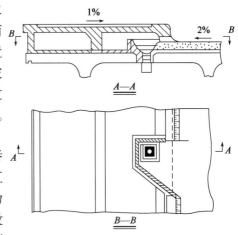

图1-30 人行道下设置泄水管

4. 人行道与栏杆

桥梁车行道两侧一般应根据需要设置人行道或安全带。

人行道由人行交通量决定,单侧宽度可选0.75m、1m,大于1m时,按0.5m倍数递增。人行道的构造形式多种多样,根据不同的施工方法有适用于跨径较小桥梁的现场浇筑式[图1-31a)]、悬臂或搁置的预制装配式[图1-31b)]、部分装配和部分现浇的混合式[图1-31c)]。人行道顶面一般铺设20mm厚的水泥砂浆或沥青砂作为面层,并以此形成人行道顶面的排水横坡。人行道在桥面断缝处也必须做伸缩缝。现代桥梁人行道伸缩缝与行车道伸缩缝是连在一起的。

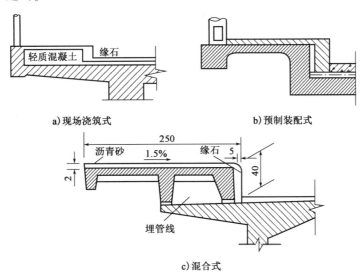

图1-31 人行道分类(尺寸单位:cm)

行人稀少地区可不设人行道,为保障交通安全,在行车道边缘设置高出行车道的带状构造物——安全带。安全带宽度不少于0.25m,高为0.25~0.35m,为了保证行车安全,安全带的高度已经用到≥0.4m,如图1-32所示。近年来高速公路、汽车专用公路的桥梁则采用将栏杆和安全带结合的构造物——防撞护栏。

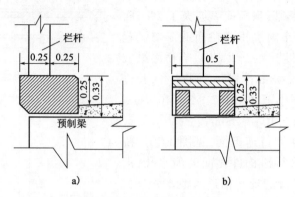

图1-32　安全带分类(尺寸单位:m)

栏杆是设置在桥面两侧用于保障行人安全、防止坠落的安全设施。使用上要求坚固耐用,栏杆高度设计标准不应小于1.1m,栏杆柱的间距一般为1.6~2.7m,标准设计为2.5m。栏杆的造型设计直接影响整体景观,因此栏杆的形式变化多样,其主要分为四大类,即栅栏式[图1-33a)]、栏板式[图1-33b)]、棂格式[图1-33c)和图1-33d)]和混合式[图1-33e)]。

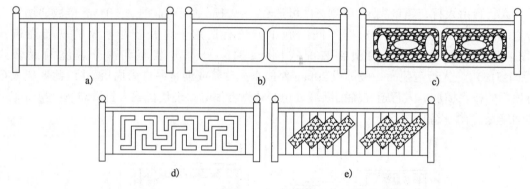

图1-33　栏杆分类

按照制作材料的不同,栏杆可分为钢筋混凝土栏杆、钢栏杆、钢-混凝土混合式栏杆、木栏杆及塑料栏杆等。公路桥梁上常采用钢筋混凝土栏杆、钢栏杆和砖石栏杆。栏杆从形式上可分为节间式和连续式。栏杆虽然是桥梁的附属设施,但除了使用功能外,对桥梁景观也起到重要作用,因此栏杆设计要考虑其与周围环境协调、与桥梁主体结构相适应、方便施工与养护。

一般桥梁上的栏杆,当设于人行道上时,主要作用是给行人提供安全感,遮拦行人,防止其掉入桥下;当无人行道时,桥上的栏杆虽也有时起防止行人跌落桥下的作用,但其主要与高填路堤或危险路段所设护栏相仿,用以视线诱导,起到一些轮廓标的作用,使车辆尽量在路幅之内行驶,并给驾驶员以安全感。主要用于高速公路、一级汽车专用公路、城市快速道路、主干道路、立交工程等的防撞护栏是用以封闭沿线两侧,不使人畜与非机动车辆闯入公路的隔离设施,它同时具有吸收碰撞能量、迫使失控车辆改变方向并有恢复到原有行驶方向趋势,防止其越出路外或跌落桥下的作用。

防撞护栏按防撞性能有刚性护栏、半刚性护栏和柔性护栏之分。刚性护栏是一种基本不变形的护栏结构,是一种以一定形状的混凝土块相互连接而组成的墙式,它利用失控车辆碰撞后爬高并转向来吸收碰撞能量[图1-34a)];半刚性护栏是一种连续的梁柱式护栏结构,具有一定的刚度和柔性,波形梁护栏是半刚性护栏的主要代表形式,它利用土基、立柱、波形梁的变形来吸收碰撞能量[图1-34b)];柔性护栏是一种具有较大缓冲能力的韧性护栏,缆索护栏是柔性护栏的主要代表形式,它主要依靠缆索的拉应力来抵抗车辆的碰撞,并吸收碰撞能量[图1-34c)]。

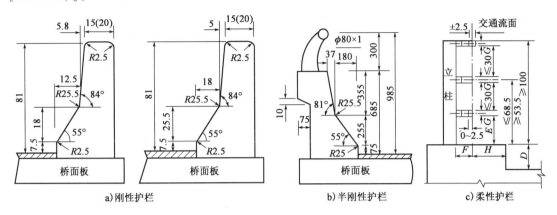

图1-34 防撞护栏分类(尺寸单位:cm)

5. 灯柱照明

照明设施是交通设施之一,它能提高驾驶员夜间行车的视觉能力,对保证交通安全、高效具有重要意义。同时它还能起到方便居民生活,减少犯罪活动和美化环境的效果。在城市及城郊行人和车辆较多的桥梁上,要有照明设备,一般采用灯柱在桥面上照明;立交桥区域一般采用高杆灯照明的方式,目的是让驾驶员能够看到与白天相似的立交桥全景。

支撑照明设备的灯柱可以利用栏杆柱,也可单独设在人行道内侧。灯柱的设计要经济合理,确实能起到照明作用,同时也要符合在全桥的立面上具有统一的格调和形式。出于养护目的,桥梁照明设备一般采用气体放电灯具,如荧光灯、汞灯、低压钠灯、金属氯化物灯和高压钠灯等。白炽灯由于亮度较低以及灯泡的寿命不长,应用很少。城市桥梁除进行照明设计外,有时还进行夜景工程设计。近年来,公路桥梁上也有采用低照明和用发光建筑材料涂层标记的照明方式。

第四节 桥梁设计原则与程序

一、设计基本原则

桥梁是为了跨越障碍而构筑的工程结构,是公路、铁路和城市道路的重要组成部分。根据所在公路、铁路和城市道路的作用、性质和发展需要,桥梁设计应遵循安全、适用、经济、美观、耐久、环保的基本原则,并考虑因地制宜、就地取材、便于施工和养护等因素。

1. 安全原则

(1)桥梁结构在强度、刚度和稳定性方面应有足够的安全储备。
(2)桥梁应具有足够的抵抗各种作用(包括地震、船撞甚至恐怖袭击)的能力,大跨度缆索承重桥梁应考虑风振效应,增强桥梁的防灾能力。

(3)对于跨河桥,应根据桥梁所在道路的交通功能、等级、通行能力,结合河势演变、河流水文、河床地质、通航要求、环境影响等进行综合设计,并设置完善的防护设施,以安全宣泄设计洪水。

(4)特大桥、大桥桥位应选择河道顺直稳定、河床地质良好的河段,不宜从断层、岩溶、滑坡、泥石流等不良地质地带通过。

2.适用原则

(1)桥上行车道和人行道宽度能满足当前及今后规划年限内的交通流量。
(2)桥梁的两端要便于车辆的进入和疏散,应避免产生交通堵塞现象。
(3)桥型、跨度大小和桥下净空应满足泄洪、安全通航或通车等要求,并便于检查和维修。
(4)考虑综合利用,方便各种管线(电力线、电信线、电缆线等)的搭载,但不得侵入桥梁的净空区域,并不得损害桥梁的构造和设施。

3.经济原则

(1)桥梁设计应遵循因地制宜、就地取材和方便施工的原则。
(2)充分考虑桥梁在运营期间的养护和维修费用,考虑全寿命周期内的综合经济性。
(3)选择地质、水文条件好的桥位,尽量缩短桥梁的长度。
(4)桥位应选在尽量缩短河道两岸距离的位置,以促进区域经济发展。

4.美观原则

(1)桥梁应具有优美的外形,结构布置应尽量简练,并在空间有和谐的比例。
(2)桥型应与周围环境相协调,城市和旅游区内的桥梁可较多地考虑建筑艺术上的要求;不在城市区域的桥梁应结合自然环境、桥梁结构特点等进行景观设计。
(3)结构布局及轮廓、施工质量是影响桥梁美观的主要因素。

5.耐久原则

(1)桥梁结构在使用期内不出现过大的变形和过宽的裂缝。
(2)桥梁运营过程中尽量避免出现混凝土碳化、钢筋锈蚀、混凝土脱落等耐久性损伤,一旦出现应及时修补,以免影响桥梁的安全使用。
(3)当环境作用能明显导致材料性能随时间劣化时,结构应进行耐久性设计。

6.环保原则

(1)桥梁设计应考虑环境保护和可持续发展要求。
(2)桥位选择、桥跨布置、基础方案、施工组织设计等应全面考虑环境要求,建立环境监测保护体系,将不利影响降至最低。

二、设计基础资料

桥梁设计中,需要对桥梁的使用功能、桥位地形、地质状况、桥涵水文、立交跨线等基础资料进行调查。

桥梁的使用功能调查是指调查桥上的交通种类和行车、行人的往来密度,以确定桥梁的荷载等级和行车道、人行道宽度等;调查桥上需通过的各类管线(电力线、电信线、电缆线等),以设置专门的构造装置。

在桥梁设计前应测量桥位附近的地形,绘制地形图供设计和施工使用。探测桥位的地质情况,包括土质的分层高程、物理力学性能、地下水位等,将钻探所得资料绘成地质剖面图。对于所遇到的不良地质现象,如断层、滑坡、溶洞等,应详加注明。应根据初步拟定的桥梁分孔方案将钻孔布置在墩台附近,以接近实际的地质状况。

对于跨越河道的桥梁,应对河流的水文情况进行调查和测量,以确定桥梁的桥面高程、跨径和基础埋深。对于跨线桥,需要调查被跨越道路的线路等级、交通要求和路网规划等情况,以确定桥下净空高度。

三、桥梁设计程序

桥梁作为道路的一部分,其设计程序一般受道路的设计程序控制,但对于工程比较复杂的特大桥或大桥,则会单独立项设计。设计合理与否,将直接影响区域的政治、经济、文化及人民的生活,因此需要建立一套严格的管理体系和工作程序。在我国,桥梁的设计程序分为前期研究和正式设计两大阶段,其关系如图1-35所示。

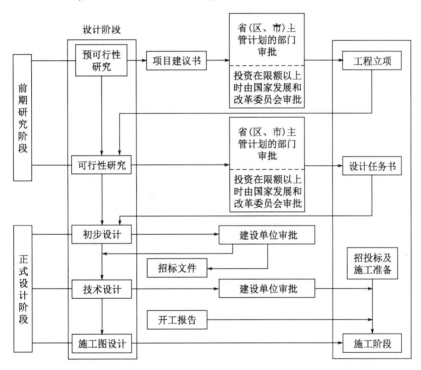

图1-35 设计阶段与建设程序关系图

1. 预可行性研究

预可行性研究(简称预可)阶段着重研究建桥的必要性及宏观经济上的合理性。在预可报告中应从政治、经济、国防等方面,详细阐明建桥理由和工程建设的必要性和可行性,并确定建桥的地点、规模、标准、投资控制等一些宏观问题和重大问题。预可的主要工作目标是解决建设项目的上报立项问题,因而在预可报告中应编制几个可能的桥型方案,并对工程造价、资金来源、投资回报等问题有初步估算和设想。

设计方在将预可报告交业主后,由业主据此编制项目建议书报上级主管部门审批。

2. 工程可行性研究

工程可行性研究(简称工可)阶段应在项目建议书被审批确认后进行。这一阶段的主要工作目标是桥梁规模、技术标准和科研立项等,主要包括桥位的确定、设计荷载标准、桥面宽度、通航标准、设计速度、桥面最大纵坡、桥面平纵曲线半径等,以及抗震安全评价、环境评价和设计阶段需解决的技术难点的研究等,同时应与河道、航运、规划、交通运输、环保等部门共同研究,以共同协商确定相关的技术标准。

在工可阶段,应提出多个桥型方案,并按基本建设工程投资估算编制办法估算造价,基本落实资金来源和投资回报等问题。

3. 初步设计

初步设计应根据批复的可行性研究报告、勘察设计合同和初测、初勘资料编制。在初步设计中,除着重解决桥位、分孔、桥型、纵横断面布置等桥梁总体规划问题外,还需初步拟定桥梁结构的主要尺寸、估算工程数量、提供主要材料的用量和全桥造价的概算指标。初步设计经过批复后,即成为施工准备、编制施工图设计文件和控制建设项目投资等的依据。

4. 技术设计

对于技术复杂的特大桥、互通式立交或新型桥梁结构,则需要进行技术设计。技术设计的目的是优化初步设计,根据初步设计批复意见、勘测设计合同要求,对重大、复杂的技术问题通过科学实验、专题研究、加深勘探调查及分析比较,进一步完善批复的桥型方案的总体和细部各种技术问题以及施工方案,并修正工程概算。

5. 施工图设计

施工图设计应根据初步设计或技术设计的审批意见、勘测设计合同和定测、详勘资料进一步对所审定的修建原则、设计方案、技术决定加以具体和深化。在此阶段中,必须对桥梁各种构件进行详细的结构计算,并且确保结构的强度、稳定、刚度、耐久、裂缝、构造等各种技术指标满足规范要求,绘制详细的施工图和全桥工程数量表,提出文字说明及施工组织计划,并编制工程预算。

国内一般的桥梁采用两阶段设计,即初步设计和施工图设计。对于技术简单、方案明确的小桥,也可采用一阶段设计,即施工图设计。对于技术复杂的大型桥梁,采用三阶段设计,在初步设计之后,增加一个技术设计阶段,在这一阶段要针对全部技术难点,如抗风、抗震、受力复杂部位等进行试验、计算及结构设计,然后再做施工图设计。

四、平、纵、横断面设计

1. 桥梁的平面布置

桥梁的线形及桥头引道要保持平顺,使车辆能平稳通过。小桥和涵洞的线形及其与公路的衔接,应符合路线布设的规定,为满足水文、道路弯道等要求,可设计成斜桥和弯桥。

特大桥及大、中桥桥位与线形一般为直线,当桥位受到两岸地形限制时,允许修建曲线桥,桥梁的平曲线半径、超高、加宽、缓和曲线等各项指标应符合相应等级道路的规定。从桥梁本身的经济性和施工方便来说,应尽可能避免桥梁与河流或与桥下路线斜交,但有时为改善路线线形,也需修建斜桥,通航河道上斜交角度不宜大于5°(支承轴线垂直线与桥纵轴线的夹角)。

2. 桥梁的纵断面设计

桥梁纵断面设计包括确定桥梁总跨径、桥梁分孔、桥面高程和桥上纵断面线形等。

1) 桥梁总跨径

一般的跨河桥梁,总跨径可根据水文计算确定。其基本原则是在整个使用年限内应保证设计洪水顺利宣泄;河道中的船只及可能出现的流冰能顺利通过;避免因过分压缩河床引起河道的不利变迁及河床产生过大的冲刷;避免因桥前壅水而淹没农田、房屋、村镇和其他公共设施等。

当桥梁墩台基础采用浅埋基础时,桥梁总跨径应大一些,可接近于洪水泛滥宽度,以避免过度的河床冲刷引起桥梁破坏;对于深基础,允许较大冲刷,可适当压缩桥下排洪面积,以减小桥梁总跨径,降低工程造价。

2) 桥梁分孔

一座较长的桥梁应分成若干孔。孔径的划分不仅影响使用效果和施工难度,而且在很大程度上影响桥梁的总造价。采用较大的跨径固然可以降低桥墩、基础的造价,但却使上部结构的造价人人提高;采用较小的跨径,上部结构的造价虽然降低了,但下部结构的造价又显著提高。因此,在满足使用和技术要求的前提下,应使上下部结构的总造价最低,此时的跨径为经济跨径。

通航河流在分孔时应首先满足通航的要求,桥梁的通航孔应布置在主航道上,对于变迁性河流,根据具体条件应多设几个通航孔。平原区宽阔河道上的桥梁,通常在主河槽布置较大的通航孔,而在两侧浅滩部分按经济跨径进行分孔。当在山区深谷、水深流急的江河及水库上修桥时,为减少中间桥墩,应加大跨径,条件允许时可考虑单孔跨越的方式。对于采用连续体系的多孔桥梁,应从结构的受力特性考虑,使相邻两孔的跨中弯矩接近相等,合理确定相邻跨之间的比例。

在桥梁布孔时,应尽量使桥梁的基础避开岩石破碎带、断层、裂隙、溶洞等不良地质地段。总之,大、中桥梁的分孔是一个相当复杂的问题,必须根据使用要求、桥位处的地形和环境、河床地质条件、水文条件等具体情况,通过技术、经济等各方面的综合分析比较,才能做出比较合理的分孔方案。

3) 桥面高程

桥面高程的确定需要根据设计洪水水位、桥下通航(通车)的净空要求,并结合桥型、跨径等因素综合考虑。

(1) 流水净空要求。

为保证支座的安全与正常工作,设支座的桥梁,支座底面应高出计算水位(设计洪水水位加壅水高、浪高等)不小于0.25m,并高出最高流冰面不小于0.50m,如图1-36所示。

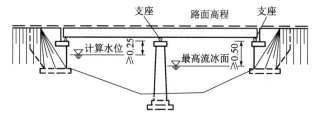

图1-36 梁桥桥下净空(尺寸单位:m)

无铰拱桥(图1-37)的拱脚允许被洪水淹没,但淹没深度不宜超过拱圈净矢高 f_0 的2/3,并在任何情况下,拱顶底面均应高出计算水位不小于1.0m,拱脚的起拱线应高出最高流冰面不小于0.25m。

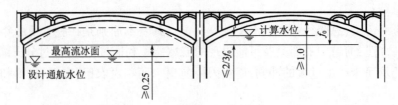

图1-37 无铰拱桥桥下净空(尺寸单位:m)

《公路桥涵设计通用规范》(JTG D60—2015)规定,在不通航或无流放木筏河流上及通航河流的不通航桥孔内,桥下净空不应小于表1-2的规定。

非通航河流桥下最小净空   表1-2

桥梁的部位		高出计算水位(m)	高出最高流冰面(m)
梁底	洪水期无大漂流物	0.50	0.75
	洪水期有大漂流物	1.50	—
	有泥石流	1.00	—
支承垫石顶面		0.25	0.50
有铰拱拱脚		0.25	0.25

(2)通航净空要求。

为保证桥下通航安全,通航孔桥跨结构下缘与设计通航水位的高差应大于净空高度。我国对于内河通航净空的尺寸规定如表1-3和图1-38所示。此外,沿海及海湾区域内通航海轮航道的桥梁净空尺寸参照《海轮航道通航标准》(JTS 180-3—2018);黑龙江水系水上过河建筑物、珠江三角洲至港澳线内河水上过河建筑物以及限制性航道水上过河建筑物通航净空尺寸应参照《内河通航标准》(GB 50139—2014)相关规定。

天然和渠化河流水上过河建筑物通航净空尺寸(m)   表1-3

航道等级	代表船舶、船队	净高 H_m	单向通航孔			双向通航孔		
			净宽 B_m	上底宽 b	侧高 h	净宽 B_m	上底宽 b	侧高 h
I	4排4列	24.0	200	150	7.0	400	350	7.0
	3排3列	18.0	160	120	7.0	320	280	7.0
	2排2列		110	82	8.0	220	192	8.0
II	3排3列	18.0	145	108	6.0	290	253	6.0
	2排2列		105	78	8.0	210	183	8.0
	2排1列	111.0	75	56	6.0	150	131	6.0
III	3排2列	18.0*	100	75	6.0	200	175	6.0
	2排2列	10.0	75	56	6.0	150	131	6.0
	2排1列	10.0	55	41	6.0	110	96	6.0

续上表

航道等级	代表船舶、船队	净高 H_m	单向通航孔			双向通航孔		
			净宽 B_m	上底宽 b	侧高 h	净宽 B_m	上底宽 b	侧高 h
Ⅳ	4排4列	8.0	75	61	4.0	150	136	4.0
	3排3列		60	49	4.0	120	109	4.0
	2排2列		45	36	5.0	90	81	5.0
	货船							
Ⅴ	2排2列	8.0	55	44	4.5	110	99	4.5
	2排1列	8.0 或 5.0▲	40	32	5.5 或 3.5▲	80	72	5.5 或 3.5▲
	货船							
Ⅵ	1拖5	4.5	25	18	3.4	40	33	3.4
	货船	6.0			4.0			4.0
Ⅶ	1拖5	3.5	20	15	2.8	32	27	2.8
	货船	4.5						

注:1. 角注★的尺度仅适用于长江。
　　2. 角注▲的尺度仅适用于通航拖带船队的河流。

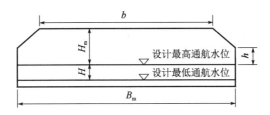

图 1-38　水上过河建筑物通航净空

(3)跨线桥桥下净空要求。

对于跨线桥的桥下净空,应符合跨越公路、铁路建筑限界的规定,保证被跨越道路的通行安全。同时,应设置通行限高警示标志。

当公路下穿铁路桥梁时,净空以及路肩或人行道的净高与公路和公路的立体交叉规定相同,行车道部分净高一般为5m。当铁路下穿公路桥梁时,跨线桥桥下净空应符合铁路净空界限的要求,详见铁路有关规定。

4)桥上纵断面线形

桥面高程确定后,可根据两端桥头的地形和线路要求来设计桥梁的纵断面线形。小桥通常做成平坡桥;大、中桥梁通常设置单向或双向的桥面纵坡以便于桥面排水。《公路桥涵设计通用规范》(JTG D60—2015)规定:桥上纵坡不宜大于4%,桥头引道纵坡不宜大于5%;桥头两端引道的线形应与桥梁的线形相匹配。位于城镇混合交通繁忙处的桥梁,桥上纵坡及桥头引道纵坡均不得大于3%。对易结冰、积雪的桥梁,桥上纵坡不宜大于3%。

3.桥梁的横断面设计

公路桥梁的横断面设计主要确定桥面的宽度和桥跨结构横截面的布置。桥面宽度取决于行车和行人的交通需求。《公路工程技术标准》(JTG B01—2014)对各级公路桥面净空限界进行了规定,如图1-39所示。建筑限界内不得有任何部件侵入。

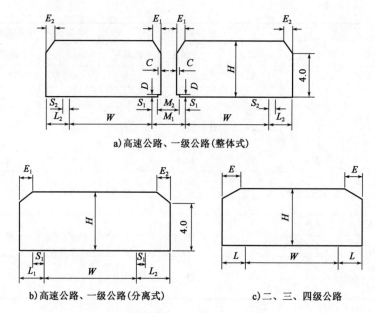

图1-39 各级公路桥梁建筑限界(尺寸单位:m)

图中:W——行车道宽度;

L_1——左侧硬路肩宽度;

L_2——右侧硬路肩宽度;

S_1——左侧路缘带宽度;

S_2——右侧路缘带宽度;

L——侧向宽度,二级公路的侧向宽度为硬路肩宽度,三、四级公路的侧向宽度为路肩宽度减去0.25m,设置护栏时,应根据护栏需要的宽度加宽路基;

C——当设计速度大于100km/h时为0.5m,小于或等于100km/h时为0.25m;

D——路缘石高度,小于或等于0.25m。一般情况下,高速公路可不设路缘石;

M_1——中间带宽度;

M_2——中央分隔带宽度;

E——建筑限界顶角宽度,当$L \leqslant 1m$时,$E=L$,当$L>1m$时,$E=1m$;

E_1——建筑限界顶角宽度,当$L_1<1m$时,$E_1=L_1$,或当$S_1+C<1m$时,$E_1=S_1+C$,当$L_1 \geqslant 1m$或$S_1+C \geqslant 1m$时,$E_1=1m$;

E_2——建筑限界顶角宽度,$E_2=1m$;

H——净空高度。

高速公路、一级公路上的桥梁在可能的情况下宜设计为上、下行分离的两座独立桥梁。各级公路上的涵洞和二、三、四级公路上跨径小于8m的单孔小桥的桥面宽度应与路基同宽。城市桥梁桥面宽度应考虑城市交通工程的规划要求予以适当加宽。弯道上的桥梁应按路线要求予以加宽和设置超高。

高速公路上的桥梁应设检修道,不宜设人行道。漫水桥和过水路面可不设人行道。各级公路桥梁的人行道和自行车道设置应根据需要而定,并需与行车道之间设置分隔设施。一个自行车道的宽度为1.0m,当单独设置自行车道时,不宜小于两个自行车道的宽度。人行道的宽度宜为0.75m或1.0m,大于1.0m时,按0.5m的级差增加。

高速公路、一级公路上的桥梁必须设置护栏,二、三、四级公路上特大桥、大桥、中桥应设护栏或栏杆和安全带,小桥和涵洞可仅设缘石或栏杆;不设人行道的漫水桥或过水路面应设标杆或护栏。

第五节 桥梁设计荷载与组合

一、桥梁荷载分类

施加在桥梁结构上的集中力或分布力(直接作用)和引起桥梁结构外加变形或约束的原因(间接作用)称为桥梁荷载,2004年颁布的《公路桥涵设计通用规范》(JTG D60—2004)中正式采用"作用"代替"荷载"。

桥梁结构除承受本身自重和各种附加恒载作用外,根据其使用功能,还需承受桥上各种交通荷载作用,例如火车荷载、汽车荷载、非机动车荷载和人群荷载。而且桥梁结构处在自然环境之中,还要承受各种自然因素的影响,如风力、温度变化、水流冲击以及地震作用等。

《公路桥涵设计通用规范》(JTG D60—2015)中将作用在桥梁结构上的作用分为永久作用、可变作用、偶然作用和地震作用四类,如表1-4所示。

作用分类　　　　　　　　　　表1-4

序号	分类	名称
1	永久作用	结构重力(包括结构附加重力)
2		预加力
3		土的重力
4		土侧压力
5		混凝土收缩、徐变作用
6		水浮力
7		基础变位作用
8	可变作用	汽车荷载
9		汽车冲击力
10		汽车离心力
11		汽车引起的土侧压力
12		汽车制动力
13		人群荷载
14		疲劳荷载
15		风荷载
16		流水压力
17		冰压力
18		波浪力
19		温度(均匀温度和梯度温度)作用
20		支座摩阻力

续上表

序号	分类	名称
21	偶然作用	船舶的撞击作用
22		漂流物的撞击作用
23		汽车撞击作用
24	地震作用	地震作用

二、桥梁作用计算

1. 永久作用

在设计基准期内,作用位置、大小和方向不随时间变化或变化与平均值相比可以忽略不计的作用被称为永久作用。作用在桥梁结构上的永久作用主要为结构物自重、桥面铺装等附属设施的重量、结构预加力、土的重力及土侧压力、混凝土收缩徐变作用、水的浮力以及基础变位作用。

2. 可变作用

可变作用是指在结构使用期间,其作用位置、大小和方向随时间变化,且其变化与平均值相比不可忽略的作用。主要包括汽车荷载及其影响力、自然和人为产生的各种变化力。以下简要介绍桥梁设计中常用的可变作用,其具体计算方法可查阅《公路桥涵设计通用规范》(JTG D60—2015)相应条文。

1)公路桥梁汽车荷载

《公路桥涵设计通用规范》(JTG D60—2015)将公路桥梁汽车荷载分为公路—Ⅰ级和公路—Ⅱ级两个等级。高速公路、一级公路、二级公路上的桥梁,汽车荷载等级应采用公路—Ⅰ级;三级公路、四级公路上的桥梁,汽车荷载等级应采用公路—Ⅱ级。二级公路作为集散公路且交通量小、重型车辆少时,其桥涵的设计可采用公路—Ⅱ级汽车荷载。

汽车荷载由车道荷载和车辆荷载组成。车道荷载由均布荷载和集中荷载组成,桥梁结构的整体计算采用车道荷载;桥梁结构的局部加载、涵洞、桥台和挡土墙土压力等的计算采用车辆荷载。车道荷载与车辆荷载的作用不得叠加。公路桥梁车道荷载计算图式如图1-40所示。

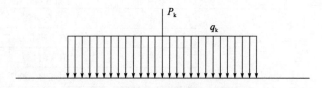

图1-40 公路桥梁车道荷载计算图式

公路—Ⅰ级车道荷载的均布荷载标准值为 $q_k = 10.5 \text{kN/m}$;集中荷载标准值 P_k 的取值如表1-5所示。计算剪力效应时,上述集中荷载标准值应乘以系数1.2。

集中荷载标准值 P_k 取值   表1-5

计算跨径 L_0(m)	$L_0 \leq 5$	$5 < L_0 < 50$	$L_0 \geq 50$
P_k(kN)	270	$2(L_0 + 130)$	360

公路—Ⅱ级车道荷载的均布荷载标准值 q_k 和集中荷载标准值 P_k,按公路—Ⅰ级车道荷载的0.75倍采用。

桥梁设计时,应根据设计车道数布置车道荷载,每条设计车道上均应布置车道荷载。车道荷载的均布荷载标准值应满布于使结构产生最不利效应的同号影响线上;集中荷载标准值只作用于相应影响线中一个影响线峰值处。

车道荷载横向分布系数应按图 1-41 所示布置车道荷载进行计算。

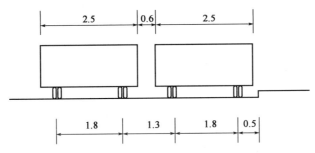

图 1-41　公路桥梁车辆荷载横向布置图(尺寸单位:m)

公路桥梁设计车道数应符合表 1-6 的规定。横桥向布置多车道汽车荷载时,应考虑汽车荷载的折减;布置一条车道汽车荷载时,应考虑汽车荷载的提高。横向车道布载系数应符合表 1-7 的规定。多车道布载的荷载效应不得小于两条车道布载的荷载效应。

公路桥梁设计车道数　　表 1-6

桥面宽度 W(m)		桥涵设计车道数(条)
车辆单向行驶时	车辆双向行驶时	
$W < 7.0$		1
$7.0 \leq W < 10.5$	$6.0 \leq W < 14.0$	2
$10.5 \leq W < 14.0$		3
$14.0 \leq W < 17.5$	$14.0 \leq W < 21.0$	4
$17.5 \leq W < 21.0$		5
$21.0 \leq W < 24.5$	$21.0 \leq W < 28.0$	6
$24.5 \leq W < 28.0$		7
$28.0 \leq W < 31.5$	$28.0 \leq W < 35.0$	8

横向车道布载系数　　表 1-7

横向布载车道数(条)	1	2	3	4	5	6	7	8
横向车道布载系数	1.20	1.00	0.78	0.67	0.60	0.55	0.52	0.50

大跨度桥梁上的汽车荷载应考虑纵向折减。当桥梁计算跨径大于 150m 时,应按表 1-8 规定的纵向折减系数进行折减。当为多跨连续结构时,整个结构应按最大的计算跨径考虑汽车荷载效应的纵向折减。

纵 向 折 减 系 数　　表 1-8

计算跨径 L_0(m)	纵向折减系数	计算跨径 L_0(m)	纵向折减系数
$150 < L_0 < 400$	0.97	$800 \leq L_0 < 1000$	0.94
$400 \leq L_0 < 600$	0.96	$L_0 \geq 1000$	0.93
$600 \leq L_0 < 800$	0.95	—	—

公路桥梁车辆荷载的立面、平面尺寸如图 1-42 所示,主要技术指标规定见表 1-9。公路—Ⅰ级和公路—Ⅱ级汽车荷载采用相同的车辆荷载标准值。

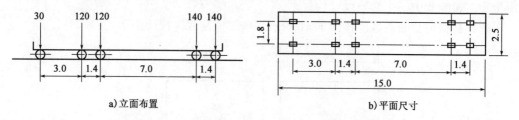

图 1-42 车辆荷载的立面和平面尺寸(尺寸单位:m;荷载单位:kN)

公路桥梁车辆荷载主要技术指标 表 1-9

项 目	单位	技术指标	项 目	单位	技术指标
车辆重力标准值	kN	550	轮距	m	1.8
前轴重力标准值	kN	30	前轮着地宽度及长度	m	0.3×0.2
中轴重力标准值	kN	2×120	中、后轮着地宽度及长度	m	0.6×0.2
后轴重力标准值	kN	2×140	车辆外形尺寸(长×宽)	m	15×2.5
轴距	m	3+1.4+7+1.4	—	—	—

2)城市桥梁车辆荷载

根据《城市桥梁设计规范》(CJJ 11—2011)规定,城市桥梁汽车荷载分为城—A 和城—B 两个等级,与公路桥梁汽车荷载类似,汽车荷载由车道荷载和车辆荷载组成。城—A 级车道荷载与公路桥梁几乎相同,只是当桥梁计算跨径小于或等于 5m 时,集中荷载 P_k = 180kN。城—B 级车道荷载的均布荷载标准值和集中荷载标准值按城—A 级车道荷载的 75% 采用。

城—A 级车辆荷载立面、平面、横桥向布置如图 1-43 所示,标准值应符合表 1-10 规定。城—B 级车辆荷载的立面、平面布置及标准值按《公路桥涵设计通用规范》(JTG D60—2015)的规定计算。

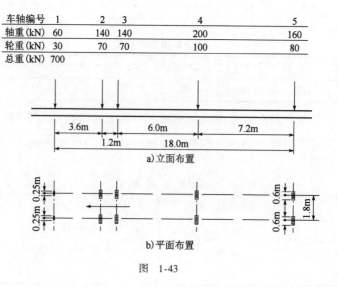

图 1-43

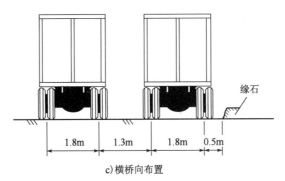

c) 横桥向布置

图 1-43 城—A 级车辆荷载立面、平面、横桥向布置

城—A 级车辆荷载 表 1-10

车轴编号	单位	1	2	3	4	5
轴重	kN	60	140	140	200	160
轮重	kN	30	70	70	100	80
纵向轴距	m		3.6	1.2	6	7.2
每组车轮的横向中距	m	1.8	1.8	1.8	1.8	1.8
车轮着地的宽度×长度	m	0.25×0.25	0.6×0.25	0.6×0.25	0.6×0.25	0.6×0.25

根据道路的功能、等级和发展要求等具体情况选用设计汽车荷载,主干路应采用城—A级,支路应采用城—B级;快速路、次干路上如重型车辆行驶频繁时,设计汽车荷载应选用城—A级荷载,否则采用城—B级;小城市中的支路上如重型车辆较少时,设计汽车荷载采用城—B级车道荷载的效应乘以0.8的折减系数,车辆荷载的效应乘以0.7的折减系数;小型车专用道路设计汽车荷载可采用城—B级车道荷载的效应乘以0.6的折减系数,车辆荷载的效应乘以0.5的折减系数。

城市桥梁的车道荷载横向分布系数、多车道横向折减系数、大跨度桥梁纵向折减系数、汽车荷载的冲击力、离心力、制动力及车辆荷载在桥台或挡土墙后填土的破坏棱体上引起的土侧压力等均按《公路桥涵设计通用规范》(JTG D60—2015)的规定计算。

3)铁路列车荷载

针对铁路桥梁,应对铁路列车荷载进行规定。列车由机车和车辆组成,机车和车辆类型很多,轴重、轴距各异,为规范设计,我国根据机车和车辆的轴重、轴距对桥梁不同影响及考虑车辆的发展趋势,制定了铁路列车荷载图式,分为高速铁路、城际铁路、客货共线铁路、重载铁路列车荷载图式,不同线路类型的列车荷载图式如图 1-44 所示。

列车荷载分为普通荷载和特种荷载,普通荷载由 4 个集中荷载和 2 段均布荷载组成;特种荷载由 4 个集中荷载组成。普通荷载的集中荷载代表轴重及邻轴加载效应,均布荷载代表车辆加载效应;特种荷载代表某些机车、车辆的较大轴重。在使用列车荷载图式时,可按照影响线最不利位置对图式进行任意截取,但不得变更轴距。

与汽车荷载相似,列车活载也要考虑动力作用、离心力、制动力或牵引力,此外还有列车的横向摇摆力,详见《铁路桥涵设计规范》(TB 10002—2017)。

4)汽车荷载的冲击力

车辆以较高速度驶过桥梁时,由于桥面的不平整、车轮不圆以及发动机抖动等原因,会引起桥梁结构的振动,这种动力作用通常称为冲击作用。《公路桥涵设计通用规范》(JTG D60—

2015)规定,钢桥、钢筋混凝土及预应力混凝土桥、圬工拱桥等上部构造和钢支座、板式橡胶支座、盆式橡胶支座及钢筋混凝土柱式墩台,应计算汽车的冲击作用。填料厚度(包括路面厚度)大于或等于0.5m的拱桥、涵洞以及重力式墩台不计冲击力。

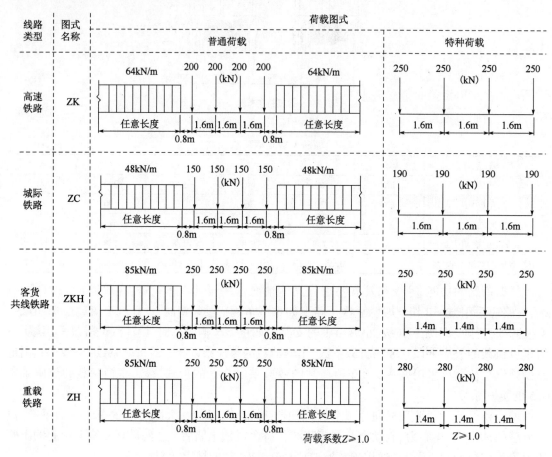

图1-44 铁路列车荷载计算图式

汽车荷载的冲击力标准值为汽车荷载标准值乘以冲击系数。公路桥梁汽车荷载的冲击系数根据桥梁结构的基频f选用,如表1-11所示。汽车荷载的局部加载及在T梁、箱梁悬臂板上的冲击系数采用0.3。

公路桥梁汽车荷载冲击系数　　　　　　　表1-11

结构基频(Hz)	冲击系数μ
$f < 1.5$	0.05
$1.5 \leq f \leq 14$	$0.1767 \ln f - 0.0157$
$f > 14$	0.45

车辆对桥梁的冲击作用除频率外,还与路面平整度、结构形式、伸缩装置、车辆作用位置等因素有关。其中桥面平整度与伸缩装置应引起桥梁建设及养护部门的注意,在桥梁施工过程中,应保证桥面平整度和伸缩装置的安装质量;在使用过程中,应保持桥面整洁,铺装层破损应及时修补,伸缩装置内的杂物应及时清理,损坏应及时维修,以尽量减小车辆对桥梁的冲击效应。

5)汽车荷载离心力

曲线桥应计算汽车荷载引起的离心力。汽车荷载离心力标准值为不计冲击力的车辆荷载标准值乘以离心力系数计算,离心力系数按下式计算:

$$C = \frac{v^2}{127R} \quad (1-2)$$

式中:v——设计速度(km/h),应按桥梁所在路线设计速度采用;

R——曲线半径(m)。

计算多车道桥梁的汽车荷载离心力时,车辆荷载标准值应乘以表1-7规定的横向车道布载系数。离心力着力点在桥面以上1.2m处,为计算方便也可移至桥面上,不计由此引起的作用效应。

6)汽车荷载引起的土压力

《公路桥涵设计通用规范》(JTG D60—2015)规定,汽车荷载在桥台或挡土墙后填土的破坏棱体上引起的土侧压力可换算成等代均布土层厚度h(m)计算:

$$h = \frac{\sum G}{Bl_0\gamma} \quad (1-3)$$

式中:γ——土的重度(kN/m³);

$\sum G$——布置在$B \times l_0$面积内的车轮的总重力(kN);

l_0——桥台或挡土墙后填土的破坏棱体长度(m);

B——桥台横向全宽或挡土墙的计算长度(m)。

7)汽车荷载的制动力

制动力是汽车在桥上制动时为克服其惯性力而在车轮与路面之间发生的滑动摩擦力。《公路桥涵设计通用规范》(JTG D60—2015)规定,汽车荷载制动力按同向行驶的汽车荷载(不计冲击力)计算,并对桥梁墩台产生最不利纵向力的加载长度进行纵向折减。一个设计车道上由汽车荷载产生的制动力标准值为车道荷载标准值在加载长度上计算的总重力的10%,公路—Ⅰ级汽车荷载的制动力标准值不得小于165kN,公路—Ⅱ级汽车荷载的制动力标准值不得小于90kN。同向行驶双车道的汽车荷载制动力标准值应为一个设计车道制动力标准值的2倍,同向行驶三车道应为一个设计车道的2.34倍,同向行驶四车道应为一个设计车道的2.68倍。制动力的着力点在桥面以上1.2m处,方向为汽车行驶方向。

车辆制动除对主结构产生较大的水平力外,还会引起桥梁的振动,引起铺装层的破坏。尽管桥梁设计时已考虑汽车荷载的制动力,但桥梁养护部门仍应注意维持桥面良好的行车条件,尽量避免车辆在高速行驶状态下紧急制动,更应防止桥上交通事故的发生。

8)人群荷载

当公路桥梁设置人行道时,应考虑人群荷载。《公路桥涵设计通用规范》(JTG D60—2015)规定人群荷载标准值应按表1-12采用,对于不等跨连续结构,以最大计算跨径为准。

人群荷载标准值　　　　　表1-12

计算跨径L_0(m)	$L_0 \leq 50$	$50 < L_0 < 150$	$L_0 \geq 150$
人群荷载(kN/m²)	3.0	$3.25 - 0.005L_0$	2.5

非机动车、行人密集的公路桥梁,人群荷载标准值取上述标准值的1.15倍;专用人行桥

梁,人行荷载标准值为 3.5kN/m²。人群荷载在横向应布置在人行道的净宽度内,在纵向施加于使结构产生最不利荷载效应的区段内。人行道板可以一块板为单元,按标准值 4.0kN/m² 的均布荷载计算。计算人行道栏杆时,作用在栏杆立柱顶上的水平推力标准值取 0.75kN/m,作用在栏杆扶手上的竖向力标准值取 1.0kN/m。

《城市桥梁设计规范》(CJJ 11—2011)中对城市桥梁人行道的设计人群荷载也做了详细的规定。人行道板的人群荷载按 5kPa 或 1.5kN 的竖向集中力作用在一块构件上,分别计算,取其不利者。梁、桁架、拱及其他大跨结构的人群荷载 W 可按下式计算,且 W 的值在任何情况下不得小于 2.4kPa。

当加载长度 $L<20m$ 时:

$$W = 4.5 \times \frac{20 - \omega_p}{20} \tag{1-4}$$

当加载长度 $L \geqslant 20m$ 时:

$$W = \left(4.5 - 2 \times \frac{L-20}{80}\right)\left(\frac{20 - \omega_p}{20}\right) \tag{1-5}$$

式中:W——单位面积的人群荷载(kPa);

L——加载长度(m);

ω_p——单边人行道宽度(m),在专用非机动车桥上为 1/2 桥宽,大于 4m 时仍按 4m 计。

检修道上设计人群荷载应按 2kPa 或 1.2kN 的竖向集中荷载,作用在短跨小构件上,可分别计算,取其不利者。计算与检修道相连构件,当计入车辆荷载或人群荷载时,可不计检修道上的人群荷载。

专用人行桥或人行地道的人群荷载应按《城市人行天桥与人行地道技术规范》(CJJ 69—1995)的有关规定执行。

人群荷载对于一般的公路桥梁和城市桥梁而言不是主要荷载,通常与车辆荷载组合进行计算,但对于专用人行桥及人行道局部构件来说却起控制作用,因此对柔性人行桥,应注意特殊场合下人群荷载在桥梁横向的严重不均衡和动力冲击。

9)疲劳荷载

《公路桥涵设计通用规范》(JTG D60—2015)中对疲劳荷载的计算模型做出了规定,疲劳荷载计算模型分为Ⅰ、Ⅱ、Ⅲ三种。

疲劳荷载计算模型Ⅰ采用等效的车道荷载,集中荷载为 $0.7P_k$,均布荷载为 $0.3q_k$,应考虑多车道影响,按表 1-7 对多车道桥梁进行横向折减;疲劳荷载计算模型Ⅱ采用双车模型,两辆模型车轴重与轴距相同,其单车的轴重与轴距布置如图 1-45 所示,计算加载时,两模型车的中心距不得小于 40m;疲劳荷载计算模型Ⅲ采用单车模型,模型车轴载及分布规定如图 1-46 所示。

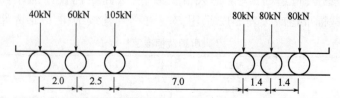

图 1-45 疲劳荷载计算模型Ⅱ(尺寸单位:m)

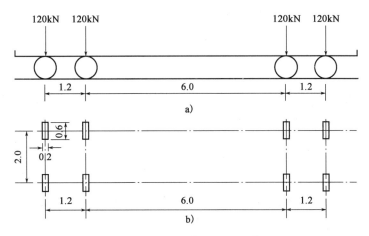

图 1-46 疲劳荷载计算模型Ⅲ(尺寸单位:m)

当构件和连接不满足疲劳荷载计算模型Ⅰ验算要求时,应按模型Ⅱ验算;桥面系构件的疲劳验算应采用疲劳荷载计算模型Ⅲ。

10)风荷载

作用于桥梁上的风荷载由平均风作用、脉动风的背景作用及结构惯性动力作用叠加而成,风的静力作用的风荷载按静阵风荷载计算。对风敏感且可能以风荷载控制设计的桥梁,应考虑桥梁在风荷载作用下的静力和动力失稳,必要时应通过风洞试验验证,同时可采取适当的风致振动控制措施,桥梁的风致振动计算包括抖振分析、涡振分析、驰振及颤振稳定性分析。风荷载及风对桥梁结构的作用应按《公路桥梁抗风设计规范》(JTG/T 3360-01—2018)的规定进行计算分析。

11)其他作用力

对于流水压力、冰压力、波浪力、温度作用、支座摩阻力的规定和计算,详见《公路桥涵设计通用规范》(JTG D60—2015)。

3.偶然作用

偶然作用包括船舶、漂流物以及汽车的撞击作用。这种作用在桥梁使用期内出现的概率很小,一旦出现,其持续时间很短但数值很大。

1)船舶或漂流物的撞击作用

位于通航水域中的桥梁墩台应考虑船舶的撞击作用。规划航道内可能遭受大型船舶撞击作用的桥墩,应根据桥墩的自身抗撞击能力、桥墩的位置和外形、水流流速、水位变化、通航船舶类型和碰撞速度等因素进行桥墩防撞设施的设计。当设有与墩台分开的防撞击防护结构时,桥墩可不计船舶的撞击作用。内河船舶的撞击作用点,假定为计算通航水位线以上2m的桥墩宽度或长度的中点;海轮船舶撞击作用点按实际情况而定。

位于漂流物水域中的桥梁墩台应考虑漂流物的撞击作用,横桥向撞击力设计值可按下式计算,漂流物的撞击作用点假定在计算通航水位线上桥墩宽度的中点。

$$F = \frac{Wv}{gT} \tag{1-6}$$

式中:W——漂流物重力(kN);
v——水流速度(m/s);

T——撞击时间(s),在无实际资料时,可用1s;
g——重力加速度,$g=9.81\text{m/s}^2$。

2)汽车的撞击作用

桥梁结构必要时可考虑汽车的撞击作用。汽车撞击力设计值在车辆行驶方向应取1000kN,在车辆行驶垂直方向应取500kN,两个方向的撞击力不同时考虑。撞击力应作用于行车道以上1.2m处,直接分布于撞击涉及的构件上。

对于设有防撞设施的构件,可视防撞设施的防撞能力,对汽车撞击力予以折减,但折减后的汽车撞击力设计值不应低于上述规定值的1/6。

4.地震作用

地震是一种自然现象,对地面构造物的破坏具有突发性,往往引起严重的后果。我国是一个地震多发的国家,地震活动频繁,震级强,地震活动主要分布在西南、西北、华南和台湾海峡等地区。对于桥梁结构的地震反应分析方法主要有静力法、动力反应谱法和动态时程分析法。静力法将地面运动加速度作用下产生的惯性力视作静力作用于结构物上进行抗震计算,计算方法简单,但忽略了地面动力特性和结构动力特性,较为粗略。动力反应谱法同时考虑了地面运动和结构的动力特性,比静力法有很大进步,是我国建筑物、公路桥梁和铁路桥梁抗震设计中采用的方法。随着强震记录的增多和计算机技术的广泛应用动态时程分析法逐渐发展,利用该方法能求出结构在整个过程的位移、速度、加速度等地震响应,是公认的精细分析方法,因此有些国家已开始采用这一方法作为设计方法。

地震动峰值加速度等于0.10g、0.15g、0.20g、0.30g地区的公路桥梁,应进行抗震设计,大于或等于0.40g地区的公路桥梁,应进行专门的抗震研究和设计。公路桥梁地震作用的计算和结构设计应符合《公路工程抗震规范》(JTG B02—2013)和《公路桥梁抗震设计规范》(JTG/T 2231-01—2020)的规定。

三、作用组合

以上简述了桥梁结构在使用期内各种可能出现的荷载和外力,显然这些荷载并非都同时作用于桥梁上。根据各种荷载重要性的不同和同时出现的可能性,《公路桥涵设计通用规范》(JTG D60—2015)规定,公路桥涵结构设计应考虑结构上可能同时出现的作用,按承载能力极限状态、正常使用极限状态进行作用组合,取其最不利组合效应进行设计。

只有在结构上可能同时出现的作用,才进行组合。当结构或结构构件需做不同受力方向的验算时,则应以不同方向的最不利的作用组合效应进行计算。当可变作用的出现对结构或结构构件产生有利影响时,该作用不应参与组合。实际不可能同时出现的作用或同时参与组合概率很小的作用,按表1-13规定不考虑其参与组合。

可变作用不同时组合表　　表1-13

作用名称	不与该作用同时参与组合的作用
汽车制动力	流水压力、冰压力、波浪力、支座摩阻力
流水压力	汽车制动力、冰压力、波浪力
波浪力	汽车制动力、流水压力、冰压力
冰压力	汽车制动力、流水压力、波浪力
支座摩阻力	汽车制动力

施工阶段的作用组合,应按计算需要及结构所处条件而定,结构上的施工人员和施工机具设备均应作为可变作用加以考虑。对于组合式桥梁,当把底梁作为施工支撑时,作用组合效应宜分两个阶段计算,底梁受荷为第一个阶段,组合梁受荷为第二个阶段。多个偶然作用不同时参与组合;地震作用不与偶然作用同时参与组合。

1. 承载能力极限状态设计的作用组合

承载能力极限状态是指桥涵结构或构件达到最大承载能力或出现不适于继续承载的变形或变位的状态。公路桥涵结构按承载能力极限状态设计时,对持久设计状况和短暂设计状况应采用作用的基本组合,对偶然设计状况应采用作用的偶然组合,对地震设计状况应采用作用的地震组合。

1)基本组合

基本组合是永久作用设计值与可变作用设计值相组合,作用基本组合的效应设计值可按下式计算。

$$S_{ud} = \gamma_0 S(\sum_{i=1}^{m} \gamma_{G_i} G_{ik}, \gamma_{Q_1} \gamma_L Q_{1k}, \psi_c \sum_{j=2}^{n} \gamma_{Lj} \gamma_{Q_j} Q_{jk}) \tag{1-7}$$

或

$$S_{ud} = \gamma_0 S(\sum_{i=1}^{m} G_{id}, Q_{1d}, \sum_{j=2}^{n} Q_{jd}) \tag{1-8}$$

式中:S_{ud}——承载能力极限状态下作用基本组合的效应设计值。

$S(\ )$——作用组合的效应函数。

γ_0——结构重要性系数,按表1-14规定的结构设计安全等级采用,按持久状况和短暂状况承载能力极限状态设计时,公路桥涵结构设计安全等级应不低于表1-14的规定,对应于设计安全等级一级、二级和三级分别取1.1、1.0和0.9。

γ_{G_i}——第i个永久作用的分项系数,应按表1-15的规定采用。

G_{ik}、G_{id}——第i个永久作用的标准值和设计值。

γ_{Q_1}——汽车荷载(含汽车冲击力、离心力)的分项系数。采用车道荷载计算时取γ_{Q_1} = 1.4,采用车辆荷载计算时,其分项系数取γ_{Q_1} = 1.8。当某个可变作用在组合中其效应值超过汽车荷载效应时,则该作用取代汽车荷载,其分项系数取γ_{Q_1} = 1.4;对专为承受某作用而设置的结构或装置,设计时该作用的分项系数取γ_{Q_1} = 1.4;计算人行道板和人行道栏杆的局部荷载,其分项系数也取γ_{Q_1} = 1.4。

Q_{1k}、Q_{1d}——汽车荷载(含汽车冲击力、离心力)的标准值和设计值。

γ_{Q_j}——在作用组合中除汽车荷载(含汽车冲击力、离心力)、风荷载外的其他第j个可变作用的分项系数,取γ_{Q_j} = 1.4,但风荷载的分项系数取γ_{Q_j} = 1.1。

Q_{jk}、Q_{jd}——在作用组合中除汽车荷载(含汽车冲击力、离心力)外的其他第j个可变作用的标准值和设计值。

ψ_c——在作用组合中除汽车荷载(含汽车冲击力、离心力)外的其他可变作用的组合值系数,取ψ_c = 0.75。

$\psi_c Q_{jk}$——在作用组合中除汽车荷载(含汽车冲击力、离心力)外的其他第j个可变作用的组合值。

γ_{Lj}——第j个可变作用的结构设计使用年限荷载调整系数。公路桥涵结构的设计使用年限按《公路工程技术标准》(JTG B01—2014)取值时,可变作用的设计使用年限荷载调整系数取 $\gamma_{Lj}=1.0$,否则,γ_{Lj} 取值应按专题研究确定。

公路桥涵结构设计安全等级　　　　　　　　　　　　　表1-14

设计安全等级	破坏后果	适用对象
一级	很严重	1. 各等级公路上的特大桥、大桥、中桥; 2. 高速公路、一级公路、二级公路、国防公路及城市附近交通繁忙公路上的小桥
二级	严重	1. 三、四级公路上的小桥; 2. 高速公路、一级公路、二级公路、国防公路上涵洞
三级	不严重	三、四级公路上的涵洞

注:对多跨不等跨桥梁,以其中最大跨径为准。

永久作用的分项系数　　　　　　　　　　　　　表1-15

序号	作用类别		永久作用分项系数	
			对结构的承载能力不利时	对结构的承载能力有利时
1	混凝土和圬工结构重力(包括结构附加重力)		1.2	1.0
	钢结构重力(包括结构附加重力)		1.1 或 1.2	
2	预加力		1.2	1.0
3	土的重力		1.2	1.0
4	混凝土的收缩及徐变作用		1.0	1.0
5	土侧压力		1.4	1.0
6	水的浮力		1.0	1.0
7	基础变位作用	混凝土和圬工结构	0.5	0.5
		钢结构	1.0	1.0

注:本表序号1中,当钢桥采用钢桥面板时,永久作用分项系数取1.1;当采用混凝土桥面板时,取1.2。

当作用与作用效应按线性关系考虑时,作用基本组合的效应设计值 S_{ud} 可通过作用效应代数相加计算。设计弯桥时,当离心力与制动力同时参与组合时,制动力标准值或设计值按70%取用。

2)偶然组合

偶然组合是永久作用标准值与可变作用某种代表值、一种偶然作用设计值相组合;与偶然作用同时出现的可变作用,可根据观测资料和工程经验采用频遇值或准永久值。作用偶然组合的效应设计值可按下式计算。

$$S_{ad} = S\left[\sum_{i=1}^{m} G_{ik}, A_d, (\psi_{f1} \text{ 或 } \psi_{q1})Q_{1k}, \sum_{j=2}^{n} \psi_{qj}Q_{jk}\right] \qquad (1-9)$$

式中:　S_{ad}——承载力极限状态下作用偶然组合的效应设计值。

A_d——偶然作用的设计值。

ψ_{f1}——汽车荷载(含汽车冲击力、离心力)的频遇值系数,取 $\psi_{f1}=0.7$;当某个可变作用在组合中其效应值超过汽车荷载效应时,则该作用取代汽车荷载,人群荷载 $\psi_{f1}=1.0$,风荷载 $\psi_{f1}=0.75$,温度梯度作用 $\psi_{f1}=0.8$,其他作用 $\psi_{f1}=1.0$。

$\psi_{f1}Q_{1k}$——汽车荷载的频遇值。

ψ_{q1}、ψ_{qj}——第1个和第j个可变作用的准永久值系数,汽车荷载(含汽车冲击力、离心力)$\psi_q=0.4$,人群荷载$\psi_q=0.4$,风荷载$\psi_q=0.75$,温度梯度作用$\psi_q=0.8$,其他作用$\psi_q=1.0$。

$\psi_{q1}Q_{1k}$、$\psi_{qj}Q_{jk}$——第1个和第j个可变作用的准永久值。

当作用与作用效应可按线性关系考虑时,作用偶然组合的效应设计值S_{ad}可通过作用效应代数相加计算。

3)地震组合

地震作用效应组合应包括永久作用效应与地震作用效应的组合,组合方式应包括各种效应的最不利组合。作用地震组合的效应设计值应按《公路工程抗震规范》(JTG B02—2013)的有关规定计算。

2. 正常使用极限状态设计的作用组合

正常使用极限状态是指桥涵结构或构件达到正常使用或耐久性的某项限值的状态。公路桥梁按正常使用极限状态设计时,应根据不同的设计要求,采用作用的频遇组合或准永久组合。

1)频遇组合

频遇组合是指永久作用标准值与汽车荷载频遇值、其他可变作用准永久值相结合。作用频遇组合的效应设计值可按下式计算。

$$S_{fd} = S(\sum_{i=1}^{m} G_{ik}, \psi_{f1}Q_{1k}, \sum_{j=2}^{n} \psi_{qj}Q_{jk}) \tag{1-10}$$

式中:S_{fd}——作用频遇组合的效应设计值;

ψ_{f1}——汽车荷载(不计汽车冲击力)频遇值系数,取0.7。

当作用与作用效应可按线性关系考虑时,作用频遇组合的效应设计值S_{fd}可通过作用效应代数相加计算。

2)准永久组合

准永久组合是指永久作用标准值与可变作用准永久值相组合。作用准永久组合的效应设计值可按下式计算。

$$S_{qd} = S(\sum_{i=1}^{m} G_{ik}, \sum_{j=2}^{n} \psi_{qj}Q_{jk}) \tag{1-11}$$

式中:S_{qd}——作用准永久组合的效应设计值;

ψ_{qj}——汽车荷载(不计汽车冲击力)准永久值系数,取0.4。

当作用与作用效应可按线性关系考虑时,作用准永久组合的效应设计值S_{qd}可通过作用效应代数相加计算。

根据《城市桥梁设计规范》(CJJ 11—2011)规定,城市桥梁结构应按承载能力极限状态和正常使用极限状态进行设计,并应同时满足构造和工艺方面的要求。根据桥梁结构在施工和使用中的环境条件和影响,将城市桥梁设计分为持久状况、短暂状况和偶然状况。对于桥梁结构或其构件,三种设计状况均应进行承载能力极限状态设计;持久状况还应进行正常使用极限状态设计;短暂状况及偶然状况中的地震设计状况可根据需要进行正常使用极限状态设计;偶然状况中的船舶或汽车撞击等设计状况可不进行正常使用极限状态设计。按承载能力极限状态设计时,应采用作用效应的基本组合和偶然组合;按正常使用极限状态设计时,应采用作用效应的标准组合、作用短期效应组合(频遇组合)和作用长期效应组合(准永久组合)。

关于铁路桥梁的作用效应组合可参考《铁路桥涵设计规范》(TB 10002—2017)。

第二章
梁桥结构概念

梁桥是指结构在垂直荷载作用下,以承受弯矩为主桥梁的总称,是最简单的桥梁结构形式,因此,也是中小跨径下使用最多的桥型。虽然梁桥结构形式比较简单,为适应不同的应用条件,构造仍然有很多变化。本章主要介绍受弯梁的受力特点及梁桥构造设计时需要考虑的因素,包括支承体系、立面布置和截面形式等。

第一节 梁的受力与构造

一、梁的宏观受力特点

梁桥在外界荷载作用下主要产生弯矩,弯矩使梁产生挠曲变形。外荷载在梁上产生的弯矩沿梁长是变化的,弯矩的具体分布形式与支承形式有关。

简支梁在竖向荷载作用下只产生正弯矩,跨中弯矩最大,支点截面不产生弯矩,如图 2-1 所示。连续梁在中支点截面产生负弯矩,从而跨中正弯矩和支点负弯矩的绝对值均比简支梁小,正负弯矩的分布与跨径分布相关,如图 2-2 所示。连续梁是超静定结构,任何一个支承发生变位,均会在梁内产生弯矩。

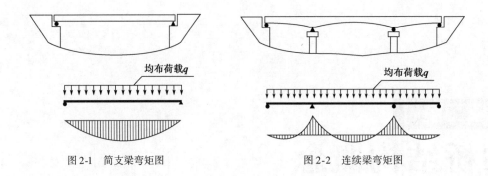

图 2-1　简支梁弯矩图　　　　　　　图 2-2　连续梁弯矩图

二、梁的微观受力特点

从微观层面上看,梁受弯后在截面高度上产生从拉到压的应力分布。以简支梁为例,受弯构件截面从一侧拉应力逐渐过渡到另一侧的压应力,在截面中间有一个 0 正应力区域,称为截面中性轴,如图 2-3 所示。只要截面内的最大弯曲应力不超过其材料强度,梁桥便能承受相应的荷载而正常使用。梁桥能够承载的本质是梁受拉区拉应力合力与受压区压应力合力形成的抗力矩能够抵抗外荷载弯矩。

如果采用等高度梁,跨中截面上产生的拉、压应力最大,其他截面的拉压应力逐渐减小(图 2-3),这使远离跨中截面的材料强度不能被充分利用。将拉(压)应力合力作用点沿梁长的连线称为拉(压)力线,外荷载产生的弯矩为 M,假定截面受拉区和受压区应力的合力为 N,则拉力线和压力线之间的距离为:

$$d = \frac{M}{N} \tag{2-1}$$

如图 2-4 所示,如果要使 N 沿梁长等值,则 d 沿梁长的分布与弯矩图的形状一致。因此,要使梁各截面的应力均达到材料强度,则要将梁设计成变高度。

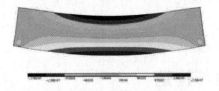
图 2-3　简支梁正应力分布图

图 2-4　简支梁等值线分布

在弹性变形假定下,梁在弯矩 M 作用下截面应力 σ 分布如图 2-5 所示,截面高度方向为 y,外弯矩由截面上下翼缘应力的合力平衡,即:

$$M = \int_A \sigma \cdot y \cdot dA \tag{2-2}$$

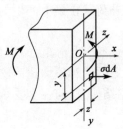
图 2-5　截面应力分布与抗力矩

从式(2-2)可以看出,受压区压应力或受拉区拉应力的合力点与截面形状相关,截面越向远离中性轴的方向集中,同样应力下产生的截面抗力矩越大,工字形截面和箱形截面是效率比较高的截面。

虽然梁的抗弯承载能力由上翼缘的压应力和下翼缘拉应力形成,但是梁的中性轴部分必须承担剪应力上述抗力矩才能形成。

因此,梁的中性轴部分必须保持一定的尺寸。

三、梁的合理构造

在进行梁桥设计时,应根据梁桥的受力特点,采取相应的构造布置对策,使得结构设计满足受力要求。

首先,应从上述梁的宏观受力特点出发,选择合理的支承布置形式,尽量减小桥梁的弯矩。

其次,应选择变化的梁高以适应弯矩沿跨长的变化,充分发挥材料的强度。

再则,应选择面积尽量向截面上下翼缘积聚的截面形式,才能提高材料的使用效率。

按照上述要求,梁桥应该设计成变高度工字形截面或者箱形截面连续梁,才能达到较高的受力效率。

但是梁桥并不总是设计成上述的构造形式,施工便利性和使用方便性等其他因素,也是进行梁桥构造设计必须考虑的因素。

以下各节将分别介绍梁桥支承布置、梁高、截面形式选择时需要考虑的因素。

第二节 支承体系选择

梁桥按照支承布置可分为简支梁桥、悬臂梁桥、连续梁桥和刚构桥,它们有不同的受力特点、采用不同的方法架设,因此有不同的适用场合。以下介绍影响这些桥型选择的主要因素。

一、简支梁桥

简支梁桥见图 2-6,既可以设计成单跨也可以设计成多跨长桥。简支梁受力简单,梁中只受正弯矩,且是静定结构,具有以下优点,是梁式桥中应用最早,使用最广泛的一种桥型:

(1)全梁只需要设计受正弯矩的截面形式,构造简单。

(2)简支梁桥非常适合于预制安装施工,整体或分片预制好的梁吊装到桥墩上后即形成结构体系,施工阶段的受力形式与成桥后受力形式一致。

(3)由于是静定结构,结构内力不受地基变形的影响,对基础要求较低,适合在地基较差的桥址上建桥。

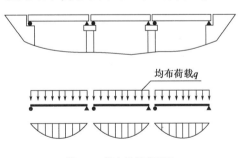

图 2-6 简支梁桥弯矩图

(4)在多孔简支梁桥中,相邻桥孔各自单独受力,便于预制、架设,简化施工管理,施工费用低,因此在城市高架、跨河大桥的引桥上被广泛采用。

(5)墩台基础沉降、整体温变、混凝土收缩徐变、张拉预应力等均不会在梁中产生附加内力,因此设计计算方便。

简支梁桥弯矩大的缺点限制了其使用范围:

(1)由于在外荷载作用下只产生正弯矩,跨中弯矩控制设计。随跨径增大,跨中恒载弯矩将急剧增加,当恒载弯矩所占的比例相当大时,结构能承受活载的能力就减小,因此简支梁桥只能用于小跨径桥梁。

(2)简支梁桥一般采用预制吊装方法施工,吊装重量随跨径的增大急剧增加,给吊装带来很大困难,从而限制简支梁桥在大跨度桥梁中的使用。

(3)在钢筋混凝土简支梁桥中,经济合理的常用跨径在20m以下,进一步大跨径时,控制裂缝宽度将使配筋量大幅度增加,从而不经济。

为了提高简支梁的跨越能力,可以采用预应力混凝土结构。由于预加应力使梁全截面参加工作,减轻了结构恒载,增大了抵抗活载的能力。目前,世界上预应力混凝土简支梁最大跨径达76m,采用高强混凝土并配置双预应力的简支梁跨径达到103m。

受吊装设备起重能力经济性的限制,我国目前装配式预应力混凝土简支梁桥跨径一般选在60m以下。

(4)多跨简支梁桥的另一个缺点是桥面的断缝多,为减少伸缩缝装置,改善行车平整舒适,常采用桥面连续的预应力混凝土简支梁桥。

二、悬臂梁桥

将简支梁梁体加长,并越过支点就成为悬臂梁桥。仅梁的一端悬出的称为单悬臂梁桥,如图2-7所示,两端均悬出的称为双悬臂梁桥,如图2-8所示,习惯上称悬臂梁主跨为锚跨。可见,使用悬臂梁的桥型至少有三孔,或是采用一双悬臂梁结构的跨线桥,或是采用单悬臂梁,中孔采用简支挂梁或铰组合成悬臂梁桥。双悬臂梁桥由于桥头跳车严重,很少直接使用,一般在较长桥中,由单臂梁、双悬臂梁与简支挂梁联合组成多跨悬臂梁桥,见图2-9。另一种悬臂加挂孔的长桥是T形刚构桥,如图2-10所示,T形刚构的悬臂从墩顶向两边平衡悬出,在各悬臂间布置挂孔。

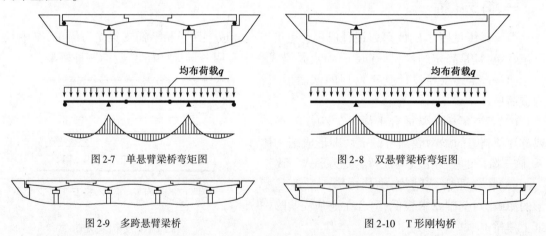

图2-7 单悬臂梁桥弯矩图　　　　　图2-8 双悬臂梁桥弯矩图

图2-9 多跨悬臂梁桥　　　　　　　图2-10 T形刚构桥

悬臂梁利用悬出支点以外的伸臂,使支点产生负弯矩对锚跨跨中正弯矩产生有利的卸载作用。比较图2-6、图2-7、图2-8,显然,简支梁的各跨跨中恒载弯矩最大,无论单悬臂梁或双悬臂梁在锚跨跨中弯矩因支点负弯矩因卸载作用而显著减小,而悬臂跨中因简支挂梁的跨径缩短而跨中正弯矩也同样显著减小。从标志材料用量的弯矩图面积大小(绝对值之和)来看,悬臂梁也比简支梁小。如以图2-7的中跨弯矩图为例,当悬臂长度等于中孔跨径的四分之一时,正负弯矩图面积的总和仅为同跨径简支梁的1/3.2。再从活载的作用来看,如果在图2-7、图2-8所示的悬臂梁的锚跨中布满活载,则其跨中最大正弯矩自然与简支梁布满活载时的结果一样,并不因为有悬臂的存在而有所减小。而在具有挂梁的悬臂跨中,活载引起的跨中最大正弯矩只按支承跨径较小(通常只有桥孔跨径的0.4~0.6)的简支挂梁产生的正弯矩计算,因此其设计弯矩也比简支梁小得多。由此可见,与简支梁相比较,悬臂梁可以减小跨内主梁高度和降低材料用量,是比较经济的。

悬臂梁桥一般仍为静定结构,可在地基较差的条件下使用。在多孔桥中,墩上均只需设置一个支座,因此减小了桥墩尺寸,同时节省了基础工程的材料用量。

小跨度悬臂梁桥的锚孔一般与悬臂共同预制吊装,因此吊装重量比简支梁大,从而限制其跨径的增大。我国20世纪80年代前建造过一些由双悬臂梁桥组成的多跨长桥(图2-9),为了减小主梁的弯矩,主梁和挂孔均采用工字梁,跨径为30~50m。

大跨度悬臂梁桥的锚孔采用满堂支架施工,悬臂采用节段悬拼或悬浇,因此可以不受起吊重量的限制,可以建造大跨度梁桥。国内20世纪80年代前建造的钢筋混凝土箱形截面T形刚构桥可达55m跨径,采用预应力混凝土箱梁时跨径可以超过100m。1982年建成的重庆长江大桥就采用了T形刚构,最大跨径达174m,悬臂长70m,挂孔35m。由于存在正负弯矩区,同时采用悬臂施工,锚孔和悬臂部分常采用箱形截面,而挂孔采用T梁或空心板。1978年建成的Koror-Babelthuap桥全桥3跨,中跨跨径240.8m,采用节段悬臂浇筑施工,并在跨中通过剪力铰连接,形成一次超静定结构,是最大跨径的预应力混凝土悬臂梁,如图2-11所示。这样做避免使用大型起吊设备,但带来过大悬臂弯矩,由于混凝土强度不足,1996年该桥因主梁断裂而倒塌。

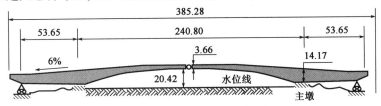

图2-11 Koror-Babelthuap桥(尺寸单位:m)

无论是钢筋混凝土或预应力混凝土悬臂梁桥,在实际桥梁工程中均越来越较少采用,主要有以下原因:

与简支梁桥相比虽然弯矩小,但悬臂梁中同时存在正、负弯矩区段,其构造较复杂。在正弯矩区仍然可以使用T形截面,但在负弯矩区需要增加受压的下翼缘。在负弯矩区如果采用钢筋混凝土,不可避免地在梁上翼缘产生裂缝,桥面虽有防护措施,但仍常因雨水侵蚀而降低使用年限。

悬臂梁与简支梁相比,锚跨外要增加悬臂与挂梁,需要使用支架、悬臂等多种施工工艺,建造过程比较复杂。

悬臂和挂梁之间需要设牛腿、伸缩缝等构造,使用时会使得行车不平顺,且伸缩缝位于跨内,更容易损坏。

悬臂梁桥弯矩分布与连续梁桥类似,其优点是静定结构,不产生地基不均匀沉降、常年温差、混凝土收缩徐变等带来的次内力,设计分析比较简单。随着连续梁设计与建造技术的日趋成熟,悬臂梁桥的上述优势已不复存在,因而逐渐被连续梁桥所替代。

三、连续梁桥

将简支梁梁体在支点上连续而成连续梁,如图2-12所示,连续梁可以做成二跨、三跨或多跨一联,如图2-13所示。

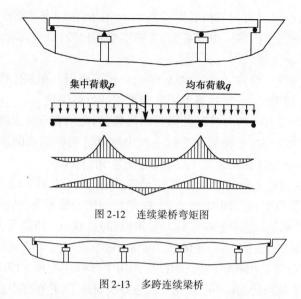

图 2-12 连续梁桥弯矩图

图 2-13 多跨连续梁桥

从图 2-12 可以看出,连续梁在恒载作用下,由于支点负弯矩的卸载作用,跨中正弯矩显著减小,其弯矩图形与同跨悬臂梁相差不大,如悬臂梁的悬臂长度恰好与连续梁的弯矩零点位置相对应,则图 2-12 与图 2-7 的弯矩图就完全相同。然而,从图 2-12 可以看出,连续梁在活载(集中荷载)作用下,因主梁连续产生支点负弯矩对跨中正弯矩仍有卸载作用,其弯矩分布要比悬臂梁合理,小跨度情况下可以使梁高更低,并可建造更大跨度的桥梁。

连续梁弯矩比简支梁小,在一联内梁体连成整体,刚度大、整体性好,行车平顺,因此在梁桥中应优先使用。但是建造成本和设计难度阻碍了连续梁桥在小跨径桥梁中的应用。

中小跨度连续梁桥的主梁由于存在负弯矩区,不太适合采用传统的预制吊装方案架设。钢筋混凝土连续梁的负弯矩区同样存在梁上缘开裂的问题而影响耐久性。连续梁是超静定结构,对基础不均匀沉降、日照温差、混凝土收缩徐变等强迫变位作用敏感,设计分析难度比较大。我国在计算机辅助设计普及前,跨径 50m 以下的中小跨度桥梁大部分采用简支梁或悬臂梁方案,只有超过 50m 跨径的大跨度梁桥才采用连续梁方案来减小主梁弯矩。

随着移动模架浇筑、顶推、节段预制安装、简支变连续等基于工业化建造技术,以及预应力技术的发展,同时随着计算机结构分析的发展,连续梁桥的应用范围越来越向下扩展,在城市高架桥、大桥引桥、高速公路跨线桥中,即使 20~30m 跨径也经常采用连续梁桥方案来减小梁高,达到更好的使用性能。

1953 年德国建造了第一座采用平衡悬臂法施工的预应力混凝土刚构桥——Worms Rhine 桥,此后这一方法在全世界得到迅速推广。目前大跨度连续梁桥绝大部分采用该方法建造,适用跨径为 60~180m,超过 180m 后受支座承载能力的限制,往往采用连续刚构桥方案。

连续梁使用性能好,但是每联连续的跨数太多,联长就要加大,受温度变化及混凝土收缩等影响产生的纵向位移也就较大,使伸缩缝及活动支座的构造复杂化。为充分发挥连续梁对高速公路行车平顺的优点,现代的伸缩缝及支座构造不断改进,最大伸缩缝伸缩长度可达 660mm,梁体的连续长度可达 1000m 以上,如杭州钱塘江二桥公路桥为 18 孔一联预应力混凝土连续梁桥,跨径布置为 (45 + 65 + 14 × 80 + 65 + 45)m,连续长度为 1340m,见图 2-14。为避免采用大型伸缩缝及大活动量支座,同时便于施工组织,城市高架桥及大桥引桥的连续长度一般控制在 200m 左右。

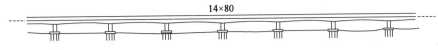

图 2-14 钱塘江二桥(尺寸单位:m)

连续梁桥的边跨由于只有中支座处有卸载负弯矩,等跨径时边跨的正弯矩大于中间跨。为使边中跨正弯矩接近,边跨跨径必须小于中跨跨径。由多联中小跨径连续梁组成的城市高架桥一般采用等跨径布置以获得较好的景观效果;而大跨径连续梁一般采用边跨较小的不等跨布置,边、中跨比为 0.65~0.7。

对于地基变形而言,由于不均匀的支座沉降,结构在自重作用下需要匹配这种不均匀变形,势必使得梁体也发生相应的变位。当受到多余支座约束时,连续刚构则产生附加内力,如图 2-15 所示,而这在简支梁和悬臂梁等静定体系结构不产生附加内力。根据结构力学位移法原理,相同不均匀沉降下,当桥梁跨径越小时,相对变位越大,则产生的次内力越大。

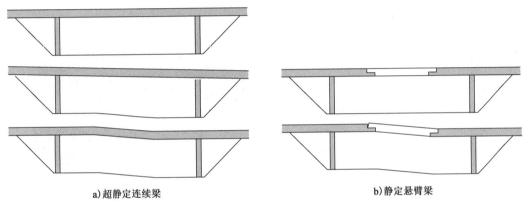

a) 超静定连续梁　　　　　　　　　b) 静定悬臂梁

图 2-15 连续梁与悬臂梁在地基不均匀沉降下变形

对于日照温差(梯度温度)而言,如图 2-16 所示,由于梁体顶部(阳面)受到日照作用,其温度要高于梁体底部(阴面),因此阳面梁体纤维伸长大于阴面。对于没有多余约束的简支梁桥和悬臂梁桥而言,结构会发生自由弯曲变形;对于具有多余约束的连续梁,则中间赘余约束使得梁体不能自由变形,产生次内力。

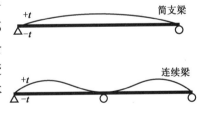

图 2-16 梯度温度产生的次内力

四、刚构桥

取消桥墩与主梁之间的支座,直接将桥墩与主梁固结在一起就形成刚构桥。

1. T 形刚构

T 形刚构是一种墩梁固结,采用平衡悬臂施工工艺形成"T"字形刚构的桥型,由此得名,也是一种悬臂梁桥,如图 2-10 所示,两个 T 形刚构间通过挂孔或剪力铰连接。采用预应力混凝土梁可以很好适应 T 形刚构部分的负弯矩,悬臂部分只承担负弯矩,而挂孔只承担正弯矩,配筋构造比较简单。悬臂部分非常适合于平衡节段悬臂施工,由于每个节段的自重较小,可以建造跨越河流、深谷的大跨度梁桥。由多个 T 形刚构和挂孔组成的多跨桥梁仍然为静定结构,且由于挂孔的存在不产生常年温差次内力,设计分析也比较简单,因此从20世纪50年代至70年代,预应力混凝土T形刚构得到了广泛应用。最大跨径T形刚构桥是1982年建成的重庆长江大桥,其跨径布置为$(86.5+4\times138+156+174+104.5)$m。

带挂孔和剪力铰的T形刚构桥单跨作用活载时不平衡力完全由桥墩承担,桥墩承受很大的弯矩,此外需要有很大的刚度才能控制上部结构的变形,所以顺桥向必须有较大的宽度。

T形刚构桥位于桥跨内的牛腿或剪力铰影响行车舒适性和桥梁耐久性,随着结构分析技术的进步,T形刚构桥逐渐被连续梁桥和连续刚构桥所代替。

2. 门形刚构

将简支梁桥的桥墩(台)与主梁固结在一起就形成门形刚构。门形刚构的桥墩可以承担弯矩,竖向荷载作用下给主梁施加了卸载弯矩,减小了跨中弯矩(图2-17),从而可以减小跨中梁高。在要求桥梁建筑高度小的场合,比如立交的跨线桥、位于城市中心区域有驳岸的桥梁,是比较适用的方案。图2-18为德国斯图加特的一座刚构桥,跨度68m,跨中梁高仅1.65m。

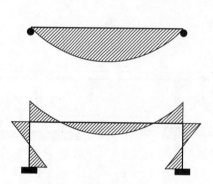

图2-17 简支梁与门形刚构弯矩比较

图2-18 ROSENSTEIN桥

改变门形刚构桥桥墩的刚度和支承条件,就可以调节跨中的弯矩,达到不同的设计目的。图2-19是常见的门形刚构支承条件。

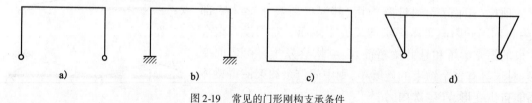

图2-19 常见的门形刚构支承条件

在我国公路和城市道路下穿既有铁路建造了很多的地道桥,其是一种闭口刚构桥,利用框架弯矩比简支梁或连续梁小,从而具有建筑高度小的特点,如图2-20所示。

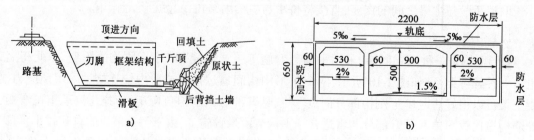

图2-20 地道桥立面及顶进示意图(尺寸单位:m)

3. 连续刚构

将连续梁桥墩与主梁固结称之为连续刚构。刚构桥没有复杂的支座安装过程,建造比连续梁桥简单,这是其最大的优势。如果尽量减小桥墩的刚度,在一定的跨径布置和刚度条件下,连续刚构桥墩在恒载作用下的弯矩很小,主梁的弯矩分布与连续梁相同,如图2-21所示,因此在很多情况下可以替代连续梁桥。如图2-22所示的三跨(80+120+80)m的连续刚构体系:当薄壁墩高度$H>10m$时,跨中恒载正弯矩M_{g1}与支点恒、活载负弯矩M_{g2}、M_{p2}与连续梁的相应弯矩值$\tilde{M}_{g1}$、$\tilde{M}_{g2}$、$\tilde{M}_{p2}$相差无几,而跨中活载最大正弯矩M_{p1},在$H>20m$时亦接近连续梁的相应弯矩值。

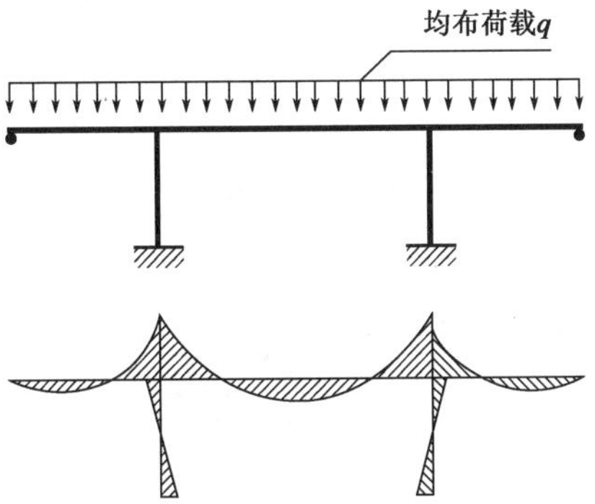

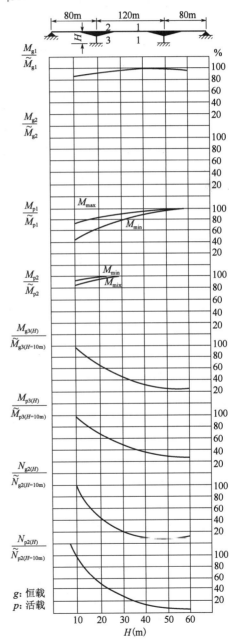

图2-21 连续刚构在恒载作用下的弯矩

图2-22 连续刚构体系的受力特点

连续刚构可以在桥墩建成后直接施工主梁墩顶段,然后进行主梁的平衡悬臂施工,而不需要如同悬臂法施工连续梁桥一样设置桥墩与主梁间的临时固结,在各跨主梁合龙后也不需要临时固结与永久支座之间的转换。因此越来越多的大跨径梁桥采用连续刚构方案,在跨径超过160m后几乎全部采用连续刚构方案。目前跨径最大的预应力混凝土连续刚构桥是挪威1998年建成的Stolma桥,跨径布置为(94+301+72)m。我国重庆的石板坡长江大桥是跨径330m的连续刚构桥,为减轻自重,跨中110m段采用钢梁。

城市高架桥为了利用桥下空间,需要尽量减小桥墩的横桥向宽度,采用连续梁需要建造盖梁,而将桥墩与主梁固结,则构造及造型大为简洁,因此,在中小跨度的城市高架桥及立交桥的匝道中经常采用小跨径的连续刚构。

但是,即使在竖向荷载作用下,刚构桥的桥墩与主梁也一起受弯,特别是在温度、混凝土收缩、徐变等水平向方向的变位会在桥墩中引起很大的弯矩,这是刚构桥最不利的地方。减小桥墩的刚度是减小弯矩的有效办法,这可以从两方面着手:一是尽量减小桥墩纵桥向的宽度,采用薄壁墩;二是在桥墩比较高的情况下才采用刚构方案。当桥墩不高、跨度较大时,可以采用双薄壁墩来减小桥墩的抗推刚度,减小温度及混凝土收缩徐变产生的次内力,如图2-23所示。如果桥墩横桥向宽度相同,将纵桥向一分为二,成为双薄壁墩,则抗推刚度是整体桥墩的1/4。

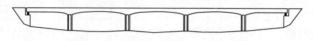

图2-23 双薄壁墩连续刚构及其工作原理

在多跨梁桥中,距离桥长中点越远的桥墩因常年温差和徐变作用产生的次内力越大,因此在多跨长桥中常采用刚构与连续梁组合的形式,如图2-24所示。

图2-24 连续-刚构组合桥

4. 整体式桥梁

由于支座和伸缩缝都是桥梁中容易损坏的部件,因此在伸缩量不是很大的中小桥中有取消支座和伸缩缝的趋势。这样主梁、桥墩、桥台全部连成整体的桥梁,称为整体式桥梁,如图2-25所示。整体式桥梁有效避免了伸缩缝带来的病害问题,例如伸缩缝容易损坏且修复困难、伸缩缝漏水导致的腐蚀、伸缩缝处车辆跳车现象、伸缩缝安装不准确产生的挤压问题等,还可避免支座损坏、移位及使用寿命低于桥梁而需要更换等问题。

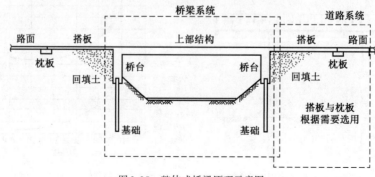

图2-25 整体式桥梁原理示意图

整体式桥梁减小温差和收缩徐变次内力的方法主要采用薄壁墩及单排桩,并考虑土壤的弹塑性,从而增加桥墩的自由长度,减小桥墩及桥台的刚度,桥台后则采用高弹性的回填材料来保证路堤与桥梁的平顺过渡。

5. 斜腿及 V 形墩刚构

刚构桥可以将桥墩倾斜成为斜腿刚构,如图 2-26 所示。桥墩倾斜减小了中跨主梁的跨径,斜腿和中跨主梁形成接近于拱的形状,因此弯矩比直腿的刚构小很多,从而可以进一步减小梁高或者建造跨度更大的桥梁。

图 2-26　斜腿刚构

小跨径的斜腿刚构桥常被使用在跨线桥上,以获得较小的建筑高度,如图 2-27 所示,德国的 Kirchheim 桥是一座变高度斜腿刚构跨线桥,被评为 20 世纪最美的梁桥之一。

a) 单跨斜腿刚构　　　　　　　　　　　　b) Kirchheim 桥

图 2-27　斜腿刚构跨线桥

而在深山峡谷中则利用斜腿减小中跨跨径来建造更大跨度的桥梁,我国宝成铁路的安康汉江桥跨径 176m,斜腿之间中跨 64m,跨越汉江峡谷,如图 2-28a) 所示。意大利 1973 年建成的 Sfalassa 桥是跨径最大的斜腿刚构桥,主墩之间的跨径 376m,而两斜腿之间的主梁跨度只有 160m,如图 2-28b) 所示。

a) 安康汉江桥　　　　　　　　　　　　b) Sfalassa 桥

图 2-28　大跨度斜腿刚构桥

我国 20 世纪七八十年代建造过大量的刚架拱桥,就是利用斜腿刚架接近于拱的特点,减少主梁和斜腿钢筋含量,编制了 30~60m 跨径的通用图,在全国广泛使用,在地质条件较好地区获得了良好的经济效益。图 2-29 为 30m、45m 和 60m 跨径的刚架拱结构示意图。

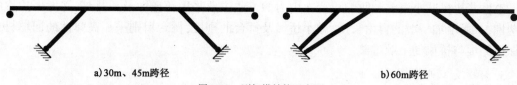

a) 30m、45m跨径 b) 60m跨径

图 2-29　刚架拱结构示意图

双薄壁墩连续刚构将薄壁墩向两侧倾斜，可进一步可演变成 V 形墩刚构体系，如图 2-30 所示。V 形墩刚构桥由于 V 形墩的存在，可大大削减支点负弯矩，形成诸如多跨连续梁的受力图式。图 2-31 中所示为 Leonhardt 设计的 V 形墩刚构桥 Main River 桥，跨径布置为(82 + 135 + 82)m，墩顶梁高仅为 6.5m。

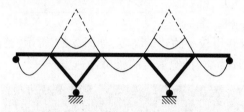

图 2-30　V 形墩刚构桥主梁弯矩图　　　图 2-31　Main River 桥

斜腿刚构及 V 形墩刚构桥最大的缺点是斜腿的施工比较困难，需要采用额外的支架，这会提高造价，因此应根据现场条件选择。此外，V 形墩刚构桥的 V 形墩具有很高的抗水平推力刚度，如何减小因常年温差和混凝土收缩引起的次内力是设计的关键。

五、梁桥支承体系选择

以上综述了梁式桥的基本体系与受力特性。在桥梁设计中，工程师可应用各种基本体系的受力特点，通过不同的方案布置去达到更合理、经济的要求。

简支梁桥单向受弯，吊装施工方便、是静定结构，但是同等条件下其弯矩在各类梁桥中最大，因此，在跨径比较小的条件下具有经济性，跨径增大后抗弯承载能力及吊装重量均成为限制因素。简支梁一般采用预制安装施工工艺，但在一般情况下，它的跨径超过 50m 后，由于弯矩大，需要较大梁高，安装重量较大，相应给装配式施工带来困难，实际上并不经济。我国预应力混凝土简支梁的标准跨径在 40m 以下。

悬臂梁、连续梁、连续刚构均存在卸载负弯矩，因此，弯矩分布在正、负区域，弯矩图的峰值和面积总和均比简支梁小，所以同等跨径下可以减小梁高，同等截面承载能力下可以建造更大跨度的桥梁。由于活载作用下连续梁也产生负弯矩，其弯矩比悬臂梁小；而刚构桥由于桥墩参与受弯，主梁的弯矩比连续梁还要小。

简支梁桥和悬臂梁桥的桥面接缝均比较多，行车舒适性不如连续梁桥、连续刚构桥，而且伸缩缝是桥梁上的易损构件，因此逐渐被淘汰。在高等级公路、城市高架快速路中，中小跨度连续梁、连续刚构桥被优先选用，而且应用范围越来越向小跨径发展。

T 形刚构、连续梁、连续刚构桥与预应力混凝土结合，均比较适合于平衡悬臂施工，从而可以建造大跨度梁桥，百米以上跨径的梁桥几乎全部采用这种方法建成。支座承载力是预应力连续梁桥跨径进一步增大的瓶颈，已建 180m 以上跨径梁桥全部采用连续刚构。

连续梁、连续刚构等超静定梁式体系在各种内外因素作用下，结构变形受到赘余约束的制约而产生附加内力，即次内力。其原因包括：预加力影响、温度变化、混凝土徐变与收缩、墩台与基础的不均匀沉陷等。次内力有时对结构的设计有着不可忽略的影响,必须给予重视。小跨度连续梁、刚构对基础不均匀沉降、梯度温度变化很敏感。常年温差和混凝土收缩徐变是刚构桥设计建造必须考虑的因素。

总体而言,连续梁、连续刚构桥主梁在同等荷载所用下的弯矩小,行车舒适,耐久性好,但是设计、建造技术都比较复杂,在计算技术、施工工艺不断进步的条件下,应用范围越来越广泛;而简支梁因其建造方便,在小跨度桥梁中仍然占有一定的应用比例。

评价一种桥型体系的优劣是相对的,它与受力性能、使用性能、设计、施工便利性等各种因素有关。

第三节 立面布置

梁桥的立面布置,在初步设计中占有十分重要的地位;布置得是否合理将直接影响桥的实用、经济和美观。立面布置通常指的是选定了桥梁体系后,确定桥长及分跨、梁高及梁底曲线、桥梁下部结构和基础形式、桥梁各控制点如桥面、梁底、基础底面等的高程。

在此着重叙述跨径、梁高及其关系的选用。

一、分孔跨径布置

对于悬臂梁、连续梁、刚构,跨径布置对弯矩在主梁上的分布有很大影响,在静定的悬臂梁体系中,可以采用变更各跨径长度比例,调整结构弯矩零点的方法求得结构的最小总弯矩面积。

对于超静定体系的梁式桥,同样也可通过调整各跨的刚度来满足设计要求。例如,对于连续梁,可以变化相邻跨长的不同比值,以调整各控制截面的弯矩变化幅值。图 2-32 所示为三跨等截面连续梁的弯矩变化幅值图。支点处弯矩变化幅值与跨中正弯矩变化幅值,随着边中跨比 λ 的变化而变化。例如,当 $\lambda = 0.3$ 时,前者为 $0.074ql_2^2$,后者为 $0.058ql_2^2$。它们比三等跨连续梁的弯矩变化幅值减少 50% 左右。

上述通过跨径的变化来减小弯矩的做法,在大跨度桥梁设计中是非常必要的,大跨度 T 形刚构、连续梁、连续刚构,或者小跨度的独立连续梁桥一般都采用不等跨布置。而对于城市高架或大型桥梁的引桥,则需要采用多联连续梁或者连续刚构,为了使总体跨径布置比较整齐美观,一般采用等跨度。这种情况下边跨跨中和边跨中支点的弯矩比中跨和中支点大,边中跨需要采用不同的配筋形式。

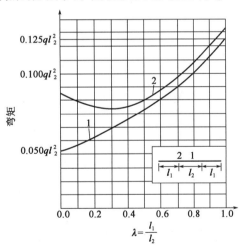

图 2-32 三跨等截面连续梁弯矩变化幅值

二、梁高变化布置

梁桥结构在恒载和活载作用下,截面主要受到弯矩作用,且弯矩沿桥跨方向是变化的,从梁桥截面抗力矩形成的机理来看,采用变高度梁能使截面抗力与外力相匹配。

我国早期设计过鱼腹形预应力混凝土 T 梁,以适应简支梁弯矩的变化。例如,河南伊河桥是跨径 52m 的鱼腹式 T 梁桥,希望达到减轻吊装重量的效果。由于简支梁一般采用预制拼装施工,鱼腹梁制造安装很不方便,此外简支梁剪力最大点在支点附近,小梁高对抗剪很不利,所以这种形式的 T 梁桥很少推广。1990 年建成的大连普兰店海湾桥采用了 50m 跨径预应力混凝土鱼腹 T 梁,如图 2-33 所示。

由于增加跨中梁高也会增加作用在跨中的恒载集度,产生更大的弯矩,因此简支梁桥采用鱼腹梁必须恒载占总荷载的比例较小才有利。利用鱼腹梁来增大混凝土简支梁桥的跨度效率并不高,承担重载才能发挥它的优势,混凝土鱼腹梁应用最多的场合是工厂车间里的吊车梁。它的跨度小、恒载小,而吊车的轮重大,所以活载比例很大,正好发挥鱼腹梁的受力特点。因为桁架增加高度带来的腹杆增重很小,因此简支变高度桁架桥可以获得很好的效果。图 2-34 显示了著名的英国 Forth Rail 桥,其挂孔就是变高度桁梁,而悬臂部分桁架高度则与悬臂梁弯矩相匹配。

图 2-33　普兰店海湾桥　　　　　　　　　图 2-34　英国 Forth Rail 桥

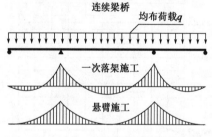

图 2-35　一次落架施工与悬臂施工连续梁在均布荷载作用下的弯矩对比

大跨度的悬臂梁、连续梁、连续刚构桥一般都会采用变高度梁来适应弯矩沿跨度的变化。这些桥梁弯矩分布的共同特点是有中支点负弯矩,支点附近的剪力也是最大值,因此增大支点梁高同时增大截面抗力矩和抗剪力。但是这些大跨度桥梁很少通过在跨中截面增加梁高来抵抗正弯矩,这有如下几方面的原因:

首先上述大跨度梁桥一般都采用悬臂施工方法架设,并在跨中合龙,因此主要恒载主梁自重只产生负弯矩,只有二期恒载和活载在跨中产生正弯矩,所以无需在跨中增加梁高,如图 2-35 所示。图 2-36 显示了合龙前后的世界最大连续刚构桥之一挪威 Raftsundet 桥。

a) 即将合龙　　　　　　　　　　　　　　b) 成桥后

图 2-36　挪威 Raftsundet 桥

更重要的是,在支点附近增大梁高带来的恒载增量并不会增加太多弯矩。图 2-37 显示了荷载作用在连续梁不同位置时产生的弯矩图,从图中可以看出,荷载作用在支点上时完全不产生弯矩,越是向跨中靠近产生的弯矩越大,在跨中减轻自重反而可以从总体上减少弯矩。图 2-38 所示跨径 330m 的重庆石板坡连续刚构桥,为了减小弯矩,将跨中 108m 段采用钢梁建造,因此弯矩支点弯矩仅相当于跨径 270m 的连续刚构。而上述的 Raftsundet 桥为减小弯矩,跨中段采用自重集度为 18kN/m³ 的轻质混凝土建造。

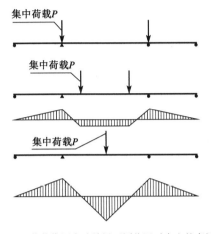

图 2-37　荷载作用在连续梁不同位置时产生的弯矩图　　　　图 2-38　重庆石板坡桥跨中的钢梁

图 2-39 显示的德国 Wendlingen-Kirchheim 跨线桥被称为 20 世纪最美的梁桥,其特点是主梁采用了与弯矩图相匹配的梁高变化,为了增加梁高尽量不增加跨中的恒载集度,跨中截面采用了自重集度比支点小的 T 形截面。

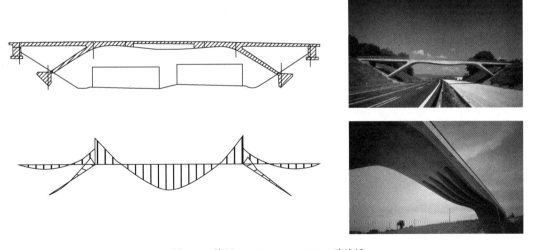

图 2-39　德国 Wendlingen-Kirchheim 跨线桥

此外,主梁刚度分布对弯矩的分布也有一定影响,调整结构各截面的刚度比也可提高梁式体系的承载能力。例如,悬臂梁桥和 T 形刚构桥往往均采用变高度的形状,支点截面的弯矩值最大,而梁高虽然也是最大,但此时结构自重对于整个体系的弯矩影响却是最小的。

图 2-40 所示为在均布荷载 $q = 10$kN/m 作用下,三跨连续梁在不同支点梁高(1.5m、

2.5m、3.5m)时相应的支点负弯矩与跨中正弯矩的变化。采用不同方法调整内力都必须按照设计与施工方法相关联的要求去抉择。此外,必须强调,调整内力只是使结构的内力进行重分配,某一截面内力的减小必然是由另一截面的内力增加为代价。

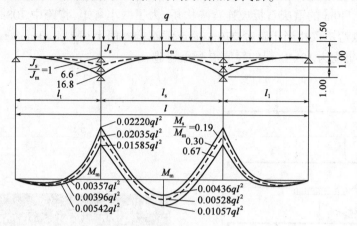

图 2-40　刚度对三跨连续梁弯矩的影响(尺寸单位:m)

变高度梁的梁底一般采用高次抛物线形状。在跨径小于百米的中等跨径连续梁中,有时为了便于施工采用折线形,仅在靠近中支点处设计直线形的加腋,以达到抵抗较大支点负弯矩的目的,如图 2-41 所示。

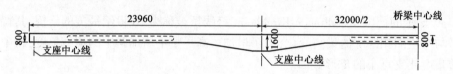

图 2-41　折线形变高度连续梁(尺寸单位:mm)

是否采用变高度梁还与桥梁施工方法相关,对于一些特殊的梁桥架设工艺,采用等高度梁是比较方便的,比如顶推施工、移动模架浇筑施工。而满堂支架、平衡悬臂施工方法采用变高度梁则相对比较容易。目前正在大力发展的桥梁工业化建造技术要求尽量采用标准化工厂化的预制构件,然后在现场拼装架设,简化主梁构造是提高施工效率的关键。

如图 2-42 是芜湖二桥引桥的构造示意图,该桥梁结构形式是连续梁桥,采用短线法节段预制,架桥机逐孔拼装方法架设。为了便于预制,采用全体外预应力形式、等高度标准化的断面设计,断面尺寸在全梁也完全统一。该桥全长 28.6km,30m、40m、55m 三种跨径,四车道、六车道两种宽度。由于上述设计仅用 16 种标准构件形式即完成了所有主梁构件的组装,配合大型机械设备的节段浇筑和组拼实现了工程的工业化建造进程,极大降低了建设成本。

梁体变高的影响因素很多,如何权衡这些因素,来确定最终的梁高设计形式,首先需要明确梁体变高度的优点和缺点。变梁高的优点是截面效率高,不同位置的截面,其高度是适应该断面的弯矩分布大小的,因此受力状态合理、材料利用充分,能够减轻总体的桥梁重量。变梁高所带来的问题是梁体的制造复杂,施工架设相对困难,不便于施工方案的选择及施工效率的提升。

综合变梁高的优势与缺点,当结构受力不是关键影响因素时,应该采用等高度设计,这样就可以很方便地选择施工工法:采用工厂预制和现场装配施工技术,实现高度标准化和批量式制造安装,提高建设质量与效率;采用顶推施工和逐跨施工工艺,利于复杂环境下标准化跨径桥梁的施工。因此,等梁高的设计普遍应用于中小跨径桥梁。大跨径梁桥为了实现更长的跨越能力,一般采用变梁高设置,以适应弯矩图的变化。

图2-42 芜湖二桥引桥构造示意图

三、梁高影响因素

梁高是梁桥的关键结构参数,由梁所需要的强度和刚度决定。梁的弯矩与跨径呈平方关系、与自重集度呈一次方关系,自重集度与梁高接近正比,而梁截面抗弯承载能力与梁高接近三次方关系,因此,梁桥主梁所需高度与跨径接近正比。所以,梁桥梁高的取值一般采用与跨径的比值来表达。

梁高与结构体系、截面形式、材料、使用功能等因素相关。同等跨径下,简支体系梁比连续体系梁所需梁高大,开口肋梁比箱形截面梁所需梁高大,钢筋混凝土梁比预应力混凝土梁所需梁高大,钢梁比混凝土梁所需梁高大,铁路梁桥比公路梁桥所需梁高大。梁高除与上述受力因素相关外,还与经济性相关,对于肋梁和箱梁在梁高不受限的情况下,适当加大梁高只增加梁肋或腹板高度,并不增加太多材料用量和自重集度,而大幅度增加了上下缘之间的力臂,从而有更好的经济性。

1. 简支体系

同等跨径下简支梁的弯矩最大,因此简支梁梁高取值较大,一般是跨径的1/25~1/8。表2-1是常用简支梁梁高取值的统计,小跨径用大值,大跨径用小值。

我国常用混凝土简支梁桥梁高与跨径比值　　　　表2-1

截面形式	材　料	功　能	跨径(m)	梁高与跨径比值
板梁	钢筋混凝土	公路	6~13	1/16~1/12
		铁路	4.5~12.5	1/14~1/8
	预应力混凝土	公路	8~20	1/22~1/16
		铁路	8~12	1/15~1/14
T梁	钢筋混凝土	公路	8~20	1/18~1/11
		铁路	8.5~20.6	1/9~1/7
	预应力混凝土	公路	25~40	1/20~1/17
		铁路	24~32	1/12~1/11

续上表

截面形式	材 料	功 能	跨径(m)	梁高与跨径比值
预制装配箱梁	预应力混凝土	公路	20~40	1/20~1/17
整体箱梁	预应力混凝土	高速铁路	20~40	1/11~1/8

2. 悬臂体系

悬臂体系梁桥由于梁在墩顶连续从而会卸载负弯矩,因此跨中挂孔正弯矩比简支梁减小很多,悬臂根部负弯矩与挂孔正弯矩的比例关系与悬臂占跨径的比例相关。

表2-2为图2-7所示三跨单悬臂梁桥的常用梁高取值,钢筋混凝土梁取大值、预应力混凝土梁取小值。

带挂梁的单悬臂梁桥跨径与梁高的比值　　　　　　表2-2

桥 型	跨径关系	梁高关系
悬臂梁	$L_g = (0.4 \sim 0.6)l$	$h = (1/20 \sim 1/12)L_g$
	$L_g = (0.6 \sim 0.8)l$	$H = (1.5 \sim 2.5)h$

注:L_g-挂孔长度;L-中跨跨径;h-挂孔梁高;H-悬臂根部梁高。

表2-3为图2-10所示T形刚构桥的常用梁高取值,钢筋混凝土梁取大值、预应力混凝土梁取小值。

T形刚构桥跨径与梁高的比值　　　　　　表2-3

桥 型	挂梁跨径	支点梁高	跨中梁高
带铰T形刚构		$L<100m$ 时,$H = (1/22 \sim 1/14)L$	$h = (0.2 \sim 0.4)H \geq 2.0m$
带挂梁T形刚构	$L_g = (0.25 \sim 0.5)l \leq 35 \sim 40m$	$L>100m$ 时,$H = (1/21 \sim 1/17)L$	$h = (0.2 \sim 0.4)H \geq 1.5m$

注:L_g-挂孔长度;L-中跨跨径;h-挂孔梁高;H-悬臂根部梁高。

3. 连续体系

连续体系梁桥包括连续梁和连续刚构。

50m以下小跨径连续梁一般采用等高度梁,采用支架方法施工,由于负弯矩对正弯矩的卸载作用,弯矩比同等跨径的简支梁小,因此梁高也比简支梁小。

100m以上的大跨度连续体系梁桥为减小弯矩,90%以上采用变高度梁。由于采用平衡悬臂法施工,悬臂根部的弯矩与同等跨径简支梁相当,因此悬臂根部梁高与跨径的比值也与简支梁接近。而跨中合龙段在悬臂施工阶段没有弯矩,成桥后承担二期恒载和活载弯矩,弯矩值较小,因此跨中梁高取值比简支梁小很多。

表2-4是常用混凝土连续梁或连续刚构桥梁高与跨径的比值。

混凝土连续梁桥梁高与跨径的比值　　　　　　表2-4

桥 型	支点梁高/跨径	跨中梁高/跨径
等高度连续梁	1/30~1/15 常用1/20~1/18	
铁路等高度连续梁	1/18~1/16	
变高度(折线形)连续梁	1/20~1/16	1/22~1/18
变高度(曲线形)连续梁	1/20~1/16	1/50~1/30
铁路变高度连续梁	1/16~1/12	1/32~1/24

第四节 截面形式

结构力学中的梁是抽象的,只有面积、抗弯惯性矩、抗扭惯性矩等截面特性,没有宽度、高度等具体尺寸,而桥梁设计必须给出截面形式。如何选择截面是桥梁设计中的重要内容。

一、结构受力要求

梁桥的主梁既是结构体系中的构件,又是承载使用荷载(如汽车、列车)的直接承载局部构件,因此,必须满足结构体系的受力要求,同时还要满足局部受力要求。

最简单的梁桥截面形状是矩形,考虑到桥梁行车需求宽度大于梁高,因此其也被称为板式截面[图2-43a)]。板式截面受弯时中性轴部分的应力很小,材料强度不能用足,反而增加自重。

从提高材料强度利用率的角度出发,受弯梁合理的截面形式应该是肋梁式或者箱形,上下翼缘有足够的宽度以承担拉压应力,同时有最大的力臂产生最大的抗力矩,而中间部分只需要适宜的厚度来承担剪力或主应力作用。

对于公路桥和人行桥,必须有提供车辆行驶及行人行走的桥面,桥面可以直接由主梁的上翼缘承担,因此梁的上翼缘必须与道路同宽,超出作为梁受拉压边缘的需求;而下翼缘只是梁的受拉区或者受压区。因此,梁的截面就形成如图2-43所示的三种基本形状:板式截面、肋式截面(T形截面)、箱形截面。

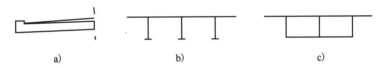

图2-43 公路梁桥截面的基本形式

对于铁路桥而言,只需要提供铁路行驶的轨道,可以将轨道直接固定在梁肋顶面,此时不一定需要桥面板构造,轨道以外部分只是起到辅助的功能,翼板受纵向受力控制。例如铁路钢板梁的截面如图2-44所示,可以设计成上下对称的工字梁。

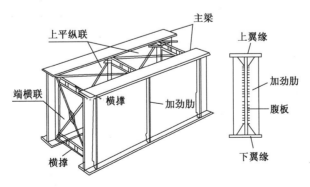

图2-44 铁路钢板梁构造

为了降低建筑高度,也可将行车桥面建在梁的下翼缘,这就成为槽形截面,如图2-45所示。对于预应力混凝土槽形梁,截面下翼缘的混凝土板只能作为横向受力构件使用,而上翼缘为了承担压力必须设置翼缘,因此槽形截面的混凝土用量比箱梁和T梁多,自重也大。

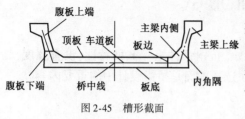

图 2-45 槽形截面

肋梁式和箱形截面形状复杂,制作单价高,桁架制造的单价更高,所以小跨度梁桥常采用板式截面,跨径增大后采用工字形截面或者箱形截面,如果需要更大的跨度则可以采用桁梁,以达到综合造价最低的目的。槽形梁一般只在要求建筑高度底的铁路桥使用。

二、材料性能要求

由于梁受弯在截面上同时产生拉应力和压应力,所以最好使用受拉和受压性能都好的材料建造,钢材能满足上述要求。钢材的受拉和受压强度相当,钢梁截面一般直接采用工字形截面或者箱形截面。

混凝土具有良好的抗压性能,但抗拉性能很差,钢筋混凝土梁受压区由混凝土承担压力,受拉区拉力由钢筋承担,混凝土包裹钢筋起保护作用,因此受拉区只需要很小的面积,所以钢筋混凝土梁显而易见要设计成T形截面才能减轻自重。

对预应力混凝土梁,预应力使下翼缘混凝土在使用阶段不开裂,采用工字梁或者箱梁可以增大截面惯性矩,从而提高主梁的刚度,减小混凝土应力。对如图 2-46 所示的带下马蹄的 T 梁,在张拉阶段及使用阶段,截面承受双向弯矩,通常在预张拉阶段,梁承受恒载弯矩 M_q,合力 N_y 作用在下核心(使梁截面上缘应力为零),使用阶段施加了弯矩 M_p 后,合力 N_y 作用到上核心(使梁截面下缘应力为零),则有:

$$N_y \cdot (e' + k_s) = M_q$$
$$N_y \cdot (e' + k_s + k_x) = M_q + M_p$$

两式相减得到:

$$N_y \cdot (k_s + k_x) = M_p$$

式中:e'——预应力筋距截面下核心的偏心距;

k_s、k_x——截面上、下核心距。

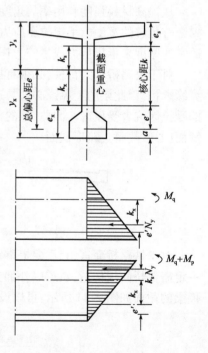

图 2-46 梁式桥横断面受力分析

截面承担使用荷载 M_p 的能力,与截面的核心距相关,上下核心距 $(k_x + k_s)$ 越大,承担同样的适用荷载所需的预应力越少,因此用截面相对核心距来表征截面的效率,可以定义截面效率指标 ρ 如下:

$$\rho = (k_x + k_s)/h$$

截面设计时应使 ρ 尽可能大,箱形截面和工字形截面更加能符合上述要求,而实心板式截面的 ρ 比较小。

采用预应力混凝土桁架腹板可进一步提高截面材料的利用率。法国 1989 年建成的 Sylans

高架桥(图 2-47),采用混凝土顶底板,桁架腹板,预制节段预应力拼装,是一座受力非常高效的预应力混凝土梁桥。

图 2-47　法国 Viaduc de Sylans

三、构造与施工要求

上述梁桥的三种基本截面形式在实际使用过程中有很多变化,与受力性能、施工方法、下部结构、景观要求等诸多因素相关。

1. 板式截面

板式截面包括整体式板、装配式板。

1) 整体式板

整体式矩形实心板具有形状简单、施工方便、建筑高度小、结构整体刚度大、可以承担正负双向弯矩等优点,且实心混凝土内部空间大,配筋布置方便,尤其适合于有正负弯矩配筋的连续梁。从截面材料使用效率来看,实心板截面大部分不能达到最大应力,自重大,所以只在小跨板桥使用(简支梁跨径小于 10m,连续梁跨径小于 20m)。整体式板桥采用现场浇筑,需要支架,同时受天气影响。

为使板从侧面看不至于太笨重,同时减轻自重,可缩小底缘宽度,在板边设一定的悬臂,如图 2-48a)所示。跨径稍大后(超过 20m),为减轻自重,可以在截面内开孔,如图 2-48b)所示。有时为了减轻自重,也可将截面受拉区稍加挖空做成矮肋式的板截面[图 2-48c)]。矮肋式板可以将肋集中起来形成所谓脊骨梁,从而减小下部结构的宽度,图 2-48d)、e)所示,它们既在外形上保持板截面的轻巧形式,又能用于跨径较大的城市高架桥上(20~30m 的预应力混凝土连续板桥),尽可能减轻板的自重。它们与柱型桥墩相配合,桥下净空较大,造型也美观,但现场浇筑施工较复杂。图 2-48f)是深圳市布台立交桥采用的连续板梁设计,全长 311.18m,两联连续肋板梁,一联跨径组合为(12 + 3 × 16 + 12)m。肋板梁的悬臂板比较长(有时称为脊骨梁),必要时须采用横向预应力。

2) 装配式板

为了避免现场浇筑混凝土的缺点,可以将板纵向分条预制,吊装到桥位上后再通过在接缝中浇筑混凝土连成整体,这种板成为装配式板。我国在小跨径桥梁中建造了大量装配式板桥,全国和各省都编制过通用图。跨径 1.5~8.0m 的钢筋混凝土板桥,采用装配式实心板截面[图 2-49a)],每块预制板的宽度为 1m,板厚为 0.16~0.36m。为减轻自重,在跨径 6~13m 钢筋混凝土板桥中,采用空心板截面[图 2-49b)],相应板厚为 0.4~0.8m。在跨径 8~20m 预应力混凝土板桥(先张法、后张法都有)中,也采用空心板截面,相应板厚为 0.4~0.9m。

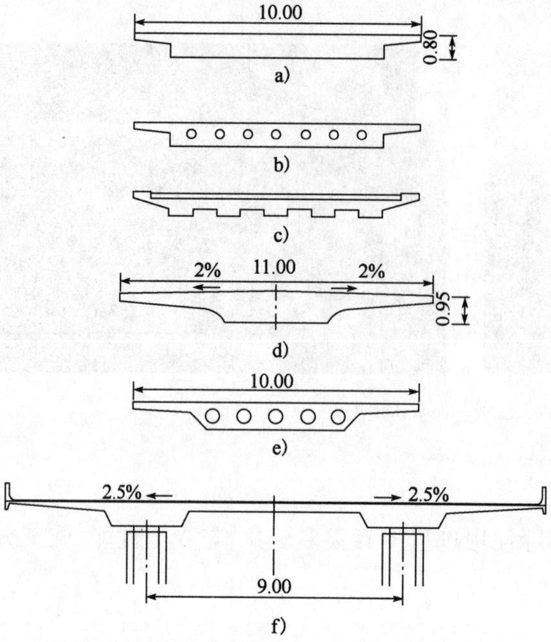

图 2-48 整体板(尺寸单位:m)

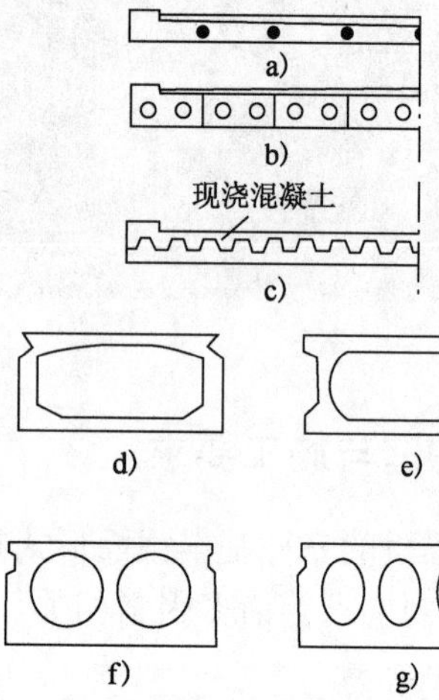

图 2-49 预制装配板

装配式预制空心板截面中间挖空形式很多,如图 2-49d)、e)、f)、g)所示,为几种常用的空心板截面形式。挖成单个较宽的孔洞,其挖空体积最大,块件重量也最轻,但在顶板内要布置一定数量的横向受力钢筋。图 2-49d)的顶板略呈微弯形,可以节省一些钢筋,但模板比图 2-49e)形式复杂一些。图 2-49f)挖成两个正圆孔,当用无缝钢管作心模时施工方便,但其挖空体积较小。图 2-49g)的心模由两个半圆及两块侧模板组成,对不同厚度的板只要更换两块侧模板就能形成空形,它挖空体积较大,适用性也较好。目前采用高压充气胶囊代替金属模或木芯模,尽管形成的内腔因胶囊变形不如模板好,但是它具有制作及脱模方便、预制台座有效利用率高等优点,故应用较为广泛。

图 2-49c)是一种装配组合式板截面,它利用一些小型预制构件(倒 T 形)安装就位后作为底模,在其上再现浇桥面混凝土结合成整体。它具有施工简易的优点,在缺乏起重设备的场合更为适用。

2. 肋梁式截面(T 形梁)

1)T 形截面的受力特点

对钢筋混凝土梁而言,T 形截面顶板宽翼缘受压,下部开裂后不参与工作,只要能有布置钢筋的足够面积即可,有利于承受正弯矩。在承受负弯矩时,顶上翼缘处于受拉区,而肋部处于受压区,要提高抗负弯矩的能力,必须加大底部,做成马蹄形。在预应力混凝土梁中,T 形截面重心位置偏上,如图 2-46 所示,核心距 $k_s + k_x$ 虽然较大,但因上核心距顶面距离 e_s 远远小于下核心离底面的距离 e_x,它标志承受正弯矩的力臂 $k_s + k_x + e_x$ 远远大于承受负弯矩的力臂 $k_s + k_x + e_s$。所以,它也是有利于承受正弯矩。总之,无论钢筋混凝土或预应力混凝土结构,T 形截面有利于承受单向弯矩(正弯矩),不利于承受双向弯矩(正、负弯矩)。因而在简支梁式桥中,跨径从 13~50m,大多数的横截面形式布置成多 T 梁截面形式。在跨径 25~60m 之间的悬臂梁、连续梁桥,当正负弯矩的绝对值相差不大时,也有采用肋部加宽或底部加宽的 I 形截面,主要考虑它的施工及模板与箱形截面相比简易,构造钢筋用量也少一些。

从肋梁桥桥下看到纵横交错的梁肋,景观效果比较差,因此肋梁桥比较适合于在郊外的公路桥上使用,在城市高架桥上使用较少。

肋梁桥也包括整体肋梁桥与装配式肋梁桥。

2) 整体式肋梁桥

整体式肋梁大部分采用少肋的双 T 梁,可以看成从前述的矮肋板[图 2-50a)、b)]进一步减小肋宽、增大梁高而来,如图 2-50d)、e)、f)所示。配合双柱墩使用,双 T 梁可以不设横隔板,十分适合于移动模架现浇施工。双肋 T 梁主要在欧洲很多国家广泛应用,我国应用较少,跨径 30~60m,桥宽一般在 10~20m,最宽的达到 30m。图 2-51 为德国 Sechshelden 高架桥截面。

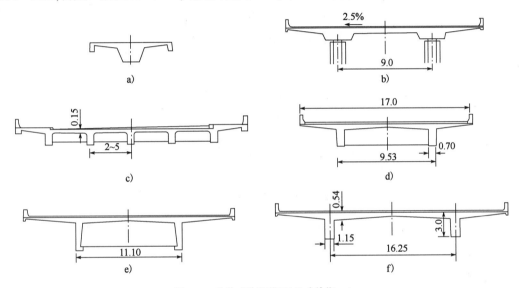

图 2-50　整体式肋梁截面(尺寸单位:m)

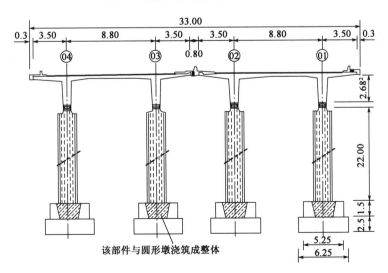

图 2-51　德国 Sechshelden 高架桥截面(尺寸单位:m)

双肋T梁仅由两个肋与翼板组成,每个肋承担桥梁一半的荷载,因此肋宽比多肋T梁大得多,一般在0.6~1.2m,以保证全桥有足够的抗剪和抗扭能力,同时有足够的空间布置预应力束。在承受负弯矩区段上,肋宽及底部还可加大,以承担负弯矩产生的下翼缘压应力。翼缘板即桥面板,除了作为主梁的上翼缘外,主要承担横向弯矩,尤其是汽车活载产生的横向弯矩。由于双肋的横向间距较大,桥面板需要较大的厚度。桥面板相当于弹性支承在两个肋板上的悬臂板,为减轻自重,在横桥向采用变厚度桥面板。

因为模板复杂,整体式浇筑混凝土梁很少采用多肋T形截面,但也有些例外。图2-50c)所示整体式多T形主梁横截面布置在美国的Pontchartrain湖通道(曾经为世界长桥记录,总长38.4km),采用先张法预应力混凝土简支梁体系,横截面为多肋T梁,与横梁组成梁格。采用整体预制、整孔吊装方法建造。跨径17m,桥宽10m,梁高1.2m,主梁间距1.42m,肋宽150mm。图2-52为该桥主梁吊装中的照片。

图2-52 Lake Pontchartrain Causeway

3) 装配式肋梁桥

同样为避免整体截面需要在桥梁现场浇筑、整体吊装的施工,也可以将肋梁纵向切条进行预制拼装。纵向切成条的一片预制肋梁可以单独受力,而且横向连接后与整体截面的受力性能基本相同,因此,肋梁截面非常适合于预制装配施工。在小跨径简支梁桥、连续梁桥中常采用横向间距较小的多肋梁进行预制拼装。它具有下列优点:

(1)可将多肋形截面划分成多片标准化预制构件,构件标准化、尺寸模数化,简化了模板,可工厂化成批生产,降低制作费用。

(2)主梁在预制场预制,可提高质量,减薄主梁尺寸,从而减轻整个桥梁自重。

(3)桥梁上部预制构件与下部墩台基础可平行作业,缩短了桥梁施工工期,节省了大量支架,降低桥的造价。

对一定的跨径或桥宽的桥梁而言,采用何种预制主梁截面,主梁间距用多大,应从经济的材料用量、尽可能减少预制工作量,并考虑单片主梁的吊装重量等各方面去优选。

装配式肋梁一般采用多肋T梁,显然,主梁间距小,主梁片数就多,预制工作量亦增多,而主梁吊装重量轻;反之主梁间距大,主梁片数就少,预制工作量也少,而主梁吊装重量要增大。为求得更经济的材料用量,并解决上述矛盾,除了采用装配式预制主梁的肋梁式横截面外,也有采用较小尺寸的预制主梁,然后借助现浇桥面混凝土组合而成的肋梁式横截面。

根据拼装连接方式,装配式肋梁截面常用如下几种形式,如图 2-53 所示。

第一种是预制肋梁相互紧靠,采用很窄的接缝或铰缝将相邻预制梁进行横向连接,预制梁采用 T 梁或者 Π 梁,如图 2-53a)、b)、c)所示。这种方式现场的连接工作量小,但是连接的质量不容易控制,预制梁的重量大,不易吊装。

第二种是我国目前最常用的形式,预制短翼缘 T 梁,两片预制梁之间至少预留 0.5m 以上的接缝,吊装到桥位后现浇横梁和桥面板接缝,如图 2-53d)、e)所示。预制的钢筋混凝土梁是 T 形截面,而预应力混凝土梁则要带下马蹄。这种连接方式横向由现浇的横梁和桥面板联结,整体性较好,同时减少预制构件占用的预制场地,并减轻构件的吊装重量,便于运输、安装,适用于较大跨径桥梁。现场接缝的钢筋构造复杂、模板安装困难是这种连接方式需要改进的地方。

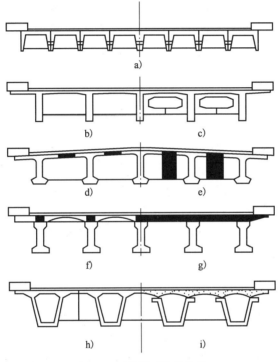

图 2-53 预制装配肋梁截面

第三种是在预制 I 形主梁上安装预制桥面板或现浇整体桥面板,组合成肋梁式横截面,如图 2-53f)、g)所示。这种方法梁肋的吊装重量最小,现浇桥面板后桥梁的整体性好。但这种组合肋梁式截面在受力性能方面存在不足。以图 2-54 为例,其主要缺点是将桥梁主要承重构件"拦腰"划为两部分,使一个整体梁的受弯构件装配成一个组合梁的受弯构件,布置这样的构造在设计中必须注意下面两个问题:

一是在结合面处于截面弯曲剪应力较大的部位,为保证组合梁上下部分结合成一整体受弯构件,必须加强结合面的强度。应适当加大 I 形梁上缘宽度并伸出足够的连接钢筋来增强结合。

二是组合梁的装配顺序决定了它将是分阶段受力。在第一阶段,桥面板和横隔梁重量与梁肋自重均由预制工字形梁肋承受。第二阶段是车辆荷载的作用,由组合梁全截面来承受。在整体预制的 T 梁中,所有恒载由整个 T 形截面来负担,在组合梁中,却要梁肋部分来单独承受,这必然增加梁肋的负担,因此不但要适当放大截面,而且要增加一些配筋。图 2-55 所示为钢筋混凝土组合梁的跨中截面两阶段受力的应力图形(与装配式T梁相比较)。所以,组合梁的全截面一般要比装配式的整体T梁的大,混凝土和钢筋用量随之增加。预应力混凝土组合梁还应注意在预应力张拉阶段不带翼板的梁肋中性轴较低,自重及惯性矩较小,受力是极为不利的,往往要在梁肋上缘布置临时预应力束,给施工带来了麻烦。

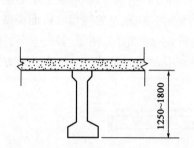

图2-54 组合T梁截面(尺寸单位:mm)

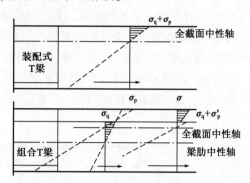

图2-55 整体截面与组合截面应力对比

此外,组合梁增加了现浇混凝土数量,增加了施工工序及模板支架,延长了施工工期。

4)装配式小箱梁

由于下翼缘面积小,抗弯刚度小,且T梁或Ⅱ梁的抗扭惯性矩小,桥梁的梁高大,活载作用下整体性差。随着施工设备吊装能力的提高,近年来我国高等级公路桥大量采用了预制拼装小箱梁,如图2-53h)所示。小箱梁相当于两片T梁连成整体,抗扭惯性矩大幅度增加,同时预制、安装过程中的稳定性也比T梁好。由于采用预应力,混凝土全截面受力,所以小箱梁的抗弯惯性矩比T梁大,因此梁高比预应力混凝土T小。小箱梁也可以先预制槽形梁,吊装至桥位上后整体现浇桥面板形成组合截面,如图2-53i)所示。

5)影响肋梁截面细部构造的因素

(1)肋厚(腹板厚度)

在满足主拉应力强度和抗剪强度需要的前提下,主梁腹板的厚度应尽量做薄,以减轻构件的重量。除了满足上述受力要求外,腹板内要布置受力钢筋或者预应力管道,钢筋和管道之间必须有一定的间距才能保证混凝土浇筑的质量,钢筋到混凝土表面也必须留有足够厚度的保护层以保证耐久性,因此腹板必须有足够的厚度,满足这些构造要求。

对于双肋T梁,只有两个腹板,抗剪强度控制腹板的厚度,不设横隔板也对腹板的抗扭刚度有要求,因此腹板一般比较厚,根据桥宽不同,每个腹板的厚度在0.6~1.2m之间。

对于多肋T梁,布置钢筋和管道的空间要求成为控制因素。钢筋混凝土梁取决于钢筋骨架的片数,一般在160~240mm。预应力混凝土梁腹板内一般只布置一排弯起预应力束,管道直径和保护层厚度决定腹板的厚度,目前我国使用的后张法预应力混凝土T梁通用图腹板厚度200mm。如果采用先张法预应力,腹板的厚度可以适当减薄。跨径越大、梁高越高,混凝土浇筑也越困难,腹板厚度可以适当加大。

(2)上翼缘板厚度(桥面板厚度)

T梁翼板的厚度,在中小跨径的预应力简支梁和钢筋混凝土梁中,主要满足于桥面板承受的车辆局部荷载要求,作为主梁受压区并不控制设计。翼板的受力除了与腹板的数量与间距相关外,还与横梁相关。

双肋 T 梁,有两种设计思路,见图 2-56。一种思路是将双肋布置得较宽,在双肋间密布横肋[图 2-56a)],这样翼板支承在横肋和腹板上。由于横肋较密,桥面板的主要受力方向在纵桥向,跨度较小,所以不需要很大的厚度,不超过 20cm,而且不需要变厚度。另一种思路是少设或者不设横隔板,横隔板仅起到两个腹板间的联系作用[图 2-56b)、c)、d)]。这样翼板在横桥向弹性固结在腹板上,相当于双悬臂梁。由于纵肋的间距较大,为减轻自重,翼板在横桥向变厚度,两肋间采用折线变化,桥中心线处厚度较薄,视桥宽不同,在 25~35cm,而翼板根部取 40~55cm,悬臂板端部 15cm,采用直线变化。

对于多肋 T 梁,翼板厚度与两片梁之间的连接方式相关。早期对于有横隔板的 T 梁,采用钢板连接或者企口铰连接(细节见第三章),这时翼板按照悬臂板设计,从根部向端部采用直线变厚度,端部 8cm,根部取梁高的

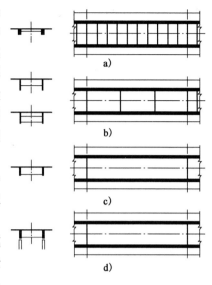

图 2-56 双肋 T 梁结构体系

1/12。目前 T 梁翼板基本采用现浇接缝连接,所以翼板相当于弹性固结在腹板上的多跨连续板,在横桥向也变厚度,采用折线变化。我国目前的通用图,中间部分翼板厚度采用 16cm,梁肋处采用 25cm。为使翼缘板和梁肋连接平顺,在截面转角处一般均应设置钝角式承托或圆角,以减少局部应力和便于脱模。

对于预制 I 形梁、整体现浇桥面板的组合 T 梁,现浇桥面板采用等厚度,厚度与上述现浇接缝中间部分相同。

(3)肋板下缘尺寸

钢筋混凝土简支梁 T 形截面,一般下翼缘与肋板等宽。在预应力混凝土 T 梁的下缘,为了满足布置预应力束筋及承受张拉阶段压应力的要求,应扩大做成马蹄形。马蹄的尺寸具体要求见第三章。

3. 箱形截面

1)箱形截面的特点及形式变化

箱形截面是一种闭口薄壁截面,其抗扭刚度大,并具有比 T 形截面更高的截面效率指标 ρ,同时它的顶板和底板面积均比较大,能够有效承担正负弯矩,并满足正负弯矩配筋的空间需要,特别适合于建造连续体系梁桥。此外,箱形截面梁抗扭刚度大,当桥梁承受偏心荷载时,内力分布比较均匀,因而在限制车道数通过车辆时,可以超载通行,而装配式桥梁由于整体性能差,单侧超载行驶车辆的能力就很有限。

由于箱形截面梁建造工艺比肋梁复杂,早期大部分使用在大跨度混凝土桥梁上,随着顶推、移动模架浇筑,节段预制安装施工技术的发展,越来越多的中小跨度桥梁选用箱形截面(30m 以上)。由于箱梁从桥下看不像肋梁那样凌乱,因此对景观要求比较高的城市高架桥越来越多采用小跨度连续箱梁。箱梁特别适合于悬臂节段施工(悬臂浇筑或预制拼装),当跨度超过 60m 的预应力混凝土桥横截面大多为箱形截面。

箱形截面具体形状与桥面宽度、墩台构造形式、桥面板是否配置横向预应力、施工要求等有关。常见的箱形截面有:单箱单室、单箱多室、多箱单室、多箱多室等(图 2-57)。为避免截

面翘曲和畸变的不利影响,箱梁每个箱室高宽比不能相差太大。

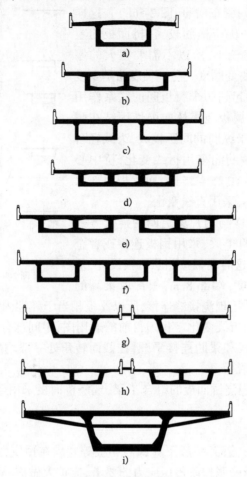

图 2-57 箱形截面形式

单箱截面整体性好,施工方便,材料用量较经济,当桥面宽度不大时、梁高较高时,以采用单箱截面为好[图 2-57a)]。大跨度连续梁、刚构桥基本上采用单箱。

当桥面较宽,特别是小跨度连续梁梁高不大时,应采用单箱多室截面[图 2-57d)],也可采用多箱截面[图 2-57c)],自重要轻一些,但桥下景观不如单箱多室。

高速公路桥梁上下行之间须设置中央分隔带,此时采用分离式箱形截面[图 2-57g)、h)],实际上成为两座桥,更有利于分期施工,减小了活载偏心,箱的高宽比也不致差距过大,使箱的受力更为有利。

箱形截面梁的外形可以是矩形、梯形或曲线形的。梯形截面[图 2-57g)、h)]造型美观,且可以减少底板宽度,既减少了梁正弯矩区段混凝土用量,又可以减少墩台尺寸,常用于高墩桥梁。为方便斜腹板中预应力束的布置,斜率一般不超过 $\tan 30°$,对变截面箱梁斜率控制在 1:5~1:4,不至于支点处底板宽度过于狭窄。梯形截面也有许多不足之处,对变截面箱梁,为保证斜腹板是一个平面,随着梁高增大,底板宽度减小,布置在底板中的预应力束的锚固和弯起较为复杂;支点截面因底板过窄,为满足受压面积的需要而增厚过多,此外,截面形心较之矩形截面偏高,减小了顶板预应力筋的力臂,这对承受负弯矩是不利的。故对承受负弯矩为主的 T 形刚构桥和连续刚构桥较少采用斜腹板箱形截面。鉴于上述原因,梯形截面箱梁较多用于等高度连续梁桥。

为使造型优美,城市高架桥箱梁常采用曲线底板箱形截面,图 2-58 是我国城市高架桥常用的箱形截面形式。

  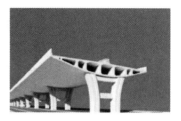

图 2-58　我国城市高架桥常用的箱形截面形式

在宽桥中为了减小下部结构的横桥向宽度,还可以设计脊骨梁式截面或翼结构,中部的较窄的箱梁采用现浇,而悬臂翼板依托已建成的箱梁装配,如图 2-59 所示。大悬臂翼板为了抵抗负弯矩需要在下缘加横肋,为了减轻横肋的重量,也可以设计成撑杆。

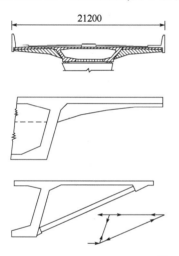 

图 2-59　脊骨箱梁(尺寸单位:mm)

2)影响箱形截面细部构造的因素

箱形截面由顶板、底板、腹板等组成,它的细部尺寸的拟定既要满足箱梁纵、横向的受力要求,又要满足结构构造及施工上的需要。

(1)底板厚度

箱梁的底板在纵桥向正弯矩区主要承担预应力产生的压应力,同时需要有布置预应力管道的空间,在横桥向底板主要承担自重、施工荷载产生横向弯矩。底板厚度主要由横向弯矩和预应力管道布置空间控制。对于简支梁、连续梁和连续刚构的跨中区段,底板厚度不小于腹板内壁净距的 1/30,如果有预应力管道通过,不小于 200mm。

在连续梁与连续刚构的墩顶区段,底板是承担纵向负弯矩的受压区,压应力控制底板的厚度,大跨度梁桥应根据压应力大小计算所需要的厚度。在破坏阶段,应使中和轴保持在底板以内,并留有余地。一般墩顶处底板厚度为梁高的 1/12~1/10。在跨中至墩顶区段之间应设一段变厚区段。

此外,底板除承受自身荷载外,还承受一定的施工荷载。用悬臂施工法施工箱梁时,底板还要承受挂篮底模梁后吊点的反力。因此,设计时应对这些因素给予考虑。

(2) 顶板厚度

确定箱形截面顶板厚度通常主要考虑两个因素:桥面板横向弯矩的受力要求和布置纵向预应力束和横向受力钢筋(或横向预应力束)的构造要求,前者与箱梁腹板的间距及集中活载大小有关。

顶板相当于支承在腹板上的多跨弹性支承双悬臂梁,两侧悬臂板的长度可以调节顶板在腹板间的弯矩分布,顶板在横桥向一般采用变厚以减轻自重,而在纵桥向采用等厚度。对普通钢筋混凝土桥面板,其腹板间的顶板厚度可参照表2-5。

顶板参考尺寸　　　　表2-5

腹板间距(m)	3.5	5.0	7.0
顶板厚度(mm)	180	200	280

悬臂长度在2.5m以下时可以采用钢筋混凝土板,根部厚度一般为0.2~0.6m,翼缘板端部厚度视构造需要可减薄到0.08~0.1m,如果设置防撞墙或需锚固横预应力束筋,则端部厚度不小于0.2m。

当腹板间距大于5m、悬臂长度大于2.5m后,可以考虑布置横向预应力束。在布筋时可在桥面板厚度范围内调节上下位置,以发挥预应力筋在正负弯矩区的偏心效应。

(3) 腹板厚度

箱形截面梁一般由两块以上腹板组成,腹板承担剪应力和主拉应力,同时每一块腹板的最小厚度必须满足布置斜向钢筋或预应力束的空间,也必须满足施工中浇筑混凝土的要求。

在跨中区段,主要由构造要求控制,一般经验为:腹板内无预应力束筋管道布置时为200mm,腹板内有预应力束筋管道布置时为300mm,腹板内有预应力束筋锚固头时为380mm。腹板高度大于2.4m时,以上尺寸应予增加,以降低混凝土浇筑的难度。

在支点区段,剪应力和主拉应力都比较大,腹板的最小厚度应满足剪切极限强度的要求,在跨度较大时需要加厚。从跨中区段到支点区段之间应设一段变厚度区段。根据国内外实践经验,对于跨径70m以下的箱梁,腹板可以不变厚度;对于200m以上跨径,支点腹板厚度要大于跨中3倍以上。

在预应力箱梁中,弯束提供的预剪力可以抵消一部分弯曲剪切力,剪应力和主拉应力比普通钢筋混凝土梁要小,故同样荷载条件下,如不考虑构造需要,其腹板比普通钢筋混凝土梁更薄一些。

对于多室箱梁由于扭转作用,侧腹板的剪应力比中腹板大,一般侧腹板比中腹板厚一些。

(4) 梗腋(承托)

在顶板与腹板接头处设置梗腋很有必要。

梗腋提高了截面的抗扭刚度和抗弯刚度,减小了扭转剪应力和畸变应力。桥面板支点刚度加大后,可以吸收负弯矩,从而减小了桥面板的跨中正弯矩。此外,梗腋使力线过渡比较平缓,减小了次应力。从构造上考虑,利用梗腋所提供的空间布置纵向预应力筋和横向预应力筋,这也为减薄底板和顶板的厚度提供了构造上的保证。

加腋有竖加腋和水平加腋两种。在顶板和腹板交接处如设置竖向加腋,则可加大腹板的刚度,对腹板受力有利,使腹板剪应力控制截面下移,错开了横向弯曲应力高峰,减小了主拉应力,并有利于竖弯束的布置;缺点是使预应力束合力位置降低,对桥面板跨中受力不利。水平加腋增加了桥面顶板与腹板之间的连接宽度,保证箱梁的整体性。一般箱梁上梗腋多采用图2-60a)的形式,腋的竖向高度不小于顶板厚度;当箱梁截面较小时,也采用图2-60b)或c)这种形式;图2-60d)、e)常用于斜腹板与顶板之间的梗腋。施工时为便于拆除箱梁内模,常采用二次浇筑法,先浇筑底板和腹板,后浇筑顶板。对底板与腹板之间的下梗腋,常采用图2-60f)、g)两种形式,以便于底板混凝土的浇筑。图2-60h)因混凝土浇筑困难,较少采用。

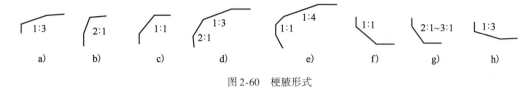

图2-60 梗腋形式

四、综合影响因素

将影响梁桥截面形式选择的主要因素总结如下:

钢筋混凝土T形截面非常适合承担正弯矩,因此被广泛应用在简支梁桥上;由于下翼缘开裂,钢筋混凝土不适合建造箱梁。

预应力混凝土梁由于预加力阶段下翼缘需要受压,所以需要下马蹄。

预应力混凝土箱梁使用阶段不开裂,采用箱形截面就比较合适,且能降低梁高。

连续梁桥存在正负弯矩区,采用箱梁更加方便,为避免上翼缘开裂,最好采用预应力混凝土。对于有挂孔的悬臂梁桥或者T形刚构桥,负弯矩区大部分采用预应力混凝土箱梁,而挂孔则常采用T梁或者空心板。

当活载偏载作用在桥面上时,除产生弯矩外,还会对截面产生扭矩,这就要求梁体断面具有抗扭能力,箱形截面抗扭性能显著好于开口的工字形截面。梁桥在均布偏心活载作用下的扭矩如图2-61所示,当每个支承均抗扭时,扭矩在全跨内累计;当连续梁中间采用点铰支承时,扭矩在多跨内累计。

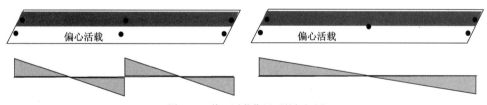

图2-61 偏心活载作用下的扭矩图

单跨的跨度越大,扭矩就越大,因此,大跨度梁桥必须采用箱形截面,小跨度桥梁则可以采用开口的工字形截面。当多跨连续梁中间采用独柱支承或者间距很小的双柱支承时必须采用箱形截面。

采用满堂支架、移动模架、整孔吊装、顶推等整体施工工艺时,一孔桥一次建成,一般采用整体板和箱梁,以获得最好的受力性能。

肋式截面最适合于纵向切条预制吊装施工方法,T梁或者工字梁是最常用的形式。单片T梁的受力与总体截面基本相同,所有梁吊装到桥位上后,再把横梁和桥面连接起来。

对于横向切段的节段预制施工,为防止节段吊装的变形,一般采用箱形截面。

肋梁的下翼缘视觉比较凌乱,因此城市高架桥越来越多采用箱形截面。

第三章
中小跨径混凝土梁桥

中小跨径桥梁自重小,施工方法较少受到吊装重量的限制,使得其架设方法比较灵活,可以使用多种方法架设。这里指的中小跨径梁桥与大跨径梁桥的主要区别是大跨径梁桥必须采用悬臂施工。由于跨径较小,从而弯矩总量小,使得抗弯承载能力不是控制设计的主要因素,设计中可以更多考虑功能、架设方便快捷等方面的要求,从而达到更好的经济性。功能要求、材料与建造方法是影响中小跨径混凝土梁桥结构形式最主要的因素。本章主要介绍中小跨径混凝土梁桥的结构特点、上部结构施工方法、就地支架现浇梁、移动模架现浇梁、预制拼装梁、节段预制拼装梁、整孔预制安装梁、顶推施工梁等。

第一节 结构特点

一、适用范围

混凝土梁桥是中小跨径桥梁中使用数量最多的桥型,主要使用范围包括跨越通航要求不高河流的独立桥、大跨径桥梁的引桥、互通立交桥、跨线桥、城市高架桥、铁路高架桥等。

中小跨径梁桥应用范围主要与建造材料、起吊能力有关。钢筋混凝土或预应力混凝土梁桥一般跨径在 50~60m 以下,钢梁桥与钢混组合梁桥跨径则可以超过 100m。陆地建桥受起吊能力限制,除非采用辅助墩等临时设施,一般架桥设备很难架设桥跨径超过 60m 的混凝土梁桥。而在宽阔的水面架桥,利用大型浮吊的起重能力,可以整体预制吊装70m以上的混凝土梁。上海长江大桥引桥曾经整体吊装跨径130m的钢-混凝土组合梁。

中小跨径梁桥应用数量大,经济性、耐久性是设计中最重要的控制因素,经过多年的工程实践,在不同的跨径范围逐渐形成了一种或几种最优的形式。我国在全国范围内总结经验,对不同跨径的中小跨径梁桥编制有系列通用图,比如:8~10m跨径的公路钢筋混凝土空心板梁桥,13~20m跨径预应力混凝土空心板梁桥,20~40m跨径预应力混凝土T梁桥,20~40m跨径预制安装预应力混凝土箱梁桥等。通用图采用的一般都是这些跨径范围内相对比较经济的结构形式,因而得到广泛采用。各省在全国通用图的基础上又根据本地的特点,对通用图进行修编,形成具有地方特点的结构形式。

最优的结构形式与材料、施工能力、施工环境以及业主和设计者的偏好有关。例如,近年来随着我国钢材产能的大幅提升,钢材价格下降,钢-混凝土组合梁桥就在中小跨度梁桥中有一定的竞争力,从而在不同的跨径范围内出现了工字形钢混凝土组合梁、箱形截面钢-混凝土组合梁等形式。再例如,欧美国家根据其生产能力及施工环境要求,其在不同跨径范围常采用的梁桥结构形式与我国有较大区别。

表3-1显示了不同结构形式梁桥的经济适用范围。

梁桥的经济适用范围 表3-1

桥型	跨径(m) 35	70	90	120	150	200	300
现浇法预应力混凝土桥	■						
装配式预应力混凝土桥			▬▬▬▬▬▬▬▬▬▬▬				
预应力混凝土桥	▬						
组合梁桥		▬					
箱形组合梁桥			▬				
正交异性箱梁桥				■			

▬▬ 经济跨径　　▬▬ 可用跨径

二、结构体系

理论上中小跨径梁桥可以采用简支梁、悬臂梁、连续梁和刚构等支承体系。

简支梁由于弯矩大、桥面接缝多,行车舒适性差,一般用在单跨梁桥上。多跨时为提高使用舒适性,常采用桥面连续构造。

悬臂梁虽然有设计计算方便、对地基不均匀沉降不敏感的优点,但是桥面接缝太多,使用舒适性差,接缝处伸缩缝容易损坏,在结构电算普及后,已经很少在中小跨径桥梁中采用。目前大桥引桥、高架桥、立交桥等多跨梁桥一般都采用连续梁桥。

在桥墩比较高时中小跨度梁桥常采用墩梁固结的形式,利用较小的桥墩柔度适应常年温差带来的主梁伸长与缩短变化。对于长度不大的中小跨度桥梁,将桥台与桥墩均与主梁固结或半固结的整体式梁桥是目前越来越被广泛采用结构形式。

三、跨径布置

简支梁为静定结构,跨径布置一般根据桥梁跨越的障碍而定。对于跨越无通航要求河流桥梁或者无跨越横穿道路的高架桥可以采用等跨布置。跨越河流通航孔或者横穿道路时,可采用跨径较大的中跨。

对于中小跨径连续梁或者连续刚构、斜腿刚构在跨越河流或者道路时一般均采用不等跨布置,边跨比中跨跨径小,既适应跨越的要求,也能使主梁的弯矩分布更加合理。对于大桥引桥和高架桥等多跨连续梁桥,跨径小于50m时,大部分采用逐孔连续架设或简支变连续架设工艺,等跨布置时一期恒载弯矩边中跨基本相同,只是边跨的二期恒载和活载弯矩比中跨大,总弯矩差别并不大,因此采用等跨布置,例如我国东海大桥简支变连续施工的70m预应力连续梁就采用等跨布置。

四、梁高变化

中小跨度梁桥总体弯矩小,为便于施工,大部分采用等高度梁,即使变化梁高,也常采用折线形变化,增加支点附近的梁高以适应较大的负弯矩,同时降低模板的复杂程度。

第二节　上部结构施工方法

桥梁结构的施工与设计密切相关。对不同结构形式的桥梁结构,施工方法可不同;对同种结构形式也可采用不同的施工方法。桥梁结构的受力状况将取决于所选用的施工方法。

梁桥最直接的施工方法是先建造桥墩,然后吊装主梁。但对于跨径较大的桥梁,自重大、体积大,整体预制后安装十分困难,所以梁桥通常需要直接在桥位上分段建造或者分解成不同大小的部件预制后安装。拆分和架设方式不同,成桥后的内力就不一样,配筋形式就不一样,同时在桥位上的连接方式也不一样,主梁的构造也不一样。

中小跨度混凝土梁桥的施工方法分为现场浇筑、预制安装、预制安装与现场浇筑组合、顶推等。

现场浇筑即在桥孔内搭设的支架上安装模板浇筑混凝土,支架分为落地支架和依附桥墩搭设的移动支架。预制安装分为整体预制安装和预制拼装两种,而预制拼装又分为预制梁拼装和节段预制拼装两种。

除上述浇筑和预制拼装施工方法外,也可以将预制梁安装到桥位上形成格子梁,然后在其上现浇桥面板形成组合截面,这是预制安装和现场浇筑组合的施工方法。

以上方法均为向前逐孔施工方法,即待架孔在桥梁的最前端。另一种梁桥施工方法是顶推施工,梁体总是在桥头路基上预制,预制好的梁通过顶推或拖拉滑动到桥孔,桥梁最后端的主梁最后施工。

支架浇筑和拼装都需要很大起重能力的设备,建造跨径较大的梁桥设备将非常昂贵和笨重,因此大跨度桥梁一般都采用悬臂法施工,超过100m以上的预应力混凝土梁桥基本上采用悬臂浇筑,这将在下一章中介绍。

上述施工方法各有特点,适用于不同截面形式、不同施工场合,施工速度也不相同。施工方法的选用可视工程结构的跨度、孔数、桥梁总长、截面形式和尺寸、地形、设备能力、气候、运输条件、设备的周转使用等综合条件来选择。

表3-2显示了梁桥常用施工方法主要特点,详细特点在本节后续内容中介绍。

梁桥常用施工方法主要特点　　　　　　　表 3-2

施工方法		适用施工场合	常用跨径范围	常用截面形式	施 工 速 度
现浇	落地支架	高架桥、浅水区	不限	板式、箱形	
	移动模架	各类施工条件的多跨长桥	30~70m	Π形、箱形	12~15d/孔
	平衡悬臂	大跨度梁桥	60~300m	箱梁	10~12d/节段
预制安装	预制梁拼装	各类施工条件	8~60m	实心板、空心板、T梁、小箱梁	板梁:8~10片梁/d,T梁小箱梁:4~6片梁d
	预制梁+整体桥面板组合	较大跨径下的预制安装梁	40~80m	组合截面肋梁或箱梁	>10d/孔
	节段预制拼装	各类施工条件的多跨长桥	30~300m,80m以下支架拼装,超过80m悬臂拼装	箱形	支架拼装:3~6d/孔;悬臂拼装:视悬臂长度,施工速度不等
	整孔预制安装	要求快速架设的多跨超长桥或水上长桥	陆地<30m 海上:混凝土梁<70m,钢-混凝土组合梁<105m	板式、箱形、肋板式	6~12h/孔
顶推施工		等高度连续梁	40~80m	箱形截面	预制:12d/孔;顶推:2~3m/h

第三节　就地支架现浇梁

在桥位上搭设支架架设桥梁是一种古老的桥梁施工方法。对于混凝土桥梁,在桥位上搭设支架后,在其上安装模板、绑扎及安装钢筋骨架,并在现场浇筑混凝土与施加预应力,最后拆除支架成桥。支架上就地浇筑混凝土、在桥梁原位施工,几乎不需要大型设备,适用于有条件搭设支架的陆地及浅水地区。各种装配式建筑钢管脚手架的普及使用,使搭设支架的成本大幅度降低,在城市高架桥施工中就地支架现浇方法被广泛采用。

只要能搭设支架,就地支架现浇方法可以用于任何形式梁桥的施工,桥梁形状不受限制,可方便施工变宽、斜跨、弯梁等异性梁桥。对于连续梁桥,一般整联桥梁浇筑完成后一次落架,不需要体系转换。

就地支架浇筑主梁一次成形,无须考虑主梁的分块与拼装,因此大部分采用整体性比较好的整体板式截面、箱形截面,很少建造T梁等多腹板的肋梁桥。

有时为了减轻支架的负担,节省临时工程材料用量,主梁截面的某些非主要受力部分可在落架后利用主梁自身的支承,进行第二期混凝土浇筑,但由此会增加前期浇筑好的梁的应力。对于预应力混凝土梁,预应力需与混凝土浇筑顺序配合分批张拉。

但是支架法施工需耗费大量的劳动力搭设支架、安装模板,支架周转速度慢,多联连续梁组成的长桥,必须使用大量的支架。受现场施工条件的限制,现浇混凝土梁的施工质量控制比较困难,同时该方法需要占用桥下空间,城市高架施工对原有交通干扰大,跨河桥梁支架会影响河道的通航与排洪,在施工期间支架可能受到洪水和漂流物的威胁。因此,就地支架浇筑施工法正在逐步被移动模架浇筑和预制拼装法所代替。目前就地支架浇筑法主要用于小跨度的梁桥及异形梁桥。

一、就地支架现浇工艺

1. 支架的形式

支架按构造可分为立柱式、梁式和梁柱式,见图3-1。

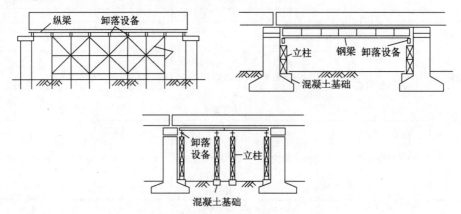

图3-1 支架构造(支柱式、梁式、梁柱式)

立柱式支架由排架和支撑在其上的小梁组成。排架由按照一定间距排列的钢柱或木柱组成,其下设置桩或枕木作为基础。目前使用最多的排架是由密排的 $\phi 48mm$、壁厚3.5mm 钢立管与横杆、剪刀撑组成的承重式建筑支架,整平地基后铺设碎石垫层,在其上浇筑混凝土作为排架的基础。立柱式支架构造简单,搭设方便,常用于陆地或不通航的河道、或桥墩不高的小跨径桥梁,特别是城市高架桥或大型桥梁的引桥。

当桥位处水上或者施工期间桥下必须通车时需要采用梁式支架。梁式支架由临时钢梁支承待浇混凝土梁,当跨径小于10m时可采用工字钢梁,跨径大于20m时采用钢桁架。钢梁支承在站立在承台上的立柱上,也可支承在桥墩上预留的托架上。

当桥墩较高、跨径较大时还必须在跨中设临时立柱,形成多跨梁柱支架。

图3-2 为上海南浦大桥浦东引桥预应力曲线连续箱梁支架。梁长分别为121m(4跨)、95m(3跨),共四联,中心轴曲率半径为90m。排架式支架全部采用 $\phi 48 \times 3.5mm$ 钢管和扣件连接,排架的整体稳定通过设置纵横向水平连杆、纵向、横向垂直剪刀撑和水平剪刀撑来保证。因施工现场的地基、地形、地貌情况比较复杂,有基坑部位的回填土、老宅地基、小沟浜和泥浆坑等,为防止混凝土施工时地基产生不均匀沉降,采用了重锤夯实加固地基。随后在整平的地基上铺道砟、浇15cm厚的C15素混凝土。

2. 对支架的要求

(1)支架虽为临时结构,但它要承受桥梁的大部分恒重,因此必须有足够的强度、刚度和稳定性,同时支架的基础应可靠,构件结合要紧密,并要有足够的纵向、横向、斜向的连接杆件,使支架成为整体。

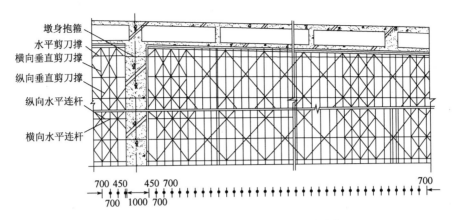

图 3-2 上海南浦大桥浦东引桥连续箱梁支架(尺寸单位:mm)

(2)对河道中的支架要充分考虑洪水和漂流物的影响。

(3)支架在受荷后将有变形和挠度,在安装前要进行计算,设置预拱度,使结构的外形尺寸和高程符合设计要求。

(4)支架上要设置落架设备,落架时要对称、均匀,不应使主梁发生局部受力状态。

(5)支架由多种杆件通过连接件连接而成,构件间存在间隙,在使用前应对支架进行预压,以消除非弹性变形,同时验证支架的强度及稳定性,预压重量应为待浇混凝土重量的1.2倍。

3.混凝土浇筑方法

就地支架的浇筑方法,适用于各种支承形式混凝土梁桥的施工,但施工时需要防止支架变形和混凝土收缩带来的早期混凝土开裂,在多跨长联的连续梁和连续刚构桥施工中尤其需要注意。混凝土浇筑可采取整联浇筑或者分段浇筑,可根据桥梁跨径、联长和混凝土拌和能力选用。

小跨径混凝土连续梁桥,可采用采用从一端向另一端分层、分段整联浇筑的施工顺序,图 3-3 示出一座五跨一联连续空心板桥的施工程序,施工时,板分两层浇筑,并在墩顶部分留合龙段。当两跨梁的混凝土浇筑完成后,再浇筑中间墩顶的合龙段。照此程序依次完成一联板的混凝土浇筑工作。

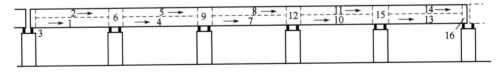

图 3-3 五跨一联连续空心板桥的施工程序

大跨径或者长联预应力混凝土连续梁桥常采用箱形截面,分层或分段施工。一种方法是水平分层方法,先浇筑底板,待达到一定强度后进行腹板施工,或直接先浇筑成槽形梁,待其达到一定强度后再浇筑顶板,必要时顶板与底板也要采用先跨中后支点的浇筑顺序;另一种方法是分段施工方法,根据施工能力,每隔 20~45m 设置连接缝,该连接缝一般设在梁的弯矩较小的区域,连接缝宽约 1m,待各段混凝土浇筑完成后,最后在接缝处施工合龙。为使接缝处结合紧密,通常在梁的腹板上做齿槽或留企口缝。采用分段施工法,大部分混凝土重量在梁合龙之前已作用,这样可减少支架早期变形和由此原因而引起梁的开裂。

上海南浦大桥浦东引桥预应力曲线连续箱梁采用分段分块浇筑混凝土的方法,分段浇筑顺序见图3-4。每条施工缝有2~3d的间隔时间,混凝土的早期收缩裂缝和不均匀沉降裂缝通过分段施工得到了克服。

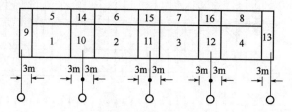

图3-4 四跨连续梁分段浇筑顺序

4. 支架拆除方法

待混凝土达到所要求的强度后,可拆除侧模板,钢筋混凝土梁可以落架后拆除底模和支架,而预应力混凝土梁需待预应力筋张拉、管道压浆完成后方可落架。对于多联桥梁,支架拆除后可周转使用。

二、整体现浇板梁

整体浇筑板梁桥构造简单,是小跨度桥梁中常使用的形式。板梁桥的常用截面形式及适用范围见第二章第四节的板式截面。

1. 整体浇筑钢筋混凝土板梁桥

整体式板桥的横截面一般都设计成等厚度的矩形截面,有时为了减轻自重也可将受拉区稍加挖空做成矮肋式板桥。整体板桥最简单的截面形式是与路同宽的矩形板,为了缩短墩台的长度,也有将人行道做成悬臂形式从板的两侧挑出,但这样会带来施工的不便。整体式板桥的跨径通常与板宽相差不大,故在车辆荷载作用下实际上处于双向受力状态。因此,除了配置纵向受力钢筋以外,还要在板内设置垂直于主钢筋的横向分布钢筋,分布钢筋一般在单位长度上不得少于单位板宽上主钢筋面积的15%,或不小于板的截面面积的0.1%,其间距应不大于20cm。考虑到当车辆荷载在偏近板边行驶时,参与受力的板宽要比中间的小,除在板中间的2/3范围内按计算需要量进行配筋外,在两侧各1/6的范围内应比中间的增加15%。整体式板的主拉应力较小,按计算可以不设弯起的斜钢筋,但习惯上仍然将一部分主钢筋按30°或45°的角度在跨径1/6~1/4处弯起。

图3-5所示为标准跨径8m,单幅桥面净宽11.0m(两侧未示出防撞护栏),按公路—I级设计的整体式简支板桥的构造。计算跨径为7.58m,板厚45cm,约为跨径的1/17。纵向主筋采用钢筋骨架和N1,主筋均为直径25mm的HRB335钢筋。虽然板桥内的主拉应力很小,在骨架内仍设置了间距30cm、直径为20mm的斜筋。下缘的分布钢筋按单位板宽上不少于主筋面积的15%配置,采用直径16mm、间距12cm布置,一片实体板共用22片骨架,骨架短斜筋采用双面焊接。每一块板的钢筋用量合计7523kg。

整体浇筑钢筋混凝土板桥一般用于小跨径桥梁,常采用墩梁固结的刚构体系来简化构造,并进一步减小梁高,单跨桥梁形成门形刚构,多跨桥梁形成连续或框架刚构。

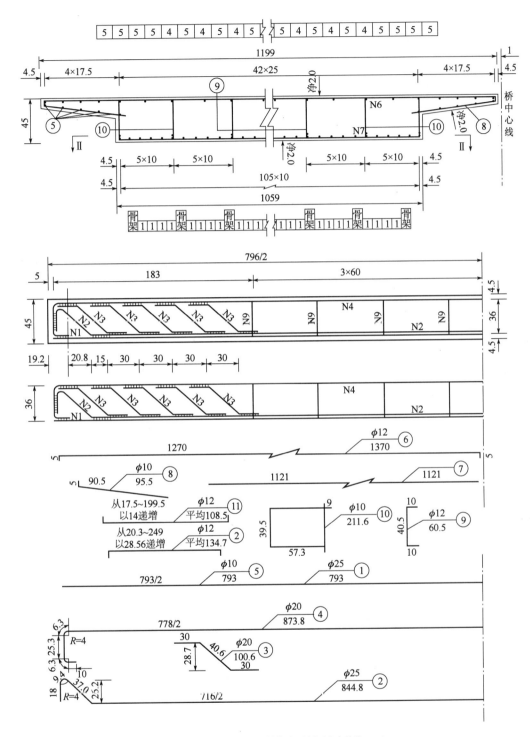

图 3-5　整体式简支板桥构造示例(尺寸单位:cm)

如图 2-20 所示的地道桥,是一种整体浇筑的钢筋混凝土箱形框架结构桥梁,最大单孔跨径可达 15m,一般在既有道路侧边的基坑中整体浇筑,然后通过顶推的方法顶进到既有道路下面。框架刚构减小了跨中弯矩,在穿越铁路情况下,跨中顶板高只有跨径的 1/20 ~ 1/15(跨径较大时用小值),但是顶底板与立墙交界处有负弯矩,因此需要设置梗腋来承担较大的负弯矩,梗腋坡度一般取1:3。

2. 整体浇筑预应力连续板梁

对于跨径稍大的板桥,可整体浇筑成连续板,中跨跨径可达40m。连续板墩顶段在负弯矩的作用下截面上缘受拉,不宜设计成钢筋混凝土构件,宜配置负弯矩预应力筋来提高梁的抗裂性。梁高的增加会急剧增加自重。可以采用空心板来降低自重。由于梁高较低,形成空心的模板很难拆除,常采用塑料管、泡沫等轻质材料做成一次性模板。

图3-6所示为一座整体浇筑的三跨连续空心板梁桥,跨径布置(24 + 32 + 24)m,半幅桥宽15.49m;跨中梁高800mm,为跨径的1/30;中支点附近为了增加抗弯承载能力,截面高度增加到1600mm,为跨径的1/15;为了简化模板,梁高从跨中到中支点采用折线变化。各跨跨中附近的截面挖孔以降低弯矩,而中支点区段由于自重集度对弯矩不敏感,采用实心截面以降低施工难度。图3-7是利用PVC管作为成孔模板的施工照片。

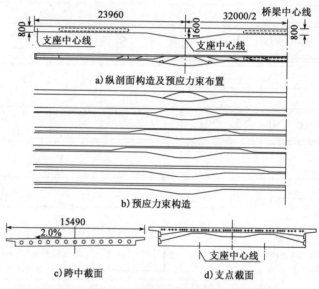

图3-6 三跨连续空心板梁桥构造示例(尺寸单位:mm)

图3-7 PVC管成孔模板

纵桥向受力为预应力体系,由于采用支架浇筑一次落架的施工工艺,预应力筋采用全桥正负弯矩区连续布置的方式,构造非常简单。连续布置方式缺点是预应力束管道摩阻损失比较大。

板梁跨中的横桥向弯矩由普通钢筋承担。为减小桥墩宽度,采用间距小于桥宽的双支座,主梁支点截面承担很大的横向弯矩,因此配置了横向预应力筋[图3-6d)]。

三、整体现浇预应力箱梁

中小跨度预应力混凝土箱梁的整体性好,刚度大,外形整洁,在城市高架桥、高速公路主线及匝道桥、大跨度桥梁的引桥中广泛使用,一般采用支架整体浇筑法施工。桥梁的经济跨径在20~50m范围,采用2跨、3跨或4跨一联的连续梁,高速公路正线桥采用边跨跨径小于主跨的不等跨布置,以使各跨弯矩分布均衡。而城市高架桥、匝道桥、大跨度桥梁引桥则采用等跨布置,以获得较好的景观效果。梁高为跨径的1/19~1/13,大跨度用小值,40m跨径以下采用等高度梁,50m采用变高度梁。

中小跨度整体浇筑箱梁梁高远小于桥梁宽度,一般采用单箱多室截面。箱室宽度和悬臂长度的分布由箱梁顶板的弯矩分布确定,每个箱室宽度小于5m、悬臂长度小于2.5m时,顶板不配置预应力筋,大于上述宽度时顶板须配置横向预应力筋。在高速公路桥梁中采用上下行分离截面,四车道~六车道高速公路半幅桥面宽度在12.5~16.5m之间,匝道桥宽度在8.5~15.5m之间。10.5m宽度以下采用单箱单室箱梁,10.5m以上采用单箱双室箱梁,15.5m以上采用单箱三室箱梁,这样做箱梁顶板在腹板间的横向跨度在4~5m之间,而悬臂长度小于2.5m,顶板不需要配置横向预应力。而在城市高架桥中,由于需要充分利用桥下空间,一般上下行设计为整体截面,主梁宽度达25~32m,采用单箱多室箱梁,顶板跨度也控制在4~5m之间,同样不配置横向预应力束。

整体浇筑的多跨连续箱梁,不宜全部采用多跨通长布置的连续预应力束,这样做摩阻损失很大。一般在腹板内布置部分通长连续束,而在不同区段的顶、底板或者腹板内分段布置交叉短束,既保证有连续的预应力束,也不至于有太大的预应力损失,如图3-8所示。这种做法的不足之处在于,箱梁内必须设置张拉齿板,顶底板须设置齿槽,使箱梁的模板趋于复杂。

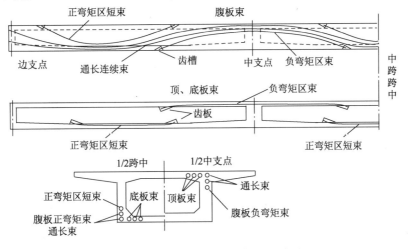

图3-8 多跨连续梁预应力钢束布置示意图

箱梁在跨内不需要设置横隔板,只在支点截面设横隔板。如果桥墩顶有盖梁,且在每个腹板下设一个支座,则支点横梁只要配置构造钢筋;如果桥墩不设盖梁,且设在墩柱顶的支座不直接支承在腹板下方,则支点横隔板需要配置抵抗横向弯矩的受力钢筋,必要时配置横向预应力筋,如图3-10所示。

图3-9为广东省对高速公路15.5m宽整体现浇箱梁进行三室和双室对比研究的截面,采用双柱墩支撑,支座距梁边缘0.9m。顶板、底板厚度分别为250mm、220mm,腹板厚度450mm,只在支点截面设横隔板,纵桥向配置预应力束,箱梁各板件局部均按照钢筋混凝土构件设计。采用三室受力与双室相比差别很小,多一个腹板增加主梁的混凝土和普通钢筋用量,但剪力滞效应减小使纵向预应力配束量减少,折算成造价,三室比双室高3%~4%。从材料用量角度看,减少箱室的数量则用料更少,跨度越大双室越节省。从施工便利性来看,三室箱每个腹板中的预应力束数少,便于锚固,全桥可连续配束、不需要平弯而简化构造,见图3-9c)。综合上述分析,最终选用了单箱三室方案。20m跨径时预应力束用量19kg/m²,40m跨径时预应力束用量25kg/m²。

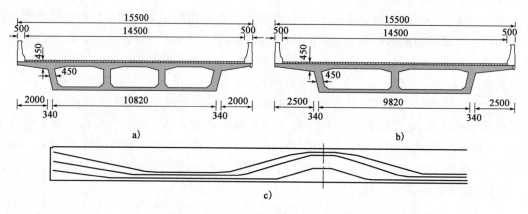

图3-9 高速公路15.5m宽整体现浇箱梁截面(尺寸单位:mm)

图3-10为典型的一次落架施工3×30m城市高架桥预应力混凝土连续箱梁截面。

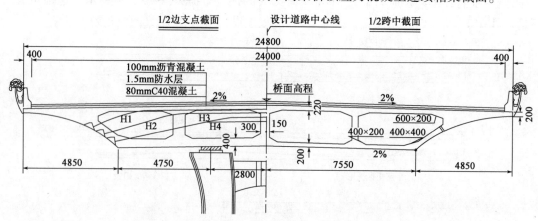

图3-10 典型的一次落架施工3×30m城市高架桥预应力混凝土连续箱梁截面(尺寸单位:mm)

六车道桥宽25m,采用双柱桥墩、双支座支承,支座间距5600mm。梁高2.0m,单箱4室,腹板厚度由跨中的300mm增加到支点的600mm,底板厚度由跨中的200mm增加到支点处的

400mm，顶板厚度 220mm，全桥等厚。箱梁在各跨内均不设横隔板，以简化构造。在边支点截面设 1200mm 厚度的横隔板，中支点截面设 2500mm 厚度的横隔板，一方面减小箱梁的畸变、翘曲等空间效应，另一方面起横梁作用，抵抗双支座支承在箱梁中部带来的横向弯矩。

纵桥向受力由预应力承担，跨中截面配置 22（束）×7×ϕ^s15.2mm + 15（束）×12×ϕ^s15.2mm 抗拉强度为 1860MPa 的钢绞线预应力束，中间支点截面配置 26（束）×7×ϕ^s15.2mm + 20（束）×12×ϕ^s15.2mm 钢绞线预应力束。为减少预应力损失，部分钢束采用正负弯矩连续配束，部分钢束在各跨分段锚固。边支点横梁配置 9（束）×15×ϕ^s15.2mm 钢绞线预应力束，中支点横梁配置 20（束）×7×ϕ^s15.2mm 横向预应力束，抵抗横向弯矩。全桥纵向预应力筋用量 19.1kg/m^2，横向预应力筋用量 7.4 kg/m^2。

箱梁可以近似看成全断面支承在横梁上，跨内区段横向弯矩很小，截面可看成由顶板、腹板、底板组成的框架。由于采用 4 室箱梁，各腹板间的顶板最大跨度仅为 4450mm，所以箱梁各板件在横桥向均按钢筋混凝土构件设计。

第四节　移动模架现浇梁

移动模架是一种将可在桥跨间移动的支架与模板结合在一起的大型桥梁施工设备，支架和模板在一跨使用完成后不需要完全解体，通过移动装置转运到另外一跨后能迅速组拼，从而提高效率，克服固定支架就地浇筑混凝土施工占地大、人工多、施工周期长的缺点。

一、移动模架施工工艺

早期对中小跨径连续梁桥或建造在陆地上的桥跨结构，使用模块化的落地式移动支架与模板，加快支架与模板在桥跨间的转移，同时降低人工成本，如图 3-11 所示。

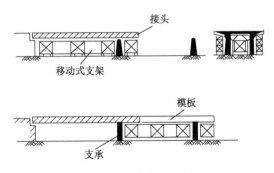

图 3-11　模块化落地移动支架

1961 年德国 Hans Wittfoht 在建造 Krahnenberg 桥时首次使用了移动模架系统（Movable Scaffolding System，MSS）。移动模架由可在桥墩间向前滑行的主梁与固定在其上的模板组成，按照主梁支承待浇筑桥梁的位置分为下行式和上行式。

下行式移动模架（Underslung MSS）的模板及待浇筑混凝土梁支承在移动模架主梁的顶面，见图 3-12。主梁由箱形截面承重梁和桁架导梁组成，长度大于 2 倍桥梁跨径，行走在固定在桥墩上的横桥向托架上，实现支架不落地沿桥梁纵向移动。一跨主梁施工完成后，主梁及外模板在横向托架上横移，使底模板在主梁纵移时避开桥墩，到达待浇筑桥孔后再横移合龙成整体外模板。内模板采用液压伸缩装置在外模板安装到位后,从外模板内行走到待浇筑桥孔。

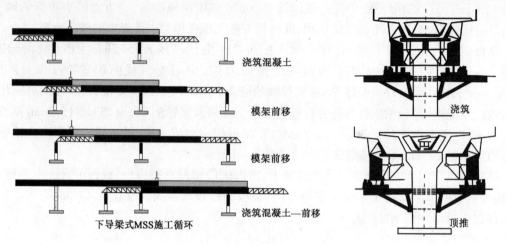

图 3-12 下行式移动模架操作过程

上行式移动模架(Overhead MSS)的主梁同样由承重梁和导梁组成,后端行走在已完成的混凝土梁上,在待浇筑桥孔上,通过支腿支撑在前方桥墩的墩顶,见图3-13。外模板分为左右两幅通过吊杆悬吊在主梁上,中间吊杆从混凝土梁上的预留空洞中穿过。一跨混凝土梁施工完毕,中间吊杆释放,使模板悬吊在两侧吊杆上,从而在主梁纵移时避开桥墩。主梁行走到待浇筑桥孔后,外模重新通过中吊杆合龙。如果施工箱梁,则内模行走方式与下行式支架相同。

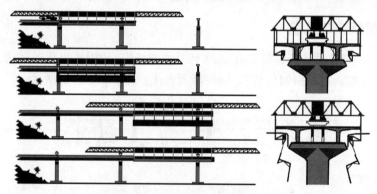

图 3-13 上行式移动模架操作过程

下行式移动模架的好处是待浇筑梁在移动支架顶面,现场操作空间大;相反上行式移动模架的好处是支架在待浇筑梁之上,不受桥下净空的限制,当然,梁体浇筑时的操作受模板吊杆干扰。

移动模架具有以下特点:

(1)移动模架法不需要设置地面支架,不影响通航或桥下交通,施工安全、可靠。

(2)有良好的施工环境,保证施工质量,一套模架可多次周转使用,具有在类似预制场生产的优点。

(3)机械化、自动化程度高,节省劳力,降低劳动强度,上下部结构可平行作业,可缩短工期,50m跨径左右的梁桥12d可以建成一孔桥。表3-3显示了一跨移动模架施工步骤及操作时间。

一跨移动模架施工步骤及操作时间　　　　　　表3-3

序号	工序名称	持续时间(d)	1	2	3	4	5	6	7	8	9	10	11	12
1	脱、移外模、模架过孔	2	━	━										
2	绑扎梁体底、腹板钢筋	2			━	━								
3	安装内模、端模	1					━							
4	绑扎梁体顶板钢筋	1.5						━	━					
5	浇筑混凝土	0.5								━				
6	养生	3									━	━	━	
7	拆内模、端模	1											━	
8	张拉	1												━
合计时间(d)			12											

二、移动模架现浇施工适用范围

移动模架依靠能在桥跨间滑行的钢主梁承担混凝土梁的自重,因此适用跨径受到钢主梁抗弯承载能力的限制,一般用于跨径小于50～60m的桥梁,常用在23.5～45m跨径范围,经过加强的移动模架能建造70m跨径的梁桥,西班牙甚至用此法建造过90m跨径的梁桥。

移动模架施工桥梁的跨径还受模架刚度的限制。整跨桥梁的混凝土重量由钢主梁承担,随混凝土浇筑钢主梁会逐渐发生变形。变形过大就容易造成新浇筑混凝土开裂,在新老混凝土交接截面特别容易开裂,因此,移动模架主梁必须有一定的刚度。根据实际工程经验,40m跨径、12m宽的混凝土梁质量约1000t,钢梁+模板一般需要500t才能满足刚度要求。

移动模架的设备造价及转运费较高,因此比较适合于建造多跨长桥,桥长至少要达到400～600m才具有经济性。由于是逐孔施工,桥长超过1000m时总工期较长,需要合理安排工期或者增加移动模架的数量。

移动模架一般用于建造等高度梁,但对于弯桥、坡桥和支点变高度梁都有成功应用的桥例。下行式移动模架比较适合于建造箱形截面梁,而上行式移动模架更加适合于建造双T截面梁,多肋T梁桥模板过于复杂,很少采用移动模架施工。

三、移动模架现浇梁结构特点

移动模架施工是一种逐孔施工方法,可以建造中小跨度的多跨简支梁、T形刚构、连续梁桥,但以连续梁居多。对于连续梁桥,为避开支点最大负弯矩(图3-14),一跨的施工缝一般设置在0.2L处,见图3-12和图3-13。

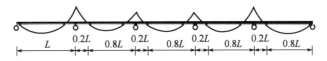

图3-14　移动模架施工缝设置位置

为便于内模从已浇筑桥孔转移到待浇筑桥孔,移动模架现浇梁一般不设跨中横隔板,而支点横隔板须待内模移出后再二次浇筑。

对于连续梁,第一孔主梁上正负弯矩纵向预应力束连续布置,锚固在0.2L处的施工缝截面上;而下一孔的预应力束仍然正负弯矩连续布置,后端通过连接器与前一孔预应力束连接,前端锚固在下一孔 $0.2L$ 处截面上。全桥预应力束连成整体,预应力摩阻损失发生长度只有一孔。

1991 年建成的厦门高集海峡大桥是我国首次采用移动模架建造的桥梁,主桥全长 2070m,上部结构为 45m 等跨径等截面预应力混凝土箱形连续梁,46 跨共分五联[$8 \times 45 + 8 \times 45 + 12 \times 45 + 10 \times 45 + 8 \times 45 = 46 \times 45$(m)];横向为两个独立的单箱,梁高 2.68m,桥梁全宽 23.5m,单箱宽 11.26m,见图 3-15b)。采用下行式移动模架施工,施工缝设在距离支承中心线 8m 处(0.178L)。图 3-15a)为该桥的纵向预应力钢束布置图,图 3-15c)为 K 型连接器构造。

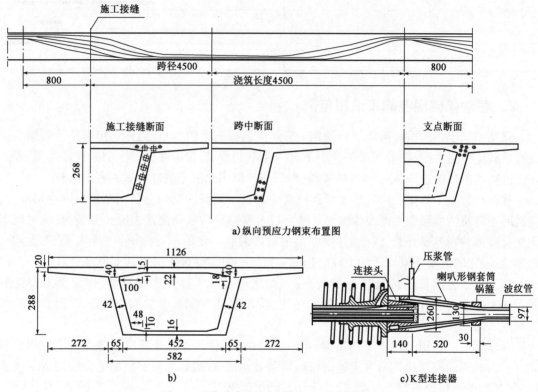

图 3-15　厦门高集海峡大桥构造(尺寸单位:cm)

双肋 T 形截面连续梁桥是在运用移动模架现浇施工方法时产生的一种桥型。全截面由两个大型肋板与桥面板组成,为便于移动模架模板前移,少设或不设横隔板。这种桥型比较常见应用于建造四车道或者六车道高速公路的单幅桥梁,桥宽在 10~15m 之间。双肋之间的间距由桥面板恒载及一半活载作用下肋不受扭确定,肋宽 80~90cm,保证有足够的抗剪承载力和纵向预应力束布置空间。桥面板在活载作用下将产生横向弯曲,厚度视桥宽及肋间距而定。更大桥宽的连续梁桥也有设计成无横隔板双肋 T 梁的案例,但是桥面板横向钢筋及纵肋钢筋用量大幅度增加而显得不经济。

图 3-16a)显示了德国 Sechshelden 高架桥的截面。该桥采用跨径 9×47m 的连续梁,全桥不设横隔板,每个肋支撑在一个墩柱上。图 3-16b)为法国 Incarville 高架桥的截面,在支点设横隔板。图 3-16c)表示了德国 Obereisesheim 高架桥截面。该桥采用 15×39m 连续梁,高速公路全宽设计成整体双肋截面,桥宽达 30.6m,全桥无横隔板。

因采用移动模架法施工而产生的另一种特殊桥型是蘑菇梁。蘑菇梁的桥墩设计成独柱,主梁采用板式截面,梁高在墩顶处纵横桥向均加厚,形成蘑菇形(图3-17),非常适合于上行式移动模架浇筑(图3-13)。桥墩与主梁固结,在跨中设剪力铰或者挂孔以消除常年温差次内力,施工阶段跨中的铰采用临时预应力固结。

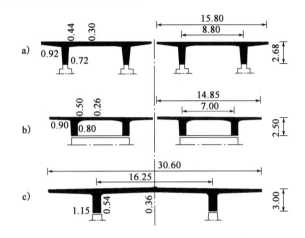

图3-16 典型双肋T形截面(尺寸单位:m)

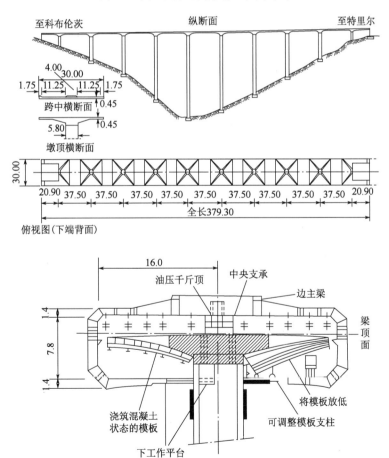

图3-17 德国Eltztal桥蘑菇梁(尺寸单位:m)

第五节　预制装配梁

将主梁分块预制后在桥位上拼装是桥梁建造中常使用的方法，由于预制场的施工条件比现场施工好，梁体质量比现场浇筑好，现场施工时间短（一套吊装设备，一天可安装8~12片板梁、4~6片T梁或小箱梁），便于施工组织，桥梁构件的形式和尺寸可向标准化发展，有利于大规模工业化生产，提高设备利用效率，因此预制安装施工是桥梁施工技术发展的方向。

分块时可采用纵向分块或横向分块。梁桥最常见的分块方法是将主梁沿纵桥向切块，形成多块长条单梁构件，单梁吊装到位后再横向连接成整体。采用纵向切块，单梁可单独架设在桥位上，不需要额外支架，因此是中小跨度梁桥中使用最多的施工工艺。

梁体在预制场（厂）预制，然后运输到桥位处通过起吊设备吊装到桥墩上，所有单梁吊装到位后，通过过湿接缝连接成整体截面。每片预制梁具有一致的截面才能最大限度地重复使用模板，因此预制装配梁一般采用空心板、多肋T梁、小箱梁等截面以及预制梁肋+现浇桥面板组合梁等形式，见图2-53。

预制装配梁适合于中小跨径梁桥的建造，跨径增大受吊装能力及单梁稳定性的限制。T梁常用跨径50m以下，小箱梁跨径40m以下。

预制装配梁吊装后是简支梁，可在墩顶布置负弯矩束转换成连续梁，以减小活载跨中弯矩，改善行车舒适性。

预制梁安装后在现场进行横向连接，连接部位成为桥梁的薄弱环节，改进连接构造的施工便利性和结构可靠性是预制安装梁桥必须关注的问题。

一、预制装配施工工艺

1. 单梁的预制

1) 预制台座

单梁在预制场（厂）内的预制台座上预制，预制台座下的地基必须加固，保证混凝土浇筑过程中地基不发生过大变形。台座由整体浇筑的混凝土底板、在底板上设置的垫木和底模板组成。预应力混凝土梁的台座承载能力必须考虑预应力张拉后梁体上拱，实际只有梁两端支承在台座上的情况。

对于先张法预应力梁，台座两端还必须有临时锚固预应力束的反力装置。先张法台座分为墩式和槽式两种类型。墩式台座是靠反力墩自重和土压力来平衡张拉力所产生的倾覆力矩，并靠土壤的反力和摩擦力抵抗水平位移，如图3-18所示。在地质条件良好的情况下，墩式台座可节约大量混凝土，且可将几片梁的台座串联在一起，共用一对反力墩而达到更好的经济效果。当现场地质条件较差、台座不很长时，可采用由台面、传力柱、横梁、横系梁等组成的槽式台座（图3-19）。传力柱和横系梁一般用钢筋混凝土做成，其他部分与墩式台座的相同。

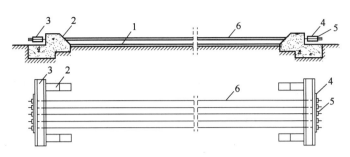

图 3-18　墩式台座构造示意图
1-台面;2-承力架;3-横梁;4-定位钢板;5-夹具;6-预应力筋

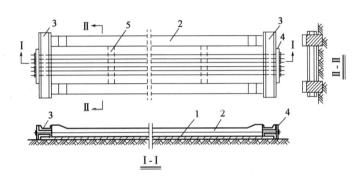

图 3-19　槽式台座
1-台面;2-传力柱;3-横梁;4-定位板;5-横系梁

2) 模板

目前我国预制梁外模基本上采用钢模板,其经久耐用、预制出的梁表面光洁。T 梁受横梁的影响,一般采用分片拆装模板,将两道横梁间模板制作成整片。图 3-20 常用 T 梁钢模板的构造,侧模由厚度一般为 4~8mm 的钢壳板、角钢做成的水平肋和竖向肋、支托竖向肋的直撑、斜撑、固定侧模用的顶横杆和底部拉杆,以及安装在壳板上的振捣架等构成。底模通常用 6~12mm 的钢板制成,它通过垫木支承在底座上。在拼装钢模板时,所有紧贴混凝土的接缝内都用止浆垫使接缝密闭不漏浆,止浆垫一般采用柔软、耐用和弹性大的 5~8mm 厚的橡胶板或厚 10mm 左右的泡沫塑料板。板梁、小箱梁等无横隔板的预制梁,则采用整体拆装模板。

有空腔截面的梁还需要芯模,芯模必须拆装方便,重复使用才有经济性。对于梁高较小的圆孔或椭圆孔空心板,可以采用气囊作为芯模,混凝土浇筑完成后放气即可脱模取出,也可采用泡沫、聚氯乙烯(PVC)、纸管等轻质材料作为一次性模板不取出。对于方孔空心板或者小箱梁,一般采用抽出式芯模。抽出式芯模由可收缩的骨架与模板组成,图 3-21 是桥梁工程中常用于空心板梁的木制芯模构造。木壳板的侧面安装铰链,使壳板可以转动。芯模的骨架和活动撑板,每隔 700mm 一道。撑板下端的半边朝梁端一侧用铰链与壳板连接,安装时借助榫头顶紧壳板纵面的上下斜缝,并在撑板上部设置 $\phi 20mm$ 的拉杆。撑板将壳板撑实后,在模壳外用铅丝捆扎即成定型的整体内模。脱模时抽动拉杆和扁铁拉杆,即可拆除内模板。

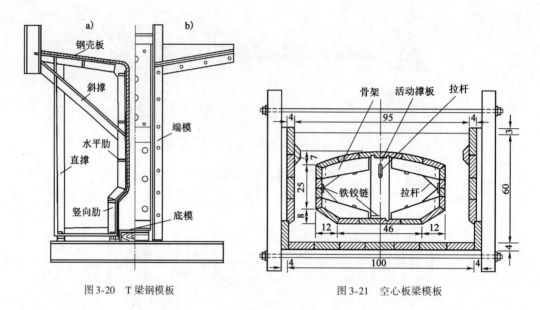

图 3-20 T 梁钢模板　　　　图 3-21 空心板梁模板

3) 钢筋骨架加工

预制梁的钢筋、预应力管道经绑扎或者焊接后形成骨架。钢筋骨架可以在预制台座上直接绑扎形成,但这样占用台座的时间长,只适合于现场制梁片数较少的预制场。在大型预制场里,钢筋骨架一般在专门的钢筋加工台座上加工,整体吊入预制台座。钢筋骨架须具有足够的刚度而不易变形,并应在运输、安装、灌筑混凝土时不致松散、移位。

4) 混凝土工作

混凝土工程包括拌制、运输、浇筑、振捣、养护及拆模等工序。

混凝土应按设计好的配合比拌制。配合比需根据混凝土强度、耐久性等使用性能指标,以及和易性、流动性、凝结速度等施工条件指标综合设计。混凝土可以在现场的搅拌站拌制,随着工业化生产水平的提高,商品混凝土及泵送混凝土运用得越来越广泛。

混凝土的运输,根据运输量的大小和运距远近采用不同的运输设备,总的要求是运输能力应适应混凝土凝结速度和浇筑速度的需要,使浇筑工作不间断,并使混凝土运到浇筑地点时仍保持均匀性和规定的坍落度等。

为保证密实度,混凝土浇筑方法主要从两方面来控制,一是浇筑层的厚度与浇筑程序,二是良好的振捣,这两个方面互为影响。浇筑顺序及分层厚度应根据构件形状、钢筋密度设计。中小跨径的 T 梁一般采用水平层浇筑[图 3-22a)],其横隔梁的混凝土与梁肋同时浇筑。对于大跨度梁体,当混凝土的供应量跟不上按水平层浇筑的进度时,可采用斜层浇筑,由梁的一端浇向另一端[图 3-22b)]。对于空心板梁,一般先浇筑底板,再立芯模,扎焊顶面钢筋,然后浇筑肋板与面板混凝土,待混凝土初凝后,即可抽卸芯模。对于带下马蹄的预应力混凝土 T 梁也可以先浇筑下马蹄,再浇筑肋板和顶板。

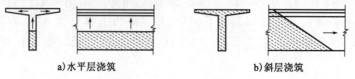

图 3-22 分层法浇筑混凝土

为使混凝土密实、充满模壳、排出气泡,浇筑过程中须进行振捣。预制梁一般采用附着式振捣器、插入式振捣器和平板式振捣器。附着式振捣器设在底模下面和侧模板上,它们是预制梁的主要振捣工具,插入式振捣器由人工从混凝土顶面插入,平板式振捣器在浇筑顶板时从混凝土顶面振捣。要严格掌握,混凝土的振捣时间:振捣时间过短,不能达到一定的密实度;振捣时间过长,反而会引起混凝土离析现象。一般当混凝土气泡不发生、混凝土不再下沉、砂浆开始上浮、混凝土表面平整时,混凝土已捣实。

混凝土浇筑后须进行养护,以保持混凝土硬化时所需的温度与湿度。混凝土养护方法主要有洒水养护法、塑料薄膜养护法和蒸汽养护法。

经过养护,当混凝土强度达到设计强度的25%～50%时,即可拆除梁的侧模;达到设计吊装强度并不低于设计强度等级的70%时,即可起吊主梁,进行下一根梁的预制工作。

2. 预制梁的运输

预制梁从预制厂运至施工现场称为场外运输,常用炮车、大型平板车、驳船或火车运至桥位现场;预制梁在施工现场内的运输称为场内运输,可以采用平车或滚筒拖曳法,也可采用运输轨道平板车运输,或轨道龙门架运输等方法。

长距离运输梁,车辆转弯时应保证梁在车辆上自由转动,梁上应设置整体式斜撑,并用绳索将梁、斜撑和车架三者组成整体,使梁在运输过程中有足够的稳定性,以防倾覆、发生意外。

3. 预制梁安装

预制梁的安装是装配式梁桥施工的关键工序。早期有很多简易安装方法,例如扒杆法、移动支架法等,在设备能力比较差的情况下为桥梁建设做出了贡献。随着我国交通运输事业的发展,桥梁施工机械化程度不断提高,一些简易安装方法已基本淘汰。目前预制梁安装基本采用不同形式的架桥机和起重机完成。在选择安装方法时,可根据桥位的条件、工期、经济性等因素综合考虑。

1)架桥机架设

架桥机架设时预制梁从已架设的桥梁上运到桥位处,无需便道,适合于大部分桥梁施工环境。

双导梁架桥机(也称为穿巷式架桥机)是目前使用最广泛的预制梁架桥机。架桥机钢桁架导梁长度约等于2倍桥梁跨径,前段为引导部分,由前端钢支架支撑在前方桥墩上,中段是承重部分,后段为平衡部分。横向由两组导梁构成,导梁顶面铺设起吊小车轨道。预制梁运送到架桥机后方,由起吊小车在导梁上运至桥孔,下落在两个桥墩上,之后在铺设在墩顶的滑道垫板上进行横移就位,见图3-23。

2)跨墩龙门吊机安装(图3-24)

跨墩龙门吊机安装:适用于岸上和浅水滩以及不通航浅水区域安装预制梁,需在待架桥梁两侧设置龙门吊机行走的轨道。

两台跨墩龙门吊机分别设于待安装孔的前、后墩位置,预制梁由平车顺桥向运至安装孔的一侧,移动跨墩龙门吊机上的吊梁平车,对准梁的吊点放下吊架,将梁吊起。当梁底超过桥墩顶面后,停止提升,用卷扬机牵引吊梁平车慢慢横移,使梁对准桥墩上的支座,然后落梁就位,接着准备架设下一根梁。

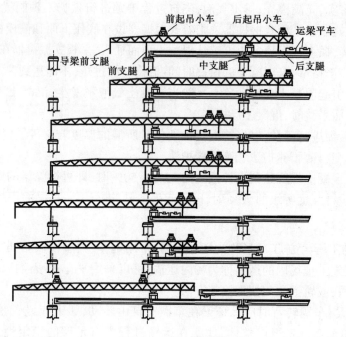

图 3-23 双导梁架桥机

3) 吊车或浮吊安装

陆地桥梁、城市高架桥预制梁常采用汽车吊、履带吊等自行吊车安装。一般先将梁运到桥位处,采用一台或两台汽车吊或履带吊直接将梁片吊起就位,如图 3-25 所示。对于可通航水面上的梁桥,可通过运输船将预制梁运到桥位处,通过浮吊起吊就位,如图 3-26 所示。

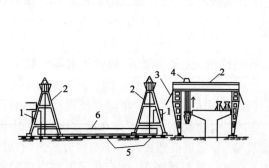

图 3-24 跨墩龙门架架设
1-桥墩;2-龙门架吊机(自行式);3-风缆;
4-横移行车;5-轨道;6-预制梁

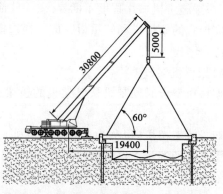

图 3-25 汽车吊吊装 20m 板梁(尺寸单位:mm)

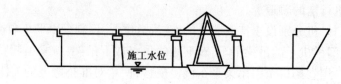

图 3-26 浮吊安装预制梁

二、预制装配式板桥

将整体板按照一定的宽度(通常1.0m宽)预制成板条,吊装到桥位后再横向连成整体就成为装配式板桥。我国常用的装配式板桥按截面形式主要有实心板和空心板两种。

1. 矩形实心板

跨径不超过8m的板桥通常采用实心板。我国交通部颁布过《装配式钢筋混凝土实心矩形铰接板桥标准图》,其跨径为1.5~8.0m,板高为0.16~0.36m,可做成钢筋混凝土板,也可做成预应力混凝土板。图3-27所示为一座装配式钢筋混凝土矩形板桥标准图中的一个设计实例。其标准跨径为6m,桥面净宽为7m(无人行道),全桥由6块宽度为99cm的中部块件和2块宽度为74cm的边部块件组成。

2. 空心板

对于跨径稍大的桥梁,采用空心板才能减轻自重、充分发挥材料的作用。装配式钢筋混凝土空心板桥常用范围在6~13m,预应力混凝土空心板桥在10~25m。空心板比同跨径的实心板自重小,而建筑高度又比同跨径的T梁小,因此在30m跨径以下桥梁使用较多。这些跨径的板厚,对于钢筋混凝土板为0.4~0.8m,对于预应力混凝土为0.5~1.0m。开孔形式要考虑挖空率、芯模制作便

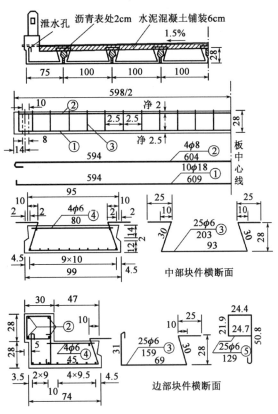

图3-27 装配式实心板桥(尺寸单位:cm)

利性、顶板在车轮荷载作用下的受力等因素,图2-49所示为几种较常用的开孔形式。装配式空心板的预应力体系有先张法和后张法两种预应力体系。

图3-28所示为一片16m跨径先张法预应力空心板梁的构造,开孔为挖空效率较高的矩形。采用直线预应力配筋,预应力筋(①②③号)端部包裹塑料套管来逐步减小预应力弯矩。板顶部下缘布置横桥向钢筋(⑥号),抵抗车轮荷载产生的弯矩。板顶横向钢筋伸出,与相邻板的钢筋交叉,形成混凝土铰,板侧布置斜插环形钢筋(⑦号),与相邻板钢筋交叉,使板缝内的混凝土具有一定抗拉能力。

后张法预应力空心板梁由于布置预应力管道需要较厚的壁厚,所以主要采用矩形开孔。预应力束仍然采用通常束,有两种方法减小梁端附近的预应力弯矩:一是在两端将预应力束在腹板内向上弯起,减小预应力偏心距;二是采用交叉布置的单端张拉直线束,跨中部分两端的预应力束重叠获得较大的预应力,梁端区段不重叠从而减小预应力,如图3-29a)所示。单端张拉的预应力束必须预先穿入预埋在钢筋骨架中的管道内,非张拉端采用特殊处理的P型固定端锚具,如图3-29b)所示。

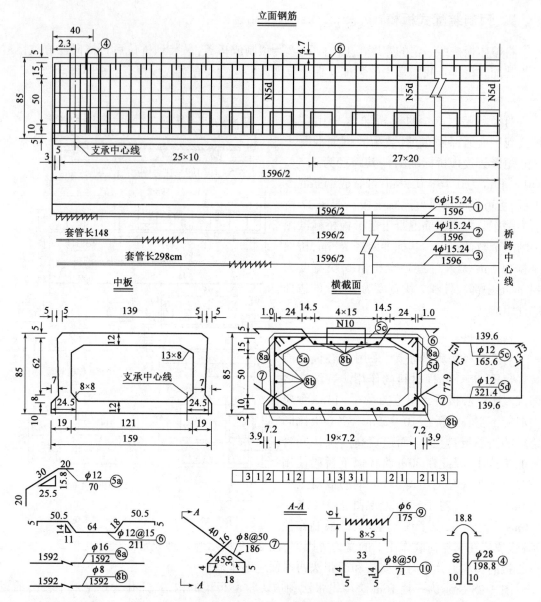

图 3-28 16m 跨径先张法预应力空心板梁构造(尺寸单位:cm)

3. 铰缝构造

为了使装配式板共同承受车辆荷载,必须设置强度足够的横向联结。在板式截面的横向联结中,常用的联结方法有企口式混凝土铰连接和钢板连接。

1)企口式混凝土铰连接

企口式混凝土铰的形式有圆形、菱形、漏斗形等三种(图 3-30),铰缝内用 C25~C30 及以上的细集料混凝土填实。在汽车轮载较小的情况下,这种铰能保证传递横向剪力使各块板共同受力。为了加强铰缝连接的整体作用,我国将原有小铰缝改进成为深铰缝,这样增大了铰缝混凝土体积,并将预制板中的钢筋伸出与相邻板的同样钢筋互相绑扎,再浇筑在铺装层内,同时在铰缝内设置加强钢筋[图 3-30d)]。

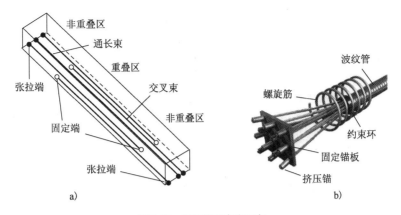

图 3-29 交叉锚固直线配束

2) 钢板连接

由于企口式混凝土铰需要现场浇筑混凝土,并需待混凝土达到设计强度后才能通车,为了加快工程进度,亦可采用钢板连接(图 3-31)。它的构造是:用一块钢盖板 N1 焊在相邻两构件的预埋钢板 N2 上。连接构造的纵向中距通常为 80~150cm,根据受力特点,在跨中部分布置较密,向两端支点处逐渐减疏。钢板连接既可用于板梁,也常用于 T 梁横向连接。

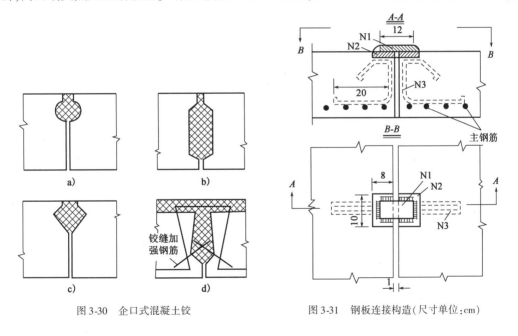

图 3-30 企口式混凝土铰

图 3-31 钢板连接构造(尺寸单位:cm)

4. 铰接空心板梁桥病害及改进

20 世纪,铰接空心板梁桥在我国 6~20m 跨径桥梁中广泛应用。随着交通量增大,其固有的缺点逐渐显现:一是空心板的内模拆装、定位困难,造成板的壁厚误差大,影响受力性能;二是铰缝体积小,内部很难布置钢筋,混凝土质量不容易保证,铰缝在车轮荷载反复作用下,时常失效,形成单板受力,超出板梁的承载能力。国内外针对空心板进行过很多改进设计。

国外常在板内施加横向预应力(图 3-32),以提高铰缝的抗剪能力,但这样做会增加构造复杂性和施工难度,使空心板梁的经济性降低,我国在新桥中较少使用。

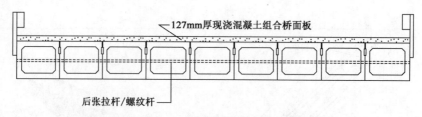

图 3-32 横向预应力提高铰缝混凝土抗剪强度

我国上海设计过刚接空心板,预制单板宽 1.25m,在空心板两侧设计悬臂,板与板通过现浇桥面板来连接,从而保证连接质量。通过不同现浇带宽度来适应不同桥宽,全桥不设横隔板。图 3-33a)为一座跨径 19.96m、宽度 9m 的刚接空心板梁桥横截面,图 3-33b)为预制空心板配筋横截面,板与板通过顶板内预留的 7 号钢筋连接。

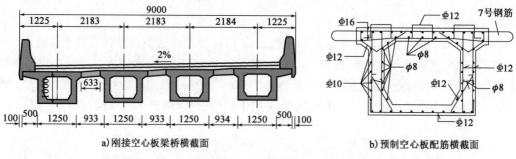

a) 刚接空心板梁桥横截面　　　　b) 预制空心板配筋横截面

图 3-33　刚接空心板梁桥示例(尺寸单位:mm)

为了摆脱空心板内模拆装、定位的困难,我国多个省份设计了宽肋 T 梁和 Π 形梁,由于是开口截面,在支点设置横梁。这两种梁在"三、预制装配式肋梁桥"中介绍。

5. 装配-整体式组合板桥

为了便于施工,同时加强板跨的整体工作性能,可以设计一种称为装配-整体式组合板桥,它的特点是将板的一部分预制,吊装到桥位上后成为整体现浇混凝土的模架。图 3-34 所示为净跨径 4m 的装配-整体式组合板桥。图中钢筋 N1、N2 伸出预制构件外,能使新旧混凝土结合得更好,并起分布钢筋的作用,钢筋 N3 伸出预制构件的目的,也是使上面混凝土与预制构件结合得更好些,保证结构的整体作用。

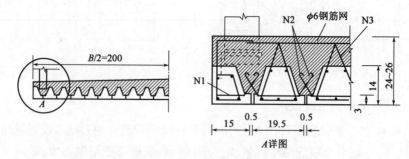

图 3-34　装配-整体式板桥(尺寸单位:cm)

三、预制装配式肋梁桥

肋梁具有更高的挖空率,适合于建造混凝土简支梁,也可以通过简支便连续的方法建造连续梁。装配式肋梁桥通常采用密排的 T 梁或者 Π 形梁（图 2-53），材料使用效率高，便于使预制梁标准化，从而适合于大规模工业化生产。如图 3-35 所示，单片 T 梁由翼板（桥面板）和腹板组成，翼板既是主梁的受压区同时也承担车轮荷载产生的局部横向弯矩，腹板承担剪力。大部分情况下，T 梁带有横梁，与相邻 T 梁的横梁在现场连接后承担横桥向弯矩。

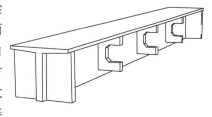

图 3-35　单片 T 梁构造

1. 宽肋 T 梁与 Π 形梁

这种桥梁只由翼板和腹板组成，无横梁 T 梁的优点是构造简洁，非常适合于工业化建造。但由于无横梁，单梁运输和架设中不稳定，因此常做成 Π 形梁。

设计经验证明，由于不设横梁，活载在主梁之间的传递完全靠桥面板，因此需要较厚的桥面板。由于桥梁横向的整体性差，梁肋和翼板配筋都需要加强，跨度较大时 Π 形梁桥的混凝土和钢筋用量都比 T 形梁桥的大，而且构件也重。无横梁 T 梁桥依靠翼板传递主梁间的横向弯矩，桥梁横向刚性明显比有横隔板 T 梁桥低。虽然从材料用量上看无横梁 T 梁桥比带横梁 T 梁桥多，但综合考虑施工成本，在小跨径桥梁上仍有经济性，一般跨径小于 20m。

图 3-36 为一座净跨径为 12.5m、桥面净空为 8m 的无横梁装配式钢筋混凝土 T 形梁桥的构造实例。梁高约取 $l/15$，预制 T 梁翼板的全宽为 1.30m，梁的中心距离为 1.66m。翼板的纵向接缝宽度为 36cm，借助预制构件翼板内的伸出钢筋并现浇混凝土进行连接［图 3-36b）、d）］。为了加强桥跨结构的横向刚性，桥面板加厚到 15cm。梁肋明显做得上宽下窄，在翼板与梁肋交接处做成圆弧形［图 3-36c）］，这都是为了用钢模板大规模生产时便于脱模并提高预制构件的制造质量。

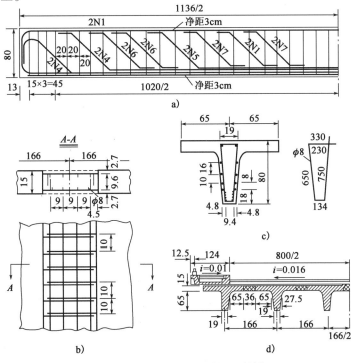

图 3-36　无横隔梁装配式 T 形梁桥（尺寸单位：cm）

无横隔板 T 梁的缺点是预制的单梁存放和运输时稳定,所以也可以预制成带悬臂板的 Π 形梁,横向通过悬臂翼板连接,如图 3-37 所示。无横梁 Π 形梁既可以采用的钢筋混凝土梁,也可以采用先张法预应力梁,图 3-37b)显示的即为先张法预应力梁。

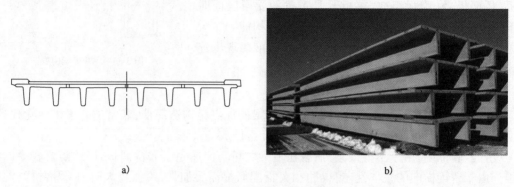

图 3-37 带悬臂板的 Π 形预制梁

为克服空心板的缺点,我国多个省份设计了预应力宽肋矮 T 梁或 Π 形梁来替代预应力空心板,梁高与相同跨径的空心板相同。图 3-38 为安徽省使用的 13~25m 跨后张法预应力宽肋矮 T 梁,梁高 0.75~1.25m,预制梁宽度 1m,通过桥面板湿接缝横向连接,肋间距 1.4~1.6m,梁肋宽度 0.3~0.4m,与相同宽度空心板腹板厚度的总和相当,桥面板厚度 0.16m,全跨在支点和跨中设三道横隔板。

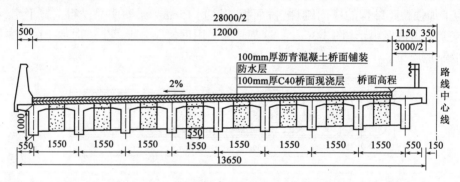

图 3-38 20m 跨径宽肋矮 T 梁桥横截面(尺寸单位:cm)

图 3-39 为上海市使用的 10~22m 跨径折线先张法预应力 Π 形梁横截面,梁高 0.55~0.95m,同样与相同跨径空心板相同,肋间距 1.25m,上端肋宽 0.4m,向下按 1:50 坡度缩小,以便于脱模,仅在梁端设两道端横隔板。

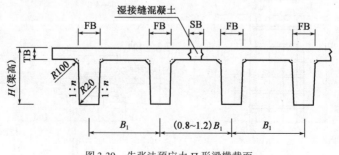

图 3-39 先张法预应力 Π 形梁横截面

2. 预制装配 T 梁

1) 装配式 T 梁桥应用情况

如图 3-40 所示的 T 形梁桥是使用最广泛的装配式梁桥,由预制的中梁和边梁通过间距为 4~6m 横隔梁和翼板连接而成。

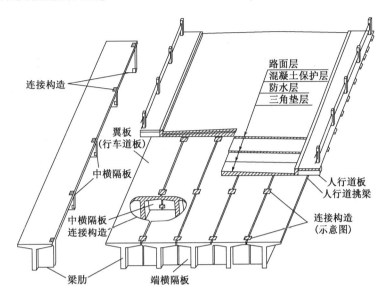

图 3-40 装配式 T 形梁桥概貌

装配式钢筋混凝土 T 梁的常用跨径为 7.5~20m,装配式预应力混凝土 T 梁则为 20~40m,更大跨径的预应力混凝土梁主要受运输和吊装能力的限制,国内建造过 62m 跨径的装配式预应力混凝土 T 形梁桥,国外有做到 70m 跨径左右的,但因吊装质量大、运输过程中稳定性差而很少应用。图 3-41 显示了我国对于原车辆荷载汽车—20 级、挂车—100 设计的预制 T 梁的吊装质量。从图中可见,跨度增大,吊重急剧上升,跨度为 30m 的梁重已达 40 余吨。这样长而重的构件如在厂内成批生产,目前在公路上运输还很困难,因此大跨度的 T 梁桥一般在桥位附近预制。我国高速铁路 32m 跨径的标准 T 梁质量达 140 多吨,须使用特殊的运梁车通过已架设好的线路运输到桥位处。

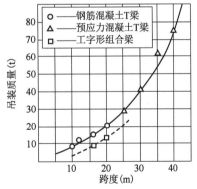

图 3-41 T 梁的吊装质量

在保证抗剪等条件下应尽可能减小梁肋(或称为腹板)的厚度,以期减小构件自重。但为使受拉主钢筋或预应力筋在梁肋底部较集中布置,或者为了满足预加应力的受压需要,梁肋底部需加宽,即形成呈马蹄形的梁肋底部,如图 2-53d)、e)、f) 和 g) 所示。马蹄形的梁肋使模板结构和混凝土的浇筑稍趋复杂。

钢筋混凝土或预应力混凝土 T 形截面最适合于承担正弯矩,因此比较适合建造简支梁桥。但为了减少桥面接缝,很多情况下先架设成简支梁,再在墩顶附近施加负弯矩预应力形成连续梁。简支梁变连续梁的好处是:一期恒载在墩顶不产生负弯矩,只有二期恒载和活载产生负弯矩,这样就克服了T形截面不适合承担负弯矩的弱点。

装配式T梁的优点:制造简单,肋内配筋可做成刚劲的钢筋骨架,主梁之间借助横隔梁来连接,整体性好。不足之处:单梁截面形状不稳定,运输和安装较复杂;梁与梁之间正好在桥面板的跨中接头,对板的受力不利。

2) 钢筋混凝土T梁

装配式钢筋混凝土T梁桥一般用于跨径20m以下的简支梁桥,更大跨径时抗裂性将控制设计,造成配筋量急剧增加而不经济。我国交通部曾发布跨径为10m、13m、16m和20m的公路钢筋混凝土T梁桥标准设计。

梁距是T梁桥设计的主要参数之一,与主梁抗弯能力和桥面板横向抗弯能力的协调性相关。相同材料用量条件下,大梁距可以取较大梁高得到较大的总体抗弯能力,但是翼板较宽,局部弯矩大容易造桥桥面板开裂;相反,小梁距桥面板受力小但总体抗弯能力也较弱。钢筋混凝土T梁一般取值在1.5~2.2m之间,小跨度梁用小值,大跨度梁用大值。我国在编制前述标准设计时,曾经在跨径10m和16m、行车道净宽7m,并附加两侧人行道的上部结构桥梁上进行过设计比较。采用1.6m梁距需5片梁,而2.0m梁距仅需4片梁,但计算结果表明两者材料用量相差不多。采用1.6m梁距的翼板刚度大,且吊装重量小,因此我国钢筋混凝土T梁标准图采用1.6m梁距。

主梁高度用梁高与跨径之比(俗称高跨比)表征,除与总荷载弯矩相关外,还与恒活载比相关。跨径较小时活载占总荷载比例大,需要较大的高跨比满足桥梁刚度要求,同时使活载应力变幅较小;相反跨径较大时恒载占总荷载比例大,活载引起的荷载变幅小,取较小的高跨比。实践经验表明:钢筋混凝土高跨比的经济范围为1/16~1/11,大的取用偏小的比值。肋板(也叫作腹板)的厚度应尽量减薄以减轻自重,但是为了布置钢筋骨架,同时保证混凝土浇筑质量,腹板的厚度不应小于14cm,常用尺寸15~18cm。

横隔梁在装配式T形梁桥中起着保证各根主梁相互连接成整体的作用,它的刚度越大,桥梁的整体性越好,在活载作用下各主梁就能更好地共同工作。然而,设置横隔梁使模板复杂,横隔梁的焊接又往往要在设于桥下专门的工作架上进行,施工比较麻烦。多年实践表明,T形梁的端横隔梁不但有利于制造、运输和安装阶段构件的稳定,而且能显著加强全桥整体性;有中横隔梁的梁桥,荷载横向分布比较均匀,且可以减轻翼板接缝处的纵向开裂现象。《公路钢筋混凝土及预应力混凝土桥涵设计规范》(JTG 3362—2018)规定,当梁横向刚性连接时,横隔梁间距不应大于10m。从承担横向弯矩来看,横梁的高度只需要主梁高度的3/4即可,而且可以挖空以减轻梁重,但为了保持T梁存放、运输过程中稳定,端横梁往往与主梁同高(图3-35)。横梁厚度也需满足混凝土浇筑要求,取12~16cm,一般做成上宽下窄,以便于脱模。

翼板的厚度与梁距相关,一般采用从端部向主梁肋逐渐变厚,端部厚度8~10cm,与主梁肋连接处约为梁高的1/10。

图3-42示出了我国曾使用的墩中心距为20m的装配式T梁桥纵、横截面主要尺寸。

装配式钢筋混凝土T形简支梁桥的钢筋可分为纵向主钢筋、架立钢筋、斜钢筋、箍筋和分布钢筋等。以下以一墩中心距为20m的装配式T梁标准图的钢筋构造实例,来说明各种钢筋(图3-43)。

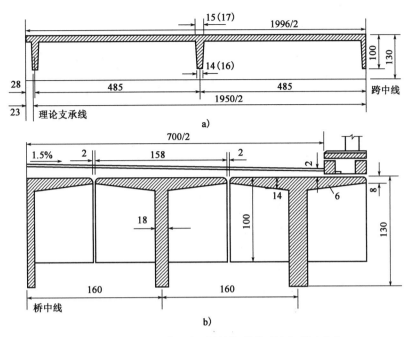

图3-42 墩中心距为20m装配式T梁桥纵、横截面尺寸(尺寸单位:cm)

T梁的设计荷载为原《公路桥涵设计通用规范》(JTJ 021—89)的汽车—超20级,验算荷载为挂车—120。梁长19.96m,梁高1.5m,设置5道横隔板并以钢板连接,支座中心(理论支承线)至梁端的距离为0.23m(由支座构造布置确定),当多跨布置时,在墩上相邻的梁端之间留有4cm的伸缩缝。主梁间桥面板采用现浇混凝土。

每根梁内总共配置14根$\phi 32$的纵向受力钢筋,均为Ⅱ级钢筋(目前的HRB335),它们的编号为1~6号,其中处于梁底的4根1号(占主筋截面面积的20%以上)通过梁端支承中心;沿跨长,按梁的弯矩图形和抗剪强度的要求,部分主筋在一定位置弯起,并加设斜筋。

设于梁顶部的7号为架立钢筋,采用$\phi 22$,它在梁端向下弯折并与伸出支承中心的主筋1号相焊接。

箍筋11号、12号采用$\phi 8$的Ⅰ级钢筋(目前的HRB235),其间距为14cm,近支点处的剪力较大,为满足剪切强度需要,通常采用缩小箍筋间距或箍筋改用强度更高的$\phi 10$的Ⅱ级钢,本例在支点部分采用四肢式箍筋,在跨中部分则用双肢箍筋。

为了防止混凝土收缩及桥面局部温差引起腹板开裂,设置13号($\phi 8$)的防裂分布钢筋,间距14cm。对简支T梁在恒载作用下,腹板下部受拉、上部受压,故防裂钢筋可采用下密上疏方法布置。

3)预应力混凝土T梁

当跨径大于20m时,控制裂缝宽度使钢筋混凝土梁的配筋量大幅度增加,采用预应力梁可以避免裂缝发生。我国2008版公路后张法装配式预应力混凝土简支梁有20m、25m、30m、35m、40m五种跨径的通用图,设计荷载为公路—Ⅰ级和公路—Ⅱ级,梁高1.5m、1.7m、2.0m、2.3m、2.5m,高跨比值为1/16~1/13。我国铁路装配式预应力混凝土T梁标准设计有16m、24m、32m三种。

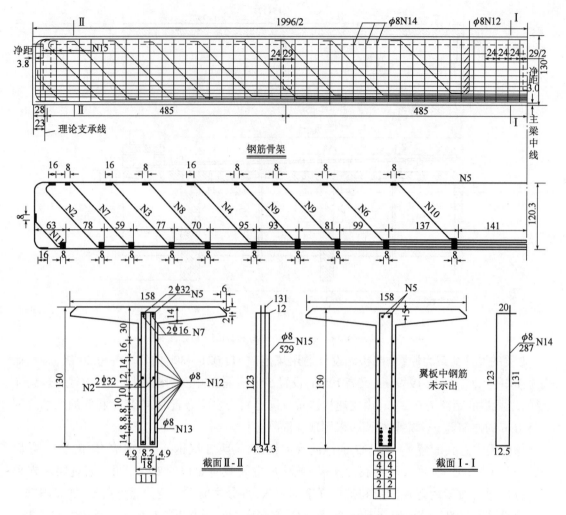

图3-43 墩中心距为20m的装配式钢筋混凝土T梁配筋(尺寸单位:cm)

预应力梁随跨度增大,加宽梁距可以得到更高的截面效率指标,节约材料。以跨径为40m、净宽为7m+2×0.75m桥梁设计进行比较,结果表明梁距为2.0m时将比梁距为1.6m节省预应力筋束12%、普通钢筋9%和混凝土数量12%;并且少一片主梁,可以减少预制和吊装的工作量,加快施工速度,但梁重将增大13%。只要吊装设备能力不限制,应该采用较大梁距。上述2008版公路T梁通用图中的预制梁宽1.7m,主梁间距通过现浇湿接缝宽度调节,可在2.2~2.4m范围内变化,图3-44所示为桥宽12m的预应力T桥横截面。

装配式预应力混凝土T梁的间距增大后,翼板一般采用现浇湿接缝连接,接缝处在车轮荷载作用下承担横桥向正弯矩,因此预制梁翼板端部厚度16cm。预应力混凝土T梁的腹板厚度需要考虑通过弯起的预应力管道,因此比钢筋混凝土梁略大,上述通用图的腹板厚度为20cm。横隔板的布置间距与尺寸基本与钢筋混凝土相同。

预应力混凝土T梁与钢筋混凝土T梁构造明显的区别是带有下马蹄,如图3-45所示,以布置预应力管道,同时承担预应力压力。马蹄的尺寸大小应满足预施应力各阶段的强度要求。个别桥由于马蹄尺寸过小,往往在施工和使用中形成水平纵向裂缝,特别是在马蹄斜坡部分,

因此马蹄面积不宜过小,一般应占截面总面积的10%~20%,具体尺寸建议如下:

(1)马蹄总宽度为肋宽的2~4倍,并注意马蹄部分(特别是斜坡区),管道保护层不宜小于60mm。

(2)下翼缘高度加1/2斜坡区,高度为梁高的0.15~0.20倍,斜坡宜陡于45°。

应注意的是:下翼缘也不宜过大、过高,因为下马蹄过大,会降低截面形心,减小预应力筋的偏心距。

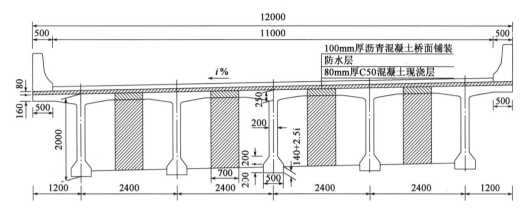

图3-44 桥宽12m的预应力T桥横截面(尺寸单位:mm)

图3-45 预应力混凝土T梁构造

我国多年实践应用的预应力混凝土T梁大部分采用后张法预应力。在后张法装配式预应力混凝土简支梁中,束筋在离开跨中后逐渐弯起,以满足受力和锚固的要求。束筋一般锚固在梁端,如图3-46a)所示。当预应力混凝土梁跨径较大或梁高受到限制,梁端不能锚固所有束筋时,可将部分力筋弯出梁顶[图3-46b)]。弯出顶面锚固时,需在梁顶面设置齿槽,如图3-47所示。齿槽会切断桥面板的横向钢筋,待预应力束张拉完毕后需恢复,操作较复杂。然而,束筋提前弯出梁顶,可减少束筋长度,对抗剪也有好处。对于跨径较大的T梁,为减少吊装重量,它的预制部分梁的自重比成桥后恒载小得多,预张拉阶段如果张拉全部预应力束筋,将使梁上缘开裂而破坏,因此必须将一部分束筋锚固在梁顶上,当梁拼装完成后,再在桥面上进行二次预应力张拉。

欧美国家对于装配式T梁采用工厂化预制较早,为适合于工业化建造,预制梁采用先张法预应力,无需锚具、管道,耐久性好,造价比后张法便宜。图3-48为美国加利福尼亚州的先张法预应力T梁跨中横截面,跨度范围29~45.7m,预制梁高1.25~2.15m,吊装到位后再在其上浇筑20cm厚的桥面板,梁距可在1.83~3.05m之间变化。预应力筋采用7ϕ5钢绞线,分直线筋和折线筋两种,折线筋在0.4L和0.6L处转向。我国近年来正在推广应用先张法预应力T梁,2003年在青藏铁路上设计使用了24m跨径的先张法折线配筋T梁,2007年在山东鄄城黄河大桥使用了跨径50m的先张法折线配筋T梁,如图3-49所示。预制梁宽度1.6m,设0.55m宽现浇接缝,梁距2.15m,每片中梁配置32根预应力直线束,18根弯起束,边梁直线束34根,弯起束18根,弯起束在距离梁端11m处弯起9°。预应力束采用ϕ15.24mm钢绞线,抗拉强度标准f_{pk}=1860MPa,张拉控制应力为1395 MPa。先张法预应力筋的弯起使用埋入式弯起器,弯起器有拉板式和辊轴式(图3-50),辊轴式效果更好,但是造价较高。

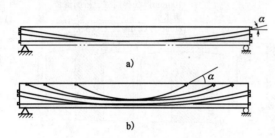

图3-46　后张法预应力混凝土T梁布束　　　　图3-47　梁顶面的齿槽布置

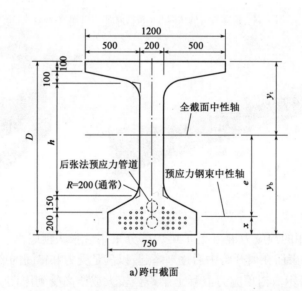

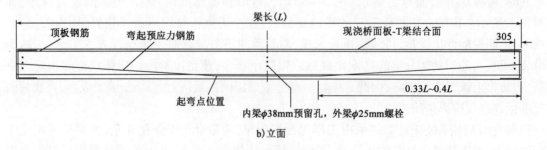

图3-48　美国加利福尼亚州先张法T梁(尺寸单位:mm)

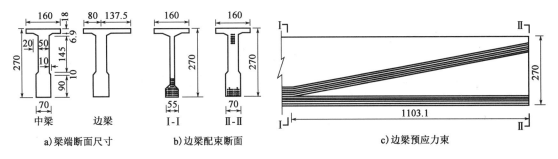

图 3-49 跨径 50m 先张法折线配筋 T 梁构造(尺寸单位:cm)

图 3-50 先张法预应力筋弯起器

装配式 T 梁可以通过墩顶现浇混凝土、张拉负弯矩连续束由简支转化为连续梁,以改善行车条件。图 3-51 是我国 2008 版公路 T 梁通用图中的 30m 跨径后张法预应力 T 梁的简支变连续构造图,每片梁张拉 4 束 5×ϕ15.24mm 标准强度 1860MPa 钢绞线(N1 号钢束),锚固端设在腹板两侧的翼板下。

4)T 梁桥的横向连接构造

早期 T 梁桥采用全宽预制,梁与梁之间通过横梁和桥面板连接,连接采用类似于装配式板梁的钢板连接[图 3-31、图 3-40 和图 3-52a)]。这种连接方式翼板相当于悬臂板,梁距不能太大,在车轮荷载作用下悬臂翼板的变形容易造成桥面铺装沿接缝处纵向开裂,预制梁上横梁位置的误差容易使钢板不能平顺连接两片梁上的横梁,近年来这种连接方式已经基本淘汰。

目前我国普遍采用现浇接缝,预制梁的横梁和桥面板同宽,吊装到桥位后现浇连接。这种接头的做法是[图 3-52b)]:横隔梁及翼板在预制时在接缝处伸出钢筋扣环 A,安装时在相邻构件的扣环两侧再安上腰圆形的接头扣环 B,在形成的圆环内插入短分布筋后现浇混凝土封闭接缝,接缝宽度为 0.2~0.7m。这种接缝连接性能可靠,但是现场需要现浇大量的混凝土,且模板需从桥下装卸,操作复杂。

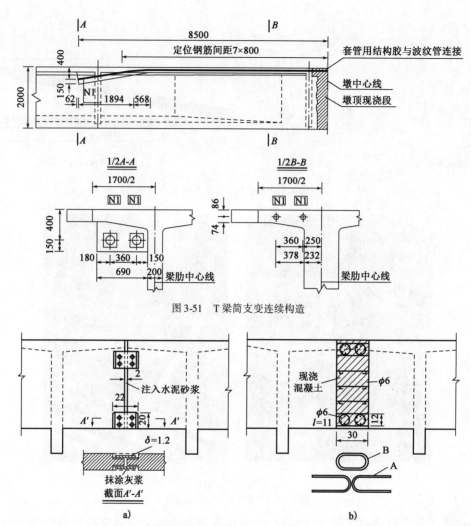

图 3-51 T梁简支变连续构造

图 3-52 T梁的横向连接(尺寸单位:钢筋直径 mm,其余 cm)

如何简化预制梁的横向连接构造和现场操作,是预制装配化技术发展的重点。美国的预应力混凝土 T 梁在梁肋预制时中梁只在梁肋上预留横梁钢筋穿过的孔洞,待梁肋吊装到位后穿钢筋浇筑混凝土板,边梁则预埋螺栓套筒,梁肋吊装到位后安装带墩头的螺栓作为横隔梁的锚固钢筋,这样大大简化了梁肋的模板构造,如图 3-53 所示。

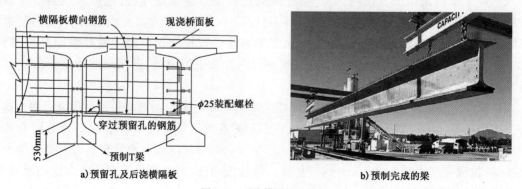

图 3-53 后浇横隔板 T 梁

采用装配式钢横梁是近年来另一种便于施工的改进措施,美国有一半的州已经在T梁上采用钢横隔梁,常用的有如图3-54所示的几种形式,其共同特点是只在预制T梁腹板上预留孔洞,这样可以简化预制模板,脱模后安装夹持角钢,到桥位上后再安装钢横隔板的杆件。采用上述钢横隔梁时翼板必须采用现浇刚性连接或整体现浇。

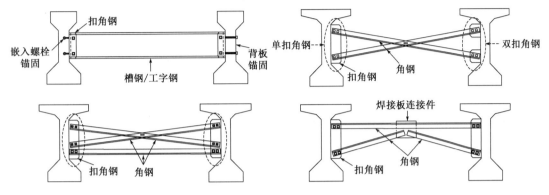

图3-54 常用钢横隔梁形式

四、预制装配式小箱梁

图2-53h)所示的箱形梁一般不适用于钢筋混凝土简支梁桥,因为受拉区混凝土不参与工作,多余的箱梁底板徒然增大了自重。然而对于全截面参与受力的预应力混凝土梁来说,箱形截面的最大优点是抗扭能力大,其抗扭惯性矩约为相应T梁截面的十几倍至几十倍,因此在横向偏心荷载作用下,箱梁桥各梁的受力要比T梁桥均匀得多。此外,箱梁可做成薄壁结构,又因桥面板的跨径减小而能使板厚减薄并节省配筋,这特别对自重占重要部分的大跨径预应力混凝土简支梁桥是十分经济合理的。此外,在同等跨径情况下,小箱梁的梁高比T梁小些,且外观简洁,常被城市桥和跨线桥选用。箱形截面的另一优点是横向抗弯刚度大,在施加预应力、运输、安装阶段单梁的稳定性要比T梁好得多。

随着桥梁安装设备起吊能力的提高,我国公路及城市道路上预制拼装小箱梁正在逐渐替代预制拼装T梁。2007年我国交通部组织编制了装配式小箱梁的通用设计图,其跨径为20m、25m、30m、35m和40m,相应的梁高为1.20～2.00m,以0.2m为不同跨径的级差。对于多孔桥梁可做成简支梁,也可做成先简支后结构连续的体系。

图3-55为上述通用图中25m跨径预制拼装箱梁的构造及配筋图。此梁的全长为24.4m,简支状态的计算跨径为24.0m。设计荷载为公路—Ⅰ级,本设计适用于双向六车道,单幅桥全宽16.5m的布置,梁中心距为342.5cm,预制梁的顶板宽为240cm,相邻翼缘板间的现浇段板宽达102.5cm。本设计的横截面由5片小箱梁构成桥梁全宽16.5m。小箱梁采用强度等级为C50的混凝土,梁高1.40m,箱梁的顶板、底板和斜腹板厚度均为18cm,在距梁端1.5m处开始,底板和斜腹板逐渐加厚至25cm,以利于预应力筋的锚固。箱梁的底板是水平的,将顶板斜置构成桥面横坡。

箱梁预应力筋采用了6根多股低松弛钢绞线的预应力筋,$f_{pk}=1860MPa$(图3-55)。箱梁架设完成后,为了达到结构连续的体系,尚需在中墩顶部现浇连续段,并分两批张拉共5根扁锚式的顶板预应力筋,锚固点距离墩中心分别为4.0m和7.0m,张拉预留孔和锚固齿板如图3-55中Ⅰ-Ⅰ所示。

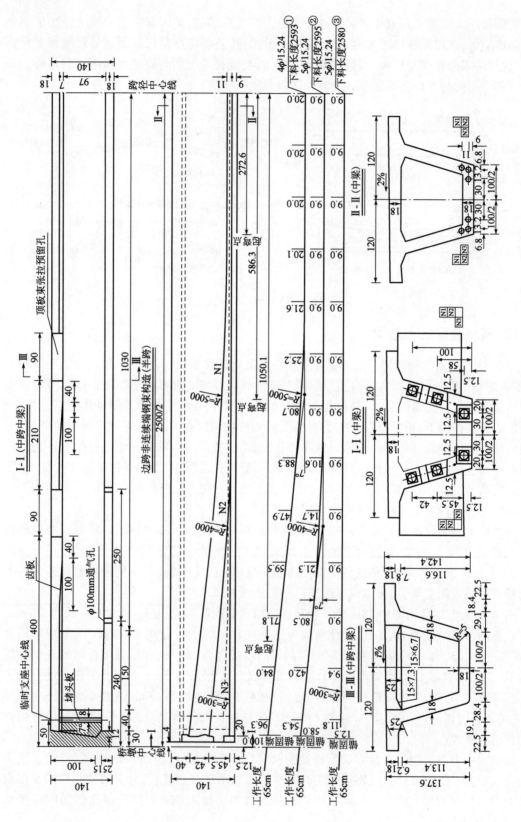

图 3-55 25m跨径预制拼装箱梁构造（尺寸单位：cm）

这种结构由于 18cm 厚顶板的整体接缝和小箱梁本身的抗扭刚度较大,对荷载横向分布有利,故不需要设置中间横隔板而只要设置梁端的横隔板。本设计的材料用量指标为混凝土 $0.483\text{m}^3/\text{m}^2$,普通钢筋 93.7kg/m^3,钢绞线 11.698kg/m^3,每根中梁重约 64.6t。

五、预制拼装式组合截面梁

前述预制安装梁的预制梁与建成后的梁同高,吊装到桥位上后用桥面板上的现浇缝(带)将各梁连成整体。采用这种工艺,预制梁的自重较大,桥面板钢筋不连续,现浇缝施工质量不容易保证,桥面可能出现纵向裂缝。为改善上述缺点,可以将预制梁只预制梁肋或槽部分,并在顶面预留竖向钢筋,吊装到桥位上后,以预制梁为支承平台整体现浇桥面板,形成混凝土组合截面梁,见图 2-53f)、g)、i)。

我国很早就有预制梁+桥面板的预制拼装组合混凝土梁,但是设计均是从减小预制构件吊装重量角度出发的。我国曾对 8m、10m、13m 和 16m 的跨径编制了少筋微弯板组合梁桥上部构造的标准设计,其横截面如图 3-56 所示。预制构件为钢筋混凝土工字梁和少筋微弯桥面板,在现场浇筑接缝,整体性较差,微弯板容易开裂,目前已经很少采用。

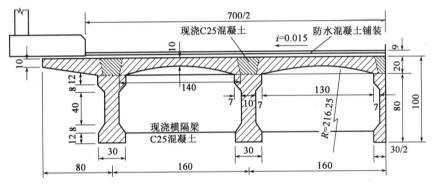

图 3-56 少筋微弯板组合梁(尺寸单位:dm)

我国还曾研制先张法预应力混凝土 T 形和箱形组合梁桥。经过一些实践我国曾编制了一组标准跨径为 16m、20m、25m 和 30m,适用于公路净—7m 和净—9m 的预应力混凝土组合箱梁桥标准设计图。预制主梁采用开口的槽形构件[图 3-57a)],用 HRB335 钢和 C40 的混凝土先张法预制施工,待槽形梁架设完毕后,搁上用冷拔低碳钢丝和以 C35 混凝土先张法预制的空心板块,最后再现浇混凝土铺装(厚 5cm)连成整体。预制槽形梁部分的吊装重量只有小箱梁的一半。

图 3-57 所示为标准设计 l_b 为 20m 的先张法预应力混凝土箱形组合梁桥构造。桥面净空为净—7m+2×0.75m 人行道,由中心距为 2.78m 的三个箱梁组成。箱梁全长 19.96m,预制槽形梁高 1.0m,箱梁全高为 1.25m,高跨比 1/15.7。槽形梁的底板厚 9cm,斜腹板厚 10m(水平距离),并从距端部 3.0m 处逐渐加厚至 20cm,以满足抗剪要求。配筋为先张法直线筋,在靠近支点区段内将部分预应力筋用套管套住,使其不与混凝土黏结,以此来减小梁端区段的预应力[图 3-57c)]。桥面空心板宽度分为 1.00m 和 0.65m 的甲、乙两式,可以配合使用[图 3-57e)、f)]。为了加强空心板和槽形梁连接面上的抗剪强度,槽形梁腹板顶部有伸出箍筋,并且空心板两端也有余留钢筋(长 20cm)与之连接。桥面上配置钢筋网,现浇桥面混凝土形成整体桥面。这种桥梁总体刚度大,但是由于采用小块预制空心板桥面,在重载作用下桥面容易损坏。

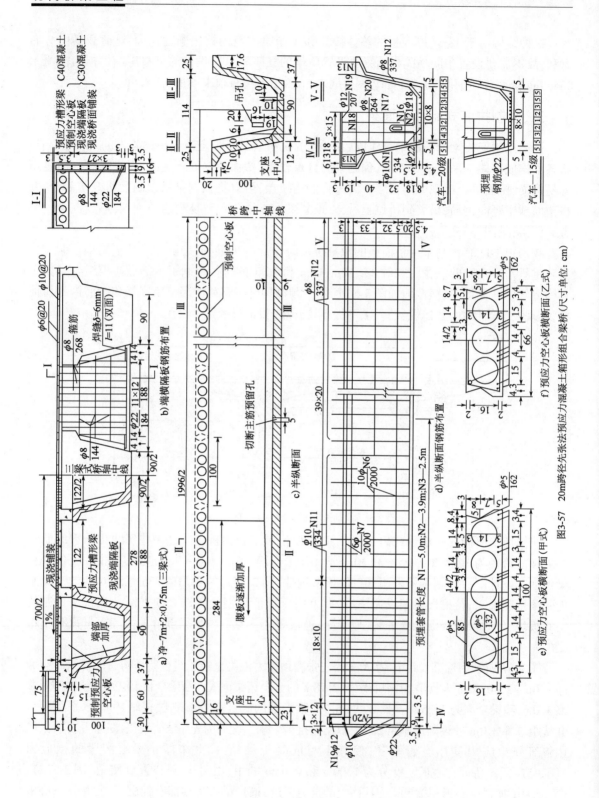

图3-57 20m跨径先张法预应力混凝土箱形梁桥（尺寸单位：cm）

近年来,由于施工能力的提高,施工便利性、使用耐久性和绿色环保成为组合桥梁关注的重点。上述组合梁重新得到应用,但是有一些变化。首先预制梁肋采用钢绞线作为预应力筋,从而可以实现折线配筋先张法预应力梁,从而无须采用套管释放梁端多余预应力(图3-48和图3-49);其次简化横梁构造,使梁肋的模板尽量简化(图3-53和图3-54),桥面板则采用整体浇筑来保证全桥的整体性,如图3-53a)所示。为提高现场安装桥面板模板的生产效率,模板可采用波纹压型钢板或者预制混凝土板(图3-58),浇筑完成后形成组合桥面板。

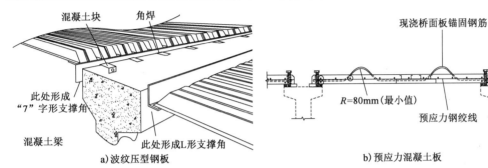

图 3-58 整体浇筑桥面的模板

桥面板也可以采用横桥向全宽节段预制板,吊装到梁肋上后通过预留连接槽口与预制梁肋连接,如图3-59所示。

美国使用预制工字梁建造45m跨径的混凝土组合T梁桥、预制槽形梁建造36m跨径的混凝土组合箱梁,全部采用工厂预制,现场浇筑整体桥面板。我国近年来也在大力推广类似的工厂化预制装配组合梁桥。

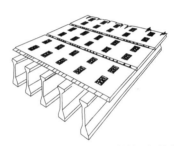

图 3-59 预制安装梁与预制桥面板结合

第六节 节段预制拼装梁

梁桥的另一种分块预制拼装方法是将梁横桥向切成节段预制,利用预应力将梁段连接成整体。20世纪40年代Freyssinet在开始建造预应力混凝土梁桥时就设计了节段预制拼装梁桥,在节段间采用砂浆垫平。1952年Jean Muller首次在纽约采用长线匹配法预制节段梁,1962年在法国首次使用短线匹配法预制节段梁,1966年法国Oleron Viaduct第一次使用架桥机架设节段预制梁,开启了工业化建造时代。

节段预制梁一般采用箱形截面,一方面桥梁整体性能好,另一方面在节段吊装施工过程中箱形截面的变形小。

采用节段预制拼装方法可以建造各种跨径的梁桥及混凝土斜拉桥,施工速度比现场浇筑快,三天可以拼装一孔40m左右跨径的梁桥。节段梁必须施加预应力后才能形成整体;根据桥梁跨径不同,节段梁的架设分为支架拼装和悬臂拼装两种类型。节段梁的预制和安装需要昂贵的大型设备,因此只有多跨长桥中应用才具有竞争力。

一、节段梁预制工艺

为了使节段预制梁节段之间能完全密贴不漏水,同时便于拼装,节段梁采用匹配预制。所谓匹配预制就是用已经预制好的节段端面作为下一个节段的端模来顺序预制梁段。这样前一个节段的后端面与后一个节段后端面的形状完全吻合,拼装时直接对接即可。匹配梁段作为模板用的端面必须涂抹脱模剂,下一节段混凝土浇筑完成后才能顺利脱开。匹配预制分为长线匹配预制法和短线匹配预制法两种。

1. 长线匹配预制法

长线匹配预制法(简称长线法)是在工厂或施工现场按整跨桥梁底缘曲线制作固定的底座,在底座上安装底模进行节段预制。侧模和内模均为一个节段长度,可在设置在底座侧边的轨道上逐节段向前推进,如图3-60所示。

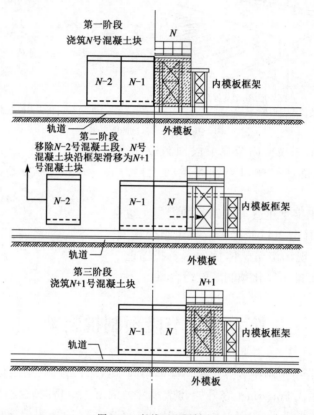

图 3-60 长线匹配预制法

长线法有两种预制顺序:一种是箱梁节段在底座上逐节向前匹配预制,首节段需要两个端模,第二节段只有前方有端模,后方利用前一节段的端面作为端模,以此类推,直到所有节段预制完成(图3-60);另一种是先用侧模、内模和两个端模间隔浇筑所有奇数节段,然后用奇数节段的端面为端模浇筑偶数节段,这种方法不便于台座循环使用,只在跨数很少的情况下适用。

当节段混凝土强度达到设计强度70%以上后,非匹配梁段可吊离台座,到存梁场存放。这样底座可以进行下一联梁的匹配预制。长线法预制需要较大的施工现场,底模的长度最小需有桥梁跨径的一半,并要求操作设备可在预制场移动。因此,长线法宜在具有固定梁底缘形状的多跨桥上采用,以提高设备的使用效率。

2. 短线匹配预制法

短线匹配预制法(简称短线法)预制在两个可上下调节高度的底模台座上进行,外模板在底模台座两侧,可横向移动实现脱模、固定端模固定在预制场不动,内模用台车从固定端模中插入、抽出。

首节梁段在第一个底模台座上由固定端模和另一个可移动的端模与侧模、内模一起预制。首节梁段预制完成后向前移一个梁段位置,第二梁段在另一个底模台座上,用第一个梁段的端面和固定端模作为端模预制。以此类推,顺序完成所有梁段的预制,如图3-61所示。

短线匹配预制的预制场只需要两个节段的长度,适合在工厂内进行流水线预制,设备周转方便。采用蒸汽养护和钢筋整体入模工艺,一般每条生产线平均5日约可以生产4个节段。

短线法由于只有两个交替使用的底模台座,仅按照两个梁段之间的相对位置关系控制所有节段的线形,因此存在误差累计问题。为免误差累计,应直接用实测值与整个设计理论曲线对比来计算待浇梁段与匹配梁段之间的位置关系。

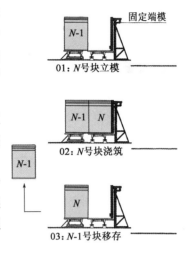

图3-61 短线匹配预制法

二、节段梁架设工艺

1. 逐孔架设法

此法将预制好的一孔梁的所有节段全部支承在移动支架上,用后张预应力将梁连成整体后脱架成桥,移动支架前移到下一跨重复上一过程。逐孔架设是中小跨度节段预制梁桥使用最多的方法,受移动支架承载能力的限制,适用于50m跨径以下的梁桥。

1)结构体系及架设顺序

逐孔节段拼装梁可采用多跨简支梁体系,但大部分采用等跨连续梁体系。

对于多跨简支体系,如图3-62c)所示,先吊装墩顶块和跨内第一段,并用临时预应力连接,准确调整轴线,然后顺序吊装剩下的所有节段,并张拉临时预应力,利用安装在墩顶和墩顶块之间的千斤顶精确调整梁的轴线,张拉永久预应力束后形成简支梁。

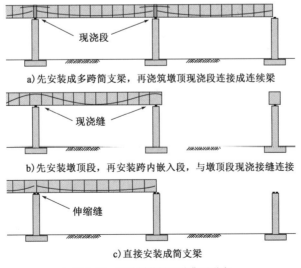

图3-62 逐孔拼装梁三种典型形式

为了便于线形调整,逐孔拼装连续梁每跨之间需设置现浇接缝,通常有两种方法形成连续梁体系:第一种方法是在墩顶设置现浇段,如图3-62a)所示,先按简支梁拼装待拼跨的节段,张拉正弯矩预应力束,然后绑扎钢筋、现浇墩顶段,最后张拉连续束形成连续梁。这种方法由于负弯矩连续束需要在顶板上锚固,构造比较复杂。第二种方法是先安装预制墩顶块,再嵌入吊装跨内节段,现浇两侧接缝与墩顶块连成整体后,张拉永久预应力束形成连续梁,如图3-62b)所示。这种方法正弯矩钢束在四分点后向上弯起,相邻跨钢束在墩顶附近交叉锚固,无须专门配置负弯矩束,构造比较简单,是目前使用最多的形式。上述现浇缝,如果宽度超过30cm,缝两侧节段的普通钢筋在缝内须接通;如果现浇缝宽度小于20cm,则缝内无须配筋,只浇筑微膨胀混凝土。

由于架桥机设计复杂、线形控制困难,节段拼装连续梁很少像移动模架现浇梁那样将接缝设置在$0.2L$处。

2)逐孔架设施工的设备

50m以下跨径节段预制梁大部分采用移动支架架设,移动支架与移动模架的区别是没有模板系统,取而代之是悬吊或支撑节段梁的临时支承系统。与移动模架类似,根据支承节段梁的方式有两种类型的移动支架:上行式和下行式。

上行式移动支架主梁的前支腿支撑在墩顶或者预先吊装好的墩顶块顶面上,后支腿支撑在已建成的桥面上。预制节段由平板车沿已安装的桥孔运至桥位后方,借助可沿架桥机纵移的吊机起吊,并前移至安装位置,通过吊杆悬吊在架桥机的主梁上。各节段全部吊装到位后,逐块调整位置,在接缝内涂胶,并在相邻节段间施加临时预应力。所有节段位置调整完成后,张拉永久预应力束,卸除吊杆使梁体支撑在支座上,如图3-63所示。

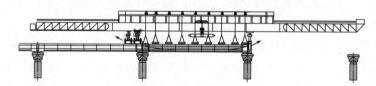

图3-63 上行式移动支架

下行式移动支架钢桁架导梁支撑在设置在桥墩上的横梁或横撑上,钢桁架导梁的支撑处设有液压千斤顶用于调整高程,导梁顶设置轨道,其上安装可沿导梁纵移的小车。节段梁通过平板车沿已架设桥孔运至待架桥孔后方,通过吊机安置在纵移小车上,由小车纵移至安装位置,支撑在可调节高度的支墩上。所有节段吊装到位后,通过千斤顶逐节段调整位置,并在相邻节段间涂胶、张拉临时预应力。所有节段位置调整完成后,张拉永久预应力束,卸除支墩,使梁体支承在支座上,如图3-64所示。

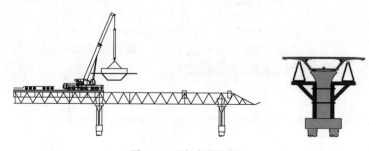

图3-64 下行式移动支架

上行式移动支架与下行式移动支架各有优缺点。

上行式移动支架行走在桥面上，不需要另外的吊机吊梁，对桥下空间干扰少适合于城市建桥，既可以采用梁上运梁，也可直接从桥下便道运梁。上行式移动支架的不方便之处是利用支架架设前方墩顶块比较困难，前支腿必须先临时支承在前方桥墩的临时托架上，待墩顶块吊装完成后，再转移支承到墩顶块上。为此，采用上行式移动支架时墩顶块常与桥墩一起浇筑或者预制后用另外的吊机安装。图 3-65 为美国佛罗里达 New Roosevelt Bridge 移动支架前支腿支撑在与桥墩一起浇筑的墩顶块上。图 3-66 为美国 Nalley Valley Interchange 节段梁预制安装墩顶块外壳，为减轻吊装重量，横隔板待吊装到墩顶后再浇筑。

图 3-65　移动支架前腿支撑在与桥墩一起浇筑的墩顶块上　　图 3-66　待浇筑横隔板的墩顶块外壳

下行式移动支架支承在墩旁托架上，对架设中的主梁影响小，可以直接架设包括墩顶块在内的所有节段，且造价比上行式移动支架低。但下行式移动支架架设需要另配一台吊车来吊装节段，同时需要另外的运输设备来安装墩旁托架，当桥墩较低时影响桥下空间，因此不太适合于城市高架桥的架设，同时下行式移动支架不太适合于架设弯桥。

除上述用移动支架架设外，还有一种利用临时塔架斜拉扣挂从一侧墩顶向另一侧顺序装配的方法，称之为递增装配法。递增装配法的施工程序大致为：预制节段经过已架设桥面运到正在拼装的悬臂跨前端，旋转吊车逐一将块件安放在待安装位置。每跨的 1/3 跨长部分采用自由悬臂拼装从桥墩截面伸出，其余部分采用可移动的临时扣塔斜拉扣挂悬臂安装，如图 3-67 所示。塔架一般位于后方桥墩上，通过斜拉索锚固在已架设桥孔箱梁上。临时扣索锚固在节段梁的顶缘，通过轻型千斤顶调整扣索力。此方法在法国的多座连续梁桥架设中使用过，最大跨径 60m，最大的好处是节段梁从一端的桥台连续、顺序架设到另一个桥台。由于扣塔操作复杂，工期长，只适合于架设跨数不多的短桥，目前已经很少使用。

2. 平衡悬臂架设法

跨径超过 50m 的混凝土梁桥自重很大，不能将一孔的所有节段梁支承在移动支架上后再张拉预应力，此时可以采用平衡悬臂架设法。平衡悬臂架设通过负弯矩预应力束抵抗悬臂弯矩，增大悬臂根部梁高就能建造更大跨度的桥梁。这种方法用于建造连续梁或者连续刚构桥。

1）平衡悬臂架设顺序

平衡悬臂架设时先安装或现浇墩顶块，在墩顶块两端设现浇缝以调节悬臂节段的线形，每吊装一对节段梁张拉一组负弯矩预应力钢束,直到悬臂拼装至跨中,下一个桥墩用同样的顺序将主梁也悬臂拼装至跨中,在两个悬臂之间现浇合龙缝,再张拉合龙钢束形成连续梁,安装顺序如图 3-68 所示。

图 3-67　递增装配法安装系统图

注：①～④表示吊装方位顺序。

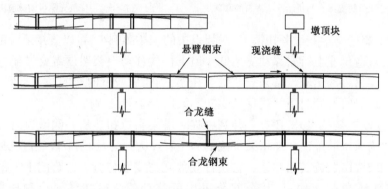

图 3-68　节段悬臂拼装顺序

对跨径小于 80m 的多跨连续梁长桥,为加快施工速度一般采用桁式吊车协助节段运输和安装；对更大跨度连续梁或刚构桥,一般采用桥面移动吊机吊装,参见大跨径梁桥悬臂施工章节。

2）桁式吊车类型

桁式吊车是一种运输和吊装节段梁的设备,一孔桥梁架设完成后可以从桥面上前移到下一个待拼装桥孔。依桁梁的长度分两类：第一类桁梁的长度大于最大跨径,桁梁支承在已拼装完成的梁段和待悬臂拼装的墩顶上,节段梁通过桁式吊车运输到待拼装的悬臂前端,吊车前行以及梁段运输时已拼装好的悬臂要承担一定的重量,图 3-69 是建造 Oleron Viaduct 时使用的桁式吊车；第二类桁式吊车桁梁的长度大于 2 倍桥梁跨径,桁梁的支点均支承在桥墩上,不增加梁段的施工荷重,但吊车自身的重量大、造价高。图 3-70 为我国虎门二桥高架桥 6×62.5m 跨径节段预制安装连续箱梁架设使用的架桥机。

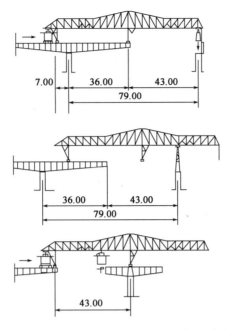

图 3-69　建造 Oleron Viaduct 时使用的桁式吊车(尺寸单位:m)

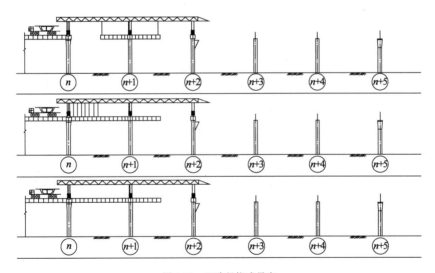

图 3-70　双跨径桁式吊车

3)边跨尾端节段的吊装

等跨连续梁边跨靠近边墩的节段无法采用平衡悬臂吊装。如果桥梁不高,可以采用落地支架架设。在桥墩较高的情况下,可采用桁式吊车的桁架临时悬吊,与前端的悬臂合龙后张拉永久预应力束成桥。图 3-70 所示的虎门二桥高架桥节段梁就采用这种方法安装。

4)墩顶块的安装与临时固结

如果墩顶块也采用预制安装,则墩顶块的安装精度对整个悬臂的几何线形有很大影响,因此墩顶块的临时支座处应设置可调节千斤顶(图 3-71),以调节安装姿态。1 号块与墩顶块之间应设置现浇缝,以便 1 号块调节方向、准确定位,如图 3-68 所示。

墩顶块与墩顶间应设置可靠的临时固结装置,以保证悬臂安装期间的稳定性。图 3-71 为

U形预应力筋临时锚固。

三、节段预制拼装梁构造特点

1. 预应力体系

节段预制拼装梁一般采用箱形截面,必须采用预应力将节段连接成整体。用于节段预制拼装梁的预应力体系有两种:体内预应力和体外预应力。早期的节段梁采用有黏结体内预应力,1980年美国Floride建成的Long Key桥是世界上第一座采用体外预应力的节段预制拼装桥梁。节段预制拼装梁采用体内预应力和体外预应力各有优点,表3-4列举了两者优缺点。

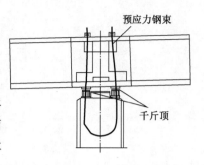

图3-71 墩顶块的调节与临时固结装置

体内预应力与体外预应力比较　　　　表3-4

体内预应力		体外预应力	
优点	缺点	优点	缺点
预应力偏心距大,抗弯效率高	接缝漏水后预应力筋容易生锈	预应力束布置简单,节段容易标准化	预应力筋偏心距小,抗弯效率低
预应力筋锚固可靠	预应力管道使节段配筋构造复杂	箱梁腹板内无管道,可以减小壁厚、减轻自重	活载作用下预应力筋与梁体之间有滑移
预应力筋与混凝土共同变形	接缝处预应力管道容易串浆,造成相邻管道堵塞	即使接缝漏水,预应力钢筋也不会生锈	预应力筋可能发生微动磨损
	预应力管道使箱梁壁厚增加	预应力筋可检查、可更换	预应力筋有振动问题
	预应力筋不可检查、更换	预应力筋的活载应力幅小	横隔板受出平面力,容易开裂

图3-72为芜湖长江二桥引桥全体外预应力节段预制箱梁的构造示意图,全桥长28km,由55m、40m和30m的三跨或四跨连续梁组合而成。由于采用了全体外预应力,箱梁的壁厚大幅度减薄,所有跨径连续梁均采用单箱单室箱梁截面,腹板厚度35cm、底板厚度20cm、顶板厚度22cm,箱梁的支点和跨中采用相同截面。每跨配置两组预应力束、两个转向块,两跨的预应力束在中间墩顶截面交叉锚固。表3-5列出了各种跨径的配束和经济指标,预应力束采用$\phi 15.24$mm钢绞线,抗拉强度标准$f_{pk}=1860$MPa。由于采用体外预应力减薄箱梁壁厚,自重大幅度降低,预应力配束量也随之降低。

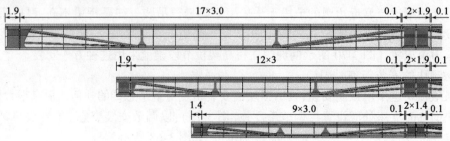

图3-72 芜湖长江二桥引桥节段梁配束(尺寸单位:m)

双向六车道标准断面体外束配置表   表3-5

跨径(m)	混凝土指标(kg/m²)	体外束指标(kg/m²)	边跨配束	中跨配束
30	1132	15.6	8×25	6×26+2×28
40	1175	18.7	8×32	8×31
55	1243	23.5	6×41+2×42	8×40

体外预应力筋的优点很多,但防腐是其必须解决的关键技术。早期的体外预应力筋采用普通钢绞线,在整束外套聚乙烯(PE)塑料套管,通过在套管内灌注水泥浆防腐,见图3-73a)。目前已经有专门的体外预应力钢绞线产品,其防腐措施直接建立在单股钢绞线上,包括三重防腐措施:钢绞线钢丝表面的镀层(镀锌或喷涂环氧树脂层)、外层PE护套、钢绞线与护套之间灌注油脂,见图3-73b)。

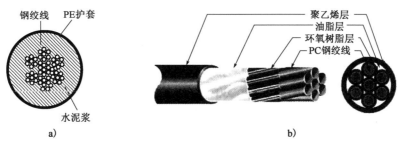

图3-73 体外预应力筋防腐构造

体外预应力通过转向块实现折线配束,转向块设置在箱梁内,竖向分力不大时可以采用鞍式,竖向分力较大时可采用墙式,如图3-74所示。转向块内设带分丝管的钢制转向器,每根钢绞线穿过一个分丝管,如图3-75a)所示。对于长直线段体外预应力束,为防止钢束振动,有时需设置减振器,将钢束与梁体弹性连接,如图3-75b)所示。

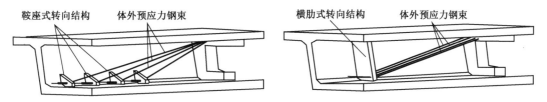

图3-74 体外预应力束转向块

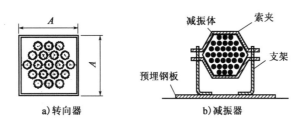

图3-75 转向器与减振器

2. 接缝

预应力保证节段梁接缝不发生弯曲正应力开裂,但是预应力损失仍然使节段接缝有开裂的风险。在不采用匹配预制阶段,节段之间需涂抹砂浆保证节段间截面紧密接触。采用匹配预制后理论上可以采用干接,但是即使完全密贴的接缝仍然会漏水,干接缝在微小拉应力下会张开,1962 年法国建造 Choisy-le-Roi 桥时在接缝间涂有一定抗拉能力的胶,此后该方法得到普及。目前除全体外预应力梁外,对于配有体内有黏结预应力束的节段梁要求采用胶接缝。胶接另外的好处是可以填补接缝处混凝土的微小瑕疵,且胶有润滑作用,便于节段准确对接。目前接缝胶为环氧结构胶,采用双组分存放,应满足如下要求:拌制后 1h 内不凝固,抗拉、压强度不低于节段梁混凝土,涂抹时厚度控制在 3mm 以下,节段对接后施加 0.3MPa 的临时预应力,使胶在接缝内均匀、厚度小于 0.5mm。

为使剪力在节段之间传递,同时便于节段拼装时对准,节段端面上需设置剪力键。早期节段上设置单一大键[图 3-76a)],大键应力集中容易造成剪力键周边混凝土开裂,键的周边需配筋。1974 年建造巴西 Rio-Niterói 桥时研发了密齿剪力键,如图 3-76b)所示。密齿剪力键使接缝剪力分散,从而避免了腹板主拉应力裂缝的发生。密齿剪力键的另一个好处是键只设在混凝土保护层内,自身不需配筋。密齿剪力键的齿也不能太小,否则混凝土质量不容易保证,一般要求每个齿的高度不小于粗集料粒径的 2 倍。目前普遍使用复合剪力键,在截面的腹板和顶底板内均设剪力键,如图 3-77 所示。为使多余环氧胶能被挤出,胶接缝剪力键必须留出胶槽,如图 3-78 所示。

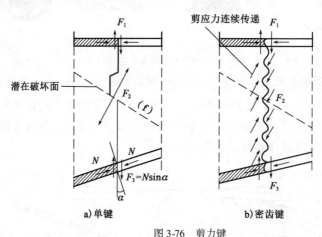

图 3-76 剪力键

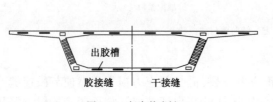

图 3-77 复合剪力键

图 3-78 阴阳剪力键及出胶槽

3. 横隔板

体外预应力钢束必须锚固在箱梁横隔板上,横隔板需承担出平面的局部弯矩,因此需要较厚的横隔板,一般需要 2.5m 以上的厚度。在布置锚头时应尽量靠近箱梁的顶底板或腹板,以减小局部弯矩。选用横隔板人孔形状时应特别注意各转角处的应力集中问题,必要时做实体空间分析。图 3-79 为典型体外预应力梁横隔板。厚横隔板带来的问题是墩顶节段吊装重量大,为解决此问题,可以预制混凝土外壳,吊装到墩顶后再填实横隔板,这样可以免除现场支立模板,如图 3-66 所示。

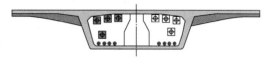

图 3-79 典型体外预应力梁横隔板

第七节 整孔预制安装梁

上述预制梁装配安装或者节段预制安装方法由于桥梁被切成块件,可以在预制场(厂)工厂化预制,运输体积小、重量轻,能比较方便地运输到桥梁现场进行组拼安装。但是分块后安装速度较慢,一般现场需要数天至十多天才能建造一孔中小跨度梁,而且现场的连接接缝始终是桥梁耐久性的薄弱环节。

整体预制安装施工方法是将一孔主梁在预制场整体预制,然后运输到桥梁现场架设后形成多跨简支梁或者简支变连续的连续梁,架设速度快,一天可以架设数孔梁,而且桥梁现场的施工操作少。

一、整体预制安装梁适用范围

采用整体预制安装施工,需要建设大型的预制场生产桥梁构件,采用大型运输设备和吊机运输和架设桥梁,因此设备投入费用很高,一般用在超长多跨梁桥或者海上超长梁桥的架设,既可以提高施工速度,也能摊销昂贵的设备费。

我国建造高铁为了减少工后沉降对线路平整度的影响,在软土地基和填土高度超过 5m 的地区全部建造在高架桥上,这就需要建造超长桥梁。京沪高铁桥梁占线路总长的 80%,丹阳至昆山段特大桥,全长 164.85km,如此长桥采用前述的架设方法均无法在规定工期内完工。因此我国高铁开发了适用于双线高速铁路的 32m、24m、20m 跨径后张法预应力混凝土简支箱梁(图 3-80),采用整孔预制、运输、架设方法施工,梁重分别为 899t、699t、562t,一天可以架设 3~4 孔梁。

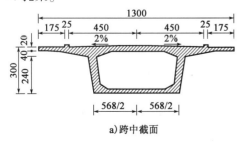
a) 跨中截面

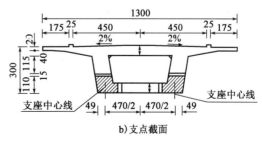
b) 支点截面

图 3-80 高速铁路 32m 双线梁截面(尺寸单位:cm)

我国21世纪开始建设东海大桥、杭州湾跨海大桥、舟山连岛工程金塘大桥、青岛海湾大桥跨海的长桥。这些桥梁在海面上跨越几十千米的距离,没有陆地施工作业面,架设方法成为桥梁方案设计中最主要考虑的因素。这些跨海桥均跨越浅海或滩涂,水深不大,除了通航孔需要设置较大跨径桥跨外,其余桥跨均由经济性和工期确定,而经济性和工期主要取决于架设工艺及设备能力。经过反复比较,在这些大桥建设中,深水区采用2500t级浮吊整体安装70m、60m跨径预制箱。而杭州湾大桥浅水区则采用梁上运梁、架桥机架设方法,整体安装50m跨径箱梁,简支梁架设到桥位上后再连接成连续梁。图3-81显示了东海大桥70m跨径箱梁的跨中横截面及中支点现浇连续接缝。

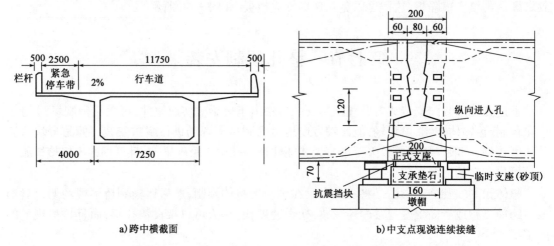

a) 跨中横截面　　　　　　　　　　b) 中支点现浇连续接缝

图 3-81　东海大桥 70m 跨径连续箱梁跨中横截面及接缝(尺寸单位:cm)

整体预制安装梁在安装时应避免超过支座脱空现象。我国高铁的整体预制安装箱梁采用箱梁吊装到位后在支座下灌浆的方法调平。简支变连续的箱梁在简支时采用千斤顶配合临时支座调平,而正式支座支承在现浇的合龙缝下方,不会出现脱空现象。

二、架桥机架设整孔预制梁

架桥机架设是陆地或者浅水区桥梁整体预制安装使用的主要方法,预制梁采用梁上运梁的办法运输。由于整跨梁自重很大,运梁荷载就成为桥梁设计控制荷载,因此需要采用特殊的运梁车。运梁车为拥有多排车轮的大型平板车,每排车轮上均装有液压装置,能将荷载均匀分布到各车轮上,从而降低已架桥梁的弯矩。我国高铁32m跨径双线箱梁重900t,采用运梁车直接从已架设箱梁上运梁,图3-82显示了运梁车运输高铁高架桥双线箱梁。整孔架设所用架桥机与架设单梁的架桥机工作原理类似(图3-23),但所需起吊能力更大。整体预制的梁与已经架设的梁同宽,如何让从架桥机后方运过来的梁穿过架桥机的后支腿,是这种架桥机必须考虑的问题。我国高铁使用较多的架桥机,是带有Ω形后支腿的架桥机,待架设的梁从后支腿中穿过,如图3-83所示。

杭州湾大桥的浅水区,设计了50m跨径箱梁,每片梁重1400t,即使采用类似高铁的运梁车将荷载均布在已架设的箱梁上,也远超过成桥后的使用荷载。为此,借助高速公路上下行建造双幅桥的特点,设计了行走在两幅桥上用扁担梁抬运箱梁的运梁车,如图3-84所示。架桥机也经过特殊设计,两根纵梁支承在上下两幅桥上,在纵梁上安装起重横梁,横梁可沿纵梁纵移,起重机可沿横梁横移,这样就能将沿两幅桥中线运输的箱梁架设到桥位上。如图3-85所示为杭州湾大桥架设50m箱梁采用的1600t架桥机。

图3-82　高铁900t运梁车

图3-83　高铁900t导梁式架桥机

图3-84　杭州湾大桥1600t运梁车

图3-85　杭州湾大桥1600t架桥机

三、浮吊架设整孔预制梁

水上建造长桥可采用浮吊安装,浮吊的起重能力比架桥机大,也没有梁上运梁对梁重的限制,因此可以将更大跨径的梁桥整体预制安装,跨径主要取决于浮吊的起重能力。我国建造东海大桥等跨海长桥时,根据当时我国水上运输市场2500t起吊能力,深水区非通航孔桥选用跨径70m的连续箱梁,采用浮吊整体吊装后简支变连续。一孔70m跨度箱梁的质量约为2000t,加上起重辅助吊具,可以控制在2500t范围内。有两种形式的浮吊,一种是架桥专用浮桥,这种浮桥的吊臂固定,可以将梁起吊后自航,兼作运梁船使用;另一种是臂杆式浮吊,只具有起吊功能,需要采用驳船配合运梁。图3-86显示了中铁大桥局集团有限公司为架桥专门建造的"小天鹅"号起重船吊装东海大桥70m箱梁,而图3-87显示了中交第四航务工程局有限公司的"四航奋进"号臂杆式浮吊在金塘大桥吊装箱梁。

图 3-86 "小天鹅"号起重船吊装 70m 箱梁

图 3-87 "四航奋进"号臂杆式浮吊吊装箱梁

第八节 顶推施工梁

顶推施工法是在沿桥纵轴方向的台后设置预制场地,分节段预制梁,并用纵向预应力筋将预制节段与施工完成的梁体联成整体,然后通过水平千斤顶施力,将梁体向前顶推出预制场地,然后继续在预制场进行下一节段梁的预制、顶推,直至施工完成。

一、顶推施工工艺

1. 顶推工艺的发展

顶推法并不是新架桥方法,18 世纪就使用顶推法架设过很多钢桥,20 世纪 50 年代开始应用于预应力混凝土桥梁的架设。1950 年法国建成总长 56m 的三跨预应力混凝土连续梁桥 Vaux-sur-Seine Bridge,主梁分别在河两岸浇筑,顶推到中跨合龙。1959 年德国用顶推法架设了 280m 长的四跨一联预应力混凝土连续梁 Ager River 桥,最大跨径 85m,主梁分成 9.5m 长节段预制,待全桥节段组拼完成后一次顶推到桥位上。这些早期桥梁都是在满堂支架上顶推过河。1961 年委内瑞拉建造 Rio Caroni 桥时首次利用桥墩支承顶推中的主梁。该桥全长 480m,为 5×96m 预应力混凝土连续梁桥,分节段预制在一侧桥头全部组拼完成后顶推,顶推过程中每跨设置一个临时墩,并在顶推梁前端设置桁架导梁以减小主梁弯矩。1965 年德国在 Kufstein 附近建造跨 River Inn 桥梁时在一侧桥台后设置一个浇筑台座,一段梁浇筑完成顶推出去后,在台座上匹配预制后一段梁,这样大大减小了预制场地,实现了工厂化建造,此方法成为顶推法施工预应力混凝土连续梁桥的基本工艺形式。图 3-88 为顶推系统原理示意图。我国从 1977 年开始应用顶推法修建预应力混凝土连续梁桥。

2. 单点顶推法

全桥纵向只设一个或一组顶推装置,顶推装置通常集中设置在梁段预制场附近的桥台或桥墩上,而在前方各墩上仅设置滑移装置。采用单点顶推法,顶推装置比较简单,但对于长桥需要很大的顶推力,较多采用背后千斤顶或拉杆式千斤顶。桥墩在摩擦水平力作用下产生弯矩,单点顶推法不适合于柔性墩桥梁。

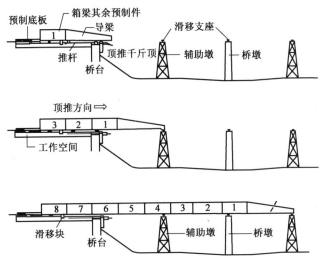

图 3-88 顶推系统原理示意图

3. 多点顶推法

在每个墩台上均设置小吨位千斤顶进行同步顶推,将顶推力分散到各墩上,可以顶推的桥梁长度没有限制。每个桥墩上千斤顶施加的水平推力正好抵消摩擦力,因此只要各桥墩上的千斤顶能同步工作,桥墩就不承担水平力,所以多点顶推法可以应用于柔性墩桥梁的架设。

多点顶推法一般采用拉杆式千斤顶或水平竖直千斤顶,由于不需要在梁体上设锚固点,目前更多采用水平竖向千斤顶。每个千斤顶所需的吨位较小,但所有千斤顶需通过控制室统一控制其出力等级,因此多点顶推的控制系统比较复杂,需采用计算机与传感器配合形成控制系统。

二、顶推施工主要设备

1. 顶推装置

将梁体向前顶推主要有三种装置。

第一种是在主梁背后使用千斤顶向前推的装置。混凝土梁底需要设置用于顶推的反力梁,反力梁上设置与千斤顶行程相匹配的系列锚固点供千斤顶支撑。顶推时千斤顶跟随梁体向前移动,油缸复位后支撑在下一个锚固点上,如图 3-89 所示。

第二种是水平竖向千斤顶。水平竖向千斤顶在梁底利用摩擦力顶推。水平竖向千斤顶由水平和竖向两个千斤顶组成,竖直顶上表面设置摩擦板增加其与梁底的摩擦系数,下表面设有滑道供其滑行。顶推时,升起竖直千斤顶活塞,使梁支承在其上,开动水平千斤顶顶推竖直千斤顶,竖直千斤顶带动梁体向前移动。当水平千斤顶达到最大行程时,降下竖直千斤顶活塞,使梁体落在临时支承上,收回水平千斤顶活塞,回到原来位置,如此反复不断地将梁顶推到设计位置,如图 3-90 所示。

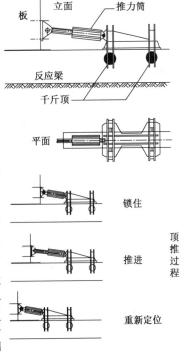

图 3-89 背后顶推装置

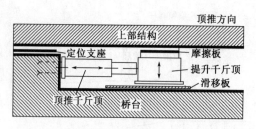

图 3-90 水平竖向千斤顶

第三种装置是拉杆千斤顶。对应的顶推方法是将穿心式水平液压千斤顶布置在桥台前端,底座支撑在桥台上,在梁底板或侧壁设置锚固夹具,用拉杆连接千斤顶与锚固夹具,通过千斤顶牵引拉杆带动梁体向前运动,见图 3-91。回油时,千斤顶上的锚具上松开,拉杆在千斤顶中滑动,随后重复下一循环。

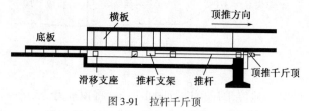

图 3-91 拉杆千斤顶

2. 滑动装置

要想用有限的顶推力将庞大的梁体顶推就位,必须采用摩擦系数很小的滑移装置。目前顶推施工常采用不锈钢板滑道与聚四氟乙烯滑块形成滑移,它们的摩擦系数在 0.015~0.065 之间,常用 0.04~0.06。由顶推施工法的测定表明:在顶推过程中,滑道的摩擦系数始终在不断变化,静摩擦系数要大于动摩擦系数。

滑道设置在墩顶和预制台座顶面。墩顶滑道由安装在桥墩顶的临时支墩或者永久支座形成,支墩或支座顶面安装光滑的不锈钢板,聚四氟乙烯滑块跟随梁体在不锈钢板上滑移,滑出支墩后转移到后方再次跟随梁体滑入,如此往复。如图 3-92 所示。

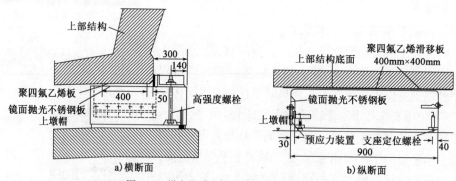

图 3-92 纵向滑道及导向装置(尺寸单位:mm)

主梁顶推到位后用数只大吨位竖向千斤顶同步将一联主梁顶起,拆除滑道支墩,安放正式支座。如利用永久支座顶面作为滑道,则在顶推到位后直接将支座顶板与梁底固定即可。

为保证梁体沿着桥梁轴线顶推,各墩顶还需要设置导向装置,从主梁的侧面限制主梁在前行过程中向侧面滑移,如图 3-92 所示。也可在导向装置上设水平千斤顶,在梁体顶推的过程中进行纠偏。

采用水平竖向千斤顶进行多点顶推时,竖向千斤顶下的滑板就是滑道(图3-90),不需要在梁底设滑动装置。

3. 减小弯矩的装置

顶推的主梁从桥跨一侧悬臂推出,接近另一侧桥墩时主梁的最大负弯矩是简支梁弯矩的4倍,远超过使用阶段的荷载组合最大值,通过以下方法可以减小顶推过程中的弯矩。

在混凝土主梁前端设置自重集度较轻的导梁减小悬臂弯矩是最常采用的方法,如图3-88所示。导梁一般由变截面钢桁梁或者工字钢梁组成,通过预应力与混凝土梁锚固,待混凝土梁顶推到前方桥台后,导梁拆除。

当跨度比较大时设置辅助墩是减小顶推过程中弯矩最有效的办法(图3-88),但是代价比较高。实践表明只有跨径大于60m时,采用辅助墩才比较经济。

采用临时扣塔也是减小顶推过程中弯矩的有效方法。扣塔设置在最前端一跨梁的中支点截面,扣索锚固在被顶推梁的前端,如图3-93所示。为减小扣塔移动到第二跨跨中产生的主梁正弯矩,扣索力在顶推过程中需要适时调整,因此现场控制操作比较复杂。

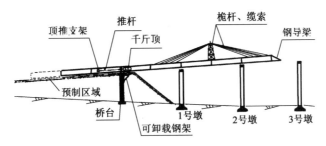

图3-93 顶推临时扣索系统

三、梁体浇筑方法

梁体在后方预制场地上的浇筑有两种方法:短节段浇筑、长节段浇筑。

短节段浇筑方法比较适合于双T形、空心板、箱梁等截面形式的梁。一孔梁体分为若干短节段浇筑,只需要配置一个节段长度的模板。预制顺序类似前述的节段拼装梁的长线预制,每浇筑一个节段,模板向前移动进行下一节段的浇筑,待一孔梁的节段全部浇筑完成、张拉预应力后一起顶推。

长节段浇筑比较适合于箱梁,外模采用整体模板。梁体分两次浇筑,先浇筑底板和腹板,待其达到一定强度后二次浇筑顶板。待预应力张拉完成后实施顶推。

四、顶推施工梁配筋特点

顶推施工时梁的大部分截面都要经过跨中和支点,因此顶推过程中各截面均需承担正负交替的弯矩。顶推到位后受力状态与一般的连续梁相同,存在正负弯矩区。因此在截面设计和预应力束布置时要分别满足施工与运营工况的要求。在顶推阶段,预应力的合力点必须在截面中性轴附近,以承担正负交替弯矩,而成桥后要分正、负弯矩区将预应力束合力点分别配置在截面的下缘或者上缘。

有两种配束方法来达到目的。直线临时束法如图3-94所示,顶推阶段在梁的顶板、底板内分别布置分段的直线预应力束,各段钢束在成桥后每跨的反弯点附近交叉,这样全桥形成中心配束适应顶推。顶推到位后,张拉后期连续束,拆除跨中段上缘和支点段下缘的直线束。反向临时束法如图 3-95 所示,先按照连续梁成桥恒载配置预应力束,然后再配置反向临时连续束,形成中心配束适应顶推,顶推到位后拆除反向连续束,补充张拉运营钢束。近年来临时束大部分采用体外预应力束,以便于安装拆除。

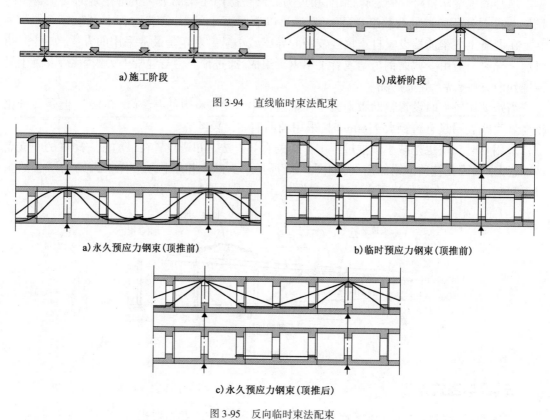

图 3-94 直线临时束法配束

图 3-95 反向临时束法配束

五、顶推施工梁适用范围

(1)顶推法可以使用简单的设备建造长、大桥梁,施工费用较低,施工平稳、无噪声,可在深水、山谷和高桥墩上采用,也可在曲率相同的弯桥和坡桥上使用。

(2)主梁分段预制,连续作业,结构整体性好;由于不需大型起重设备,所以施工节段的长度可根据预制场条件及分段的合理位置选用,一般可取用 10~20m。

(3)梁段固定在同一个场地预制,便于施工管理,改善施工条件,避免高空作业。同时,模板与设备可多次周转使用,在正常情况下梁段预制的周期 7~10d。

(4)顶推法宜在等截面梁上使用,当桥梁跨径过大时,选用等截面梁造成材料的不经济,也增加了施工难度,因此以中等跨径的连续梁为宜,推荐的顶推跨径为 40~45m,桥梁的总长也以 500~600m 为宜。

(5)顶推法的缺点是顶推节段受力与成桥状态有很大差别,因此需要比较多的临时预应力束。

第四章

大跨径连续体系梁桥

通常将主跨100m及以上的梁式桥称为大跨径梁桥,大跨径预应力连续体系梁桥包括大跨径预应力混凝土连续梁桥和连续刚构桥。大跨径预应力混凝土连续体系梁桥具有造价经济、技术成熟、施工工艺简单、养护费用低等特点,所以是桥梁建设中常见桥型,不仅数量众多,而且应用相当广泛。相对于中等跨径的连续体系桥梁,大跨径连续体系梁桥最重要的特点是恒载的比例增大,且跨径越大这个比例越大,当跨径200m以上时恒载比例甚至接近90%,所以超大跨径预应力连续体系梁桥主要弱点在于自重太大、承担活载的效率偏低。本章主要介绍大跨径预应力混凝土连续体系梁桥的结构体系及构造特点、预应力钢束及普通钢筋、大跨径箱梁桥抗裂设计、悬臂施工法和体外预应力索辅梁桥等。

第一节 概 述

20世纪60~70年代预应力技术和桥梁施工技术的成熟使预应力混凝土梁式桥得以全面和迅速发展,由于其具有经济性、散件运输方便、施工方法多样等优点,故而在欧美国家得以大规模应用,成为300m以下跨径的最主要桥梁结构形式。在我国更是得到了巨大的发展,在250m以下占据绝对优势。

1952年首座超过100m的预应力混凝土桥梁——德国跨越莱茵河的Worms桥建成(主跨114.2m),标志着预应力混凝土桥梁向大跨径飞速发展,Worms桥是一座中间设铰的T形刚构桥，采用能承受巨大负弯矩的箱形断面。1964年德国建成Bendof桥，主跨跨径达到208m，曾较长时间保持混凝土桥梁的跨径纪录。在20世纪70年代日本修建了数座大跨T形刚构桥，1976年建成的滨名大桥主孔跨径为240m，但几乎都在主孔设剪力铰。这些桥梁经过一段时间的运营考验后问题也开始逐渐暴露出来，那就是在设计时对混凝土的收缩和徐变造成的变形估计不足。另外由于中间带铰，温度等因素的影响使结构变形在铰的位置形成明显的折线，对行车极为不利。随着桥梁跨径的增大，这些不利因素对行车和后续养护造成的影响越来越大，因此对行车条件有利的连续梁获得了新的发展。连续梁与带铰的T形刚构相比存在诸多优势：从结构构造而言在合龙区域取消了铰，使相邻悬浇T形刚构联成整体，在合龙区域截面上下缘施加预应力来承受各种因素造成的内力和运营时的活载内力。由于结构真正形成整体，合龙区域由T形刚构的只承受轴力和剪力变为连续梁的承受轴力、剪力和弯矩，结构在顺桥向的变形是连续和平顺的，因而结构的使用性能大幅度改善。

预应力混凝土连续梁桥也向更大跨径和更长连续长度进一步突破和发展，前者较有代表性的为南斯拉夫的主跨210m的Danube River桥和瑞士1974年所建的192m的Mosel桥；后者较有代表性的为英国1984年所建的主跨190m全连续长度为1288m的Orwell桥。但随着跨径的增大，连续梁需要大吨位支座，其造价以及将来更换成为难题。而T形刚构由于是墩梁固结结构，不存在支座问题，在墩顶与主梁底的区域，构造和受力远比连续梁桥简单。将两者结合起来，即出现了连续刚构桥。20世纪80年代以后，世界各国相继建成了许多不带铰的连续刚构桥。其中，1985年建成的澳大利亚主跨260m的Gateway桥曾居世界最大混凝土梁式桥达12年之久。1998年11月挪威采用轻质混凝土建成两座主跨300m左右的特大跨径连续刚构桥Stolma桥（301m）和Raftsundet桥（298m），首次将混凝土梁桥的跨径突破300m。

我国预应力混凝土公路桥梁始建于1956年，此后不断得到发展。1988年建成的广东洛溪大桥（主跨180m），开创了我国修建大跨径预应力混凝土连续刚构桥的先例。由于有巨大的自重，对支座承载力的要求高，且造价昂贵，因而大跨径混凝土梁式桥一般都采用没有支座的预应力混凝土连续刚构桥。对于多跨长桥，全桥的连续长度越长，下部的刚度越大，则桥墩在温度和收缩徐变作用下的内力就越大，故在采用长连续、大跨径的桥梁中，可以采用连续刚构+连续梁的混合结构体系，即在中间若干孔采用墩梁固结的刚构形式，其他各跨为连续梁。这样既改善了下部桥墩的受力条件，也尽可能简化了结构，节省了大吨位支座的费用。我国目前最大的预应力混凝土连续梁桥是四川乐自高速公路乐山岷江大桥，主跨180m，最大的预应力混凝土连续刚构桥是位于广东省的虎门大桥辅航道桥，主跨为270m。

到现在我国已建和在建的跨径超过200m的连续刚构桥已达20多座，跨径在100~200m之间的预应力混凝土梁桥已有100多座。世界范围内共有跨径超过240m的特大跨径连续刚构桥共31座，其中21座在中国（表4-1），占世界总量的68%，而且这个比例还在增加，大跨径预应力混凝土梁桥在我国交通建设中发挥着非常重要的作用。

世界预应力混凝土梁桥（$L \geq 240m$）一览表　　　表4-1

桥　名	所在国	建成年	跨径(m)
重庆石板坡复线桥	中　国	2006	87.75+4×138+330+132.5
Stolma桥	挪　威	1998	94+301+72
Raftsundet桥	挪　威	1998	86+202+298+125

续上表

桥　名	所在国	建成年	跨径(m)
贵州北盘江特大桥	中　国	2013	82.5 + 220 + 290 + 220 + 82.5
Asuncion 桥	巴拉圭	1979	主跨 270
虎门辅航道桥	中　国	1997	150 + 270 + 150
苏通专用航道桥	中　国	2007	140 + 268 + 140
云南元江大桥	中　国	2003	58 + 182 + 265 + 194 + 70
Gateway 桥	澳大利亚	1985	145 + 260 + 145
Varodd-2 桥	挪　威	1994	主跨 260
重庆鱼洞长江大桥	中　国	2008	145.2 + 2×260 + 145.2
宁德下白石大桥	中　国	2003	145 + 2×260 + 145
四川汉源大渡河大桥	中　国	2009	133 + 255 + 133
重庆嘉华嘉陵江大桥	中　国	2007	138 + 252 + 138
G76 泸州长江二桥	中　国	2000	140 + 252 + 54.5
江安长江大桥	中　国	2007	146 + 252 + 146
Schottwien 桥	奥地利	1989	主跨 250
Doutor 桥	葡萄牙	1991	主跨 250
Skye 桥	英　国	1995	主跨 250
重庆黄花园大桥	中　国	1999	137 + 3×250 + 137
马鞍石嘉陵江大桥	中　国	2001	146 + 3×250 + 146
广州海心沙珠江大桥	中　国	2004	138 + 250 + 138
G85 柏溪金沙江大桥	中　国	2006	140 + 249 + 140
G76 赤水河大桥	中　国	2013	130 + 248 + 130
黄石长江大桥	中　国	1995	162.5 + 3×245 + 162.5
Koror-Babelthuap 桥(已倒塌)	帕　劳	1977	72 + 241 + 72
滨名大桥	日　本	1976	55 + 140 + 240 + 140 + 55
江津长江大桥	中　国	1997	140 + 240 + 140
重庆高家花园大桥	中　国	1997	140 + 240 + 140
重庆龙溪河大桥	中　国	1999	140 + 240 + 140
贵州六广河大桥	中　国	2002	145 + 240 + 145

减少自重是增加这种桥梁形式适用性、改善受力，并向更大跨度发展的重要措施。2006 年竣工的主跨达 330m 的重庆石板坡复线桥，跨中部分采用了 108m 的钢梁，使其主跨 330m 的墩顶弯矩仅相当于 270m 跨径的混凝土结构，从而大幅度拓展了梁式桥跨径。1998 年竣工的挪威 Stolma 桥和 Raftsundet 桥均采用了轻质混凝土材料，同样是为了降低结构自重并增大跨越能力。2013 竣工的主跨 290m 的贵州水盘高速公路北盘江大桥为空腹式连续刚构桥，为减轻自重对箱梁的根部腹板进行挖空，从而形成梁-拱组合受力机制，提高了承载效率，增大了跨越能力。体外预应力索辅梁桥(Extradosed PC Bridge)是梁索组合体系，将预应力钢束布置在梁高以外，增加了预应力钢束的偏心距，降低了主梁高度及恒载比例，是适用于 100 ~ 250m 之间的桥梁形式。

20 世纪 90 年代以来，我国大跨径预应力混凝土连续体系梁桥陆续出现开裂、下挠病害。在实际工程中，开裂可以发生在结构受力的任意方向，特别是腹板的斜向开裂较为常见；而下挠通常是指桥梁跨中远大于规范控制值的挠度,并呈现加速性和持续性。由于上一章已经有关于预应力混凝土连续体系梁桥的一些共性知识,包括箱梁截面构造与尺寸拟定的原理和思路,本章重点关注大跨径连续体系梁桥的特点,也将讨论这一常见病害并分析其原因和控制措施。

第二节 结构体系及构造特点

一、桥跨布置和梁高

1. 连续梁桥

从已建桥梁的统计资料分析,大跨径预应力混凝土连续梁桥有90%以上是采用变高度梁形式。采用变高度梁较好地符合梁的内力分布规律,而且由于大跨径预应力混凝土连续梁桥基本上采用悬臂施工,变高度梁与施工时的内力状态相吻合。另外,变高度梁使梁体外形美观,节省材料并增大桥下净空。

由于连续梁的恒载弯矩变化规律与二次抛物线相似,预应力混凝土连续梁桥的截面变化规律一般都采用二次抛物线。附表1-1是已建成的大跨径预应力混凝土连续梁桥参数资料。

2. 连续刚构桥

连续刚构桥是墩梁固结的连续体系梁式桥,如图4-1所示。

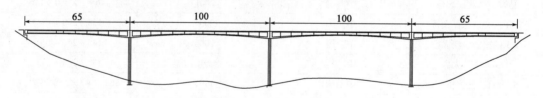

图4-1 连续刚构桥(尺寸单位:m)

因为这种体系利用主墩的柔性来适应桥梁的纵向变形,所以在大跨高墩连续体系梁桥中比较适合。梁墩固结点多设在大跨、高墩的桥墩上,利用高墩的柔度可以适应结构由预应力、混凝土收缩徐变和温度变化所引起的纵向位移。当跨径较大而墩的高度不高时,为增加墩的柔性,常采用双薄壁墩。同时,双薄壁墩还有削减墩顶负弯矩峰值的作用。因此,目前国内多数连续刚构桥都采用双薄壁墩。

在连续刚构桥总体布置时,不但要充分考虑跨径、固定孔跨长和桥墩高度的适用界限,而且要全面对桥位条件、经济性、施工可行性、美观和维护管理等各方面进行综合分析。需要注意连续刚构桥的桥孔不宜太多,墩梁固结的总长度不宜太长;否则桥梁刚度过大,易由于温度变化和混凝土收缩徐变产生较大的次内力。端部固结的桥墩的高度与固定的跨长之比,是判断采用连续刚构体系合理性的指标之一。所谓固定跨长,是指由多个固结桥墩约束的跨径之和。根据日本道路公团对实际施工的统计,固定跨长与墩高的关系如图4-2所示,大多数固结桥墩高度在50m以下,固定跨长在400m以下,桥墩高度与固定跨长之比大多不小于1/8。但对国内目前使用比较多的双薄壁墩连续刚构桥,则不一定受此限制,可通过调节双薄壁墩的间距和壁厚,以适应固定跨长较大的场合。图4-2中可以看到双薄壁墩连续刚构桥的固定跨长与墩高关系不明显。在减小高墩的温度内力有困难时或墩高变化剧烈时,可以采用连续刚构+连续梁的混合结构体系,以减小固定跨长或墩高差异。另外,柔性桥墩在通航河流上使用时应注意防撞问题。特别是连续刚构桥的双薄壁墩,通常不能承受船的直接撞击,必须采取措施,防止船只碰撞。

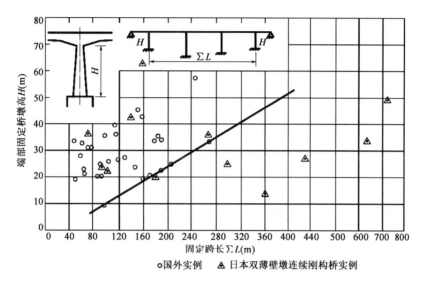

图 4-2 固定跨长与墩高的关系

连续刚构体系一般都采用平衡悬臂施工,其跨径布置、梁高选用与变截面连续梁相似。附表 1-2 列出了我国已建成的大跨径公路预应力混凝土连续刚构桥的梁高、高跨比、板厚(顶板、底板及腹板)和最大底板厚跨比的数值,附表 1-3 为国外跨径大于等于 160m 的混凝土梁式桥的一些统计数据,可供设计参考。连续刚构桥的边中跨比主要考虑受力合理性与施工的方便。从附表 1-2 可以看出,边中跨比大多在 0.55~0.60 之间。其中,就山区桥梁而言,为施工方便,倾向于较小的边中跨比。对在山区且交界墩高度大于 40m 的连续刚构桥,我国有设计院基本执行边跨=中跨/2+5m 的分孔方式,即边中跨比为 0.52~0.53。

公路多跨连续刚构桥的箱梁根部梁高可取用 $(1/20 \sim 1/15.5)l$,跨中可取 $(1/60 \sim 1/45)l$;对铁路桥,因活载较大,箱梁根部梁高可取 $(1/16 \sim 1/15)l$,跨中可取 $(1/50 \sim 1/30)l$。加大箱梁根部梁高,通常可使正弯矩减小,正弯矩区缩短,使主梁大部分承受负弯矩,这样可使大多数预应力钢束布置在梁的顶部,构造与施工均较简单。

近年来,主跨超过 150m 的大跨径预应力混凝土连续钢构桥的截面变化规律常采用 1.5~1.8 次抛物线,以增加 1/8~1/3 处的梁高。

二、连续刚构桥桥墩

1. 桥墩形式和尺寸拟定

连续刚构桥的桥墩墩高一般要求不小于跨径的 1/10,并应具有适当的纵向抗推刚度,以适应纵桥向由于温度、混凝土收缩、徐变等引起的受力和变形,并在悬臂浇筑施工阶段提供足够安全的抵抗纵向不平衡弯矩的作用。为减小偏载引起的侧向位移,应将墩柱横桥向刚度设计得较大。无论是悬臂施工阶段还是运营阶段,横桥向风荷载是必须考虑的荷载,应尽可能减小墩柱迎风面积,改善气动外形,以减小风载体形系数。另外,山区高墩连续刚构桥体量巨大,景观效果突出,故墩形选择应与环境相协调。

多跨连续刚构桥,由于结构上墩梁固结,为减小次内力的敏感性,需要选择抗压刚度较大、抗推刚度较小的单壁或双壁实心式桥墩或空心式桥墩,使墩适应梁结构的温度变形,避免过大的温度应力。近年来,也有采用钢-混凝土组合结构桥墩。从主墩结构受力分析,结合我国桥梁的设计经验,连续刚构桥的桥墩形式和布置见表4-2。

连续刚构桥的桥墩形式和布置　　　　　　表4-2

桥墩形式 及适用主孔跨径	桥墩形式	实体式		空心式	
		单壁	双壁	单箱	双箱
	主孔跨径 $L(\text{m})$	$L<60$	$L=80\sim160$	$L=100\sim200$	$L>160$

截面面积相同的双壁墩与单壁墩相比,可以实现更小的抗推刚度,如图4-3所示。

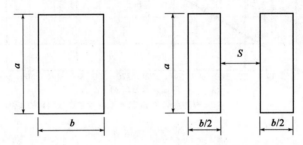

图4-3　单壁墩和双壁墩截面

单壁墩的抗推刚度为:

$$K=\frac{3EI}{H^3}=\frac{3E\dfrac{ab^3}{12}}{H^3}=\frac{Eab^3}{4H^3} \tag{4-1}$$

式中:H——主墩的高度。

同样截面面积的双壁墩抗推刚度为:

$$K=\frac{3EI}{H^3}=\frac{3E\dfrac{2a(b/2)^3}{12}}{H^3}=\frac{Eab^3}{16H^3} \tag{4-2}$$

通过对比可以发现,采用同样截面面积的单壁墩和双壁墩,其双壁墩的抗推刚度仅为单壁墩的1/4,抗推刚度小,可有效降低由于墩梁固结带来的温度、徐变影响。此外,双薄壁墩纵向抗弯刚度大,可缓解主墩负弯矩;横桥向抗扭刚度大,对承受风荷载有利。这也是大跨连续刚构桥中普遍采用双壁墩的原因。

大部分连续刚构桥采用双柱薄壁墩,双柱有空心、实心之分。实心双壁墩施工方便,抗撞击能力较强;空心双壁墩可节约混凝土40%左右。一般在初步设计选择墩的尺寸时,其长细比可为16~20,双壁墩的中距与主跨比值在1/25~1/20之间。在通航繁忙的大河上建桥,还应充分注意桥梁薄壁墩抵抗船舶撞击的安全度,及早研究防撞措施。

对于薄壁桥墩的外形尺寸,其横桥向宽度通常至少与主梁宽度一致。对于纵桥向的宽度b的确定,应根据温度变化、混凝土收缩、徐变及地震力等引起墩顶顺桥向位移最大者进行设计。在工程实际中常常以温度变化(Δ_t)引起的墩顶顺桥向位移最大,由此可以得到双薄壁墩的宽度与每个墩顶承受的纵向水平力($P/2$)之间的关系。

$$\Delta_t = \alpha \Delta T \frac{1}{2} L = \frac{P/2}{K} = \frac{2PH^3}{Eab^3}$$

$$b = \sqrt[3]{\frac{4P}{\alpha \Delta TLE\alpha}} H \quad (4\text{-}3)$$

式中：L——上部主梁全长；

H——主墩的高度；

α——混凝土线膨胀系数，按《公路桥涵设计通用规范》(JTG D60—2015)取值；

a——主墩的横桥宽；

E——主墩的弹性模量。

同理，也可推导出空心薄壁墩的墩的顺桥向宽度。

除了双薄壁墩的宽度，还有一个重要的几何参数即双壁净距 S。它与桥墩的整体稳定安全系数、所受弯矩、轴力等内力有很大的关系。根据已建连续刚构桥设计资料，利用数理统计中的多元线性回归可以拟合得到下式：

$$b = -1.3402 - 0.0864S + 0.0816H + 0.01L \quad (4\text{-}4)$$

根据 b、H、L 可以得到净距 S 的设计参数。

表4-3 为我国部分连续刚构桥采用双薄壁墩的工程实例。

我国部分连续刚构桥双薄壁墩身尺寸　　　　　　　　　　　表4-3

桥　名	主跨(m)	桥墩形式	顺桥向宽b(m)	双壁净距S(m)	墩高(m)
重庆石板坡长江大桥复线桥	330	实体矩形	2.8	5.4	49.7
广东虎门大桥辅航道桥	270	空心箱形	3	6	35
苏通大桥辅航道桥	268	空心箱形	3.5	双肢距9.5m	39.18、35.16
云南红河大桥	265	空心箱形	4	6	102.8、121.5
福建宁德下白石大桥	260	空心箱形	2.5	6.5	约25m
重庆鱼洞长江大桥	260	实体矩形	2.6	6.8	61、54、55
广州海心沙大桥	250	空心箱形	2.5	6.8	34
六广河大桥	240	系梁下为实心矩形，上为空心矩形	3	8	73、90
湖北龙潭河大桥	232	变截面空心箱形	墩顶:3.5 墩底:5.28	9	70、178、174、130
广州新龙大桥	200	空心箱形	1.8	6.4	最大22.8
来宾市红水河二桥	190	上部为空心，下部为实体	2.2	6.6	约34.4
广东洛溪大桥	180	空心箱形	2.2	5.6	26.65
贵州关兴公路落拉河大桥	166.5	实体矩形	2	5.4	58
广东珠海大桥	125	实体矩形	1.5	4	18.97
云阳新津口大桥	100	实体矩形	2	5	76

根据表4-3中的统计数据，当连续刚构桥的主跨在160m以上时，主墩常设置为双肢空心薄壁墩，双肢间距大多在8m以上；在跨径小于160m时，主墩大多设置为双薄壁墩，双壁间距大多在8m以下。

双薄壁墩一般用于墩高50m以内的悬臂施工连续刚构桥。对大于50m的高墩，若采用双薄壁墩，则单肢截面尺寸要加大，单肢截面形式则一般采用空心薄壁形式。空心墩具有强大的抗弯、抗扭刚度，但箱形截面由于具有较大的纵向抗推刚度，适应结构体系纵向变形的能力较差，会导致墩柱、基础的截面尺寸和配筋显著增加，增加下部结构造价，从而在经济性方面失去优势。在墩高 50~100m 之间有采用组合式桥墩，上部采用双薄壁墩，下部采用单薄壁空心墩的组合式桥墩，兼具以上两种桥墩形式的优点。

对于弯桥或跨径在 160m 以上高墩连续刚构桥，施工阶段由于抗扭的需要，不宜选择太薄的薄壁墩。随着墩高的增加，主墩线刚度减小，可以满足变形的需要，选择空心薄壁墩可以提高主墩抗扭刚度和稳定性。对于弯桥可选择空心薄壁单柱墩；当主孔跨径在 160m 以上时，主墩设置为双肢空心薄壁墩，双肢间距在 8m 以上，以确保桥梁纵桥向抗弯刚度和稳定性需要。

2. 系梁设置

系梁的设置主要为增加双薄壁墩的稳定性。近年来，为实现跨越的需要，高墩越来越多地应用于连续刚构桥中。湖北龙潭河大桥其主墩最高达 178m（图 4-4），云南红河大桥主墩最高达 121.5m。为增加高墩稳定性，龙潭河大桥从墩顶往下按照每 60m 设置一道系梁（图 4-5）；云南红河大桥从墩顶往下按照 40m、44.5m、37m 间距设置两道系梁。

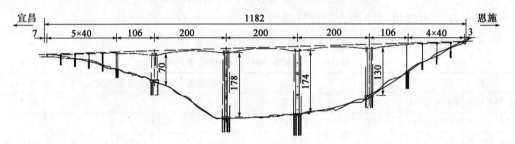

图 4-4 龙潭河特大桥左线桥型布置（尺寸单位：m）

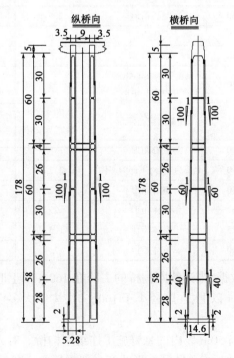

图 4-5 龙潭河特大桥 178m 主墩构造（尺寸单位：m）

研究表明,增加双薄壁高墩系梁后,在施工最大悬臂阶段和成桥阶段,桥梁的纵向稳定性得到了提高,并且一定程度上增大了纵桥向的水平抗推刚度。

因此,对双薄壁墩系梁的设置,可以按照墩高在 60~110m 之间设置 1 道系梁,在 110m 以上,设置 1~2 道系梁。如果经过计算在使用阶段不需要设置系梁,可以按照临时构件设计。

第三节 预应力钢束及普通钢筋

一、预应力钢束布置

大跨度预应力混凝土梁桥常采用三向预应力配束形式,即纵向束、横向束和竖向束,如图 4-6 所示。预应力钢束的构造要求详见相关规程的有关规定。

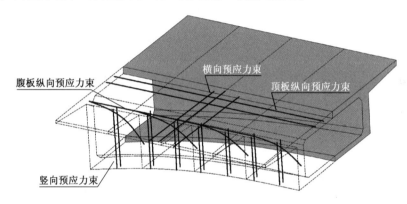

图 4-6 三向预应力束布置

1. 纵向束布置原则

纵向预应力束的布置应与大跨度梁桥的截面相适应。纵向预应力一般需设置顶板束(承受负弯矩)、底板束(承受正弯矩)、连续束(补充使用阶段承受内力)、备用束和合龙临时束。对于预应力筋的选用,纵向束多选用大股 $\phi^s15.2$ 的钢绞线束,采用夹片群锚的锚具。

顶板纵向束多采用平、竖弯曲相结合,一般锚固在腹板或顶部承托区域中;顶板束采用分层布置,长束尽量布置在上层。底板纵向束一般采用直线束,锚固在腹板与底板相交区域及其附近。也有采用底板上弯束,锚固于顶板槽口或腹板内侧,新增锚固齿板上的形式,可以承担竖向剪力。

2. 纵向束布置形式

1)悬臂施工下弯束 + 底板上弯束

该配束形式将腹板下弯束的锚固点尽量下移,同时使底板钢束弯起,是 20 世纪六七十年代常用的形式,这与当时的施工工艺密切相关。由于当时采用的预应力筋直径不大,预应力筋能在腹板内相互交叉而不致产生干扰。图 4-7 为纵向预应力钢束配置及其局部放大图。可以看出,由于腹板锚固的钢束与顶板锚固的钢束布置是规整的,故其突出的优点就是标准化,特别适用于预制施工的较大跨径混凝土梁式桥。1966 年竣工的法国 Oleron 桥(主跨 26 × 79m)即采用这样的钢束布置,该桥同时也是世界上首次采用上行式架桥机进行悬臂拼装施工的预应力混凝土梁桥。之后,法国有多座桥梁复制了这个设计施工方法。

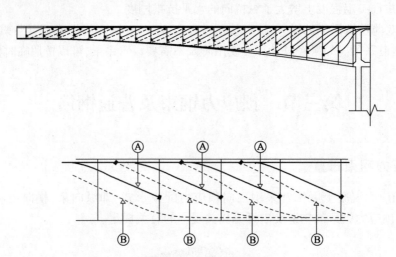

图4-7 纵向预应力钢束交错布置及局部放大图
注:Ⓐ-悬臂施工束;Ⓑ-底板束。

纵向预应力钢束的这种布置方式提供了预剪力,不需要布置预应力损失较大的竖向预应力。但其弱点也是上弯束:一方面位于桥面的锚固构造较为复杂;另一方面不利于布置在顶板的锚固构造的防水。

2)悬臂施工直线束+竖向预应力

自20世纪80年代采用大吨位钢绞线束开始流行,钢束形状变得简洁,数量也大为减少。悬臂钢束与底板钢束均采用直线形式(图4-8)。

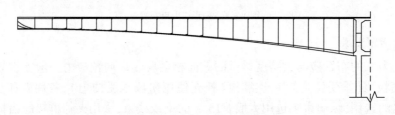

图4-8 纵向钢束直线配置

这种纵向钢束布置形式的优点是简化了纵向预应力的设计和施工,且由于预应力钢束的曲率和管道不平整导致的预应力摩阻损失明显减小,使预应力钢束效率提高,故能够节约钢束,降低造价。

式(4-5)为主应力计算公式:

$$\left.\begin{matrix}\sigma_1\\\sigma_3\end{matrix}\right\} = \frac{\sigma_x+\sigma_y}{2} \pm \sqrt{\left(\frac{\sigma_x-\sigma_y}{2}\right)^2+\tau^2} \quad (4-5)$$

式中:σ_1——主拉应力;

σ_3——主压应力;

σ_x——由纵向预应力和使用荷载产生的混凝土纵向应力;

σ_y——由竖向预应力和使用荷载产生的混凝土竖向应力;

τ——由纵向预应力和使用荷载产生的混凝土剪应力。

由于没有下弯预应力钢束提供预剪力,故只能采用竖向预应力钢束来抵抗主拉应力,也就是上式中的σ_y。

从抵抗纵向弯矩和减小腹板主拉应力上来讲,这种布束方式没有问题,且具有明显简化预应力混凝土梁式桥最为复杂困难的纵向预应力的设计和施工、节约纵向预应力钢束的优点,但也有非常依赖竖向预应力的缺点。竖向预应力钢筋一般较短,一般采用精轧螺纹钢筋,锚固一般采用螺母旋紧的轧丝锚具,锚口损失本来不大,但由于其预应力伸长量非常小,故有效预应力的建立对施工精度有非常高的要求。

例如,跨径在100m左右的连续梁梁高为6m($L/18$),拟取用5m长度进行竖向预应力伸长值计算。一般的竖向预应力筋均采用精轧螺纹粗钢筋,面积为$A = 8.04\text{cm}^2$,弹性模量$E_p = 2.0 \times 10^5\text{MPa}$,设计张拉力657kN。则其理论伸长值$\Delta L$如下:

伸长量

$$\Delta L = \frac{P_p L}{A_p E_p} = \frac{657 \times 500}{804 \times 0.2 \times 10^5} = \frac{3.28 \times 10^5}{1.61 \times 10^5} = 2.04(\text{cm})$$

式中:P_p——预应力筋的平均张拉力,取657kN;

L——预应力筋的长度,取500cm;

A_p——预应力筋的截面面积,取8.04cm^2;

E_p——预应力筋的弹性模量,取$0.2 \times 10^5 \text{kN/cm}^2$。

按《公路桥涵施工技术规范》(JTG/T 3650—2020)规定,预应力张拉应采取应力与伸长值双控,实际伸长值与理论伸长值的误差应控制在6%以内,即粗钢筋伸长值的误差应控制在$2.04 \times 0.06 = 0.12(\text{cm})$左右。以现行的施工工艺,要控制伸长值误差在1.2mm以内是十分困难的。如果伸长量偏差5mm,则其预应力偏差达到$5/20.4 = 24\%$的程度。

在实际工程中,螺母或垫板的不平整导致竖向预应力经常被损失殆尽,且锚固处防水没做好的情况并不少见,我国不乏将病害桥梁的竖向预应力管道打开后大量发现松脱甚至灌满水的状态。故对于那些采用这样配束方式的预应力混凝土桥梁,竖向预应力的建立没有达到设计预期,腹板就容易产生开裂病害。

我国曾经有一阶段较为流行这种布束方式,但大量出现的腹板开裂病害导致业界认为这种配束方式是病害出现的主要原因之一:抽查一些桥梁得出绝大多数腹板竖向预应力钢束的力实际上都达不到设计要求(只有设计的50%~70%)。另一方面,业界也从规范角度进一步减小竖向预应力的效应。在《公路钢筋混凝土及预应力混凝土桥涵设计规范》(JTG 3362—2018)中规定竖向预应力效应只能算60%,见式(4-6)。

$$\sigma_{cy} = 0.6 \frac{n\sigma'_{pe} A_{pv}}{b s_v} \tag{4-6}$$

式中:σ_{cy}——由竖向预应力钢筋的预加力产生的混凝土竖向压应力;

n——在同一截面上竖向预应力钢筋的肢数;

σ'_{pe}——竖向预应力钢筋扣除全部预应力损失后的有效预应力;

A_{pv}——单肢竖向预应力钢筋的截面面积;

s_v——竖向预应力钢筋的间距;

b——计算主应力点处构件腹板的厚度。

3）悬臂施工下弯束 + 竖向预应力

由于底板上弯束和悬臂直线束均有较为明显的缺点，故从 21 世纪初期开始，我国又恢复腹板下弯束的方式，即纵向预应力较为普遍采用悬臂施工下弯束 + 底板直线束的方式；腹板主拉应力仍然以纵向预应力为核心、竖向预应力为辅来抵抗，即Ⅰ期悬臂施工束主要承担施工期及运营期的负弯矩，Ⅱ期底板束用于承受成桥正弯矩。其成桥运营期间的抗剪仍然部分由配置在腹板内的竖向预应力筋来承担，如图 4-9 所示。

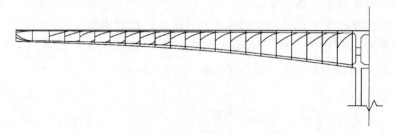

图 4-9 悬臂施工下弯束与竖向预应力筋布置

这种配束方式虽然仍然有竖向预应力，但腹板的下弯束提供预剪力，腹板的主拉应力有相当一部分由纵向预应力所抵消，且加大了 σ_x，故实际上人为削弱了"不太可靠的"竖向预应力减小主拉应力的作用。

4）恒载"零弯矩"法配束

增大 σ_x 的极端做法便是恒载"零弯矩"法配束。

该方法是 20 世纪 90 年代我国工程师为克服大跨径预应力混凝土梁式桥开裂、下挠的常见病害，在实践中摸索出来的方法。由于预应力混凝土连续梁或连续刚构桥自重而有负、正两种弯矩，故分别在支座上缘和跨中下缘都要分别设置预应力（$T_上$ 和 $T_下$），使其产生和恒载相反的平衡弯矩 M_T 来抵消箱梁恒载弯矩 M_g，以使梁内存在弯矩差值最小（$M_e = M_g - M_T \approx 0$），这就是恒载"零弯矩"的概念。

显然，恒载"零弯矩"由预应力反向弯矩平衡恒载弯矩，犹如将受弯的梁变成一根主要受轴向力的柱。问题是随着跨径的增大，恒载弯矩所占比重越来越大。实现"零弯矩"只有两种方法：增大预应力和增大预应力的偏心距。前者需要更大的预应力钢束，后者需要增大梁高。增大预应力钢束会增加截面上的非受力的构造尺寸以保证预应力的安全作用，增加梁高同样使截面增大，两者最终都是以增加结构重量为代价的，也就是说，这并不是一个良性循环。图 4-10 就是一种该种方法推荐的、明显较为极端的纵向钢束配束方案。

从力学本质上来说，如主拉应力计算式（4-5），就是采用增大 σ_x 的方法使主拉应力 σ_l 减小。从桥梁既要安全耐久，又要技术先进、美观（轻巧）的角度来讲，恒载"零弯矩"方法虽然在一定程度上有效，但其缺点和代价也非常明显。

5）体内-体外混合配束

同样看式（4-5），减小主拉应力的方式有三种：一是增加 σ_x，典型的如增大预应力钢束的"零弯矩"法；二是增加 σ_y，竖向预应力就是施加了 σ_y，但施工质量不能可靠保证，且锚头在桥面，对防水要求高；三是增加预剪力 τ，采用下弯纵向预应力钢束提供预剪力。可以容易发现，在式（4-5）中的 σ_x、σ_y 和 τ 三个参数中，主应力 σ_l 对 τ 的敏感程度明显超过对 σ_x 和

σ_y 的敏感程度。所以,寻找合理的预剪力布置,以尽量抵消恒载剪力是钢束合理布置的重要考虑因素。

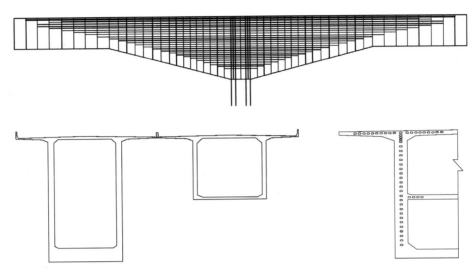

图 4-10 某刚构桥配束方案

前面提到过,预剪力是需要钢束下弯才能得到,而腹板厚度有限,没有地方容纳大量钢束下弯,否则又要走入增加结构非受力尺寸的怪圈。采用体外预应力是可以兼顾各方面需求的方法:一方面不需要增加腹板厚度、钢束线形也简单;另一方面可以寻求较为"自由"的体外布置和预应力大小,以寻求最佳预剪力。该配束方法的特点为:悬臂施工体内钢束竖弯加大,但数量减少,成桥束采用大直径的体外束,施工简易,且同时提供可靠的竖向分力,这样有可能不必或只需要在局部区域设置竖向预应力。

采用体外预应力钢束,施工简便,可以减少穿束和灌浆的复杂工艺,且预剪力由可靠的纵向预应力提供;由于体外束可检测,可更换,故具有更好的耐久性保证,长期效益较好。为预防开裂病害及降低后期徐变下挠等问题,一些桥梁也设计了可后补的体外预应力钢束,方便后期张拉。

图 4-11a)是体内钢束布置,主要服务悬臂施工状态。图 4-11b)、c)是两种不同的体外束布置形式,前者较为传统,兼顾抗剪与抗弯;后者主要针对抗剪,但需要更多的附加构造(转向结构和锚固结构),对于大跨径混凝土桥来说,增加一些转向结构和锚固结构增加的重量基本上可以忽略,但相关关键结构的局部设计就非常重要。

3. 纵向束布置小结

前面列举了 5 种实际工程采用的悬臂施工方法大跨径连续体系梁桥的纵向钢束配束形式。第 1 种形式应力分布均匀,但钢束布置复杂,适用较小的预应力钢束,目前已不常采用;第 2 种形式追求简化预应力施工,也是一种满足工业化需求的配束方式,但对竖向预应力依赖程度高,如果竖向预应力施工质量难以保障,则会造成较为普遍的病害;第 3 种形式介于前面两种之间,是目前较为常用的配束方式;第 4 种形式是为抵抗较为常见的开裂病害而采用的较为极端的配束方式;第 5 种配束方式采用强调抗剪的体内-体外混合配束方式,其应力控制指标不仅是上下缘正应力,而且通过降低截面上的总剪力来降低箱梁截面各板件的主拉应力。

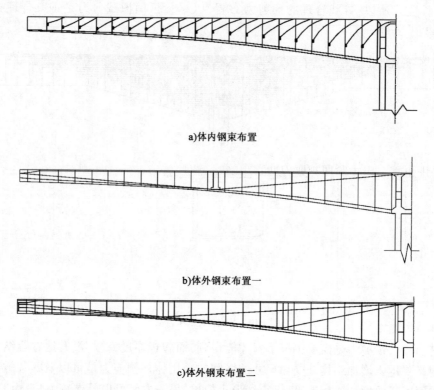

图 4-11 体内-体外混合配束

一般认为,纵向预应力的设计标准由上下缘纵向应力决定,大跨径连续体系梁桥一般以"全预应力"标准进行设计。由于这个"全预应力"仅是指纵向应力,且比较容易达到,所以满足条件的预应力钢束配置方式以及相关的截面设计有很多,且并未形成最优的标准。

图 4-12 所示的箱梁截面应力检算指标体系,可能建立了一种衡量纵向预应力钢束最优配置方式的途径:在满足规范要求和施工特点的前提下,纵向预应力钢束的布置要使所有空间应力指标安全度应该趋于相同。

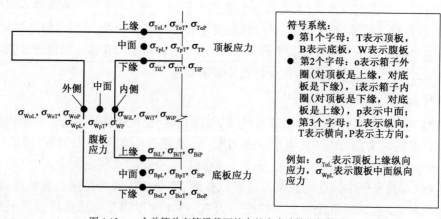

图 4-12 一个单箱单室箱梁截面的完整应力验算指标体系

4. 横向束布置原则

根据统计,我国箱梁桥宽采用横向预应力的分界线为 12m,顶板横向束一般采用小股

$\phi^s15.2$(通常为 3~5 股)钢绞线,采用扁锚体系。一般采用单端交替张拉,即一端为固定端,一端为张拉端。束的线形可以采用直线布束或曲线布束两种方式,其纵向间距宜为 500~1000mm。

5. 竖向束布置原则

腹板竖向预应力可采用高强螺纹粗钢筋($\phi25$ 或 $\phi32$)或钢绞线($\phi^s15.2$),箱梁高度较大时(大于 6m)采用钢绞线,其锚具采用夹片锚;高度较小时(小于 6m)采用精轧螺纹钢筋,采用螺纹锚锚具。纵向间距宜为 500~1000mm。根据受力大小和腹板厚度,在腹板内可以采用双排布置或单排布置。由于竖向预应力筋较短,张拉伸长量小,2~3mm 的变形占伸长量的比例较大,故锚具不密贴或各种塑性变形会造成很大的竖向预应力损失。如前所述在实测的数据中,最大的预应力损失超过 50%,施工时应当特别引起注意。

竖向、横向预应力张拉顺序会影响箱梁中的永存预应力。如果在混凝土节段悬臂浇筑完成后,即张拉本节段竖向、横向预应力。基于边界条件,混凝土内的横向和竖向永存预应力分布并不均匀,与计算也存在不一致性。所以,竖向、横向预应力可以采用滞后张拉的方法,即比纵向预应力的张拉滞后一个节段,可以改善箱梁内横向、竖向应力的不均匀程度。

二、普通钢筋布置

大跨径预应力混凝土梁桥由于跨径大、造价高,具有更为重要的价值,所以普通钢筋一般要比中小跨径更多,所用的钢筋直径也更大,而其布置方式与中小跨径连续梁没有什么不同。附表 1-1 可以看到一些大跨径预应力混凝土连续梁桥的材料用量指标。

实际上,普通钢筋的受力作用在大跨径预应力混凝土梁式桥中同样是非常关键的。现行规范体系内,设计计算体系往往针对整体结构计算的纵向和桥面板计算的横向,所以对预应力体系而言,纵向预应力针对纵向整体计算中的顶板和底板的正应力,竖向预应力针对纵向整体计算中的腹板主应力;而横向预应力针对桥面板横向计算时的顶板上下缘的正应力。预应力覆盖情况的概念"全预应力""部分预应力"实质上指的只是纵向整体计算中的结构上下缘。配置横向预应力的桥面板基本可以做到"全预应力",针对主拉应力的腹板却一般难以做到"全预应力"。实际上,箱梁结构的其他部位和受力方向就不是预应力构件,而是钢筋混凝土构件,包括箱梁底板的上下缘和主方向以及顶板的主方向等,这就给普通钢筋留下了作用的空间。

本章第四节在大跨径预应力混凝土梁式桥的开裂下挠控制中将对普通钢筋的作用做更深入讨论。

第四节 大跨径箱梁桥抗裂设计

近年来,在我国不同地域、不同环境,由不同施工队伍建设的大跨径预应力混凝土箱梁桥出现较为普遍的开裂下挠病害,其原因是多方面的,除与施工质量、环境因素等条件有关外,还有可能在设计方法的源头有缺陷。箱梁开裂和长期性下挠现象较为普遍,甚至在一定程度上已经阻碍并制约了大跨径预应力混凝土桥梁的发展。同时也可以预见,由于设计方法的不完善和施工质量缺陷的经常发生,我国桥梁维修加固的高峰期也可能会提早到来。由于对大跨径混凝土箱梁桥的开裂下挠病害认识并不彻底,有些采用的加固方法可能并没有达到预期的加固效果,甚至可能存在潜在危险,反而加重危旧桥梁的病害。

一、混凝土开裂及裂缝形式

对大跨径箱梁桥的裂缝分类由于标准不同,分类也不相同。根据裂缝产生的外因,可以分为荷载裂缝、温度裂缝、收缩裂缝、基础变形裂缝等;根据裂缝产生的力学破坏形式,可以分为弯曲裂缝、剪切裂缝、扭曲裂缝等;根据裂缝出现的时间,可以分为施工阶段裂缝和使用阶段裂缝;根据裂缝产生的位置,可以分为腹板裂缝、顶板裂缝和底板裂缝等。

通过对结构裂缝形式和状态的调查发现,裂缝的产生位置和形式具有一定的规律性,可以推断导致裂缝产生的因素有一定的稳定性。混凝土箱梁桥中经常出现的裂缝汇总见表4-4。

混凝土箱梁桥常见裂缝的形态及位置　　　表4-4

裂缝性质	裂缝形态	常见位置
底板横向裂缝、腹板下缘竖向裂缝		跨中附近底板及腹板
顶板横向裂缝、腹板上缘竖向裂缝		桥墩部位顶板及腹板
腹板中部斜裂缝		$L/4$ 跨及梁端附近腹板
与底板横向裂缝贯通的腹板裂缝		剪跨区内的底板及腹板
贯通腹板、底板的螺旋状裂缝		$L/4 \sim 3L/4$ 区域的底板及腹板

续上表

裂缝性质	裂缝形态	常见位置
顶、底板纵向裂缝		跨中附近厚度较薄底板、全桥顶板、板中部、折角附近
齿板局部区域裂缝		齿板与顶板、底板、腹板交界处，齿板侧面及前端纵向裂缝
锚下发散裂缝		钢束锚固处，梁端及齿板
横隔板裂缝		横隔板过人孔周边、正上方、两侧

二、混凝土裂缝及下挠控制

1. 抗裂设计

抗裂设计是混凝土结构设计的核心之一。对于大跨径预应力混凝土梁式桥，从跨径规模、结构体系及截面尺寸等多方面已经远远超越了桥梁结构的早期实践和认识。早期桥梁结构基本由柔细梁组成，如由多道简支T梁或空心板组成的梁格结构。随着桥梁结构的发展，特别是箱形截面梁开始使用后，结构越来越大型化、桥面更宽，结构不再"柔细"，平截面假定不再适用；同时，结构体系也越来越多样，如斜桥、弯桥以及索结构桥梁的大量运用，使这些桥梁的结构形式和受力类型已经变得非常复杂，抗裂设计要求也更高。

一根柔细梁的抗裂设计一般包括截面上缘、下缘的正应力，以及腹板的主应力，但表4-4

中所列的裂缝情况并不能由这几项验算应力能够完整解释。所以一个大型的箱梁结构需要验算的应力不能仅仅只有简单梁的截面上下缘正应力和腹板主应力,而需要包括更完整的验算应力。

2. 完整验算应力——箱梁截面空间应力检算体系

完整验算应力反映了组成箱梁截面每一个板件(顶板、底板和腹板)的全部受力特征,由每块板件的上缘、下缘和中面的纵向正应力、横向正应力及主应力构成。每块板件包括9个验算应力:上缘纵向正应力、中面纵向正应力、下缘纵向正应力;上缘横向正应力、中面横向正应力、下缘横向正应力;上缘主应力、中面主应力、下缘主应力。这样,一个单箱单室箱梁截面的完整验算应力是27个,如图4-12所示。完整验算应力在后面第六章第四节箱梁空间效应分析中有更详细解释。

表4-5列出了一个混凝土单箱单室箱梁截面的完整验算应力,同时列出相应验算应力所对应的裂缝形式,表中还反映出产生这些应力的结构效应。

一个混凝土单箱单室箱梁截面的完整验算应力　　　表4-5

需要关注的验算应力	部位	对应裂缝	产生应力的主要结构效应	备注
顶板纵向正应力	上缘 σ_{ToL} 中面 σ_{TpL} 下缘 σ_{TiL}		主要反映结构的整体受弯效应	通常上缘纵向正应力为控制应力
顶板横向正应力	上缘 σ_{ToT}		箱形截面梁式桥桥面板的受力特征,主要承受车辆活载等的局部效应	通常中面的横向正应力 σ_{TpT} 为0
	下缘 σ_{TiT}			
顶板主应力	上缘 σ_{ToP} 中面 σ_{TP} 下缘 σ_{TiP}		主要反映结构的整体效应(弯、剪、扭)	主应力包括上缘、中面和下缘,以中面为代表
底板纵向正应力	上缘 σ_{BiL} 中面 σ_{BpL} 下缘 σ_{BoL}		主要反映结构的整体受弯效应,以及预应力钢束锚固力产生的局部效应	通常下缘纵向正应力为控制应力
底板横向正应力	上缘 σ_{BiT}		变截面连续梁底板内布置的纵向预应力钢束对底板产生"外崩力"导致的局部效应	通常中面的横向正应力 σ_{BpT} 为0
	下缘 σ_{BoT}			

续上表

需要关注的验算应力	部位	对应裂缝	产生应力的主要结构效应	备注
底板主应力	上缘 σ_{BiP} 中面 σ_{BP} 下缘 σ_{BoP}		主要反映结构的整体效应（弯、剪、扭），以及底板预应力钢束锚固产生的面内剪应力	主应力包括上缘、中面和下缘，以中面为代表
腹板纵向正应力	内侧 σ_{WiL} 中面 σ_{WpL} 外侧 σ_{WoL}		主要反映结构的整体受弯效应	除深梁外，腹板纵向正应力均不是控制值
腹板竖向正应力	内侧 σ_{WiT} 外侧 σ_{WoT}		腹板内外侧竖向正应力由箱室畸变，或内外侧温差导致的框架变形产生	通常中面的竖向正应力 σ_{WpT} 为 0
腹板主应力	内侧 σ_{WiP} 中面 σ_{WP} 外侧 σ_{WoP}		主要反映结构的整体效应（弯、剪、扭）	主应力包括内侧、中面和外侧，以中面为代表

表 4-5 表示的完整验算应力对于混凝土桥梁的抗裂设计具有重要的意义，并适用于由任何材料组成的桥梁结构截面，包括钢-混凝土叠合梁截面。在设计之初填写这张表，可以使设计者明确他所设计的结构各构件以及构件的各受力方向究竟是什么设计状态。另外，在讨论病害结构开裂原因之前，首先应将设计计算结果按这张表"对号入座"。

对于整体计算而言，抗裂设计就是针对上述完整验算应力的抗裂设计。由于钢筋混凝土结构与预应力混凝土结构是混凝土结构最重要的基础结构，所以一个桥梁断面一般不会，也没必要在所有组成板件的各受力方向上都设计成"全预应力"受力方式，故普通钢筋的设计仍然在设计中占据重要位置，特别是在下挠控制设计中，普通钢筋的作用至关重要。

对于局部位置的裂缝，如表 4-4 中的最后三种裂缝形式，拉杆-压杆模型可以在某些部位的抗裂设计中提供一种计算方法，如牛腿、锚后等受力有规律的位置。对于其他一些受力由于结构不连续造成的局部位置，如横梁开孔等处的开裂，亦可以通过局部分析找到其受力规律，从而配置足够钢筋。另外的开裂因素是施工、养护中的混凝土收缩、温度变化等，故混凝土桥梁的抗裂设计虽然设计计算是核心，但实际上是一个更为广泛的概念，需要结合材料、养护、施工等各方面综合考虑。

3. 下挠控制

大量相关文献资料显示，大跨径混凝土箱梁桥主要病害为箱梁开裂和跨中长期下挠，主梁开裂与长期下挠相互影响。开裂后主梁刚度减弱，引起主跨的下挠；同样主梁下挠也会进一步加剧箱梁开裂，形成恶性循环。大跨径预应力混凝土箱梁桥发生长期下挠的案例屡见不鲜，另据初步统计分析，大跨径梁桥下挠的年平均速率（f）与跨径之间存在如下关系：

$L = 100 \sim 160\text{m}$，$f = 5 \sim 10\text{mm}/$年；

$L = 160 \sim 220\text{m}$，$f = 10 \sim 20\text{mm}/$年；

$L = 220 \sim 270\text{m}$，$f = 20 \sim 30\text{mm}/$年。

大跨径预应力混凝土箱梁桥跨中持续下挠的问题不仅出现在我国，在国外同类型桥梁中也出现这一病害。针对这个问题，国内外许多学者做了大量的研究工作。其中有些研究认为其主要原因来自混凝土徐变模型或是一些设计计算参数带来的误差。实际上，这些结论往往忽视了不正常下挠通常伴随着开裂。我们可以很方便地做一个参数分析：将徐变模型改变或将某个关心的设计计算参数改变，结果可以发现徐变模型或这些参数的变化对挠度的变化非常有限，即只有一个窄幅变化的范围，且这个范围是可预期的，可以通过计算获得，可见并不是我们希望解决的"过量下挠"或"加速下挠"问题的答案。我们希望解决的是明显超出这个范围的下挠现象，而这个下挠现象则伴随着开裂。

如前所述，预防开裂需要进行更为精细化的计算和分析，而预防下挠则要强调普通钢筋的作用。混凝土结构受力超过设计预期开裂后，在确保力的传递方面普通钢筋的作用至关重要：一旦混凝土开裂，则意味着其承担的应力被释放出来，这些应力将首先释放给布置在开裂区域的普通钢筋，如果普通钢筋配置足够，即承受这些转移过来的应力后仍然在弹性阶段，则普通钢筋就可以替代原来的混凝土来传力，确保结构仍然在设计预期的范围内工作。

例如，在混凝土箱梁内的腹板抗剪钢筋，如果腹板出现斜裂缝，则意味着原来由混凝土承担的主拉应力将全部释放给腹板钢筋。如果腹板钢筋仍然都在弹性范围，则意味着斜裂缝宽度是细小的，普通钢筋将代替混凝土来传递剪应力，于是确保了配置在顶板和底板的预应力钢束仍然可以通过腹板将其预应力效应传递至全断面，保证了设计计算假定的准确性。而一旦腹板钢筋屈服，或某个受力方向的钢筋屈服，则裂缝宽度将无法有效控制，断面的传力将脱离设计预期，不可控的下挠就会发生。所以，下挠与普通钢筋，特别是抗剪钢筋的形式和数量有紧密联系。这里要特别强调箱梁截面各板件水平钢筋的抗剪作用，对腹板来说就是腹板纵向水平钢筋，对顶底板而言就是顶板和底板的纵向和横向钢筋。德国学者莱昂哈特在其著作《钢筋混凝土及预应力混凝土桥建筑原理》中强调："假如箱梁承受强大扭矩，则位于腹板间的车道板部分在纵横向都必须配筋或施加预应力"，对于腹板"很有必要在扭矩M_T大的区段采用分布良好的水平钢筋""当扭矩很大时，则力求对底板施加横向预应力"。他建议在腹板或底板中采用钢筋倾斜布置以更好抵抗主拉应力，对于腹板"在箱梁中设置对x轴倾角为$50°\sim 60°$的斜箍筋也是没有困难的，而箍筋倾斜设置在许多方面是有利的"，对底板"如果出现大扭矩且扭矩方向交变的情况，则宜于配置与箱轴夹角约为$50°$和$130°$倾斜的底板横向钢筋"。可见，在施工便捷性允许的情况下，腹板、底板的抗剪钢筋采用倾斜布置会进一步提高钢筋的作用效率。

《大跨径预应力混凝土梁桥设计施工技术指南》在"箱梁下挠控制"中做出如下规定：

(1)箱梁顶板、腹板和底板均为抗剪构件,须按计算配置抗剪钢筋。

(2)箱梁顶板、腹板和底板中每平方米板的持久状况正常使用极限状态纵横向抗剪配筋相同,按下式计算:

$$\mu = \frac{A_g}{t} = (0.7\sigma_l)\% \tag{4-7}$$

式中:σ_l——作用(或荷载)短期效应组合下主拉应力(含预应力效应)(MPa);

μ——配筋率;

A_g——使用阶段抗剪钢筋截面面积(m^2);

t——板厚(m)。

(3)箱梁顶板、腹板和底板中每平方米板的持久状况承载能力极限状态纵横向抗剪配筋率相同,按下式计算:

$$\mu_j = \frac{A_{gj}}{t} = (0.4\sigma_{lj})\% \tag{4-8}$$

式中:σ_{lj}——作用(或荷载)极限状态的主拉应力(不含预应力效应)(MPa);

μ_j——配筋率;

A_{gj}——极限阶段抗剪钢筋截面面积(m^2);

t——板厚(m)。

(4)箱梁顶板、腹板和底板中每平方米板的纵横向抗剪配筋的最小配筋率相同,按下式计算:

$$\mu_{min} = \frac{A_{gmin}}{t} = (0.25f_{td})\% \tag{4-9}$$

式中:μ_{min}——最小配筋率;

f_{td}——混凝土轴心抗拉强度设计值(MPa);

A_{gmin}——最小抗剪钢筋截面面积(m^2);

t——板厚(m)。

(5)设计中抗剪钢筋数量取持久状况正常使用极限状态抗剪配筋数量和持久状况承载能力极限状态抗剪配筋数量中的较大值,并满足最小抗剪钢筋配筋率的要求。

(6)抗剪钢筋形式应为面内纵横向网格均匀布置,可以将抗剪钢筋数量的各二分之一平均分布在箱梁顶板、腹板和底板的两侧边缘(底板为上下缘,腹板为内外侧),也可将抗剪钢筋沿板厚方向平均分布。

(7)纵横向的网格间距应不大于200mm。

4.混凝土开裂、下挠问题的认识和应对

预应力混凝土桥梁由于数量庞大,故病害出现的比例也较高。同时,由于桥梁施工队伍良莠不齐,缘于施工原因出现的病害也时有发生。而从结构设计和受力特性层面,则可以将大跨径预应力混凝土梁式桥出现病害,尤其是开裂下挠病害的原因可以归结为以下三个方面:一是随着跨径的增大,桥梁的安全度降低。如前所述,大跨径预应力混凝土梁式桥的恒载比例极大,活载比例甚至降至10%。不管大跨径、小跨径在极限阶段恒载和活载乘的安全系数是一样的,也就是说,对于大跨径桥梁,其安全度被降低。例如,对于中、小跨径桥梁,日常运营阶段(也就是恒载阶段)的受力效应占据总荷载效应的70%及以下,尚预留有30%及以上给短期作用的使用荷载(活载),或者说恒载应力相对较小;而对于大跨径预应力混凝土梁式桥,日常运营阶段的受力效应基本接近于最终状态,留给使用荷载(活载)的空间非常小,或者说恒载应力相对较大。所以,大跨径桥梁的安全度低于中小跨径桥梁,容易出现问题,且一旦出现开裂也难以闭合,危及结构安全。所以,在大跨度预应力混凝土桥梁设计中需要适当提高活载安全度以及更为关注恒载应力。二是结构计算方面较为粗糙,且原规范规定的验算应力来自简单梁。采用更精细化的模型进行分析,结合完整验算应力,就可能在设计源头上避免结构受力裂缝的产生;三是配筋方法,特别是剪扭配筋方法尚有待进一步完善。普通钢筋是确保裂缝出现后的受力传递的保证。混凝土结构容易由外界因素,如材料、温度、超载、施工质量等引发裂缝,而只要普通钢筋配置合理,裂缝宽度就仍然可控,并在规范容许范围之内。这样,结构传力机制就不会被破坏,桥梁的工作行为依然满足设计预期。

第五节 悬臂施工法

一、悬臂施工工艺

悬臂施工法是在已建成的桥墩上,沿桥梁跨径方向对称逐段施工的方法(图4-13)。它不仅在施工期间不影响桥下通航或行车,同时可根据设计和施工要求,充分利用了预应力混凝土承受负弯矩能力强的特点,将跨中正弯矩转移为支点负弯矩,提高了桥梁的跨越能力。

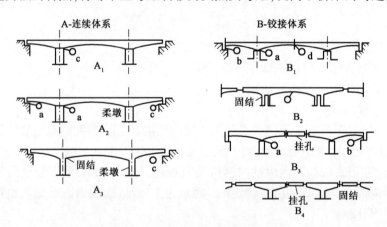

图4-13 常用悬臂施工的结构体系

A_1-刚墩铰支连续梁;A_2-柔墩铰支连续梁;A_3-柔墩固结连续刚架;B_1-铰接悬臂梁;B_2-连续框式悬臂梁;B_3-挂孔悬臂梁;B_4-带挂孔的T形刚构;a-混凝土铰;b-钢筋混凝土摆座;c-橡胶支座;d-剪力铰

对采用悬臂法进行桥梁结构施工,总的施工顺序是:墩顶0号块的浇筑;悬臂节段的预制安装或挂篮现浇;各桥跨间的合龙段施工及相应的施工结构体系转换;桥面系施工。要实现悬臂施工,在施工过程中必须保证墩与梁固结,尤其在连续梁桥和悬臂梁桥施工中要采取临时墩梁固结措施。另外,采用悬臂施工法,很有可能出现施工期的体系转换问题。如对于三跨预应力混凝土连续梁桥,采用悬臂施工时,结构的受力状态呈T形刚构,边跨合龙就位、更换支座后呈单悬臂梁,跨中合龙后呈连续梁的受力状态。结构上的预应力配置必须与施工受力相一致。

悬臂施工法通常分为悬臂浇筑和悬臂拼装两类。悬臂浇筑是在桥墩两侧对称逐段就地浇筑混凝土,待混凝土达到一定强度后张拉预应力束,移动机具模板(挂篮)继续悬臂施工。悬臂拼装是用吊机将预制块件在桥墩两侧对称起吊、安装就位后,张拉预应力束,使悬臂不断接长,直至合龙。

1.0 号块的施工

在悬臂法施工中,0 号块(墩顶梁段)均在墩顶托架上立模现场浇筑,并在施工过程中设置临时梁墩锚固,使 0 号块梁段能承受两侧悬臂施工时产生的不平衡力矩。临时固结、临时支承措施有:

(1)将 0 号块梁段与桥墩钢筋或预应力筋临时固结,待需要解除固结时切断,如图 4-14 所示。

(2)在桥墩一侧或两侧加临时支承或支墩,如图 4-15 所示。

(3)将 0 号块梁段临时支承在扇形或门式托架的两侧。

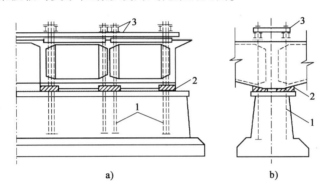

图 4-14 0 号块与桥墩的临时固结
1-临时预应力筋;2-临时支座垫块;3-临时预应力筋锚梁

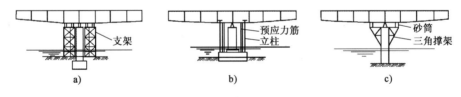

图 4-15 临时支承措施

临时梁墩固结要考虑两侧对称施工时有一个梁段超前的不平衡力矩,应验算其稳定性,稳定性系数不小于 1.5。

2. 节段悬臂浇筑施工

1)用挂篮悬臂浇筑施工

用挂篮悬臂浇筑施工,是 1959 年首先由联邦德国迪维达克公司创造和使用的,因此悬臂施工又称为迪维达克施工法,它将梁体每 2~5m 分为一个节段,以挂篮为施工机具进行对称悬臂浇筑施工。挂篮的构造形式很多,通常由承重梁、悬吊模板、锚固装置、行走系统和工作平台组成,挂篮的一般构造如图 4-16 所示。承重梁是挂篮的主要受力构件,可以采用钢板梁、工字钢梁或万能杆件组拼的钢桁梁和贝雷钢梁等,可设置在桥面之上,也可设在桥面以下,它承受施工设备和新浇节段混凝土的全部重量,并通过支点和锚固装置将荷载传递到已施工完成的梁体上。

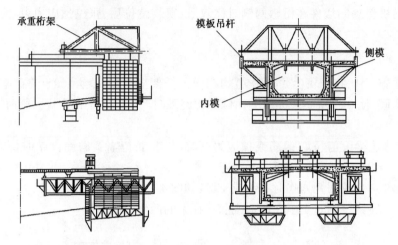

图 4-16 挂篮的一般构造

当后支点的锚固能力不够时,可采用尾端压重或利用梁内的竖向预应力钢筋等措施。挂篮的工作平台用于架设模板、安装钢筋和张拉预应力束筋等工作。当该节段全部施工完成后,由行走系统将挂篮向前移动,动力可由电动卷扬机牵引产生,包括向前牵引装置和尾索保护装置,行走系统可采用轨道轮或聚四氟乙烯滑板装置。

挂篮的功能是支承梁段模板、调整位置、吊运材料、机具、浇筑混凝土、拆模和在挂篮上进行张拉工作。挂篮除强度应保证安全可靠外,还要求造价低、节省材料,操作使用方便,变形小,稳定性好,装、拆、移动灵活和施工速度快等。

对于箱形截面,如果所浇混凝土数量不大,可采用全截面一次浇筑,其施工工艺流程见图 4-17。如果混凝土数量较大,每一梁段的混凝土通常分两次浇筑,即先浇底板混凝土,后浇腹板及顶板混凝土。当所浇的箱梁腹板较高时,也可将腹板内模板改用滑动顶升模板,这时可将腹板混凝土与底板混凝土同时浇筑,待腹板浇筑到设计高度后,再安装顶板钢筋及预应力管道并浇筑顶板混凝土。有时还可先将腹板预制之后进行安装,再现浇底板与顶板,减少现场浇筑工作量,并减轻挂篮承受的一部分施工荷载。但须注意由混凝土龄期差而产生的收缩、徐变内力。

悬臂浇筑施工的周期一般为 6~10d,依节段混凝土的数量和结构的复杂程度而不同,在悬臂浇筑施工中,如何提高混凝土的早期强度对有效缩短施工周期影响较大,这也是现场浇筑施工法的共性问题。悬臂浇筑施工可使用少量机具设备,免去设置支架,便于跨越深谷、大河和交通量大的道路,施工不受跨径限制,但因施工受力特点,悬臂施工宜在变截面梁中使用。据统计,1972 年以后建造的跨度在 100m 以上预应力混凝土连续梁桥中,采用悬臂浇筑施工的就占 80% 以上。由于施工的主要作业都是在挂篮中进行,挂篮可设顶棚和外罩以减少外界气候影响,便于养护、重复操作,有利于提高效率和保证质量;同时在悬臂浇筑过程中还可以不断调整节段的误差,提高施工精度。但悬臂浇筑施工与其他施工方法相比,施工期要长一些。

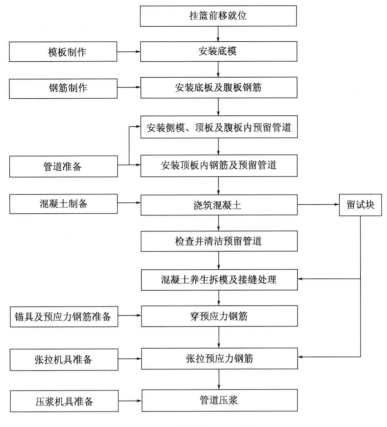

图 4-17 悬臂浇筑施工工艺流程

2）桁式吊悬臂浇筑施工

利用由钢结构组拼的桁架（导梁）悬吊移动式模板和施工设备进行悬臂浇筑施工的方法。用桁式吊悬臂浇筑施工的主要特点，在于悬臂施工的节段重量和施工设备均由桁梁承担，通过桁架的支架和中间支架将荷重传到已浇筑完成的梁段和桥墩上。此外，由于桁梁将已完成的梁段和正在悬臂浇筑施工的梁段连通，材料和设备均可由桥面运至施工桥孔。

桁式吊有移动式和固定式两种。移动的桁式导梁设置在主梁的上方，随施工进程逐跨前移；而固定式桁梁在悬臂施工时不移动，需要在桥梁全长布置桁梁，因此固定式的桁式吊仅在桥梁不太长的情况下使用。移动式桁式吊由桁梁、支架、吊框、中间支架和辅助支架构成，桁梁是主要承重构件，长度大于桥梁跨径。支架是桁架的支点，施工时支承在上部结构上，吊框吊在桁梁上，用于悬挂模板和浇筑混凝土。中间支架支承浇筑的湿混凝土和悬吊模板的重量，辅助支架设在桁梁的前端，当桁梁移动到下一个桥墩时支承在桥墩上。桁式吊的构造见图 4-18。

悬臂浇筑施工合龙后，先将前后悬吊模板移向墩顶，移动桁梁至前方墩，浇筑前方墩上的节段，待墩上段张拉预应力束完成后，梁墩临时固结，再将桁架前移呈单悬臂梁并在墩顶主梁上设置支架支承桁梁，进行对称悬浇施工，逐段建立预应力，直至与后方悬浇梁端合龙，再循环原施工程序。

依据桁梁的作用位置，用桁式吊进行悬臂浇筑施工有两种方法，第一种是桁梁的前支承位于前方墩上,后支承放在已浇好的梁段上,则悬浇施工的重量部分要由已完成的悬臂梁承担,这种施工方法也称为 P-Z 施工法。第二种是桁梁的后支点支承在后方墩顶上,在施工过程中已完成的梁段不承受施工荷载。

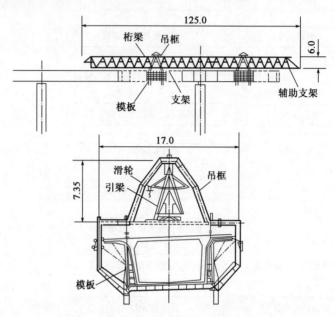

图 4-18 用桁式吊悬臂浇筑施工(尺寸单位:m)

移动桁式吊悬臂浇筑施工,适用跨径在 40~150m 范围内,经济跨径 70~90m,对于多跨长桥可采用一套设备多次周转使用,提高效率。同时采用桁式吊悬浇施工的支架要比挂篮的强度高,稳定性好,因此,浇筑节段可加长至 10m 左右,可以加快施工速度。移动桁式吊也和采用挂篮施工一样,适用于变截面梁,也可用于变跨度桥和弯桥。移动桁式吊需要有长度大于最大桥跨的桁架,施工设备比挂篮多些,但在边跨施工和墩顶节段施工时都可由桁式吊完成,可以省掉一些其他施工支架设备。

日本日夜野大桥,全长 431.9m,主跨为四孔一联的预应力混凝土连续梁桥,分跨为(68.4 + 2×84.5 + 68.4)m,桥宽 9.75m,该桥采用移动桁式吊悬臂浇筑施工,节段长 10m,桁梁长选取 105m,比最大跨径长 20m 左右,节段施工周期开始 10d,操作熟练后 7d 即可完成,84.5m 一跨的施工期为 40d 左右。

3. 节段悬臂拼装施工

悬臂拼装是从桥墩顶开始,将预制梁段对称吊装,就位后施加预应力,并逐渐接长的一种施工方法。悬臂拼装的基本施工工序:梁段预制、移位、堆放和运输,梁段起吊拼装和施加预应力。在悬臂拼装施工中,沿梁纵轴按起重能力划分适当长度的梁段,在工厂或桥位附近的预制场进行预制。预制的方法见第三章第六节有关内容。

用于悬臂拼装的机具种类很多,有移动式吊车、桁式吊、缆索起重机、汽车吊、浮吊等。移动式吊车外形似挂篮,由承重梁、横梁、锚固装置、起吊装置、行走系统和张拉平台等组成,见图 4-19。与用挂篮悬臂浇筑施工一样,在墩顶开始吊装第一(或第一、第二)段时,可以使用一根承重梁对称同时吊装,在允许布置两台移动式吊车后,开始独立对称吊装。节段的运输可从桥下或水上运至桥位,由移动式吊车吊装就位。

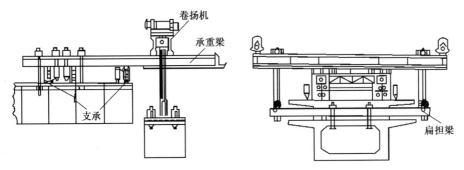

图 4-19 移动式吊车悬臂拼装施工

移动桁式吊在悬臂拼装施工中使用较多,依桁梁的长度分两类。第一类桁梁长度大于最大跨径,桁梁支承在已拼装完成的梁段上和待悬臂拼装的墩顶上,由吊车在桁梁上移运节段进行悬臂拼装;第二类桁式吊梁的长度大于2倍桥梁跨径,桁梁的支点均支承在桥墩上,而不增加梁段的施工荷重,同时前方墩0号块的施工可与悬臂拼装同时进行;图4-20采用桁式吊进行悬拼施工。采用移动桁式吊悬拼施工,其节段重量一般可取 1000~1300kN。

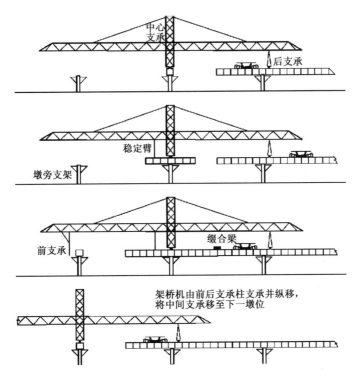

图 4-20 用桁式吊悬臂拼装施工

固定式桁式吊用得不多,某桥正桥为 25m + 46m + 25m,三跨一联预应力混凝土连续梁桥,采用固定式桁式吊悬拼施工,钢桁梁的长度108m,中间支点放在现浇完成的墩顶0号块上,边支点在边墩后的临时墩上。

悬臂拼装施工将大跨桥梁化整为零,预制和拼装方便,可以上、下部结构平行施工,拼装周期短,施工速度快。同时预制节段施工质量易控制,减小了结构附加内力。但预制节段需要较大的场地,要求有一定的起重能力,拼装精度对大跨桥梁要求很高。

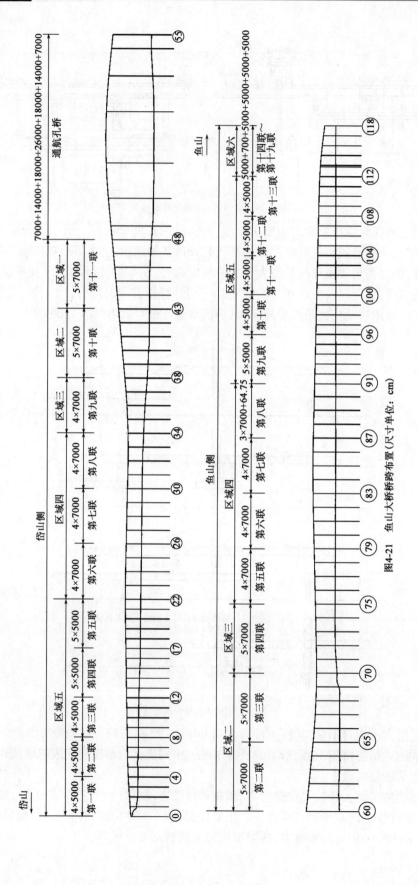

图4-21 鱼山大桥桥跨布置（尺寸单位：cm）

我国采用悬臂拼装的梁式桥主要有:福建平潭大桥,其主跨为160m的5跨连续刚构桥;广东佛开高速公路九江大桥,其主跨为160m的连续梁桥,施工时采用墩梁临时固结,完成后采用微差控制爆破解除墩梁固结技术;广东九江二桥,主跨160m的连续梁桥建于1996年,悬臂拼装最大悬臂长度达75m,同样采用墩梁临时固结技术待施工结束后爆破拆除。国外采用预制节段悬臂拼装施工的桥梁实例:建于1979年的法国Ottmarsheim桥,其主跨跨径为171.9m的5跨连续梁;马来西亚与新加坡之间的第二联络桥,其桥型为主跨165m的连续刚构桥。

位于我国舟山的鱼山大桥,全长7781.75m,共118孔,由通航孔桥、岱山侧非通航孔桥、鱼山侧非通航孔桥三部分组成。其通航孔桥为连续梁与连续刚构组合体系,桥跨布置为(70+140+180+260+180+140+70)m,如图4-21所示。鱼山大桥通航孔桥采用12台桥面吊机同时进行6个T形刚构的悬臂拼装,边跨及次边跨依次完成合龙后,吊装钢箱梁实现中跨合龙,如图4-22所示。其中,迄今为止,鱼山大桥是我国悬臂拼装施工最大跨径预应力混凝土桥梁(具有180m的次中跨孔)。

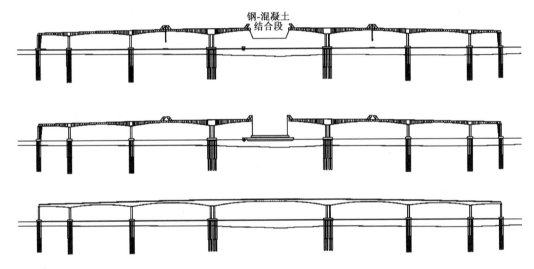

图4-22 鱼山大桥主通航孔桥施工顺序

4.合龙段施工

结构的合龙施工顺序取决于设计方所拟定的施工方案,通常采用的合龙顺序有:边跨至中跨的顺序合龙、中跨至边跨的顺序合龙、先形成双悬臂刚构再顺序合龙、全桥一次性合龙。

上海奉浦大桥主桥为5跨预应力混凝土连续梁,采用悬臂施工,其施工顺序为:悬臂施工中间墩上梁段形成单T结构,在支架上现浇边跨梁段并合龙,按边跨至中跨顺序依此合龙,完成整个结构体系(图4-23)。

山东省东明黄河公路大桥为预应力混凝土刚构-连续组合梁桥,9跨一联,总长990m,悬臂施工,所确定的施工方案(图4-24):在完成下部结构施工后,首先进行两边跨合龙,形成单悬臂体系,将施工挂篮移至4个中墩进行悬臂施工,全桥一次性合龙并进行结构体系转换。

杭州市钱塘江二桥为预应力混凝土连续梁桥,全桥的施工顺序为:进行单T结构的悬臂施工;河中相邻两单T结构合龙形成双悬臂体系;边跨合龙;全桥依此完成双悬臂体系间的合龙和体系转换;桥面铺装。

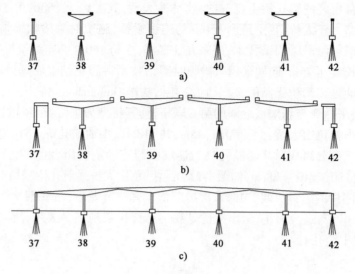

图 4-23 箱梁施工顺序图

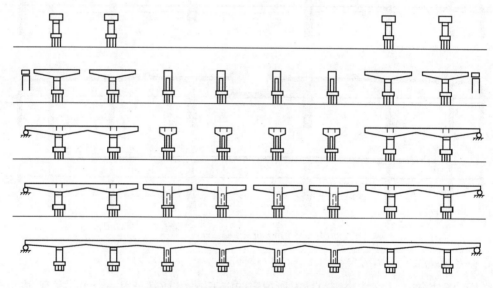

图 4-24 东明黄河公路大桥施工方案示意图

合龙段的施工常取用现浇和拼装两种方法:采用拼装合龙,对预制和拼装精度的要求较高,但工序简单,施工速度快;采用现浇合龙,因在施工过程中,受到昼夜温差,现浇混凝土的早期收缩、水化热,已完成梁段混凝土的收缩、徐变,结构体系的转换及施工荷载等因素影响,需采取必要措施以保证合龙段的质量。

(1) 合龙段长度选择。合龙段长度在满足施工操作要求的前提下,应尽量缩短,一般采用 1.5~2.0m。

(2) 合龙温度选择。一般宜在低温合龙,遇夏季应在晚上合龙,并用草袋等覆盖,以加强接头混凝土养护,使混凝土早期结硬过程中处于升温受压状态。

(3) 合龙段混凝土选择。混凝土中宜加入减水剂、早强剂,以便及早达到设计要求强度,及时张拉预应力束筋,防止合龙段混凝土出现裂缝。

(4)合龙段采用临时锁定措施,采用劲性型钢或预制的混凝土柱安装在合龙段上下部作支撑,然后张拉部分预应力钢束,待合龙段混凝土达到要求强度后,张拉其余预应力束筋,最后再拆除临时锁定装置。

为方便施工,也可将劲性骨架作预应力束筋的预留管道打入合龙混凝土内。将劲性钢管安装在截面顶板和底板管道位置,钢管长度可用螺纹套管调节,两端支承在梁段混凝土端面上,并在部分管道内张拉预应力筋,待合龙段混凝土达强度要求后,再张拉其余预应力束筋。也可在合龙段配置加强钢筋或劲性骨架。

(5)为保证合龙段施工时混凝土始终处于稳定状态,在浇筑之前各悬臂端应附加与混凝土质量相等的配重(或称压重),配重需依桥轴线对称施加,按浇筑重量分级卸载。如采用多跨一次合龙的施工方案,也应先在边跨合龙,同时需要通过计算,进行工艺设计和设备系统的优化组合。

大跨度预应力混凝土梁式桥的边跨现浇段、边跨合龙和中跨合龙是三个关键施工工序,施工前应做好合龙前的各项准备工作,加强测量的观测工作,在对测量数据分析的基础上制订相应的合龙方案。一般合龙时梁段相对高差不能超过20mm,相对轴线偏差不能超过10mm,合龙线形应符合设计及监控目标线形,合龙状态时的施工荷载及其他情况应符合设计要求,保证应力状态与设计相符。

合龙顺序应按设计要求进行。设计无要求时,宜先边跨后次中跨,再中跨。合龙时所有桥面荷载堆放均需征得设计单位和监控单位同意。在混凝土浇筑前合龙段两端一般设置悬臂配重,且应符合设计要求。一般情况下,施加在两悬臂端的配重约为合龙段梁体重量的一半,在合龙段混凝土浇筑过程中,与新浇筑混凝土增加的重量同步进行卸载,从而使其竖向变形相对稳定,不产生竖向相对位移,以减小附加应力。施加配重可采用水箱或预制混凝土块等方式。

合龙温度应满足设计要求。合龙前,一般要经过连续几天的环境温度变化观测,掌握温度变化规律后,选择一天中气温最低且稳定的时段进行合龙,并可采取对梁段施加水平顶推力的方法对合龙段形成一定的预压力进行合龙。临时锁定装置可采用劲性骨架和张拉临时预应力索,对顶板及底板处与支撑位置相对应的预应力索进行张拉,形成内撑外拉的临时锁定体系。合龙骨架的安装应满足由温度引起的拉压变形的要求。

合龙段施工用的混凝土通常采用微膨胀混凝土,或添加网状树脂纤维、聚丙烯纤维等,并在搅拌前对砂、碎石进行洒水降温,降低浇筑温度,尽量降低水灰比,采用高效早强减水剂,以便尽早完成张拉;同时宜将混凝土强度等级提高一级。混凝土浇筑应低温快速,振捣应密实,不出现过振和漏振的现象。混凝土浇筑完成后应及时养护,保持水分充足,以防止混凝土开裂。

5. 结构体系转换

结构体系转换是指在施工过程中,当某一施工程序完成后,桥梁结构的受力体系发生变化,如简支体系变化为悬臂体系或连续体系,等等,这种变化过程简称"体系转换"。

对采用悬臂法施工的悬臂梁桥和连续梁桥,为保证施工阶段的稳定,在结构体系转换的施工中应注意以下几点:

(1)结构由双悬臂状态转换成单悬臂受力状态时,梁体某些部位的弯矩方向发生转换。所以在拆除梁墩锚固前,应按设计要求,张拉部分或全部布置在梁体下缘的正弯矩预应力束,对活动支座还需保证解除临时固结后的结构稳定,如采取措施限制单悬臂梁发生过大纵向水平位移。

（2）梁墩临时锚固的放松，应均衡对称进行，确保逐渐均匀释放。在放松前应测量各梁段高程，在放松过程中，注意各梁段的高程变化，如有异常情况，应立即停止作业，找出原因，以确保施工安全。

（3）对转换为超静定结构，需考虑钢束张拉、支座变形、温度变化等因素引起结构的次内力；若按设计要求，需进行内力调整时，应以高程、反力等多因素加以控制，相互校核，如出入较大时，应分析原因。

（4）在结构体系转换中，临时固结解除后，将梁落于正式支座上，并按高程调整支座高度及反力。支座反力的调整，应以高程控制为主，反力作为校核。

二、悬臂施工监控

1. 施工监控要点

大跨度预应力混凝土连续梁桥的施工采用分阶段逐步完成的悬臂施工方法时，结构的最终形成需要经历一个漫长而又复杂的施工过程，因此对施工过程中的应力和变形进行预测、控制、误差纠正就非常关键。施工监控是施工监测和施工控制的合称，施工监测为施工控制提供了实测数据，施工控制主要是指在施工的过程中为了达成线形与内力目标而采取的计算分析方法和措施。大跨度预应力混凝土连续梁桥的施工控制包括两个方面的内容，即变形控制和内力控制。变形控制就是严格控制每一节段梁的竖向挠度及横向偏移，若偏差较大时，就必须立即进行误差分析并确定调整方法，为下一节段更为精确的施工做好准备工作。内力控制则是控制主梁在施工和使用过程中的应力，使其不致过大而偏于不安全，不致在施工过程中造成主梁破坏。连续梁桥的施工控制是一个"施工量测、识别、修正、预告、施工"的循环过程，其实质就是使施工按照预定的理想状态顺利推进。施工控制的核心任务就是对误差进行分析、识别、调整，对结构未来状态做出预测。

对施工过程中每个阶段进行详细的变形计算和受力分析，是施工控制中最基本的内容之一。为了达到施工控制的目的，首先必须通过施工控制计算来确定桥梁结构施工过程中每个阶段在受力和变形方面的理想状态，以此为依据来控制施工过程中每个阶段的结构行为，使最终成桥线形和受力状态满足设计要求。理论计算预测值往往与实测值不一致，其中最重要的一个原因是理论计算中设计参数的取值与真实值的差异。设计参数是指能引起结构状态（变形和内力）变化的要素，结构设计参数的变化会导致结构内力的变化和线形的改变。结构设计参数主要包括：结构几何形态参数、截面特性参数、与时间有关的参数、荷载参数、材料特性参数。大跨度连续刚构桥梁在施工过程中，由于桥梁结构自重、施工荷载，以及混凝土材料的收缩、徐变、材质特性的不稳定和周围环境温度变化等因素的影响，桥梁结构空间位置和各施工阶段不断发生变化。这些因素均在不同程度上影响了成桥目标的实现，并可能导致桥梁合龙困难、成桥线形与设计要求不符合等问题。

施工过程计算需要关注以下几点：

（1）由于悬臂施工长度大，需要更加关注悬臂施工过程中的重量不平衡。一般墩身和基础承受的不平衡荷载，可以按照半个主梁节段的重量及两悬臂端挂篮移动相差一个梁段对墩身和基础产生的效应，取较大值控制设计。

（2）主梁重量的不均匀：两个悬臂按5%误差考虑重量差异，即一侧单T按理论重量的

1.025倍,而另外一侧按理论重量的0.975倍计算。

(3)大跨径预应力混凝土连续刚构桥在跨中合龙前为调整墩身内力一般需要在梁端施加水平顶推力。顶推力需要施工阶段的计算,以判断需要施加多少顶推力。特别对于墩身两侧的主梁悬臂施工长度不一致时,施加顶推力对于调整在悬臂施工过程中墩身承受的不平衡力的不利效应非常重要。

(4)悬臂施工中的侧风荷载作用以及静力稳定性。这里需要注意由于墩身的失稳模态是扭转失稳,故墩身的计算模型不能采用无法体现这种失稳模态的单梁模型。

施工监测是施工监控中的一部分,大跨径预应力混凝土连续梁桥的主梁在每一节段的施工过程中,都需要观测梁顶面、底面的挠度,为控制分析提供实测数据。同时,在节段立模、混凝土浇筑、预应力张拉前后,也需要观测主梁挠度变化和相应的应力变化,以便与分析预测值做比较,并为状态修正提供依据。在进行这些观测的同时,还需要对梁体的温度进行观测,对混凝土的弹性模量、徐变收缩系数及相对密度进行测试;对于预应力钢绞线,还将测定预应力管道的摩阻损失。施工监测伴随施工同步进行,因而可及时、正确反映桥梁的实际状态,切实保证施工按设计要求进行,使桥梁工程的施工质量达到设计和规范要求。

施工控制计算除了理想状态"仿真"计算外,还包括根据施工监测所得的结构参数真实值进行施工阶段计算,确定出每个悬浇节段的立模高程,并在施工过程中根据监测的结果对误差进行分析、预测和对下一立模高程进行调整,以此来保证成桥后桥面线形、合龙段两悬臂端高程的相对偏差不大于规定值,以及结构内力状态符合设计要求。

在桥梁的实际施工过程中,业主、施工单位、设计单位、监理单位在施工控制中的角色参考图4-25。

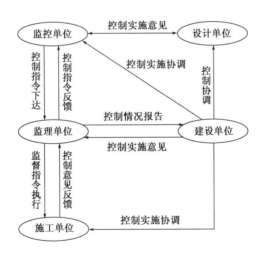

图4-25 不同单位在施工监控中的角色

2. 立模高程的确定

在主梁的悬臂浇筑过程中,梁段立模高程的合理确定,是关系到主梁的线形是否平顺、是否符合设计的一个重要问题。如果在确定立模高程时考虑的因素比较符合实际,而且加以正确控制,则最终桥面线形较为良好;如果考虑的因素与实际情况不符合,控制不力,则最终桥面线形会与设计线形有较大的误差。施工中箱梁的立模高程可按以下公式计算:

$$H_{施} = H_{设} + \Sigma f_1 + \Sigma f_2 + f_3 + f_4 + f_5 \tag{4-10}$$

式中：$H_{施}$——梁段施工立模高程；

  $H_{设}$——箱梁设计高程；

  Σf_1——自身及后续梁段自重对立模梁段产生的挠度总和；

  Σf_2——自身及后续梁段张拉预应力对立模梁段产生的挠度总和；

  f_3——挂篮自重及自身变形产生的挠度；

  f_4——二期恒载对立模梁段产生的挠度；

  f_5——箱梁因混凝土徐变、收缩及长期使用荷载对立模梁段产生的挠度上式各项挠度向上取负号，向下取正号。

考虑到大跨径混凝土桥梁混凝土收缩、徐变等产生的挠度 f_5 的影响因素比较复杂，箱梁立模高程尚应综合考虑有关科研及材料试验成果，确定收缩徐变计算参数，通过施工监测与控制，在施工前确定。对于曲线桥梁，施工控制更为困难，确定立模高程也更为复杂，悬臂施工中的悬臂钢束有径向力，主梁尚需设置三向预拱度，桥墩也可能需要设置横向预偏。

总之，施工监控的目的就是确保施工过程中结构的可靠度和安全性，保证桥梁桥面线形及受力状态符合设计要求。

第六节　体外预应力索辅梁桥

一、体外预应力索辅体系

梁式桥的受力特征是弯曲受力，完全由截面本身提供抗弯刚度和承载能力，所以随着跨径的增加，梁高也必须同步增加，这样就导致结构的自重较大，承担活载的效率不高，经济性降低。同时，由于自重太大，梁式桥的跨径也相应受到限制。一般认为，100m 以下跨径梁式桥是首选，而 250m 以上斜拉桥成为最经济的桥型。从梁高非常高的预应力混凝土箱形梁桥到具有柔细梁的斜拉桥，在视觉上变化很大，在这两个范围之间没有平滑过渡的连续性结构。

Extradosed PC Bridge（中文直译为"桥面上转向体外预应力混凝土梁桥"）是由法国工程师在 20 世纪 80 年代提出构思，"Extradosed PC Bridge"起源于 Extrados Prestressing Cables，"Extrados"在法文中意指桥面以上的部分。法国工程师的本意是将悬臂施工的大跨径预应力混凝土梁桥的墩顶负弯矩钢束布置在桥面以上，以设计成可以更换的体外束，从而使全桥的所有预应力钢束都可更换，以进一步提高其耐久性。Extradosed Bridge 是由 Extradosed Prestressing 派生出来的新词，虽然原义有所偏离，但是一种新桥型却诞生了。法国工程师试图将这个新理念应用在 3 座法国桥梁的设计中，但均未被采用。Extradosed PC Bridge 于 1994 年在日本首次付诸实现，图 4-26 为世界上第一座 Extradosed PC Bridge——主跨 122m 小田原港桥（Odawara Bridge）。

Extradosed PC Bridge 的特点是增加墩顶负弯矩预应力钢束的偏心距至梁高以上成为体外钢束，并在桥墩截面梁顶有相应的钢束转向结构。这个转向结构对应于斜拉桥便是桥塔，这些高出梁体之上的预应力钢束便是对应于斜拉索。这种外形像斜拉桥的特定桥型可以采用"体外预应力索辅梁桥"命名。

图 4-26 日本小田原港桥

体外预应力索辅梁桥,即 Extradosed PC Bridge,是梁式桥和斜拉桥之间的一种新型桥梁,它把过去预应力钢束偏心距被控制在主梁的有效高度之内的体外预应力钢束,放在了梁的有效高度之外。因此具有梁桥与斜拉桥的双重特性,适用跨径介于两者之间,即主要服务跨径在 100~250m。体外预应力索辅梁桥从梁式桥至斜拉桥的过渡跨径范围较宽,塔高也相应不断增大,体外预应力钢束(拉索)与梁体的倾角不断加大,钢束数量及索力也相应增大,截面由梁式桥的弯曲受力慢慢过渡至斜拉桥的压弯受力,梁高主要由拉索间距决定而非跨径。由于外形看上去像斜拉桥,故国内也把这种桥梁称为"矮塔斜拉桥"或"部分斜拉桥"。

目前,全世界已建成 250 座左右体外预应力索辅梁桥,其中有超过半数在中国。

二、受力特点和总体设计

"索辅"字面上的意思便是荷载由主梁和体外钢束(或称为拉索)共同承受,故"索辅"的比例实际上可以由设计者自由决定。虽然如此,国际上仍然对体外预应力索辅梁桥有较为明确的特征定义。图 4-27 为体外预应力索辅梁桥与梁式桥、斜拉桥的特征参数比较。可以看出体外预应力索辅梁桥具有以下几个方面的特征。

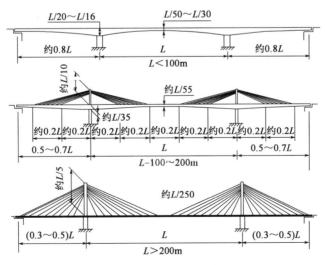

图 4-27 体外预应力索辅梁桥与梁式桥、斜拉桥的特征及参数

1. 钢束(拉索)布置方式

钢束与主梁的倾角较小,且仅布置在部分梁段,无尾索。近似可以由0.2倍跨径分割各区段,即墩顶无索区段、布索区、跨中无索区均约为$0.2L$。

2. 用于钢束(拉索)偏转的塔高较低

体外预应力索辅梁桥的塔高与主跨的比例约为10%,而不像斜拉桥的塔高与主跨比例约为20%。

3. 主梁高度

在梁式桥中,梁高通常是跨径的函数,体外预应力索辅梁桥的梁高亦是跨径的函数,墩顶梁高与跨径的比率约为1/35、跨中梁高与跨径的比率约为1/55,而斜拉桥梁高一般与跨径没有直接关系,这也表示出体外预应力索辅梁桥的力学特点接近于梁式桥。

4. 拉索在活载下应力变幅及容许应力取值

体外预应力索辅梁桥仍属于梁式桥,其"拉索"实际上是体外预应力钢束,所以这些"拉索"在活载下的应力变幅较小,疲劳风险相应降低。

斜拉桥的拉索在活载下的应力变幅较大(60~160MPa),所以必须考虑疲劳问题,拉索的安全系数一般为2.5,即最大使用应力为0.4倍的极限强度($0.4f_{pk}$);梁式桥的体内预应力钢束在活载作用下的应力变幅非常小(约15MPa),所以其安全系数可以较小些,大致为1.5,即最大使用应力为0.65倍的极限强度($0.65f_{pk}$)。梁式桥的体外预应力钢束在活载作用下的应力变幅稍大一些,但仍然小于30MPa,在《公路钢筋混凝土及预应力混凝土桥涵设计规范》(JTG 3362—2018)中规定其最大使用应力为0.6倍的极限强度($0.6f_{pk}$)。

体外预应力索辅梁桥的拉索应力变幅不仅仅是由上部结构决定的,还与结构体系有关。如果采用塔梁墩固结的连续刚构体系,则结构刚度大,拉索应力变幅小;如果采用塔梁固结、有支座的连续梁体系,则应力变幅会相应增大。

日本建议以拉索在活载下应力变幅50MPa为界限区分斜拉桥拉索、体外预应力索辅梁桥拉索,前者取$0.4f_{pu}$(f_{pu}为预应力筋的极限强度)、后者取$0.6f_{pu}$。世界上首座体外预应力索辅梁桥小田原港桥的拉索的最大使用应力取$0.6f_{pu}$。

我国尚未有体外预应力索辅梁桥的相关规范,由于国内把这种桥梁归纳为更为广义的"矮塔斜拉桥"或"部分斜拉桥",所以拉索的容许应力一般参照斜拉桥2.5的安全系数,即拉索容许应力采用$0.4f_{pk}$。

三、主要构造及施工方法

1. 桥梁形式

体外预应力索辅梁桥一般采用塔梁墩固结体系,但也有采用塔梁固结、与桥墩之间采用支座形式的。

图4-26的日本小田原港桥基本反映图4-27中关于体外预应力索辅梁桥设计的"经典"特征,但由于"索辅"的比例实际上可以由设计者自由决定,同时其外形像斜拉桥,所以目前已建成的该类桥梁的拉索范围、塔高、拉索锚固及转向方式等并不完全遵循"经典"特征,同时也重视结合景观设计。图4-28是位于我国山西省的仙神河大桥,主跨123m+123m;图4-29为我

国江西南昌的朝阳大桥,主跨 79m + 5 × 150m + 79m。图 4-30 为其他一些体外预应力索辅梁桥,图 4-30a)表示单索面,索面位于桥梁中央;图 4-30b)表示双索面,索面位于桥梁两侧。

图 4-28　仙神河大桥

图 4-29　南昌朝阳大桥

a)

b)

图 4-30　体外预应力索辅梁桥(Extradosed PC Bridge)

2. 断面形式

体外预应力索辅梁桥由体外预应力混凝土梁式桥发展而来,所以与大跨径梁式桥一样一般都采用箱形断面。图 4-31 中拉索位于箱形断面主梁两侧,代表有两个索面(双索面);图 4-32 中拉索位于箱形断面主梁主梁中央,代表只有一个索面(单索面)。

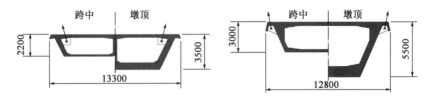

图 4-31　双索面体外预应力索辅梁桥(尺寸单位:mm)

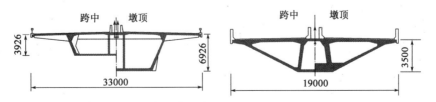

图 4-32　单索面体外预应力索辅梁桥(尺寸单位:mm)

为减轻自重,近年来日本、中国建造了许多波纹钢腹板的体外预应力索辅梁桥。图 4-29 中南昌朝阳大桥的断面形式为单箱五室波纹钢腹板箱形断面,共有 6 道波纹钢腹板,如图 4-33 所示。

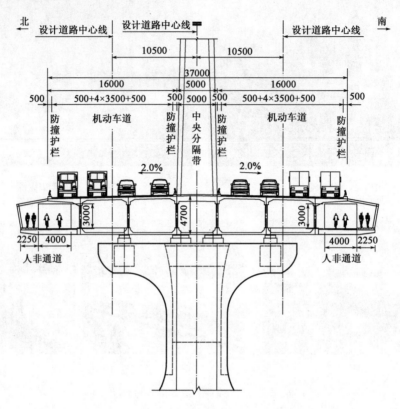

图 4-33　南昌朝阳大桥横断面(尺寸单位:mm)

3. 拉索及其偏转方式

体外预应力索辅梁桥的拉索由体外预应力钢束发展而来,所以基本都是采用钢绞线形式。主塔原先用于体外预应力钢束的偏转,故传统上采用偏转鞍座形式,如图 4-34 和图 4-35 所示。

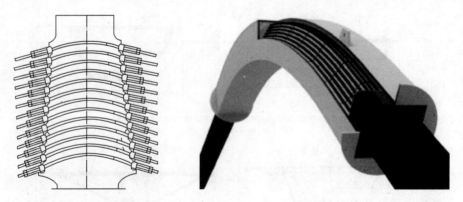

图 4-34　拉索的偏转鞍座　　　　图 4-35　鞍座处的钢绞线拉索

斜拉桥的拉索锚固形式也较常应用于体外预应力索辅梁桥拉索的偏转,图 4-36 和图 4-37 即为借鉴斜拉桥的塔上锚固。

图4-36 拉索在主塔上锚固　　　　图4-37 主塔锚固构造

4. 施工方法

大跨径预应力混凝土梁式桥和斜拉桥的施工方法都适用于体外预应力索辅梁桥,通常采用悬臂浇筑施工方法,有时采用支架上将梁体、塔杜全部在支架上浇筑完成,再张拉体外钢束(拉索)的方法完成体系转换成桥,如图4-38和图4-39所示。

图4-38 满堂支架浇筑主梁　　　　图4-39 少支架浇筑主梁

5. 板拉桥

图4-40是早在1980年建设完成主跨174m的瑞士甘特(Ganter)桥,虽然外形与体外预应力索辅梁桥相似,但由于拉索埋在混凝土板里成为体内预应力钢束,也无法更换,所以它与体外预应力索辅梁桥并不相同。类似的桥梁还有美国巴顿克里克(Barton Creek)桥、老挝与泰国边界第三湄公河大桥以及日本Okuyama桥等。这类桥被形象地称为"鳍背"(fin-back)桥或"索板"(Cable Panel)桥,在我国则被称为"板拉桥"。板拉桥虽然会阻挡行

图4-40 瑞士甘特桥

车视线,但可以提供更大的上部结构刚度以减小主梁挠度,特别是用于采用开口槽形断面的铁路桥。

为避免拉索外包混凝土板在使用荷载下受拉应力,拉索可在外包板浇筑之前进行初步张拉,当外包板浇筑完成后再张拉至最终索力。

第五章
梁桥总体分析

本章系统介绍了梁桥结构的分析思路、计算原理及简要的计算方法。首先,从总体上概述了梁桥结构的分析目的和设计原则,明确了合理建立计算模型的重要性及基本要求,介绍了两种计算模型,即手算模型和有限元模型的建模基本思路和适用范围,并讨论了作用的简化、组合以及取舍的原则和方法;其次,结合理论研究和我国现行桥梁规范,详细介绍了永久作用、可变作用以及其他作用下桥梁结构内力计算的总体思路、计算内容和分析方法;最后,详细阐述了梁桥结构的变形控制目标、变形计算方法及施工预拱度计算和设置的方法。

第一节 概 述

建造桥梁的基本目的是满足使用需求。设计则是对桥梁全寿命过程的总体计划和全盘考虑。目前,我国对公路桥梁规定:桥梁设计的基本原则是保证桥梁安全、耐久、适用、环保、经济和美观。这其中很多内容都需要通过计算来保证。从广义上看,计算是相关学科理论研究成果和各种工程经验的总结;从狭义上看,计算可以看作对设计过程中可以定量的过程的分析。

桥梁结构的形式多样、受到各种荷载的作用、受力特点各不相同,和以往在力学中学习的计算图式有很大区别,这就需要建立各种计算模型。计算模型的作用是基于实际结构的受力特点以及计算需要解决的问题,将实际桥梁结构简化为已有的基本计算图式或其组合,进而进行分析计算,并达到了解和掌握实际桥梁结构受力特性的目的。如何将实际的桥梁结构合理简化为各种计算模型、将实际的作用简化成适用于计算模型形式、合理进行荷载组合并作用于模型计算得到内力状态,并选取科学的指标验证设计的合理性和安全性等都是结构设计计算内容。

桥梁结构整体分析是从结构体系或是主要构件受力的层面认识其受力特点,合理建立计算模型及荷载模型的过程,其基本的要求是能够反映结构实际受力状态的特点。结构计算重点在于通过荷载作用于计算模型得到具体的内力结果,或进行设计指标验证的过程。准确、快捷是分析和计算优化的主要目标。

结构整体分析和计算的基本内容可概括为建立模型、确定计算参数和验证标准;然后向模型中输入参数(或是加载),检验结果是否满足设定的标准。目前,桥梁领域中的计算方法及相应的工具已经非常丰富,针对各种问题基本都有相应的计算方法,使得桥梁设计过程越来越严密。但是桥梁设计计算失败引起桥梁事故的情况仍不时发生,其中主要的原因可归纳为两类:一类为选取的模型不能真实反映桥梁实际情况;另一类是设计师对计算模型的理解或使用有所偏差。因此,桥梁设计计算正确的前提是对计算模型的假定和使用条件有充分的理解;对于计算模型不能描述的问题,则应该考虑使用仿真、试验或其他的方法进行验证。

设计和计算是一个高度耦合、需要反复验证的过程。桥梁设计计算的基本过程是首先拟定结构尺寸、然后进行内力计算,再进行配筋验算,如果能顺利通过,则计算结束;如果不能通过,则需要从尺寸拟定或配筋等方面进行调整后,再次进行计算,直至通过为止。桥梁结构的一大特点是,桥梁施工、成桥、运营各阶段结构形式、受力状态可能差别较大。各种桥梁因其结构特点、施工方法、使用要求等不同,其设计计算的内容也不相同。计算模型的建立也需要考虑建造、运营全过程的各种受力工况。桥梁设计计算的内容选择首先要通过对结构传力途径的分析,明确各构件需要选择何种计算模型;同时根据使用条件确定计算需要输入的荷载。构件在不同的使用状态下受力可能不同,需要选取不同的计算模型进行验证。正确理解结构的受力特点是设计计算的关键。

梁桥的使用量大面广,设计计算也具有代表性。对梁桥设计计算方法的学习,不但是学习各类桥梁设计的重要基础,同时也是理解和学习桥梁计算方法建立和发展过程的高效途径。桥梁结构本身是空间结构,因此各构件的受力状态本质上具有空间性;但是按实际的空间受力状态直接计算难度大、耗时长,不宜在设计中大量使用,必须进行简化。当计算模型不能完全与桥梁实际情况完全一致时(实际上大多数计算都是这个情况),就需要采用多个模型,有重点、分步骤地进行建模计算。根据构件作用、受力状态、计算要求的不同,简化的思路和方法也不同。明确梁桥的传力途径是正确建模模型的首要步骤。梁桥主要的承重构件可分为主梁、桥墩(台)及基础。主梁是上部结构实现跨越的部分,也是承受交通荷载的部分;桥墩、桥台是实现对上部结构支撑的主要结构;基础则是将主梁、桥墩(台)的所有荷载传递到大地的部分。一般情况下,这三个主要承重构件必不可少,也是设计计算中重点考虑的部分。主要承重构件通常是设计计算的第一层次,也是首先需要保证的。为了实现上述三个承重构件之间的连接,通常还需要一些传力构件:主梁中的传力构件如桥面板、多梁结构中的横梁等;下部结构中传力构件如墩柱之间的盖梁等;支座是连接上部结构和下部结构等传力构件;承台则是连接墩台与基础之间的传力构件。传力构件设置的目的首先实现力的传递,在有些情况下还起到辅助主要受力构件的作用。传力构件的设置对承重构件的工作状态和受力特性具有重要影响,承重构(如主梁)的计算模式往往和传力构件的设置有关。传力构件本身的计算可以单独进行,此时需要正确考虑边界条件。当然如果能将承重构件和传力构件按其实际情况一起建模考虑，则可能更准确，但计算也更加复杂。除此以外，还有很多辅助构件，如防撞栏、铺装等。这些构件的设置主要是为使用安全及便捷考虑，一般在计算可以考虑为荷载，忽略其对结构安全的正面贡献。

手算模型的特点是使用方便，在构件设计计算时使用较多。手算模型计算能力有限，因此总体的思路是根据构件的受力特点，尽量简化为比较明确的平面模型，避免复杂的空间计算；对于较为复杂的情况，常常考虑先总体，再局部，分为多个模型分步骤计算。结构力学中的单梁模型是使用较多的手算模型，例如桥面板计算中将悬臂部分简化为悬臂梁模型等。主要承重构件手算模型的基本思路是基于结构力学单梁模型进行简化，这其中往往隐含着很多基本假定。例如，将箱形梁简化为结构力学单梁模型进行计算，实际隐含了认为截面满足平截面假定、截面周边不变形等假定。而实际的结构在某些特殊的受力状态下，或由于构造原因，不满足这些假定时，可能造成实际受力与计算不符，留下安全隐患。此时，需要在基本的计算模型基础上，进行一些修正，后续将要学习的有效工作宽度、剪力滞系数等都是这类修正系数。获得这些修正系数的基本方法是按结构实际的情况进行空间分析，并将空间分析的结果与简单模型的结果进行比较，其比值就是修正系数。当然实际情况中，基于多年的工程经验，对于常见结构、常规状态，这些修正系数的取值方法和范围都已有一定的经验，可以直接参考选用；对于特殊情况往往需要重新分析。局部构件的手算模型和前述主要承重构件的手算模型思路基本相同：以结构力学单梁模型为基础，进行简化。例如行车道板、人行道板、横梁等都可以按这个思路进行简化，存在的主要问题是：局部构件的边界条件比较复杂，受到具体结构形式的影响比较明显，因此，在计算中也往往采用较为保守的思路进行简化。

有限元方法已经是目前使用非常广泛的辅助设计计算方法。其优点是借助计算机进行计算分析，计算能力强，单元种类多，对结构模拟能力强。因此，用有限元进行计算时，可以尽量采用整体计算，以更加准确地模拟结构实际的受力状态；但是当模型规模太大时也需要分层次建模。实际上，从多年实际应用的效果来看，基于对结构总体受力特性的理解，突出主要问题和主要矛盾，合理简化有限元计算模型，往往可以达到事半功倍的效果。而如果按照"有限元模型和实际结构越像，计算结果越准确"的思路进行建模，往往事倍功半。有限元建模中使用较多的单元包括梁单元、板壳单元、实体单元等，对于各种单元基本特性、计算原理的介绍可参考相关基础理论书籍，这里不再赘述。在具体建模过程中，对于单元的选择需要充分考虑构件的特点和计算的需要。例如混凝土箱梁结构，如果进行总体计算，可以选用梁单元，利用单梁模型或者梁格模型进行模拟；如果需要更准确地考虑各板件的受力状态，可以采用板壳单元模拟顶板、底板、腹板等各个板件；如果需要研究各个板件的局部应力，或是分析开裂可能性，则可以选用实体单元进行模拟。对于同一个桥梁，或者复杂构件，也可以采用不同的单元进行模拟，进行"混合单元"建模，混合单元的优点是可以最大限度模拟实桥中复杂的传力过程和传力途径，避免对边界条件复杂的模拟过程，同时合理减小计算规模。

桥梁在施工和使用过程中将受到多种作用（荷载）的影响，各种作用的特点、时机等不同，因此，在分析和计算中也需要对作用进行适当的简化、组合。

作用的简化要与计算模型相匹配，也要和计算的目的相匹配。同一个作用，在不同计算目的下，最终简化的形式可能完全不同。例如，车辆荷载在进行梁体的整体计算时，作用于单梁模型时，简化为均布荷载和集中力；而在进行局部计算，作用于桥面板时，简化为作用于车轮范围的均布荷载。作用的简化还需要重视其与结构的作用方式，例如，结构自重，时时刻刻都存在，作用的强度、形式变化不大，常常简化为静力作用；而地震对桥梁的作用，往往时间很短，但强度很大，常常简化为动力作用。经过长期的积累，目前各种作用简化的形式、强度、参数等有很多可以借鉴的经验和模型，作用模型也是设计规范的主要内容之一；同时也应该注意到，对于作用的精细描述往往是提高分析精度的有效途径，其简化方法也融入了很多设计理论层面的成果。桥梁作用模型也因此一直是桥梁工程领域的研究热点之一。

不同尺度的建模方法示意图见图 5-1。

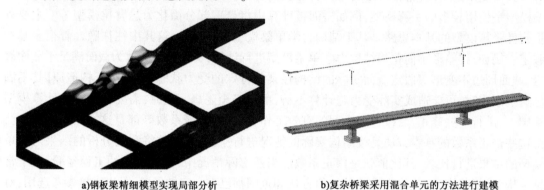

a)钢板梁精细模型实现局部分析　　　　b)复杂桥梁采用混合单元的方法进行建模

图 5-1　不同尺度的建模方法示意图

实际桥梁结构往往同时受到多种作用的影响，这些作用的持续时间、发生时机也可能不同。设计过程中用荷载组合的方法来考虑这一问题。当作用在结构上有两种或两种以上的可变荷载时，荷载不可能同时以其最大值出现，此时就需要进行荷载的组合。在具体的应用及计算中，目前已有的较为成熟的荷载组合规则有 Turkstra 规则和 JCSS 规则。例如，Turkstra 规则为从直觉出发，轮流以一个荷载效应的设计基准期 T 内最大值与其余荷载的任意时点值组合，显然该规则并不是偏于保守的，因为理论上还可能存在更不利的组合，但由于其规则简单，仍不失为一个很好的近似方法。

桥梁实际运营过程中，当可变作用的出现对结构或结构构件产生有利影响时，该作用予以舍弃。实际不可能同时出现的作用或同时参与组合概率很小的作用，可不考虑其作用效应的组合。作用的取舍和组合最终通过不同方式和结构的需求联系在一起，确定好结构面临的状况以及我们想要让结构最终达到的状态之后，可以综合得出参与组合的作用种类取舍、作用的取值、作用的重要性系数及作用组合等相关内容。

第二节　永久作用内力

一、结构重力

1. 分析思路

对于历经多个工况最终形成的结构，其各工况的内力应等于前面所有工况内结构重力引起的内力。其可分为设计内力和施工内力两部分。设计内力是强度验算及配筋设计的依据。

施工内力是施工过程中阶段的临时施工荷载以及运输、安装过程中各种荷载,如施工机具设备(挂篮、张拉设备等)、模板、施工人员等引起的内力,主要供施工阶段验算用。施工过程中,为检验设计的截面尺寸和配筋是否满足该阶段施工时的强度和刚度要求,应将施工内力和该阶段的主梁自重内力叠加。本章主要介绍主梁的永久作用内力计算(以下简称内力计算)。

结构重力引起的内力,包括主梁自重引起的主梁自重内力 S_{G1} 和后期恒载(如桥面铺装、人行道、栏杆、灯柱等)引起的主梁后期恒载内力 S_{G2},总称为主梁恒载内力 S_G。结构重力引起的内力计算中首先需要明确荷载施加的截面,其次要明确荷载施加的结构体系。

所谓明确荷载施加的截面是要求计算中需要明确各施工过程中承担自重的具体截面,基本的思路是:结构的后期荷载由前期已经形成承载能力的截面来承担。例如桥面板预制安装的组合梁桥,桥面板安装的阶段由钢梁截面承担桥面板荷载;当桥面板与钢梁结合完成,进行二期铺装时,则由钢梁与混凝土桥面板组成的组合截面承担二期恒载。

主梁自重是在结构逐步形成的过程中作用于桥上的,因而它引起的内力与施工方法有密切关系。明确荷载施加的结构体系是指计算过程中需要结合具体的施工过程,确定荷载作用的计算图式,这也将直接影响计算结果。特别是大跨径预应力混凝土梁桥施工过程中,将不断进行体系转换过程,主梁自重内力计算也必须分阶段进行。例如,在悬臂浇筑过程中,挂篮等施工临时荷载施加时的结构是 T 形刚构,是静定结构;但是当合龙后进行二次铺装时,结构已经成为连续梁或连续刚构,是超静定结构,影响非常显著。

对于历经多个工况最终形成的结构,其各工况的内力应等于前面所有工况内力的叠加;要得到准确的最终成桥内力,则需要对所有施工过程进行模拟。同时,由于施工过程中结构体系也在不断变化,最危险工况不一定在最后出现,可能是施工过程中的某个阶段,典型的如顶推施工的桥梁,也必须进行逐工况计算以确定施工过程中最不利情况,这也是桥梁设计计算的一个重要特点。

2. 不发生体系转换的自重内力计算

所有静定结构(简支梁、悬臂梁、带挂孔的 T 形刚构)及整体浇筑一次落架的超静定结构,主梁自重作用于桥上时,结构已是最终体系,主梁某一截面的自重内力 S_{G1},可根据沿跨长变化的自重集度 $g(x)$,以及此截面的内力影响线沿跨长取值 $y(x)$,按下式计算:

$$S_{G1} = \int_L g(x) \cdot y(x) \mathrm{d}x \tag{5-1}$$

式中:S_{G1}——主梁自重内力(弯矩或剪力);

$g(x)$——主梁自重集度;

$y(x)$——相应的主梁内力影响线取值。

3. 有体系转换的恒载内力计算

在施工过程中结构有体系转换,则主梁自重内力计算必须根据不同的施工方法顺序,体系转换的具体情况分阶段计算。下面列举几种常用的预应力混凝土连续梁的主梁自重内力计算方法。

1) 逐跨架设法

逐跨施工又可分两种情况,一种是简支梁转换为连续梁,逐跨推进。此时,主梁自重内力即为简支梁内力 $\left(M_{g1} = \frac{1}{8}g_1 l^2\right)$;当全部结构连成连续梁后,再施工桥面铺装等,则 M_{g2} 按最终的连续梁体系计算;如在逐跨架设的同时,就在已架好的主梁上进行桥面铺装等施工,那么在

计算主梁恒载内力 M_{g2} 时,应按实际施工过程中的结构体系进行分析,见图5-2a)。

另一种为单悬臂梁转换为连续梁的逐跨架设法,见图5-2b)。每架设一孔就形成一带悬臂的连续梁体系。每次架设上去的主梁自重应按实际的结构体系计算。

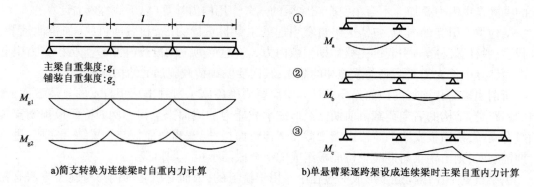

a)简支转换为连续梁时自重内力计算　　b)单悬臂梁逐跨架设成连续梁时主梁自重内力计算

图5-2　自重内力计算图式

2)平衡悬臂施工法

平衡悬臂施工方法是在完成桥墩施工后,对称向两边逐段悬出的施工方法,实际工程中有悬臂浇筑施工或悬臂拼装施工两种方法。

以图5-3a)中三跨连续梁为例,为保证平衡悬臂施工过程中的安全,施工过程中需要在墩上设临时锚固,悬臂阶段主梁自重内力如图5-3b)所示;边孔合龙时,在边跨位置搭设支架现浇,现浇部分在主梁中引起自重内力如图5-3c)所示。当双悬臂与边孔合龙梁段连成整体后,即可撤除临时锚固。因阶段(2)边孔合龙时在临时锚固中的力就被"释放",相当于对主梁施加一对方向相反的力 R。此对力将在单悬臂结构体系上引起内力如图5-3d)所示。阶段(4),当中孔梁段合龙时,现浇接合段的自重由吊杆传至单悬臂梁的悬臂端,其内力图如图5-3e)所示。阶段(5),当接合段混凝土凝固并与两边单悬臂梁相连形成连续梁后,吊杆拆除,就相当于对主梁(连续梁)施加一对方向相反的力 R_0(R_0 包括结合段自重与吊杆模板等重量),而梁段自重则作用于连续梁上,此时内力图如图5-3f)所示。主梁自重内力图应由这5个阶段的内力图迭加而成。

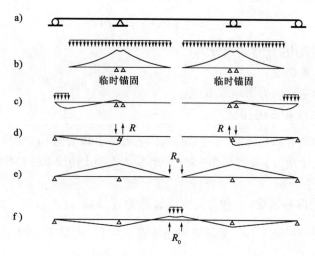

图5-3　平衡悬臂法施工的连续梁其主梁自重内力计算图式

3) 顶推施工法

顶推法施工的连续梁，当全桥结构顶推就位后，安放与调整各支点的支座位置。此时，主梁自重内力计算与主梁恒载内力计算方法是一样的，都是将荷载置于最终的结构体系上求解。但是，顶推法在主梁顶推过程中，梁体内力不断发生改变，梁段各截面在经过支点时要承受弯矩，在经过跨中区段时产生正弯矩。顶推法在施工过程中不断变化的主梁自重内力状态比最终结构体系上（即结构在使用状况下）的主梁自重内力状态还不利。虽然在施工时为了改善这种不利的施工内力状态，主梁前端接上重量较轻的鼻梁，但内力计算值还是较大，并且每个主梁截面都要承受正负弯矩。

顶推法施工连续梁的自重内力包络图如图 5-4 所示。

顶推过程中的正负弯矩极值可按以下状态进行估算，一般情况下，主梁最大正弯矩 M_{max}^+ 发生在鼻梁刚顶出支点外时，如图 5-5a）所示。最大正弯矩所在点与第一个支座的距离约为 0.4 倍的单跨长度。最大正弯矩值和主梁鼻梁的自重集度比 γ、鼻梁长度与单跨长度比 β 有关。

产生最大负弯矩 M_{min}^- 的情况可能有两种。如图 5-5b）所示，当鼻梁刚接近前方支点时，主梁伸出悬臂最长；另一种可能的情况是鼻梁越过前方支点。当鼻梁刚接近前方支点时，主梁伸出悬臂最长，此时在悬臂尾部可能产生最大负弯矩。此时最大负弯矩值和主梁鼻梁的自重集度比 γ、主梁伸出长度与单跨长度之比 α 有关；而当鼻梁越过前方支点，也有可能产生最大负弯矩，其数值和鼻梁主梁弯曲刚度比 K、主梁伸出长度与单跨长度之比 α 有关。

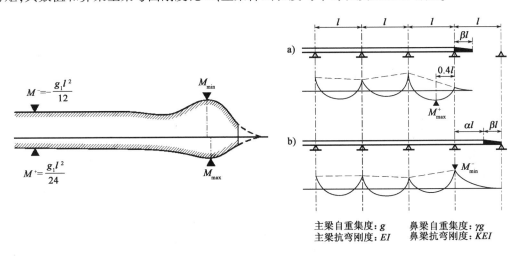

图 5-4　顶推法施工连续梁的自重内力包络图　　图 5-5　顶推法施工连续梁的自重内力极值状态

4. 后期恒载内力计算

后期恒载内力的计算比较简单，因为当施加这部分恒载时，结构已成为最终体系，主梁在纵向、横向的连接业已完成，因此，计算这部分内力时应考虑结构的空间受力特点，其计算方法可参考后续活载内力计算。恒载内力计算过程中未考虑混凝土徐变及龄期的影响，如果在恒载内力计入这部分影响，特别是施工中发生体系转换时，两者恒载内力相关较大。这部分的计算将在后续章节介绍。

二、预加力及其影响力

超静定预应力混凝土梁桥在各种内外因素的综合影响下，结构因受到强迫的挠曲变形或轴向伸缩变形,在多余约束处将产生约束力,从而引起结构附加内力,这部分附加内力一般统称为结构次内力(或称为二次力)。外部因素有预加力、墩台基础沉降、温度变形等;内部因素有混凝土材料的徐变与收缩、结构布置与配筋形式等。本节以预应力混凝土连续梁为讨论对象,介绍分析结构次内力的基本原理和方法,这些理论对于任何超静定混凝土结构都是适用的。

1. 预加力引起的次内力计算

首先分析一下预应力混凝土简支梁和连续梁在预加力作用下的区别。

预应力混凝土简支梁在预加力作用下将自由地产生挠曲变形,在支座上不产生次反力,也就不会引起梁内的次力矩,即预加力仅影响梁的内部应力。混凝土的压力线与预应力束筋重心线重合。预加力在梁的任意截面上产生的弯矩为:

$$M_N = N_y \cdot e \tag{5-2}$$

式中:N_y——梁内有效预加力值(假定预应力损失沿束筋为常值);

e——偏心距。

M_N的图形与束筋重心线和梁的重心轴之间包围的面积图相似,也称为总预矩图。

预应力混凝土连续梁,在预加力的作用下因有多余约束的存在,不可能自由挠曲,如图5-6所示,在多余约束处必然会产生次反力,从而在梁内产生次内力矩M',如图5-6c)所示。为了平衡这部分力矩,混凝土压力线必然偏束筋重心线,从而组成内抗力矩,其偏离值应为:

$$e' = \frac{M'}{N_y} \tag{5-3}$$

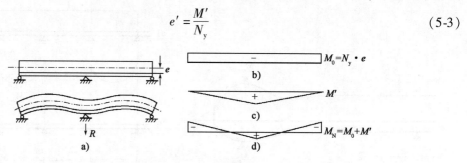

图5-6 连续梁因预加力引起的挠曲变形、初预矩图及总预矩图

由于次力矩是由支座次反力产生的,因而任意两个相邻支座间的次力矩变化是线性的。假设在两相邻支座之间预加力N_y为常数,则偏离值e'与M'呈正比,也必然是线性变化。

连续梁内,预加力对梁产生的总预矩为:

$$M_N = M_0 + M' \tag{5-4}$$

式中:$M_0 = N_y \cdot e$——预加力的偏心作用在梁内产生的力矩,称为初预矩;

M'——预加力引起的次力矩,求解预加力次力矩,可用力法或等效荷载法。

2. 用力法解预加力次力矩

用力法计算预加力次力矩,一般取支点弯矩作为赘余力,通过变形协调方程,求出赘余力,最后求出预加力次力矩和总预矩。

1)连续配筋

(1)直线配筋

如图5-7所示,预应力束筋有效预加力为N_y,偏心距为e,取简支梁为基本结构,取中间支

点截面弯矩 x_1 为赘余力。在预加力作用下，支座 B 处的变形协调方程为：

$$\delta_{11}x_1 + \Delta_{1N} = 0 \tag{5-5}$$

由图 5-7c)、d)，即可求得 $\delta_{11} = \dfrac{2l}{3EI}$，$\Delta_{1N} = -\dfrac{N_y el}{EI}$，代入上式，即得：

$$x_1 = -\frac{\Delta_{1N}}{\delta_{11}} = \frac{3}{2}N_y e \tag{5-6}$$

预加力次力矩 $M_1' = x_1 \overline{M}_1$，梁内各截面的总预矩为：

$$M_N = M_0 + M_1' = -N_y e + \frac{3}{2}N_y e \overline{M}_1 = N_y\left(-e + \frac{3}{2}e\overline{M}_1\right) \tag{5-7}$$

支点 B 处 $\overline{M}_1 = 1$，得：$M_{NB} = N_y \cdot e/2$；支点 A 和 C 处 $\overline{M}_1 = 0$，得：$M_{NA} = M_{NC} = -N_y e$；中间为线性变化。最后得总预矩图如图 5-7g) 所示。

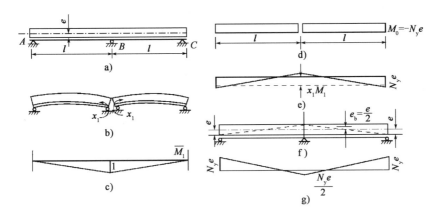

图 5-7 采用直线配筋的两跨连续梁的次力矩及总预矩

将 M_N 除以预加力 N_y 即得：

$$y = -e + \frac{3}{2}e\overline{M}_1 \tag{5-8}$$

式中：y——混凝土压力线和梁轴线之间的偏离值。

对于支点 B，$\overline{M}_1 = 1$，得 $y_B = e/2$；对于支点 A 和 C，$\overline{M}_1 = 0$，得 $y_A = y_C = -e$。

图 5-7f) 中虚线表示压力线的位置，显然压力线和预应力束筋重力线不重合。

从上式可见，偏离值为初始偏离值 e 和次力矩引起的偏离值 $e' = \dfrac{3}{2}e\overline{M}_1$ 的代数和；压力线的位置仅与束筋的初始偏心距 e 有关，即如果 e 不变，则压力线形状不变。

(2) 曲线配筋

图 5-8 所示为采用曲线配筋(抛物线形)的两跨连续梁。预应力束筋两端都通过截面重心，在中支点处预应力束筋的偏心距为 e，在两跨中间，束筋的矢高分别为 f_1 和 f_2。

取两跨简支梁作为基本结构，取支点 B 的弯矩 x_1 为赘余力，可写出支点 B 处在预加力作用下的变形协调方程：

$$x_1 = -\frac{\Delta_{1N}}{\delta_{11}} \tag{5-9}$$

式中，$\delta_{11} = (l_1 + l_2)/3EI$；$\Delta_{1N} = -\dfrac{N_y}{3EI}[f_1 l_1 + f_2 l_2 - e(l_1 + l_2)]$。

解得：

$$e' = \frac{M'}{N_y} \qquad (5\text{-}10)$$

$$x_1 = N_y \left(\frac{f_1 l_1 + f_2 l_2}{l_1 + l_2} - e \right) \qquad (5\text{-}11)$$

当 $l_1 = l_2 = l, f_1 = f_2 = f$ 时，则：

$$x_1 = N_y(f - e) \qquad (5\text{-}12)$$

预加力在梁内各截面产生的总预矩为：

$$M_N = M_0 + M_1' = M_0 + N_y(f-e)\overline{M}_1 \qquad (5\text{-}13)$$

如图 5-8d) 所示：在支点 B 处，$M_N^B = N_y \cdot e + N_y(f-e) \times 1 = N_y \cdot f$；在支点 A 和 C 处，$M_N^A = M_N^C = 0$；压力线位置 $y = M_N/N_y$，如图 5-8e) 中虚线所示。在支点 B 处：$y_B = e + (f-e) = f$，在支点 A 与 C 处，$y_A = y_B = 0$。

与直线配筋的情况相同，其压力线与梁轴线之间的偏离值也应包括初始偏心距 e 和次力矩引起的偏离 e' 两部分；此时，压力线形状仅和钢束在跨中垂度 f 有关。

图 5-9 所示为束筋在梁端的偏心距不为零时的两跨连续梁的曲线配筋形式。束筋仍按抛物线形布置，束筋在梁端 A 和 C 处的偏心距分别为 e_A 和 e_C；在中间支点 B 处的偏心距为 e；在每跨跨中的垂度分别为 f_1 和 f_2。

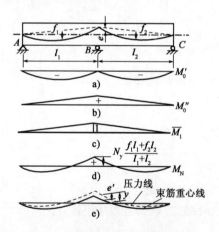

图 5-8 采用曲线配筋的两跨连续梁　　图 5-9 两端有偏心的曲线配筋形式引起的次力矩及总预矩

仍然取两跨简支梁为基本结构，取支点 B 处的弯矩 x_1 为赘余力。

初预矩图比较复杂，可以把它分解为几个规则的图形，再分别和单位弯矩图 M_1 图乘，求解出 Δ_{1N}：

$$\Delta_{1N} = -\frac{N_y}{3EI}\left[l_1 f_1 + l_2 f_2 + \frac{1}{2}(l_1 e_a + l_2 e_c) - e(l_1 + l_2) \right] \qquad (5\text{-}14)$$

$$\delta_{11} = \frac{l_1 + l_2}{3EI} \qquad (5\text{-}15)$$

得：

$$x_1 = -\frac{\Delta_{1N}}{\delta_{11}} = N_y \left[\frac{(l_1 f_1 + l_2 f_2) + \frac{1}{2}(l_1 e_a + l_2 e_c)}{(l_1 + l_2)} - e \right] \quad (5\text{-}16)$$

如 $l_1 = l_2 = l, f_1 = f_2 = f, e_A = e_B = e_1$,则:

$$x_1 = N_y \left(f + \frac{e_1}{2} - e \right) \quad (5\text{-}17)$$

梁内任意截面上的总预矩为:

$$M_N = M_0 + x_1 \overline{M}_1 = M_0 + N_y \left(f + \frac{e_1}{2} - e \right) \cdot \overline{M}_1 \quad (5\text{-}18)$$

支点 B 上的总预矩为:

$$M_N^B = M_0 + N_y \left(f + \frac{e_1}{2} - e \right) \cdot \overline{M}_1 = N_y e + N_y \cdot \left(f + \frac{e_1}{2} \right) - N_y e$$
$$= N_y \left(f + \frac{e_1}{2} \right) \quad (5\text{-}19)$$

压力线位置:

$$y = \frac{M_N}{N_y} = \frac{M_0}{N_y} + \left(f + \frac{e_1}{2} - e \right) \overline{M}_1 \quad (5\text{-}20)$$

在支点 B 处:

$$y_B = e + f + \frac{e_1}{2} - e = f + \frac{e_1}{2} \quad (5\text{-}21)$$

在支点 A 和支点 C 处: $y = e_1$

可见,在有端部偏心的曲线配筋中,压力线的位置不仅与束筋在梁跨中的垂度 f 有关,而且和束筋的端部偏心距 e_1 有关。

2)局部配筋

(1)局部直线配筋

图 5-10a)、b)分别为预加力初预矩图与单位弯矩图。

由此可得:

$$\delta_{11} = \frac{2l}{3EI} \quad (5\text{-}22)$$

$$\Delta_{1N} = \frac{2}{EI} \left(N_y e \times \frac{l}{4} \times \frac{7}{8} \right) = \frac{7 N_y e l}{16 EI} \quad (5\text{-}23)$$

解得赘余力:

$$x_1 = -\Delta_{1N} / \delta_{11} = -\frac{21}{32} N_y e \quad (5\text{-}24)$$

支点 B 上的总预矩为:

$$M_N^B = N_y e - \frac{21}{32} N_y e = \frac{11}{32} N_y e \quad (5\text{-}25)$$

梁内各截面总预矩图如图 5-10c)所示。

(2)局部曲线配筋

如图 5-11 表示两跨连续梁上局部曲线配筋(抛物线型);图 5-11b)、c)分别为预加力初预

矩图与单位弯矩图 $\bar{M}_1$。

由此可得：

$$\delta_{11} = \frac{2l}{3EI} \tag{5-26}$$

$$\Delta_{1N} = \frac{2}{EI}\left[\frac{13}{48}N_y\left(e+\frac{h}{2}\right)l - \frac{3}{16}N_y hl\right] \tag{5-27}$$

$$= \frac{N_y l}{48EI}(26e - 5h)$$

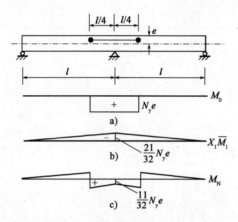

图 5-10 局部直线配筋的预加力次力矩及总预矩

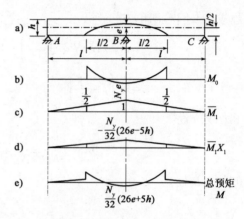

图 5-11 局部曲线配筋的预加力次力矩及总预矩

赘余力：

$$x_1 = -\Delta_{1N}/\delta_{11} = -N_y(26e - 5h)/32 \tag{5-28}$$

支点 B 上的总预矩为：

$$M_N^B = N_y e - \frac{N_y}{32}(26e - 5h) = \frac{N_y}{32}(6e + 5h) \tag{5-29}$$

(3) 多跨变截面连续梁预加力次力矩的计算

多跨连续梁各内支点截面弯矩，取为赘余力系；根据预加力作用产生各支点截面的变形与由赘余力引起的相应变形之代数和为零，可建立力法的矩阵方程为：

$$\boldsymbol{FX} + \boldsymbol{D} = \boldsymbol{0} \tag{5-30}$$

式中：$\boldsymbol{F}$——连续梁的常变位矩阵；

$\boldsymbol{D}$——载变位列矩阵。

从矩阵方程可解得内支座上的赘余力向量为 $\boldsymbol{X}$，则梁内各截面的总预矩可由下式求得：

$$\boldsymbol{M}_N = \boldsymbol{M}_0 + \sum \boldsymbol{M}_i = \boldsymbol{M}_0 + \boldsymbol{X}^T \bar{\boldsymbol{M}} \tag{5-31}$$

对于变截面连续梁，也可用力法求解次力矩。但是，变截面梁的重心轴和预应力束筋重心线，形成的初预矩图形状比较复杂，在实际计算时，可将它分解成多个简单图形，分别计算次力矩，然后叠加来解决。

要强调的是预加力二次矩，即预加力引起的结构次内力在梁内的分布是线性的，这也是所有其他因素引起的结构次内力的共同特征。

3. 等效荷载法求解预加力的总预矩

预应力混凝土结构,是一种预加力和混凝土压力相互作用并取得平衡的自锚体系。因此,分析预应力效应时,可把预应力束筋和混凝土视为相互独立的脱离体,把预加力对混凝土的作用以等效荷载的形式代替。只要求得不同配筋情况下的等效荷载,就可求出超静定梁由预加力产生的内力。应注意的是,用等效荷载法求得梁的内力中已经包括预加力引起的次内力,因此求得的内力矩就是总预矩。

实际上可以用初预矩图直接求等效荷载,即从初预矩图可推得剪力图,进而得到等效荷载图,如图 5-12 所示。

求等效荷载常有这样几种情况,见图 5-13。

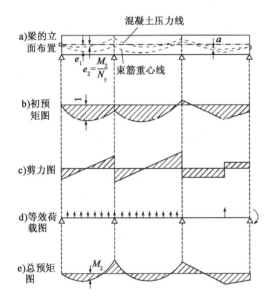

图 5-12　连续梁的等效荷载与总预矩　　　图 5-13　预应力束筋引起的等效荷载和弯矩

(1) 在力筋的端部,力筋作用在混凝土上的力 N_y 可以分解为三个分量:

①轴向力:$N_y\cos\theta_1 = N_y$(其中,$\cos\theta_1 \approx 1$),作用在锚头的端部。

②竖向力:$N_y\sin\theta_1 = N_y\theta_1$(其中,$N_y\sin\theta_5 = N_y\theta_5$),作用在支座处,而且被直接紧靠支座的竖向反力平衡,它在连续梁内不产生力矩。

③力矩:$N_y\cos\theta_1 \cdot e = N_y \cdot e$,作用在梁的端部,它沿着连续梁的全长会产生内力矩,计算中必须考虑。

(2) 内部初预矩图沿梁的跨长成折线或曲线形,则混凝土上受到的等效竖向荷载分别为:

①当初预矩图为抛物线和圆弧线时(由于曲线平坦,假定抛物线和圆弧曲线产生的竖向荷载有同样效应、分量相同),竖向力呈均布荷载,沿曲线长度施加在梁上,其总值 W 可由曲线两端斜率的变化求得,在 θ_2 处的总竖向力为:$W = N_y\sin\theta_2 = N_y\theta_2$。

均布荷载集度 $w = \dfrac{W}{l}$(l 为曲线长度)。

②当初预矩图成折线时,力可考虑集中在一点,例如在 θ_4 处:$N_y\sin\theta_4 = N_y\theta_4$。

(3) 初预矩图在中间支座附近上成折线或曲线形时,其等效荷载分别是:

① 如果初预矩图在支座上成曲线形,竖向力为均布荷载如 $N_y\theta_3/l$。

② 如果初预矩图在支座上成折线形,则必定有集中荷载作用在这里。这个集中荷载直接被支座反力抵消,在梁内不产生力矩,不予考虑。

图 5-14 所示的为一两跨连续梁,跨长 $2 \times 15.24\mathrm{m}$。预应力弯束的偏心距为 $e_1 = 61\mathrm{mm}$、$e_2 = 244\mathrm{mm}$、$e_3 = 122\mathrm{mm}$、$e_4 = 274\mathrm{mm}$,相应起弯角 $\theta_1 = 0.02\mathrm{rad}$,$\theta_2 = 0.08\mathrm{rad}$,$\theta_3 = 0.156\mathrm{rad}$,$\theta_4 = 0.176\mathrm{rad}$,$\theta_5 = 0.08\mathrm{rad}$。

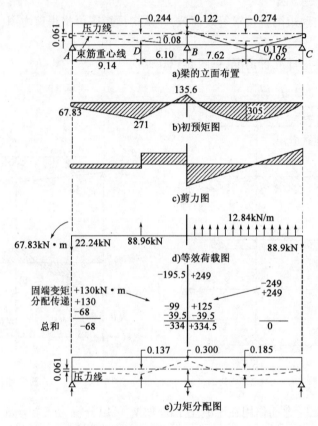

图 5-14 两跨连续梁等效荷载计算示例(尺寸单位:m;角度单位:rad)

梁上各等效荷载(有效预加力 $N_y = 1112\mathrm{kN}$)为:

$N_y\theta_1 = 22.24\mathrm{kN}, N_y\theta_2 = 88.96\mathrm{kN}$;

$N_y\theta_3 = 173.47\mathrm{kN}, q = N_y\theta_4/L = 195.71/15.24 = 12.84(\mathrm{kN/m})$;

$N_y\theta_5 = 88.96\mathrm{kN}, N_ye_1 = 67.83\mathrm{kN \cdot m}$。

图 5-14 中直接应用力矩分配法,求解连续梁在等效荷载作用下的支点弯矩值。

根据所求得的连续梁的弯矩分布,即预加力作用下梁内的总预矩,就可直接绘出梁内预加力的压力线,它们的偏心距为:

$e_{1N} = e_1 = 67.83/1112 = 0.061(\mathrm{m})$;

$e_{3N} = 333.5/111.2 = 0.300(\mathrm{m})$;

$e_{2N} = 0.244 - (0.300 - 0.122) \times 3/5 = 0.137(\mathrm{m})$;

$e_{4N} = 0.274 - (0.300 - 0.122) \times 1/2 = 0.185(\mathrm{m})$。

由预加力引起的支点 B 上的二次矩为:

$$M_1 = M_N - M_0 = 333.5 - 135.58 = 197.92(\text{kN} \cdot \text{m})。$$

在实际工程中,也可以考虑预应力束筋中因预应力损失造成的非常值的预加力,根据不同的弯束线形求得更精确的等效荷载值。

4. 线性转换与吻合束

1) 线性转换

从前面预加力二次矩的讨论中已说明以下两个问题:

(1) 在超静定梁中,预加力产生的次力矩是线性的,由此而引起的混凝土压力线和束筋重心线的偏离也是线性的。

(2) 在超静定梁中,混凝土压力线只与束筋的梁端偏心距和束筋在跨内的形状有关,与束筋在中间支点上的偏心距无关。

由此可见,只要保持束筋在超静定梁中的两端位置不变,保持束筋在跨内的形状不变,而只改变束筋在中间支点上的偏心距,则梁内的混凝土压力线不变,即总预距不变。这就是在超静定梁中预应力束筋的线性转换原则。

这也可以从以下示例中进一步得到证明:

仍以如图 5-14 所示两跨连续梁曲线配筋为例,将束筋重心线在支点 B 处向下移动 $e/2$,即把偏心距减小到 $e/2$,令:$e_1 = e_2 = 0, f_1 = f_2 = f$,则:

$$\Delta_{1N} = \frac{2N_y}{EI}\left(-\frac{2}{3} \times l \times f \times \frac{1}{2} + \frac{1}{2} \times l \times \frac{2}{3} \times \frac{e}{2}\right) \tag{5-32}$$

$$= -\frac{2lN_y}{3EI}\left(f - \frac{e}{2}\right)$$

$$\delta_{11} = \frac{2l}{3EI} \tag{5-33}$$

$$x_1 = -\frac{\Delta_{1N}}{\delta_{11}} = \left(f - \frac{e}{2}\right)N_y \tag{5-34}$$

支点 B 上的总预距为:

$$M_N^B = M_0 + M_1' = \frac{N_y e}{2} + \left(f - \frac{e}{2}\right)N_y = N_y \cdot f \tag{5-35}$$

与原配筋形式相比,显见两者总预矩相同。从计算过程中可以看到,当预应力束筋线性转换后,在支点 B 所增加(或减少)的初预矩值,也正是所求的预加力次力矩的减小(或增加)的值,而且两者图形都是线性分布,因此正好抵消。

线性转换的概念,对预应力混凝土超静定结构设计中预应力束筋的布置有很大便利性,它允许在不改变结构内混凝土压力线位置的条件下调整力筋合力线的位置,以适应结构构造上的要求。

2) 吻合束

如果我们将预应力束筋的重心线线性转换至压力线位置上(即把由于次力矩引起的压力线和束筋重心线之间的偏离调整掉),根据上述讨论,此时预加力的总预矩不变,而次力矩为零。

仍以上述曲线配筋的两跨连续梁为例,如果将支点 B 处的束筋重心线移至偏心距为 f 处,则:

$$\Delta_{1N} = -\frac{2N_y fl}{3EI} + \frac{2N_y fl}{3EI} = 0$$

即预加力在支点 B 处不引起位移,因此次力矩为零。根据以上定义可以推论,在多跨连续梁中吻合束的条件方程应为:

$$\Delta_{iN} = \int \frac{M_0 \cdot \bar{M}_i \mathrm{d}x}{EI} = 0 \quad (i = 1,\cdots,n) \tag{5-36}$$

式中:M_0——预加力在梁内产生的初预矩;

$\bar{M}_i$——多跨连续梁支点 i 的赘余力(即该支点预加力次力矩)为单位力时在基本结构上的弯矩。

如将上式中的 M_0 以 M_p 置换,则式(5-36)变为:

$$\Delta_{in} = \int \frac{M_p \cdot \bar{M}_i \mathrm{d}x}{EI} = 0 \quad (i = 1,\cdots,n) \tag{5-37}$$

式中:M_p——多跨连续梁在外荷载中(泛指任意外载形式)作用下所求得的连续梁的弯矩。

该式即为多跨连续梁(亦适用于任何超静定结构)检验荷载作用下所求弯矩图是否正确的判别式。它的物理意义是:在任意外荷载作用下,连续梁在赘余力 x_i 的方向上不应该产生相对位移。

因而,比较上述各式,可以得出如下重要结论:按实际荷载作用下的弯矩图形的线形变化作为预应力束筋梁内的束型布置位置,即为吻合束线形。这就为设计连续梁内的预应力束筋的布置提供了极为方便的依据。虽然,在桥梁设计中,我们应按最大内力包络图去配束,而不是按一固定荷载形式下连续梁弯矩图去配束,但这一重要结论依然为我们提供了配束的正确方向。

另外应该指出的是,吻合束仅使分析和计算方便,但在设计中没有必要一定采用吻合索。一个好的束筋重心线位置,应取决于能够产生一条为我们所希望的压力线,以满足实际使用要求。

3)次力矩的调整

从以上分析可知,在超静定梁中,预加力的次力矩是由多余约束的次反力产生的,但当束筋布置在吻合束位置时不产生次反力,即此时束筋和混凝土间的相互作用处于自身平衡状态。

图 5-15 所示三跨连续梁,预加力相应的等效荷载如图 5-15a)所示,可求得连续梁在等效荷载作用下的支座反力 R_i 是与作用在支座上的等效荷载数值相等,方向相反,即意味着次力矩等于零,如果两者数值有差别,这个差值就是次反力,由次反力产生的力矩就是次力矩。

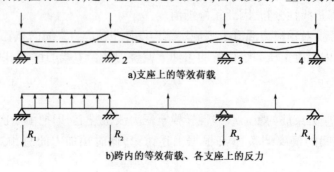

图 5-15 等效荷载图

因此,可利用连续梁的反力影响线,通过调整次反力的数值来达到调整梁内次力矩的目的。在图 5-16 中,为了调整向上的支反力 R_B,最有效的措施是在支点 B 附近加大束筋的曲率半径,以产生向上的等效荷载,以获得预期的目的。

$$x_B = \int w \cdot y_B \cdot dx \tag{5-38}$$

式中:w——支座 B 处调整前的等效荷载和调整后等效荷载的差值,在此应是 2 个均布荷载度的差值;

　　y_B——反力影响线坐标。

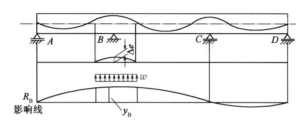

图 5-16　次力矩的调整

但在调整力筋的具体位置时,应考虑到力筋的位置主要是由截面强度、使用应力及构造等条件控制的,因此在发生最大正弯矩的跨中截面和发生最大负弯矩的支点截面上,力筋位置最好不要有大的变动。一般调整力筋轴线的最大移动值宜设在跨度 $l/4$ 附近,此时力筋位置的改变对结构的强度条件和应力条件影响最小。

三、混凝土徐变收缩影响力

19 世纪 20 年代英国开始了波特兰(Portland)水泥即硅酸盐水泥的工厂化生产,从此混凝土结构在世界范围内发展起来。20 世纪初混凝土徐变、收缩现象被认识和重视,20 世纪 30 年代系统的研究逐步展开,早期最具代表性的成果,是德国学者狄辛格(Dischinger)提出的由混凝土徐变、收缩所导致的混凝土与钢截面应力重分布与结构内力重分配计算的微分方程解。然而,直到 20 世纪 40 年代后期,多数结构设计人员仍认为混凝土徐变、收缩只是一个属于材料科学范围的学术问题。19 世纪 60 年代,美国学者 Tröst 引入了当时被他称为松弛参数的概念,提出了由徐变导致的应力与应变之间关系的代数方程表达式。由于该方法适用范围广、计算简单且精度高,逐步替代了 Dischinger 方法。20 年 70 年代初美国学者 Bažant 对 Tröst 方法进行严密证明后,将它推广到变化的弹性模量与无限界的徐变系数,并提出了 Tröst-Bažant 按龄期调整的有效模量法。

经过几十年的研究积累和工程实践,混凝土徐变、收缩的机理已基本被揭示,徐变、收缩的结构效应分析方法也得到了很大发展。欧洲混凝土委员会-国际预应力协会提出的模式规范(CEB-FIP Model Code 1978,1990;fib Model Code 2010)及许多国家设计规范都对混凝土徐变、收缩给出了详细规定。目前,混凝土徐变、收缩的知识,已经成为结构设计人员应掌握的基本知识。同时,随着结构有限元分析方法和计算机技术的发展,复杂混凝土结构的徐变、收缩效应分析能够采用更逼近实际的数值模拟方法。

20 世纪 90 年代以来,混凝土桥梁的数量在我国得到了快速增长,随之而来的与混凝土徐变、收缩作用相关的病害也大幅度增加。最近几年,远远超出计算预测的预应力损失、梁体下挠、混凝土开裂等问题一直困扰着我们,尽管这些问题普遍被认为与混凝土徐变和收缩有关,但至今却未能弄清楚它们之间相互作用的机理。

1. 收缩、徐变概念介绍

混凝土徐变和收缩是它作为黏滞弹性体的两种与时间有关的变形性质。图5-17表示混凝土柱体随加载和卸载的整个过程中的变形性质。

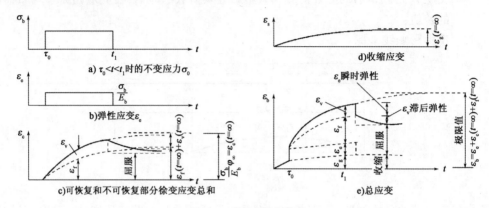

图5-17 混凝土柱体变形

(1) 柱体未承载前,混凝土就产生随时间增长的收缩应变 ε_s[图5-17d)]。

(2) 当加载(混凝土加载龄期为 τ_0)时,混凝柱体 $t=\tau_0$ 时产生瞬时弹性应变 $\varepsilon_e = \sigma_b/E_b$ [图5-17b)]。

(3) 在荷载的长期(持续)作用下,混凝土柱体随时间增加产生附加应变 ε_c,称为徐变应变。

(4) 荷载在 $t=t_1$ 时卸去,混凝土柱体除了瞬时恢复弹性应变外,还随时间恢复了一部分附加应变。这部分可恢复的徐变应变称为滞后弹性应变 ε_v,残留的不可恢复的附加应变部分为屈服应变 ε_f。$\varepsilon_v + \varepsilon_f$ 为徐变应变的总和[图5-17e)]。

混凝土徐变主要与应力的性质和大小,加载时的混凝土的龄期及荷载的持续时间有密切的关系。混凝土的徐变、收缩还与混凝土的组成材料及其配合比,周围环境的温度、湿度、构件截面形式与混凝养护条件等因素相关。

一般来说,混凝土徐变和收缩对结构的变形、结构的内力分布和结构内截面(在组合截面情况下)的应力分布会产生影响,这些影响可归纳为:

(1) 结构在受压区的徐变和收缩会增大挠度(如梁、板)。

(2) 徐变会增大偏压柱的弯曲,由此增大初始偏心距,降低其承载能力。

(3) 预应力混凝土构件中,徐变和收缩会导致预应力的损失。

(4) 如果结构构件截面为组合截面(不同材料组合的截面如钢筋混凝土组合截面),徐变将导致截面上应力重分布。

(5) 对于超静定结构,混凝土徐变将导致结构内力重分布,即引起结构的徐变次内力。

(6) 混凝土收缩会使较厚构件(或在结构的截面形状突变处)表面开裂。这种表面裂缝是因为收缩总在构件表面开始,但受到内部的阻碍引起收缩应力而产生的。

本节主要叙述混凝土徐变、收缩引起结构变形与次内力的计算原理。在桥梁结构中,混凝土的使用应力一般不超过其极限强度的40%~50%。从试验中观察到,当混凝土棱柱体在持续应力不大于 $0.5Ra$(混凝土棱柱强度)时,徐变变形表现出与初始弹性变形成比例的线性关系。因此,我们以徐变线性理论为基础讨论结构徐变变形与次内力计算方法(当应力超过这个界限,它们之间的关系变为非线性的,即符合徐变非线性理论)。这样,在整个使用荷载应力范围内,可引入徐变特性系数 φ(以后简称徐变系数),建立徐变应变的关系式:

$$\varepsilon_c = \frac{\Delta l_c}{l} = \frac{\Delta l_c}{\Delta l_e} \cdot \frac{\Delta l_e}{l} = \varphi \cdot \varepsilon_e \tag{5-39}$$

即:

$$\varphi = \frac{\varepsilon_c}{\varepsilon_e}$$

式中:ε_e——混凝土徐变应变 ε_c 开始时,在荷载作用下混凝土的瞬时弹性应变值。

图5-17即表示了在不变应力作用下徐变应变的规律。τ 为加载龄期,ε_c(如考虑滞后弹性效应为 $\varepsilon_v + \varepsilon_f$)为任意时刻时的徐变应变。当时间 $t = \infty$ 时,极限徐变应变为 $\varepsilon_k(t = \infty)$,而相应的极限徐变系数为 $\varphi_k(t = \infty)$。试验表明,在长期荷载作用下,加载初期徐变应变增长较快,后期增长减慢,几年以后就基本停止增长。结构的徐变变形的累计总值可达到同样应力下弹性变形的 1.5~3.0 倍或更大。

徐变、收缩虽然各有自身的特点,但它们都可以与混凝土内水化水泥浆的特性联系起来。徐变、收缩的机理在于混凝土水化水泥浆的物理结构,而不在于水泥的化学性质。

混凝土徐变的主要机理一般可分为:在应力和吸附水层的润滑作用下,水泥胶凝体的滑动或剪切所产生的水泥石的黏稠变形;在应力作用下,由于吸附水的渗流或层间水转移而导致的紧缩;水泥胶凝体对骨架弹性变形的约束作用所引起的滞后弹性变形;由于局部发生微裂、结晶破坏、重新结晶以及新联结而产生的永久变形。

混凝土收缩的机理可归纳为:自发收缩,即在没有水分转移下的收缩,是一种水化反应所产生的固有收缩;干燥收缩,是混凝土内部吸附水的消失而产生的收缩,也是收缩应变的主要部分;碳化收缩,由水泥水化物与空气中的二氧化碳发生化学反应而产生。

混凝土徐变、收缩有许多相同的影响因素:水泥品种、水灰比、水泥用量、含水率、集料种类、养护条件、工作环境的温度与湿度及构件尺寸等,但它们对徐变、收缩的作用仍不尽相同。详见其他相关文献。

混凝土徐变因与荷载条件有关而区别于收缩。大量试验结果还表明:当混凝土应力小于其强度的50%时,徐变应变与所施加应力具有线性关系,称为线性徐变;超过该应力后,因集料与凝固水泥浆交界面出现微裂缝而导致非线性徐变。混凝土承受拉应力时的徐变小于压应力,且初始速度大、降速快。在线性徐变范围内,徐变的泊松比与弹性泊松比相等。

混凝土徐变、收缩及其对结构影响的预测,是十分复杂又难以获得精确答案的问题。所有影响徐变、收缩的因素连同它们所产生的效应都是随机变量,它们的变异一般都超出15%~20%。

2. 徐变、收缩理论

根据试验研究,当混凝土应力不超过极限强度的40%~50%时,徐变终极变形与初始瞬时弹性变形呈线性关系,否则呈非线性关系。这样试件在常应力作用下,徐变变形可以表示为:

$$\varepsilon_c = \varphi_t \cdot \varepsilon_e \tag{5-40}$$

弹性变形与徐变变形总和则为:

$$\varepsilon_b = \varepsilon_e + \varepsilon_c = \varepsilon_e(1 + \varphi_t) = \frac{\sigma}{E}(1 + \varphi_t) \tag{5-41}$$

在实际工程问题中,遇到许多超静定结构。结构在长期荷载作用下,因混凝土徐变产生的变形受到约束而引起次内力,混凝土截面的初始应力则随时间而变化,这些随时间变化的应力又产生应变。因此在这种情况下,必须观察在任意时刻 t 时,应力变化所引起的应变增量,即弹性应变增量和徐变应变增量:

$$\varepsilon_c = \frac{\Delta l_c}{l} = \frac{\Delta l_c}{\Delta l_e} \cdot \frac{\Delta l_e}{l} = \varphi \cdot \varepsilon_e \tag{5-42}$$

从开始加载时龄期 τ_0 到观察时刻 t,由不断变化的应力(即具有应力梯度 $d_\tau \sigma_\tau = \frac{\partial \sigma_\tau}{\partial \tau}$,见图 5-18),所产生的应变的总和为:

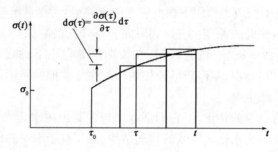

图 5-18 应力梯度

$$\varepsilon_b(t) = \frac{\sigma(\tau_0)}{E}[1 + \varphi(t, \tau_0)] + \int_{\tau_0}^{t} \frac{\partial \sigma(\tau)}{\partial \tau} \cdot \frac{1}{E}[1 + \varphi(t, \tau)] d\tau \tag{5-43}$$

在实际工程结构中,结构各部件可能是同一加载龄期的,也可能具有不同加载龄期的,因此必须研究徐变系数与加载龄期的关系及在时间变量下的变化规律。为了计算结构徐变变形或徐变次内力,就需要选择适当的徐变系数的数学模式。

1)加载龄期与 $\varphi(t, \tau)$ 的关系

一般文献中都提及三种理论,即老化理论、先天理论(继效理论)及混合理论(弹性徐变理论)。

(1)老化理论

老化理论的基本假定是:不同加载龄期 τ 的混凝土徐变曲线在任意时刻 $t(t>\tau)$,徐变增长率都相同。这就引出下列结论:

①当确定加载龄期 τ_0 的混凝土徐变基本曲线后,可通过它在坐标上垂直平移获得不同加载龄期 $\tau(\tau_1, \tau_2, \cdots)$ 的混凝土徐变曲线。

②从图 5-19 可见,混凝土随着加载龄期的增大,徐变系数将不断减小,当加载龄期增大至一定值(如 3~5 年)后,徐变终极值 $\varphi_{k\tau}$ 趋近于零,即认为混凝土将不再发生徐变。

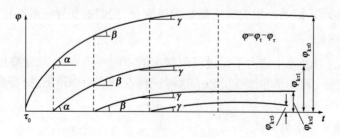

图 5-19 按老化理论表示同一混凝土在不同加载龄期时的徐变曲线

③根据基本假定,在任意时刻 t,不同加载龄期的徐变曲线在该点上具有相同的斜率(即增长率)。

④任意加载龄期 τ 的混凝土在 t 时的徐变系数计算公式为:

$$\varphi_{t,\tau} = \varphi_{t,\tau_0} - \varphi_{\tau,\tau_0} \tag{5-44}$$

式中:φ_{t,τ_0}——混凝土加载龄期从 τ_0 时至 $t(t>\tau)$ 时的徐变系数;

φ_{τ,τ_0}——混凝土加载龄期从 τ_0 时至 τ 时的徐变系数。

(2)先天理论

先天理论的基本假定:不同加载龄期的混凝土徐变增长规律都是一样的。这就得到以下结论:

①当确定加载龄期 τ_0 的混凝土徐变曲线后,可通过它在坐标上水平平移获得不同加载龄期 $\tau(\tau_1,\tau_2,\cdots)$ 的混凝土徐变曲线。

②从图5-20可见,混凝土的徐变终极值不因加载龄期不同而异,而是一个常值。

③不同加载龄期 τ 的混凝土在相同的加载持续时间所求得的徐变系数相等,并在该点上有相同的徐变增长率。

④任意加载龄期 τ 的混凝土在 t 时的徐变系数计算公式为:

$$\varphi(t,\tau) = \varphi_0(t-\tau) \tag{5-45}$$

式中:$\varphi_0(t-\tau)$——徐变基本曲线上,加载持续为 $t-\tau$ 时的徐变系数。

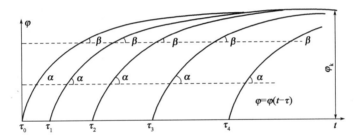

图5-20 按先天理论表示同一混凝土在不同加载龄期时的徐变曲线

(3)混合理论

试验证明:老化理论比较符合混凝土初期加载情况,先天理论比较符合后期加载情况。混合理论兼顾两者,在加载初期用老化理论,后期用先天理论,见图5-21。

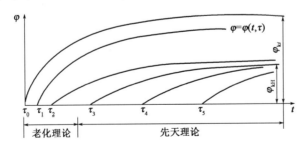

图5-21 按混合理论表示的同一混凝土在不同加载龄期时的徐变曲线

任意加载龄期 τ 的混凝土,在 t 时的徐变系数计算式可一般表示为:

$$\varphi_{t,\tau} = \varphi(t,\tau) \tag{5-46}$$

2)徐变系数的数学模式

徐变系数的数学模式,即反映徐变系数随时间变化规律的数学函数式,或简称徐变曲线函数式。上述不同理论都表明,只要确立徐变基本曲线的函数式,任意加载龄期τ在任意观察时刻$t(t>\tau)$的混凝土徐变系数即可求得。

早在20世纪30年代末,狄辛格(Dischinger)就提出了一个比较简单的函数式来表示徐变基本曲线:

$$\varphi_{t,\tau} = \varphi_{k0}(1 - e^{-\beta t}) \tag{5-47}$$

式中:$\varphi_{t,0}$——加载龄期$\tau=0$(混凝土开始硬化时)的混凝土在$t(t>\tau)$时的徐变系数;

φ_{k0}——徐变终极值,即加载龄期$\tau=0$的混凝土在$t=\infty$时的徐变系数;

β——徐变增长速度系数。

狄辛格公式用于老化理论,则加载龄期为τ的混凝土在t时刻的徐变系数为:

$$\varphi_{t,\tau} = \varphi_{t,0} - \varphi_{\tau,0} = \varphi_{k0}(1 - e^{-\beta t}) - \varphi_{k0}(1 - e^{-\beta \tau}) = \varphi_{k0}(e^{-\beta \tau} - e^{-\beta t}) \tag{5-48}$$

亦可表示为:

$$\varphi_{t,\tau} = \varphi_{k0} e^{-\beta \tau}[1 - e^{-\beta(t-\tau)}] = \varphi_{k,\tau}[1 - e^{-\beta(t-\tau)}] \tag{5-49}$$

式中:$\varphi_{k\tau}$——加载龄期为τ的混凝土徐变终极值。

若用于先天理论,则徐变系数为:

$$\varphi_{t,\tau} = \varphi_{k0}[1 - e^{-\beta(t-\tau)}] \tag{5-50}$$

狄辛格函数式极为简单,用此徐变曲线函数式来求解结构徐变次内力分析的方法,即称为狄辛格方法。

狄辛格方法主要应用老化理论,先天理论因缺乏实测资料引证,很少应用。随着人们对徐变的认识不断深化和大跨度预应力混凝土桥梁不断涌现所获得的实测资料,往往发现其分析结果偏大。特别是近二十年来节段施工方法的发展,混凝土梁段的加载龄期τ不是过去的$1\sim2$个月,而是几天,如何反映早期加载混凝土徐变迅速发展的情况,已成为迫切需要解决的问题。在联邦德国规范DIN 4227和CEB-FIP标准规范中,都逐步反映这问题,前者考虑了滞后弹性的影响,后者增加了一项初始变形来反映早期加载时较大的徐变系数。但由此形成徐变系数计算图表很多,有时很难寻求适当的数学模式来表达它的变化规律。所以,目前在预应力混凝土超静定结构因混凝土徐变、收缩而产生次内力的计算方法中,应用最广泛的仍是狄辛格方法,在徐变系数考虑了滞后弹性效应后,可采用换算弹性模量法或扩展的狄辛格方法。

3. 徐变、收缩的应变与应力关系方程

1)徐变的线性叠加原理

试验研究表明:只要总应力不超过混凝土强度的50%,混凝土的弹性应变和徐变应变都可认为与应力呈线性关系。因此,当工作应力在上述范围内时,分批施加应力所产生的应变可以采用叠加原理。但是,卸载或减载后的徐变恢复是否可叠加和如何叠加的问题是值得进一步探讨的,因为按叠加原理得到的徐变恢复一般大于实际情况。因此,叠加原理对递减荷载将会产生少量偏差。虽然存在上述缺点,叠加原理仍是一个有价值的工具。

按照叠加原理,在时刻t_0施加初应力$\sigma_c(t_0)$,又在不同时刻$t_i(i=1,2,\cdots,n)$多次施加应力增量$\Delta\sigma_c(t_i)$的混凝土,在之后任何时刻t的总应变(包含收缩应变)可表示为:

$$\varepsilon_c(t,t_0) = \frac{\sigma_c(t_0)}{E_c(t_0)}[1 + \varphi(t,t_0)] + \sum_{i=1}^{n}\frac{\Delta\sigma_c(t_i)}{E_c(t_i)}[1 + \varphi(t,t_i)] + \varepsilon_{cs}(t,t_0) \tag{5-51}$$

若式(5-51)等号右边第二项中的应力是连续变化的,则可用积分形式表示:

$$\varepsilon_c(t,t_0) = \frac{\sigma_c(t_0)}{E_c(t_0)}[1+\varphi(t,t_0)] + \int_{t_0}^{t} \frac{\partial \sigma_c(t_0)}{\partial t_0} \cdot \frac{1+\varphi(t,t_0)}{E_c(t_0)} dt_0 + \varepsilon_{cs}(t,t_0) \quad (5\text{-}52)$$

对式(5-51)进行分部积分(注意t_0是变量),并假定收缩应变的发展规律与徐变相似,即:

$$\varepsilon_{cs}(t,t_0) = \frac{\varepsilon_{cs}(\infty,t_0)}{\varphi(\infty,t_0)}\varphi(t,t_0) \quad (5\text{-}53)$$

则式(5-51)可写成:

$$\varepsilon_c(t,\tau_0) = \frac{\sigma_c(t)}{E_c(t)} + \int_{t_0}^{t} \frac{\sigma_c(t_0)}{E_c(t_0)} \frac{d\varphi(t,t_0)}{dt_0} dt_0 + \frac{\varepsilon_{cs}(\infty,t_0)}{\varphi(\infty,t_0)}\varphi(t,t_0) \quad (5\text{-}54)$$

式中:$\varepsilon_{cs}(\infty,t_0)$、$\varphi(\infty,t_0)$——从$t=t_0\to\infty$的收缩应变和徐变系数;
其余符号意义同前。

2)应力、应变关系的微分方程

将徐变系数表达式代入应力、应变关系方程,可推导出应力、应变关系的微分方程式。如对于狄辛格(Dischinger)方法,应力、应变关系的微分方程为:

$$\frac{d\varepsilon_c}{dt} = \frac{1}{E_c(t)}\frac{d\sigma_c(t)}{dt} + \frac{\sigma_c(t)}{E_c(t)}\frac{d\varphi(t,t_0)}{dt} \quad (5\text{-}55)$$

式中,符号意义同前。

但是,有些徐变系数表达式导不出常微分方程,即不能利用微分方程求解徐变效应。正因如此,狄辛格(Dischinger)方法被采用了很长时间,直到20世纪60年代后期才逐渐被其他方法取代。

3)应力、应变关系的代数方程

1967年Tröst教授从混凝土应力-应变的线性关系和叠加原理出发,引入了松弛系数(后被Bažant改称为老化系数)的概念,并假定混凝土弹性模量为常数,推导出如下不变应力下由徐变、收缩导致的应变与应力之间关系的代数方程式:

$$\Delta\varepsilon_c(t,t_0) = \frac{\sigma_c(t_0)}{E_c}\varphi(t,t_0) + \frac{\Delta\sigma_c(t,t_0)}{E_c}[1+\chi(t,t_0)\varphi(t,t_0)] + \varepsilon_{cs}(t,t_0) \quad (5\text{-}56)$$

$$\varepsilon_c(t) = \frac{\sigma_c(t_0)}{E_c}[1+\varphi(t,t_0)] + \frac{\Delta\sigma_c(t,t_0)}{E_c}[1+\chi(t,t_0)\varphi(t,t_0)] + \varepsilon_{cs}(t,t_0) \quad (5\text{-}57)$$

从上式又可推导出如下由应变求应力的公式:

$$\Delta\sigma_c(t,t_0) = -\frac{\varphi(t,t_0)}{1+\chi(t,t_0)\varphi(t,t_0)}\left\{\sigma_c(t_0) - \frac{E_c[\varepsilon_c(t)-\varepsilon_c(t_0)]}{\varphi(t,t_0)} + \frac{E_c\varepsilon_{cs}(t,t_0)}{\varphi(t,t_0)}\right\} \quad (5\text{-}58)$$

$$\sigma_c(t) = \sigma_c(t_0)\left[1-\frac{\varphi(t,t_0)}{1+\chi(t,t_0)\varphi(t,t_0)}\right] + \frac{E_c}{1+\chi(t,t_0)\varphi(t,t_0)}[\varepsilon_c(t)-\varepsilon_c(t_0)-\varepsilon_{cs}(t,t_0)]$$

$$(5\text{-}59)$$

式中:t、t_0——计算徐变和收缩时的龄期、开始时刻的加载龄期;
$\Delta\varepsilon_c(t,t_0)$——从$t_0$至$t$徐变、收缩引起的应变增量;
$\sigma_c(t_0)$——t_0时刻施加的应力;
E_c——混凝土的弹性模量(假定为常数,近似取t_0时刻的值);
$\varphi(t,t_0)$——从t_0至t的徐变系数;

$\Delta\sigma_c(t,t_0)$——从 t_0 至 t 徐变、收缩引起的应力增量；

$\varepsilon_{cs}(t,t_0)$——从 t_0 至 t 的收缩应变；

$\varepsilon_c(t_0)$——t_0 时刻由 $\sigma_c(t_0)$ 产生的应变；

$\chi(t,t_0)$——从 t_0 至 t 的松弛系数（1972 年被 Bažant 改称为老化系数）：

$$\chi(t,t_0) = \sum_{t_i=t_0}^{t} \frac{\Delta\sigma_c(t_i)}{\Delta\sigma_c(t,t_0)} \frac{K_{t_i}}{K_{t_0}} \tag{5-60}$$

式中：$\Delta\sigma_c(t_i)$——时刻 t_i 由徐变、收缩引起的应力增量；

$\Delta\sigma_c(t,t_0)$——从 t_0 至 t 由徐变、收缩引起的应力增量；

K_{t_i}、K_{t_0}——加载龄期对徐变系数终值的影响系数；

其余符号意义同前。

1972 年 Bažant 教授对 Tröst 的公式进行了严密论证，将它应用于变化的弹性模量与无限界的徐变系数，并指出 Tröst 的"松弛系数"应该改称为"老化系数"，因为它主要反映了后期加载时混凝土老化的性质，通常通过试验获取数值，故包含了收缩徐变的共同作用。同时，Bažant 还将如下公式定义为按龄期调整的有效模量：

$$E_\varphi(t,t_0) = \frac{E_c(t_0)}{1+\chi(t,t_0)\varphi(t,t_0)} \tag{5-61}$$

式中，符号意义同前。

若将式（5-61）表示的按龄期调整的有效模量代入式（5-56）或式（5-57）中的第二项，则由徐变、收缩导致的应力增量所引起的应变如同弹性应变一样。

老化系数可由所采用的徐变系数表达式进行推算。如采用狄辛格（Dischinger）方法的表达式，则老化系数可以下式表示：

$$\chi(t,t_0) = \frac{1}{1-e^{-\varphi(t,t_0)}} - \frac{1}{\varphi(t,t_0)} \tag{5-62}$$

式中，符号意义同前。

4. 徐变、收缩效应的分析方法

1) 徐变、收缩效应的微分方程求解法

设结构所有构件的徐变与收缩特性相同，体系转换之前（前期）结构受到的荷载为 q、内力为 X_1，体系转换之后（后期）结构成为 n 次超静定。假设：前期结构保留下来的、在后期结构多余未知力方向的初始内力为 $X_{j,1}(j=1,2,\cdots,n)$；体系转换时刻为 t_0，时刻 $t(t>t_0)$ 结构多余未知力方向的次内力为 $X_j(t,t_0)(j=1,2,\cdots,n)$。因此，采用结构力学的力法原理，在体系转换后的任何时刻 t 的 $\mathrm{d}t$ 时间内，结构在第 i 个多余未知力方向的变形将由次内力增量引起的弹性变形、次内力引起的徐变变形增量、前期初始内力引起的徐变变形增量及混凝土收缩产生的变形增量所组成，并满足如下协调条件：

$$\sum_{j=1}^{n}\delta_{ij}\mathrm{d}X_j(t,t_0) + \sum_{j=1}^{n}\delta_{ij}X_j(t,t_0)\mathrm{d}\varphi(t,t_0) + \Delta_{i,1}\mathrm{d}\varphi(t,t_0) + \mathrm{d}\Delta_{i,cs}(t,t_0) = 0 \tag{5-63}$$

式中：δ_{ij}——第 j 个单位多余未知力在第 i 个多余未知力方向产生的变形；

$\Delta_{i,1}$——前期结构的荷载和初始内力在第 i 个多余未知力方向产生的变形；

$\mathrm{d}\Delta_{i,cs}(t,t_0)$——从 t_0 至 t 的 $\mathrm{d}t$ 时间内混凝土收缩在第 i 个多余未知力方向产生的变形；

其余符号意义同前。

假定收缩应变的发展规律与徐变相似,即:

$$\mathrm{d}\Delta_{i,\mathrm{s}}(t,t_0) = \frac{\Delta_{i,\mathrm{cs}}(\infty,t_0)}{\varphi(\infty,t_0)}\mathrm{d}\varphi(t,t_0) \tag{5-64}$$

并将 $\Delta_{i,1}$ 表示为:

$$\Delta_{i,1} = \Delta_{i,q} + \sum_{j=1}^{n}\delta_{ij}X_{j,1} \tag{5-65}$$

式中: $\Delta_{i,q}$——荷载 q 在第 i 个多余未知力方向产生的变形;

$\Delta_{i,\mathrm{cs}}(\infty,t_0)$——从 $t=t_0 \to \infty$ 的混凝土收缩在第 i 多余未知力方向产生的变形;

其余符号意义同前。

于是,式(5-63)可写成:

$$\sum_{j=1}^{n}\delta_{ij}\left[\frac{\mathrm{d}X_j(t,t_0)}{\mathrm{d}\varphi(t,t_0)} + X_j(t,t_0) + X_{j,1}\right] = -\left[\Delta_{i,q} + \frac{\Delta_{i,\mathrm{cs}}(\infty,t_0)}{\varphi(\infty,t_0)}\right] \tag{5-66}$$

另一方面,若将相同的荷载和收缩应变瞬时作用在后期结构上,并设相应的弹性次内力为 $X_{j,2}(j=1,2,\cdots,n)$,则也可建立第 i 个多余未知力方向的变形协调条件:

$$\sum_{j=1}^{n}\delta_{ij}X_{j,2} = -\left[\Delta_{i,q} + \frac{\Delta_{i,\mathrm{cs}}(\infty,t_0)}{\varphi(\infty,t_0)}\right] \tag{5-67}$$

比较式(5-66)与式(5-67)可以得到:

$$\frac{\mathrm{d}X_j(t,t_0)}{\mathrm{d}\varphi(t,\tau)} + X_j(t,\tau) + X_{j,1} = X_{j,2} \tag{5-68}$$

求解上式,再由初始条件:当 $t=t_0$, $X_j(t,t_0)=0$, $\varphi(t,t_0)=0$,得到第 j 个多余未知力随时间变化的计算公式:

$$X_j(t,t_0) = (X_{j,2} - X_{j,1})\left[1 - \mathrm{e}^{-\varphi(t,t_0)}\right] \tag{5-69}$$

式中: $X_{j,1}$——前期结构在第 j 个多余未知力方向的初始内力;

$X_{j,2}$——荷载和收缩应变瞬时作用在后期结构上得到的第 j 个多余未知力方向的弹性次内力;

其余符号意义同前。

由上可见,微分方程求解法忽略了结构各构件在徐变、收缩等方面特性的差异,而经过体系转换结构的各构件之间几乎都存在一些差异。应该注意的是,在结构力学计算中应用的图乘法其基本原理与微分相同,可以通过对比两者的求解过程加深理解;同时,微分方程求解多次超静定结构是十分复杂甚至很难进行的。

2)徐变、收缩效应分析的代数方程求解法

同前类似,结构各构件的徐变、收缩特性相同,体系转换后为 n 次超静定。根据 Tröst 教授提出的徐变、收缩导致的应变与应力之间关系的代数表达式,从体系转换时刻 t_0 至时刻 $t(t>t_0)$,结构在第 i 个多余未知力方向变形将由次内力引起的弹性变形、次内力引起的徐变变形、前期初始内力引起的徐变变形及混凝土收缩产生的变形所组成,其满足的相容条件为:

$$\sum_{j=1}^{n}\delta_{ij}X_j(t,t_0)\left[1 + \chi(t,t_0)\varphi(t,t_0)\right] + \Delta_{i,1}\varphi(t,t_0) + \Delta_{i,\mathrm{cs}}(t,t_0) = 0 \tag{5-70}$$

式中: $X_j(t,t_0)$——从 t_0 至 t 在第 j 个多余未知力方向产生的内力;

$\Delta_{i,\mathrm{cs}}(t,t_0)$——从 t_0 至 t 混凝土收缩在第 i 多余未知力方向产生的变形;

其余符号意义同前。

假定收缩应变的发展规律与徐变相似,即:

$$\Delta_{i,s}(t,t_0) = \frac{\Delta_{i,cs}(\infty,t_0)}{\varphi(\infty,t_0)}\varphi(t,t_0) \tag{5-71}$$

将式(5-64)、式(5-70)代入式(5-69),得到:

$$\sum_{j=1}^{n}\delta_{ij}\{[1+\chi(t,t_0)\varphi(t,t_0)]X_j(t,t_0)+X_{j,1}\varphi(t,t_0)\} = -\varphi(t,t_0)\left[\Delta_{i,q}+\frac{\Delta_{i,cs}(\infty,t_0)}{\varphi(\infty,t_0)}\right] \tag{5-72}$$

式中符号意义同前。

对照式(5-66)和式(5-71),可得:

$$X_j(t,t_0) = \frac{\varphi(t,t_0)}{1+\chi(t,t_0)\varphi(t,t_0)}(X_{j,2}-X_{j,1}) \tag{5-73}$$

比较式(5-72)与式(5-68),并使之相等,则:

$$\frac{\varphi(t,t_0)}{1+\chi(t,t_0)\varphi(t,t_0)} = 1-e^{-\varphi(t,t_0)} \tag{5-74}$$

由此得到老化系数:

$$\chi(t,t_0) = \frac{1}{1-e^{-\varphi(t,t_0)}} - \frac{1}{\varphi(t,t_0)} \tag{5-75}$$

该式表示的老化系数是按狄辛格(Dischinger)方法的徐变系数推导的,这样的老化系数一般偏低。

如果结构的构件或节段具有不同的徐变、收缩特性,则式(5-70)及式(5-71)中 δ_{ij}、$\Delta_{i,1}$、$\Delta_{i,cs}$ 等均应按徐变特性的变化分别或分段计算。

徐变、收缩效应的代数方程求解法,不仅可选择合乎实际情况的徐变系数表达式,而且能考虑构件或节段徐变、收缩特性的差异,既简化了计算又提高了精度,方法的本质是将收缩徐变产生的效应转化为附加力进行处理。但是,利用该方法求解外部约束变化问题时,只能是约束变化突然发生或约束施加的速度与徐变发展的速度相同。

3)徐变、收缩效应的逐步递推分析法

结合有限元分析方法,将结构的受力过程划分为若干个时段或工况,引入按龄期调整的弹性模量,就能实现徐变、收缩的逐步分析。但要精确计算每个时段或工况的有效弹性模量[采用式(5-60)计算老化系数,而不是用式(5-62)的近似值]需要记录完整的应力历史数据,故在结构复杂时计算机的储存空间占用和时间消耗都将很大。为了弥补上述方法的不足,产生了一种利用递推公式计算徐变、收缩应变增量和进行徐变、收缩效应分析的方法。这种递推方法根据 fib 模式规范,将混凝土徐变系数随时间发展规律表示为:

$$\varphi(t,t_0) = \varphi_0\beta_c(t,t_0) = \varphi_0\left[\frac{(t-t_0)}{\beta_H+(t-t_0)}\right]^{0.3} \tag{5-76}$$

式中,符号意义同前。

算例:

两个单悬臂梁在 E 点合龙形成三跨连续梁,如图 5-22 所示。假定该连续梁的截面特征相同,梁上受到均布重力荷载 g;AE 梁徐变系数和老化系数分别为 $\varphi_{(\infty\tau),AE}=1.2$、$\chi_{(\infty\tau),AE}=0.65$,ED 梁的徐变系数和老化系数分别为 $\varphi_{(\infty\tau),ED}=2.5$、$\chi_{(\infty\tau),ED}=0.8$。求从合龙时刻 τ 至

$t = \infty$ 支点 B、C 处连续梁弯矩和支点反力的变化。

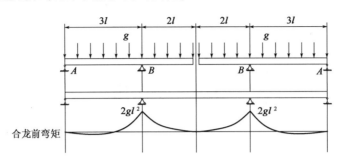

图 5-22 两个单悬臂梁在 E 点合龙形成三跨连续梁

解：采用 Tröst 代数方程求解。

(1) 力法方程系数计算

取简支梁 AB、BC、CD 为力法求解时上述连续梁的基本静定结构，多余未知力为 B、C 处的截面弯矩。单位多余未知力与荷载引起在多余未知力方向的变形如下：

$$\delta_{BB} = \delta_{BB,AE} + \delta_{BB,ED} = \left[\frac{13l}{6E_cI}\right]_{AE} + \left[\frac{l}{6E_cI}\right]_{ED}$$

$$\delta_{BC} = \delta_{CB} = \delta_{BC,AE} + \delta_{BC,ED} = \delta_{CB,AE} + \delta_{CB,ED} = \left[\frac{l}{3E_cI}\right]_{AE} + \left[\frac{l}{3E_cI}\right]_{ED}$$

$$\delta_{CC} = \delta_{CC,AE} + \delta_{CC,ED} = \left[\frac{l}{6E_cI}\right]_{AE} + \left[\frac{13l}{6E_cI}\right]_{ED}$$

$$\Delta_{Bg} = \Delta_{Bg,AE} + \Delta_{Bg,ED} = -\left[\frac{49gl^3}{24E_cI}\right]_{AE} - \left[\frac{gl^3}{6E_cI}\right]_{ED}$$

$$\Delta_{Cg} = \Delta_{Cg,AE} + \Delta_{Cg,ED} = -\left[\frac{gl^3}{6E_cI}\right]_{AE} - \left[\frac{49gl^3}{24E_cI}\right]_{ED}$$

(2) B、C、E 点处弯矩和各支点反力计算

根据力法计算的基本结构，从时刻 τ 至 $t = \infty$ 建立如下 B 点和 C 点截面处的变形协调条件：

$$\Delta M_{B(\infty,\tau)}(\delta_{BB} + \delta_{BB,AE}\chi_{AE}\varphi_{AE} + \delta_{BB,ED}\chi_{ED}\varphi_{ED}) + \Delta M_{C(\infty,\tau)}(\delta_{BC} + \delta_{BC,AE}\chi_{AE}\varphi_{AE} + \delta_{BC,ED}\chi_{ED}\varphi_{ED}) + \Delta_{Bg,AE}\varphi_{AE} + \Delta_{Bg,ED}\varphi_{ED} = 0$$

$$\Delta M_{B(\infty,\tau)}(\delta_{CB} + \delta_{CB,AE}\chi_{AE}\varphi_{AE} + \delta_{CB,ED}\chi_{ED}\varphi_{ED}) + \Delta M_{C(\infty,\tau)}(\delta_{CC} + \delta_{CC,AE}\chi_{AE}\varphi_{AE} + \delta_{CC,ED}\chi_{ED}\varphi_{ED}) + \Delta_{Cg,AE}\varphi_{AE} + \Delta_{Cg,ED}\varphi_{ED} = 0$$

上式代入已知常数后得到：

$$4.3567\Delta M_{B(\infty,\tau)} + 1.5933\Delta M_{C(\infty,\tau)} = -2.8667gl^2 \quad 1.5933\Delta M_{B(\infty,\tau)} + 6.7967\Delta M_{C(\infty,\tau)} = 5.3042gl^2$$

求解联立方程，可得 B 点和 C 点截面的弯矩增量：

$$\Delta M_{B(\infty,\tau)} = 0.4075gl^2, \quad \Delta M_{C(\infty,\tau)} = 0.6849gl^2$$

于是，也可得到 C 点截面弯矩和各支点的反力增量：

$$\Delta M_{E(\infty,\tau)} = 0.5462gl^2$$

$$\Delta R_{A(\infty,\tau)} = 0.1358gl, \quad \Delta R_{B(\infty,\tau)} = -0.0665gl$$

$$\Delta R_{C(\infty,\tau)} = -0.2976gl, \quad \Delta R_{D(\infty,\tau)} = 0.2283gl$$

当 $t = \infty$ 时,B、C、E 点截面的弯矩和各支点的反力为:

$$M_{B(\infty)} = -1.5925gl^2, M_{C(\infty)} = -1.3151gl^2, M_{E(\infty)} = 0.5462gl^2$$

$$R_{A(\infty)} = 0.9692gl, R_{B(\infty)} = 4.1002gl, R_{C(\infty)} = 3.8690gl, R_{D(\infty)} = 1.0616gl$$

第三节　可变作用内力

一、汽车作用力

1. 概述

在进行桥梁结构在汽车荷载作用下的效应分析时,由于车辆荷载的随机性,必须考虑结构的空间效应,把桥面看作一个空间上的面。尤其对于多片主梁通过桥面板和横隔梁组成的梁桥来说,它们的受力特性与单梁桥不同,属于空间结构的范畴;当荷载 p 作用在桥上时,由于结构的整体作用,各主横梁不同程度都要产生挠曲而形成一个挠曲面,显示了结构变形与受力的空间性。因此,主梁内力 $M(x·y)$(弯矩)、$Q(x·y)$(剪力)、$M_T(x·y)$(扭矩)的计算属于空间理论问题,即需要求解结构内力影响面的问题。

针对上述特点,最为直接的计算方法是根据梁的不同构造去选择空间结构的计算图式进行力学分析,求出各截面位置的内力影响面,按最不利位置加载求出最大设计内力,这显然是十分繁复的。以下将着重介绍实用空间理论的基本原理;掌握这些原理对于桥梁工程师在实际工作中进行定性分析和快速估算结构受力具有重要意义。

2. 影响面的简化

从 20 世纪 30 年代开始,国内外学者对梁桥空间结构的计算理论做了大量的试验研究,有的直接给出主梁、横梁内力影响面的图表供设计者查用,但其中大部分还是应用"荷载横向分布"这一概念,把空间计算问题合理简化为平面问题来解决,即空间理论的实用计算方法。建立空间结构的实用计算方法的实质是在一定的误差范围内,寻求一个近似的内力影响面去代替精确的内力影响面。

如图 5-23 所示,内力影响面是一个二维的空间曲面,可以表达为两个维度的函数关系,即 $\eta(x,y)$,其中 x 代表纵桥向坐标,y 代表横桥向坐标。按影响面加载得到的效应为:$S(x,y) = \sum P(x,y) \cdot \eta(x,y)$。

同时可见,内力影响面在 x 方向和单根梁的跨中影响线 $\eta_1(x)$ 相似,都成近似三角形,而在 y 方向和用刚性横梁法计算得到的荷载横向分布影响线 $\eta_2(y)$ 相似。在这里,假设影响面在 x 方向的影响线截面均为相似形状,而保留影响面在 y 方向的横向比例系数各截面的差异,采用变量分离的方法,即采用一个单值函数 $\eta_1(x)$ 和横向比例系数 $\eta_2(x,y)$ 的乘积组成的近似内力影响面 $\eta(x,y)$ 去代替一个由双值函数 $\eta(x,y)$ 表示的精确内力影响面,使桥梁空间结构的受力分析可以用荷载横向分布影响面 $\eta_2(x,y)$ 结合主梁平面内力影响线 $\eta_1(x)$ 来近似替换,即把空间结构的内力计算问题合理转化为平面问题来解决,此时 $\eta(x,y) = \eta_1(x) \cdot \eta_2(x,y)$。

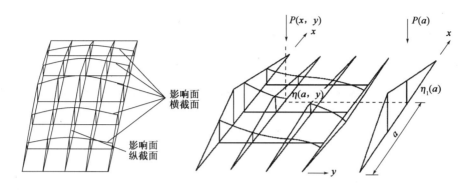

图 5-23 结构内力影响面及内力影响面的分解图式

3. 活荷载的车道分解

简化影响面后,同样需要将空间分布的车辆荷载简化为平面问题。在桥梁结构上随机行驶的车流其对结构的作用表现为一个个直接作用在桥面结构上的轴载。虽然车辆在桥面的行驶具有很大的随机性,但绝大部分情况中,都将沿着既定的车道行驶。因此,计算中可以假定车辆荷载分布于一定的车道范围内,并进一步不失随机性地假定各车道内汽车为齐头并进的形式。这样,原本为二维的活载加载面 $P(x,y)$ 即可简化为用车道数为系数的活载加载线性表示:$P(x,y) = \alpha_i(y)P(x)$。其中,$P(x)$ 代表单车道内的纵向活载,$\alpha_i(y)$ 则表示与横桥向有关的荷载比例系数。

4. 简化影响面加载

普通影响面加载得到的效应为:$S(x,y) = \sum P(x,y) \cdot \eta(x,y)$。结合上文中简化的影响面及荷载面。由于假定汽车为成排前进,故其与影响线的乘积在不同的前行时刻内必然存在极值,因此简化后的影响面加载可以表示为:

$$S(x,y) = \max_i [\sum_{x,y} \alpha_i(y) \eta_2(x,y) P(x) \eta_1(x)] = \max_i [\sum_x m_{ci}(x) P(x) \eta_1(x)] \quad (5-77)$$

这里将荷载横向比例系数 $\alpha_i(y)$ 与荷载横向分布影响线 $\eta_2(x,y)$ 的乘积记为 m_c,即荷载横向分布系数。此时,若进一步假设影响面纵截面形状成比例,即 m_{ci} 不沿横桥向变换,为一定值 m_c,则:

$$S(x,y) = m_c [\sum_x P(x) \eta_1(x)] \quad (5-78)$$

车道活载效应即简化为荷载的横向分布系数 m_c 与标准梁的荷载效应的乘积。同时,利用简化方法需要注意的是:

精确内力影响面 $\eta(x,y)$ 能否作变量分离用近似内力影响面来代替,其前提应该是影响面 $\eta(x,y)$ 在纵横向是否有各自相似的图形,否则当导致内力计算中的过大误差;主梁各截面弯矩的横向分布系数 m_c 均采用全跨单一的跨中截面横向分布系数,但剪力必须考虑 m_c 的变化。

至此,可以把梁桥空间计算的实用方法的计算原理归纳如下:

(1) 梁桥空间计算的实用近似方法,它是建立在用一个近似的内力影响面去代替精确的内力影响面的基础上。近似内力影响面可用变量分离的方法得到,其坐标 $\hat{\eta}(x,y) \approx \eta_1(x) \cdot \eta_2(x,y)$。

(2)在梁桥空间结构的近似计算中,"荷载横向分布"仅是借用的一个概念,其实质应该是"内力"横向分布,而并不是"荷载"横向分布。只是在变量分离后在计算式的表现形式上成了"荷载"横向分布。通常在习惯上称$\eta_2(y)$为荷载横向分布影响线,m_c为荷载横向分布系数。

(3)严格地说,任意位置(x,y)上的各内力$S(x,y)$都有各自的内力影响面,在实用计算方法中,应有各自的荷载横向分布系数m_c。实际上,主梁各截面弯矩的横向分布系数m_c均采用全跨单一的跨中截面横向分布系数,但剪力必须考虑m_c的变化。

在获得了横向分布系数后,上述实用近似方法特别适用于多梁式结构的计算分析;箱梁式的结构由于传力方式的不同,分析的思路将有所不同,后续章节中将详细介绍。

二、温度作用力

1. 温度对结构的影响

桥梁结构是暴露在大气中的结构物,结构受力将受到温度影响。温度影响一般包括两部分,即年温差影响与局部温差影响。

年温差影响,是指气温随季节发生周期性变化时对结构物所引起的作用。一般假定温度在构件内均值变化;对无水平约束的结构如简支梁、连续梁等,年温差只引起结构的均匀伸缩,并不导致结构内温度次内力(或温度应力);对结构的均匀伸缩受到约束时,年温差将引起结构内温度次内力,如拱式结构,框架结构及部分斜拉桥结构。

局部温差影响,一般是指日照温差或混凝土水化热等影响。混凝土水化热引起结构内的温度变化,问题较为复杂,但可以在施工中用温度控制方法予以调节,目前在各国规范中,桥梁温度应力计算一般不包括此项影响,在此亦不予讨论。日照温差对结构的影响:因日辐射强度、桥梁方位、日照时间、地理位置、地形地貌等随机因素,使结构表面、内部温差因对流、热辐射和热传导方式形成瞬时的不均匀分布,称为结构的温度场。

显然,要计算日照温差对结构的效应,温度场的确定是关键问题。严格地说,桥梁结构属于三维热传导结构,结构内任一点的温度T_i是结构三维方向及时间t的函数$T_i=f(x,y,z,t)$,这样考虑计算将非常复杂,设计中必须进行合理简化。考虑到桥梁是一个狭长的结构物,又忽略某些局部区域三维传导性质(如梁端、箱梁角隅区域等),可以认为桥梁在沿长度方向,温度变化是一致的,从而可以将三维热传导问题简化为分别以桥梁横向或竖向(沿梁截面高度)的一维传导状态分析。由此,温度场的确定简化为沿桥梁横向或沿桥梁竖向(即截面高度方向)的温度梯度形式的确定。公路上的混凝土桥梁,由于设置人行道,一般是桥面板直接受日照,而腹板因悬臂翼缘板的遮阴,两侧温差变化不大,因此对梁式结构只考虑沿截面高度方向的日照温差的影响。在铁路上,因梁窄,梁的腹板直接受日照,导致两侧腹板日照温差,除了考虑竖向的日照温差影响外,还要考虑横向的影响。各国桥梁规范对梁式结构沿梁高方向的温度梯度的规定有各种不同形式,如图 5-24 所示。

图中列举出的各种形式,可归纳为线性变化和非线性变化两种。

线性变化,如图 5-24a)所示。在这种温差变化情况下,梁式结构将产生挠曲变形,而且梁在变形后仍然服从平截面假定。因此,在静定梁式结构中,线性变化的温度梯度只引起结构的位移而不产生温度次内力,而在超静定梁式结构中,它不但引起结构的位移,而且因存在多余约束,从而产生结构内温度次内力,见图 5-25。

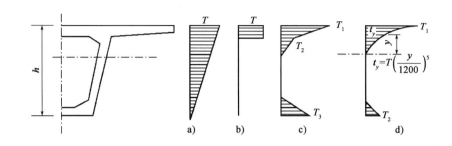

图 5-24 不同的温度梯度形式

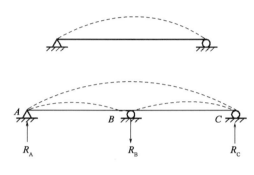

图 5-25 线性温度梯度对结构的影响

非线性变化。在图 5-24 中,除图 5-24a)以外都属于非线性温度梯度形式。在此类非线性温差分布的情况下,即使是静定梁式结构,梁在挠曲变形时,因梁要服从平截面假定,截面上的纵向纤维因温差的伸缩将受到约束,从而产生纵向约束应力,这部分在截面上自相平衡的约束应力称为温度自应力 σ_{s0} 同时,还应考虑多余约束阻止结构挠曲产生的温度次内力引起的温度次应力 σ'_s。总的温度应力为 $\sigma'_t = \sigma_{s0} + \sigma'_s$。

温度应力对预应力混凝土桥梁的影响在近二十年来越来越受到重视并得到深入研究。理论分析和实验研究均已证明,在大跨预应力混凝土箱形梁桥中,特别是超静定结构体系(例如连续梁中,温度应力可以达到甚至超出活载应力),已被认为是预应力混凝土桥梁产生裂缝的主要原因。以下将以预应力混凝土连续梁为例,介绍非线性温度梯度引起梁内温度应力的计算方法。

2. 基本结构上温度自应力的计算

设温度梯度沿梁高按任意曲线 $T(y)$ 分布,如图 5-26 所示,取一单元梁段,当纵向纤维之间不受约束,能自由伸缩时,沿梁高各点的自由变形为:

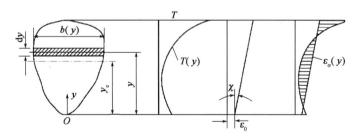

图 5-26 温度自应力计算示意图

$$\varepsilon T(y) = \alpha T(y) \tag{5-79}$$

式中:α——材料的线膨胀系数。

但因梁的变形必须服从平面假定,所以截面实际变形后,应在图 5-26 所示的直线位置,即:

$$\varepsilon_a(y) = \varepsilon_0 + \chi y \tag{5-80}$$

式中:ε_0——$y=0$ 处的变形值;
χ——单元梁段挠曲变形后的曲率。

图 5-26 中阴影部分的应变,是由纵向纤维之间的约束产生的,称为温度自应变:

$$\varepsilon_\sigma(y) = \varepsilon_T(y) - \varepsilon_a(y) = \alpha T(y) - (\varepsilon_0 + \chi y) \tag{5-81}$$

由 $\varepsilon_\sigma(y)$ 产生的应力称为温度自应力,其值为:

$$\sigma_{s0}(y) = E\varepsilon_\sigma(y) = E\{\alpha T(y) - (\varepsilon_0 + \chi y)\} \tag{5-82}$$

一旦式中 ε_0 和 χ 被确定,就可方便地计算温度自应变和温度自应力。由于在单元梁段上无外荷载作用,因此,自应力在截面上是自平衡状态的,可利用截面上应力总和为零和对截面重心轴的力矩为零的条件,求出 ε_0 与 χ 值。

$$\left.\begin{aligned} N &= E\int_h \varepsilon_\sigma(y) \cdot b(y) \cdot \mathrm{d}y = E\int_h [\alpha \cdot T(y) - (\varepsilon_0 + \chi y)] \cdot b(y)\mathrm{d}y \\ &= E\left[\alpha\int_h T(y)b(y)\mathrm{d}y - \varepsilon_0 A - Ay_c\chi\right] = 0 \end{aligned}\right\} \tag{5-83}$$

$$\left.\begin{aligned} M &= E\int_h \varepsilon_\sigma(y) \cdot b(y) \cdot (y-y_c)\mathrm{d}y = E\int_h [\alpha \cdot T(y) - (\varepsilon_0 + \chi y)] \cdot b(y)(y-y_c)\mathrm{d}y \\ &= E\left[\alpha\int_h T(y)b(y)(y-y_c)\mathrm{d}y - \chi I\right] = 0 \end{aligned}\right\} \tag{5-84}$$

式中:$A = \int_h b(y)\mathrm{d}y$;

$S = \int_h y \cdot b(y) \cdot \mathrm{d}y = A \cdot y_0$;

$I = \int_h b(y) \cdot y \cdot (y-y_c)\mathrm{d}y$。

从式可解得:

$$\varepsilon_0 = \frac{\alpha}{A}\int_h T(y)b(y)\mathrm{d}y - y_c\chi \tag{5-85}$$

$$\chi = \frac{\alpha}{I}\int_h T(y)b(y)(y-y_c)\mathrm{d}y \tag{5-86}$$

将 ε_0 与 χ 代入前式即可求得温度自应力 $\sigma_{s0}(y)$。

3. 连续梁温度次内力及温度次应力计算

在上一小节中求得的 χ 值实际上就是自由梁单元在非线性温度梯度变化时产生的挠曲变形的曲率。在连续梁中,这部分变形会引起次内力,可用力法求解。

以两跨连续梁为例,取简支梁为基本结构,可列出力法方程:

$$\delta_{11}x_{1T} + \Delta_{1T} = 0 \tag{5-87}$$

式中:δ_{11}——$x_{1T}=1$ 时在赘余力方向上引起的变形;

Δ_{1T}——温度变化在赘余力方向上引起的变形,图 5-27 中 Δ_{1T} 为中间支座上截面的相对转角。

$\Delta_{1T} = x \cdot l_1 + x \cdot l_2 = x(l_1 + l_2)$,把它们代入,即解得 x_{1T},梁上作用的温度次内力矩为:

$$M'_t = x_{1T} \cdot M_1 \tag{5-88}$$

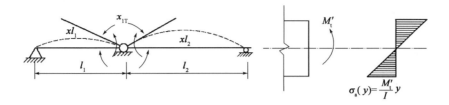

图 5-27　连续梁在温差作用下的挠曲变形

温度次应力为：

$$\sigma'_s = \frac{M'_t y}{I} \tag{5-89}$$

综合考虑温度自应力和温度次力矩，得到连续梁内总的温度应力为：

$$\sigma_s(y) = E[\alpha T(y) - (\varepsilon_0 + \chi y)] + \frac{M'_t}{I} \cdot y \tag{5-90}$$

从以上分析可知：温度梯度曲线与温度附加力的计算有很大的关系，如果温度梯度曲线选用不当，即使增大温度设计值，亦不能保证结构的抗裂性。这是由于温度自应力会导致在任意截面上的温度应力达到一定数值，有可能增加腹板的主拉应力，恶化斜截面的抗裂性。因此，通过大量的研究与分析，找出符合我国实际情况的温度梯度曲线是十分必要的。

4. 我国公路桥梁设计规范中温度应力计算公式

我国《公路桥涵设计通用规范》(JTG D60—2015)将桥梁结构处于自然环境中所受的温度作用分为两种，即均匀温度作用和梯度温度作用。

对于桥梁结构因均匀温度作用引起的外加变形或约束变形的计算，《公路桥涵设计通用规范》(JTG D60—2015)指出应从受到约束时的结构温度开始，考虑最高有效温度和最低有效温度的作用效应。在缺乏实际调查资料的情况下，《公路桥涵设计通用规范》(JTG D60—2015)给出了公路混凝土和钢结构的最高、最低有效温度标准值。

《公路桥涵设计通用规范》(JTG D60—2015)规定，计算桥梁结构由于梯度温度引起的效应时，其桥面板表面的最高温度 T_1 规定见表 5-1，并对温度随梁高变化的取值模式进行了具体规定。

竖向日照正温差计算的温度基数　　　　表 5-1

结 构 类 型	$T_1(℃)$	$T_2(℃)$
混凝土铺装	25	6.7
50mm 沥青混凝土铺装层	20	6.7
100mm 沥青混凝土铺装层	14	5.5

三、风作用力

风对结构的作用时刻存在，这种作用与风本身的强度、结构特点密切相关。风对桥梁结构的影响包括静力稳定性、静风稳定性、动力稳定性、风荷载、风振疲劳、风振舒适性等方面，可分为静力作用和动力作用两类，其分类、作用效应、破坏特点等见表 5-2。

风对桥梁结构的作用 表 5-2

分类	作用效应		破坏特点
静力效应	内力和变形		强度破坏或过大变形,或者静力失稳
	静力失稳		
静风效应	静风扭转发散		在静气动力作用下结构的变形所引起的附加气动力超过了结构抵抗能力的增量,出现变形不断增大,导致破坏
	静风横向失稳		
动力效应	抖振		结构或构件疲劳,或人感不适,行车不安全
	涡激共振		
	驰振		
	颤振	扭转颤振	发散性振动并导致结构破坏
		弯扭耦合颤振	

不同结构形式的桥梁对于各种风作用的响应程度有显著区别。大跨度缆索承重结构,以及桥梁中各类等高耸结构如桥塔等,必须专门考虑动力作用,进行抗风设计。中小跨度梁桥一般刚度较大,风对桥梁的动力作用不起控制作用,风影响下的静风失稳几乎不会发生,但风对结构的静力作用必须考虑。

1. 风环境

风环境是指自然风在地形地貌或自然地形地貌影响下形成的受到影响之后的风场。桥梁设计中关注的风环境包括平均风特性和脉动分量特性。

平均风特性要素包括场地基本风速、风速沿高度分布的规律以及平均风速的攻角、风向等。基本风速是反映结构物所在地的气候特点的一个参数。定义基本风速需要考虑地面粗糙度标准、高度标准、重现期与时距标准等 4 个因素。《公路桥梁抗风设计规范》(JTG/T 3360-01—2018)(以下简称《抗风规范》)的规定:"当桥梁所在地区的气象台站具有足够的连续风观测数据时,宜采用当地气象台站 10min 平均年最大风速的概率分布模型,推算重现期 100 年的风速数学期望值作为基本风速。"基本风速是在 10m 标准高度时的风速,当研究的桥梁构件高于 10m 时,必须进行换算。在边界层内,风速是由地表向上逐渐增加的,描述风速沿高度变化的曲线称为风速廓线。目前我国桥梁规范采用的是指数型风速廓线,即有:

$$\frac{U_{Z_2}}{U_{Z_1}} = \left(\frac{Z_2}{Z_1}\right)^{\alpha} \tag{5-91}$$

式中:U_{Z_1}、U_{Z_2}——Z_1 和 Z_2 处的风速(m/s);

α——考虑地表粗糙程度的无量纲幂指数,称之为地表粗糙度系数。地表粗糙度系数在《抗风规范》中有详细说明,不再赘述。

通过上述公式,在确定基本风速后,就可以获得各个桥梁不同高度位置的风速,为风荷载的计算提供依据。

风的脉动分量使结构承受随时间变化的荷载,影响疲劳寿命和使用舒适性;在某些情况下会引起共振,产生灾害后果;它还会改变结构在平稳流中表现的气动力特征。表征风的脉动分量的参数有紊流强度、紊流积分尺度、脉动速度的功率谱与互谱等,这里不再详细介绍。

2. 静风荷载作用

平均风的作用会使处于风场中的结构产生一定的静力变形,气流作用等同于一个静荷载。

风的这种作用简称静力风荷载。对于桥梁的主梁结构而言,静风荷载可分解为升力、阻力和升力矩三个分量。处于风场中的桥梁断面,在忽略其自身振动的条件下,可以视为风场中固定不动的一个刚体。来流经过这一刚体时,必然会发生绕流现象,使得流线分布发生改变。在桥梁断面表面那些流动较快的点上,压强将小于流动较慢点上的对应值,对桥梁断面上下表面压强差的面积分,就是桥梁所受的升力荷载。同理,桥梁断面前后表面的压强差的面积分,则是桥梁所受的风阻力荷载,也就是通常所说的风荷载。此外,由于升力与阻力的合力作用点往往与桥梁断面的形心不一致,于是还会产生对扭心的扭矩,也就是升力矩。

整个断面的风荷载包含升力、阻力与扭矩三个分量,对于三个分量的计算需要借助三分力系数来实现,因此确定断面的三分力系数是静风荷载计算的主要工作。

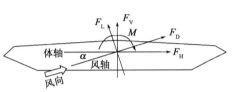

图 5-28 作用在主梁上的风荷载

三分力可以根据需要由体轴或风轴表示。以桥梁主梁为例(图 5-28),作用在主梁的风荷载按风轴可表示为 F_D、F_L、M,按体轴可表示为 F_H、F_V、M:

$$F_H = \frac{1}{2}\rho U^2 C_H D \tag{5-92}$$

$$F_V = \frac{1}{2}\rho U^2 C_V B \tag{5-93}$$

$$M_T = \frac{1}{2}\rho U^2 C_M B^2 \tag{5-94}$$

式中:F_H、F_V、M——在体轴坐标系下的阻力、升力、扭矩;
  C_H、C_V、C_M——在体轴坐标系下的阻力系数、升力系数和扭矩系数;
  ρ——空气密度;
  U——来流风速;
  D——主梁的特征高度;
  B——主梁的特征宽度。

在确定来流风速、空气密度及桥梁构件的特征高度或宽度之后,静风荷载计算的关键是获取三分力系数。三分力系数与断面的形状、风的攻角等有关,《抗风规范》中给出了常见形状的三分力系数,对于特殊的桥梁构件形状,需要通过风洞试验或虚拟风洞试验的方法获取。

3. 抗风设计的荷载组合

桥梁设计过程中,风荷载是非常重要的一个部分,但其最大值往往并不与其他荷载同时发生。在桥梁服役过程中,强风或台风往往是可以提前预报的,并且许多桥梁在强台风发生时会中断交通,因此在极端风荷载作用时,往往不考虑车辆荷载的作用。在桥梁《抗风规范》中,根据基本风速大小确定出桥梁所处的风险区域,分别为 R_1(基本风速 $U_{10} \geq 32.6\text{m/s}$)、$R_2$(基本风速 $24.5\text{m/s} \leq U_{10} < 32.6\text{m/s}$)和 R_3(基本风速 $U_{10} < 24.5\text{m/s}$),并且桥梁的抗风设计按照 W_1、和 W_2 两种风作用水平确定,即对应两个不同的设计风速。

桥梁《抗风规范》规定,当风荷载与汽车荷载及相关作用组合时,风荷载按 W_1 风作用水平确定;在 W_2 风作用水平下进行相关极限状态设计时,汽车荷载不参与荷载组合。风荷载与其他作用组合时的分项系数、组合系数按下列原则确定:①按承载能力极限状态设计时,在风荷载作为主要可变作用的基本组合中,风速按 W_2 风作用水平选取,汽车荷载不参与组合,风荷载的分项系数 $\gamma_{Q_j}=1.4$;②按承载能力极限状态设计时,在车辆荷载或其他可变作用作为主要可变作用的基本组合中,风速按 W_1 风作用水平选取,风荷载的分项系数 $\gamma_{Q_j}=1.1$,组合值系数 $\psi_c=1.0$;③按正常使用极限状态设计时,风速按 W_1 风作用水平选取,风荷载的频遇值系数 ψ_f 和准永久值系数 ψ_q 均取1.0。

桥梁施工期间由于施工时间短,所以面临强风的可能性大为降低,《抗风规范》中采用施工期抗风风险系数来进行风速折减,其计算方法如下:

$$U_{sd}=k_{sf}U_d \tag{5-95}$$

式中:U_{sd}——施工阶段设计风速(m/s);

U_d——成桥阶段设计风速(m/s);

k_{sf}——施工期抗风风险系数,一般可由表5-3选用,也可根据桥梁具体情况和不同的抗风设计目标通过风险评估确定。

施工期抗风风险系数 k_{sf}　　　　表5-3

桥梁施工年限(年)	风险区域		
	R1	R2	R3
≤3	0.88	0.84	0.78
>3	0.92	0.88	0.84

以上是风荷载的基本组合方法,在海洋环境中采用特殊施工方法时,还可以根据需要设置特殊的荷载组合形式。

第四节　其他作用力

一、地震作用力

我国位于世界两大地震带的交会处,地震发生频繁,是世界上少数多地震国家之一。地震作用在其特点、计算方法、设防标准、设计对策等方面都具有一定特殊性,形成了完整的体系,目前的规范中将地震作用单独作为一类作用来考虑。以下对地震作用力计算和设计总体思路进行概要介绍。

1. 地震作用的简化

地震以波的形式从震源向各方向传播并释放能量,地震的地面运动为三维运动。由于桥梁结构的大部分质量都集中在上部结构,地震惯性力也主要集中在上部结构。上部结构的地震惯性力一般通过支座传递给墩柱,再由墩柱传递给基础,进而传递给基础。故墩柱在地震作用下将会受到较大剪力和弯矩作用,一般由地震反应控制设计。因此,墩柱以及保持上、下部连接可靠的支座等连接构件,是桥梁抗震验算的主要部分;但如果需要从总体上达到较好的抗震效果,则需从体系的选择开始。

地震地面运动极不规则,可理解为由许多不同频率简谐运动合成的复合运动。对工程抗震最有意义的物理量有三个:强度表征地面运动的强烈程度、频谱表征地面运动的频率成分

(特别是主要频率成分)、强烈振动的持续时间(表征地面运动对工程结构反复作用的次数)。对于结构体系的地震分析,需考虑的作用力包括惯性力、阻尼力以及弹性恢复力。

2. 地震反应分析及其作用力

进行地震反应分析,正确预测地震对桥梁结构的影响是进行桥梁抗震设计的基础。桥梁结构的地震反应分析是一个抗震动力学问题,需要解决三个关键问题:

(1)确定合适的地震输入。

(2)建立结构系统的数学模型及振动方程:一般采用有限元方法将结构离散化,建立桥梁结构力学模型,然后确定各离散单元的力学特性,最终建立相应的地震振动方程。

(3)选择合适的方法求解地震振动方程,得到地震反应。

除了可以简化为单质点体系的规则桥梁以外,桥梁结构的地震反应分析一般比较烦琐,通常都要借助于专用程序。对于桥梁结构的地震反应分析,常用的有两种方法,即反应谱法和时程分析法。

反应谱法是在给定的地震加速度作用期间内,单质点体系的最大位移反应、速度反应和加速度反应随质点自振周期变化的曲线。反应谱理论考虑了结构动力特性与地震动特性之间的动力关系,通过反应谱来计算由结构动力特性(自振周期、振型和阻尼)所产生的共振效应,但其计算公式仍保留了早期静力理论的形式。

$$a(T) = gk\beta(T) \tag{5-96}$$

式中:k——地震系数;

$\beta(T)$——加速度反应谱 $Sa(T)$ 与地震动最大加速度 a 的比值,它表示地震时结构振动加速度的放大倍数。

反应谱法比较简单,它巧妙地将动力问题静力化,易为工程师所接受。可以用作计算在地震作用下结构的内力和变形。但是,反应谱法一般只适用于线弹性地震反应分析,而且对于复杂桥梁,一般只能作为估算手段。对于可以简化为单质点体系的规则桥梁,反应谱分析比较简单,手算即可解决。对于非规则桥梁,用反应谱法进行地震反应分析时,过程比较烦琐,一般需借助计算程序进行计算。有两个问题比较关键,一是计算的频率阶数要足够多,否则会低估结构的反应;二是要采用合适的振型组合方法。

采用时程分析法,可以对桥梁结构进行线性或非线性地震反应分析。地震振动方程是二阶常系数(线性)或变系数(非线性)的微分方程,右端项输入的地震加速度时程是不规则的、难以用确定的函数式表达的一组时间间隔的数字记录。解这种方程的最有效方法是数值逐步积分法。数值逐步积分法把反应的时程划分为很多短的时段,建立每个时段的增量平衡方程,然后对每一个时段按照线性体系来计算其反应。这个线性体系的特性是时段开始时刻的特性,时段结束时的特性根据变形及应力状态修正。这样,非线性分析就近似为一系列变化的线性体系的分析。时程分析的过程相当冗繁,一般都需要借助于专用程序进行计算。另外,一条地震动时程只是地震这一随机事件的一个样本,因此,从理论上说,采用时程分析法进行地震反应分析时,需要输入多条地震动时程进行分析,然后取平均值。

3. 地震设计的优化

地震作用的特点包括作用等级高度不确定、作用时间短、影响范围大等。与静力设计问题相比,抗震设计的综合性的更强,从某种程度上看是一个社会经济问题。桥梁抗震设计的任务,是选择合理的结构形式,并为结构提供较强的抗震能力。具体来说,包括以下三个方面:正确选择能够有效抵抗地震作用的结构形式;合理分配结构的刚度、质量和阻尼等动力参数,以最大限度地利用构件和材料的承载和变形能力;正确估计地震可能对结构造成的破坏,以便通过结构、构造和其他抗震措施,使损失控制在限定的范围内。

桥梁工程的抗震设计一般包括5大部分,即抗震设防标准选定、抗震概念设计、地震反应分析、抗震性能验算及抗震构造设计,如图5-29所示。抗震设防标准选定实际是合理确定地震作用的等级;抗震概念设计则是根据实际情况选择作为合理和有利的抗震体系;然后进行地震分析和抗震验算(图中虚框),其工作量最大,也最为复杂。如果采用三级设防的抗震设计思想,虚框中的部分就要做三个循环,即对应于每一个设防水准,进行一次地震反应分析,并进行相应的抗震性能验算,直到结构的抗震性能满足要求。最后进行一些抗震构造的设计,进一步改善和提升结构的抗震性能。

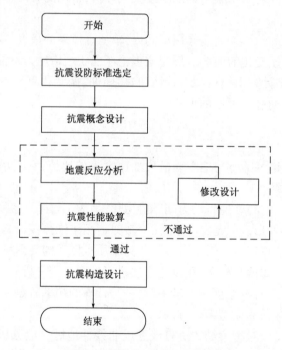

图5-29 桥梁工程抗震设计流程图

基于历次的桥梁震害教训,进行抗震设计时可采纳的一些经验方法包括:选择抗震有利地段的桥位;提高结构与构件的强度和延性,避免脆性破坏;加强桥梁结构的整体性;等等。

二、船舶汽车撞击力

桥梁结构可能受到的撞击主要包括船舶撞击和车辆撞击。船舶撞击主要考虑船只可能对承台、桥墩、桥塔,甚至是主梁的撞击;车辆撞击主要包括在桥面上对于护栏的撞击,以及对于下部的桥墩,或者是对主梁的侧向撞击。

撞击作用的一个显著特点是短时作用,但荷载的强度高;另一个特点是,此类作用发生的概率很低,如果按前述恒载或车辆荷载作用的方法来考虑,则可能给设计带来困难,或造成设计不经济。因此其设计计算的思路也和前述作用不同,在很大程度上体现了风险控制的理念。

以下主要以船撞为例,说明分析与计算的方法。

1. 碰撞概率的基本模型

如图 5-30 所示,假定移动物体(可能是车或船)有预定的线路,该线路与结构是有足够的安全距离的,但实际上物体在行进过程中可能由于各种原因进入可能与结构碰撞的区域,如果不能及时纠正将最终与结构发生碰撞。基于上述分析和假定,将整个碰撞过程用两个概率描述,即进入可能碰撞线路区域的概率和不能及时控制移动物体以避免与结构碰撞的概率。

将进入可能碰撞区域的概率称为几何概率,它与周围环境、移动物体的特性等有关。建立如图坐标系,其中 X 轴与预定移动路线重合,Y 轴为结构到行进路线的垂直距离,随机变量 y 表示移动物体在 Y

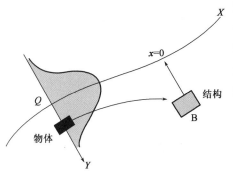

图 5-30　撞击概率模拟分析模型(JCSS,2000)

轴上位置,$f(y)$ 为其概率密度函数,若 Δy 为可能碰撞范围,则几何概率可表达为:

$$p_g = \int_{\Delta y} f(y) \mathrm{d}y \tag{5-97}$$

移动物体失去控制的概率可称为条件概率,一般需要通过事故调查统计等方法得到。严格来看,条件概率与线路的形态(是曲线还是直线,即上图中的 X 坐标位置)和时间(是冬季还是夏季、是白天还是晚上)等因素有关,将其视之为关于距离 x 和时间 t 的函数,则概率密度函数可记为 $\lambda(x,t)$,则条件概率可记为:

$$p_c = \iint_{\Delta x \Delta t} \lambda(x,t) \mathrm{d}x \mathrm{d}t \tag{5-98}$$

但多数情况下,$\lambda(x,t)$ 很难得到,习惯中用事故率 λ 来代替条件概率,而事故率的表达方法根据具体的情况也略有不同。

综上,碰撞事故的基础概率的模型可用几何概率与条件概率的乘积表示,有:

$$p_a = p_g \cdot p_c = \iint_{\Delta x \Delta t} \lambda(x,t) \mathrm{d}x \mathrm{d}t \int_{\Delta y} f(y) \mathrm{d}y \approx \lambda \int_{\Delta y} f(y) \mathrm{d}y \tag{5-99}$$

将上述的基本碰撞模型与船桥碰撞、车桥碰撞的具体问题结合起来,就可以得到具体的碰撞概率计算方法。碰撞概率直接决定碰撞的次数,也因此影响最终碰撞力的取值。实际情况中,对于上述概率主要在规范制定过程中研究;对于一些特殊的大型桥梁,也可以开展专项研究确定。

2. 碰撞力计算

碰撞过程是典型的短时动力作用过程,以下以船撞为代表说明碰撞力的计算过程。车辆撞击和船舶撞击问题解决的思路类似,不再赘述。

船桥碰撞本质是船桥之间对碰撞能量的平衡过程,是一个动力过程,受到很多因素的影响。船撞桥的力学研究涉及船型、船舶结构、撞击速度、撞击角度、桥梁结构、航道水深等多种因素。大量的船撞桥事故调查分析及模型试验表明,问题的焦点集中在船舶的撞击动能、船撞力、船舶结构的形变势能、桥墩防撞装置的吸能能力等方面。

对于设计问题来说,碰撞力需要充分考虑可能的影响因素。例如,船只与桥墩(承台)碰撞的方向、位置、速度等都可能在较大的范围内变化;船桥之间的碰撞平衡过程受到碰撞时间、碰撞速度、碰撞质量、碰撞部位刚度等多因素影响;对于桥梁来说碰撞过程主要影响碰撞局部位置,但也可能对其他部分产生影响。因此,碰撞力的计算需要综合考虑这些因素。

目前的有限元方法可以比较准确地模拟碰撞过程,从而省去对碰撞力的简化过程,如图5-31所示直接获得碰撞响应,直接得到船舶结构破坏、船撞力、能量传递、桥墩应力及损伤等有关信息。这类模拟需要建立比较准确的船只模型,对于船只的质量、碰撞部位的刚度等关键因素需要重点模拟;同时建立桥梁模型,一般情况下,为了充分考虑全桥的动力响应,将建立全桥模型,包括基础等;对于碰撞部分进行重点模拟,然后分为各种碰撞情况,对不同的碰撞角度、高度、速度等进行综合模拟,全面了解碰撞影响后确定设计对策。

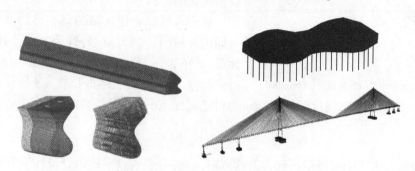

图5-31 复杂的船桥碰撞有限元模拟

对于大多数桥梁来说,这样的模拟成本过高,很多设计规范或指南中也提供了简化的方法。基本的简化思路是选取典型的碰撞场景,将碰撞的动力过程简化为一个静力作用;必要时,可通过修正系数的方法,对简化力进行修正,以充分描述可能的复杂碰撞情况。从动力作用简化为静力作用的主要思路可以考虑动力过程中的最大值、按能量转化等原则进行转化等,同时还要对船只、桥梁、碰撞条件等进行一定程度的假定。

例如,2012年版的AASHTO规范,基于散装货船对刚性桥墩的关于时间平均的有效撞击力的经验公式,给出的船舶正碰设计船舶撞击力的计算公式为:

$$F = 0.119\sqrt{\mathrm{DWT}} \cdot v \tag{5-100}$$

式中:F——碰撞力(MN);

  DWT——船舶的载重吨位;

  v——船舶的撞击速度(m/s)。

我国的规范中,建议对于特殊桥梁进行专门的研究;同时,为了方便设计,对于常规桥梁,根据航道标准和代表船型给出横桥向和顺桥向的撞击作用力,设计中可以直接取用。

3. 碰撞问题的设计策略

由上所述,船桥碰撞问题非常复杂。同时还应注意到,船桥碰撞的处理对策中除了需要考虑桥梁安全外,还应考虑船只的损伤情况;而对于这样的小概率事件,其设计计算对策也与其他荷载有显著区别,应该体现风险控制的概率,即合理选择作用代表值,同时合理确定控制策略。

合理选择代表值就是科学分析碰撞场景,建立概率模型,合理确定碰撞概率及其和碰撞力之间的关系。前述碰撞概率的基本模型主要就是解决这一问题,这也是解决碰撞问题的基础。

在获得碰撞概率的基础上,就可以进行典型碰撞场景的分析,确定碰撞可能引起的桥梁损伤程度。由于碰撞是小概率事件,因此,其应对策略也不同,除了考虑结构本身的抗撞能力外,还可以考虑附属防撞措施,通过降低碰撞概率、提高抗撞能力、增加撞击时间、缓冲撞击等多种方法,最终将碰撞影响降低到合理的范围内。所有这些措施选用的标准是科学、经济地达到最终的抗撞目标,即所谓合理确定控制策略。

第五节 梁桥变形计算

一、变形计算目标

变形控制是桥梁设计过程中需要考虑的重要内容之一。由于恒载作用和活载作用引起变形的原因和持续时间不同,其变形控制的目的和指标也有所不同。

恒载和作用力所产生的挠度与持续的时间相关,可分为短期挠度和长期挠度。广义的恒载包括结构自重、桥面铺装和附属设备的重量、预应力、混凝土徐变和收缩作用等,它们将长久存在。理论上,恒载变形量是可以预见的,它可以通过施工时预设的反向挠度,俗称预拱度,来加以抵消,使竣工后的桥梁达到理想的设计线形。恒载变形是施工各个阶段累积的结果,其大小并不直接与成桥结构的刚度直接相关,恒载挠度并不表征结构的刚度特性。因此,恒载变形的控制目标是消除长期过大的变形。

活载挠度则是临时出现的,在最不利的荷载位置下,达到最大值,随着活载的移动,挠度逐渐减小,一旦活载驶离桥梁,挠度就告消失。活载变形的大小直接反映了结构的刚度。对于大部分梁桥来说,活载作用仍然满足线性叠加原理,所以可以基于影响线加载的方法进行计算。进行活载挠度验算的目的在于确保结构有足够的刚度,避免因变形(挠度)过大而影响高速行车和导致桥面铺装层等结构的辅助设备破损,甚至危及桥梁的安全。

根据目前规范的规定,对于钢筋混凝土及预应力混凝土受弯构件,在按照作用短期效应组合及相应的刚度公式计算所得的挠度值,乘以挠度长期增长系数后,得到的长期挠度值,在消除结构自重产生的长期挠度后,梁式桥主梁的最大挠度处不应超过计算跨径的1/600;梁式桥主梁的悬臂端不应超过悬臂长度的1/300。这可以看作对活载变形控制标准。

而对于预拱度设计的规定:对于钢筋混凝土受弯构件,当由荷载短期效应组合并考虑荷载长期效应影响产生的长期挠度不超过计算跨径的1/1600时,可不设预拱度;当不满足这一条件时,需设预拱度,其大小取值按结构自重和1/2可变荷载频遇值计算所得的竖向挠度值,这意味着在常遇荷载情况下桥面基本上接近直线状态;对于预应力混凝土受弯构件,当预加应力产生的长期反拱值大于按荷载短期效应组合计算的长期挠度时,可不设预拱度,当不满足这一条件时,需设预拱度,其大小按上述长期挠度值与预加应力长期反拱值之差采用。

二、变形计算方法

由于结构处于先弹性状态、开裂状态时,其变形值相差很大,因此变形计算中需要区分结构状态,正确取用计算模型和计算方法。

1. 钢筋混凝土梁桥的变形计算

钢筋混凝土受弯构件的恒载和活载挠度，可用熟知的结构力学方法计算，一般不必考虑混凝土徐变和收缩的影响。但当恒载占全部荷载的大部分(例如在70%以上)时，则以考虑混凝土徐变影响为宜。

以跨长为 l 的简支梁为例，其跨中挠度为：

$$f = \frac{5}{48} \cdot \frac{ML^2}{B} \tag{5-101}$$

式中：M——可变荷载作用下跨中弯矩值；
L——计算跨径；
B——受弯构件的刚度，其计算方法见《公路钢筋混凝土及预应力混凝土桥涵设计规范》(JTG 3362—2018)。跨径中点的预拱度通常取：

$$\Delta = -\left(f_g + \frac{1}{2}f\right) \tag{5-102}$$

对于简支梁，常常用矢高为 Δ 的二次抛物线来设置全梁的预拱度。对于一般小跨径的钢筋混凝土梁桥，当由恒载和静活载计算所得的挠度不超过 $\frac{l}{1600}$ 时，可以不设预拱度。

对钢筋混凝土悬臂梁桥和连续梁桥，因为是变截面梁或是超静定梁，用结构力学方法来计算挠度比较烦琐，设计人员已很少使用，但上面简支梁挠度计算的原理及截面刚度的取用原则仍然适用。

还应注意到，这里的 B 值实际是考虑开裂后，对刚度进行折减后的名义刚度。这与钢筋混凝土构件设计中的基本假定是一致的。

2. 预应力混凝土梁桥的变形计算

与钢筋混凝土梁的情况相反，对于那些按全预应力而不是按部分预应力设计的构件，恒载(广义的)往往引起向上的挠度，或称为上挠度。这种挠度甚至会由于混凝土徐变作用而与时俱增。特别是跨度较大的装配式预应力 T 梁，预张拉阶段，梁自重很小，而预应力值很大，可产生很大的上挠度。而且上挠值随张拉龄期不同有较大的差异，这里有徐变的影响，更有混凝土弹性模量 E_n 随时间变化的影响。因此，设计施工中必须慎重地确定梁的反挠度和控制各片梁的初张拉龄期。否则，依靠桥面铺装层是无法调整的，由此而造成桥面纵横断面不平顺，影响车辆高速行驶及桥面排水。因此，设计者应结合荷载产生的向下挠度和合理控制预加应力来避免产生过大的上拱度。

另外，预应力混凝土构件由于全截面(无裂缝)或接近全截面(裂缝开展受严格控制)地参与工作，其成桥后的结构刚度往往比钢筋混凝土桥大得多，一般可不必验算其挠度。然而为了满足设置预拱度的需要，或者为了掌握梁体在各工作阶段的变形情况，也要计算其各工作阶段的挠度值。

结构自重、其他恒载及活载所产生的挠度，可按照任何其他受弯构件一样来计算。下面着重阐明预应力所引起挠度的计算原理和实用的近似计算方法。

三、施工预拱度计算

不论是整跨施工还是节段法施工，设置预拱度的目的是相同的，要清楚施工中由于广义恒载及临时荷载(施工设备)产生的挠曲变形,使竣工后的桥梁达到设计的线形,但在预拱度设置上又有根本区别。其设置的基本原则是:某点的预拱度值应该等于所有在该节点出现后的荷载或体系转换产生的位移的反向。

下面用一个简单实例,来阐明逐段施工时各段端点预拱度的设置方法。图5-32示出悬臂梁分成四个节段悬臂施工时各施工阶段可能发生的挠度变化情况。假定节段①按水平位置施工时,由于节段本身自重和张拉预应力筋引起的端点挠度为-5mm;当节段②与节段①对准施工(无相对转角)的话,节段②端点会有初挠度-11mm,待节段②施工完毕时,节段②和节段①的端点将相应产生的挠度为5mm和1mm。余下以此类推,最后当节段④施工完毕时悬臂梁各点的最终挠度如图5-32所示。为了简明起见,图中以折线代替实际的挠度曲线。

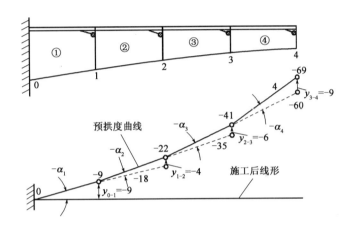

图 5-32 逐段施工时相对预拱度(单位:mm)的设置方法

由此可见,若各节段在施工中相互之间不设一定的预拱度,则最终的挠曲线不可能恢复到设定的直线,但如按图5-32中所示的曲线设置各节段端点的预拱度进行施工的话,就可使施工完毕时达到理想的悬臂梁线形。实际做法是:在施工中使各节段间预设微小的相对转角$-\alpha_1$、$-\alpha_2$、$-\alpha_3$和$-\alpha_4$或者相对预拱度y_{0-1}、y_{1-2}、y_{2-3}和y_{3-4}来实现。例如:节段①在悬臂施工时预设反向角$-\alpha_1$,即其端点设预拱度-9mm;节段②施工时,使与节段①构成相对转角$-\alpha_2$,即在端点设置相对预拱度$y_{1-2}=-4$mm;余类推。图5-32的表内还可看出各节段施工完毕时,相应悬臂梁的实际线形。

以上仅阐述悬臂施工各阶段为抵消节段自重和预张拉引起挠度而设置预拱度的问题。在实际计算预拱度时还应考虑施工中和竣工后的各种挠度,确定实际各施工阶段的预拱度,注意考虑挂篮等施工设备在施工期间对抛高值的影响,并将两者的概念及数值进行明确区分及计算。对于大跨度梁桥,还要计入各节段加载龄期差异对混凝土收缩徐变的影响,因而预拱度的确定远比上例复杂得多。

第六章
主梁空间受力分析

主梁空间受力主要分为两种情况：一是主梁本身是没有空间效应的简单梁，但有多根简单主梁组成桥面系承担荷载，这时主梁空间受力效应分析主要是主梁之间的受力分配问题；二是主梁本身就包含空间效应，例如箱梁截面，这时主梁空间受力分析主要是拆解其空间受力效应。前者的重点是梁排分析、后者的重点是箱梁分析，分析的目的都是为了获取一根没有或已经考虑空间效应的简单梁，以按相关规范进行配束或配筋设计。本章主要介绍主梁活载内力分配计算、桥面板简化计算、翼缘板剪力滞效应分析和箱梁空间效应分析等。

第一节 主梁活载内力分配计算

桥梁车辆荷载的作用位置具有一定的随机性，当桥面上有车辆荷载时，各片主梁共同参与工作，形成了各主梁之间的内力分配。梁桥在活载作用下的空间受力性能可以通过空间影响面 $\eta(x,y)$ 来描述，但这种方法过于复杂。若假定影响面在桥梁纵向的影响线截面均为相似形状，并通过影响线乘以横向比例系数（各截面不同）来表述，则可以把空间结构的内力计算问题合理转化为平面问题来解决。同时若进一步假定影响面纵截面形状成比例，即不沿横桥向变换，则车道活载效应即简化为荷载的横向分布系数与标准梁的荷载效应的乘积。这种简化思路为梁桥车辆荷载的效应分析提供了方便，同时与规范中关于活载的以车道为单位的典型荷载作用形式相适应。而刚性横梁法、铰接板（梁）法等方法就是建立在这种思路之上，分析横向分布系数的简化方法。

一、刚性横梁法

1. 刚性横梁法原理

对于设置横隔板的现浇 T 梁等横向联系较强的梁格体系梁桥来说,各主梁竖向刚度基本一致,其受力大小与竖向变形呈正比关系,且其横向连接刚度较大,变形曲线接近于一条直线。对于这类横向连接可靠的多梁式简支梁,可假定其横梁近似为刚性,基于此假定得到的横向分布计算方法即为刚性横梁法。

刚性横梁法把梁桥视作由主梁和横梁组成的梁格系,荷载通过横梁由一片主梁传到其他主梁上,同时主梁又对横梁起弹性支承的作用。根据试验观测结果和理论分析,在具有可靠横向联结的桥上,且在桥的宽跨比 B/l 小于或接近于0.5 的情况时(一般称为窄桥),车辆荷载作用下中间横梁的弹性挠曲变形与主梁的相比微不足道。也就是说,中间横梁像一片刚度无穷大的刚性梁一样保持直线形状,如图 6-1 所示。这种把横梁当作支承在各片主梁上的连续刚体,计算荷载横向分布系数的方法称为"刚性横梁法",亦称"偏心受压法"。按计算中是否考虑主梁的抗扭刚度,又可分为"刚性横梁法"和"考虑主梁抗扭刚度的修正刚性横梁法"两种,下面分别予以介绍。

图 6-1 所示为一座由四片主梁组成的梁桥的跨中截面。各片主梁的抗弯刚度 I_i,主梁的间距 a_i 都各不相等,集中荷载 P 作用在离截面扭转中心 O 的距离为 e 处。下面分析荷载 P 在各片主梁上的横向分布情况。

由于假定横梁是刚体,所以可以按刚体力学关于力的平移的原理将荷载 P 移到 O 点,用一个作用在扭转中心 O 上的竖向力 P 和一个作用于刚体上的偏心力矩 $M = Pe$ 代替(图 6-2)。偏

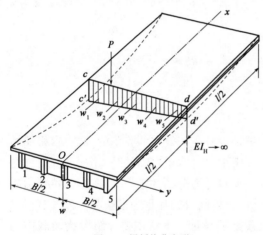

图 6-1 梁桥挠曲变形

心荷载 P 的作用应为 P 和 M 作用的叠加。

(1)在竖向荷载 P 的作用下,由于作用力通过扭转中心,而且假定横梁是刚性的,因此横梁只做平行下挠,各片梁的挠度相等,即:

$$w'_1 = w'_2 = \cdots = \omega'_n \tag{6-1}$$

根据材料力学中简支梁中荷载与挠度的关系式为:

$$w'_i = \frac{R'_i l^3}{48EI} \text{或} R'_i = \alpha I_i \omega'_i \tag{6-2}$$

式中:$\alpha = \dfrac{48E}{l^3}$。

由静力平衡条件及式(6-2)可得:

$$\sum_{i=1}^{n} R'_i = \alpha w'_i \sum_{i=1}^{n} I_i = P$$

$$\alpha w'_i = \frac{P}{\sum_{i=1}^{n} I_i} \qquad (6\text{-}3)$$

将式(6-3)代入式(6-2),即得:

$$R'_i = \frac{P I_i}{\sum_{i=1}^{n} I_i} \qquad (6\text{-}4)$$

(2)在偏心力矩 $M = P \cdot e$ 的作用下,横梁绕扭转中心 O 转动一微小的角度 θ,因此各片主梁产生的竖向挠度 w''_i 可表示为:

$$w''_i = a_i \cdot \tan\theta \qquad (6\text{-}5)$$

由式(6-2),主梁所受荷载与挠度的关系为:

$$R''_i = \alpha I_i w''_i \qquad (6\text{-}6)$$

将式(6-5)代入式(6-6)即得:

$$R''_i = \alpha I_i \cdot a_i \tan\theta = \beta a_i I_i \qquad (\beta = \alpha\tan\theta) \qquad (6\text{-}7)$$

从力矩的平衡条件可知:

$$\sum_{i=1}^{n} R''_i \cdot a_i = \beta \sum a_i^2 I_i = Pe \qquad (6\text{-}8)$$

从式(6-7)得出 $\beta = \dfrac{R''_i}{a_i I_i}$,

将 β 代入式(6-8)得:

$$\frac{\sum_{i=1}^{n} a_i^2 I_i}{a_i I_i} R''_i = Pe$$

$$R''_i = \frac{Pe a_i I_i}{\sum_{i=1}^{n} a_i^2 I_i} \qquad (6\text{-}9)$$

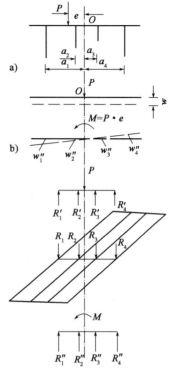

图 6-2 偏心荷载对各片主梁的荷载分布图

偏心荷载 P 对各主梁产生的总的作用力,即各片主梁所分配到的荷载,等于上述 1 和 2 两种情况的叠加,即:

$$R_i = R'_i + R''_i = \frac{I_i}{\sum_{i=1}^{n} I_i} P + \frac{I_i a_i}{\sum I_i a_i^2} Pe \qquad (6\text{-}10)$$

式(6-10)是在不等间距不等刚度的结构中推导出来的,但大多数的梁桥还是做成等间距等刚度的,从式(6-10)中很容易得到这种梁桥的主梁荷载分配表达式:

$$R_i = R'_i + R''_i = \frac{P}{n} + \frac{Pe}{\sum_{i=1}^{n} a_i^2} a_i \qquad (6\text{-}11)$$

图 6-3 表示 6 片等间距 b_1 布置的主梁,刚度相等,用"刚性"横梁连成整体。当 P 作用在左侧边梁,即 $e = 2.5b_1$ 时,求分配给各片主梁的荷载。

从图 6-3 中可以看出:$a_1 = a_6 = 2.5b_1$,$a_2 = a_5 = 1.5b_1$,$a_3 = a_4 = 0.5b_1$,$\sum_{1}^{6} a_i^2 = 2 \times (2.5^2 + 1.5^2 + 0.5^2) \times b_1^2 = 17.5 b_1^2$,$n = 6$。将相关数值代入式(6-11),得:

$$R_1 = \frac{P}{6} + \frac{P \times 2.5b_1}{17.5b_1^2} \times 2.5b_1 = \left(\frac{1}{6} + \frac{5}{14}\right)P$$

$$= (0.167 + 0.357)P = 0.524P$$

$$R_2 = \left(\frac{1}{6} + \frac{3}{14}\right)P = (0.167 + 0.214)P = 0.381P$$

$$R_3 = \left(\frac{1}{6} + \frac{1}{14}\right)P = (0.167 + 0.071)P = 0.238P$$

$$R_4 = (0.167 - 0.071)P = 0.096P$$

$$R_5 = (0.167 - 0.214)P = -0.047P$$

$$R_6 = (0.167 - 0.357)P = -0.190P$$

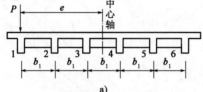 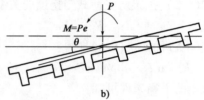

图 6-3 数例中的横截面

将每片主梁所分配到的荷载值,绘于其主梁之下,将各点纵标相连,这条连线称为荷载 P 作用在左侧边梁时,各主梁的荷载分布曲线。很明显,这条荷载分布曲线肯定是直线;同时 $R_1 + R_2 + \cdots + R_6 = P$,即主梁对横梁的反力的代数和应与外荷载 P 相等,常以此作为校核条件。

令式(6-11)中的 $P = 1$,即单位集中荷载,则各主梁的反力为:

$$R_i = \frac{1}{n} \pm \frac{e \cdot a_i}{\sum_{i=1}^{n} a_i^2} \tag{6-12}$$

根据反力互等定理得:$P = 1$ 作用在某一根主梁上时,各主梁的反力等于 $P = 1$ 在这些主梁上移动时该主梁反力的变化值,即该主梁的反力影响线坐标。因此,在式(6-12)中,如取 e 值为左侧边梁到桥中心的距离,即 $P = 1$ 作用在左侧边梁上,代入不同梁位的 a_i 值,得到的反力 R_i,即为左侧边梁荷载横向分布影响线的坐标。如果结构左右对称,则两片边梁的荷载横向分布影响线也应该对称。同样从反力互等定理出发,用边梁的影响线坐标就可得出其他各梁的荷载横向分布影响线,省去不少计算工作量。如图 6-4 把 η_{12} 标在 1 号梁的梁位上,η_{62} 标在 6 号梁的梁位上,用直线相连,即得 2 号梁的荷载横向分布影响线,把 η_{13} 标在 1 号梁的梁位上,η_{63} 标在 6 号梁的梁位上用直线相连,即得 3 号梁的荷载横向分布影响线,其他各梁依次类推。应该指出,这种简化方法仅在影响线为直线时才成立。

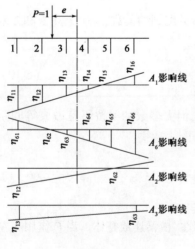

图 6-4 主梁横向分布影响线

如果将式(6-10)中的刚度 I_i 换成微小面积 ΔF,或将式(6-11)的左右两侧各除以微小面

积 ΔF，则得：

$$\frac{R_1}{\Delta F} = \frac{P}{n \cdot \Delta F} \pm \frac{Pe}{\Delta F \sum_i^n a_i^2} \cdot a_i$$

然后与材料力学偏心受压杆应力计算的公式

$$\sigma_y = \frac{P}{F} \pm \frac{M}{I} \cdot y$$

进行比较，可以看出两者完全相似，即 $\frac{R_i}{\Delta F}$、Pe、$(n\Delta F)$、$\Delta F \sum_i^n a_i^2$ 及 a_i 分别与应力 σ_y、弯矩 M、截面面积 F、截面惯性矩 I 以及设计应力的位置 y 是对应相似的。产生这种相似性的原因，将留给读者自己去分析。因而，刚性横梁分布法在习惯上又叫作"偏心受压法"。

2. 按刚性横梁法求荷载横向分布系数

有了主梁的荷载横向分布影响线，就可以在桥的横截面上布置最不利的车辆位置，计算主梁的最大影响量，即该主梁受荷载 R_i 的最大值。

$$\max R_i = \frac{P}{2}(\eta_1 + \eta_2 + \cdots + \eta_n) = \frac{P}{2}\sum \eta_i = m_{cq} \cdot P \tag{6-13}$$

式中：$m_{cq} = \frac{1}{2}\sum \eta_i$——在汽车荷载作用时主梁 i 的荷载横向分布系数。

按刚性横梁分布法，求得的主梁横向影响线是直线，所以就没有必要按式(6-13)去求每个轮重下的影响线坐标 η_i，而只需要把所有轮重的合力 R 求出来，再乘以合力作用位置下影响线纵坐标 $\bar{\eta}$ 即可。

图 6-5 表示桥梁横断面，6 片主梁，车道净宽 7m，两侧各有 1.50m 宽的人行道，人群荷载集度 $q_0 = 2.5 \text{kN/m}^2$，求 6 号边梁的荷载横向分布系数 m_{cq}（汽车荷载）和 m_{cr}（人群荷载）。

6 号边梁的荷载横向分布影响线和 1 号边梁是对称的，见图 6-4。现直接做出在桥梁横截面影响线，见图 6-5b)。

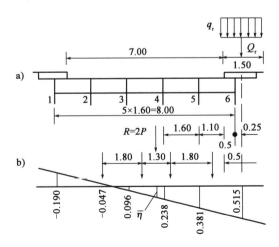

图 6-5　6 号梁荷载横向分布系数计算(尺寸单位：m)

(1) 求 m_{cq}

按照车辆横向排列的规定，两列汽车横向位置如图 6-5b)所示。边轮距缘石不小于 0.5m，因此，它距 6 号主梁梁肋的距离为 $\frac{1}{2} \times (5 \times 1.6 - 7.00) + 0.5 = 1.00(\text{m})$。4 个轮压的合力 $R = 2P$，它的位置距边轮距离为 $1.80 + \frac{1}{2} \times 1.30 = 2.45(\text{m})$，即距 6 号主梁肋距离为 3.45m，距 4 号主梁肋距离为 0.25m，其合力 R 的影响线纵坐标 $\bar{\eta}$，可用 η_3 和 η_4 之间的线性内插求得：

$$\bar{\eta} = 0.096 + (0.238 - 0.096) \times \frac{1.60 - 0.25}{1.60} = 0.096 + 0.142 \times \frac{1.35}{1.60} = 0.216$$

$$\max R_6 = 2P \times 0.216 = 0.432P = m_{\text{cq}} \cdot P$$

$$m_{\text{cq}} = 0.432$$

(2) 求 m_{cr}

人群荷载为均布荷载，其合力距 6 号边梁距离为 0.25m（外侧），合力下的影响线纵坐标 η_r 经 η_5 和 η_6 外插，得：

$$\eta_r = 0.381 + 0.143 \times \frac{1.85}{1.60} = 0.546$$

沿桥长 1.00m 的人群荷载的合力为 $q_0 \times 1.50 = 2.50\text{kN/m}^2 \times 1.50\text{m} = 3.75\text{kN/m}$

$$\max R_{6,r} = 3.75 \times \eta_r = 3.75 \times m_{\text{cr}}$$

$$m_{\text{cr}} = 0.546$$

应当指出，对 6 号梁而言，单边人行道加载求得的 m_{cr} 比两边加载的要大。

根据设计要求，常常需要对挂车、履带车荷载计算其荷载横向分布系数（分别以 m_{cg}、m_{cl} 表示），其方法与求 m_{cq} 和 m_{cr} 相同，故不重复介绍。

以上讨论的刚性横梁法概念明确，计算简捷，是工程设计中较常用的一种计算荷载横向分布系数的方法。然而由于在推演中把横梁的刚度近似假定为无穷大，并且忽略了主梁的抗扭刚度，这就导致了边梁受力偏大的计算结果。为此，国内外学者曾提出用考虑主梁抗扭刚度的修正刚性横梁法。

3. 考虑主梁抗扭刚度的修正刚性横梁法

我们已知用刚性横梁法计算荷载横向分布影响线竖标（以 1 号边梁为例）的公式为：

$$R_i = \frac{I_1}{\sum I_i} \pm \frac{ea_1 I_1}{\sum a_i^2 I_i} \tag{6-14}$$

上式中，等号右边第一项是由中心荷载 $P = 1$ 所引起，此时各主梁只产生挠度而无转动（图 6-3）；显然它与主梁的抗扭无关。等号右边的第二项是由力偶矩 $M = 1 \cdot e$ 的作用引起各片主梁的竖向位移，很明显由于截面的转动，各片主梁不仅会产生竖向挠度，而且还必然同时引起扭转，可是在式(6-14)中没有计入主梁的抗扭作用。由此可见，要计入主梁抗扭影响，只需对式(6-14)的第二项给予修正。

下面就研究在力偶矩 $M = 1 \cdot e$ 作用下桥梁的变形和受力情况。

如图 6-6 所示，还是取跨中截面来分析。在 M 作用下每片主梁除产生不相同的挠度 w_i'' 外，尚转动一个相同的 θ 角[图 6-6b]。各片主梁对横梁的反作用为竖向力 R_i'' 和抗扭矩 $M_{\text{T}i}$[图 6-6c]。

根据平衡条件：

$$\sum R_i'' \cdot a_i + \sum M_{\text{T}i} = 1 \cdot e \tag{6-15}$$

由材料力学,简支梁跨中截面扭矩与扭角以及竖向力与挠度的关系为:

$$\theta = \frac{lM_{Ti}}{4GI_{Ti}} \text{和} \quad w''_i = \frac{R''_i l^3}{48EI_i} \tag{6-16}$$

而从几何关系(图 6-6)可知:

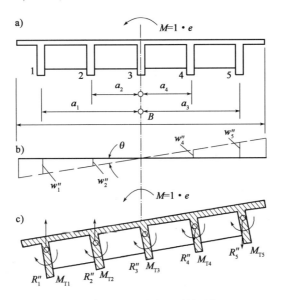

图 6-6 考虑主梁抗扭的计算图式

$$\theta \approx \tan\theta = \frac{w''_i}{a_i} \tag{6-17}$$

将式(6-16)代入式(6-17),则:

$$\theta = \frac{R''_i l^3}{48 a_i EI_i} \tag{6-18}$$

再将式(6-18)代入式(6-16),得:

$$M_{Ti} = R''_i \frac{l^2 GI_{Ti}}{12 a_i EI_i} \tag{6-19}$$

为了计算 1 号梁的荷载,根据几何的和刚度的比例关系,将 R''_i 用 R''_1 表示,得:

$$\frac{R''_i}{a_i I_i} = \frac{R''_1}{a_1 I_1} \tag{6-20}$$

即

$$R''_i = R''_1 \frac{a_i I_i}{a_1 I_1}$$

再将式(6-19)和式(6-20)代入平衡条件式(6-15),则得:

$$\sum R''_1 \frac{a_i^2 I_i}{a_1 I_1} + \sum R''_1 \frac{a_i I_i}{a_1 I_1} \cdot \frac{l^2 GI_{Ti}}{12 a_i EI_i} = e$$

或

$$R''_1 \cdot \frac{1}{a_1 I_1} \left(\sum a_i^2 I_i + \frac{Gl^2}{12E} \sum I_{Ti} \right) = e \tag{6-21}$$

于是：

$$R_1'' = \frac{ea_1 I_1}{\sum a_i^2 I_i + \dfrac{Gl^2}{12E}\sum I_{Ti}} = \frac{ea_1 I_1}{\sum a_i^2 I_i}\left(\frac{1}{1 + \dfrac{Gl^2 \sum I_{Ti}}{12E \sum a_i^2 I_i}}\right) = \beta \frac{ea_1 I_1}{\sum a_i^2 I_i} \quad (6\text{-}22)$$

最后可得考虑主梁抗扭刚度后 1 号梁的荷载横向分布影响线竖标为：

$$R_1 = \frac{I_1}{\sum I_i} \pm \beta \frac{ea_1 I_1}{\sum a_i^2 I_i} \quad (6\text{-}23)$$

式中系数：

$$\beta = \frac{1}{1 + \dfrac{Gl^2 \sum I_{Ti}}{12E \sum a_i^2 I_i}} < 1$$

β 称为抗扭修正系数。它与梁号无关，纯粹取决于结构的几何尺寸和材料特性。

式(6-23)即是 1947 年 Schöttgen 提出的修正公式，实际上早在 1938 年 Leonhardt 就已经考虑到了主梁的抗扭修正。此后 1958 年横道英雄、1961 年 Улипкий 等提出过修正公式。它们的共同特点是都把主梁处理为梁排，而主梁的抗扭影响以主梁自由扭转抗力矩的形式出现，用杆件结构力学的静力平衡方程与变形协调方程来推导修正公式。1962 年 Фай 和 1963 年杨国先提出的抗扭修正是：把各片主梁分别认为是刚性薄壁杆或把整个梁排看作刚性薄壁杆件，而主梁的抗扭影响以薄壁杆件的约束扭转的形式出现。另外在 1963 年我国郑孝达和林元培也先后用比拟板的能量方法推导了修正公式，后者还计及了横梁的抗扭影响。但不管用什么方法修正，归根结底都是在横梁无限刚性的前提下来考虑主梁的抗扭影响。计算结果表明，这些修正公式只能改变主梁荷载横向分布影响线的斜率，而不能改变其线性性质。当主梁的片数增多，桥宽增加，横梁与主梁相对弯曲刚度比值降低，当横梁不再能看作无限刚性时，这个修正公式所计算的结果仍然会带来较大的误差。

二、铰接板(梁)法

1. 铰接板(梁)法原理

对于用现浇混凝土纵向企口缝连接的装配式板桥，以及仅在翼板间用焊接钢板或伸出交叉钢筋连接的无中间横隔梁的装配式桥，由于块件间横向具有一定的连接构造，但其连接刚性又很薄弱，这类结构的受力状态实际接近于数根并列而相互间横向铰接的狭长板(梁)。以此为基础，发展了横向铰接板(梁)理论来计算荷载的横向分布。

铰接板桥的受力特点可以用图 6-7 来说明。

图 6-7a)示出一座用混凝土企口缝连接的装配式板桥承受荷载 P 的变形图式。当 2 号板块上有荷载 P 作用时，除了本身引起纵向挠曲外(板块本身的横向变形极微小，可略去不计)，其他板块也会受力而发生相应的挠曲。显然，这是因为各板块之间通过结合缝所承受的内力在起传递荷载的作用。图 6-7b)表示一般情况下结合缝下可能引起的内力为竖向剪力 $g(x)$、横向弯矩 $m(x)$、纵向剪力 $t(x)$ 和法向力 $n(x)$。然而，当桥上主要作用竖向车轮荷载时，纵向剪力和法向力与竖向剪力相比，影响极小；加之，在构造上，结合缝(企口缝)的高度不大、刚性

甚弱,通常可视作近似铰接,则横向弯矩对传布荷载的影响极微,也可忽略。这样,为了简化计算,可以假定竖向荷载作用下结合缝内只传递竖向剪力 $g(x)$,如图 6-7c)所示,这就是横向铰接板(梁)计算理论的假定前提。

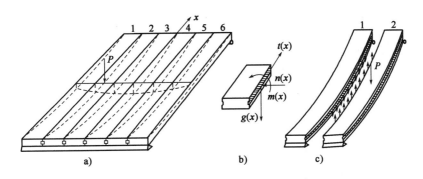

图 6-7　铰接板桥受力示意图

2. 铰接板桥的荷载横向分布

板与板之间的铰接缝沿纵向是一条连续的构造,当某一板条跨中受集中力作用时,各铰接板缝沿全长均产生分布的垂直剪切力,并通过它们将荷载分布于整个桥面结构。为了易于分辨各板块所分配的荷载大小,将集中力用呈正弦分布的连续分布荷载等代。在正弦荷载 $p(x) = p\sin\dfrac{\pi x}{l}$ 作用下,各条铰缝内也产生正弦分布的铰接力 $g_i(x) = g_i\sin\dfrac{\pi x}{l}$,图 6-8b)中示出任意一条板梁的铰接力分布图形。鉴于荷载、铰接力和挠度三者的谐调性,对于研究各板梁所分布荷载的相对规律来说,方便地取跨中单位长度的截割段来进行分析不失其一般性,此时各板条间铰接力可用正弦分布铰接力的峰值 g_i 来表示。

图 6-8a)表示一座横向铰接板桥的横截面图。现在我们来研究单位正弦荷载作用在 2 号板梁轴线上时,荷载在各条板梁内的横向分布,计算图式如图 6-8b)所示。

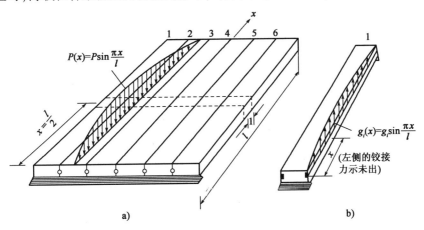

图 6-8　铰接板桥受力图式

一般来说,对于具有 n 条板梁组成的桥梁,必然具有 $(n-1)$ 条铰缝。在板梁间沿铰缝切开,则每一铰缝内作用着一对大小相等方向相反的正弦分布铰接力,因此对于 n 条板梁就有 $(n-1)$ 个欲求的未知铰接力峰值 g_i。如果求得了所有的 g_i,则根据力的平衡原理,可得分配到各板块的竖向荷载的峰值 P_{i1}，以图 6-9b) 所示的 5 块板为例，即为：

$$\left.\begin{aligned} 1\text{号板} \quad & P_{11} = 1 - g_1 \\ 2\text{号板} \quad & P_{21} = g_1 - g_2 \\ 3\text{号板} \quad & P_{31} = g_2 - g_3 \\ 4\text{号板} \quad & P_{41} = g_3 - g_4 \\ 5\text{号板} \quad & P_{51} = g_4 \end{aligned}\right\} \qquad (6\text{-}24)$$

显然，对于具有 $(n-1)$ 个未知铰接力的超静定问题，总有 $(n-1)$ 条铰接缝，将每一铰缝切开形成基本体系，利用两相邻板块在铰接缝处的竖向相对位移为零的变形协调条件，就可解出全部铰接力峰值。为此，对于图 6-9b) 的基本体系，可以列出 4 个正则方程，具体如下：

$$\left.\begin{aligned} \delta_{11}g_1 + \delta_{12}g_2 + \delta_{13}g_3 + \delta_{14}g_4 + \delta_{1P} = 0 \\ \delta_{21}g_1 + \delta_{22}g_2 + \delta_{23}g_3 + \delta_{24}g_4 + \delta_{2P} = 0 \\ \delta_{31}g_1 + \delta_{32}g_2 + \delta_{33}g_3 + \delta_{34}g_4 + \delta_{3P} = 0 \\ \delta_{41}g_1 + \delta_{42}g_2 + \delta_{43}g_3 + \delta_{44}g_4 + \delta_{4P} = 0 \end{aligned}\right\} \qquad (6\text{-}25)$$

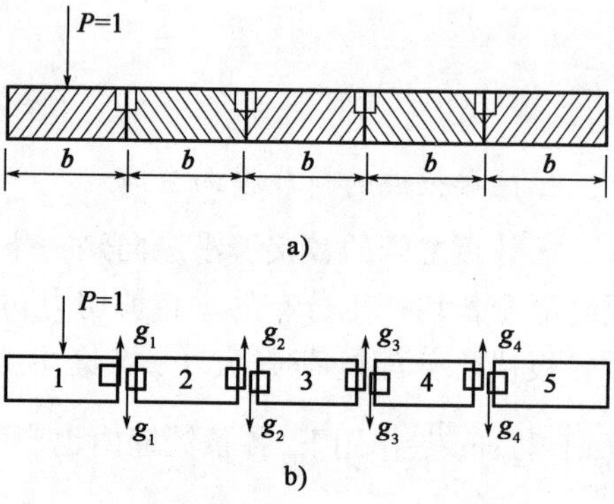

图 6-9 铰接板桥计算图式

式中：δ_{ik}——铰接缝 k 内作用单位正弦铰接力，在铰接缝 i 处引起的竖向相对位移；

δ_{iP}——外荷载 P 在铰接缝 i 处引起的竖向位移。

为了确定正则方程中的常数 δ_{ik} 和 δ_{iP}，我们来考察图 6-10a) 所示任意板梁在左边铰缝内作用单位正弦铰接力的典型情况。图 6-10b) 为跨中单位长度截割段的示意图。对于横向近乎刚性的板块，偏心的单位正弦铰接力可以用一个中心作用的荷载和一个正弦分布的扭矩来代替，图 6-10c) 中示出了作用在跨中段上相应峰值 $g_i = 1$ 和 $m_t = \dfrac{b}{2}$。

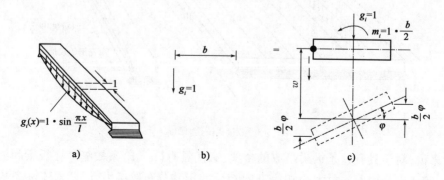

图 6-10 板梁的典型受力图式

我们设上述中心作用荷载在板跨中央产生的挠度为 w，上述扭矩引起的跨中扭角为 φ，这样在板块左侧产生的总挠度为 $w+\dfrac{b}{2}\varphi$，在板块右侧则为 $w-\dfrac{b}{2}\varphi$。掌握了这一典型的变形规律，参照图 6-9b)的基本体系，就不难确定以 w 和 φ 表示的全部 δ_{ik} 和 δ_{iP}。计算中应遵循下述符号：当 δ_{ik} 与 g_i 的方向一致时取正号，也就是说，使某一铰缝增大相对位移的挠度取正号，反之取负号。至此，依据图 6-9b)的基本体系，就可写出正则方程(6-25)中的常系数为：

$$\delta_{11}=\delta_{12}=\delta_{13}=\delta_{14}=2\left(w+\frac{b}{2}\varphi\right)$$

$$\delta_{12}=\delta_{23}=\delta_{34}=\delta_{21}=\delta_{32}=\delta_{43}=-\left(w-\frac{b}{2}\varphi\right)$$

$$\delta_{13}=\delta_{14}=\delta_{24}=\delta_{31}=\delta_{41}=\delta_{42}=0$$

$$\delta_{1P}=-w$$

$$\delta_{2P}=\delta_{3P}=\delta_{4P}=0$$

将上述的系数代入式(6-25)，使全式除以 w 并设刚度参数 $\gamma=\dfrac{\dfrac{b}{2}\varphi}{w}$，则得正则方程的化简形式：

$$\left.\begin{aligned}2(1+\gamma)g_1-(1-\gamma)g_2&=1\\-(1-\gamma)g_1+2(1+\gamma)g_2-(1-\gamma)g_3&=0\\-(1-\gamma)g_2+2(1+\gamma)g_3-(1-\gamma)g_4&=0\\-(1-\gamma)g_3+2(1+\gamma)g_4&=0\end{aligned}\right\} \quad (6\text{-}26)$$

一般来说，n 块板就有 $(n-1)$ 个联立方程，其主系数 $\dfrac{1}{w}\delta_{ii}$ 都是 $2(1+\gamma)$，副系数 $\dfrac{1}{w}\delta_{ik}(k=i\pm1)$ 都为 $-(1-\gamma)$，其余都为零。荷载项系数除了直接受荷的 1 号板块处为 -1 以外，其余均为零。

由此可见，只要确定了刚度参数 γ、板块数量 n 和荷载作用位置，就可解出所有 $(n-1)$ 个未知铰接力的峰值。有了 g_i 就能按式(6-24)得到荷载作用下分配到各板块的竖向荷载的峰值。

3. 铰接板桥的荷载横向影响线和横向分布系数

上面我们阐明了沿桥的横向只有一个荷载(用单位正弦荷载代替)作用下的荷载横向分布问题。为了计算横向可移动的一排车轮荷载对某根板梁的总影响，最方便的方法就是利用该板梁的荷载横向影响线来计算横向分系数。下面将从荷载横向分布计算出发来绘制横向影响线。

图 6-11a)表示荷载作用在 1 号板梁上时，各块板梁的挠度和所分配的荷载图式。

对于弹性板梁，荷载与挠度呈正比关系，即

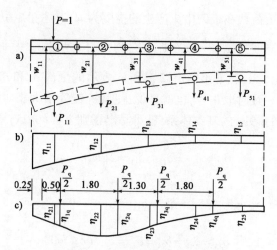

图 6-11 跨中荷载的横向影响线

$$P_{i1} = a_1 w_{i1}$$

同理

$$P_{1i} = a_2 w_{1i}$$

由变位互等定理 $w_{i1} = w_{1i}$,且每块板梁的截面相同(比例常数 $a_1 = a_2$),就得

$$P_{1i} = P_{i1}$$

上式表明,单位荷载作用在 1 号板梁轴线上时任一板梁所分配的荷载,就等于单位荷载作用于任意板梁轴线上时 1 号板梁所分配到的荷载,这就是 1 号板梁荷载横向影响线的竖标值,通常以 η_{1i} 来表示。最后,利用式(6-24),就得 1 号板梁横向影响线的各竖标值为:

$$\left.\begin{aligned}\eta_{11} &= P_{11} = 1 - g_1 \\ \eta_{12} &= P_{21} = g_1 - g_2 \\ \eta_{13} &= P_{31} = g_2 - g_3 \\ \eta_{14} &= P_{41} = g_3 - g_4 \\ \eta_{15} &= P_{51} = g_4 \end{aligned}\right\} \quad (6\text{-}24')$$

把各 η_{1i} 按比例描绘在相应板梁的轴线位置,用光滑的曲线(或近似地用折线)连接这些竖标点,就得 1 号板梁的横向影响线,如图 6-11b)所示。同理,如将单位荷载作用在 2 号板梁轴线上,就可求得 P_{i2},从而可得 η_{2i},如图 6-11c)所示。

在实际设计时,可以利用对于板块数目 $n = 3 \sim 10$ 所编制的各号板的横向影响线竖标计算表格。

有了跨中荷载横向影响线,就可以计算各类荷的跨中横向分布系数 m_c。

4. 刚度参数 γ 值的计算

刚度参数 $\gamma = \frac{b}{2}\varphi/w$。为了计算 γ,首先要确定偏心的正弦荷载作用下,所产生的跨中竖向挠度 w 和扭角 φ,见图 6-12。

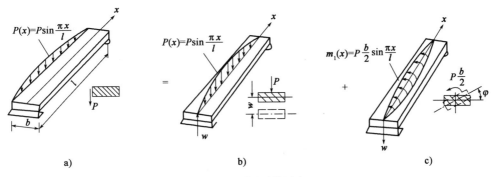

图6-12 γ值的计算图式

根据式(6-15)和式(6-20)可得到跨中$\left(x=\dfrac{l}{2}\right)$挠度和转角为：

$$w=\dfrac{pl^4}{\pi^4 EI} \tag{6-27}$$

$$\varphi=\dfrac{pbl^2}{2\pi^2 GI_T} \tag{6-28}$$

从而得可到刚度参数 γ 的计算式如下：

$$\gamma=\dfrac{b}{2}\varphi/w=\dfrac{b}{2}\cdot\left(\dfrac{pbl^2}{2\pi^2 GI_T}\right)\bigg/\left(\dfrac{pl^4}{\pi^4 EI}\right)=\dfrac{\pi^2 EI}{4GI_T}\left(\dfrac{b}{l}\right)^2 \tag{6-29}$$

$$\approx 5.8\dfrac{I}{I_T}\left(\dfrac{b}{l}\right)^2$$

式中对于混凝土取用 $G=0.425E$。

可见，由偏心的正弦荷载算得的 γ 值，与单位正弦荷载作用的计算结果是一样的。

5. 铰接板桥举例

图 6-13 所示为跨径 $l=12.60\text{m}$ 的铰接空心板桥的横截面布置，桥面净空为净—7m 和 2×0.75m 人行道。全桥跨由 9 块预应力混凝土空心板组成，欲求 1 号板、3 号板和 5 号板的公路—Ⅰ级车辆荷载和人群荷载作用的跨中荷载横向分布系数。

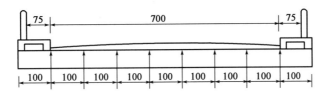

图6-13 空心板横截面(尺寸单位：cm)

步骤一：计算空心板截面的抗弯惯性矩 I。

本例空心板是上下对称截面，形心轴位于高度中央，故其抗弯惯性矩为[见图 6-14a)所示半圆的几何性质]：

$$I=\dfrac{99\times 60^3}{12}-2\times\dfrac{38\times 8^3}{12}-4\times\left[0.00686\times 38^4+\dfrac{1}{2}\cdot\dfrac{\pi\times 38^2}{4}\times\left(\dfrac{8}{2}+0.2122\times 38\right)^2\right]$$

$$=178200-3423-4\times 96828=1391\times 10^3(\text{cm}^4)$$

步骤二:计算空心板截面的抗扭惯性矩 I_T。

本例空心板截面可近似简化成图 6-14 b)中虚线所示的薄壁箱形截面来计算 I_T,则得:

$$I_t = \frac{4 \times (99-8)^2 \times (60-7)^2}{(99-8) \times \left(\frac{1}{7} + \frac{1}{7}\right) + \frac{2 \times (60-7)}{8}} = \frac{93045000}{26+13.25} = 2.37 \times 10^6 (\text{cm}^4)$$

步骤三:计算刚度参数 γ(式 6-29)。

$$\gamma = 5.8 \frac{I}{I_T} \left(\frac{b}{l}\right)^2 = 5.8 \times \frac{1391 \times 10^3}{2370 \times 10^3} \times \left(\frac{100}{1260}\right)^2 = 0.0214$$

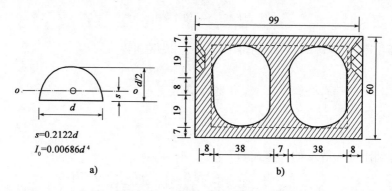

图 6-14 空心板截面惯性矩计算图式(尺寸单位:cm)

步骤四:计算跨中荷载横向分布影响线。

利用铰板荷载横向分布影响线计算用表直线内插法求得 $\gamma = 0.0214$ 的影响线竖标值 η_{1i}、η_{3i} 和 η_{5i}。计算见表 6-1(表中的数值为实际 η_{ki} 的小数点后三位数字)。

影响线竖标值计算表 表 6-1

板号	γ	单位荷载作用位置(i 号板中心)									$\sum \eta_{ki}$
		1	2	3	4	5	6	7	8	9	
1	0.02	236	194	147	113	088	070	057	049	046	≈1000
	0.04	306	232	155	104	070	048	035	026	023	
	0.0214	241	197	148	112	087	068	055	047	044	
3	0.02	147	160	164	141	110	087	072	062	057	≈1000
	0.04	155	181	195	159	108	074	053	040	035	
	0.0214	148	161	166	142	110	086	071	060	055	
5	0.02	088	095	110	134	148	134	110	095	088	≈1000
	0.01	070	082	108	151	178	151	108	082	070	
	0.0214	087	094	110	135	150	135	110	094	087	

表 6-1 中 η_{1i}、η_{3i} 和 η_{5i} 的值按一定比例尺,绘于各号板的轴线下方,连接成光滑曲线后,就得 1 号板、3 号板和 5 号板的荷载横向分布影响线,如图 6-15a)、b)和 c)所示。

步骤五:计算荷载横向分布系数。

按《公路桥涵设计通用规范》(JTG D60—2015)规定,沿横向确定最不利荷载位置后,就可计算跨中荷载横向分布系数,具体如下:

对于 1 号板：

车辆荷载： $m_{cq} = \dfrac{1}{2}(0.197 + 0.119 + 0.086 + 0.056) = 0.229$

人群荷载： $m_{cr} = 0.235 + 0.056 = 0.291$

对于 3 号板：

车辆荷载： $m_{cq} = \dfrac{1}{2}(0.161 + 0.147 + 0.108 + 0.073) = 0.245$

人群荷载： $m_{cr} = 0.150 + 0.055 = 0.205$

对于 5 号板：

车辆荷载： $m_{cq} = \dfrac{1}{2}(0.103 + 0.140 + 0.140 + 0.103) = 0.243$

人群荷载： $m_{cr} = 0.088 + 0.088 = 0.176$

综上所得，车辆荷载的横向分布系数的最大值为 $m_{cq} = 0.245$，人群荷载的最大值为 $m_{cr} = 0.291$。在设计中通常偏安全地取这些最大值来计算内力。

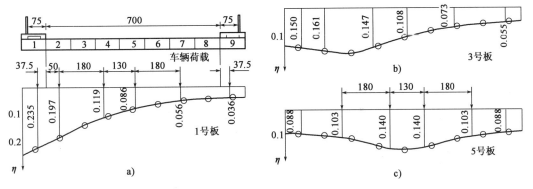

图 6-15　1 号板、3 号板和 5 号板的荷载横向分布影响线(尺寸单位：cm)

从图 6-15 所示各板的横向分布影响线可以看出，鉴于铰接空心板或实心板的抗扭能力比较大，故影响竖标值在横桥方向还是比较均匀的。再考虑到通常在桥宽方向较大范围内要布置好多个车轮荷载，这样又使各号板的受力比较均匀，因此通过计算分析，我们还可以归纳成下述近似公式，作为初估车辆荷载横向分布系数之用。

$$m_c = C \cdot \dfrac{k}{n}$$

式中：n——横截面内板的块数；

k——车辆荷载列数；

C——修正系数，一般取 $C = 1.15$。

三、刚接板(梁)法

1. 刚接板(梁)法原理

板系法中还有一种方法称为刚接板(梁)法。此法不仅考虑图 6-7 中剖面的剪力传递，而且考虑弯矩传递，对于现浇接缝的 T 形梁构造更为适用。求解思路与铰接板法类似，刚接板(梁)法主要针对相邻板之间的连接可以近似看成整体板的情形提出。国内工程实践中，对于分离式箱梁桥较多使用梁格法;对于装配式空心板桥或实体板桥多采用铰接板法;对于多主梁的现浇接缝T梁桥多使用刚接梁法。

对于翼板刚性连接的肋梁桥,只要在铰接板(梁)桥计算理论的基础上,在接缝处补充引入赘余弯矩,就可建立计及横向刚性连接特点的赘余力正则方程。用这一方法来求解各梁荷载横向分布的问题,就称为刚接梁法。与铰接板、梁法对比,刚接板、梁法假定各主梁间除传递剪力外还传递弯矩,其未知数数量增加一倍,力法方程数亦增加一倍。

钢筋混凝土T形梁桥,常采用现浇接缝的刚接构造,这种梁桥的横向连接刚度较强,其受力特点即可传递剪力又能传递弯矩。下面将阐明横向刚接T形梁桥,其与铰接梁桥相比较,在计算荷载横向分布方面的不同在于引入了弯矩的影响。

图6-16a)、b)表示一座刚接T形梁桥在单位正弦荷载作用下沿跨中单位长度截割段的刚接力计算图式。可见,对于具有$(n-1)$个未知刚接力的超静定问题,有$2(n-1)$条刚接缝,将每一刚接缝切开形成基本体系,利用两相邻板块在刚接缝处的竖向相对位移为零以及转角为零的变形协调条件,可解出全部刚接力峰值。为此,对于下图所示基本体系,可以列出8个正则方程如下:

$$\begin{cases} \delta_{11}g_1 + \delta_{12}g_2 & + \delta_{15}M_5 + \delta_{16}M_6 & + \delta_{1P} = 0 \\ \delta_{21}g_1 + \delta_{22}g_2 + \delta_{23}g_3 & + \delta_{25}M_5 + \delta_{26}M_6 + \delta_{27}M_7 & = 0 \\ \delta_{32}g_2 + \delta_{33}g_3 + \delta_{34}g_4 & + \delta_{36}M_6 + \delta_{37}M_7 + \delta_{38}M_8 & = 0 \\ \delta_{43}g_3 + \delta_{44}g_4 & + \delta_{47}M_7 + \delta_{48}M_8 & = 0 \\ \delta_{51}g_1 + \delta_{52}g_2 & + \delta_{55}M_5 + \delta_{56}M_6 & = 0 \\ \delta_{61}g_1 + \delta_{62}g_2 + \delta_{63}g_3 & + \delta_{65}M_5 + \delta_{66}M_6 + \delta_{67}M_7 & = 0 \\ \delta_{72}g_2 + \delta_{73}g_3 + \delta_{74}g_4 & + \delta_{76}M_6 + \delta_{77}M_7 + \delta_{78}M_8 & = 0 \\ \delta_{83}g_3 + \delta_{84}g_4 & + \delta_{87}M_7 + \delta_{88}M_8 & = 0 \end{cases}$$

式中:δ_{ik}——刚接缝k内作用单位正弦力,在接缝i处引起的竖向相对位移或转角;

δ_{iP}——外荷载P在接缝i处引起的竖向位移或转角。

在求解铰接力g_i时,在所有主系数δ_{ii}中除了考虑w和φ的影响外,还应计入T形梁翼板悬臂端的弹性挠度f[图6-16c)、d)]。鉴于翼板边缘有单位正弦荷载作用时,翼板可视为在梁肋处固定的悬臂板,其板端挠度接近于正弦分布,即$f(x) = f\sin\dfrac{\pi x}{l}$($f$为挠度峰值),如图6-16c)所示,则得:

$$f = \frac{d_1^3}{3EI_1} = \frac{4d_1^3}{Eh_1^3}$$

式中:d_1——翼板的悬出长度;

h_1——翼板厚度;对于变厚度的翼板,可近似取距离梁肋$\dfrac{d_1}{3}$处的板厚来计算;

I_1——单位宽度翼板的抗弯惯性矩,$I_1 = \dfrac{h_1^3}{12}$。

因此,对于刚接T形梁桥,正则方程中$\delta_{ii}(i=1,2,3,4)$应改为:

$$\delta_{11} = \delta_{22} = \delta_{33} = \cdots\cdots = 2\left(w + \frac{b}{2}\varphi + f\right) \tag{6-30}$$

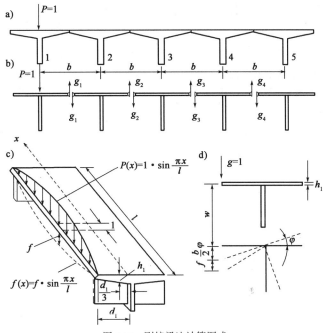

图 6-16 刚接梁法计算图式

如令 $\beta = \dfrac{f}{w}$,则:

$$\beta = \dfrac{4d_1^3}{Eh_1^3} \Big/ \dfrac{l^4}{\pi^4 EI} \approx 390 \dfrac{I}{l^4}\left(\dfrac{d_1}{h_1}\right)^3 \tag{6-31}$$

$\delta_{ii}(i=5,6,7,8)$ 可通过相似思路求得。δ_{ij} 亦可通过结构力学的基本原理求得。由此可见,只要确定了刚度参数 γ 和 β,就可像在铰接板桥中一样,解出所有未知刚接力的峰值,并绘制荷载横向影响线。

值得指出的是,当悬臂不长 $(0.7 \sim 0.8 m)$ 和跨度 $l \geqslant 10 m$ 时,参数 γ 一般比 β 值显著要大 $\left(\dfrac{\beta}{1+\gamma} < 5\%\right)$,因而在不影响计算精确度的条件下,可忽略 β 的影响,以简化刚接梁桥的计算。

2. 刚接梁法举例

如图 6-17 所示,简支 T 梁计算跨径 $L_0 = 30 m$,梁高 1.5m,桥宽 11.8m,由 6 根 1.6m 宽 T 梁组成,单向三车道布置。计算 1 号梁(边梁)、2 号梁(主梁)跨中截面的荷载横向分布系数。

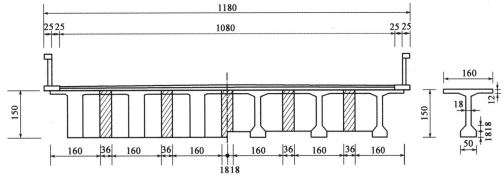

图 6-17 T 梁截面布置及单梁尺寸(尺寸单位:cm)

本例中，T 梁间通过现浇段进行横向连接，是具有较强横向联系的多梁桥，故应选择刚接梁法计算该桥的横向分布计算。通过电算进行横向分布系数的计算，输入 T 梁截面、跨径、抗弯惯性矩、抗扭惯性矩等参数数据，横向分布影响线计算结果列于表 6-2 中。

刚接 T 梁荷载横向分布影响线的计算结果（行车道左端为原点） 表 6-2

坐标	梁 号					
	1 号梁	2 号梁	3 号梁	4 号梁	5 号梁	6 号梁
0.6m	0.919	0.190	-0.036	-0.050	-0.022	-0.001
1.4m	0.708	0.283	0.049	-0.017	-0.017	-0.006
2.2m	0.485	0.375	0.142	0.021	-0.011	-0.012
3.0m	0.283	0.408	0.248	0.075	0.002	-0.017
3.8m	0.136	0.355	0.352	0.150	0.028	-0.021
4.6m	0.049	0.248	0.397	0.249	0.075	-0.017
5.4m	0.001	0.148	0.351	0.351	0.148	0.001
6.2m	-0.017	0.075	0.249	0.397	0.248	0.049
7.0m	-0.021	0.028	0.150	0.352	0.355	0.136
7.8m	-0.017	0.002	0.075	0.248	0.408	0.283
8.6m	-0.012	-0.011	0.021	0.142	0.375	0.485
9.4m	-0.006	-0.017	-0.017	0.049	0.283	0.708
10.2m	-0.001	-0.022	-0.050	-0.036	0.190	0.919

对于 1 号梁（边梁），其荷载横向分布系数影响线如图 6-18a) 所示，其车辆荷载横向分布系数为：$m_{cq} = \frac{1}{2} \times (0.945 + 0.458 + 0.167 + 0.001 - 0.021 - 0.013) = 0.768$。

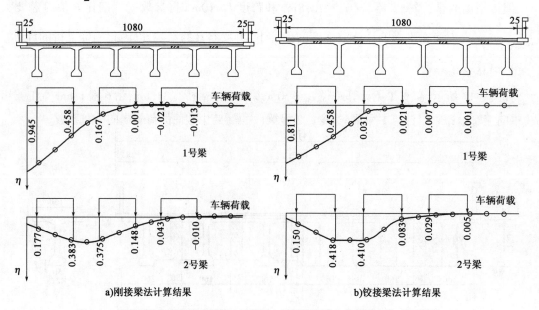

图 6-18 刚接梁法和铰接梁法计算 1 号梁及 2 号梁荷载横向分布影响线（尺寸单位：cm）

对于 2 号梁(主梁),其荷载横向分布系数影响线如图 6-18a)所示,其车辆荷载横向分布系数为:$m_{cq} = \frac{1}{2} \times (0.177 + 0.383 + 0.375 + 0.148 + 0.043 - 0.010) = 0.559$。

1 号梁及 2 号梁的横向分布影响线及汽车荷载布置图式如图 6-18a)所示。

对于未设置横隔板的 T 梁桥可采用铰接梁法计算。

对于 1 号梁(边梁),其荷载横向分布系数影响线如图 6-18b)所示,其车辆荷载横向分布系数为:$m_{cq} = \frac{1}{2} \times (0.811 + 0.458 + 0.131 + 0.021 + 0.007 + 0.001) = 0.714$。

对于 2 号梁(主梁),其荷载横向分布系数影响线如图 6-18b)所示,其车辆荷载横向分布系数为:$m_{cq} = \frac{1}{2} \times (0.150 + 0.418 + 0.410 + 0.083 + 0.029 + 0.005) = 0.547$。

可见,两种方法计算得到的荷载横向分布系数存在差异,在实际应用中,应注意根据结构实际情况选取合适的方法进行横向分布系数的计算。

四、剪力荷载横向分布

以上讨论的荷载横向分布系数 m_c 仅是指主梁的跨中荷载横向分布而言,在计算主梁弯矩时,对跨中的荷载横向分布系数与跨中其他各点上的荷载横向分布系数采用相同的值,这是实用方法基本原理的前提所决定的,因为变量分离的前提是精确内力影响面的图形在纵、横向各自有相似的特征。但剪力荷载横向分布的计算就不同,首先观察图 6-19 和图 6-20。

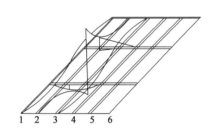

图 6-19　2 号梁跨中剪力影响面

图 6-20　1 号梁支点剪力影响面

图 6-19 所示是 2 号梁跨中剪力影响面,图 6-20 所示是边梁支点剪力影响面。显而易见,主梁剪力影响面的图形的纵横向完全异形,无法作变量分离,也就不能得出一个简化的、在全跨单一的荷载横向分布系数,因而就必须寻求剪力的荷载横向分布的近似计算办法。由于在简支梁桥中剪力由支点截面控制,因此这里仅讨论支点截面的剪力荷载横向分布计算。有关中间截面的剪力的荷载横向分布近似计算,请读者查阅相关文献。

从图 6-20 所示的 1 号梁的精确支点剪力影响面中可见,在支点截面上的剪力分布和杠杆法的分布相近,而从跨内第一片横梁开始,到梁的另一端之间的剪力影响面,在纵横向可看作各自相似。所以,如果我们仍然采用全跨统一变量分离的方法绘制近似影响面,如图 6-21 所示,则将由于影响面峰值处的图形被歪曲而导致过大的误差。为此,我们可以做如下的近似处理:在计算支点剪力时,其荷载横向分布系数在梁端采用按杠杆法计算得到的 m_c',在跨内从第一片横梁则近似采用跨中的荷载横向分布系数 m_c,从梁端到第一片中横

梁之间采用从 m'_c 到 m_c 的直线过渡形式,当仅有一片中横梁时,则取用距支点 1/4 跨径的一段,如图 6-22 所示。

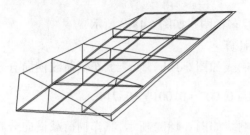

图 6-21 被歪曲的支点剪力近似影响面

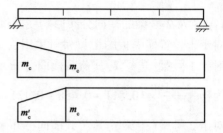

图 6-22 计算剪力时荷载横向分布系数沿跨长分布图

以往有的文献中提出,荷载横向分布系数沿跨度按图 6-23 所示的规律变化,这无论从影响面来看,或从力的传递来看,都是不合理的。首先从图 6-20 所示的 1 号梁支点剪力影响面来看,在计算的支点截面处影响面坐标最大,而在另一端的影响面坐标值已很小,不可能仍然为杠杆分布。同时从力的传递来看,当 1 号梁另一端作用荷载 P 时,它要经过好几道横梁的分布才传到该支点上,它的分布应该比杠杆分布均匀得多。

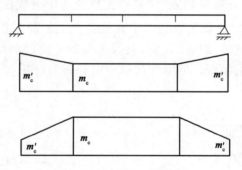

图 6-23 不合理的 m_c 分布图

现采用与前面刚性横梁法中同样横截面布置的钢筋混凝土梁桥,跨径 $l = 19.5\text{m}$,求右边梁在汽车和人群荷载作用下剪力荷载横向分布系数沿跨长的分布图。

该桥为六梁式,主梁中距 $b_1 = 1.6\text{m}$,桥面宽 $7.0\text{m} + 2 \times 1.5\text{m}$,双车道,共设 5 道横梁(包括端横梁和中间横梁)。

1. 求汽车荷载作用下的荷载横向分布系数分布图

(1)用杠杆法求支点处的荷载横向分布系数 m'_{cq}

右边梁用杠杆原理求得的荷载横向分布影响线如图 6-24 所示,按横向最不利位置加载,得 $m'_{cq} = 0.188$。

(2)计算跨中截面荷载横向分布系数

由于 $B/l < 0.5$,故可按刚性横梁分布法计算,这部分计算在前面图 6-5 的示例中已做过,$m_{cq} = 0.432$。

(3)给出横向分布系数沿跨长分布图

该桥共有 5 片横梁,等间距布置,于是可知第一片中横梁距支点处为 4.875m,则得汽车荷载作用下,右边梁的横向分布系数,如图 6-24a)所示。

2. 求人群荷载作用下的荷载横向分布系数分布图

(1) 用杠杆法求支点截面的荷载横向分布系数 m'_{cr}。

人群荷载可用合力来等代,合力作用位置在人行道的中心线上,距离右边梁 0.25m,对应于右边梁荷载横向分布影响线上的坐标为(图 6-25):

$$\eta_r = \frac{1.85}{1.60} = 1.156$$

η_r 即为横向分布系数,所以 $m'_{cr} = 1.156$。

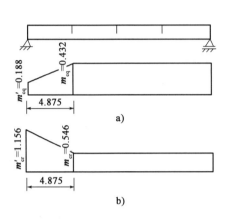

图 6-24 m_q 和 m_r 沿跨长分布图(尺寸单位:m)

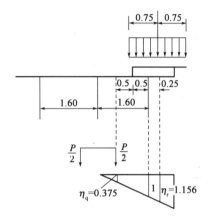

图 6-25 按杠杆原理求边梁荷载横向分布系数(尺寸单位:m)

(2) 跨中截面的荷载横向分布系数 m_{cr} 在前面示例中已经算得,$m_{cr} = 0.546$。

(3) 绘出横向分布系数沿跨长分布图,如图 6-24b)所示。

有了 m_c 分布图,如果进一步求支点截面的最大剪力,则只需再做出支点截面的剪力影响线,然后沿跨长方向在两个图上对应加载,如图 6-26 所示。

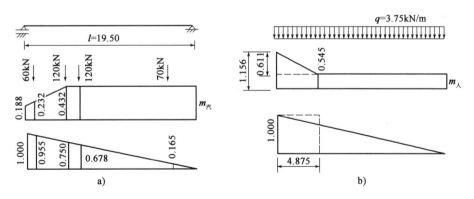

图 6-26 支点剪力计算(尺寸单位:m)

在计算汽车荷载引起的支点剪力时,由于有两个线性函数的影响,求最大值就不那么简单;从理论上讲,可把剪力影响线 $\eta_{(x)}$ 和 m_c 变化图相乘,得 $S_{(x)} = \eta_{(x)} \cdot m_{c(x)}$,然后求 $S_{(x)}$ 的最大值。但这样做比较烦琐。由于它们都是连续的线性函数,故在极值附近的函数值是变化不大的,可以试算几个位置,比较后决定。

在计算人群荷载引起的支点剪力时,从图 6-26b)看出,m_c 图有两个区段,在计算时也应按两个区段进行。为简单计算,把 m_c 分为两部分:一是全跨按常系数 $m_{cr}=0.545$ 计算,二是 $l/4$ 跨段按 $m'_{cr}-m_{cx}=0.611$ 的三角形分布的系数计算,如图中虚线所示。

第二节　桥面板简化计算

一、桥面板受力分析

1. 桥面板的分类

钢筋混凝土和预应力混凝土肋梁桥的桥面板(也称为行车道板),是直接承受车辆轮压的承重结构,在构造上它通常与主梁的梁肋和横隔梁(或横隔板)整体相连,这样既能将车辆活载传给主梁,又能构成主梁截面的组成部分,并保证主梁的整体作用。桥面板一般用钢筋混凝土制造,对于跨度较大的桥面板也可施加横向预应力,做成预应力混凝土板。

从结构形式上看,对于具有主梁和横隔梁的简单梁格系[图6-27a)]以及具有主梁、横梁和内纵梁的复杂梁格系[图6-27b)],桥面板实际上都是周边支承的板。

从承受荷载的特点来看,当板中央作用一竖向荷载 P 时,虽然此荷载会向相互垂直的两对支承边传递,但当支承跨径 l_a 和 l_b 不相同时,由于板沿 l_a 和 l_b 跨径的相对刚度不同,将使向两个方向所传递的荷载也不相等。根据对弹性薄板理论的研究,对于四边简支的板,当板的长边与短边之比(l_a/l_b)接近2时,荷载值的绝大部分将沿板的短跨方向传递,沿长跨方向传递的荷载将不足6%(参加弹性力学相关内容)。l_a/l_b 之比值越大,向 l_a 跨度方向传递的荷载就越少。为了简明起见,读者只要应用一般的力学原理对图6-28所示在荷载 P 作用下的十字形梁进行简单的受力分析,即求出 P_a 和 P_b,就不难领会上述概念的基本道理。

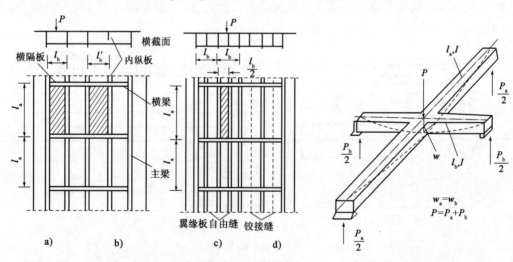

图6-27　梁格系构造和桥面板的支承形式　　图6-28　荷载的双向传递

根据板的上述受力特性,并考虑到钢筋混凝土结构计算本身所固有的近似性,通常把长宽比大于和等于2的周边支承板视作单由短跨承受荷载的单向受力板(即单向板)来设计;而在长跨方向只要适当配置一些分布钢筋即可。仅对长宽比小于2的板,才需真正按周边支承板(或称为双向板)来设计。在此情况下需按两个方向的内力分别配置相互垂直的受力钢筋。

目前梁桥设计的趋势是横隔板稀疏布置,因此主梁的间距往往比横隔板的间距小得多,桥面板属于单向板的居多。有时也会遇到桥面板两个支承跨径之比小于2的情况,例如:在空心墩T形刚架桥墩顶0号块上的桥面板等,对此就必须按双向板进行设计。一般来说,双向桥面板的用钢量较大,构造也较复杂,宜尽量少用。

对于常见 $la/lb \geq 2$ 的T形梁桥,也可遇到两种情形:一是,当翼板端边为自由边[图6-27c)]时,鉴于类似于前面所分析的原因,实际是三边支承的板可以作为沿短跨一端嵌固,而另一端为自由端的悬臂板来分析;二是相邻翼板在端部互相做成铰接接缝构造[图6-27d)],在此情况下桥面板应按一端嵌固一端铰接的铰接悬臂板进行计算。

综上所述,在实践中可能遇到的桥面板受力图式为梁式单向板、悬臂板、铰接悬臂板和双向板等。

2. 车轮荷载在板上的分布

作用在桥面上的车轮压力,通过桥面铺装层扩散分布在钢筋混凝土板面上,由于板的计算跨径相对于轮压的分布宽度来说不是相差很大,故计算时应较精确地将轮压作为分布荷载来处理,这样做既避免了较大的计算误差,又能节约桥面板的材料用量。

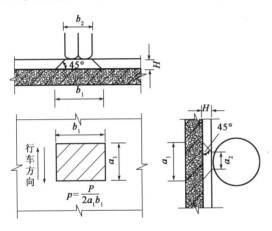

图6-29 车辆荷载在板面上的分布

富于弹性的充气车轮与桥面的接触面实际上接近于椭圆,而且荷载又要通过铺装层扩散分布,可见车轮压力在桥面板上的实际分布形状是很复杂的。然而,为了计算方便起见,通常又近似地把车轮与桥面的接触面看作 $a_2 \times b_2$ 的矩形面积,此处 a_2 是车轮(或履带)沿行车方向的着地长度,b_2 为车轮(或履带)的宽度,如图6-29所示。各级荷载的 a_2 和 b_2 值可从《公路桥涵设计通用规范》(JTG D60—2015)中查得。至于荷载在铺装层内的扩散程度,根据试验研究,对于混凝土或沥青面层,荷载可以偏安全地假定呈45°角扩散。

因此,《公路钢筋混凝土及预应力混凝土桥涵设计规范》(JTG 3362—2018)中规定,最后作用于钢筋混凝土承重板上的矩形压力面的边长为:

$$\left.\begin{array}{ll} 沿纵向 & a_1 = a_2 + 2H \\ 沿横向 & b_1 = b_2 + 2H \end{array}\right\} \tag{6-32}$$

式中:H——铺装层的厚度。

顺便指出,国外(如联邦德国)对于钢筋混凝土承重板采用较大的压力面边长,即:

$$\left.\begin{array}{l} a_1' = a_2 + 2H + t \\ b_1' = b_2 + 2H + t \end{array}\right\} \tag{6-33}$$

式中:t——钢筋混凝土板的厚度。

据此,当汽车列车中一个加重车的后轮作用于桥面板上时,其局部分布的荷载强度为:

$$p = \frac{P}{2a_1 b_1} \tag{6-34}$$

式中：P——加重车后轴的轴重。

二、桥面板有效工作宽度

众所周知，板在局部分布荷载 p 的作用下，不仅直接承压部分（例如宽度为 a_1）的板带参加工作，与其相邻的部分板带也会分担一部分荷载共同参与工作。因此，在桥面板的计算中，就需要确定板的有效工作宽度，或称为荷载的有效分布宽度。下面分单向板和悬臂板来阐明板的有效工作宽度的概念和计算方法。

1. 单向板

图6-30所示为一块跨径 l、宽度较大的梁式桥面板，板中央作用局部分布荷载，其分布面积为 $a_1 \times b_1$。显然，从图中可知，板除了沿计算跨径 x 方向产生挠曲变形 w_x 外，在 y 方向也必须发生挠曲变形 w_y。这说明荷载作用下不仅宽度 a_1 的板条受力，其邻近的板也参与工作，共同承受车轮荷载所产生的弯矩。图6-30a)中示出了沿方向板条所分担弯矩 m_x 的分布图形，在荷载中心处板条负担的弯矩最大，达到 $m_{x\max}$，距荷载越远的板条所承受的弯矩就越小。

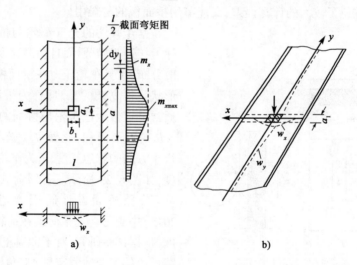

图6-30 桥面板的受力状态

影响线竖标值计算如下。

现设想以 $a \times m_{x\max}$ 的矩形来替代实际的曲线分布图形，即：

$$a \times m_{x\max} = \int m_x \mathrm{d}y = M \tag{6-35}$$

则得弯矩图形的换算宽度为：

$$a = \frac{M}{m_{x\max}} \tag{6-36}$$

式中：M——车轮荷载产生的跨中总弯矩；

$m_{x\max}$——荷载中心处的最大单宽弯矩值，可按弹性薄板的理论求得。

上式的 a 就定义为板的有效工作宽度，以此板宽来承受车轮荷载产生的总弯矩，既满足弯矩最大值的要求，计算起来也十分方便。

图6-31示出跨度为 l 的宽板在不同支承条件、不同荷载性质及不同荷载位置情况下，随承

压面大小变化的有效工作宽度与跨径的比值 a/l(图中数值是按 $a_1 = b_1$ 算得的)。从图中可以看出,两边固结的板的有效工作宽度要比简支的小 30%～40%,全跨满布的条形荷载的有效分布宽度也比局部分布荷载的小些。另外,荷载越靠近支承边时,其有效工作宽度也越小。

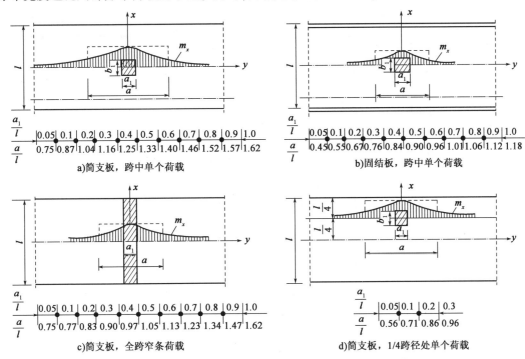

图 6-31 根据最大弯矩按矩形换算的有效工作宽度 a

考虑到实际上 a_1/l 之比值不会很小,而且桥面板属于弹性固结支承,因此,为了计算方便,《公路钢筋混凝土及预应力混凝土桥涵设计规范》(JTG 3362—2018)中对于梁式单向板的荷载有效分布宽度做了如下规定:

(1)荷载位于板的中央地带

对于单独一个车轮荷载[图 6-32a)]:

$$a = a_1 + \frac{l}{3} = a_2 + 2H + \frac{l}{3} \geqslant \frac{2}{3}l \tag{6-37}$$

对于几个靠近的相同荷载,如按上式计算所得各相邻荷载的有效分布宽度发生重叠时,应按相邻靠近的几个荷载一起计算其有效分布宽度[图 6-32b)]:

$$a = a_1 + d + \frac{l}{3} = a_2 + 2H + d + \frac{l}{3} \leqslant \frac{2}{3}l + d \tag{6-38}$$

式中:d——最外两个荷载的中心距离。如果只有相邻两个荷载一起计算时,d 往往加重车后轮的轴距。

(2)荷载位于板的支承处

$$a' = a_1 + t = a_2 + 2H + t \geqslant \frac{l}{3} \tag{6-39}$$

式中:t——板的厚度。

(3)荷载位于靠近板的支承处

$$a_x = a' + 2x \tag{6-40}$$

式中：x——荷载距支承边缘的距离。

这就是说，荷载从支点处向跨中移动时，相应的有效分布宽度可近似地按45°线过渡。根据以上规定，对于任意荷载位置时梁式单向板的有效分布宽度图形，如图6-32c)所示。

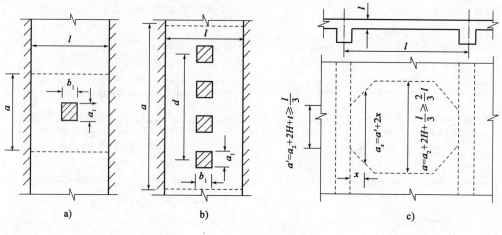

图6-32 荷载有效分布宽度

2. 悬臂板

悬臂板在荷载作用下，除了直接承受荷载的板条(宽度为a_1)外，相邻板条也发生挠曲变形[见图6-33b)中的w_y]而分担部分弯矩。悬臂根部沿y方向各板条的弯矩分布如图6-33a)中m_x所示。根据弹性薄板的理论分析，当板端作用集中力为P时，在荷载中心处的根部最大负弯矩为$m_{x\min} \approx -0.465P$，而此时荷载所引起的总弯矩为$M_0 = -Pl_0$。因此，按最大负弯矩值换算的有效工作宽度为：

$$a = \frac{M_0}{M_{x\min}} = \frac{-Pl_0}{-0.465P} = 2.15l_0$$

由此可见，悬臂板的有效工作宽度接近于2倍悬臂长度，也就是说，荷载可近似地按45°角向悬臂板支承处分布[图6-33a)]。

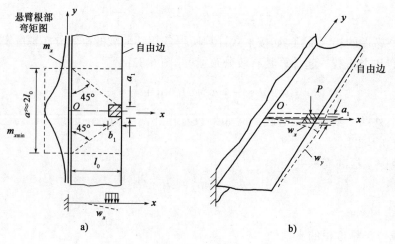

图6-33 悬臂板受力状态

我国《公路钢筋混凝土及预应力混凝土桥涵设计规范》(JTG 3362—2018)中对悬臂板的活载有效分布宽度规定为(图6-34):

$$a = a_1 + 2b' = a_2 + 2H + 2b' \qquad (6-41)$$

式中:b'——承重板上荷载压力面外侧边缘至悬臂根部的距离。

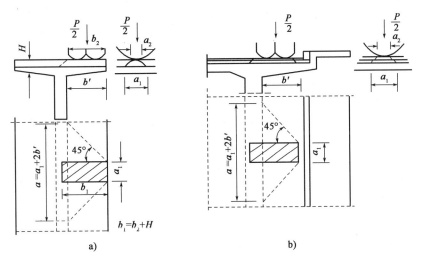

图6-34 悬臂板的有效工作宽度

对于分布荷载位于板边的最不利情况,b'就等于悬臂板的跨径l_0,于是:

$$a = a_1 + 2l_0 \qquad (6-42)$$

对于履带荷载的情形,鉴于履带与桥面接触的长度较大,故无论是单向板还是悬臂板,通常都忽略荷载压力面以外的板条参与工作,无论荷载在跨中或支点处,均取一米宽板条按实际荷载强度p进行计算(图6-35)。

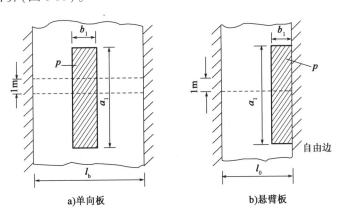

图6-35 履带荷载的分布宽度

三、桥面板内力计算

对于实体的矩形截面桥面板,一般均由弯矩控制设计。设计时,习惯上以每米宽的板条来进行计算比较方便。对于梁式单向板或悬臂板,只要借助板的有效工作宽度,就不难得到作用在每米宽板条上的荷载和其引起的弯矩。对于双向板,除可按弹性理论进行分析外,在工程实践中常用简化的计算方法或现成的图表来计算。

1. 多跨连续单向板的内力

常见的桥面板实质上是一个支承在一系列弹性支承上的多跨连续板。此外,板与梁肋是整体相连的。由此可见,各根主梁的不均匀弹性下沉和梁肋本身的扭转刚度必然会影响桥面板的内力,所以桥面板的实际受力情况是相当复杂的。目前,通常采用较简便的近似方法进行计算。对于弯矩,先计算出一个跨度相同的简支板在结构重力和活载作用下的跨中弯矩 M_0,再乘以偏安全的系数加以修正(取值依据可参考两端固结的梁受集中荷载和均布荷载下的弯矩值),以求得支点处和跨中截面的设计弯矩。弯矩修正系数可视板厚 t 与梁肋高度 h 的比值来选用:

当 $t/h < 1/4$ 时(即主梁抗扭能力较大):

$$\left. \begin{array}{ll} 跨中弯矩 & M_c = +0.5M_0 \\ 支点弯矩 & M_s = -0.7M_0 \end{array} \right\} \tag{6-43}$$

当 $t/h \geq 1/4$ 时(即主梁抗扭能力较小):

$$\left. \begin{array}{ll} 跨中弯矩 & M_c = +0.7M_0 \\ 支点弯矩 & M_s = -0.7M_0 \end{array} \right\} \tag{6-44}$$

式中:M_0——按简支板计算而得的荷载组合内力。

其中汽车荷载在 1m 宽简支板条中所产生的跨中弯矩 M_{0p}[图 6-36a)]:

$$M_{0p} = (1+\mu)\frac{P}{8a}\left(1 - \frac{b_1}{2}\right) \tag{6-45}$$

式中:P——加重车后轴的轴重。

　　　a——板的有效工作宽度。

　　　l——板的计算跨径,当梁肋不宽时(如窄肋 T 形梁)就取梁肋中距;当主梁肋部宽度较大时(如箱形梁肋),可取梁肋间的净距和板厚,即 $l = l_0 + t \geq l_0 + b$,此处 l_0 为板的净跨径,b 为梁肋宽度。

$(1+\mu)$——冲击系数,对于桥面板通常为 1.3。

如遇板的跨径较大,可能还有第二个车轮进入跨径内,对此可按工程力学方法将荷载布置得使跨中弯矩为最大。

每米板宽的跨中结构重力弯矩可由下式计算:

$$M_{og} = \frac{1}{8}gl^2 \tag{6-46}$$

式中:g——一米宽板条每延米的结构重力重量。

注意,在进行截面强度验算时,桥面板有效高度须根据《公路桥涵设计通用规范》(JTG D60—2015)的有关条文取用。

当需要计算单向板的支点剪力时,可不考虑板和主梁的弹性固结作用,此时荷载必须尽量靠近梁肋边缘布置。考虑了相应的有效工作宽度后,每米宽板承受的分布荷载如图 6-36b)所示。对于跨径内只有一个车轮荷载的情况,支点剪力 Q_s 的计算公式为:

$$Q_s = \frac{gl_0}{2} + (1+\mu)(A_1 \cdot y_1 + A_2 \cdot y_2) \tag{6-47}$$

其中,矩形部分荷载的合力为:

$$A_1 = p \cdot b_1 = \frac{P}{2ab_1} \cdot b_1 = \frac{P}{2a} \tag{6-48}$$

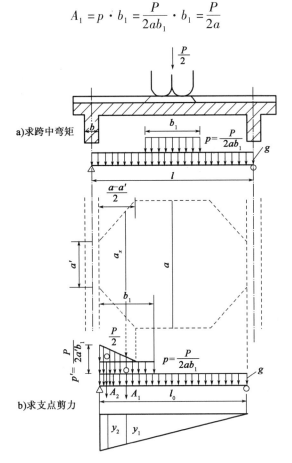

图 6-36　单向板内力计算图式

三角形部分荷载的合力为：

$$\begin{aligned} A_2 &= \frac{1}{2}(p' - p) \cdot \frac{1}{2}(a - a') \\ &= \frac{P}{8aa'b_1} \cdot (a - a')^2 \end{aligned} \tag{6-49}$$

式中：p、p'——对应于有效工作宽度 a 和 a' 处的荷载强度；

　　　y_1、y_2——对应于荷载合力 A_1 和 A_2 的支点剪力影响线竖标值；

　　　l_0——板的净跨径。

如跨径内不止一个车轮进入时，尚应计及其他车轮的影响。

2. 悬臂板的内力

对于相邻翼板沿板互相做成铰接的桥面板，计算悬臂根部活载弯矩 M_{sp} 时，最不利的荷载位置是把车轮荷载对中布置在铰接处。因此每米宽板条的活载弯矩为 [图 6-37a)]：

$$M_{sp} = -(1 + \mu)\frac{P}{4a}\left(l_0 - \frac{b_1}{4}\right) \tag{6-50}$$

每米板宽的结构重力弯矩为：

$$M_{sg} = -\frac{1}{2}gl_0^2 \tag{6-51}$$

式中：l_0——铰接悬臂的净跨径。

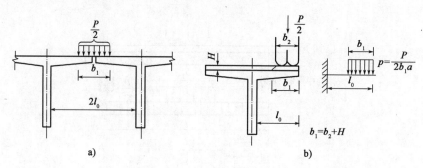

图 6-37 悬臂板计算图式

最后得每米宽板的支点最大负弯矩为：

$$M_s = M_{sp} + M_{sg} \tag{6-52}$$

悬臂根部的剪力可以偏安全地按一般悬臂板的图式来计算，不再赘述。

对于沿板边纵缝不相连接的自由悬臂板，在计算根部最大弯矩时，应将车轮荷载靠板的边缘布置，此时 $b_1 = b_2 + H$，如图 6-37b)所示。在此情况下：

活载弯矩：

$$\left. \begin{aligned} M_{sp} &= -(1+\mu) \cdot \frac{1}{2}pl_0^2 = -(1+\mu)\frac{P}{4ab_1} \cdot l_0^2 \quad (b_1 \geqslant l_0 \text{ 时}) \\ \text{或} \quad M_{sp} &= -(1+\mu) \cdot pb_1\left(l_0 - \frac{b_1}{2}\right) = -(1+\mu)\frac{P}{2a}\left(l_0 - \frac{b_1}{2}\right) \quad (b_1 < l_0 \text{ 时}) \end{aligned} \right\} \tag{6-53}$$

结构重力弯矩：

$$M_{sg} = -\frac{1}{2}gl_0^2$$

最后得 1m 宽板条的根部最大弯矩为：

$$M_s = M_{sp} + M_{sg}$$

剪力计算从略。

必须注意，以上所有活载内力的计算公式都是对于轮重为 $P/2$ 的汽车荷载推得的，对于挂车荷载可将轮重换成 $P/4$，对于履带荷载可将 $P/(2a)$ 置换为每条履带每延米的荷载强度，并均不计冲击影响，这样就可得到相应活载的内力计算公式。

第三节　翼缘板剪力滞效应分析

一、剪力滞现象

在初等梁理论里，当矩形截面梁受弯时，认为距离中和轴的每一层纤维层的压（或拉）应力相同，应力值仅与距离中和轴的距离 z 有关，即：

$$\sigma = \frac{M}{I}z \qquad (6\text{-}54)$$

式中：M——截面弯矩；

I——截面抗弯惯性矩。

然而对于较宽翼缘的 T 形梁、I 形梁来说，如果仍按照这个公式计算，就会导致明显的误差。理论分析和试验结果证明，翼缘每一纤维层的应力，沿宽度方向呈不均匀分布，在梁肋顶部最大，即达到峰值，在自由边缘最小，如图 6-38 所示。这个现象就称为"剪力滞后"，简称剪力滞效应。在日常生活中，剪力滞现象也很常见，例如用手抓一把生水拌和的面糊时，面糊随手上升，并呈喇叭形向周围扩散，这是因为在面糊分子之间有黏着性，通过剪力逐次向外侧传递而形成的。

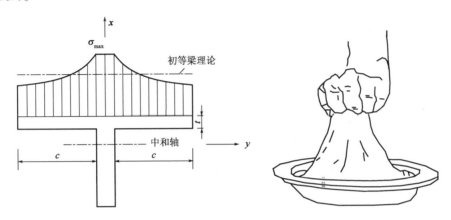

图 6-38 剪力滞后现象

早在 1924 年卡曼(T. V. Karman)对宽翼缘的 T 形截面梁探讨翼缘有效分布宽度问题时，就涉及了剪力滞效应的研究。梁翼缘上的力见图 6-39：T 形梁受弯曲时，在翼缘的纵向边缘上（在梁肋切开处）存在板平面内的剪力流；翼缘在剪力流作用下，将产生剪切变形，产生相对纵向位移，从而减弱了纵向力的传递，翼缘部分于是再也不可能与梁肋一样服从平截面假定。狭窄翼缘的剪切变形不大，其受力性能接近初等梁理论的假定，而宽翼缘因剪切变形的存在，甚至使远离梁肋的翼缘不参与承弯工作，即受压翼缘上的压应力随着距梁肋的距离增加而减小。

箱梁在对称荷载下的弯曲也同样存在这种剪力滞现象，特别是预应力混凝土桥梁中所采用的宽箱梁(腹板间距较大的单箱单室的箱梁)剪力滞效应较为明显。这种现象也是由于箱梁上下翼缘的剪切变形使翼板远离箱肋处的纵向位移滞后于肋板边缘处，因此在翼板内的弯曲应力呈曲线分布。

剪力滞大小的程度可用剪力滞系数 λ 来表示，通常定义为实际翼缘板应力 σ 与按初等梁理论算出来的翼缘板应力 $\bar{\sigma}$ 的比值：

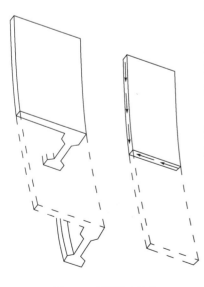

图 6-39 梁翼缘上的力

$$\lambda = \frac{\sigma}{\bar{\sigma}} \tag{6-55}$$

可见,剪力滞系数沿翼缘板宽度是个变化的量。特别的,将肋板处的剪力滞系数用 λ^e 表示:

$$\lambda^e = \frac{\sigma^e}{\bar{\sigma}} \tag{6-56}$$

一般情况下,当 $\lambda^e \geq 1$,称之为"正剪力滞"[图6-40a)],但有的情况下,肋板处的实际应力 σ^e 小于初等梁理论计算出来的应力 $\bar{\sigma}$,即 $\lambda^e \leq 1$,称为"负剪力滞"[图6-40b)]。

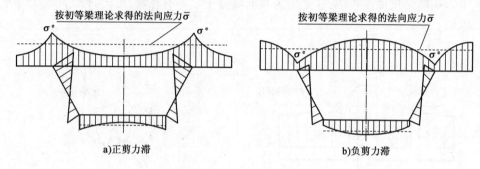

图 6-40 箱梁剪力滞现象及其分类

二、剪力滞计算方法

根据解析与理论分析方法,并结合模型试验,剪力滞的计算综合起来有以下几种方法:

1. 卡曼(T. V. Karman)理论

以最小能量原理为基础,应用应力函数推导。取跨径 $2l$ 的连续梁为解析对象(图6-41),并令其具有无限数目的等间距支承,其上覆盖无限宽的翼缘板,假定荷载对称作用在各跨,翼缘板的厚度与梁的高度相比相当小,因而可忽略板的挠曲刚度(即板自身不承受弯矩,仅承受轴向力),然后用逆函数法求解应力函数,用最小势能原理确定各待定常数,从而导出翼缘板的应力分布图形及其有效分布宽度的表达式。

2. 弹性理论解法

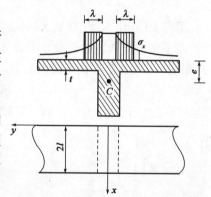

图 6-41 卡曼理论跨径 $2l$ 的连续梁

弹性理论解法建立在经典弹性理论的基础上,主要有以下方法:正交异性板法,把肋板结构比拟成正交异性板法,其肋的面积假定均摊在整个板上,然后从弹性力学的边界条件出发,导出肋结构的法向应力,这就是剪力滞效应;折板理论法,将箱梁离散为若干矩形板,以弹性平面理论和板的弯曲理论为基础,利用各板结合处的变形和静力协调条件,建立方程组,可利用矩阵进行计算;板壳理论,看作板单元和筒壳单元的组合体。

3. 比拟杆法

将受弯状态的箱梁结构比拟为只承受轴向力的杆件和只承受剪力的系板的组合体,然后根据杆与板的平衡条件和变形协调条件建立一组微分方程,每块翼板中所产生的剪力滞特性,可以通过理想化加劲杆的内力来确定,理想化加劲杆面积等于实际加劲杆面积再加上邻近薄板所提供的面积。

4. 能量变分法

能量变分法是从假定箱梁翼板的纵向位移模式出发,以梁的竖向位移和描述翼板剪力滞的纵向位移差的广义位移函数为未知数,应用最小势能原理,建立微分控制方程,从而获得应力和挠度的闭合解。

此处以单箱单室箱形截面为例,截面尺寸如图 6-42 所示,假定翼板内纵向位移差沿横向按三次抛物线分布(图 6-43),此假定与实测结果相符,则:

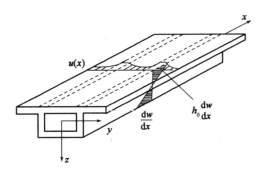

图 6-42　箱梁翼板纵向位移　　　　图 6-43　箱梁截面弯曲正应力及尺寸图

$$w = w(x) \tag{6-57}$$

$$u(x,y) = h_i \left[\frac{\mathrm{d}w}{\mathrm{d}x} + (1 - \overline{y}^3) u(x) \right] \tag{6-58}$$

$$\overline{y} = \begin{cases} y/b & 0 \leq y \leq b \quad \text{(在翼板肋里部分)} \\ \dfrac{b + \xi b - y}{\xi b} & b \leq y \leq b + \xi b \quad \text{(在箱的外伸臂部分)} \end{cases} \tag{6-59}$$

式中:$u(x)$——翼板剪切变形的纵向最大差函数,为待求函数;

$w(x)$——初等梁理论中的挠曲函数,当荷载一定时,该式可求;

$u(x,y)$——梁的纵向位移。

根据最小势能原理,在外力作用下,结构处于平衡状态,当有任何虚位移时,体系总位能的变分为零,即:

$$\delta \varPi = \delta(\overline{V} - \overline{W}) = 0 \tag{6-60}$$

式中:$\overline{V}$——体系的应变能;

$\overline{W}$——外力势能。

梁受弯曲时的外力势能:

$$\overline{W} = -\int M(x) \frac{\mathrm{d}^2 w}{\mathrm{d}x^2} \mathrm{d}x \tag{6-61}$$

在梁的应变能的计算中,腹板仍采用初等梁理论的平面假定,不考虑其剪切变形,只计算其弯曲应变能一项;上下翼板假定竖向纤维无挤压 $\varepsilon_z = 0$,板的平面外剪切变形及横向应变很小可忽略,即 $\gamma_{xz} = 0, \gamma_{yz} = 0, \varepsilon_y = 0$。

腹板：

$$\overline{V}_w = \frac{1}{2}\int EI_w\left(\frac{d^2w}{dx^2}\right)^2 dx \tag{6-62}$$

对于上下翼板的应变能,由弹性力学知,空间弹性体 3 个方向、9 个应变分量,由剪力互等定理两两相等,还剩 6 个分量,又由于 4 个为零,只剩两项,则:

顶板：

$$\overline{V}_{s0} = \frac{1}{2}\iint t_0(E\varepsilon_{x_0}^2 + G\gamma_0^2)dxdy \tag{6-63}$$

底板：

$$\overline{V}_{su} = \frac{1}{2}\iint t_u(E\varepsilon_{x_u}^2 + G\gamma_u^2)dxdy \tag{6-64}$$

式中：E——弹性模量；
G——剪切模量；
t_0——顶板厚度；
t_u——底板厚度。

$$\begin{cases} \varepsilon_{x_0} = \dfrac{\partial u_0(x,y)}{\partial x};\gamma_0 = \dfrac{\partial u_0(x,y)}{\partial y} \\ \varepsilon_{x_u} = \dfrac{\partial u_u(x,y)}{\partial x};\gamma_u = \dfrac{\partial u_u(x,y)}{\partial y} \end{cases} \tag{6-65}$$

将位移函数(6-58)代入式(6-65)得：

$$\begin{cases} \varepsilon_{x_0} = -h_0[w'' + (1-\overline{y}^3)u'] \\ \gamma_0 = \dfrac{3y^2}{b^3}h_0 \cdot u \\ \varepsilon_{x_u} = -h_u[w'' + (1-\overline{y}^3)u'] \\ \gamma_u = \dfrac{3y^2}{b^3}h_u \cdot u \end{cases} \tag{6-66}$$

由变分法可得剪力滞效应求解的基本微分方程,即：

$$u'' - k^2 u = \frac{7nQ(x)}{6EI} \tag{6-67}$$

$$w'''' - k^2 w'' = k^2\frac{M(x)}{EI} - \frac{nM''}{EI} \tag{6-68}$$

其中, $n = \dfrac{1}{1 - \dfrac{7}{8}\dfrac{I_s}{I}}$；$k = \dfrac{1}{b}\sqrt{\dfrac{14Gn}{5E}}$。

箱梁惯性矩：$I = I_w + I_s$。

翼缘惯性矩：$I_s = I_{sw} + I_{sb}$。

求解上述微分方程,可求得 $u(x)$、$w(x)$,从而求得 $u(x,y)$,其中微分方程(6-67)的一般解形式为：

$$u(x) = \frac{7n}{6EI}(C_1 \text{sh}kx + C_2 \text{ch}kx + u^*) \tag{6-69}$$

式中：u^*——与方程右端项有关的特解；

C_1、C_2——通解中的系数，由边界条件确定。

$$\begin{cases} \text{当板固支时}: u = 0, \delta u = 0。\\ \text{当板非固支时}: \left(\frac{9}{14}u' + \frac{3}{4}w''\right)\Big|_{x_1}^{x_2} = 0。\end{cases}$$

有：

$$w'' = -\left(\frac{M(x)}{EI} + \frac{3I_s}{4I}u'\right) = -\frac{1}{EI}[M(x) + M_\text{F}] \tag{6-70}$$

式中，$M_\text{F} = \frac{3}{4}EI_s u'$。

式(6-70)第一项为初等梁理论中梁弯曲时的曲率表达式，第二项中的 M_F 是由于剪力滞效应而产生的附加弯矩，它是翼板纵向位移差函数 $u(x)$ 的一阶导数的函数，并与顶板、底板弯曲刚度成正比。即，考虑剪力滞影响后，梁的曲率与弯矩的关系已经不再是梁的初等理论的 $w'' = -\frac{M(x)}{EI}$ 关系，增加了附加弯矩的修正项，这是由于箱形梁剪力滞影响使翼板的有效刚度降低，从而使挠度增大。

在求得 $u(x)$（由边界条件）值后，式(6-70)经两次积分可以求得梁的挠度，将所求得的挠度代入式(6-71)即可求得翼板弯曲正应力：

$$\sigma_x = E\frac{\partial u(x,y)}{\partial x} = Eh_i\left[\frac{M(x)}{EI} - \left(1 - \bar{y}^3 - \frac{3I_s}{4I}\right)u'\right] \tag{6-71}$$

上式中第二项是考虑剪力滞影响的修正项，正应力沿横桥向按三次抛物线分布，翼板与肋板交界处（$y = b$, $\bar{y} = y/b = 1$）的应力达到最大值。在求得翼板应力分量后，也就可以求得肋板的应力，因为肋板符合初等梁理论沿高度线性分布。针对集中简单桥型，应用式(6-71)并考虑相应的荷载分布形式和边界条件，可得到剪力滞效应解析结果。

5. 数值分析法

前面介绍了剪力滞概念和能量变分法进行解析解的推导和分析。解析解的优点是能揭示剪力滞和主要影响因素之间的相互关系以及剪力滞随这些因素的变化规律，但是解析解在工程应用上有较大的局限性，它的分析主要解决承受弯剪荷载的等截面梁桥的问题，对结构体系较为复杂的变截面连续梁、拱桥、斜拉桥等就很困难，主要问题是很难建立剪力滞微分方程以及对微分方程的求解。

数值解是近三十年来广泛采用的一种方法，它的主要优点是适用性好，对大多数结构都能很好应用，同时结果显示更加直观，方便工程师理解和运用。数值解法主要有有限元法、有限差分法、有限条法、有限段法。其中，有限差分法是一种传统的方法，在能量变分法所求得的剪力滞微分方程组基础上，给出相应的有限差分格式；有限条法和有限段法都是从有限元法发展出来的一种半解析方法，有限条法以板条为单元，有限段法以梁段为单元，主要优点是节点数相对较少，分析计算时要求计算机内存和计算机时较少，但适应性比有限元法差。有限元法适应性最广，根据单元网格划分的大小以及单元模式的选择，可以达到不同的计算精度，获得较全面而准确的应力图像,既可以作为解析法的数值验证,又能较直接快速地应用于工程实践,因此,随着计算机硬件技术的飞速发展和有限元商业化软件的普遍应用,采用有限元法进行结构分析成为桥梁设计的主要手段。图 6-44a)为采用实体单元的箱梁节段有限元模型,图 6-44b)为采用由空间梁单元组成的箱梁节段空间网格有限元模型,两者都可以通过数值解反映剪力滞现象,其中实体计算结果需要去除局部应力影响,而空间网格计算结果比较直观。

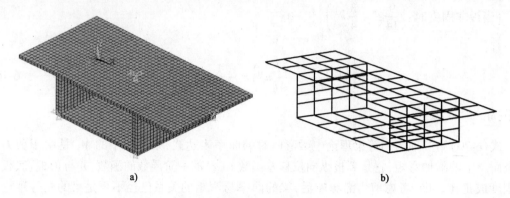

图 6-44　箱梁节段有限元模型示意图

三、T 形梁有效分布宽度

为了使初等梁理论(即平截面假定)用于 T 形截面梁的分析(包括工字型梁),一般采取"翼缘有效分布宽度"的方法加以处理。该方法是处理剪力滞对工程结构影响的一个简便、实用的方法,它主要应用于基于初等梁理论计算的杆系结构模型设计计算时的修正;主要思路是根据翼缘板实际正应力变化的规律,在 T 形截面梁的翼缘板的实际几何宽度上选取其中一部分作为有效工作截面参与截面几何特征(惯性矩)的计算,然后按初等梁理论计算翼缘板的弯曲应力。通过合理减小 T 形截面梁截面,提高计算弯曲应力,达到考虑剪力滞应力放大作用的目的。

翼缘(板)有效分布宽度的确定可按以下简单方法进行,图 6-45 所示为 T 形截面梁翼缘板的实际应力 σ_y 分布,最大应力为 σ_{max}。假定 σ_y 沿翼缘板厚度方向没有变化,则翼缘板上正应力合力为 $t\int\sigma_y dy$。有效宽度 B 区域内应力按初等梁理论分布,其值为 σ_{max},所产生的合力为 $B \cdot t \cdot \sigma_{max}$。

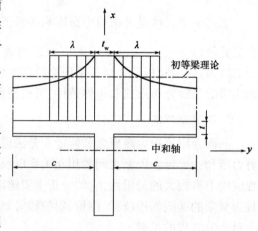

图 6-45　T 形截面梁翼缘(板)有效分布宽度

令

$$B \cdot t \cdot \sigma_{max} = t\int\sigma_y dy \qquad (6\text{-}72)$$

得到

$$B = 2\lambda + t_w = \frac{t\int\sigma_y dy}{t \cdot \sigma_{max}} \quad (2\lambda \text{ 为梁肋以外的有效宽度})$$

翼缘有效分布宽度确定以后,应用初等梁理论按照折减后的T形截面计算抗弯惯性矩,这里要指出:截面折减后,原来的中和轴位置仍然不变。因为从式(6-72)可以明显看出,翼缘有效分布宽度是根据原截面翼缘内的应力体积与折算截面的翼缘内的应力体积相等的原理得出的,没有涉及整个截面中和轴改变的问题。

《公路钢筋混凝土及预应力混凝土桥涵设计规范》(JTG 3362—2018)对T形截面梁翼缘有效宽度作出如下规定:

(1)内梁的翼缘有效宽度取下列三者中的最小值:

①对于简支梁,取计算跨径的1/3。对于连续梁,各中间跨正弯矩区段,取该计算跨径的0.2倍;边跨正弯矩区段,取该计算跨径的0.27倍;各中间支点负弯矩区段,取该支点相邻两计算跨径之和0.07倍。

②相邻两梁的平均间距。

③$b + 2b_h + 12h'_f$,此处b为腹板宽度,b_h为承托长度,h'_f为受压区翼缘悬出板的厚度。当$h_h/b_h < 1/3$时,上式b_h应以$3h_h$代替,此处h_h为承托根部厚度。

(2)外梁翼缘的有效宽度取相邻内梁翼缘有效宽度的一半,加上腹板宽度的1/2,再加上外侧悬臂板平均厚度的6倍或外侧悬臂板实际宽度两者中的较小者。

世界各国桥梁设计规范对T形截面梁的有效宽度规定并不一致。表6-3列出了欧美国家以及中国、日本对简支T形截面梁的内梁跨中截面有效宽度的规定。

各国规范简支T形截面梁内梁跨中截面有效宽度规定 表6-3

国 家	有效宽度B的规定	说 明
欧洲 Eurocode 2 (Part 1-1,5.3.2.1)	$b_{eff} = \sum b_{eff,i} + b_w \leq b$ 其中 $b_{eff,i} = 0.2b_i + 0.1l_0 \leq 0.2l_0$ $b_{eff,i} \leq b_i$	b_{eff}为有效宽度,b_w为腹板宽度,l_0为计算跨径
美国 AASHTO-LRFD 1994 (4.6.2.6)	$b_{eff} = \min\left\{12t + \max\left(b_w/2, b/2\right), l/4, a\right\}$	b_{eff}为有效宽度,t为受压区翼缘悬出板的平均厚度,b_w为腹板宽度,b为受压区翼缘悬出板的宽度,l为计算跨径,a为相邻两梁的平均间距
美国 AASHTO-LRFD 2012 (4.6.2.6)	$\dfrac{b_1}{2} + \dfrac{b_2}{2}$	b_1、b_2为受压区翼缘两侧悬出板的宽度
中国 JTG D62—2004 (4.2.2)	$b'_f = \min\left\{b + 2b_h + 12h'_f, \dfrac{l}{3}, a\right\}$	b'_f为有效宽度,b为腹板宽度,b_h为承托长度,h'_f为受压区翼缘悬出板的厚度,l为计算跨径,a为相邻两梁的平均间距

续上表

国　家	有效宽度 B 的规定	说　明
日本道路桥示方书 (4.4.2)	$b_{eff} = \lambda_{t2} + \lambda_{t3} + b_w$ $\lambda_{t2} = 3h_{t2} \leqslant \dfrac{l_{b2}}{2}$ $\lambda_{t3} = 3h_{t3} \leqslant \dfrac{l_{b3}}{2}$	b_{eff} 为有效宽度，h_t 为受压区翼缘悬出板的平均厚度，b_w 为腹板宽度，l_b 为受压区翼缘单边悬出板的宽度

各国规范中，T 形截面梁翼缘有效分布宽度的计算方法与箱梁并不一致，具体规定可参考各国规范。同时，结构体系、荷载形式及箱梁截面的几何特征，都是影响剪力滞效应大小的主要因素。

有效分布宽度是采用单梁模型计算分析时考虑主梁剪力滞效应的手段，相关公式虽然简单实用，但存在不同程度的误差，也有许多不适用的地方。普遍适用的解决方法是采用数值计算方法。

第四节　箱梁空间效应分析

箱形截面具有良好的结构性能，因而在现代各种桥梁中得到广泛应用。在中等、大跨预应力混凝土桥梁中，采用的箱梁是指薄壁箱形截面的梁。其主要优点：截面抗扭刚度大，结构在施工与使用过程中都具有良好的稳定性；顶板和底板都具有较大的混凝土面积，能有效抵抗正负弯矩，并满足配筋的要求，适应具有正负弯矩的结构，如连续梁、拱桥、钢架桥、斜拉桥等，更适应于主要承受负弯矩的悬臂梁、T 形刚构等桥型；适应现代化施工方法的要求，如悬臂施工法、顶推法等，这些施工方法要求截面必须具备较厚的底板；承重结构与传力结构相结合，使各部件共同受力，达到经济效果，同时截面效率高，并适合预应力混凝土结构空间布束，更加收到经济效果；对于宽桥，由于抗扭刚度大，跨中无须设置横隔板就能获得满意的荷载横向分布；箱梁适合于修建曲线桥，具有较好适应性；能很好适应布置管线等公共设施。

一、箱梁截面受力特性

作用在箱形梁上的主要荷载是恒载与活载。恒载一般是对称作用的，活载可以是对称作用，但更多的情况是偏心作用的，因此，作用于箱形梁的外力可综合表达为偏心荷载来进行结构分析；在偏心荷载作用下，考虑空间效应的箱梁截面整体变形如图 6-46 所示，实际上它可以看作纵向弯曲、扭转、畸变及横向挠曲四种基本变形状态的叠加，见图 6-47。

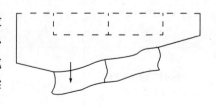

图 6-46　偏心荷载下箱梁截面整体变形图

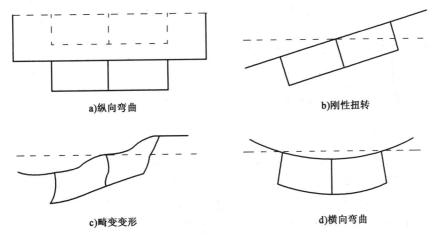

图 6-47　偏心荷载下箱梁截面受力基本变形图

纵向弯曲产生竖向位移,在横截面上引起纵向正应力 σ_M 及剪应力 τ_M(图 6-48)。纵向正应力 σ_M 受到剪力滞的影响,在截面上分布不均匀,其分布如图 6-48a)所示;而闭口薄壁箱梁截面的剪应力 τ_M 是内部超静定的,其分布如图 6-48b)所示。可以看出,一个左右对称的单箱单室箱梁截面的剪应力零点刚好在顶底板的中点,所以腹板的弯曲剪应力的计算值与开口截面的相同。值得关注的是顶、底板水平方向的剪力流,往往被采用有效宽度的简化计算方法所忽视。

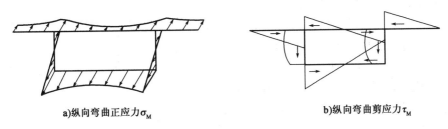

图 6-48　箱梁纵向弯曲应力图

箱梁的刚性扭转效应,即假设受扭时箱形的周边不变形,可分为自由扭转和约束扭转,扭转变形的主要特征是扭转角 θ。自由扭转,截面各纤维的纵向变形是自由的,杆件端面虽出现凹凸,但纵向纤维无伸长缩短,能自由翘曲,因而不产生纵向正应力($\sigma_K = 0$),只产生自由扭转剪应力 τ_K(图 6-49)。约束扭转,截面各纤维的纵向变形不自由,受到拉伸或压缩,截面不能自由翘曲,从而产生翘曲正应力 σ_W 和约束扭转剪应力 τ_W(图 6-50)。

图 6-49　箱梁自由扭转应力图

产生约束扭转的原因:支承条件的约束,如固端支承约束纵向纤维变形;受扭时截面形状及其沿梁纵向的变化,使截面各点纤维变形不协调也将产生约束扭转,如变截面梁、设横隔板的箱梁等,即使不受支承约束,也将产生约束扭转。

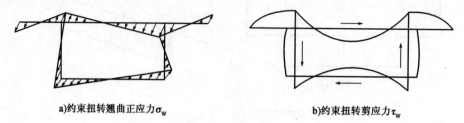

图 6-50 箱梁约束扭转应力图

箱梁畸变是指薄壁宽箱梁截面受扭后,截面周边产生变形,无法保持截面的投影仍为矩形,它的主要变形特征是畸变角 γ。畸变产生翘曲正应力 σ_{dW} 和畸变剪应力 τ_{dW},如图 6-51 所示,同时由于畸变而引起截面各板的横向弯曲,在板内产生横向弯曲应力 σ_{dt}。

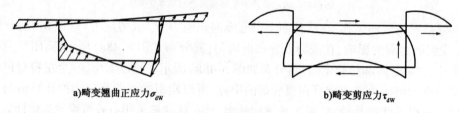

图 6-51 箱梁畸变变形应力图

箱形梁承受偏心荷载作用,除了按弯扭杆件进行整体分析外,还应考虑局部荷载的影响。车辆荷载作用于顶板,除直接受荷载部分产生横向弯曲外,由于整个截面形成超静定框架,引起其他各部分也产生横向弯曲。图 6-52 表示箱形截面在顶板上作用车辆荷载,在各板中产生的横向弯矩。这些弯矩在各板的纵截面上产生横向弯曲正应力 σ_c 及剪应力。

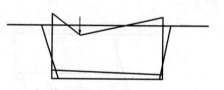

图 6-52 箱梁横向弯矩图

由前述对偏心荷载作用下箱梁截面的变形分析可以得出,混凝土箱梁桥的空间效应可以用箱梁截面纵、横两个方向上的应力来表示,即在箱梁的横截面上存在沿着桥梁纵向的正应力和剪应力:

纵向正应力 $$\sigma_Z = \sigma_M + \sigma_W + \sigma_{dW} \tag{6-73}$$
纵向剪应力 $$\tau = \tau_M + \tau_K + \tau_W + \tau_{dW} \tag{6-74}$$

同样,在箱梁的纵截面上存在沿着桥梁横向的正应力和剪应力:

横向正应力 $$\sigma_s = \sigma_{dt} + \sigma_c \tag{6-75}$$
横向剪应力 $$\tau_s = \tau_{dt} + \tau_c \tag{6-76}$$

整体荷载效应下,箱梁截面可以视为"薄壁"截面,箱壁应力沿壁厚方向的应力分布是均匀的,即可认为是无厚度的板,属于薄壁效应;局部荷载效应下,箱壁应力沿壁厚方向是不均匀的,如同梁一样既有受拉区又有受压区,不属于薄壁效应。前述式(6-73)和式(6-74)反映的是薄壁效应,而式(6-75)和式(6-76)则不是薄壁效应。

箱梁的上述空间效应可以用"面内效应"和"面外效应"来区分。面内效应等同于薄壁效应,其特点是正应力和剪应力在厚度方向上是均匀分布的,并且是在面内的,整体荷载效应下,箱梁截面的顶板和底板效应可以用图6-53a)表示,腹板效应如图6-53b)所示,它们都是面内效应,对应"薄膜受力"(membrane);面外效应的特点是,正应力在厚度方向上是不均匀的,如同梁受弯一样既有受拉区又有受压区,并且剪应力的方向是出平面的,与大家熟知的"梁"(beam)的受力一致,顶板在车辆荷载的直接作用下,连续梁曲线底板在预应力束下崩力作用下,以及腹板在内外温差下的横向弯曲及框架变形都属于面外效应,如图6-54所示。

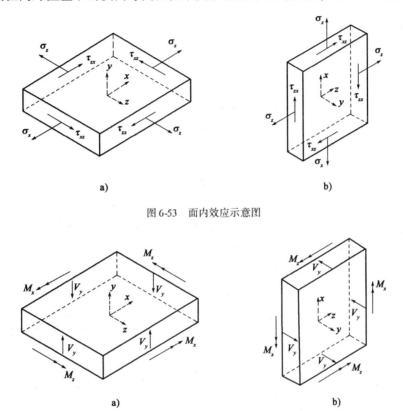

图6-53　面内效应示意图

图6-54　面外效应示意图

在桥梁开裂及承载力计算中,"面内效应"和"面外效应"都有着重要作用。例如,面内效应导致的开裂,引起开裂的是主拉应力,裂缝将贯通板厚;面外效应受力特性与熟知的梁的受力分析一致,即既有受拉区也有受压区,也就是说如果由于面外效应超标开裂,裂缝将不会贯通板件,总有受压区存在。实际上,箱梁受力的特点即面内受力和面外受力的组合:薄壁效应是面内受力,剪力滞表现的是面内效应的差异;而局部荷载将产生面外受力。了解了这点,那么就可以解析清楚箱梁结构的各种空间效应。

下文将分别按四种基本变形状态分析箱梁截面的应力状态,并扼要介绍计算方法。

二、箱梁弯曲变形分析

1. 弯曲正应力

如果箱的肋板间距较小,箱梁在对称挠曲时,仍认为符合初等梁理论的平面假定,即弯曲正应力线性分布,在梁截面上的某点应力与距中性轴的距离成正比。因此,箱梁的弯曲正应力计算方法和材料力学中的计算方法是一样的,即:

$$\sigma_M = \frac{My}{I_x} \tag{6-77}$$

但是当箱梁的肋板间距较大时,在纯弯曲作用下,由于翼缘板变形的不均匀性,使得箱梁的上、下翼缘板的变形不再服从变形的平截面假定,即发生剪力滞效应。

2. 弯曲剪应力

初等梁理论中,弯曲剪应力计算公式为:

$$\tau_x = \frac{Q_y}{bI_x}\int_0^s y\mathrm{d}A = \frac{Q_y S_x}{bI_x} \tag{6-78}$$

式中:b——计算剪应力处的梁宽;

S_x——截面的自由表面(剪应力等于零处)积分至所求剪应力处的面积矩(或静矩),

$$S_x = \int_0^s y\mathrm{d}A \circ$$

但在箱梁截面中无法预先确定剪应力零点,所以不能直接应用上式计算弯曲剪应力,这是一个内部超静定的问题,必须应用补充的变形协调条件才能求解。

图 6-55 所示为单箱单室箱梁,假定作用在箱梁上的剪力 Q_y 的作用线通过截面的剪切中心 O,这样梁在弯曲时不产生扭转,计算截面剪力流。在截面任一点虚构一切口,假设一未知剪力流 q_1,对已切开的截面可利用式(6-78)计算箱梁截面上各点的剪力流 q_0,单室箱形截面总的剪力流 q 应由开口截面的剪力流 q_0 与附加剪力流 q_1 相叠加而得:

$$q = q_0 + q_1 \tag{6-79}$$

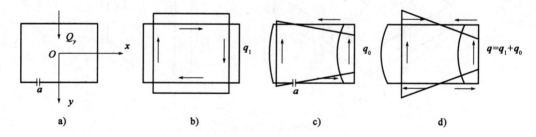

图 6-55 单箱截面上弯曲流分析

因为箱形截面本身是闭合的,而作为剪力 q_0 计算的起点切口是虚构的,因此,在虚设的切口处满足变形连续条件,即在虚构的切口处两对应面的相对位移必须等于零。

$$\oint \gamma \mathrm{d}s = 0 \tag{6-80}$$

式中剪切变形 $\gamma = \frac{\tau_M}{G}$,剪力流等于剪应力 τ_M 与壁厚的乘积 $q = \tau_M \cdot t$,因此上式可写成:

$$\oint \frac{q}{Gt}\mathrm{d}s = 0 \tag{6-81}$$

上式即为剪切变形的协调条件。将式(6-79)代入式(6-81),得到:

$$\oint \frac{q_0}{Gt}\mathrm{d}s + q_1\oint \frac{\mathrm{d}s}{Gt} = 0 \tag{6-82}$$

所以附加未知剪力流:

$$q_1 = -\frac{\oint \frac{q_0}{Gt} ds}{\oint \frac{ds}{Gt}} \tag{6-83}$$

当箱形梁采用同一材料时,剪切模量 G 为一常数,因此,式(6-83)又可简化为:

$$q_1 = -\frac{\oint \frac{q_0}{t} ds}{\oint \frac{ds}{t}} \tag{6-84}$$

单室箱形截面弯曲时总的剪力流由下式求得:

$$q = q_0 - \frac{\oint \frac{q_0}{t} ds}{\oint \frac{ds}{t}} = \frac{Q_y S_{x0}}{I_x} - \frac{Q_y}{I_x} \frac{\oint S_{x0} \frac{ds}{t}}{\oint \frac{ds}{t}} = \frac{Q_y}{I_x}\left(S_{x0} - \frac{\oint S_{x0} \frac{ds}{t}}{\oint \frac{ds}{t}}\right) \tag{6-85}$$

于是,箱梁的弯曲剪应力为:

$$\tau_M = \frac{q}{t} = \frac{Q_y}{tI_x}\left(S_{x0} - \frac{\oint S_{x0} \frac{ds}{t}}{\oint \frac{ds}{t}}\right) = \frac{Q_y}{tI_x}(S_{x0} - \bar{q}_1) = \frac{Q_y}{tI_x} S_{xb} \tag{6-86}$$

式中,$S_{xb} = S_{x0} - \bar{q}_1$,$\bar{q}_1$ 为 $\frac{Q_y}{I_x} = 1$ 时的超静定剪力流。可见,单箱梁的弯曲剪应力的计算公式在形式上与式(6-78)相似,只有静矩的计算方法不同。实质上,S_{xb} 的物理含义与 S_{x0} 并没有什么区别,S_{xb} 静矩计算公式包含确定剪应力零点位置的计算,即式(6-78)是式(6-86)的一个特例。

如是单箱多室截面,则应将每个室都切开(图 6-56),按每个室分别建立变形协调条件,联立解出各室的超静定未知剪力流 q_i,其一般式为:

$$\oint_i \frac{q_{0i}}{t} ds + q_i \oint_i \frac{ds}{t} - \left(q_{i-1}\int_{i-1,i} \frac{ds}{t} + q_{i+1}\int_{i,i+1} \frac{ds}{t}\right) = 0 \tag{6-87}$$

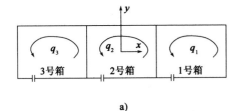
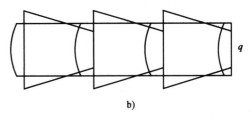

a)   b)

图 6-56 单箱多室截面弯曲流分析

由上图所示的单箱三室截面,可写出如下方程:

$$\left. \begin{array}{l} \oint_1 \frac{q_{01}}{t} ds + q_1 \oint_1 \frac{ds}{t} - q_2 \int_{1,2} \frac{ds}{t} = 0 \\ \oint_2 \frac{q_{02}}{t} ds + q_2 \oint_2 \frac{ds}{t} - \left(q_1 \int_{1,2} \frac{ds}{t} + q_3 \int_{2,3} \frac{ds}{t}\right) = 0 \\ \oint_3 \frac{q_{03}}{t} ds + q_3 \oint_3 \frac{ds}{t} - q_2 \int_{2,3} \frac{ds}{t} = 0 \end{array} \right\} \tag{6-88}$$

从上面三个联立方程中可以解得三个附加的多余剪力流 q_1、q_2、q_3，再与开口截面的剪力流 q_0 叠加即可求得该箱的剪力流和弯曲剪应力 τ_M[图6-56b)]。

前面在分析箱形截面构件的弯曲时,都假定横向外力的作用线通过剪切中心这一特殊点,这样杆件在外力作用下不产生扭转,只发生弯曲变形。截面的剪切中心是杆件截面的几何特征之一,它是由截面的几何形状所决定的,在求箱形截面的剪切中心时,与开口截面不同,也要应用箱形截面剪切变形的协调条件,先求得闭合截面的附加剪力流,此处不再赘述。

三、箱梁扭转和畸变分析

1. 薄壁箱梁自由扭转

箱梁扭转时,截面除转动外还产生纵向翘曲。当箱梁截面翘曲时,箱梁的纵向纤维伸缩没有受到约束,这种扭转,称为自由扭转,也称为圣·维南(St. Venat)扭转。

箱梁自由扭转时,截面只产生扭转剪应力。对于壁厚较薄的箱梁,通常假定剪应力沿壁厚方向均匀分布,所以经常用剪力流 q 来表示薄壁单位长度上剪力大小, $q = \tau_K \cdot t$, t 为板的厚度。

现在分析箱梁自由扭转时截面上剪应力 τ_K、截面的扭转角 θ 以及翘曲时截面纵向变形的计算。

(1) 单室箱梁截面自由扭转的剪应力

如图6-57所示单箱单室箱梁, ds 微段上剪力对扭转中心产生的扭矩为 $hqds$,根据内外扭矩平衡,得:

$$M_K = \oint hq ds = q\Omega \tag{6-89}$$

$$\tau_K = \frac{q}{t} = \frac{M_K}{\Omega t} \tag{6-90}$$

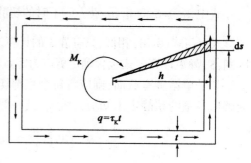

图6-57 单室箱梁受力图

式中: Ω ——箱梁薄壁中线所围成的面积的2倍;

h ——截面扭转中心至箱壁任一点切线的垂直距离;

M_K ——截面扭矩。

(2) 箱梁截面扭转角 θ 和外扭矩之间关系

图6-58为箱梁自由扭转时,截面纵向位移变形图,呈反对称形状。设直线坐标 z 为梁轴方向,用于确定箱梁各截面位置; s 为曲线坐标,用于确定截面上各点的位置;则 $u(z,s)$ 为梁截面上各点的纵向位移, $v(z,s)$ 为各点沿箱梁周边切线方向的位移。箱梁上任意点 A (图6-59)的剪应变可以表示为:

$$\gamma = \frac{\tau_K}{G} = \frac{\partial u}{\partial s} + \frac{\partial v}{\partial z} \tag{6-91}$$

$$v = h\theta(z) \tag{6-92}$$

式中: $\theta(z)$ ——箱梁截面扭转角。

对式(6-91)积分,可得箱梁截面纵向位移计算式:

$$u(z,s) = \int_0^s \left(\gamma - \frac{\partial v}{\partial z}\right) ds \qquad (6\text{-}93)$$

$$= u_0(z,0) + \int_0^s \frac{\tau_K}{G} ds - \theta'(z) \int_0^s h ds$$

式中：$u_0(z,0)$——积分常数，即起始点纵向位移值。

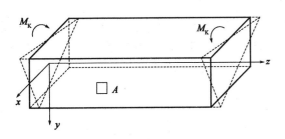

图 6-58　箱梁承受扭矩荷载后翘曲变形　　　图 6-59　箱梁剪切变形

如果积分路径沿着箱梁周边一周，由于始点与终点的位移 u 是相同的，则式（6-93）可写为：

$$\oint_s \frac{\tau_K}{G} ds = \theta'(z) \oint_s h ds = \theta'(z)\Omega \qquad (6\text{-}94)$$

式（6-94）表示箱壁剪切变形与截面扭率 $\theta'(z)$ 的关系。

将式（6-90）代入式（6-94），可求得箱梁截面扭率 $\theta'(z)$ 与扭矩的关系式。

$$\oint \frac{M_K}{\Omega t G} ds = \theta'(z)\Omega$$

$$\theta'(z) = \frac{M_K}{\Omega^2 G} \oint \frac{1}{t} ds = \frac{M_K}{GI_d} \qquad (6\text{-}95)$$

上式中的 $GI_d = G\Omega^2 / \oint \frac{ds}{t}$，称为箱梁自由扭转时的抗扭刚度，其大小与箱梁剪切模量、箱壁中线所围成的面积及壁厚大小有关。

（3）箱梁截面的纵向位移

式（6-93）已导出箱梁截面纵向位移的表达式。现将式（6-90）、式（6-95）代入式（6-93），消去剪应力 τ，整理后得：

$$u(z,s) = u_0(z,0) - \theta'(z)\bar{\omega} \qquad (6\text{-}96)$$

式中：$\bar{\omega}$——广义扇性坐标，$\bar{\omega} = \int_0^s h ds - \frac{\Omega \int_0^s \frac{ds}{t}}{\oint \frac{ds}{t}}$。

式（6-96）表明箱梁截面纵向位移和积分初始点位移 u_0、扭率 $\theta'(z)$ 以及广义扇性坐标有关。广义扇性坐标是反应箱梁截面的一个几何特征的物理量，其单位为 m^2。它是计算截面纵向位移的关键，其大小与截面扭转中心位置、积分起始点位置的选择等有关，关于其计算过程，可参阅有关薄壁杆件结构力学书籍。

(4) 多室箱梁的自由扭转

多室箱梁自由扭转的剪应力求解属于超静定问题,需要找出各室剪应力和扭矩之间的关系,联立方程进行求解。根据刚周边假定,多室箱梁自由扭转时,各室具有相同的扭率 θ',各室承担的扭矩和截面的扭率均满足式(6-94),即对于每个室,均有:

$$\oint \frac{\tau_{Ki}}{G} ds = \theta' \Omega_i \tag{6-97}$$

于是,一箱 n 室的箱形截面就可以列出 n 个方程。这里必须注意,对于各室中具有多室共用的腹板,该腹板不仅作用本室闭合回路作用的剪力流,同时还作用相邻室作用的剪力流,如图 6-60 所示。因此,对于一箱多室的截面,每一室剪力流与扭矩的关系应为:

$$\left. \begin{array}{l} \text{第 1 室} \quad q_1 \oint \dfrac{ds}{t} - q_2 \oint_{1,2} \dfrac{ds}{t} = G\theta'\Omega_1 \\[2mm] \text{第 } i \text{ 室} \quad q_i \oint \dfrac{ds}{t} - \left(q_{i-1} \int_{i,i-1} \dfrac{ds}{t} + q_{i+1} \int_{i,i+1} \dfrac{ds}{t} \right) = G\theta'\Omega_i \end{array} \right\} \tag{6-98}$$

式中:$\oint_i$——绕 i 室积分一周;

$\int_{i,i-1}$——第 i 室和第 $i-1$ 室共用腹板范围内积分。

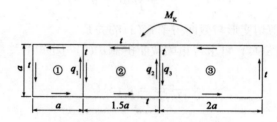

图 6-60 多室箱梁自由扭转剪力流

每一个室均有一个未知量,n 室具有 n 个未知量,此外,还有一个扭率 θ' 未知量,因此需要再增加一个方程,才能求解。这个方程可由各室剪力流产生的扭矩之和与截面总扭矩相等获得:

$$\sum_{i=1}^{n} q_i \Omega_i = M_K \tag{6-99}$$

联立式(6-98)和式(6-99)就可以求出一箱多室各室的剪力流 q_i 和扭率 θ'。根据扭矩和截面扭率的关系式:

$$\sum_{i=1}^{n} q_i \Omega_i = G I_d \theta'$$

可以求出箱梁截面总抗扭惯性矩 I_d,即:

$$I_d = \sum_{i=1}^{n} q_i \Omega_i / (G\theta') \tag{6-100}$$

2. 箱梁的约束扭转

如果箱梁扭转时,纵向变形受到约束,则称为约束扭转。约束扭转除在箱梁截面产生剪应力 τ 外,同时产生所谓翘曲正应力 σ_W。箱梁纵向约束与端部支承约束情况以及横隔板强弱有关。通常情况下箱梁的扭转均为约束扭转。

闭口截面发生自由扭转时,轴向位移为:

$$u(z,s) = u_0(z,0) - \theta'(z) \bar{\omega}(s)$$

如果按上式表示约束扭转时的截面翘曲位移,将产生较大的计算精度误差,因此,乌曼斯基假定约束扭转情况截面翘曲位移为:

$$u(z,s) = u_0(z,0) - \beta'(z)\bar{\omega}(s) \quad (6\text{-}101)$$

式中: $\beta(z)$——翘曲函数,需要另外求解。

(1) 约束扭转正应力

对截面轴向位移式(6-101)求导,可得约束扭转截面各点轴向应变和翘曲应力:

$$\varepsilon(z,s) = u'(z,0) - \beta''(z)\bar{\omega}(s)$$

$$\sigma_\mathrm{W} = E[u_0'(z,0) - \beta''(z)\bar{\omega}(s)] \quad (6\text{-}102)$$

根据力的平衡条件,截面上的翘曲产生的轴向内力及弯矩是自相平衡的,因而有:

$$\left. \begin{array}{l} \sum N = \oint \sigma_\mathrm{W} t \mathrm{d}s = 0 \\ \sum M_x = \oint \sigma_\mathrm{W} y t \mathrm{d}s = 0 \\ \sum M_y = \oint \sigma_\mathrm{W} x t \mathrm{d}s = 0 \end{array} \right\} \quad (6\text{-}103)$$

式中: N——截面上轴力;

M_x——截面翘曲正应力绕 x 轴产生的弯矩;

M_y——截面翘曲正应力绕 y 轴产生的弯矩。

将式(6-102)代入式(6-103),得:

$$\left. \begin{array}{l} u_0'(z,0)\oint t\mathrm{d}s - \beta''(z)\oint \bar{\omega}(s) t \mathrm{d}s = 0 \\ u_0'(z,0)\oint y t\mathrm{d}s - \beta''(z)\oint \bar{\omega}(s) y t \mathrm{d}s = 0 \\ u_0'(z,0)\oint x t\mathrm{d}s - \beta''(z)\oint \bar{\omega}(s) x t \mathrm{d}s = 0 \end{array} \right\} \quad (6\text{-}104)$$

式中: $\oint \bar{\omega}(s) t \mathrm{d}s$——广义扇性静矩,它表示截面的几何特征。

根据薄壁杆件结构力学分析:当扭转极点为截面扭转中心,曲线坐标积分起点为广义扇性坐标零点时,广义扇性静矩等于零,则从式(6-104)中可得 $u_0'(z)=0$,从而:

$$\sigma_\mathrm{W} = -E\bar{\omega}(s)\beta''(z) \quad (6\text{-}105)$$

式(6-105)表面截面上约束扭转正应力的分布是和广义扇性坐标 $\bar{\omega}(s)$ 成正比的。扇性零点表示该点上广义扇性坐标为零,正应力亦为零。令:

$$B_l = \oint \sigma_\mathrm{W} \bar{\omega}(s) t \mathrm{d}s = -E\beta''(z)\oint \bar{\omega}^2(s) t \mathrm{d}s = -EI_{\bar{\mathrm{W}}}\beta''(z) \quad (6\text{-}106)$$

式中: $I_{\bar{\mathrm{W}}}(s)$——广义扇性惯性矩, $I_{\bar{\mathrm{W}}}(s) = \oint \bar{\omega}^2(s) t \mathrm{d}s$;

B_l——约束扭转双力矩。

将式(6-105)代入式(6-106),则翘曲应力 σ_W 可写成:

$$\sigma_W = \frac{B_l \bar{\omega}(s)}{I_{\bar{w}}(s)} \tag{6-107}$$

可见翘曲应力可写成与平面弯曲应力 $\left(\sigma = \dfrac{My}{I}\right)$ 相同的表达形式。

(2) 约束扭转剪应力

考察图 6-61 箱壁单元体应力状态，根据力的平衡条件 $\sum F_z = 0$，建立平衡方程：

$$\frac{\partial \sigma_W}{\partial z} t \mathrm{d}z \mathrm{d}s + \frac{\partial \tau}{\partial s} t \mathrm{d}z \mathrm{d}s = 0, \text{即} \frac{\partial \sigma_W}{\partial z} + \frac{\partial \tau}{\partial s} = 0 \tag{6-108}$$

$$\tau = -\int_0^s \frac{\partial \sigma_W}{\partial z} \mathrm{d}s + \tau_0 \tag{6-109}$$

式中：τ_0——积分常数，表示积分初始点的剪应力。

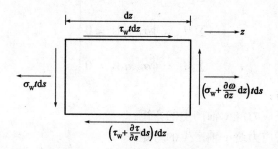

图 6-61 箱壁单元体应力状态

将式 (6-107) 代入式 (6-109) 得：

$$\tau = \tau_0 + \int_0^s E \bar{\omega}(s) \beta'''(z) \mathrm{d}s \tag{6-110}$$

$$\tau t = \tau_0 t + E \beta'''(z) \int_0^s \bar{\omega}(s) t \mathrm{d}s \tag{6-111}$$

$$\tau t = \tau_0 t + E \beta'''(z) S_{\bar{w}} \tag{6-112}$$

式中：$S_{\bar{w}}$——广义扇性静矩，$S_{\bar{w}} = \int_0^s \bar{\omega}(s) t \mathrm{d}s$。

为了确定积分起始点剪力流 $\tau_0 t$，根据内外力矩平衡条件得：

$$M_k = \oint \tau h \mathrm{d}s = \oint [\tau_0 t + E \beta'''(z) S_{\bar{w}}] h \mathrm{d}s = \oint \tau_0 t h \mathrm{d}s + \oint E \beta'''(z) S_{\bar{w}} h \mathrm{d}s \tag{6-113}$$

$$\tau_0 t = \frac{M_k}{\oint h \mathrm{d}s} - \frac{E \beta'''(z)}{\oint h \mathrm{d}s} \oint S_{\bar{w}} h \mathrm{d}s = \frac{M_k}{\Omega} - \frac{E \beta'''(z)}{\Omega} \oint S_{\bar{w}} h \mathrm{d}s \tag{6-114}$$

将 $\tau_0 t$ 表达式 (6-114) 代入式 (6-112) 得：

$$\begin{aligned}\tau t &= \frac{M_k}{\Omega} - \frac{E \beta'''(z)}{\Omega} \oint S_{\bar{w}} h \mathrm{d}s + E \beta'''(z) S_{\bar{w}} \\ &= \frac{M_k}{\Omega} + E \beta'''(z) \left(S_{\bar{w}} - \frac{\oint S_{\bar{w}} h \mathrm{d}s}{\Omega} \right) = \frac{M_k}{\Omega} + E \beta'''(z) \bar{S}_{\bar{w}}\end{aligned} \tag{6-115}$$

式中：

$$\bar{S}_{\overline{w}} = S_{\overline{w}} - \frac{\oint S_{\overline{w}} h \, ds}{\Omega} \tag{6-116}$$

约束扭转剪应力：

$$\tau = \frac{M_k}{\Omega t} + E\beta'''(z)\frac{\bar{S}_{\overline{w}}}{t} \tag{6-117}$$

从式(6-117)可以看出，约束扭转剪应力为两项剪应力之和，第一项为自由扭转剪应力，第二项为由约束扭转正应力变化所产生的剪应力。第二项也可以写成与初等梁的弯曲应力 $\tau = \frac{QS}{Ib}$ 相同的表达形式。对扭转双力矩 B_l 进行求导：

$$\frac{dB_l}{dz} = -EI_{\overline{w}}\beta'''(z) \tag{6-118}$$

将式(6-118)代入式(6-117)，得：

$$\tau = \frac{M_k}{t\Omega} - \frac{B_l'\bar{S}_{\overline{w}}}{I_{\overline{w}} t} \tag{6-119}$$

箱梁约束扭转正应力通常是由活载偏载引起的扭转产生的，在常用对称预应力混凝土箱梁截面中，由偏载产生的约束扭转正应力占活载弯曲正应力的15%左右。在大跨度预应力混凝土桥梁中，由于恒载引起的弯曲正应力占总应力的比例很大(70%以上)，因而在大跨度桥梁中，约束扭转正应力在总应力所占的比值较小。但对于钢结构或单边挑出较长悬臂板的箱梁，以及受扭较大的曲线梁，该项应力所占比值将会增加，设计中应予以重视。

3. 箱梁的畸变

(1) 畸变的基本概念

前面假定了箱梁在扭转时截面周边保持不变形，根据截面的几何特性和边界约束条件又分为自由扭转和约束扭转，在箱壁较厚或横隔板较密时，这个假定是接近实际情况的，但是在箱壁较薄、横隔板较稀时，截面就不能满足周边不变形的假设。在反对称荷载下，截面不但扭转而且要发生畸变，畸变使箱梁产生横向弯曲应力 σ_{dt}，同时畸变还导致箱梁截面沿纵向翘曲，产生纵向翘曲应力 σ_{dW} 和翘曲剪应力 τ_{dW}，而且应力分布也是反对称的。图6-62为无中间横隔板的单箱简支梁，跨径为30m、50m和70m，箱壁厚度与梁高之比为0.1时，约束扭转正应力和畸变翘曲正应力之和与活载或恒、活载引起的弯曲正应力的比值情况。可见，单纯与活载相比，比值可达相当大，但随跨径的增大，结构恒载正应力的增加，它与恒载、活载正应力的比值相应减小至10%以内。

(2) 畸变荷载

能产生箱梁畸变的主要荷载有：偏心竖向荷载、横向偏心水平荷载以及支点侧倾(三条腿现象)这三种荷载。每一种荷载均可分解成正对称荷载和一个力偶作用，而力偶作用又可转换为作用于角点的反对称荷载。图6-63为偏心竖向荷载作用下分解成对称与反对称荷载的示意图。

这种处理方法没有反映集中荷载作用在箱梁 N 点和1或4点时，两者纵向有效分布宽度的差异，会给计算结果带来一定的误差；严格来说，是一种近似处理方法。

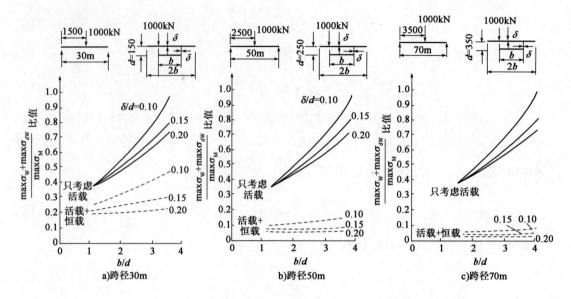

图 6-62 箱梁翘曲正应力之和与弯曲正应力比值曲线

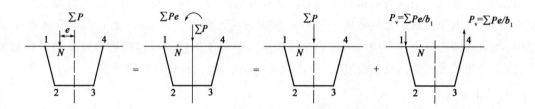

图 6-63 偏心荷载的分解

图 6-64 所示的斜腹板箱梁上承受的反对称角点荷载,经分解后可得到刚性扭转荷载和畸变荷载。

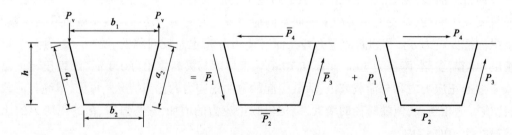

图 6-64 扭转荷载的分解

假定剪应力沿板厚均匀分布,箱梁中剪力流:

$$q(\tau,t)=\frac{M_k}{\Omega}=\frac{P_v b_1}{(b_2+b_1)h} \tag{6-120}$$

箱梁各板元的刚性扭转荷载:

$$\left.\begin{aligned}\overline{P}_4 &= \frac{P_v b_1^2}{(b_2+b_1)h} \\ \overline{P}_1 = \overline{P}_3 &= \frac{P_v b_1 a_1}{(b_2+b_1)h}(a_1=a_2) \\ \overline{P}_2 &= \frac{P_v b_1 b_2}{(b_2+b_1)h}\end{aligned}\right\} \tag{6-121}$$

根据力的平衡原理确定箱梁各板元的畸变荷载：

$$\left.\begin{aligned}P_4 &= \frac{P_v b_2^{\ 2}}{(b_2+b_1)h} \\ P_1 = P_3 &= \frac{P_v a_1 b_2}{(b_2+b_1)h} \\ P_2 &= \frac{P_v b_1 b_2}{(b_2+b_1)h}\end{aligned}\right\} \tag{6-122}$$

上式中：a_1、a_2、b_1、b_2——板块宽度；

$\qquad M_k$——外扭矩；

$\overline{P}_1$、$\overline{P}_2$、$\overline{P}_3$、$\overline{P}_4$——刚性扭转轴力；

P_1、P_2、P_3、P_4——畸变轴力。

箱梁的偏心水平荷载及支点侧倾均可以按上述方法分解成作用在箱梁截面上的对称荷载和作用在箱梁角点的反对称荷载，从作用在角点的反对称荷载同样均可以求得箱梁刚性扭转荷载和畸变荷载。值得指出的是，畸变荷载是自相平衡的，这是箱梁畸变应力分析中需要注意的概念。

(3)弹性地基梁比拟法(BEF 相似法)求解畸变应力

畸变应力分析有多种方法，例如广义坐标法、弹性地基梁法、数值有限元法等。以下简要介绍弹性地基梁比拟法，详细过程可参阅其他有关文献。

在不计剪切变形的应变能时，箱梁在畸变荷载作用下的总势能可由箱梁周壁横向弯曲的应变能 U_1、翘曲应变能 U_2 及荷载势能 V 三个部分组成，即：

$$\Pi = U_1 + U_2 + V$$

根据变分法的最小势能原理，在外力作用下结构处于平衡状态时，当有任何虚位移时，体系的总势能的变分为零，即 $\delta\Pi=0$，它应满足欧拉方程，选取畸变角 γ 为参变数，经过化简后可得畸变微分方程：

$$EI_D\gamma'''' + EI_R\gamma = V_{da} \tag{6-123}$$

式中：EI_D——箱形梁抗畸变翘曲刚度；

$\qquad EI_R$——箱形梁抗畸变框架刚度；

$\qquad V_{da}$——畸变荷载(畸变垂直分力力偶)。

要注意，作用在箱梁上的反对称荷载并不是畸变荷载，需要如前所述进行分解，与截面几何特性有关。

与受横向荷载的弹性地基梁的微分方程相似，弹性地基梁的弹性微分方程为：

$$EIy'''' + ky = q$$

式中：k——地基系数。

受横向荷载的弹性地基梁与受畸变荷载的箱梁,在微分方程中各物理量的相似关系见表6-4。

弹性地基梁弯曲和箱形梁畸变的相似关系　　表6-4

弹性地基梁弯曲	箱形梁畸变
微分方程	
$EIy'''' + ky = q$	$EI_D \gamma'''' + EI_R \gamma = V_{da}$
相似的物理量	
弹性地基梁抗弯惯性矩 $I(m^4)$	箱形梁抗畸变翘曲惯性矩 $I_D(m^6)$
弹性地基梁抗弯刚度 $EI(kN \cdot m^2)$	箱形梁抗畸变挠曲刚度 $EI_D(kN \cdot m^4)$
弹性地基梁地基弹性系数 $k(kN/m^2)$	箱形梁抗畸变框架刚度 $EI_R(kN \cdot m^4)$
弹性地基梁的分布荷载 $q(kN/m)$	箱形梁上分布的畸变垂直分力的力偶 $V_{da}(kN \cdot m/m)$
弹性地基梁的挠度 $y(m)$	箱形梁的畸变角 $\gamma(rad)$
弹性地基梁的弯矩 $M = -EIy''(kN \cdot m)$	箱形梁的畸变双力矩 $B_D = -EI_D\gamma''(kN \cdot m^2)$

四、箱梁数值计算模型和方法

前面叙述了箱梁截面受弯、剪、扭的受力特性及其经典计算方法。现代有限元理论和计算机技术的高速发展,使数值分析方法成为设计计算的主流。

在第四章第四节"大跨径箱梁桥抗裂设计"中已经接触以"完整验算应力"表征的空间应力检算体系的概念,本节结合分析模型做进一步阐述。

1. 完整验算应力的表达方式——三层应力

对于一个空间桥梁结构,其整体受力可以表征为:轴向力 N,两个方向的剪力 V_x 和 V_y,两个方向的弯矩 M_x 和 M_y,以及扭矩 T 共六个力。我们可以从应力角度在箱梁断面上对这"耦合"的六种受力方式进行归并和分解,如图6-65 和图6-66 所示,它表达了由外荷载产生的整体效应。

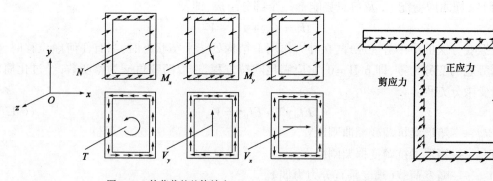

图6-65　外荷载的整体效应　　图6-66　薄壁箱梁中面面内应力

其中,轴向力和弯矩产生的是正应力,而剪力和扭矩产生的是剪应力,这些应力是可以相互叠加的。最终在截面的各组件(顶板、底板和腹板)各点的受力均只有正应力和剪应力,这样就将六种受力归并为这两种应力,而正应力和剪应力又可以合成为主应力。所以,归根到底,结构的受力均可以用主应力来衡量,正应力只是主应力的一种特殊情况(剪应力为0)。这些应力都是薄壁应力,如图 6-67 所示,对应的是顶板、腹板、底板各板件的中面应力。

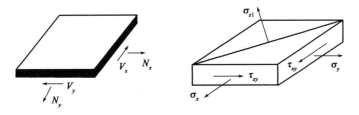

图 6-67　板中面的薄壁应力

每块板的上下缘面外应力表达了局部荷载产生的局部效应,如桥面板计算中的车轮荷载,以及变高度箱梁的底板纵向预应力钢束产生的外崩力,如图 6-68、图 6-69 所示。每块板件在局部荷载作用下的变形和应力分布如图 6-70 所示,对应的是顶板、腹板、底板各板件的上下缘或内外侧应力。

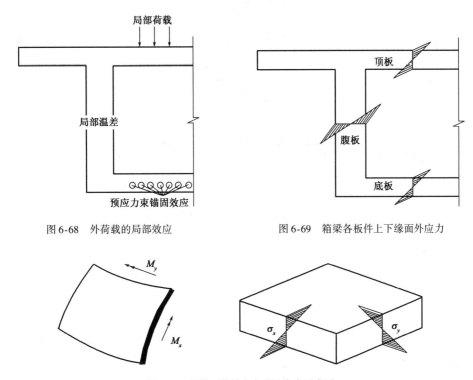

图 6-68　外荷载的局部效应　　　　　图 6-69　箱梁各板件上下缘面外应力

图 6-70　板件面外效应变形及应力示意图

以图 6-71 所示的一个单箱单室薄壁箱形截面为例,来说明表 6-5 中的验算应力。箱形截面空间应力检算体系如图 6-72 所示,其表达方式为:第一个字母表示板件的位置,T 表示顶板、B 表示底板、W 表示腹板。第二个字母表示每一个板件三层应力中的哪一层,o 表示外圈,对顶板是上缘、对底板是下缘、对腹板是外侧;i 表示内圈,对顶板是下缘、对底板是上缘、对腹板是内侧;小写 p 表示中间层。第三个字母表示应力的方向,L 表示纵向、T 表示横向、P 表示主方向。例如 σ_{ToL} 表示顶板上缘纵向应力;σ_{WpL} 表示腹板中面纵向应力。这样,每块板件的应力分为三层、每一层的应力有三个方向,所以每块板件就有 9 项应力,对于图 6-71 所示的单箱单室箱梁截面就有 27 项验算应力,即为完整验算应力。

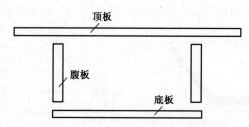

图 6-71　由"板"表达的单箱单室箱梁截面

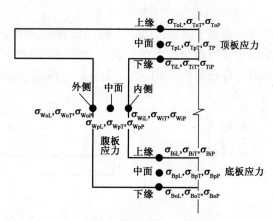

图 6-72　完整验算应力示意图

JTG 3362—2018 要求验算的 9 项验算应力　　　　　表 6-5

构件/受力方向	部 位	验算应力
顶板面外	上缘	纵向正应力 σ_{ToL}
	上缘	横向正应力 σ_{ToT}
	下缘	横向正应力 σ_{TiT}
顶板面内	中面	主应力 σ_{TP}
底板面外	下缘	纵向正应力 σ_{BoL}
	上缘	横向正应力 σ_{BiT}
	下缘	横向正应力 σ_{BoT}
底板面内	中面	主应力 σ_{BP}
腹板面内	中面	主应力 σ_{WP}

当然，这些验算应力有些不是控制应力可以简化。例如顶板三层纵向应力中一般由上缘控制，底板三层纵向应力中一般由下缘控制等。在《公路钢筋混凝土及预应力混凝土桥涵设计规范》(JTG 3362—2018)中，也考虑与原规范应力验算体系的衔接，选取其中 9 项应力作为"控制验算应力"要求验算，表 6-5 为其要求验算的 9 项验算应力。

2. 能够得到完整验算应力的计算模型

(1) 空间网格模型

以一个箱梁为例，可以分解为顶板、底板以及多块腹板，如前面图 6-71 所示。每一个板元又由十字交叉的正交梁格组成，以十字交叉的纵横梁的刚度等代成板的刚度，一片正交梁格就像是一张"网"，一个结构由多少块板构成，就可以用梁格表示成多少张"网"。这样，空间桥梁结构可以用空间网格来表达,如图 6-73 所示。

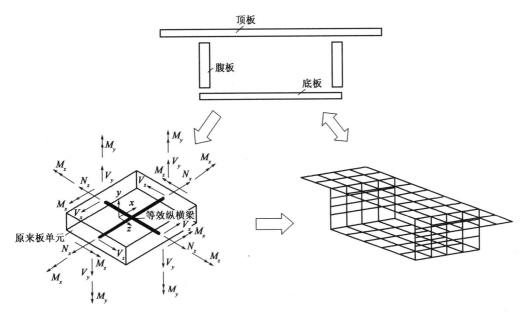

图 6-73　空间网格模型简化原理示意图

离散后,箱梁得到的截面主要有腹板截面、纵横向顶底板划分截面,这些截面特性计算与传统梁单元计算一致。在空间网格模型中,纵向划分梁的受力(包括顶板和底板)得到完整验算应力中的纵向应力,横向划分梁的受力得到完整验算应力中的横向应力,纵向划分梁和横向划分梁的交点处的受力可以得到完整验算应力中的面内主应力。空间网格的应力与完整验算应力呈一一对应关系。

空间网格模型对截面上荷载效应的解析和表达方式如下:

①正应力与剪力滞效应。

箱梁截面上的轴向力及弯矩反映到分割后的各划分截面上均为各划分截面的轴力,即反映整体效应的正应力,是面内效应。各划分截面的正应力差异即反映剪力滞效应。由于划分出来的截面均是符合平截面假定的窄梁,所以各划分截面本身的正应力分布是均匀的。也就是说,空间网格计算模型是用"阶梯"型的应力分布模拟连续的应力分布,如图 6-74 所示,图中的阶梯状折线即为空间网格模型的计算结果示意,连续实线为理论计算结果示意。

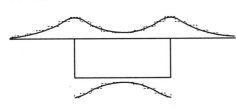

图 6-74　空间网格模型阶梯状的剪力滞效应

前面已经对剪力滞效应有过深入细致的介绍,但经典方法往往只对较为特殊的截面及较为特殊的荷载形式才能得到较为明确的解答,所以在实际工程中应用有较大局限性。当截面复杂、荷载形式改变后,特别是复杂桥梁中的混凝土收缩、徐变效应、预应力效应及拉索传力等因素,使用传统方法计算剪力滞效应通常有困难,采用空间网格模型是解决该问题的实用方法。

②剪应力。

剪应力超静定是薄壁效应的主要特征,对于截面上得到的剪力、扭矩效应,空间网格模型通过转化为各单元(顶板、底板及腹板已划分为多个单元)的剪力,来反映剪扭效应对应的剪力流。这样,顶底板的弯曲剪力流的零点位置、约束扭转剪力流和畸变剪力流就可以通过空间网格模型分析精确地反映出来。

空间网格模型中的剪应力分布仍然是用"阶梯"型的应力分布来模拟连续应力分布,图 6-75 所示为单箱单室箱梁截面的弯曲剪应力分布。图 6-75 中的阶梯状折线即为空间网格模型的计算结果示意,实线为理论计算结果示意。

③薄壁效应(翘曲正应力)。

空间网格模型中的翘曲正应力分布仍然是用"阶梯"型的应力分布模拟连续的应力分布的,图 6-76 所示为单箱单室箱梁截面的翘曲正应力分布。图中的阶梯状折线即为空间网格模型的计算结果示意,实线为理论计算结果示意。

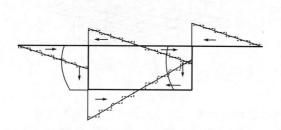
图 6-75 弯曲剪力流表达方法示意图

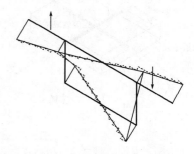
图 6-76 空间网格模型的翘曲正应力表达方法示意图

④局部效应。

网格模型中各划分截面上弯矩反映顶板、底板的局部受力,即可以得到顶板上下缘、底板上下缘由局部荷载引起的正应力,是面外效应。

(2)实体单元模型

实体有限元模型的优点是适用性广泛,可以用来模拟复杂结构,计算效应中包含剪力滞、薄壁效应及局部荷载效应,其应力计算结果能够得到完整验算应力。

但需要注意,这种模型的分析结果给出的应力,包含了整体荷载效应和局部荷载效应。例如若要求箱梁截面顶底板的剪力滞效应,就需要剔除顶底板纵向应力中由于顶底板本身的重量或荷载的影响,也就是说需要采用厚度中间节点的应力;另一方面,应力结果尚不能直接用来根据现有规范公式进行配筋设计。

混凝土的体积变化特性(如徐变收缩)、混凝土桥梁的施工过程、预应力计算等在实体模型中需要近似模拟,且全部采用实体单元对预应力混凝土箱梁结构进行整体分析,目前尚达不到工程实用要求。因此,实体、板壳有限元模型通常用来进行结构的局部受力分析及探寻应力分布规律,而用梁系计算模型进行结构整体荷载效应分析更为直观,且与规范衔接更好。

3.箱梁桥的简化计算模型

(1)单梁模型

①3 自由度平面杆系和 6 自由度空间杆系模型。

单梁模型是桥梁结构设计中最常用的计算方法,主要包括 3 自由度梁单元平面杆系、6 自由度梁单元空间杆系的计算方法。由于不能考虑截面内部的超静定剪应力分布,故一般采用开口截面的计算方法计算截面剪应力,而采用开口截面的剪应力计算方法只对于单箱单室截面的腹板弯曲剪应力计算是正确的。

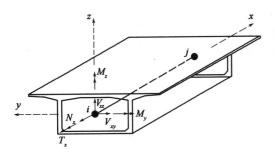

图 6-77　箱梁 6 自由度单梁模型

不同于 3 自由度梁单元的平面杆系模型,采用图 6-77 所示的 6 自由度空间梁单元可以计算偏心荷载下的扭矩,并可以采用薄壁效应算法计算箱梁截面的扭转剪力流。但是这种方法无法分离自由扭转和约束扭转,从而无法准确计算薄壁箱梁截面的自由扭转剪应力、约束扭转剪应力和约束扭转翘曲正应力。

单梁模型简单,得到的是整体截面上的力,与规范配筋公式直接联系。但是对于剪力滞效应、扭转畸变效应以及剪应力计算无法准确计算,故往往采用"放大系数"进行估算。

对于箱梁桥的横向框架包括桥面板局部的受力分析,需要与纵向效应分析分开,单独建立其他模型进行分析,两者的分析结果在结构设计中配合使用。

② 7 自由度单梁模型。

7 自由度单梁模型是在原来 6 自由度单梁模型基础上增加翘曲双力矩,与 6 自由度单梁模型的区别是其解析了薄壁箱梁截面的超静定剪力流(包括约束扭转翘曲正应力和约束扭转剪应力),适用于箱形截面桥梁结构,尤其是薄壁效应突出的弯箱梁桥。由于是单梁模型,所以更具有模型简洁、计算直观、力学概念清晰的特点。

7 自由度弯梁桥模型是单梁模型,依然遵循截面刚性周边假定,遵循全截面的平截面假定。7 自由度单梁模型适合于整体分析,但与 6 自由度计算方法一样,需要考虑剪力滞效应。对于产生面外效应的局部荷载,如桥面板分析、预应力钢束在箱梁底板产生的外崩力效应等,则需要另外计算。由于其模型规模小,计算成本低,通过 7 自由度单梁模型可以快速了解到不同类型直线箱梁桥特别是弯箱梁桥的受力特性,可以计算得到沿桥长的正应力放大系数(考虑约束扭转翘曲效应)和剪应力放大系数(考虑自由扭转和约束扭转效应)的精确值。将这些系数分别乘在弯矩和剪力上按规范计算,就可以直接用来进行截面配筋计算及全断面极限承载力计算。

(2) 梁格模型

① 梁格模型的概念。

梁格模型的主要思路是将上部结构用一个等效梁格来模拟,是本章第二节简支梁排模型的拓展应用。不同之处在于,梁排模型中的梁是真实的独立梁,而梁格模型中的"梁"是人为划分出来的,可称之为划分梁。梁格模型将分散在箱梁每一区段内的弯曲刚度和轴向刚度集中在最邻近的等效梁格内,实际结构的纵向刚度集中于纵向划分梁内,而横向刚度则集中于横向划分梁内。从理论上要求:当原型实际结构和对应的等效梁格承受相同荷载时,两者的挠曲应相等,并且每一梁格内的力和力矩等于该梁格所代表的实际结构部分的内力。

梁格法将图 6-78 所示的板单元用图 6-79 所示的正交梁格模拟,正交梁格主要考虑轴向力、面外弯矩和竖向剪力。

截面上由轴向力及弯矩引起的正应力可以由梁格模型得到;但截面划分时将顶底板视为一根梁,反映顶板、底板局部受力的顶板上下缘、底板上下缘横向应力无法由梁格模型得到。梁格模型中顶、底板的正应力仍然是用"阶梯"型的应力分布模拟连续应力分布,如图 6-80 所示,"阶梯"实际上表现剪力滞效应。

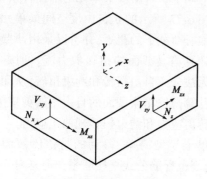

图6-78 板单元受力示意图

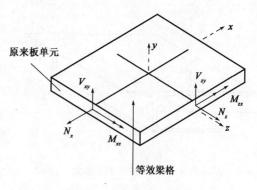

图6-79 板单元用梁格模拟

梁格模型无法准确考虑截面的剪力、扭矩效应。对于截面上的剪力、扭矩效应,梁格模型在分析相应的剪力流效应时存在局限性:对于复杂的单箱多室截面(图6-81示出了单箱三室箱梁截面的弯曲剪力流分布),在将截面离散成梁格时,很难把握其顶底板的弯曲剪力流的零点位置,也就是说梁格法计算的顶底板弯曲剪力流结果存在一定近似性。而箱梁的自由扭转剪力流、约束扭转剪力流和畸变剪力流并不像弯曲剪力流存在零点或那么规则。所以梁格模型并不能解决闭口箱梁截面的剪力问题,故无法得到顶板、底板的中面主应力。可以看出:梁格模型的优势在于反映截面上正应力的差异,不能得到顶底板的剪力流数值,不适用于箱梁的剪扭分析。同时,梁格模型也无法考虑顶底板本身局部受力时的面外效应。

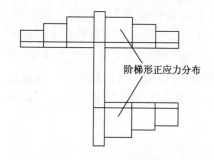

图6-80 梁格模型正应力分布

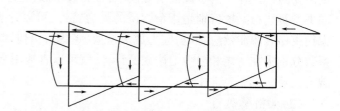

图6-81 单箱三室箱梁的弯曲剪力流

梁格模型还有的优点便是可以将纵横向结构放在一个模型里计算,这样对于横梁的受力分析不需要另外建立简化模型,分析结果将更加符合实际。

②折面梁格模型。

折面梁格模型是适用于宽箱梁桥梁结构的计算模型,如图6-82所示。纵向可以划分为9道划分梁:1号、9号梁为悬臂板部分,与2号和8号边腹板梁采用刚臂连接;3号、5号、7号为二字形划分梁;4号、6号为中腹板梁。所有划分梁均以各自的几何中心为节点位置,故不在一条直线上,形成的梁格模型是一个单层折面,故称为折面梁格模型,又可称为空间梁格模型。

③平面梁格模型。

平面梁格模型是早期的梁格模型,它要求所有划分梁需要有腹板,并且所有划分梁中性轴也就是节点的位置需要位于同一条线上,并与整体箱梁的截面轴线相同。图6-83所示为一个单箱双室截面的平面梁格划分图示,梁格中包含有3根纵向划分梁(2号、3号和4号)和两根悬臂处划分梁(1号和5号),用于影响面的形成和加载。

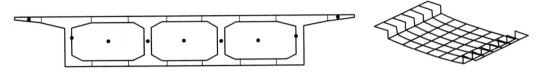

图6-82 箱梁截面划分及折面梁格模型示意图

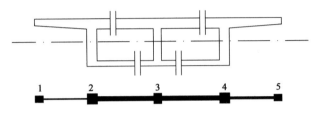

图6-83 单箱双室截面平面梁格划分图示

可以认为,平面梁格模型是折面梁格模型的一种特殊划分方式,但由于片面强调截面分割方式,忽视横梁作用,其代价是对箱梁截面的模型划分相比折面梁格模型要困难许多,导致模型建立复杂且适用性差。

同时,希望通过平面梁格模型参数修正来模拟箱梁的剪扭效应,但却存在先天缺陷,如前所述,所有梁格模型的优势在于计算较宽的多腹板箱梁截面上缘、下缘的正应力差异,并不能解决箱梁截面的剪扭效应。

4. 箱梁桥分析模型总结

经过上述对箱梁空间效应和计算模型的梳理和分析,对单梁近似分析中常用的笼统"放大系数",可根据空间效应的种类进行精确分离:薄壁效应产生薄壁效应放大系数,可以由7自由度模型单独得到。在箱梁中"横向分布"的概念本身有缺陷,但采用折面梁格模型可以通过影响面加载得到各道腹板弯矩、剪力的更真实分配结果。

箱梁桥计算模型比较见表6-6。

箱梁桥计算模型比较 表6-6

箱梁计算方法	纵向弯曲	自由扭转	约束扭转	畸变	剪力滞	横向弯曲(包括桥面板)	各腹板受力分配
实体单元模型	√	√	√	√	√	√	√
空间网格模型	√	√	√	√	√	√	√
梁格模型	√	×	√	×	√	×	√
7自由度空间梁单元	√	√	√	×	×	×	×
6自由度空间梁单元	√	√	×	×	×	×	×
3自由度平面梁单元	√	×	×	×	×	×	×

图6-72所示的由完整验算应力表达的空间应力检算体系建立了桥梁应力验算的完整指标系统。设计规范的作用是给出各项指标的正常值,而前述计算模型的作用是获取桥梁结构的各项指标值。各项指标也可以由不同的计算模型组合获取,对计算模型的评价可以由其获取指标值的完整性、准确度和效率决定。

第五节　斜弯桥分析

随着高速公路、城市立交和高架道路的发展，从以往道路设计服从桥梁的设计理念逐渐改变为一般桥梁设计服从道路要求的理念，因此，斜桥和弯桥的建造要求就变得越来越常见。斜桥和弯桥与正交直桥相比，明显表现出空间受力的特点，不充分考虑其空间受力特点，会使斜、弯桥在使用过程中出现严重的病害。

斜、弯桥不规则的空间形状，使得设计不太容易像正交直线桥一样简化为结构力学的单梁来进行，而必须按照空间结构求解。随着有限元软件出现，特别是计算机可视化技术的发展，目前斜、弯桥分析大多数采用有限元软件。本节从斜、弯桥受力特点出发，介绍斜弯桥中设计对策和常见病害出现的原因。

一、斜桥的特点及分析方法

斜桥是指桥梁的支承边与梁的轴线不垂直桥梁，如图 6-84 所示。x、y 分别为河流垂直和平行方向，$\bar{x}$ 为主弯矩方向。

1. 斜桥的受力特点

1) 斜板的空间受力特点

由于斜桥设计的复杂性，在桥梁总体设计时，工程师一般将斜桥限制在较小的跨径，这就使得桥梁的相对宽度较大，截面不变形、平截面等杆系结构力学中的基本假定很难满足，梁在宽度方向显示明显的空间受力特点。对于如图 6-84 所示的斜板，如果将主梁按照斜交支承的板来分析，可以得到以下空间受力规律。

（1）斜板的荷载，一般有向支承边的最短距离传递分配的趋势。宽跨比较小的情况下，主弯矩方向朝支承边的垂直方向偏转；宽跨比较大的情况下，板中央的主弯矩几乎垂直于支承边，边缘的主弯矩平行于自由边（图 6-85）。

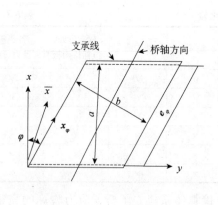

图 6-84　斜桥示意图

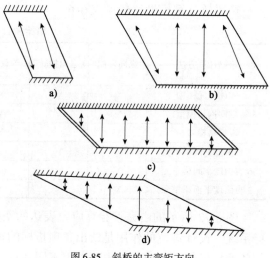

图 6-85　斜桥的主弯矩方向

(2)简支斜板的纵向主弯矩比跨径为斜跨长 l_φ(图 6-84)、宽度为 b 的矩形板要小,并随斜交角的增大而减小。图 6-86 显示了简支斜板在均布荷载作用下的弯矩与矩形板的弯矩的比值随 φ 的变化规律。斜板的横向弯矩却比正板大得多,尤其是跨中部分的横向弯矩。横向弯矩的增加量大致上可以认为等于纵向弯矩的减少量。

(3)纵向最大弯矩的位置,随 φ 角的增大从跨中向钝角部位移动,如图 6-87 所示。图中板面上的实线,表示 $\varphi=50°$ 时的最大弯矩位置,图中还示意出 φ 为 30°和 70°时的相应位置。

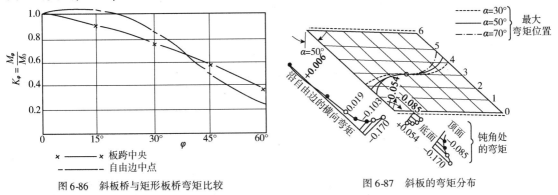

图 6-86 斜板桥与矩形板桥弯矩比较

图 6-87 斜板的弯矩分布

(4)斜板在支承边上的反力很不均匀。钝角角隅处的反力可能比正板大数倍,而锐角处的反力却有所减小,甚至出现负反力。对于正板,支座的个数越多,每个支座分得的反力就越小;但对于斜板,支座的个数越多,反力却在钝角集中的比例越高。

(5)斜板在均布荷载作用下的变形类似于马鞍形。由于钝角反力大,在钝角部位的角平分线垂直方向上,产生接近于跨中弯矩值的相当大的负弯矩(图 6-87),其值随 φ 的增大而增加,但分布范围较小,并迅速削减。由于反力大,在钝角底板处的局部产生平行于角平分线的局部正弯矩,其数值亦相当大(图 6-87)。

(6)斜板存在复杂分布扭矩,板边缘单位宽度板条的扭矩较大。

2)斜梁格的空间受力特点

对于中小跨度的梁桥,纵向分成多个梁肋进行预制吊装是经常采用的施工方法,多片梁肋吊装到位后,在现场连成整体,斜梁桥也可以采用这种方法。预制吊装的单片梁肋,非常细长,在自重作用下,除斜交对支承局部应力分布有影响外,内力基本与正交梁相同。单片主梁通过横梁或者桥面连成整体后转变为斜桥,在此后施加的荷载产生类似于上述整体斜板的空间效应。横梁和桥面的刚度越大,斜交的影响就越大,斜桥的特征就越明显。

2. 斜桥的构造特点

1)配筋特点

(1)整体斜板

当 $l_\varphi \leq 1.3b$ 时,桥梁宽度较大。斜交角较小时($\varphi<30°$),纵向钢筋可以完全平行于自由边布置[图 6-88a)],斜交角较大时($\varphi>30°$),可以完全垂直于支承边布置,在板边缘重叠布置平行于自由边的纵筋[图 6-88b)],横向钢筋均平行于支承边布置。

为抵抗自由边的扭矩,可在距自由边一倍板厚的范围内设置加强箍筋(图 6-88)。

当 $l_\varphi > 1.3b$ 时,为窄斜板桥。纵向钢筋平行于自由边布置,横向钢筋,跨中垂直于自由边布置,两端平行于支承边布置,如图 6-89 所示。

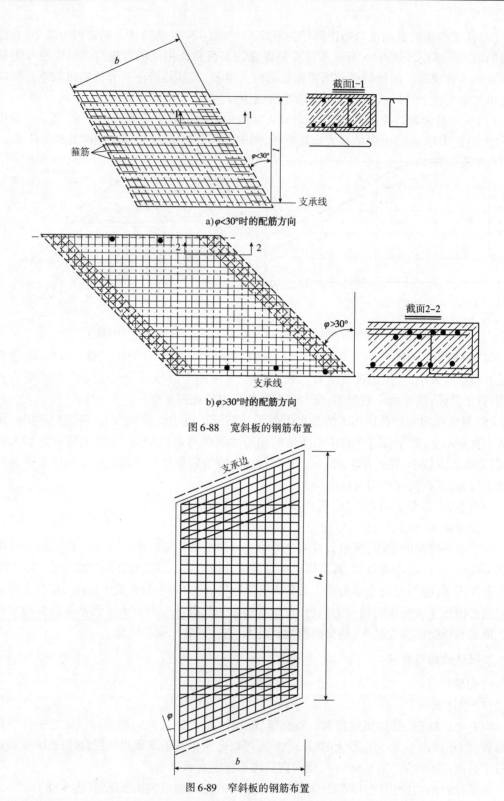

a) $\varphi<30°$ 时的配筋方向

b) $\varphi>30°$ 时的配筋方向

图 6-88 宽斜板的钢筋布置

图 6-89 窄斜板的钢筋布置

在钝角顶面 $l_\varphi/5$ 围内,应在角平分线的垂直方向设置抵抗负弯矩的钢筋[图 6-90a)],单位宽度内钢筋数量 A_{g1} 可按下式计算:

$$A_{g1} = KA_g \qquad (6\text{-}124)$$

式中：A_{g1}——每米桥宽的主钢筋数量；

K——与 φ 有关的系数，按表 6-7 取值。

表 6-7　　K 值

φ	K
0 ~ 15°	0.6
15 ~ 30°	0.8
30 ~ 45°	1.0

为承担很大的支反力，应在钝角底面平行于角平分线方向上设置附加钢筋[图 6-90b)]。

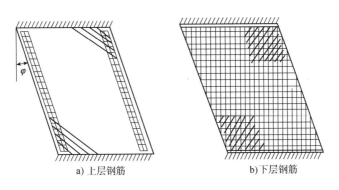

图 6-90　钝角部位加强钢筋

(2) 预制拼装斜梁桥

预制装配斜梁桥由预制好的单斜梁吊装到桥位后通过横梁和桥面板连接，图 6-91 显示了斜桥横梁的两种布置方式。

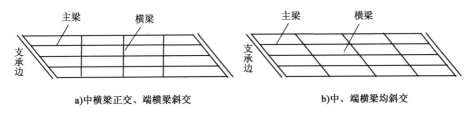

图 6-91　正交斜梁格与斜交斜梁格

预制单斜梁的钢筋布置与窄斜板桥类似(图 6-89)，纵筋平行于自由边，横筋跨中垂直于自由边，梁端平行于支承边。

斜梁桥的桥面铺装钢筋布置与整体斜板类似，对于单跨斜梁桥，一般采用图 6-88 的形式；对于简支变连续的多跨斜桥，一般采用图 6-89 的形式。在钝角要布置垂直与角平分线的加强筋[类似图 6-90a)]。

2) 支座活动方向

斜桥是空间结构，要使斜桥能自由收缩，每个支座的活动方向必须通过某一个固定支座。图 6-92a) 显示了简支斜桥的一种活动与固定支承布置方式(单箭头代表单向活动支座的活动方向，十字箭头代表多项活动支座，圆圈代表固定支座)。图 6-92b) 则为错误的支座布置方向,在平面上主梁实际不可以伸缩,其结果将导致支座被剪坏。

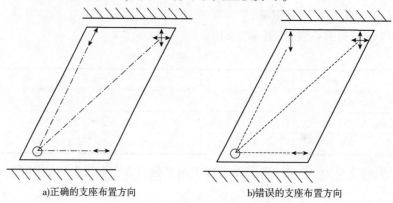

a)正确的支座布置方向　　　　b)错误的支座布置方向

图 6-92　斜桥的支座布置方向

3) 侧向限位装置

斜桥在运营几年后常出现平面内的转动现象,两个锐角分别向外侧移动。有两种效应导致主梁的这种转动,一是汽车的制动力,二是常年温差效应。当汽车在桥上制动时[图 6-93a)],主梁将产生箭头所示的斜向运动趋势,而桥台给予主梁垂直于河岸的反作用力,这将使主梁产生向锐角方向的转动。当夏天主梁膨胀时,由于伸缩缝内可能存在垃圾等填充物,桥台将给主梁施加垂直于河岸的阻力,桥梁两端的阻力由于斜交而不在一条线上,力矩同样使主梁向锐角方向转动[图 6-93b)],冬天桥梁收缩时,桥梁两端却不存在拉力,因此夏天的转动在冬天不会转回。几年后主梁呈现明显的平面内转动。为阻止这一转动,应该加强桥墩上锐角处的挡块。

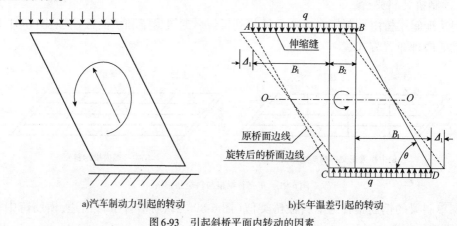

a)汽车制动力引起的转动　　　　b)长年温差引起的转动

图 6-93　引起斜桥平面内转动的因素

3. 斜桥分析要求与求解思路

如本节前述,斜桥,尤其是宽跨比较大的斜桥,表现出明显的空间受力特性,因此斜桥必须采用空间方法分析。将主梁按照空间结构求解有两种思路,一是采用弹性力学的方法按照斜板来求解;二是将主梁离散为平面梁格来求解,这特别适用于多肋斜梁桥。

整体斜板在恒载及活载下均具有明显的空间特性,必须按照斜板求解。斜板挠曲微分方程求解过程复杂,不便于工程应用。学者们对常用尺寸布置斜板的恒载和活载进行参数化分析,结果列成数表,供工程师在设计时进行简化计算,相关表格可在桥梁设计手册中查到。

多肋式斜梁桥一期恒载下按正桥计算,二期恒载和活载作用下具有空间性,学者们对常用尺寸斜梁作用不同等级活载也进行了参数化分析,并将结果列成了曲线表,供工程师在设计时查用,相关表格也可以在桥梁设计手册中查到。

随着计算机的普及,斜桥基本上采用有限元方法求解。为了设计方便,一般采用梁单元离散成平面梁格求解。

二、弯桥的特点及分析方法

弯桥是指主梁自身是曲线形的桥梁(图6-94)。有些桥梁位于曲线上,通过折线形成曲线,只是在内外侧边缘通过悬臂板形成曲线,不是弯桥,如图6-95所示。弯桥由于承担较大的扭矩,所以大部分采用抗扭惯矩较大的箱梁,多肋梁使用得比较少。

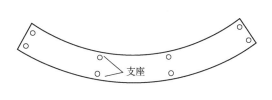

图6-94 连续弯桥

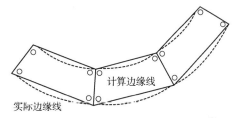

图6-95 位于曲线上的折线桥

1. 弯桥的受力与构造特点

1)弯桥的受力特点

(1)由于曲线形状,弯梁在发生竖向弯曲时,必然产生扭转,而扭转又将导致梁的挠曲,这被称之为"弯-扭"耦合效应。

(2)由于弯扭耦合,弯梁的变形比同样跨径直梁大,简支弯梁外边缘的挠度大于内边缘,而且曲率半径越小、桥越宽,这一趋势越明显。

(3)弯桥即使在对称荷载作用下也会产生较大的扭转,通常会使多肋弯梁桥的外梁超载,内梁卸载。

(4)对于多肋弯梁桥,横梁除具有传递活载的功能外,还是保持全桥稳定的重要构件,应设计较大的刚度。

(5)弯桥的支点反力有曲线外侧变大、内侧变小的倾向,内侧甚至产生负反力。设计时应关注可能出现的负反力,必要时设置拉压支座,并防止外侧支座超载。

(6)连续弯桥中预应力效应对内外侧支座支反力的分配有较大影响,计算支座反力时必须考虑预应力效应的影响。

2)影响弯桥受力特性的主要因素

(1)圆心角 φ_0

梁的弯曲程度是影响弯桥受力特性最重要的因素,曲率半径相同时跨径越大弯曲程度越高,相同半径时曲率半径越小弯曲程度越高。因此反映主梁弯曲程度的参数是一跨的圆心角。

如图6-96所示的简支超静定曲梁,当圆心角 φ_0 较小($\varphi_0 \leq 30°$)时,竖向荷载作用下,可以忽略扭转对挠度的影响,纵向弯矩和剪力可以足够精确地用跨径为 $l = r \cdot \varphi_0$ 的直线梁来计算,扭矩值比弯矩值小一个数量级,如采用箱梁,扭矩不控制设计。

(2)桥梁宽度与曲率半径之比

对于宽桥,偏心布置在桥面上的汽车荷载将产生扭矩,这与直桥相同,但是由于弯扭耦合作用,扭矩又将产生弯矩。当圆心角 φ_0 较小($\varphi_0 \leq 30°$)时,均布扭矩产生的弯矩很小。

当桥宽较大、曲率半径较小时,弯梁内外弧长相差较大,因此外侧恒载比内侧大很多,即使是对称截面,恒载也会产生向曲线外侧翻转的均布力矩(图 6-97)。

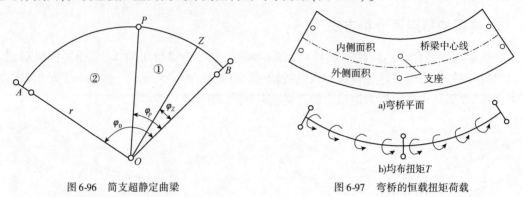

图 6-96 简支超静定曲梁　　图 6-97 弯桥的恒载扭矩荷载

(3)弯扭刚度比 $k = EI/GI_d$

在弯桥中主梁的弯扭刚度比越大,弯扭耦合效应越强,扭转引起的挠曲增量越大。在抗弯刚度 EI 满足要求的前提下宜尽量增大截面抗扭刚度 GI_d,以减小扭转引起的变形。所以在弯桥中宜采用抗扭惯性矩较大的箱形断面。

3)弯桥的变形及合理支承形式

(1)竖向支承布置

由于弯桥的平面形状,可以采用多种支承布置形式。

对于单跨弯梁,可设置为简支静定体系,也可设置为支承抗扭的简支超静定体系[图 6-98a)、b)],还可以采用两端均完全嵌固的支承形式[图 6-98c)]。简支静定弯梁在实际工程中不可取,因为不抗扭的梁端将产生扭转变形,给设置伸缩缝带来困难。

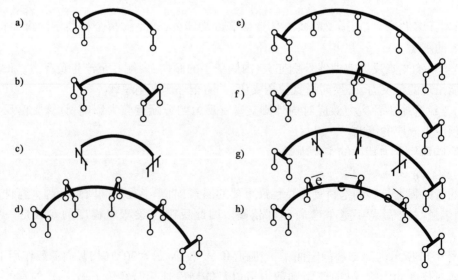

图 6-98 曲线桥的竖向支承布置形式

对于连续弯梁,从理论上讲所有支承均可以采用点铰支承。为了保证伸缩缝正常工作,一般在两端的桥台设置能抵抗外扭矩的抗扭支座,中间支承可采用抗扭支承,也可采用点铰支承,或交替使用两种支承形式[图6-98d)、e)]。分析表明,连续曲梁弯矩和剪力几乎不受是否采用抗扭支承的影响。中间桥墩采用单支座后可设计成独柱墩,不但可以节省工程造价,还可以改善桥下视野,因此在城市立交的匝道中被广泛采用。由于弯桥曲线外侧的自重比内侧大,中间的单支座常采用向曲线外侧的偏心布置[图6-98g)],以抵抗恒载的扭矩荷载。支座偏心布置相当于将支座放在主梁的重心线上。

在曲率半径较大时,中间桥墩采用单支座铰支承与双支座抗扭支承,虽然弯矩与剪力差别不大,但是活载作用下的扭矩有明显区别。曲率半径较大时弯扭耦合作用减小,如果中间均设单支座铰支承,活载偏心所产生的扭矩大部分传递到相邻孔,所有中间孔的扭矩最终累积到梁端的抗扭支承上。图6-99显示了均布力矩作用在直梁与弯梁上的扭矩图对比,曲率半径越大传递到端支承的扭矩越大。因此,在曲率半径较大时不宜设计中间单支座铰支承的多跨连续梁,尤其在较宽的直桥上不应这样设计。在桥墩较高的情况下,可以将中间桥墩与主梁固结,既得到独柱墩的好处,也不使扭矩集中到联端[图6-98f)]。

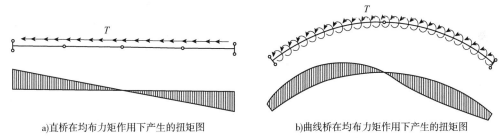

a)直桥在均布力矩作用下产生的扭矩图　　b)曲线桥在均布力矩作用下产生的扭矩图

图6-99　偏载在直桥与曲线桥上产生的扭矩比较

(2)水平约束的布置

曲线桥的平面内变形可以分为两种性质:由温度变化和混凝土收缩所引起的变形属于弧段膨胀或缩短性质[图6-100a)],变形后圆心角不变,曲率半径由 $r_0 \to r$;由预加力和及相应的混凝土徐变引起的属于切向变形[图6-100b)],其曲率半径不变,圆心角由 $\varphi_0 \to \varphi$。

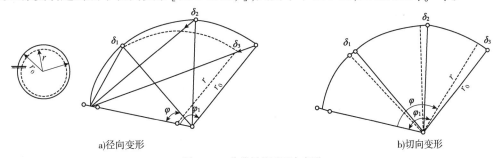

a)径向变形　　b)切向变形

图6-100　曲线桥的平面内变形

为了适应弯桥温度变化和收缩在各活动支座处引起纵桥向和横桥向变形,同时不影响伸缩缝工作,不应将一端完全固定[图6-100a)],而应在两端设置侧向约束,但不约束梁端的伸缩和平面转动,中间支座则设置多向活动支座,如图6-101所示。为使主梁不发生纵向漂移,可以在一端设置一个固定支座,或者在位于主梁长度中点的桥墩设置单项活动支座,活动方向应设在曲线的径向。在这样的约束条件下,升温时主梁将向曲线内测横移,降温时向外侧移动,梁端纵桥向伸缩并在平面内转动[图6-102a)]。

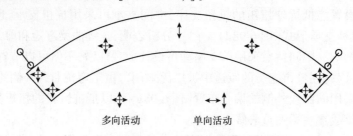

图6-101 多跨连续曲线桥水平约束布置示例

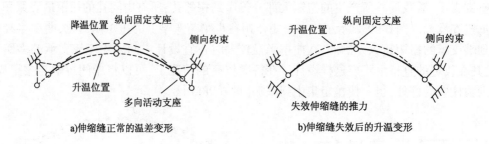

图6-102 弯桥的温差变形

保证曲线桥的纵向自由伸缩变形非常重要,一旦纵向伸缩被卡死,弯桥将类似于平面内的拱桥,梁内产生很大的轴力。升温时主梁将向外侧水平位移,并对侧向约束产生推力[图6-102b)],甚至剪坏伸缩缝和侧向挡块。因此,在设计中要预留足够的伸缩缝变形量及支座允许变形量,在施工和使用过程中保证伸缩缝及支座的正常工作。

弯桥向曲线外侧的爬行是常见的病害,尤其是单支座铰支承的连续弯桥。造成该病害主要有两个原因,一是汽车离心力,二是常年温差。

汽车离心力使桥梁承受向曲线外侧的径向力,此外汽车在桥上制动时的制动力分量也使主梁承受向曲线外侧的径向力。

如果桥梁两端设挡块,中间桥墩设多向活动支座,按照上述分析,温差将使主梁产生径向位移。理论上温差是反复过程,主梁应来回侧向移动。但是主梁向曲线外侧的扭转,使墩顶截面有向外侧的转角,从而梁底面向曲线外侧倾斜。在重力作用下,向曲线外侧移动容易,回复困难,与汽车荷载的径向力叠加,长期运营后就造成向曲线外侧的爬行,如图6-103所示。因此,曲线桥在两端应设计强大的挡块,而中间桥墩应设计侧向移动限位装置。

2. 弯桥的分析方法

1)总体分析

弯梁桥的特点是空间受力,主要是弯扭耦合,但是在一跨所转过的圆心角不很大时(圆心角小于10°),弯曲的影响不大。弯曲主要对扭矩有较大影响,而对弯矩和剪力影响并不大。圆心角较大的弯桥,一般都位于较大跨度的匝道桥上,相对宽度较小,因此,可以简化为空间梁来分析。对于采用箱形截面梁可以简单采用单曲梁计算,对于多肋梁可以简化为梁格计算。

对于活载，早期也研究过类似直桥的横向分布方法进行影响线加载计算最不利效应，并编制了数表。但是弯桥内力影响面形状复杂，采用横向分布系数将全桥简化为单梁误差较大。目前已经采用有限元软件建立梁格模型直接进行空间计算。

2）曲线梁中的预应力效应分析

配置在弯梁上的预应力束除了竖弯外还随梁平弯，因此梁内的预应力效应也是空间的。

(1) 弯梁中的预应力初内力及等效荷载

如图6-104所示。半径为 R 的弯梁内布置拉力为 F 预应力筋，任意截面上预应力筋竖向偏心距为 z、水平偏心距为 h，该截面上的预应力初内力为：

$$V_N = -Fz'/(R+h) \tag{6-125a}$$

$$M_M = Fz \tag{6-125b}$$

$$T = F(z'h - h'z)/(R+h) \tag{6-125c}$$

$$N = -F \tag{6-125d}$$

$$V_M = -Fh'/(R+h) \tag{6-125e}$$

$$M_N = -Fh \tag{6-125f}$$

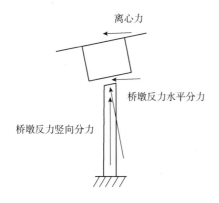

图 6-103 作用在箱梁上的水平力

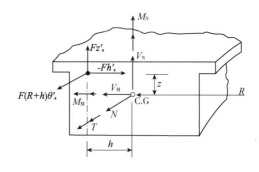

图 6-104 预应力在截面上的分量

预应力在截面上产生六个方向的内力，分别是竖向剪力 V_N、挠曲弯矩 M_M、扭矩 T、轴力 N、水平剪力 V_M、水平弯矩 M_N。

如果截面对称，且预应力束在横截面上左右对称布置，则有 $h = h' = 0$（h' 为水平偏心距对纵向距离的倒数），因而初扭矩 T、水平剪力 V_M、水平弯矩 M_N 均等于 0。这说明在对称截面弯梁中预应力不会使弯梁的半径改变，也不会产生扭转，只会使弯梁沿着切线方向缩短，由此预应力引起的混凝土徐变也不会改变弯梁的半径。但是预应力仍然引起挠曲变形，在连续梁中将在赘余约束处产生次反力，次反力作用在曲梁上使梁体产生扭转，使一个桥墩上两个支座的反力分布发生变化，如图6-105所示。因此，连续曲线桥支反力计算必须考虑预应力作用。一些预应力混凝土弯桥，在预应力张拉后出现支座脱空现象原因就在于此。

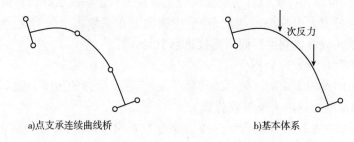

a) 点支承连续曲线桥　　　　b) 基本体系

图 6-105　预应力次反力的扭转作用

如图 6-106 所示,预应力作用在弯梁上,两侧锚固点给梁施加六个方向的端部力:竖向力 V_N、竖向弯矩 M_M、扭矩 T、轴力 N、水平力 V_M、水平弯矩 M_N;沿预应力束的施加六个方向的分布荷载:

$$Q_N = Fz''/R(R+h) \tag{6-126a}$$

$$Q_M = F/R - Fh''/R(R+h) \tag{6-126b}$$

$$Q_L = Fz/R + F(z''h - h''z)/R(R+h) \tag{6-126c}$$

$$W_N = Fhh'/R(R+h) \tag{6-126d}$$

$$W_M = Fh'z/R(R+h) \tag{6-126e}$$

$$W_L = Fh'/R(R+h) \tag{6-126f}$$

如果截面形状对称、预应力在截面上对称布置,则 W_L、Q_N、Q_M 等于 0。

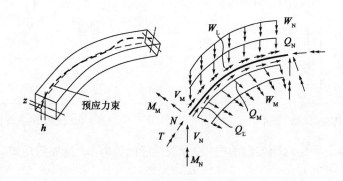

图 6-106　预应力在弯梁上等效荷载

(2) 曲线桥预应力索的配置对策

对于曲线桥,除了利用预应力抵抗弯矩外,显然也希望利用预应力抵消外荷载产生的扭矩。但是,由于曲线桥预应力效应的复杂性,以及对称配置预应力的特点,一般采用如下对策:

① 确定外荷载引起的弯矩、扭矩和剪力。

② 按照抵抗弯矩的要求计算所需预应力钢筋的数量和线形,在截面上对称布置。

③移动抗弯预应力钢筋,使之在截面上不对称,尽量抵消外扭矩。

理论上,可采用下列几种方法来利用预应力抵消扭矩:a. 内外侧腹板采用不同线形的预应力筋[图6-107a)];b. 内外腹板上预应力筋线形对称,但张拉力不同[图6-107b)];c. 在顶底板中布置弯曲方向相反的预应力筋[图6-107c)]。

④计算剩余扭矩和剩余剪力,必要时配置专门的抗扭和抗剪预应力筋或普通钢筋。

⑤全桥预应力效应校核。

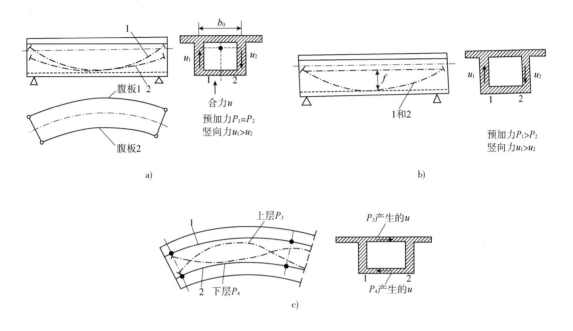

图 6-107 抵消扭矩的预应力束布置形式

(3) 预应力作用在计算机软件中的模拟

将预应力的等效荷载计算出来后,作为外荷载施加结构上即可计算预应力效应,但是等效荷载很难考虑梁体变形产生的预应力变化。在计算机软件中一般将预应力筋模拟成二力杆单元,与梁体组合成桁架模型。当桁架模型在外荷载作用下发生变形时,通过变形协调即可得到预应力筋内的拉力变化。

3. 弯梁的预应力损失计算

由于平面曲率的存在,弯桥中预应力钢筋的预应力摩阻损失要比直桥大,较长的钢束可能会超过10%。对于具有空间曲线形的预应力束,其摩阻损失计算仍可采用平面曲线预应力束的计算公式,但是张拉端至计算点之间的曲线包角 μ 必须用空间包角 β 来代替,而空间包角的计算是很复杂的。经过研究比较,近似用下式计算 β 可取得较好的精度:

$$\beta = \sqrt{\theta_H^2 + \theta_V^2} \tag{6-127}$$

式中:θ_H——空间曲线在水平面上的投影包角;

θ_V——空间曲线在竖向圆柱面展开面上的投影包角。

4. 弯梁的预应力筋防崩

由于水平曲率的影响,在弯梁上施加预应力,预应力束将产生指向曲线内侧的水平荷载[式6-126b]。曲率半径越小、索力越大,所产生的水平力越大。如果预应力束在腹板中布置不当,就有可能将腹板崩裂。

腹板在预应力水平作用下的破坏有两种可能性:一是腹板总体侧向受弯破坏,可近似地将上述水平荷载作用在嵌固于顶底板之间的腹板上进行强度验算(图6-108);二是沿管道局部混凝土崩裂,当曲线内侧的保护层较小时应沿预应力束设置局部防崩钢筋(图6-109)。防崩钢筋的数量按照管道产生的局部外崩力全部由防崩钢筋承担计算,具体公式见《公路钢筋混凝土及预应力混凝土桥涵设计规范》(JTG 3362—2018)。防崩钢筋应紧靠预应力管道,并有足够的锚固长度才能较好发挥作用。

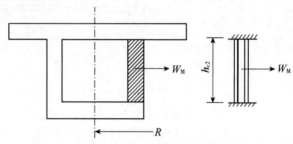

图6-108 曲梁腹板的横向弯曲计算

在构造上应尽可能将预应力束布置在腹板的外侧(图6-110),合理设置一定数量的横隔板,以增加腹板横向刚度。为防止出现过大的水平力,在曲线桥的腹板中应避免采用大吨位的预应力索。

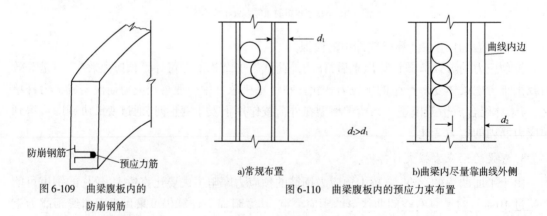

图6-109 曲梁腹板内的防崩钢筋

图6-110 曲梁腹板内的预应力束布置

5. 中间单支座铰支承梁桥的抗倾覆分析

中间支承采用单支座铰支承的桥梁扭矩全部转移到梁端,如果端支承抗扭能力不够,就可能出现侧倾失稳。按照小位移假定,只要整个梁的重心没有跑出任意两个外围支座间的连线,支座脱空并不会造成梁的侧倾。但是,在偏心荷载作用下,主梁发生扭转,当转角大到一定程度时,支反力的下滑分力将超过支座测向的约束能力,此时主梁将下滑,同时水平分力还会将墩柱侧向推倒,如图 6-111 所示。我国桥梁设计规范规定,梁桥要进行抗倾覆分析,在正常使用状态不允许支座脱空,在极端状态下抗倾覆力矩必须大于倾覆力矩。同时还必须限制梁体的扭角。

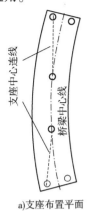 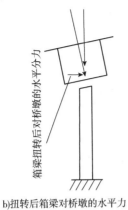 

a)支座布置平面　　b)扭转后箱梁对桥墩的水平力　　c)某桥侧倾后桥墩侧向倒塌

图 6-111　箱梁侧倾发生原因

第七章
梁桥支座和墩台基础

桥梁结构分为上部结构和下部结构两部分,支座设置于两者之间,其作用是将桥跨结构上各种荷载的反力传递到下部结构,同时保证桥跨结构在汽车荷载、温度变化、混凝土收缩和徐变等因素作用下能满足自由变形所要求的位移和转动,使上、下部结构的实际受力情况与计算的理论图式相符合。桥梁下部结构由桥墩、桥台和基础组成,桥墩、桥台支承着上部结构且将由支座传来的荷载传递至基础及地基。桥梁下部结构不仅自身应具有足够的强度、刚度和稳定性,而且对地基的承载能力、沉降量、基础和地基之间的摩阻力等都提出较高的要求,以防止在桥梁承重作用下,地基发生过大的水平位移、转动或沉降,这对超静定结构桥梁尤为重要。本章主要介绍梁桥支座、梁桥墩台和基础的类型、构造和施工方法等。

第一节 概　　述

结合桥梁跨径、支座反力、支座允许转动与位移不同、支座选用的材料不同、支座是否具有减震要求等因素,桥梁支座有许多类型。随着桥梁结构体系的发展,支座类型也相应得以更新换代,过去一般针对小跨径桥梁的或加工较烦琐的支座形式已不常使用,如垫层支座、弧形钢板支座、钢筋混凝土摆柱式支座等,代之以板式橡胶支座、盆式橡胶支座、球形钢支座、减隔震支座等。

随着世界各国科学水平提高和经济发展,高架道路和桥梁建设日新月异,不仅反映在上部结构的造型新颖上,而且也反映在下部结构向轻型合理方向发展。从20世纪中期以来,国内外出现了不少新颖的桥梁墩台造型,它们把结构上的轻巧新颖、力学上的合理平衡和艺术上的造型美观相统一,使桥梁功能和环境景观相协调,典型的如X形、V形、Y形墩等各种优美立面形式的桥墩(图7-1)。其次,对于城市的立交桥,为了既能承托较宽的桥面,又能减小墩身和基础尺寸,在地面留有较大空间供地面交通或景观美化,常将桥墩在横桥向做成独柱式、排柱式、倾斜式、双叉式、四叉式、T形、V形和X形等多种多样的桥墩形式。此外,由于预应力技术和滑动模板工艺的日益成熟,高架桥桥墩结构形式也得到了发展。例如,1963年在奥地利锡尔山谷建成的欧罗巴桥,其2号桥墩高146m,3号桥墩高136m,均为长方形的空心墩;1979年在联邦德国建成的科秋塔尔高架桥,其桥墩高度为183m,墩底截面仅有10m×9m。2004年12月竣工的法国米尔奥(Millau)大桥,其中2号、3号桥墩的高度分别达到245m与230m,底部尺寸为17m×27m,为世界上最高的桥墩。在国内,随着西部地区云、贵、陕、川、渝、鄂等经济建设发展,当高等级公路穿越崇山峻岭和高原沟壑区域时,超百米的高桥墩也日渐增多,例如:南昆铁路清水河桥墩高100m;贵州李子河大桥10号墩的墩高为107m;贵州朱昌河大桥,主桥为106m+200m+106m预应力混凝土连续刚构桥,主墩高度达132m;国内最高桥墩当数四川雅安至西昌高速公路跨越腊八斤沟的腊八斤特大桥,该桥主桥为跨径组合105m+2×200m+105m、桥长1140多米的预应力混凝土连续刚构桥,其10号墩有"亚洲第一高墩"称号,高达182.5m,居全国桥墩高度之最(图7-2)。

a)X形、V形桥墩　　b)松谷溪桥(美)

图7-1　桥墩立面形式实例(摘自邓文中著《造桥三十六年》)

图7-2　腊八斤特大桥

随着国家国力的增强,科学技术的进步,施工技术也朝着快速、节能和环保的方向发展,下部结构装配式施工技术近年来在我国城市桥梁建造中得到了快速发展。2016年,全国首座上部结构与下部结构均采用预制装配技术建造的上海嘉闵高架桥G2~S6全线通车,上海嘉闵高架桥不再是依靠封闭交通、搭设脚手架、人工绑扎、现场浇筑等方式进行,而是将2431块预制构件运输到现场直接"拼装"而成(图7-3),在施工过程中下部道路全部开放,实现了"环境友好",有效减轻了传统高架桥建造方式扬尘、噪声、封路的影响,现场工期平均缩短约50%,工地工人减少60%,对交通影响减少约50%,极大加快了桥梁的建造速度。

a)预制盖梁拼装　　　　　　　　　　　b)嘉闵高架桥

图7-3　上海嘉闵高架桥

在桥梁基础方面,随着跨越大江大河和海洋工程的建设,探究能抵抗强烈的风浪和地震作用的基础结构,且能切实予以建设的基础施工技术成为首要目标。这其中,桩基础、管柱基础、沉井基础及组合基础都发挥了极大的作用,如超过百米桩长的群桩基础、单个管柱直径达到10m的(群)管柱基础、预制安装的深水设置基础等;地下连续墙结构也在超大跨径桥梁中得到运用。未来的桥梁工程师将面对极深水域大型深水基础在设计和施工方面的更大挑战。

第二节　梁桥支座

一、支座类型与构造

梁桥支座一般分为固定支座和活动支座。固定支座允许梁截面自由转动而不能移动;活动支座允许梁在挠曲和伸缩时转动与移动,活动支座又可分为单向活动支座和多向活动支座。下面,将主要介绍目前常用的梁桥支座形式。

1. 板式橡胶支座

板式橡胶支座由数层薄橡胶片与薄钢板镶嵌、粘合、压制而成(图7-4)。它具有足够的竖向刚度以承受垂直荷载,能将上部结构的反力可靠传递给墩台;有良好的弹性,以适应梁端的转动;有较大的剪切变形,以满足上部结构的水平位移。

板式橡胶支座有矩形和圆形。支座的橡胶材料以氯丁橡胶为主,也可采用天然橡胶。氯丁橡胶一般用于最低气温不低于-25℃的地区,天然橡胶用于-30~-40℃的地区。根据试验分析,橡胶压缩弹性模量 E、容许压应力$[\sigma]$和容许剪切角正切$[\tan r]$的数值,均与支座的形状系数 S 有关。支座的形状系数为橡胶支座的承压面积与自由表面积之比,矩形支座为:

$$S = \frac{a \cdot b}{2(a+b)t} \tag{7-1}$$

式中:a——顺桥方向橡胶支座的长度;
b——横桥方向橡胶支座的宽度;
t——中间橡胶层的厚度。

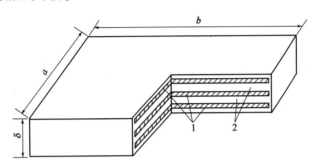

图 7-4 板式橡胶支座结构示意图
1-薄钢板;2-橡胶片

圆形支座形状系数为:

$$S = \frac{d}{4t} \tag{7-2}$$

式中:d——支座直径;
t——中间橡胶层的厚度。

为满足橡胶的容许压应力和使支座能适应梁端转动的要求,支座的长度 a 与宽度 b 之比取决于主梁下的有效宽度及所需的剪切角 γ。一般应充分利用有效宽度 b,而尽可能减小 a 的尺寸,以降低转动阻抗力矩(它与 a^5 成正比)。根据支座稳定的要求,支座的总厚度不得大于平面最小尺寸的30%。

聚四氟乙烯滑板式橡胶支座是在普通板式橡胶支座上按照支座尺寸大小粘贴一层厚 2～4mm 的聚四氟乙烯板,除具有普通板式橡胶支座的竖向刚度与压缩变形,且能承受垂直荷载及适应梁端转动外,还能利用聚四氟乙烯板与梁底不锈钢板间的低摩擦系数,使桥梁上部结构水平位移不受限制。此外,这种支座还可在顶推、横移等施工中作滑板使用。

板式橡胶支座在安装时,应尽量选择在年平均气温时进行,必须使支座安装就位,并保证支座与上、下部结构之间密贴,不出现空隙,以免支座脱空。同时,支座应尽量水平安装,当必须倾斜安装时,最大纵坡不能超过2%,且在选择支座时,要考虑因倾斜安装而需要增加的剪切变形影响;当纵坡超过2%时,要采取措施使支座平置,如在梁底加设楔形垫块。

2. 盆式橡胶支座

盆式橡胶支座将纯氯丁橡胶块放入钢盆内,由于钢盆约束橡胶块的横向变形,大幅度提高了橡胶的竖向承载能力,具有承载能力大、水平位移量大、转动灵活等特点,适用于支座承载力较大的大、中跨径桥梁。目前,我国已在大跨度连续梁上应用了承载能力超万吨的盆式橡胶支座。

盆式橡胶支座分固定支座与活动支座(图7-5)。活动盆式橡胶支座由上支座板、聚四氟乙烯板、承压橡胶块、橡胶密封圈、中间支座板、钢紧箍圈、下支座板(底盆)以及上下支座连接板组成。组合上、中支座板或利用上下支座连接板即可形成固定支座。

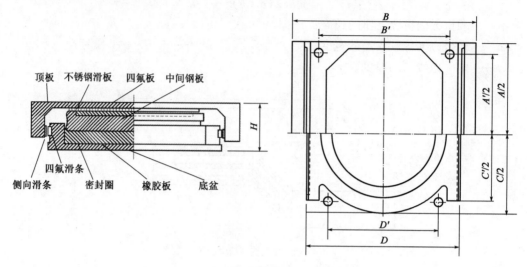

图7-5　单向活动盆式橡胶支座(DX)组装图

使用中,上部结构的竖向荷载通过固定在桥跨结构的上支座板传递给支座,由聚四氟乙烯板与钢板间的滑动提供水平位移量。由承压橡胶块承受荷载,并依靠其变形保证桥跨结构在支点处的转角。下支座板固定在桥墩、台上,中支座板分别与上下支座板形成对聚四氟乙烯板、承压橡胶块的三向受压状态,从而提高支座的承载能力。

盆式橡胶支座在安装中应注意:支座垫石顶面高程应符合设计要求,表面平整、清洁,制作四角点高差不得大于2mm。安装活动支座时,可用地脚螺栓或焊接予以锚固。

3. 球形钢支座

球形钢支座有固定支座、单向活动支座和多向活动支座之分。图7-6为球形钢支座的构造示意图,它由下支座凹板、球冠衬板、上支座不锈钢滑板、聚四氟乙烯滑板(平面和球面各一块)、橡胶密封圈、防尘罩和上下固定连接螺栓等部件组成。球冠衬板是球形钢支座的核心,它的平面部分开有镶嵌四氟板的凹槽,用以固定平面四氟板。

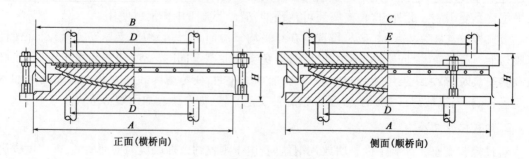

图7-6　球形钢支座构造示意图

球形钢支座传力可靠,转动灵活,它不但具备盆式橡胶支座承载能力大和允许支座位移大等特点,而且能更好地适应支座大转角的需要,与盆式橡胶支座相比具有如下优点:

(1)球形钢支座通过球面传力,不出现力的缩颈现象,作用在混凝土上的反力比较均匀。

(2)球形钢支座通过球面聚四氟乙烯板的滑动实现支座的转动过程,转动力矩小,而且转动力矩只与支座球面半径及聚四氟乙烯板的摩擦系数有关,与支座转角大小无关。因此特别适用于大转角要求,设计转角可达 0.05rad 以上。

(3)支座各向转动性能一致,适用于宽桥、曲线桥。

(4)支座不用橡胶承压,不存在橡胶老化对支座转动性能的影响,特别适用于低温地区。

4. 拉力支座

在连续梁桥、悬臂梁桥、斜桥、宽悬臂翼缘箱梁桥及小半径曲线桥上,因荷载的作用在某些支点上会产生拉力,在这种情况下,必须设置能抗拉且能承受相应的转动和水平位移的支座。

球形钢支座、盆式和板式橡胶支座都能变更功能作为拉力支座,这种变更既可用于固定支座,还可用于活动支座。板式橡胶拉压支座能够用于拉力较小的桥梁(图7-7),对反力较大的桥梁,用球形抗拉钢支座或盆式拉力支座更适合。

5. 典型减隔震支座

对于高烈度地震地区桥梁,为了减小下部结构所受到的地震力,可以选择减隔震支座。减隔震支座在水平向具有延长结构振动周期,耗散地震能量的功能。目前,国内最常用的减隔震支座有铅芯橡胶支座、高阻尼橡胶支座和双曲面球形减隔震支座(摩擦摆支座)等。

铅芯橡胶支座(图7-8)是在多层橡胶支座中插入铅芯,当多层橡胶产生剪切变形时,利用铅芯的塑性变形延长结构周期,耗散地震能。

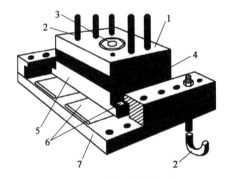
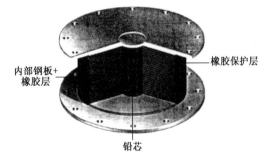

图7-7 板式橡胶拉压支座

图7-8 铅芯橡胶支座结构示意图

1-上支座板;2-锚筋;3-受拉螺栓;4-承压橡胶块;
5-滑板;6-奥氏体钢;7-下支座板

双曲面球形减隔震支座是通过对技术上非常成熟的球形滑动支座进行改造而开发的。该支座将普通球形滑动支座的平滑动面改为球面,结构上包括一个具有滑动凹球面的上支座板、一个具有双凸球面的中支座板和一个具有转动凹球面的下支座板(图7-9)。滑动面和转动面都是由不锈钢板和聚四氟乙烯板组成的。

在正常情况下和设计地震下,固定支座的纵、横桥向均受限位装置的约束,仅满足梁体转动要求;纵向活动支座的横桥向受限位装置的约束,可满足梁体纵桥向滑移和各向转动的要求;多向活动支座,既可满足梁体的水平向滑动,又可满足转动要求。当地震发生,且地震力超过给定值时,支座限位约束被解除,所有(形式的)支座发生水平滑动,延长结构周期,耗散地震能量。

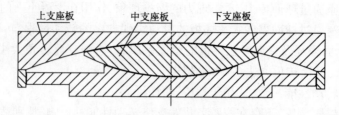

图 7-9 双曲面球型减隔震支座的构造示意图

二、支座布置与要求

根据梁桥的结构体系以及桥宽,支座在纵、横桥向的布置方式主要有:

1. 简支梁桥

对于装配式空心板梁和 T 梁,现通常选用板式橡胶支座,见图 7-10a);如采用严格区分活动、固定的支座体系,一般把固定支座设置在桥台上,每个桥墩上布置一个(组)活动与一个(组)固定支座,以便所有墩台均匀承受纵向水平力。若个别墩较高,在上面可布置两个(组)活动支座,以减小它所受到的水平力。对于坡桥,宜将固定支座布置在高程低的墩台上;对于整体简支板桥或箱梁桥,一般可采用图 7-10b)的支座布置方式以满足结构纵横向的变位。

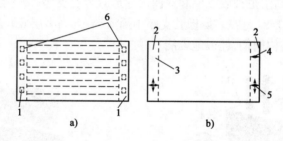

图 7-10 单跨简支梁支座布置

1,2-桥台;3-固定支座;4-单向活动支座;5-多向活动支座;6-橡胶支座

2. 连续梁桥

一般在每一联的一个墩或台上设置一个固定支座,其他墩台均设置活动支座。在某些情况下,支座不仅须传递压力还要传递拉力,因此需要设置能承受拉力的支座。如果在梁体下布置 2 个支座,则要根据需要布置固定支座和单向活动支座或多向活动支座,图 7-11 是一种支座布置形式。采取墩梁固结的结构体系可以不用支座,结构的位移由柔性桥墩的变形予以调节。

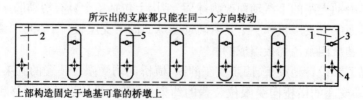

图 7-11 多跨连续结构支座布置

1-桥台;2-固定支座;3-单向活动支座;4-多向活动支座;5-活动墩

3. 悬臂梁桥

悬臂梁桥的锚固孔一侧设置固定支座,一侧设置活动支座。在锚固孔与挂孔结合的牛腿处设置支座,其设置方式一般与简支梁桥相同,有时,也可在挂孔上均设置固定支座。

桥梁的使用效果,与支座能否准确发挥其功能有着密切的关系。在安放支座时,应使上部结构的支点位置与下部结构的支座中线对中,但绝对的对中是很难做到的,因此要注意使可能的偏心在允许的范围内,不致影响支座的正常工作。

三、支座分析与验算

1. 支座受力特点与结构变形要求分析

1) 支座受力特点

作用在支座上的力有竖向力和水平力。其中,作用在支座上的竖向力有结构自重的反力、活荷载的支点反力及其影响力。在计算汽车荷载支座反力时,应计入冲击影响力。当支座可能出现上拔力时,应分别计算支座的最大竖向力和最大上拔力。

正交直线桥梁的支座,一般仅需计入纵向水平力。斜桥和弯桥的支座,还需要考虑由于汽车荷载的离心力或其他原因如风力和地震等产生的水平力。

汽车荷载产生的制动力,应按照《公路桥涵设计通用规范》(JTG D60—2015)要求,根据车道数确定。刚性墩台各种支座传递的制动力,按规范中的规定采用。其中,规定每个活动支座传递的制动力不得大于其摩阻力;当采用厚度相等的板式橡胶支座时,制动力可平均分配至各支座。对于简支梁桥,当采用柔性排架墩时,制动力可按其刚度分配;设有板式橡胶支座的柱式墩台,可考虑联合作用。在计算支座水平力时,汽车荷载产生的制动力不应与支座的摩阻力同时考虑。其他水平力的计算按规范有关条文采用。地震地区桥梁支座的外力计算,应根据设计的地震动参数,按《公路桥梁抗震设计规范》(JTG/T 2231-01—2020)的规定进行计算和组合。

2) 结构变形要求

支座的作用不仅在于作为桥梁上部结构的支承点、集中传力点,而且,它也应在结构许可的条件下,具有适应结构运营过程中必要变形的功能。例如,对于简支梁与连续梁,由于温度变形而集中产生在支座处的水平位移,以及在车辆荷载作用下支点处的转动变形等,都是结构所许可的变形。因此,必须根据结构的特点,选配既满足承载能力,又适应变形要求的合适支座。

2. 板式橡胶支座的设计计算

板式橡胶支座的设计与计算包含确定支座尺寸、验算支座受压偏转性能以及验算支座的抗滑性能。

1) 支座尺寸确定

根据橡胶支座和支承垫石混凝土的压应力不超过它们相应容许承压应力的要求,确定支座平面面积 A。在一般情况下,面积 A 由橡胶支座控制设计。

$$\sigma = \frac{N_{\max}}{A} \leqslant [\sigma] \tag{7-3}$$

式中:$N_{\max}$——运营阶段由桥上全部恒载与活载(包括冲击力)所产生的最大支点反力;

A——橡胶支座平面面积,矩形支座为 $a \times b$,圆形支座为 $\pi d^2/4$;

$[\sigma]$——橡胶支座的平均容许压应力,当支座形状系数 $S>8$ 时,$[\sigma]=10\text{N/mm}^2$;当 $5 \leq S \leq 8$ 时,$[\sigma]=7 \sim 9\text{N/mm}^2$。

确定支座厚度 h 必须先求橡胶片的总厚度 Σt,它是由梁产生纵向位移时,支座的受剪状态决定的,即由支座剪切变形来换取梁体线位移。《公路钢筋混凝土及预应力混凝土桥涵设计规范》(JTG 3362—2018)规定,橡胶片的总厚度 Σt 不应大于支座顺桥向边长的 0.2 倍。

梁式桥的主梁由温度变化等因素在支座处产生的纵向水平位移 Δ,依靠全部橡胶片的剪切变形来实现,则 Σt 与 Δ 之间有下列关系,见图 7-12。

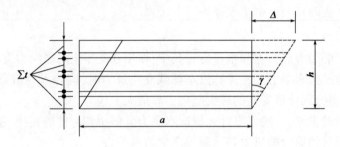

图 7-12 橡胶支座的剪切变形

$$\tan\gamma = \frac{\Delta}{\Sigma t} \leq [\tan\gamma]$$

即

$$\Sigma t \geq \frac{\Delta}{[\tan\gamma]} \tag{7-4}$$

式中:$[\tan\gamma]$——橡胶片容许剪切角的正切,可取用 0.5~0.7,不计活载制动力时取 0.5,计及活载制动力时取用 0.7。

则式(7-4)可写成:

$$\Sigma t \geq 2\Delta_D \tag{7-5a}$$
$$\Sigma t \geq 1.43(\Delta_D + \Delta_L) \tag{7-5b}$$

式中:Δ_D——由上部结构温度变化、桥面纵坡等因素引起支座顶面相对于底面的水平位移。

当跨径为 l 的简支梁桥两端采用等厚橡胶支座时,因温度变化 Δt 每个支座承担的水平位移 Δ_D,可取简支梁纵向温变变形的一半,即:

$$\Delta_D = 0.5\alpha \cdot \Delta t \cdot l$$

Δ_L——由制动力引起在支座顶面相对于底面的水平位移,可按下式计算:

$$\Delta_L = \frac{H_T \Sigma t}{2GA}$$

式中:H_T——活载制动力在一个支座上的水平力;

G——橡胶的剪切模量,在无试验资料时,G 值可采用 1.1N/mm^2;

A——橡胶支座的面积。

橡胶片的总厚度 Σt 确定后,再加上加劲薄钢板的总厚度,即是所需橡胶支座的厚度 h。

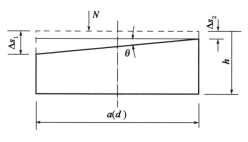

图 7-13　橡胶支座的偏转变形

2）支座偏转与平均压缩变形验算

主梁受荷载发生挠曲时,梁端将产生转动角 θ（图 7-13）,但不允许其与支座间产生脱空现象。梁端转动时,支座就受到一个偏心竖向力 N 的作用,表面将产生不均匀的压缩变形,一端为 Δs_1,另一端为 Δs_2,其平均压缩变形 $\Delta s = 0.5(\Delta s_1 + \Delta s_2)$,可根据下式计算：

$$\Delta s \geqslant \frac{N \Sigma t}{EA} \tag{7-6}$$

式中：E——橡胶支座的弹性模量,当无试验数据时,可按下式计算（S 为支座形状系数）：

$$E = 0.1(530S - 418) \quad (N/mm^2)$$

若梁端转角 θ 已知,则有：

$$\theta \cdot a = \Delta s_1 - \Delta s_2$$

其中,a（或 d）为主梁跨径方向的支座尺寸,又因

$$\Delta s = 0.5(\Delta s_1 + \Delta s_2)$$

故

$$\Delta s_2 = \Delta s - 0.5\theta \cdot a \tag{7-7}$$

当 $\Delta s_2 < 0$ 时,表示支座与梁底产生了部分脱空,支座是局部承压。因此设计时必须保证 $\Delta s_2 \geqslant 0$。

《公路钢筋混凝土及预应力混凝土桥涵设计规范》（JTG 3362—2018）规定,橡胶支座的最大平均压缩变形 Δs 不应大于支座橡胶总厚 Σt 的 0.07 倍。

3）支座抗滑性验算

橡胶支座一般直接搁置在墩台与梁底之间,在它受到梁体传来的水平力后,应保证支座不滑动,即支座与混凝土之间要有足够大的摩阻力来抵抗水平力,故应满足下式：

无活载作用时

$$\mu N_D \geqslant 1.4 GA \frac{\Delta_D}{\Sigma t} \tag{7-8a}$$

有活载作用时

$$\mu (N_D + N_{Pmin}) \geqslant 1.4 GA \frac{\Delta_D}{\Sigma t} + H_T \tag{7-8b}$$

式中：N_D——在上部结构重力作用下的支座反力；

N_{Pmin}——与计算制动力相应的汽车活载产生的最小支座反力；

μ——橡胶支座与混凝土表面的摩阻系数采用 0.3,与钢板的摩阻系数采用 0.2；

H_T——活载制动力分配在一个支座上的水平力；

$GA \dfrac{\Delta_D}{\Sigma t}$——由温度变化等因素分配在一个支座上的水平力。

3. 算例

某桥为五梁式双车道简支梁桥,标准跨径 $L = 20\text{m}$,计算跨径 $l = 19.5\text{m}$,荷载为汽车—15

级、挂车—80 级,梁肋宽度 180mm。上部结构恒载反力 $N_D = 160kN$,汽车与人群荷载最大反力 $N_{g+r} = 132.6kN$,挂车荷载最大反力 $N_g = 245.6kN$,汽车与人群引起跨中最大挠度为 17.4mm,主梁计算温度差 $\Delta t = 35℃$。试为该桥选配成品矩形橡胶支座。

1) 初选支座平面尺寸

根据容许应力法的计算原则,设计控制支座反力应取如下两个情况的较大者,即:

$$N_{max} = \max\{N_D + N_{q+r}, (N_D + N_g)/1.25\} = 324.48(kN)$$

同时,考虑到梁肋宽度为 180mm,故从产品目录中初选 GJZ180×200×h 系列支座。该支座容许承载力 360kN,将短边 180mm 取为横桥向,与梁肋平齐,纵桥向即为长边 200mm。

2) 初选支座高度

主梁的计算温差为 35℃,伸缩变形为两端支座均摊,则每一支座承担的水平位移为:

$$\Delta_D \approx \frac{1}{2}\alpha\Delta t l = \frac{1}{2} \times 10^{-5} \times 35 \times 20 \times 10^3 = 3.5(mm)$$

20m 梁上作用的车队重 343.2kN,制动力为 343.2×0.1 = 34.3(kN);汽车—15 级重车 196.1kN,制动力为 196.1×0.3 = 58.8(kN)。由重车制动力控制,每个支座分担的水平力为:

$$H_T = \frac{58.8}{5 \times 2} = 5.88(kN)$$

根据式(7-5a)与式(7-5b),支座橡胶层总厚度必须满足下列条件:

$$\sum t \geq 2\Delta_D = 2 \times 3.5 = 7.0(mm)$$

$$\sum t \geq 1.43(\Delta_D + \Delta_L)$$

或

$$\sum t \geq \frac{\Delta_D}{0.7 - \frac{H_T}{2Gab}} = \frac{3.5}{0.7 - \frac{5.88 \times 10^3}{2 \times 1.1 \times 200 \times 180}} = 5.59(mm)$$

$$\sum t \leq 0.2 la = 0.2 \times 200 = 40(mm)$$

可得:$7mm \leq \sum t \leq 40mm$。

成品板式橡胶支座上、下层橡胶片的厚度为 2.5mm、中间层厚度 5mm、钢板厚度 2mm。根据 GJZ180×200×h 系列支座目录,取 h = 28mm、含四层钢板、橡胶层总厚度 $\sum t = 2 \times 2.5 + 3 \times 5 = 20(mm)$ 的支座,满足以上条件,故初选支座高度 h = 28mm。同时,支座最大平均压缩变形为:

$$\Delta_S = \frac{N\sum t}{EA}$$

式中,橡胶支座的弹性模量:

$$E = (530S - 418) \times \frac{1}{10} = (530 \times 9.5 - 418) \times \frac{1}{10} = 461.7(N/mm^2)$$

其中,$S = \frac{ab}{2t(a+b)} = \frac{200 \times 180}{2 \times 5(200+180)} = 9.5$

则
$$\Delta s = \frac{324.48 \times 10^3 \times 20}{461.7 \times 200 \times 180} = 0.390(\mathrm{mm})$$

满足 $\Delta s \leq 0.05 \sum t = 0.05 \times 20 = 1.0(\mathrm{mm})$ 要求。

3)支座偏转验算

根据式(7-6)中各项内容,汽车与人群荷载加上部结构恒载反力引起的支座平均压缩变形为:

$$\Delta s = \frac{N \sum t}{EA}$$

$$\Delta s = \frac{292.6 \times 10^3 \times 20}{461.7 \times 200 \times 180} = 0.352(\mathrm{mm})$$

由梁的挠度与梁端转角的关系得:

$$f = \frac{5}{384} \frac{ql^4}{EI} = \frac{5l}{16}\left(\frac{ql^3}{24AEI}\right) = \frac{5l}{16}\theta$$

$$\theta = \frac{16}{5l}f$$

冉设恒载作用下,梁端初始转角 $\theta = 0$,汽车与人群荷载产生的跨中最大挠度 $f_{中} = 17.4\mathrm{mm}$,则:

$$\theta = \frac{16 \times 17.4}{5 \times 19.5 \times 10^3} = 0.00285(\mathrm{rad})$$

代入

$$\Delta s_2 = \Delta s - \frac{1}{2}\theta a = 0.352 - \frac{1}{2} \times 0.00285 \times 200 = 0.67(\mathrm{mm}) > 0$$

满足要求,即支座不会脱空。

4)支座抗滑性能验算

根据式(7-8a),在无活载作用时

$$\mu N_\mathrm{D} \geq 1.4 GA \frac{\Delta_\mathrm{D}}{\sum t}$$

已知: $\mu = 0.3$, $N_\mathrm{D} = 160\mathrm{kN}$

$$0.3 \times 160 \times 10^3 \geq 1.4 \times 1.1 \times 200 \times 180 \times \frac{3.5}{20}$$

$$48\mathrm{kN} > 9.70\mathrm{kN}$$

根据式(7-8b),在最大制动力及相应最小反力作用下

$$\mu(N_\mathrm{D} + N_{\mathrm{Pmin}}) \geq 1.4 GA \frac{\Delta_\mathrm{D}}{\sum t} + H_\mathrm{T}$$

经计算,最大制动力 $H_\mathrm{T} = 5.88\mathrm{kN}$ 相应的最小支反力 $N_{\mathrm{Pmin}} = 63\mathrm{kN}$,故:

$$0.3(160 + 63) \geq 9.70 + 5.88$$

$$66.9\mathrm{kN} > 15.58\mathrm{kN}$$

以上计算表明,支座在任何情况下不会出现滑移现象。经过初选与验算,最后决定取用 GJZ180×200×28 板式橡胶支座。

第三节　梁桥墩台

一、墩台类型与构造

1. 桥墩类型

国内梁桥常采用的桥墩类型根据墩身结构形式可分为：实体式（重力式）桥墩、桩（柱）式桥墩、钢筋混凝土薄壁桥墩和空心桥墩、柔性（排架）桥墩等。

1) 实体式（重力式）桥墩

实体式（重力式）桥墩[图 7-14a)]主要靠自身重力（包括桥跨结构重力）平衡外力保证桥墩稳定。因其墩身较为厚实，可用天然石材或片石混凝土砌筑，在获得砂石料方便的地区和小桥采用较普遍；适用于作用较大、地基良好的大、中型桥梁，或流冰、漂浮物较多的河流中。其缺点是圬工体积较大，阻水面积较大。为此，宜采用配置有钢筋混凝土悬臂式墩帽的实体墩[图 7-14b)]替代，以减小墩身的平面尺寸。为了节省圬工，也可适当挖空墩身，如图 7-14c)所示。

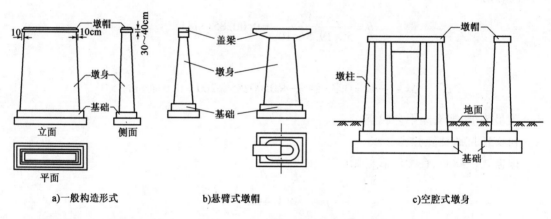

图 7-14　实体式（重力式）桥墩形式

2) 桩（柱）式桥墩

典型的桩（柱）式桥墩结构（图 7-15）特点是由分离的两根或多根（立柱）组成，立柱顶部设置盖梁支承 T 梁和小箱梁或立柱直接支承上部结构的箱梁，立柱底部通过系梁或承台与钻孔灌注桩基础结合，是桥梁中采用较多的，且以钢筋混凝土构件为主的桥墩形式。一般适用于桥梁跨径约 30m、墩身高度约 20m 以内的情况。柱式桥墩的立柱截面形式有圆形、椭圆形、方形、六角形及八边形等（图 7-16），或实心或空心截面。

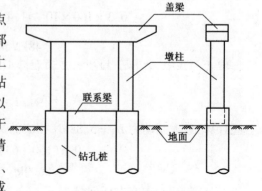

图 7-15　桩（柱）式桥墩

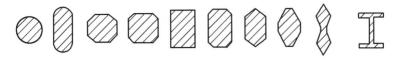

图 7-16　柱式桥墩的立柱截面形式

在城市高架桥中,柱式桥墩形式除双柱式、多柱式外,还有独柱式、哑铃式及混合双柱式等(图 7-17)。体态轻盈的 H 形、Y 形桥墩,可以说是柱式桥墩的衍生物。

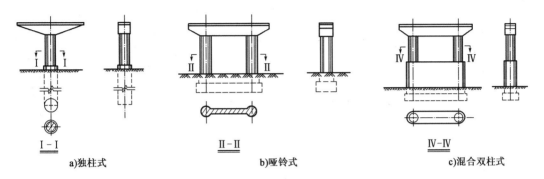

图 7-17　桥墩立面形式

3) 钢筋混凝土薄壁式桥墩和空心桥墩

实体式墩体在许多情况下其材料强度不能充分发挥,尤其是在高桥墩条件下,为了减少墩身圬工体积、减轻自重(薄壁墩较实体墩节省圬工约 70%),降低实体桥墩对地基的承压能力要求,可采用钢筋混凝土薄壁式桥墩(图 7-18)或空心桥墩(图 7-19)。

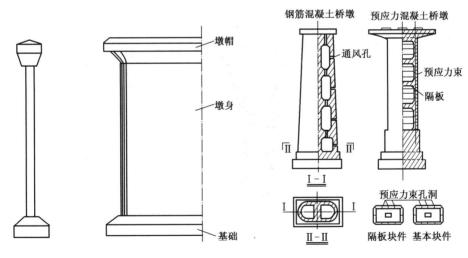

图 7-18　钢筋混凝土薄壁式桥墩　　图 7-19　空心桥墩

图 7-19 示出了沿墩高分块安装的装配式预应力空心桥墩构造,它促进了构件生产的装配化和机械化,加速了桥墩的施工进度,缺点是抗碰撞的能力较差。因此在流速大并夹有大量泥砂的河流以及可能有船只和漂流物冲击的河流中,不宜采用薄壁式桥墩、空心桥墩。

4) 柔性(排架)桥墩

柔性(排架)桥墩(图 7-20)的主要特点是通过一些构造措施,将上部结构传来的水平力

(制动力、温度影响力等)传到全桥各个柔性墩或相邻的刚性墩上,以减小单一柔性墩所受到的水平力,从而达到减小墩身截面的目的。柔性(排架)桥墩的优点是用料省、修建简便、施工速度快;主要缺点是钢材用量较多,使用高度和承载能力受到限制。其仅适用于低浅宽滩河流、通航要求低和流速不大的水网地区,桥墩不高(<6~7m),跨径不大(<16m)的梁式桥。另外,柔性(排架)桥墩的适宜桥长应按桥址处的温度变化幅度决定,一般桥长为50~80m,对温差大的地区桥长应短些,温差小的地区桥长可适当长些。由于目前大交通量和荷载加重,这类桥墩的实际使用在减少。

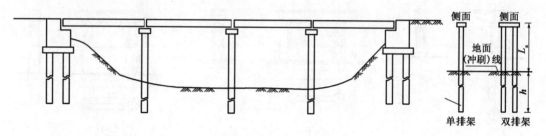

图 7-20 柔性(排架)桥墩

5)刚架式桥墩

为加大桥梁跨径、减轻墩身自重和阻水面积,以及适应城市与风景区的景观要求,可采用各种形式的刚架式桥墩,如 V 形、Y 形、H 形等。图 7-21 为泰国曼谷曼纳高速公路桥采用的 H 形桥墩,该桥全长 55km,跨度平均为 42m,桥面宽度为 27m,已作为世界上最长的桥梁正式列入吉尼斯世界纪录。这类桥墩虽然用钢量较大,施工模板较复杂,但是其结构造型轻盈新颖,桥下视野宽敞明亮,景观效果甚佳。

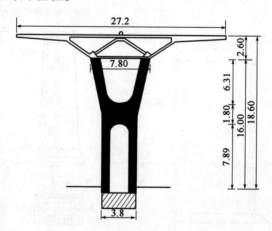

图 7-21 曼谷曼纳高速公路桥采用的 H 形桥墩(尺寸单位:m)

2. 桥台类型

梁桥常用桥台类型主要有实体式(重力式)桥台、埋置式桥台、桩柱式桥台、框架式桥台和轻型桥台等。

1)实体式(重力式)桥台

重力式桥台主要靠自重来平衡台后的土压力,通常用石料、片石混凝土或混凝土等圬工材料建造。依据桥梁跨径、桥台高度和地形条件的不同有多种形式,最常用的是 U 形桥台。U

形桥台由台帽、台身和基础组成(图 7-22),因台身是由前墙和两个侧墙构成的 U 字形结构而得名。其优点是构造简单,结构刚度大,不需用钢筋,且能就地取材;缺点是桥台体积与自重较大,侧墙间填土容易积水,结冰后冻胀,使侧墙开裂,所以宜用渗水性良好的土壤填夯,并做好台后的排水措施。它适用于填土高度在 8～10m 以下、跨度稍大的桥梁。

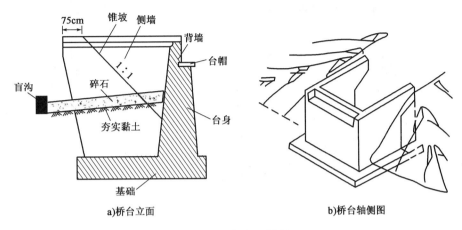

图 7-22 重力式 U 形桥台

2) 埋置式桥台

埋置式桥台将台身大部分埋入锥形护坡(溜坡)内,缩短翼墙(耳墙),仅由台帽两侧翼墙与路堤衔接(图 7-23)。由于桥台所受的土压力大为减小,桥台体积也相应减小。但因为台侧溜坡伸入桥孔,压缩河道,有时因此要把桥台位置后移而需增加桥长。直立肋板式桥台由肋板与台帽(含耳墙)连接而成,当台高在 10m 左右时,其间应设置系梁。台帽、系梁、耳墙均需配置钢筋,并采用 C20 以上的混凝土。台帽与肋板、肋板与基础之间还需配置接头钢筋,肋板及基础可用 C20 混凝土浇筑。实体后倾式桥台依靠台身的后倾,使重心落在基底截面形心之后,以求能平衡台后填土的倾覆力矩。埋置式桥台适用于桥头为浅滩,溜坡受冲刷较小,填土高度在 10m 以下的中、小跨径的多孔桥梁。

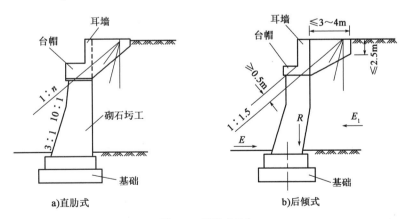

图 7-23 埋置式桥台

3) 桩(柱)式桥台及框架式桥台

按台身的构造形式可有桩(柱)式桥台、框架式桥台和肋板式桥台等,是当前常用的桥台形式之一。当台后填土高度在 5m 以下时,可采用双桩(柱)式或多桩(柱)式或钢筋混凝土肋板式桥台(图7-24),该类桥台通常也为埋置式桥台,它比实体埋置式桥台能节省更多的圬工,且施工更为简易。当台后填土高度超过10m时,也可采用钢筋混凝土框架式桥台等(图7-25)。框架式桥台比桩(柱)式桥台有更大的刚度,比肋板埋置式桥台挖空率更高,更能节约圬工体积。其结构本身有斜杆,能够产生水平分力以平衡土压力,兼之基底宽度较大,又通过系杆连接成一个框架体,所以稳定性很好;缺点是必须用双排桩基,钢筋与水泥用量比桩(柱)式增多。

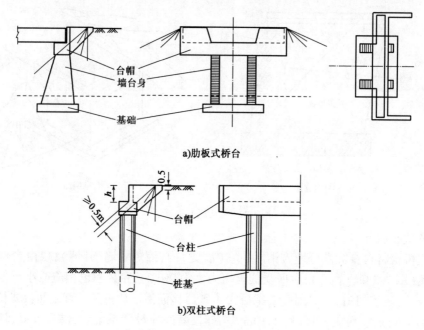

图7-24 双柱式、肋板式桥台

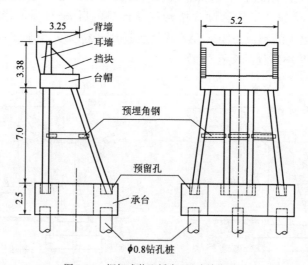

图7-25 框架式装配桥台(尺寸单位:m)

4)轻型桥台

圬工薄壁轻型桥台在两桥台底部(或台与墩)之间,设置若干根支撑梁(图7-26),使桥跨结构与支撑梁共同支承桥台承受台后土压力,因而台(墩)身的厚度较薄,比实体式桥台节省圬工体积约达50%。因其具有结构简单、不用或少用钢材、施工方便的特点,是小桥常用的桥台形式,适用于 13m 以下的小跨径桥梁,且桥跨结构不宜超过 3 孔,总桥长不宜大于 20m。

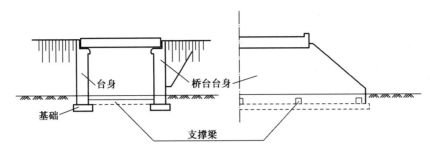

图 7-26　坞工薄壁轻型桥台

钢筋混凝土轻型桥台常用的有扶壁式桥台与箱形桥台,其特点是利用钢筋混凝土结构的抗弯能力来减小坞工体积,使桥台轻型化(图 7-27),可减小坞工体积 40% ~ 50%,同时因自重减轻而降低了对地基的压力,适用于地基状况较差的小跨径桥梁。但其用钢量较大,且构造与施工较为复杂。

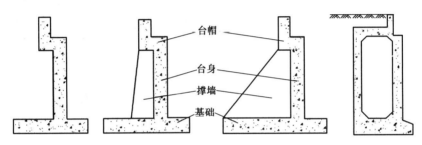

图 7-27　薄壁轻型桥台

3. 墩台构造

依据典型桥梁墩台类型的结构特点,对其构造设计要求分述如下:

1)桥墩的构造

(1)实体墩

①墩(台)帽厚度。

大跨径桥的墩(台)帽厚度一般不小于 50cm,中小桥梁也不应小于 40cm,并应有 5 ~ 10cm 的檐口。小桥涵的墩(台)帽可用 C20 混凝土做成,并应设置构造钢筋,也可用 C25 石料坞工砌筑,所用砂浆等级不可低于 M7.5。

②墩(台)帽平面尺寸。

墩(台)帽平面尺寸应根据上部构造形式、支座布置情况、架设上部构造施工方法的要求而确定,一般可用下式求得:

a. 顺桥向墩帽最小宽度 b(图 7-28)。

$$b \geq f + a/2 + a'/2 + 2c_1 + 2c_2 \tag{7-9}$$

式中:f——相邻两跨支座间的中心距;

$$f = e_0 + e_1 + e_1' \geq a/2 + a'/2$$

e_0——伸缩缝宽度,中小桥为 2 ~ 5cm,大跨径桥梁可按温度变化及施工放样、安装构件可能出现的误差等确定;

e_1、e_1'——桥跨结构伸过支座中心线的长度;
a、a'——桥跨结构支座垫板顺桥向宽度;
c_1——顺桥向支座垫板至墩台边缘最小距离,见图7-29及《公路圬工桥涵设计规范》(JTG D61—2005)6.2.2条;
c_2——檐口宽度(5~10cm)。

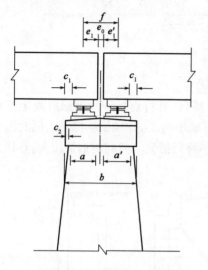

图7-28 墩帽顺桥向尺寸

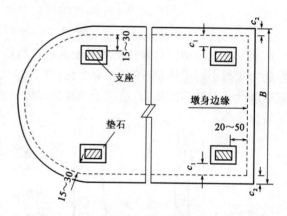

图7-29 支座边缘距墩台边缘最小距离(尺寸单位:cm)

《公路圬工桥涵设计规范》(JTG D61—2005)对上述c_1所作规定的目的是为了避免支座过分靠近墩身侧面边缘而导致局部应力集中,提高混凝土的局部抗压强度,以及考虑施工误差和预留锚栓孔的要求。墩帽宽度除了满足式(7-9)的要求外,还应符合墩身顶宽要求,并需考虑安装上部结构与抗震设防措施所必需的宽度。

b. 横桥向墩帽最小宽度B。

B为桥跨结构两外侧边支座中心距 + 支座垫板横向宽度 + 檐口宽度c_2的两倍 + 支座垫板至墩台边缘最小距离c_1的两倍。

拱桥拱座的纵、横向宽度可同样根据以上方法结合拱脚尺寸等情况确定。

③墩身形式和尺寸。

墩身最小顶宽的取值可根据桥梁规范有关规定确定,通常墩帽顺桥向宽度,对于小跨径桥梁不宜小于0.8m;中等跨径桥梁不宜小于1.0m;特大、大跨径桥梁应视上部构造类型而定。

实体桥墩的立面形式可为侧坡式、直坡式或台阶式(图7-30)。侧坡式实体桥墩侧坡斜率一般采用20:1~30:1,直坡式实体桥墩可用于小跨径桥。

a) 侧坡式

b) 直坡式

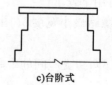
c) 台阶式

图7-30 实体桥墩立面形式

对于等跨拱桥实体桥墩的顶宽(单向推力墩除外),混凝土墩可按拱跨的1/30~1/15、石砌墩可按拱跨的 1/20～1/10（其比值随跨径的增大而减小）估算，但不宜小于 0.8m；墩身两侧边坡为 20:1～30:1。

④实体墩台顶帽的钢筋配置（图 7-31）。

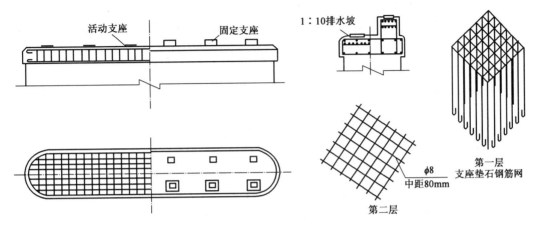

图 7-31　实体墩墩帽配筋示例

实体墩台帽在支座支承垫板的局部范围内应设置 1～2 层钢筋网，其平面分布尺寸约为支承垫板面积的 2 倍，钢筋直径为 8～12mm，网格间距为 70～100mm，以使支座传来的巨大集中力能较均匀地分布到墩身上。

(2) 桩（柱）式桥墩

在水流与桥轴斜交角小于 15°，仅有较小的漂流物或轻微流冰的河流中，可采用双柱式桥墩或多柱式桥墩；在有较多的漂流物或较严重流冰的河流上，为防止漂流物卡在两柱中间，使桥梁发生险情，或另有特殊要求时，可在柱间加做 0.4～0.6m 厚度的横隔墙，构成哑铃式桥墩；在有较严重的漂流物或冰凌的河流上，当墩身较高时，可把高水位以上墩身做成柱式，高水位以下部分做成实体式的混合双柱式墩，这样既减小了水位以上部分的圬工体积，又增大了抵抗漂流物撞击的能力。

双（多）柱式桥墩的顶部设有盖梁或系梁连接。跨高比不大于 5 的盖梁宜采用强度等级较高的混凝土且等级不应低于 C25。

盖梁的横截面形状一般为矩形、T 形或倒 T 形；底面有直线形和曲线形两种。盖梁宽度 b 依据上部构造形式并参见图 7-29 拟定。有抗震要求的桥梁，还需满足抗震规范的有关规定。盖梁高度 h 一般为梁宽的 0.8～1.2 倍。盖梁长度应大于上部构造两边梁（或边肋）间的距离，并应满足上部构造安装时的要求。设置橡胶支座的桥墩应预留更换支座所需的位置。盖梁悬臂端高度不宜小于 0.3m。盖梁各截面尺寸与配筋应通过计算确定。

桥墩立柱属于压弯构件，其截面尺寸与配筋可参照《钢筋混凝土及预应力混凝土桥涵设计规范》（JTG 3362—2018）相应条款，并通过计算确定。《钢筋混凝土及预应力混凝土桥涵设计规范》（JTG 3362—2018）要求：①对于配有纵向受力钢筋和普通箍筋的轴心受压墩柱（钻孔桩、挖孔桩除外），纵向受力钢筋直径不小于 12mm，钢筋面积应不小于混凝土计算面积的 0.5%。②对于配有纵向受力钢筋和螺旋箍筋或焊接环形箍筋的轴心受压墩柱，墩柱核心截面面积应不小于构件整个截面面积的 2/3；纵向受力钢筋的截面面积，应不小于螺旋或环形箍筋圈内核心面积的 0.5%。③对上述 2 种受力状态墩柱的箍筋配置需满足相应要求。

为使桩(柱)和盖梁或承台有较好的整体性,墩柱主钢筋应伸入盖梁或承台,桩(柱)顶一般应嵌入 0.15~0.20m。

当用横系梁加强桩(柱)间的整体性时,横系梁高度可取桩(柱)径或长边边长的 0.8~1.0 倍,宽度取桩(柱)径或长边边长的 0.6~1.0 倍。横系梁通常是不承受外力的,可不计算内力,但其四角应设置直径不小于 16mm 的纵向钢筋,并设直径不小于 8mm、间距不大于 400mm 的箍筋。其构造钢筋应伸入桩(柱)内,并与桩(柱)内的受力钢筋相连接。

(3)空心桥墩

①空心桥墩截面形式。

空心桥墩的设计:应根据墩高、上部构造的跨径及结构尺寸、线形与河流沟谷情况、地质条件与施工方法等因素,来选择空心桥墩的类型、截面和立面形状。空心桥墩的截面形式有圆形、双圆孔形、圆端形、菱形、圆端形带纵向空心、矩形和双矩形等。墩身立面形状可为直坡式、台阶式、侧坡式,侧坡坡率通常为 43:1~50:1。当外形尺寸较大、壁厚较薄时,为增强墩身受压的局部和整体稳定性,可增设竖向隔板。

空心桥墩高度在 40m 以下可用混凝土空心桥墩;当墩高大于 40m 或地震地区,多用钢筋混凝土空心桥墩或预应力混凝土空心桥墩。

②空心桥墩尺寸拟定。

空心桥墩在构造尺寸上应符合下列规定:

a. 墩壁最小厚度。空心桥墩有厚壁和薄壁之分,当 $t/D \geq 1/10$ 时称为厚壁(多用于混凝土浇筑),当 $t/D < 1/10$ 时称为薄壁。其中,t 为壁厚;D 为中面直径(即同一截面的中心线直径或宽度)。一般在工程运用中,对于钢筋混凝土的墩壁壁厚不小于 0.30m,对于混凝土不小于 0.50m。

b. 墩身内应设置横隔板或纵、横隔板,以加强墩壁的局部稳定。通常对墩高 40m 以上的高墩,不论壁厚如何,均按 6~10m 的间距设置横隔板。若采用滑模施工时,对横截面较大的空心墩,则宜采用纵向隔板且增大 t/D 值。

c. 墩身周围应设置适当的通风孔或泄水孔,孔的直径不小于 0.2m,墩顶应设置厚度不小于 1.0~2.0m 的实体过渡段。墩顶实体段以下应设置有门的进入洞或相应的检查设施。

(4)柔性排架桩桥墩

钢筋混凝土柔性排架桩桥墩分为单排架墩和双排架墩,单排架墩一般适用于高度不大于 4.0~5.0m;墩高大于 5.0m 时,宜采用双排架墩,以避免行车时可能发生的纵向摇动;如果采用钻孔灌注桩,则可采用单排架墩(图 7-20)。

排架桩墩用的预制打入桩截面尺寸与桩长有关:一般桩长小于 10m 时用边长 0.30m 的矩形桩;桩长在 15m 以内时桩截面边长用 0.35m;桩长大于 15m 时桩截面边长选用 0.40m。桩与桩之间的中距不应小于桩径的 3 倍或 1.5~2.0m。盖梁用矩形截面,单排桩盖梁的宽度为 0.60~0.80m。盖梁高度对各种跨径和单排、双排桩均采用 0.40~0.50m。当用钻孔灌注桩时,其桩径不宜大于 900mm,桩间距离不小于 2.5 倍成桩直径。其上的盖梁宽度一般比桩径大 0.15~0.20m,高度应根据受力情况拟定。

2)桥台的构造

(1)实体(重力式)桥台构造要求

实体(重力式)桥台用料多数为石砌圬工或混凝土浇筑。

实体桥台按构造特点和台背填土等情况分类,可分为 U 形桥台、埋置式桥台、八字形桥台、埋置衡重式高桥台等。对于桥梁上最常采用的 U 形桥台,其主要尺寸可按下述有关规定拟定。

①台帽尺寸。

a. 顺桥向台帽最小宽度 b(图 7-32):

$$b \geqslant \frac{a}{2} + e_1 + \frac{e_0}{2} + C_1 + C_2 \qquad (7-10)$$

式中符号意义同实体墩。

b. 横桥向台帽最小宽度 B。

除应考虑支座布置情况外,还应结合桥面宽度(包括人行道)及接线路基宽度确定,使车辆与行人交通顺畅、安全方便。

②U 形桥台(图 7-33)的前墙顶面宽度不宜小于 0.50m,其任一水平截面的宽度不宜小于该截面至墙顶高度的 0.4 倍。

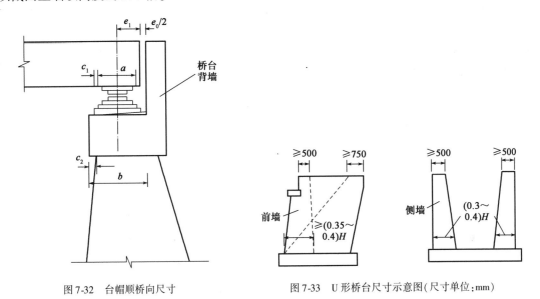

图 7-32 台帽顺桥向尺寸   图 7-33 U 形桥台尺寸示意图(尺寸单位:mm)

③侧墙顶面宽度不宜小于 0.50m,其任一水平截面的宽度,对于片石砌体不小于该截面至墙顶高度的 0.4 倍;对于块石、粗料石砌体或混凝土则不宜小于 0.35 倍。如桥台内填料为透水性良好的砂性土或砂砾,则上述两项可分别相应减为 0.35 倍和 0.30 倍。另外,U 形桥台两侧墙宽度之和不小于同一水平截面前墙全长的 0.4 倍,可按 U 形整体截面验算截面强度。路基填土与 U 形桥台侧墙的搭接长度不宜小于 0.75m。

④修建在非岩石类地基上的带八字形翼墙的桥台、台身与翼墙之间宜设缝分开;在非岩石类的地基上,桥台宜每隔 10~15m 设置一道沉降缝。现浇混凝土桥台台身及基础,应根据当地气候及施工条件,每隔 5~10m 设置一道伸缩缝。台背应设置排水设施,以保证稳定和安全。

⑤实体墩台基础的扩散角(刚性角),对于片石、块石和料石砌体,当用 M5 砂浆砌筑时,不应大于 30°;当用 M5 以上砂浆砌筑时,不应大于 35°;当用混凝土浇筑时,不应大于 40°。

(2) 桩(柱)式桥台及肋板式桥台

桩(柱)式桥台及肋板式桥台台帽的纵、横桥向的尺寸拟定参见上述实体桥台,台帽高度以及台帽配筋应通过计算确定。

钢筋混凝土肋板式桥台的肋板厚度不宜小于 0.2m。钢筋用量应按计算确定,并满足构造要求。在墩身表层、桥台的背墙和肋板表层应设置钢筋网,其截面面积在水平方向和竖直方向分别不应小于每米 250 mm²(包括受力钢筋),相当于每米设直径 8mm 钢筋 5 根,间距不应大于 400mm。扶壁(肋)与墙板的连接处应设箍筋,防止前墙自扶壁(肋)裂开,箍筋应按其相应的受力状况确定。

3) 墩台的其他构件和附属结构物

(1) 支承垫石

设有支座的钢筋混凝土小跨径梁桥墩台,在支座板下还应加设钢筋网,宽度约与墩台帽同宽,长度约为支座板的 2 倍。对于大、中跨径桥梁墩台顶帽,则应设置钢筋混凝土支座垫石,其上安放支座,以便较好地分布支座压力。当墩台上要安置不同高度的支座时,通常由不同高度的支承垫石来调整高差。支承垫石的平面尺寸、配筋数量,可根据桥跨结构压力大小、支座底板尺寸大小、混凝土设计强度等确定。一般垫石尺寸比支座底板每边大 0.15 ~ 0.20m。

(2) 破冰棱

破冰棱应与实体墩筑成一体。在强流冰河流中,实体桥墩应在迎冰面设置破冰棱,破冰棱设置在最低流冰水位时冰层底面下 0.5m 到最高流冰水位以上 1.0m 范围(图 7-34)。实体墩的其他部位要用钢筋网加强。

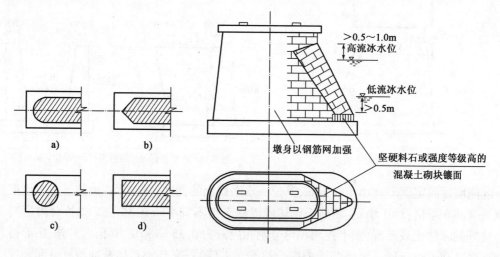

图 7-34 破冰棱与实体墩示意图

在中等流水、漂流物地区的排架式、桩(柱)式及钢筋混凝土薄壁墩迎冰面前应修筑破冰棱,以保护桥墩构造物免受流冰与漂流物、排筏的直接撞击。破冰棱应设在墩身上游,距离墩台 2 ~ 10m(视冰流速度、桥跨大小而定)处。

(3) 桥台搭板

为防止桥头路基沉降不均引起行车颠簸,应在路堤与桥台的衔接处设置桥头搭板。高等级公路行车速度快,搭板长度可适当加长,一般宜不小于 6 ~ 8m,搭板厚度不宜小于 250mm。

在设置搭板的同时,还必须严格控制台后路基的填料及填筑密实度,以尽量减小路堤的沉降,使搭板能有效避免跳车。搭板的受力计算一般按弹性地基板计算。图 7-35 为实际工程上采用的桥台搭板构造示例。

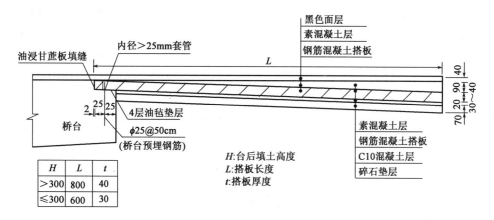

图 7-35　整体式桥台搭板构造示例(尺寸单位:cm)

(4)锥形护坡及溜坡

为了保护桥台与引道边坡的稳定,防止冲刷水毁,U 形桥台、埋置式桥台、钢筋混凝土桩(柱)式岸墩应在两侧及岸墩向河侧设置锥形护坡(岸墩前的称为溜坡)。桥台侧墙后端伸入桥头两侧锥坡顶点以内不应小于 0.75m。

桥头锥形护坡在严寒地带应采用砂土或其他透水性良好的土填筑;跨越水流桥梁的应采用片石或其他就地材料铺砌加固。淹没区以外的护坡构筑要求参见规范相关条款。

对于锥形护坡坡脚,应根据水流冲刷、流冰、漂浮物撞击等情况,确定坡脚基础埋置深度和铺砌加固方法。特大桥、大桥、中桥的铺砌高度应高出计算水位 0.5m 以上,小桥涵的铺砌高度应高出设计水位加壅水水位(不计浪高)0.25m 以上。采用浆砌或干砌砌体时,其砌体的厚度不宜小于 0.30m。

二、墩台荷载与计算

1. 设计荷载及组合

根据《公路桥涵设计通用规范》(JTG D60—2015)规定,桥梁设计作用分为三类,即永久作用(恒载)、可变作用与偶然作用。在桥梁墩台设计和分析计算过程中,应根据墩台的受力状态与工作阶段,给出可能同时作用的荷载组合,以确定最不利的受力状态。而这些作用的实际计算标准在《公路桥涵设计通用规范》(JTG D60—2015)均有明确规定,与桥跨结构有关内容已在本书前面章节做过介绍,与桥梁下部结构有关的作用扼要介绍如下。

1)作用在桥梁墩台上的荷载

(1)永久作用(恒载)

①结构重力。

结构重力包括桥上所有结构自重,如桥面铺装、人行道构件、主梁、灯柱、栏杆及附属结构的重力(上述各项通过桥跨结构计算的支座反力作用于墩台上),以及墩台自身重力及基础台阶上土的重力等。

②土的重力及土侧压力。

土体对结构物产生的侧向土压力有主动土压力、被动土压力和静止土压力之分。计算桥台土压力时,应根据桥台位移及压力传递方式而定。梁式桥台承受的水平土压力主要是台后滑动土体(及滑动体上的作用)所产生的侧压力,它使桥台发生向河心的移动。因此,梁桥桥台的土侧压力,一般按主动土压力计算。当桥台刚度很大、不可能产生移动,滑动土体不可能形成时,可按静止土压力计算。此外,桥台承受的土压力还来自台后滑动土体上可能的车辆以及台前溜坡产生的土压力。

《公路桥涵设计通用规范》(JTG D60—2015)对土侧压力的计算规定如下:

a. 在计算倾覆和滑动稳定时,墩、台、挡土墙的前侧地面以下不受冲刷部分土的侧压力可按静土压力计算。

高度 H 范围内单位宽度的静土压力标准值 E_j 的计算公式为:

$$E_j = \frac{1}{2}\xi\gamma H^2 \quad (\text{kN/m}) \tag{7-11}$$

式中:H——填土顶面至基底的高度(m);

ξ——压实土的静土压力系数,$\xi = 1 - \sin\varphi$;

γ——土的重力密度(kN/m^3);

b. 在验算桥台、挡土墙的承载能力及稳定时,桥台承受的主动土压力标准值可按下列公式计算。

(a) 当土层特性无变化且无汽车荷载时,作用在桥台、挡土墙前后的主动土压力标准值 E 为:

$$E = \frac{1}{2}B\mu\gamma H^2 \tag{7-12}$$

$$\mu = \frac{\cos^2(\varphi-\alpha)}{\cos^2\alpha \cdot \cos(\alpha+\delta)\left[1+\sqrt{\frac{\sin(\varphi+\delta)\sin(\varphi-\beta)}{\cos(\alpha+\delta)\cos(\alpha-\beta)}}\right]^2} \tag{7-13}$$

式中:B——桥台的计算宽度或挡土墙的计算长度(m);

H——计算土层厚度(m);

β——填土表面与水平面的夹角,当计算台(墙)后的主动土压力时,按图 7-36a)取正值,当计算台(墙)前主动土压力时,按图 7-36b)取负值;

α——桥台或挡土墙背与竖直面的夹角,俯墙背(图 7-36)时为正值,反之为负值;

δ——台背或墙背与填土间的摩擦角,可取 $\delta = \varphi/2$;

主动土压力的着力点自计算土层底面算起,$C = H/3$。

(b) 当土层特性无变化但有汽车荷载作用时,作用在桥台、挡土墙前后的主动土压力标准值 E 为:

$$\beta = 0° \text{时}, E = \frac{1}{2}B\mu\gamma H(H+2h) \tag{7-14}$$

式中:h——汽车荷载的等代均布土层厚度(m)。

主动土压力的着力点自计算土层底面算起,$C = \frac{H}{3} \times \frac{H+3h}{H+2h}$。

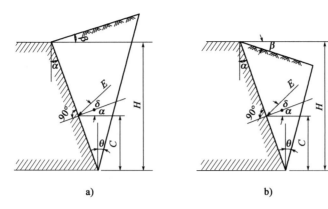

图 7-36 主动土压力计算图式

(c) 当 $\beta = 0°$ 时,破坏棱体破裂面与竖直线间夹角 θ 的正切值可按下式计算:

$$\tan\theta = -\tan\omega + \sqrt{(\cot\varphi + \tan\omega)(\tan\omega - \tan\alpha)}$$

式中: $\omega = \alpha + \delta + \varphi$。

(d) 汽车荷载在桥台或挡土墙后填土的破坏棱体上引起的土侧压力,可按下式换算成等代均布土层厚度 $h(\mathrm{m})$ 计算:

$$h = \frac{\sum G}{Bl_0 \gamma} \tag{7-15}$$

式中: γ——土的重度($\mathrm{kN/m^3}$);

$\sum G$——布置在 $B \times l_0$ 面积内的车轮总重力(kN);

l_0——桥台或挡土墙后填土的破坏棱体长度(m);

B——桥台横向全宽或挡土墙的计算长度(m)。

c. 当土层特性有变化或受水位影响时,宜分层计算土的侧压力。

d. 桩柱式桥台土压力的计算宽度:承受土侧压力的桩柱式墩台,每根桩所受到土压力的计算宽度应大于实际的桩柱宽度。具体见《公路桥涵设计通用规范》(JTG D60—2015)第 4.2.3 条的相关内容。

③预加力。

在结构正常使用极限状态设计和使用阶段构件应力计算时,按永久作用计算其效应,并计入相应阶段的预应力损失,不计入由于偏心距增大引起的附加效应;而在结构承载能力极限状态设计时,预加力不作为作用,将预应力钢筋作为结构抗力的一部分。

④水的浮力。

按《公路桥涵设计通用规范》(JTG D60—2015)规定:

a. 基础底面位于透水性地基上的桥梁墩台,当验算稳定时,应考虑设计水位的浮力;当验算地基应力时,可仅考虑低水位的浮力,或不考虑水的浮力。

b. 基础嵌入不透水性地基的桥梁墩台不考虑水的浮力。

c. 作用在桩基承台底面的浮力,应考虑全部底面积。对桩嵌入不透水地基并灌注混凝土封闭者,不应考虑桩的浮力,在计算承台底面浮力时应扣除桩的截面面积。

d. 当不能确定地基是否透水时,应以透水和不透水两种情况与其他作用进行组合,取其最不利者。

e.水的浮力标准计算值参见《公路桥涵设计通用规范》(JTG D60—2015)第4.2.5条。

⑤混凝土收缩及徐变、基础变位的作用。

混凝土收缩及徐变、基础变位的作用计算,可按《公路桥涵设计通用规范》(JTG D60—2015)提供的方法计算。

(2)可变作用

《公路桥涵设计通用规范》(JTG D60—2015)规定可变作用包括下列内容。

①在车队布载时,应按《公路桥涵设计通用规范》(JTG D60—2015)视车队行数多少,对作用予以折减。当验算墩台截面及基底应力、偏心距、稳定和沉降时,车辆作用应按墩台在顺桥向及横桥向最不利受力情况布置。

②在计算钢筋混凝土桩(柱)式墩台时,应计算汽车作用的冲击力;对于其他类型墩台,如实体墩台,由于冲击力衰减很快,验算时可不计冲击力影响。汽车冲击力、离心力的计算详见《公路桥涵设计通用规范》(JTG D60—2015)的规定。

③汽车制动力取值按《公路桥涵设计通用规范》(JTG D60—2015)的规定,制动力的着力点在桥面以上1.2m处。计算墩台时,可移至支座中心(铰或滚轴中心)或滑动支座、橡胶支座、摆动支座的底座面上。对于刚构桥、拱桥可视制动力作用在桥上,但不计算因此而产生的竖向力和力矩。设有板式橡胶支座的简支梁、桥面连续简支梁或连续梁排架式柔性墩台,应根据支座与墩台和基础的抗推刚度集成情况分配和传递制动力。设有板式橡胶支座的简支梁刚性墩台,按单跨两端的板式橡胶支座的抗推刚度分配制动力。具体的刚性墩台传递的制动力,按《公路桥涵设计通用规范》(JTG D60—2015)表4.3.5的规定采用。

④人群荷载标准值按《公路桥涵设计通用规范》(JTG D60—2015)表4.3.6的规定采用。

⑤风力。计算桥梁墩台的强度和稳定性时,应考虑作用在桥梁整体上的风力。按《公路桥涵设计通用规范》(JTG D60—2015)有关条文计算纵、横桥向风力以及作用点。由桥跨结构通过支座传递到墩台上的纵向风力按与制动力计算相同的方法进行。

⑥流水压力、冰压力。位于河流中及有冰凌河流或水库中的桥梁墩台,应根据当地水流与冰凌具体情况及墩台的结构形式考虑有关的流水压力与冰压力。作用在桥墩上的流水压力和冰压力,可按《公路桥涵设计通用规范》(JTG D60—2015)第4.3.9条、第4.3.11条规定计算。位于外海、海湾、海峡的桥梁结构,下部结构设计必要时应考虑波浪力的作用影响,宜开展专题研究确定波浪力的大小。

⑦温度。《公路桥涵设计通用规范》(JTG D60—2015)第4.3.12条指出,桥梁结构当要考虑温度作用时,应根据当地具体情况、结构物使用的材料和施工条件等因素计算由温度作用引起的结构效应。

对于柔性排架桩桥墩所受的温度作用,一般按多跨铰接框架的图式进行计算(图7-37)。

a.基本假定如下:

(a)柔性排架墩视为下端固结、上端铰接的超静定梁。作用(如制动力和温度作用)引起的墩顶位移视为铰支承的"沉陷"。

(b)计算温度变化时,排架墩对梁产生的弹性拉伸或压缩影响均忽略不计,而只计墩顶水平

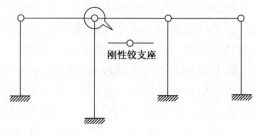

图7-37 梁桥柔性墩的计算图式

力对排架墩所引起弯矩的影响。

b. 梁的温度变形引起的水平力。

当温度下降时桥梁上部结构将缩短,两岸边排架向河心偏移。当温度上升时则将伸长,两岸边排架向路堤偏移。无论温度升高或降低,必然存在一个温度变化时偏移值为零的位置 x_0(称为温度中心)。可由主梁受温度影响下各桥墩上的温度水平力之和必为零,即 $\sum_{i=1}^{n} H_{it} = 0$,求得温度零点,如图7-38所示为基于相同跨径的一联桥梁计算的温度零点位置。

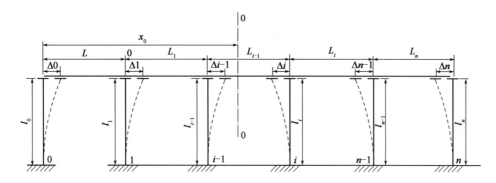

图7-38 温度变化时柔性墩的偏移图式

$$x_0 = \frac{\sum_0^n i k_i}{\sum_0^n k_i} L \tag{7-16}$$

式中:x_0——0—0线至0号排架的距离;

i——桩的序号,$i = 0、1、2、\cdots、n$,n为总排架数减1;

k_i——考虑支座、墩身、基础的桥墩集合刚度;

L——桥梁跨径(此处表示各跨跨径相等)。

如果用 $x_1、x_2、\cdots、x_i$ 表示自0—0线至1、2、$\cdots$、i 号排架的距离,则得各墩顶部由温度引起的水平位移为:

$$\Delta_{it} = \alpha \cdot \Delta t \cdot x_i \tag{7-17}$$

各排架桩顶所受的温度水平力为:

$$H_{it} = k_i \Delta_{it} \tag{7-18}$$

上述式中:α——上部结构的线膨胀系数;

Δt——温度升降的度数。

⑧支座摩阻力。由于气温变化,使桥跨结构发生伸缩,在活动支座的接触面将产生纵桥向的水平摩阻力 F,作用点位置与制动力相同,其值可按《公路桥涵设计通用规范》(JTG D60—2015)第4.3.13条规定计算。

(3)偶然作用

偶然作用包括船只或漂浮物的撞击作用。

①通航水域中的桥梁墩台,设计时应考虑船舶的撞击作用,船舶的撞击作用设计值宜按专题研究确定。当缺乏实际调查资料时,4~7级内河航道的船舶撞击作用设计值以及海轮撞击作用设计值可按《公路桥涵设计通用规范》(JTG D60—2015)第4.4.1条计算。可能遭受大型

船舶撞击作用的桥墩,应根据桥墩的自身抗撞击能力、桥墩的位置和外形、水流流速、水位变化、通航船舶类型和碰撞速度等因素专门进行桥墩防撞设施的设计。

②有漂流物的水域中的桥梁墩台,设计时应考虑漂流物的撞击作用,其横桥向撞击力设计值可按《公路桥涵设计通用规范》(JTG D60—2015)第4.4.2条计算。

③对于桥梁结构,必要时可考虑汽车的撞击作用。

(4)地震作用

地震作用的计算应遵循《公路工程抗震规范》(JTG B02—2013)、《公路桥梁抗震设计规范》(JTG/T 2231-01—2020)和《城市桥梁抗震设计规范》(CJJ 166—2011)的规定,综合考虑桥梁形式和规模、桥梁结构体系、所处场地条件和场地设防烈度水平等因素。

2)作用效应组合原则

上述各项荷载与外力对墩台的作用,有的是主要的、经常出现的,有的是特定条件下或偶尔出现的,或是从属其他作用而发生的。它们不可能同时以最大数值、最不利作用位置作用于墩台上。设计时应考虑墩台上可能同时出现的作用,按承载能力极限状态和正常使用极限状态进行作用效应组合,取其最不利效应组合进行设计。其原则如下:

(1)只有在墩台上可能同时出现的作用,才进行其效应的组合。若需做不同受力方向的验算时,则应以不同方向的最不利的作用效应进行组合。

在可变作用中,车辆荷载的变动对效应组合起着支配作用,因为车辆在桥上的排列位置在纵、横方向都是可变的,它影响各支座的支座反力数值和分配,以及有关外力(制动力等)的变化。以梁桥重力式桥墩的计算为例:

①第一种作用效应组合:桥墩各截面上可能产生的最大竖向作用的情况。

它用来验算墩身强度和基底最大应力。因此,除了有关的永久作用外,应在相邻两跨满布一种或几种可变作用[图7-39a)]。

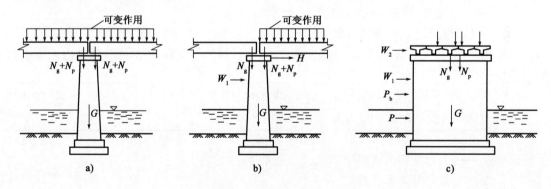

图7-39 梁桥桥墩的作用效应组合图式

②第二种作用效应组合:桥墩各截面在顺桥方向上可能产生的最大偏心和最大弯矩的情况。

它用来验算墩身强度、基底应力、偏心距以及桥墩的稳定性。属于这一组合的除了有关的永久作用外,应在相邻两孔的一孔上(当为不等跨桥梁时,则在跨径较大的一孔上),布置可变作用(汽车),以及可能发生的其他可变作用,例如纵向风力、汽车制动力和支座摩阻力等[图7-39b)]。

③第三种作用效应组合:桥墩各截面在横桥方向上可能产生最大偏心距和最大弯矩的情况。

它用来验算在横桥方向上的墩身强度、基底应力、偏心距及桥墩的稳定性。属于这一组合的除了有关的永久作用以外,要注意将可变作用的一种或几种偏于桥面的一侧布置,此外还应考虑横向风力、流水压力、冰压力或者偶然作用中的船舶或漂浮物的撞击作用等[图7-39c)]。

对于桥台的受力分析和结构验算,由于有台后填土及台后车辆引起的土侧向压力作用,在确定最不利作用组合时,考虑车辆荷载的布置方式比桥墩要多些,通常应分别对车辆荷载满布桥跨、桥上无荷载而台后有重型车辆、桥上有车辆荷载而台后有重型车辆等情况分别组合进行比较,比如图7-40所示的作用效应组合工况:

a.车辆荷载仅布置在台后填土的破坏棱体上,温度下降,并考虑台后土侧压力[图7-40a)];

b.车辆荷载仅布置在桥跨结构上,温度下降,考虑向桥孔方向的制动力及台后土侧压力[图7-40b)];

c.车辆荷载布置在桥跨结构和破坏棱体上,温度下降,考虑向桥孔方向的制动力及台后土侧压力[图7-40c)]。

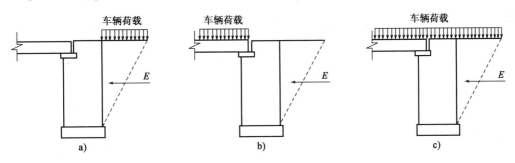

图7-40 梁桥桥台作用效应组合图式

此外,在个别情况下,还需考虑在架梁之前,台后已填土完毕并在其上布置有施工荷载的作用效应组合情况。通常条件下,重力式桥台以第①种和第③种作用效应组合控制桥台设计,当然需根据具体情况进行分析比较后予以确定。

(2)可变作用的出现对墩台产生有利影响时,该作用效应不应参与组合。实际不可能同时出现的作用或同时参与组合概率很小的作用,按《公路桥涵设计通用规范》(JTG D60—2015)的第4.1.4条规定不考虑其作用效应的组合。

(3)施工阶段作用效应的组合,应按计算需要及墩台所处条件而定,结构上的施工人员和机具设备均应作为临时荷载加以考虑。

(4)多个偶然作用不同时参与组合。

(5)地震作用与偶然作用不同时参与组合。

2.墩台设计及验算

通常桥梁墩台的设计,应先根据桥梁工程的基本条件进行结构选型,按照构造要求拟定墩(台)身、墩台顶帽等部分尺寸,配置钢筋,然后验算是否满足设计要求。

1)墩台形式选择原则

桥梁墩台形式繁多,正确选择的原则是:在满足使用功能的前提下,应符合因地制宜、就地取材、方便施工和养护,以达到适用、安全、经济,与周围环境协调、造型美观的目的。桥梁墩台的设计与结构受力、地质构造、土基条件、水文、水力及河床性质等有关。墩台经常受到洪水、上部与下部结构恒载、土压力与车辆动力的作用以及船只撞击、地震等偶然作用,设计必须确保桥梁墩台的强度和稳定性。

桥梁上、下部结构共同作用并相互影响,故要十分重视上、下部结构的有效合理组合。下部结构的造型应与上部结构及周围环境密切协调,使桥梁结构物达到和谐、匀称、美观的效果。另外,桥梁墩台的构造形式也与施工方法有关,例如:高桥墩、薄壁墩和空心墩采用滑动模板连续浇筑时,经济效益显著;带有横隔板的空心墩、V形墩、Y形墩等常采用装配式施工方法,施工效率较高。因此,选择墩台形式应从实际出发,视工程量情况,有的放矢,尽量采用标准化、装配化、自动化的施工工艺,提高工程质量,加速施工进度,以取得良好的经济效益和社会效益。

2)墩台验算的内容和要点

墩台是桥梁结构的重要组成部分,作为支承结构,它的质量好坏直接影响桥跨结构的使用功能和耐久性;且一旦出现隐患,加固维修工程甚为艰巨。因此设计必须保证墩台坚固可靠、万无一失,使之在施工和使用过程中,在计算最不利荷载组合作用下,都能满足以下四点基本要求:①墩台身任一截面应有足够的强度,在荷载作用下不致破坏,也不得发生过大的裂缝等病害;②桥墩基本是压弯结构件,必须保证纵向挠曲的稳定性;③对于高度超过20m的实体墩台,各种空心墩和桩柱式等轻型墩台在各项作用下墩台顶的弹性水平位移不应过大,以免影响桥梁的刚度和使用性能;④墩台与基础作为一个整体,不应发生不容许的位移,必须验算墩台整体的抗倾覆和抗滑动的稳定性。

具体就墩台的类型、构造及构件而言,墩台的验算内容和要点如下:

(1)实体墩台

①墩帽和台帽。

实体重力式墩台的墩帽和台帽的作用是支撑上部结构主梁,承受支座传递下来的荷载。墩帽和台帽上应考虑进行局部承压验算,决定配置支座垫块下的水平钢筋网。

②墩身、台身和台后侧墙。

桥墩承受偏心受压荷载时,对圬工结构应按《公路圬工桥涵设计规范》(JTG D61—2005)第4.0.5条~第4.0.10条的相关要求,进行受压偏心距限值范围内的承载力验算。受压构件偏心距限值,可查阅《公路圬工桥涵设计规范》(JTG D61—2005)表4.0.9。

如果U形桥台两侧墙宽度不小于同一水平截面前墙全长的0.4倍,桥台台身截面承载力验算应把前墙和侧墙作为整体来考虑受力;否则,台身前墙应按独立的挡土墙计算。

③墩台的抗倾覆和抗滑动稳定性。

墩台和基础作为一个整体结构,其抗倾覆和抗滑动稳定性必须得以保证,相关计算内容将结合刚性扩大基础进行介绍。

④墩台的沉降差计算。

《公路桥涵地基与基础设计规范》(JTG 3363—2019)规定,相邻墩台间均匀沉降差(不包括施工中的沉降)不应使桥面形成大于2‰的纵坡,这项验算必须将墩台和基础作为一个整体进行验算。此外,超静定结构桥梁墩台间的沉降差除应满足以上要求外,尚应考虑由此产生的结构二次力,满足结构的受力要求。

⑤墩台顶水平位移。

扩大基础上的实体墩台,由于截面尺寸较大,相对刚度较大,墩(台)身在水平力作用下的弹性变形所产生的墩台顶位移可以忽略不计,而只计算由于基础转动引起的墩台顶水平位移。

(2)柱式墩和肋板式桥台

①盖梁、台帽。

《公路钢筋混凝土及预应力混凝土桥涵设计规范》(JTG 3362—2018)对盖梁计算的相关规定如下:

a. 墩台盖梁与柱应按刚构计算。

b. 当盖梁与柱的线刚度 EI/l 之比大于 5 时,双柱式墩台盖梁可按简支梁计算,多柱式墩台盖梁可按连续梁计算。以上 E、I、l 分别为梁或柱混凝土的弹性模量、毛截面惯性矩、梁的计算跨径或柱的计算高度。

c. 当跨高比 $l/h > 5.0$ 时,盖梁可按钢筋混凝土一般构件计算。当钢筋混凝土盖梁的跨高比 l/h 为:简支梁,$2.0 < l/h \leqslant 5.0$;连续梁或刚构,$2.5 < l/h \leqslant 5.0$(l 为盖梁的计算跨径,h 为盖梁的高度)时,盖梁应按深受弯构件进行构件验算。按简支梁计算的盖梁,其计算跨径应取盖梁支承中心之间的距离 l_c 和盖梁净跨径 l_n 的 1.15 倍两者较小者。当盖梁作为连续梁或刚构分析时,计算跨径可取支承中心的距离。

上部结构的支座反力不但使柱式墩盖梁承受弯、剪作用,而且因单孔汽车偏载和汽车制动力作用使得盖梁受扭;另外,可能作为两联桥跨结构的交界墩盖梁因受到支座布置和反力的不同而受扭,故盖梁应分别考虑运营状态和施工状态对控制截面的受弯、受剪、受扭进行配筋并验算构件性能。

对于肋板式桥台的台帽,截面形式常为 L 形,所受荷载作用还要考虑台后土压力,在设计验算时应注意台帽为双向受弯构件。

②墩柱、桥台肋板和耳墙。

对于钢筋混凝土结构,应按《公路钢筋混凝土及预应力混凝土桥涵设计规范》(JTG 3362—2018)第 5.3 条偏心受压构件的相关公式进行验算。

另外,对于中震和强震地区,需根据桥梁抗震设防水准,以及基于延性设计或减隔震设计要求进行立柱墩底和墩顶的抗震性能验算,确保结构安全。

③墩顶的水平位移和墩台的沉降差计算。

墩台的沉降差计算参见上述的实体墩台部分。

桥墩墩顶水平位移过大将会影响桥跨结构的正常使用功能,对于高度超过 20m 的重力式桥墩,应验算墩顶顺桥向的弹性位移。其计算值不得超过桥墩顶端水平位移的容许极限值 $\Delta = 0.5\sqrt{L}$ (cm)。其中,L 为相邻墩台间最小跨径长度,以 m 计,跨径小于 25m 时用 25m;Δ 为墩顶计算水平位移值,单位为 cm。

对于中震和强震地区,需计算地震作用下的墩顶位移,以免因位移过大造成桥梁结构垮塌。

(3)空心墩

空心墩一般为钢筋混凝土或预应力混凝土结构,而且可运用于高桥墩上。空心墩是空间壳体或组合板结构(按壁厚大小区分为厚壁墩和薄壁墩),其受力与实体墩有差别。空心墩设计中在验算强度、纵向弯曲稳定、墩顶水平位移时,除应进行与上述柱式墩类似的计算内容外,还应考虑温差、局部稳定和固端干扰力的影响以及风致振动的作用。

空心墩由于墩内通风条件差,加之混凝土导热性能低,在气温突变时,墩壁内外产生温差,因而使墩壁内外变形不协调,在墩壁产生内外约束温度应力,可能造成墩壁开裂。在空心高墩墩顶位移计算中应考虑日照温差的影响。

空心墩的局部稳定与桥墩壁厚及是否设置横隔板有关。通过对圆柱形、圆锥形和矩形空心墩混凝土模型试验和理论分析表明:空心墩的局部稳定可按板壳空间结构进行分析,而且局部失稳在弹塑性范围内发生,因此,可以近似用中心受压作用下的弹塑性临界应力计算。

混凝土空心墩模型试验和光弹模型试验以及圆柱薄壳应力分析的结果都表明,在距墩顶和墩底实体段一定距离($0.5R \sim 1.0R$)外的截面上,其应力分布符合材料力学的计算结果,故可把空心墩视为一偏心受压杆件,用结构设计原理有关公式进行计算。但在两端部分($0.5R \sim 1.0R$),则应考虑固端应力的影响,用空间有限元或壳体力学的方法计算。

三、梁桥墩台施工

墩台施工是桥梁工程施工的重要组成部分,其施工质量优劣,不仅关系到桥梁上部结构的制作、安装质量以及其后的使用功能等,而且对桥梁结构的使用寿命影响重大。因此,在桥梁施工过程中应一以贯之地保持谨慎认真的态度,准确测定墩台位置,正确进行模板制作与安装,采用经过正规检验的合格建筑材料,严格执行施工技术规范的规定,严密监理制度,以确保工程质量优良。

桥梁墩台施工方法通常分为两大类:一是现场就地砌筑与浇筑;二是预制安装,即将事先预制好的构件,吊运就位,以不同的连接方式实现构件装配连接。多数工程是采用前者,其优点是工序简便,机具较少,技术操作难度不大,易于实施;缺点是施工期限较长,耗费劳力和物力较大。从20世纪80年代以来,随着国民经济与交通工程事业的迅速发展,国内施工机具(如起重机械、运输机械、桩工机械及架桥机械等)也有了长足进步。因而,采用预制装配构件建造桥梁墩台的施工方法有了飞速发展。预制装配施工的特点是在确保工程质量的前提下,既减轻了工人劳动强度,克服了工程技术难关,又加速了工程进度,提高了工程效益,减轻了环境干扰,对施工场地狭窄、交通繁忙路段及深沟峡谷、海洋湖泊、高寒地区等特殊条件地区的墩台建造具有重要意义。

1. 石砌墩台施工

石砌墩台具有就地取材和经久耐用等优点,在石料丰富的山区,只要施工期限许可,应优先考虑石砌墩台方案。石砌墩台施工的主要内容:石料和砂浆的备料、施工支架的搭设、石料的砌筑与质量检验。具体施工操作工艺应严格遵循《公路桥涵施工技术规范》(JTG/T 3650—2020)进行。

墩台砌体质量应符合以下规定:①砌体所用的各项材料类别、规格及质量符合要求;②砌缝砂浆及小石子混凝土铺填饱满、强度符合要求;③砌缝宽度、错缝距离符合规定,勾缝坚固、整齐,深度和形式符合要求;④砌筑方法正确;⑤砌体位置及外形尺寸不得超过相关的容许偏差。

2. 钢筋混凝土墩台施工

就地浇筑的混凝土墩台施工有两道主要工序:一是制作与安装墩台模板;二是浇筑混凝土。

1) 模板的类型与要求

根据《公路桥涵施工技术规范》(JTG/T 3650—2020)的规定,模板的设计与施工应符合以下要求:①必须具有足够的强度、刚度和稳定性;②模板构造应简单、合理,结构受力明确,安装、拆除方便;③模板应能与混凝土结构或构件的特征、施工条件和浇筑方法相适应,保证结构物各部位形状尺寸和相对位置的准确;④模板的版面应平整,接缝处应严密且不漏浆。常用的模板类型有拼装式模板、整体吊装式模板、组合型钢模板、滑动钢模板、翻模和爬升模板等。

各种模板在工程上的应用,可根据墩台高度、墩台形状、机具设备与施工期限等条件,因地制宜合理选用。

2) 混凝土浇筑

墩台身混凝土浇筑前,应将基础顶面洗刷干净,凿除表面浮浆,整修连接钢筋;浇筑时,应经常检查模板、钢筋及预埋件的位置和保护层的尺寸,确保位置正确,不产生变位;混凝土本身质量关系重大,施工应切实掌握好混凝土的配合比、水灰比等技术性能指标,使之完全满足《公路桥涵施工技术规范》(JTG/T 3650—2020)的要求。

墩台是大体积圬工构造物,为防止水泥的水化热过高,导致混凝土因内外温差过大引起裂缝,施工前应有预案,采取积极有效措施,切不可大意。当浇筑的平面面积过大,难以在第一层混凝土初凝或重塑前浇筑完第二层混凝土时,为保证结构的整体性,宜分块浇筑。分块面积不得小于 $50m^2$,每块高度不宜超过 2.0m;块与块间的竖向接缝面应与墩台身或基础平截面短边平行、与平截面长边垂直;上下相邻层间的竖向接缝应错开位置做成企口,并一律按施工接缝处理。墩台的位置及外形尺寸的容许偏差参见桥梁施工规范的相关条款。

3. 装配式墩台施工

装配式墩台施工技术是一种将墩台的主要构件在预制工厂预先制作、现场进行拼装的桥梁建造技术。桥墩的盖梁、墩柱、承台、基桩以及桥台的台身、挡墙等作为基本构件,分别根据其尺寸大小采用整体预制或节段预制,把传统基础-墩-上部结构的顺序施工过程,变成并行的工序,通过专业化的施工人员使用运输和架设设备来进行现场拼装施工,加快施工进度。装配式墩台施工技术是一套高效、低碳、环保的桥梁建造技术。该技术的特点:①减少现场作业需要的人工数量;②缩短时间,减低对交通和环境的干扰,提高效率;③规范作业,确保质量和安全等。装配式墩台施工技术还可在施工期短的寒冷地区、跨海峡桥梁工程、交通繁忙地段、国家自然保护区等环境中应用。

混凝土装配式桥墩的形式有双柱式、Y形、排架式和刚架式等。图 7-41 为柱式墩装配示意。施工的主要内容:工厂部件预制、运送组装、现场连接以及养护等。其中拼装接头是关键工序,既要安全牢固,又要结构简单,施工便利。常用的拼装接头有灌浆套筒连接、灌浆波纹管连接、预应力筋连接、混凝土湿接缝连接、承插式连接、插槽式连接、扣环式连接以及法兰盘连接等(图 7-42)。

混凝土墩台现场拼装施工技术,应按照以下工艺流程进行:

拼接面清理→拼接缝测量→铺设挡浆模板→调节垫块找平→充分湿润拼接缝表面且无积水→铺设高强无收缩砂浆→墩柱吊装就位→调节设备安放→垂直度、高程测量→调节墩柱垂直度→灌浆套筒或波纹管连接等。

现场拼装采用灌浆套筒或波纹管连接构造时,其灌浆工艺流程如下。

a)立柱与承台拼装　　b)整体盖梁与立柱拼装　　c)分段盖梁拼装

图 7-41　柱式墩装配示意图

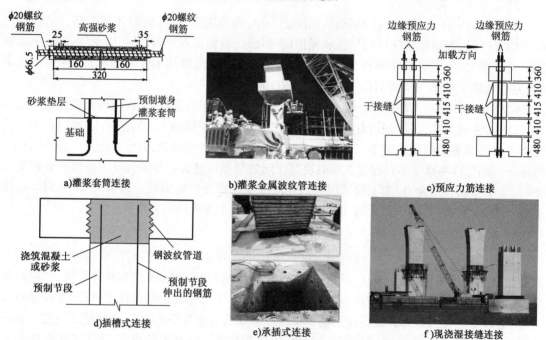

图 7-42　柱式墩装配连接构造图示(尺寸单位:mm)

灌浆料倒入搅拌设备→计算水量并精确称重→专用设备高速搅拌集料倒入储浆装置→浆料倒入灌浆设备并连接压浆口压浆→出浆口出浆或端部出浆→持续出浆后停止压浆并塞入止浆塞→下一套筒或波纹管压浆。

装配式混凝土墩台施工应注意以下几点:

①构件工厂预制时,模板应具有足够的强度、刚度和稳定性,横纵肋的材料选择、布置及面板厚度应根据施工过程中所产生的各种组合荷载经计算确定。对于需要翻转的构件,模板间除增加螺栓数量和强度外,还应设置定位销,确保翻转过程中模板不变形,无错台。

②构件预制用钢筋笼胎架、钢筋笼定位板、预制台座、模板、吊具等设备应根据具体预制工艺和精度要求进行专项设计。

③构件钢筋笼加工、灌浆连接套筒或金属波纹管安装定位、预埋件埋设、台座高程等精度控制应按照本章具体规定严格执行,验收合格后方可使用。

④钢筋下料长度应严格控制,允许偏差严格控制在标准要求范围内,立柱主要受力钢筋下

料长度及钢筋笼允许偏差均为±2mm，钢筋主筋端部应平整。

⑤砂浆拼接缝处的构件表面在浇筑完成后应及时进行粗糙处理，完全露出密实混凝土的粗集料，应用洁净水冲洗干净；环氧拼接缝处的构件表面在浇筑完成后应清除脱模剂，保证接缝面干燥、干净，并使混凝土表面尽量平整。

⑥运输路线应平坦，地基应有足够的承载力，纵向坡度应不大于3%，横向坡度（人字坡）应不大于4%，最小曲率半径应不小于运输车的允许转弯半径，同时在运输车通过的界限内，不得有任何障碍物。运输车起步和运行应缓慢，平稳前进，严禁突然加速或紧急停车。当运输车接近目的地时应缓缓停下。

⑦承台、支座垫石施工时应控制拼接面的水平坐标、高程和水平度，坐标允许偏差±2mm，高程允许偏差为±5mm，拼接面水平度允许偏差为±1mm/m，拼装前应对拼接面的坐标、高程、水平度进行复测。

⑧拼装面宜采用环氧黏结剂，涂刷厚度1~3mm为宜，且时间控制在30min内。涂刷时应双面均匀涂刷，保证密实，两面涂刷厚度均匀一致，发生均匀的挤出量，以仅有滴挂而无流淌现象为宜。涂刷前确保拼接缝清理干净，无水、无油及无可见灰粉，涂刷前后均应采取防雨、雪、尘措施，在节段间的环氧黏结剂固化过程中，墩柱节段间压应力应不小于0.3MPa。

《公路桥涵施工技术规范》(JTG/T 3650—2020)中关于装配式墩台拼装施工的规定：构件安装前必须检查其外形和预埋件尺寸、位置及高程，其容许偏差不得超过设计要求；对于节段预制拼装桥墩，应对节段的匹配面进行检查清理，保证匹配面平整、无异物和凸出；构件安装就位完毕后，经过检查校正平面位置、高程与竖直度完全符合要求后，方可焊接或浇筑混凝土以固定构件；采用胶接缝连接，在涂抹和挤压胶黏剂时，要采取措施对预应力孔道进行防护；预应力张拉和孔道压浆应符合设计要求；采用湿接缝连接时，接缝处模板需专门设计，保证与墩身表面密贴。此外，国内相关地方行业标准也对装配式墩台施工及质量验收给出了各自的规范或指南，实际施工时，也应参照执行。由上可知装配式墩台全过程都贯穿着质量检查工作。装配式墩台完成时的容许偏差：①墩台柱埋入基座内的深度和砌块墩台埋置深度，必须符合设计要求；②墩台倾斜度为0.3%×H(H为墩台高)，最大不得超过20mm；③墩台顶面高程容许偏差为±10mm；墩台中线平面位置为±10mm；相邻墩、台柱间距为±15mm。

第四节　梁桥基础

一、基础类型与构造

桥梁的基础类型与地基土层的工程地质条件和水文地质条件有密切关系。根据基础埋置深度，桥梁基础可分为浅基础和深基础。基础埋置深度在5m以内称为浅基础；由于浅层土质不良，须把基础埋在更深的良好土层上的基础称为深基础。根据水文地质条件，当基础置于河道中，则称为水中基础，水中基础也有深水基础和浅水基础之分。在桥梁工程中，常采用的基础类型有刚性扩大基础、桩基础、管柱基础和沉井基础。在水深很深，且有非常厚的覆盖层或地质条件很复杂的情况下，而施工能力又有限，无法将单一形式基础下沉达到预期的深度时，可以采用钻孔灌注桩或管柱与沉井的结合、打入桩与钟形基础结合形成组合基础。随着海洋桥梁工程的建设,重力式深水基础得到运用。相对而言,地下连续墙基础在桥梁中的运用相对较少。

1. 浅基础

一般浅基础通常修建于天然地基上,称为天然地基上的浅基础,其特点是地基土保持自然形成的结构和特性。

浅基础由于构造简单、施工简便,基础埋置深度较浅,在设计计算时可以忽略基础侧面土体对基础的固着影响而使受力明确,在场地土质提供承载能力允许和施工可行的条件下,浅基础是桥梁结构基础中最常用的基础形式。

1) 浅基础类型

浅基础根据其构造形式和尺寸大小可分为扩大基础、条形基础及筏板基础等,前两者较常用。

(1) 扩大基础

扩大基础就是在墩台身底截面的基础上扩大而成的基础。根据扩大基础受力状态及采用的材料性能可分为刚性扩大基础和柔性扩大基础(图 7-43)。

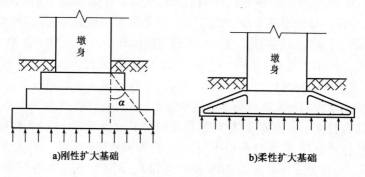

图 7-43 扩大基础

① 刚性扩大基础。

采用片石、块石砌体或混凝土等构筑的基础圬工,具有足够的承载面积,使材料的容许应力大于由地基反力产生的弯曲拉应力和剪应力,最不利断面不会发生裂缝,基础内也不需要配置受力钢筋,这种基础称为刚性扩大基础。

刚性扩大基础由于结构简单,采用明挖施工,所以一般适用于地基土强度较高,埋置较浅,可形成旱地施工条件(水浅、流速小、便于围水或岸上墩台施工)的河流上,对大中小桥均适用。只要水文地质条件允许,刚性扩大基础是优先考虑的基础形式。

② 柔性扩大基础。

柔性扩大基础是钢筋混凝土结构,当墩台身底面边缘与基础底面边缘的连线同竖直线间的夹角 α 大于 α_{max}(刚性角)时,在外力作用下地基反力在悬出部分根部产生的弯拉应力和剪应力会超过材料强度设计值,此时基础需要配置抗拉及抗剪钢筋,形成柔性扩大基础。

(2) 条形基础

条形基础分为墙下条形基础和柱下条形基础。墙下条形基础主要用于挡土墙墙下的基础(图 7-44)。其横断面可以修成对称台阶式或不对称台阶式。如挡土墙很长,为避免沿墙长方向因基础沉降不均匀而开裂,可根据土质和地形情况设置沉降缝予以分段。当桥较宽、桥下墩柱较多时,有时为了增强桥墩柱下基础的整体性和承载能力,将同一排若干个柱子的基础连成整体,形成柱下条形基础(图 7-45)。柱下条形基础可以将承受的集中荷载较均匀分布到条形基础底面上,以减小地基反力,并通过形成的基础整体刚度来调整可能产生的不均匀沉降。

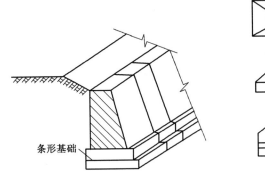
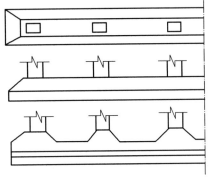

图 7-44 挡土墙下条形基础　　　　图 7-45 柱下条形基础

2)刚性扩大基础的构造要求

刚性扩大基础的构造尺寸主要取决于两个因素,一是基于圬工材料刚性角确定的基础平面尺寸,二是根据水文地质条件等确定的基础埋置深度。

(1)基础埋置深度的确定

确定基础埋置深度,就是选择何种土作为与基础底面接触的地基土,该土层又叫作持力层,要求该层土强度高,压缩变形小。基础埋置深度确定是否合适,直接影响整个结构物的安全和稳定性,以及施工工期和造价,所以确定基础埋置深度是地基基础设计的重要环节。确定基础埋置深度,必须综合考虑桥位处地质、地形条件、河流的冲刷程度、当地的冻结深度、上部结构形式,以及保证持力层稳定所需的最小埋置深度和施工技术条件、投资造价等因素。

确定基础埋置深度的原则是"能浅则不深"。设计中一般首先确定基础的可能最小埋深,按构造要求初步拟定基础尺寸,然后进行各项验算,当不能满足要求时,再加深基础埋深或增大基底尺寸进行验算,直至满足要求为止。影响基础埋置深度有以下几方面因素:

①桥位处地质条件。

桥位处地质条件是影响基础埋置深度的主要因素。要依据桥位处地质剖面(柱状)图及所提供的各层土质的物理力学性质,来确定基础类型和选择持力层。由于地质条件千变万化,可能是多层软硬土层交错,因而有时要进行分析试算,才能确定合理的埋置深度。

②河流冲刷深度的要求。

在有冲刷的河流中修筑墩台基础,为防止基底以下土层被水流冲刷掏空而使墩台倒塌,基础底面必须埋置在设计洪水时的最大冲刷线(局部冲刷线)以下一定的深度,以保证基础稳定。由于水文计算的经验性比较强,因此,对于非岩石河床或岩石河床墩台基底最小埋置深度可参考《公路工程水文勘测设计规范》(JTG C30—2015)相关条款确定。

③考虑季节性冻土地区地基土冻胀性的基础埋置深度要求。

在季节性冻土地区,冬季时地面表层一定厚度的土层中的水分将冻结成冰,从而将土颗粒胶结成一体,形成冻土,细粒土层在冻结过程中由于水变成冰时体积膨胀而产生冻胀力,对基础的强度和稳定性都会产生不利的影响,因而,为保证结构物不受地基土季节性冻胀的影响,除地基土为非冻胀性土外,基础底面应埋置在天然最大冻结线以下一定深度。

④上部结构类型和荷载的影响。

上部结构类型不同,对地基土的变形要求就不同,因而基础的埋置深度就可能不同。例如超静定结构桥梁(拱桥、连续梁桥等),基础产生任何微小的位移,都将使上部结构增加较大的附加内力,这时与静定结构的简支梁桥相比,就要选择更好的土层作为持力层,或基础埋深相对增大。

同样,上部结构恒载和活载的大小,也影响基础的埋置深度,甚至影响基础类型的选择。一般情况下,荷载大埋深大,荷载小埋深就可小一些。

⑤桥位地形条件。

当墩台、挡土墙结构位于较陡的土坡上,在确定基础埋深时,须考虑土坡连同结构物基础一起滑动的稳定性。若基础位于较陡的岩体上,可将基础做成台阶形,目的是减少岩体的挖方量,同样也应验算岩体的稳定性。

⑥保持地基土稳定性的最小埋深。

由于地面表层土容易受自然现象的影响而不稳定,所以表层土不宜直接作为基础持力层。为了保证持力层的稳定和不受扰动,规定基础底面的埋置深度(岩石地基除外)均应在天然地面或无冲刷河流的河床以下不小于1.0 m。

(2)基础的立面尺寸

基础立面尺寸,一般要求基础顶面高程不宜高于最低水位或地面。考虑基础扩大后阻水严重,通航性河流影响通航,所以设计中尽可能将基础顶面不露出河床。基底高程按前面各要求综合分析确定。基础高度 h 即基础顶面高程与基底高程两者之差。如果 h 较高,在满足刚性角和构造要求的前提下做成台阶形。

(3)基础的平面尺寸

基础平面尺寸,对于柔性扩大基础,主要通过承载力试算得到合理的平面尺寸。刚性扩大基础则主要依据墩台身底面和刚性角控制确定,使墩台身底边缘与基础底面边缘的连线同竖直线间的夹角 α 满足下式要求,即:

$$\alpha \leq \alpha_{max} \tag{7-19}$$

式中:α_{max}——圬工材料刚性角。

当基础顶面高程及底面高程确定以后,就可确定出基础高度,继而依据墩台身底面尺寸确定基础底面尺寸。

一般扩大基础立面都设计成对称形式,但有时为改善受力状态,减小合力偏心距,亦可设计成不对称襟边。如结构不等跨时,为了使基底应力分布尽量均匀,有时做成如图7-46a)所示立面不对称基础;还可根据地形和受力情况,做成基底不为平面而呈台阶状的基础[图7-46b)]。

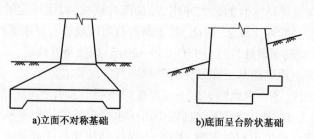

a)立面不对称基础　　b)底面呈台阶状基础

图7-46　不对称基础形式

2. 桩基础与管柱基础

桩是一种埋入土中、截面尺寸比其长度小得多的细长基础构件。单根桩称为基桩,由若干根桩通过顶端的承台(或盖梁)连接成整体的承(传)力结构称为桩基础(图7-47)。桩基础是桥梁工程中常用的深基础形式,通常应用于下列情况:

(1)当建(构)筑物荷载较大,地基软弱或适宜的地基持力层埋置较深,地下水位较高,采用浅基础技术上不可行或经济上不合理;

(2)结构物对基础沉降变形与水平侧向位移较敏感,或承受较大的水平力,对稳定性要求较高;

(3)河床冲刷较大,河道不稳定,采用浅基础埋置过深,施工困难或不能保证基础安全;

(4)当施工水位较深、水流流速较大时,桩基础可避免水下作业而减少施工困难;

(5)在地震地区可液化地基中,桩基础穿越可液化土层伸入下部密实稳定土中,可增强结构物抗震能力;

(6)对湿陷性黄土、膨胀土及沿海软土地基,桩基础有利于克服特殊地基的不足而保证使用的要求。

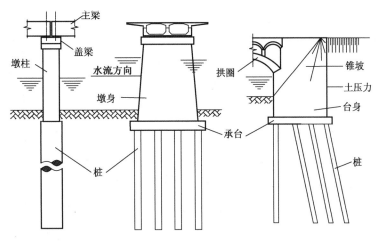

图7-47 桩基础组成

1)桩基础的类型

基桩按不同材料、成桩方法和受力特点等分类如下:

(1)按材料可分为木桩、混凝土桩、钢筋混凝土桩、预应力混凝土桩、钢管桩。

(2)按桩身截面可分为圆形桩、方形桩、多边形桩、十字形桩、H形桩、三角形桩等。按其桩截面中心挖空与否还可分为空心桩与实心桩。

(3)按桩的轴线可分为竖直桩、斜桩。

(4)按土对桩的支承力性质可分为摩擦桩、端承桩、端承摩擦桩、摩擦端承桩。

(5)按制作方法(场地)可分为预制桩和现场灌注桩。

(6)按成桩方法及对地基土的挤密效应可分为:①非挤土桩,如干作业法钻(挖)孔灌注桩、泥浆护壁法钻孔灌注桩、套管护壁法钻孔灌注桩;②部分挤土桩,如冲孔灌注桩、挤扩孔灌注桩、预钻孔沉桩、敞口预应力混凝土管桩等;③挤土桩,如捶击沉桩、振动沉桩、射水沉桩、静力压桩等。

群桩基础分类除可按前述基桩分类考虑外,还可按承台与地面线(河床)的相对位置分为高桩承台基础和低桩承台基础(简称高桩承台和低桩承台)。高桩承台是指承台底面位于地面线(无冲刷)或局部冲刷线以上[图7-48a)、b)];低桩承台是指承台底面位于地面线(无冲刷)或局部冲刷线以下[图7-48c)]。高桩承台由于承台位置较高,故能减少墩台圬工量,减轻自重,施工较为方便,也较为经济。由于高桩承台中的承台与桩的自由长度段周围无土固结共同受力,使基础整体刚度小,基桩受力不利,桩身内力和位移较大,稳定性方面也不如低桩承台。然而,对于跨河大桥,由于冲刷较深,修筑低桩承台工程量太大,所以一般会采用高桩承台。近年来由于大直径钻孔灌注桩的推广应用,桩的刚度、强度都较大,因而高桩承台在桥梁基础工程中是一种较广泛采用的形式。

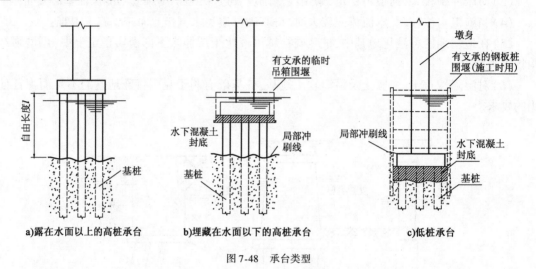

图7-48 承台类型

管柱基础是以预制管柱代替钢筋混凝土桩而构成的基础形式,它是由我国发明的基础形式,其主要特点:①管柱基础是借助柱底嵌入岩层和柱顶嵌入刚性承台,来减少柱的自由长度并提高整个基础的刚度。由于有钻孔嵌岩柱塞,使其持力层由表面直接承压改为通过钻孔向岩层深处扩散,从而提高了基岩的承载力;②管柱基础所受的水平力及力矩,主要由管柱上下端的嵌固力矩与嵌岩孔壁来承受,而不像桩或沉井必须靠基础周围土的水平抗力、嵌固力以及由自重所产生的抗倾覆力矩与摩阻力来平衡;③工厂化预制的管柱质量可靠,混凝土强度等级高,管柱截面常为空心圆管,直径较大,单桩承载能力较高,穿越土层能力较强,技术性能比钢筋混凝土桩好,用钢量亦少,但单价较高,在与承台连接时会造成承台底面钢筋布置困难。目前预应力混凝土管桩的制作已形成一套成熟的工艺,在许多大型桥梁中得到应用。

2)桩基础的构造要求

(1)桩的构造

①预制钢筋混凝土桩。

预制钢筋混凝土桩最常用的是实心方桩,断面尺寸多为300mm×300mm~600mm×600mm,桩身混凝土强度等级不低于C25,可在现场或工厂预制,现场制作桩长可达25~30m,工厂预制一般不超过12m。分节制作的桩应保证桩头质量,满足桩身承受轴力、弯矩和剪力要求。接桩的方法有钢板角钢焊接、法兰盘螺栓连接和硫黄胶泥锚固等。

②预应力钢筋混凝土桩。

预应力钢筋混凝土桩是通过对桩身混凝土施加预压应力,以提高桩的抗锤(冲)击能力与抗弯能力。预应力钢筋混凝土桩简称预应力桩,其截面可分为圆形、方形或多边形,通常为空心桩。

③钻(挖)孔桩。

钻孔桩设计直径(即钻头直径)不宜小于800 mm,一般常用1000~2000 mm;挖孔桩直径或最小边宽度不宜小于1200 mm。桩身混凝土强度等级不低于C25,管桩填芯混凝土强度等级不应低于C15。

(2)桩与承台、桩与盖梁的相关构造

①桩的布置。

群桩基础的基桩平面布置应符合的原则:a. 桩的中距及边桩外侧与承台边缘的距离应符合规范要求;b. 应使群桩所围面积形心尽量与外荷载合力作用点重合或接近;c. 一般可采用均匀布置(如行列式、梅花式、环形等),当承受较大弯矩时,为使各桩受力均匀,也可不等距布置;d. 在满足桩距要求情况下,应尽可能将桩布置在承台外围,以增加桩基础的整体惯性矩。

《公路桥涵地基与基础设计规范》(JTG 3363—2019)中关于桩的中距要求(图7-49)规定如下:

a. 摩擦桩。锤击沉桩,在桩尖处的中距不得小于桩径(或边长)的3倍,对于软土地基宜适当增大;振动沉入砂土内的桩,在桩尖处的中距不应小于桩径(或边长)的4倍。桩在承台底面处的中距均不应小于桩径(或边长)的1.5倍。钻(挖)孔桩中距不得小于桩径的2.5倍。

b. 端承桩。支承或嵌固在基岩中的钻(挖)孔桩中距,不应小于桩径的2.0倍。

c. 扩底灌注桩。钻(挖)孔扩底灌注桩中距不应小于1.5倍扩底直径或扩底直径加1.0m,取较大者。

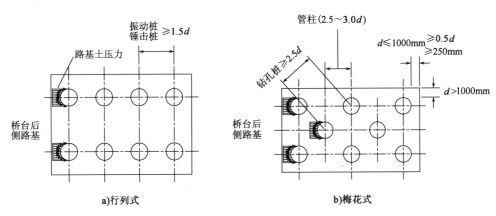

图7-49 基桩布置示意图

《公路桥涵地基与基础设计规范》(JTG 3363—2019)中关于桩与承台边缘距离要求如下:

边桩外侧与承台边缘距离,对于直径(或边长)小于或等于1.0m的桩,不应小于0.5倍桩径(或边长)并不应小于250 mm;对于直径大于1.0m的桩,不应小于0.3倍桩径(或边长)并不应小于500 mm。桩柱外侧与盖梁边缘的距离不受此限。

②桩与承台、盖梁的连接。

当采用预制桩时,往往采取桩顶直接埋入承台的连接方式[图7-50a)]。桩顶伸入承台座板内的长度[即图7-50a)中 a]应根据桩顶受力(轴向力、弯矩和剪力)大小来确定;通常,对于承受压力荷载的钢筋混凝土桩,当桩径(或边长)小于600mm时,埋入长度 $a \geq 2D$;当桩径(或边长)为600~1200mm时,$a \geq 1200$mm;当桩径(或边长)大于1200mm时,$a \geq D$。

对于钻(挖)孔灌注桩,往往采用桩顶主筋伸入承台或盖梁的连接方式[图7-50b)]。桩身嵌入承台内的深度应为100mm。伸入承台或盖梁内的桩顶主筋可做成喇叭形(与竖直线约成15°角)。伸入承台内的主筋长度,对光圆钢筋不小于30d(设弯钩,d 为主筋直径),对螺纹钢筋不小于35d(不设弯钩)。

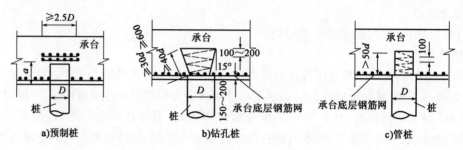

图7-50　桩与承台的连接(单位:mm)

注:d 为主筋直径。

管柱与承台连接时,伸入承台内的纵向钢筋如采用插筋,插筋数量不应少于4根,直径不应小于16mm,锚入承台长度不宜少于50d,插入管柱顶填芯混凝土长度不宜小于1.0m。

③承台构造。

承台的厚度和配筋应根据基桩受力大小计算确定。构造方面有如下要求:承台的厚度宜为桩直径的1.0~2.0倍,且不宜小于1500 mm,混凝土强度等级不低于C25;承台的钢筋配置要结合结构受力以及桩位的布置形式,且参照地基基础规范确定。

在桩基础设计时,从结构整体要求方面要注意以下几点:

a. 在同一桩基础中,不宜采用受力不同的(如摩擦桩与柱桩)基桩,以防止基桩产生不均匀沉降而影响下部结构的正常使用。

b. 在同一桩基础中不宜采用不同直径、不同材料和长度相差过大的基桩。

c. 对于特殊大桥,或地质条件复杂,有其他特殊要求的桩基础,必要时施工前应进行现场基桩荷载试验,以校验设计参数的取值,保证桩基础设计的安全性;

d. 对于超大跨度桥梁采用超深群桩基础时,要以减小承台自重和尽可能改善群桩基础受力为目标进行优化设计。

3. 沉井基础

沉井基础是常用的刚性深基础之一,沉井一般是一个由钢筋混凝土或少筋混凝土制作成的井筒。它是以井孔内挖土,依靠自身重力或主要依靠自身重力来克服井壁与周围土之间的摩阻力下沉至设计高程后,经混凝土封底、井孔填塞后形成的一个整体基础(图7-51)。沉井基础整体性强、稳定性好,有较大的承载面积,能承受很大的垂直荷载和水平荷载,尤其在深水中有较大卵石不便桩基础施工,以及需要承受巨大的水平力和上拔力时,多采用沉井基础。沉井基础的缺点:施工期较长;当遇有流沙、大孤石、树干或老桥基等难以清除的障碍物时,下沉困难易产生偏斜;河床覆盖层下是倾斜度较大的岩层时,也会增加沉井施工的难度,使沉井基础的稳定性不好,故上述情况应尽量避免采用沉井基础。

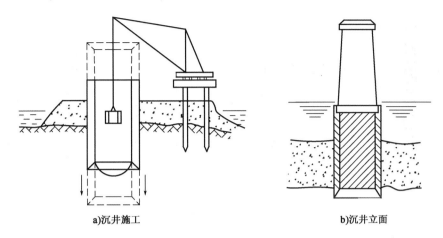

图 7-51 沉井基础示意图

1) 沉井基础的类型

沉井基础按不同材料、施工方法和平面及立面构造形式等分类如下:

(1) 按材料可分为混凝土沉井、钢筋混凝土沉井、钢沉井。

(2) 按制作方法可分为就地浇筑下沉沉井和浮运沉井。

(3) 按沉井平面形状可分为圆形、圆端形和矩形等以及单孔、双孔和多孔沉井(图 7-52)。

(4) 按沉井外壁立面形状可分为竖直式、台阶式和斜坡式(图 7-53)。

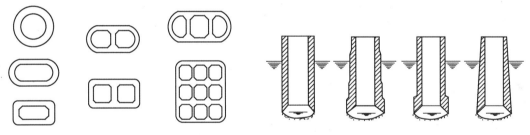

图 7-52 沉井的平面形状　　　　图 7-53 沉井外壁立面形式

2) 沉井基础的构造

沉井一般由井壁、刃脚、隔墙、井孔、凹槽、封底混凝土、顶盖板等构成,如采用助沉措施时,应在井壁中预埋一些助沉所需的管组(图 7-54)。

(1) 刃脚

刃脚是井壁下端的斜形尖,用以切土下沉。刃脚受力复杂集中,要有足够的强度和刚度,通常采用钢筋混凝土结构,如土质坚硬,还应以型钢(角钢或槽钢)加强刃脚,以免下沉时损坏。刃脚混凝土强度等级不低于 C25。

沉井刃脚根据地质情况,可采用尖刃脚或带踏面的刃脚(图 7-55)。刃脚踏面宽度可为 100～200mm,软土可适当放宽。刃脚斜面与水平面交角不宜小于 45°,井内隔墙底面应比刃脚底面至少高出 500mm,刃脚高度一般不小于 1.0m。当沉井需要下沉至稍有倾斜的岩石上时,在掌握岩层高低差变化的情况下,可将刃脚做成与岩面的倾斜度相适应的高低刃脚。

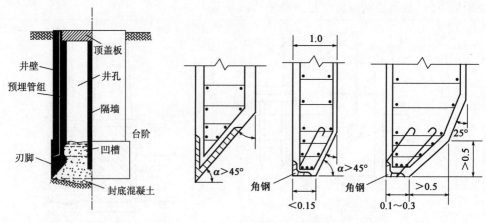

图 7-54 沉井构造图　　图 7-55 刃脚的构造(尺寸单位：m)

（2）井壁

井壁是沉井的主体结构，形成沉井基础的外形尺寸，可在施工中围水挡土，并获得顺利下沉的重力。为减小井壁周围土的摩阻力，沉井外壁可做成台阶或斜坡面。沉井较高时，可根据沉井整体构造和施工要求分节预制下沉，节高一般不宜高于 5 m。土质松软时，底节高度以不超过 0.8 倍井宽为宜。

井壁厚度依据强度、下沉所需自重及便于取土、清基等因素而定，一般为 0.8～1.5m，但钢筋混凝土薄壁浮运沉井及钢制薄壁浮运沉井的壁厚不受此限。井壁混凝土强度等级不低于 C20，当为薄壁浮运沉井时，井壁和隔板不应低于 C25，腹腔内填料不应低于 C15。钢筋混凝土沉井的配筋率不应小于 0.1%。

（3）隔墙

当沉井平面尺寸较大时，一般设隔墙（内壁）将沉井分成若干井孔，其作用是缩短井壁跨度，减小井壁挠曲应力，并增强沉井整体刚度，便于掌握井孔挖土位置和速度，控制下沉方向。

（4）凹槽

为增强封底混凝土与井壁的连接强度，以更好地将封底混凝土所受到的地基反力传递给井壁，一般在沉井外壁内侧距刃脚踏面一定高度处（一般为 2.0m）做一水平槽状结构，称为凹槽。

（5）封底混凝土

沉井下沉至设计高程后，为使沉井形成一个整体受力结构，将井底的地基反力传至井壁，要浇注一层水下混凝土封住井底，即封底混凝土。封底混凝土厚度由地基反力和水的浮力计算确定。封底混凝土顶面应高出刃脚根部不小于 500mm，若有凹槽，应封至凹槽顶面。沉井封底混凝土强度等级不宜低于 C25，岩石地基时可降为 C20。

（6）顶盖板

沉井井孔内是否需要填实，应根据沉井受力和稳定性的要求来确定。对于空心沉井基础，应在井顶设置钢筋混凝土顶盖板，其上修筑墩台身。

在基础设计时，如选择沉井基础，一定要对桥位处地质情况进行详细的勘察，根据施工可行、经济合理的原则进行分析比较。一般下列情况可以采用沉井基础：

①当上部结构荷载较大，稳定性要求高，在一定深度下才有好的持力层，不宜使用扩大基

础,而采用沉井基础较其他深基础更为可靠和经济合理时;

②在深水大河或山区河流中,虽土质较好,但冲刷大,或河中有较大卵石不便桩基础施工时;

③岩石表面平坦且埋置浅,但河水较深采用扩大基础施工围堰困难时。

二、基础分析与验算

1. 浅基础验算

浅基础验算是在初步拟定尺寸之后,根据主要验算的内容,包括地基承载力、基底合力偏心距、地基与基础的稳定性及基础沉降等,按可能产生的最不利的作用组合进行验算,从而保证结构物的安全稳定和正常使用,并使设计经济合理。

1) 地基土承载力验算

地基土承载力验算要求基础底面作用在地基土的最大压应力不超过地基土的承载力容许值。

在最不利作用组合下,刚性扩大基础底面的压应力分布可能出现如图7-56的几种状态:均匀受压、偏心受压(合力作用点位于基底截面核心范围内)、偏心受压(合力作用点位于基底截面核心范围之外),特殊情况下,基底截面可能处于双向的偏心受压状态,桥涵基础的基底应力必须小于容许值。

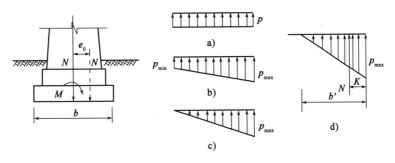

图7-56 基底应力计算图式

2) 基底合力偏心距验算

为使荷载(尤其是结构重力)作用下基底应力分布比较均匀,最大、最小应力相差不致太大,以免使墩台基础产生较大的不均匀沉降和倾斜,影响正常使用,必须控制不利组合产生的基底合力偏心距。对非岩石类地基,以控制基底不出现拉应力为原则。因为当出现拉应力后,将使基底部分截面不参加工作,产生应力重分布,可能使非岩地基产生过大的塑性变形而使墩台基础倾斜。对于修建在岩石地基上的基础,可以允许出现拉应力,根据岩石的强度,合力偏心距e_0最大可以为基底核心半径ρ的1.2~1.5倍,以保证必要的安全储备,具体规定参考现行规范。

3) 软弱下卧层承载力验算

当基础底面(包括群桩基础桩尖下)受压层范围内地基土为多层土,且持力层以下有软弱土层时,需要验算软弱下卧层的承载力,验算时先计算作用于软弱下卧层顶面的总应力,不得超过该处地基土的承载力容许值。

4) 基础稳定性验算

浅基础的稳定性验算,是保证墩台基础整体在最不利的作用组合作用下,不产生倾覆和滑动变形,保证下部结构的正常使用。

(1) 抗倾覆稳定性验算

验算基础的抗倾覆稳定性(图 7-57),旨在保证桥梁墩台不向一侧倾斜(绕基底的某一轴转动)。墩台基础抗倾覆稳定系数 k_0 为产生倾覆作用的弯矩与抵抗倾覆的稳定弯矩的比值,基础设计必须保证抗倾覆稳定系数小于规范容许值。

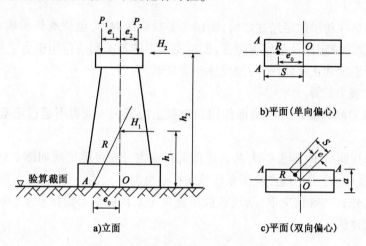

图 7-57 墩台基础的稳定性验算示意图
O-截面重心;R-合力作用点;A—A-验算倾覆轴

当结构受有较大的双向偏心荷载时(即合力偏心作用点不在相互垂直的 X、Y 轴上),墩台基础抗倾覆稳定系数 k_0 的计算参见地基基础规范相应条款进行。

(2) 抗滑动稳定性验算

当墩台基础受有较大的水平力时,有可能超过基础底面与土之间的摩阻力而产生滑动,此时滑动面为基底平面,属于桥梁墩台基础自身抗滑动验算。当桥台填土较高,地基土质较软弱,或者持力层下有软弱下卧层,或墩台修筑在陡坡上时,可能产生墩台基础连同地基土沿着深层某滑动面或软弱土层上层面的整体滑动。这两种情况在计算分析中都需进行考虑。

5) 基础沉降验算

基础沉降是由于地基土受到附加应力作用产生压缩变形导致。实际上,在确定地基土的基本容许承载力时,已包含地基土在荷载作用下的压缩变形在结构容许范围之内的要求。但由于桥跨结构类型不同,桥梁跨径大小不同,对容许沉降量的要求不同,因而还须区别对待。规范规定,在一般地质条件下,对中小跨径静定体系桥梁,认为只要地基土承载力满足要求,也就间接说明地基沉降量也满足要求,可不进行基础沉降量验算。但对于下列情况,则必须验算基础的沉降,使其不大于规定的容许值:

(1) 修建在地质情况复杂、地层分布不均或强度较小的软黏土地基及湿陷性黄土上的基础;

(2) 修建于非岩石地基上的拱桥、连续梁桥等超静定结构的基础;

(3) 当相邻跨基础下地基强度有显著不同或相邻跨径相差悬殊而必须考虑其沉降差时;

(4)对于跨线桥、跨线渡槽要保证桥下净空高度时。

墩台基础的沉降量验算包括:沉降量、相邻基础沉降差、基础由于地基不均匀沉降而发生倾斜等。基础沉降通常采用分层总和法计算(图7-58)。

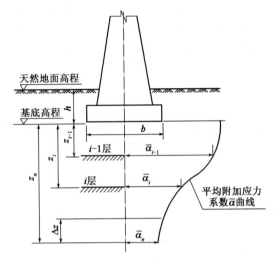

图7-58　基底沉降计算分层示意图

2. 桩基础计算

桩基础整体设计基本内容:确定桩的类型和桩长;基桩的数量和布置;桩基础各结构部分(承台、盖梁等)尺寸拟定。在此基础上,需要对其进行承载力、结构强度、配筋及变形等方面的计算和验算。

桥梁桩基承台底面形心处受有上部及承台处传来的荷载 $\sum N$、$\sum M$、$\sum P$ 时,如图7-59a)所示,承台和基桩都将产生竖向位移、横向位移和转角。对于每根桩来说,在桩顶处有如图7-59b)所示的剪力Q_i及轴向力N_i和弯矩M_i的作用。如果不考虑轴向力所引起的对桩身任意截面的附加弯矩,每根桩的受力、变形可分解成为图7-59c)、d)两个图式分别进行计算。

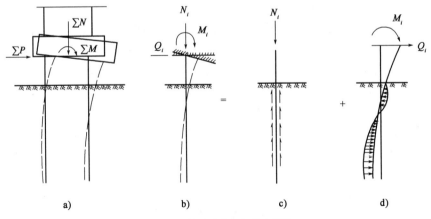

图7-59　桩基础受力变形示意图

在图7-59c)中,由于桩顶处受有轴力N_i的作用,将使土层对桩周产生摩阻力及对桩尖产生竖向支撑力。在图7-59d)中,由于桩顶处有剪力Q_i及弯矩M_i的作用,桩身将产生弯曲变形,桩身各点将有横向位移,因此土面以下的桩身将受有土的被动抗力 σ_x(土的弹性抗力)。桩在 Q_i、M_i 和 σ_x 的作用下,桩身各截面都将受有弯矩和剪力。由此可见,桩基础中每根桩都是一个承受具有复杂分布规律的侧向力 σ_x 的压弯构件。

从上述的桩基础受力分析可以看出,桩基础的计算要从两个方面进行分析和检算:一是强度方面,不仅要求每根桩具有足够的承载能力,而且要求整个桩基也具有足够的承载力;二是变形方面,要求在外荷载作用下,桩基础变形引起的墩台顶位移,不致危及桥梁的正常使用。主要检算项目有:

(1)验算单桩轴向承载力,即求出作用于每根桩轴向力 N_i,其中,最大轴向力 N_{imax} 应不大于单桩轴向容许承载力 $[P]$。

(2)验算桩身材料强度,对钢筋混凝土钻(挖)孔桩而言,即为桩身配筋计算。根据桩顶剪力 Q_i、弯矩 M_i 和土抗力 σ_x,计算桩身任意截面处的弯矩、剪力和轴向力,再按现行规范进行检算桩身的材料强度或配筋。

(3)群桩基础承载力计算,通常将桩基础视为实体基础,在承台底部形心处合力 ΣN、ΣM、ΣP 作用下,检算桩尖高程处的地基承载力。当桩端平面以下有软土层或软弱地基时,还应验算该土层的承载力。

(4)群桩基础沉降计算,按实体基础进行,仍然是采用分层总和法,且应计入桩身压缩量。

(5)检算墩顶水平位移,即由承台处的水平位移、转角以及墩身弹性变形等所求得的墩台顶水平位移,应不大于现行规范规定的容许值。

进行上述各项检算时,应分别选用各自相应的最不利荷载组合。

3.沉井基础计算

在根据水文地质条件、上部结构要求、施工技术设备等因素选择沉井类型和初拟沉井尺寸后,需将沉井作为刚性深基础进行使用阶段的设计计算;再则,沉井结构还是施工中的挡土、挡水的结构物,针对沉井各结构部分可能处于最不利的受力状态,还需进行施工过程的验算。

1)沉井作为刚性深基础的整体设计与计算

当沉井基础埋置深度在地面线或局部冲刷线以下小于 5.0m 时,不考虑周围土体对沉井的约束作用,可按前述刚性扩大基础进行验算。

当沉井基础埋置较深时,则需要考虑基础井壁外侧土体横向抗力的影响,按刚性桩计算内力和土抗力,同时应考虑井壁外侧接触面摩阻力,进行地基基础的承载力、变形和稳定性的分析与验算。沉井作为刚性深基础进行验算时需满足相当于前述桩基础计算"m"法中 $\alpha h \leqslant 2.5$、$h > 5.0m$(h 为沉井基础由地面线或局部冲刷线算起的深度)的条件。其设计计算的基本假设为:

(1)认为基础的刚度无穷大,横向外力作用下,本身不产生挠曲变形,只产生转动;

(2)在考虑土的横向抗力固着作用,计算地基压力时,一般不考虑作用在基础侧面的摩阻力;

(3)对土弹性抗力计算的相关假设按"m"法考虑。

根据以上假定,考虑基础底面的工程地质情况,沉井结构内力和井壁外侧土抗力的计算分析可分为非岩石地基和基岩地基两种情况[具体计算图式和方法详见《公路桥涵地基与基础设计规范》(JTG 3363—2019)]。基于非岩石地基或基岩地基上的沉井结构,计算出沉井底部基底最大应力、沉井截面的弯矩、沉井的变位,最后进行沉井截面配筋,并验算基底应力、沉井截面强度和墩台顶的水平位移等。

2）沉井施工过程的结构验算

施工过程中，沉井结构强度应满足不同阶段的最不利荷载作用要求。因此，在进行沉井各部分设计时，应首先确定不同阶段的最不利荷载作用情况，并给出对应的计算图式；然后计算截面应力，进行配筋设计；最后进行结构抗力分析与验算，从而保证沉井在施工过程中的强度和稳定。主要验算项目：沉井下沉自重验算、首节（底节）沉井竖向挠曲验算、沉井刃脚的竖向和水平强度验算、井壁受力计算和竖向拉力验算、内隔墙的验算以及混凝土封底及顶盖板的计算等。对于浮运沉井，还需要对薄壁浮运沉井的浮运过程稳定性进行验算。沉井施工过程的结构验算具体注意事项为：

（1）为使沉井顺利下沉，沉井重力（不排水下沉时，应计浮重度）应大于井壁与土体间的摩阻力标准值。如不能满足规范所述要求，则可加大井壁厚度或调整取土井尺寸，以增加自重；否则应考虑施工中的临时助沉措施或进行助沉设计。

（2）首节沉井在抽垫木及除土下沉过程中，沉井自重将导致井壁产生较大的竖向挠曲应力，因此，应根据不同支承情况，进行井壁强度验算。

（3）在沉井下沉过程中，刃脚是沉井受力最大、最复杂的部分，当刃脚切入土中时受到向外的弯曲应力；当其悬空（刃脚下内侧土体被挖空）时，刃脚又受到向内弯曲的外部土、水压力作用。故而，由此引起的刃脚的竖直方向和水平方向的弯曲强度应分别验算。井壁计算同刃脚一样，也分为竖向和水平方向两种情况进行验算。

（4）在封底施工时，沉井封底混凝土主要承受沉井自重作用产生的基底反力和水压力（浮力）。若使用阶段不用混凝土或圬工填塞井孔时，封底混凝土需承受沉井基础全部荷载所产生的基底反力。设计需基于封底混凝土的受力状况决定封底混凝土的厚度。

三、梁桥基础施工

桥梁上部结构承受的各种荷载，通过桥台或桥墩传至基础，再由基础传给地基。基础是桥梁下部结构的重要组成部分，因此，基础工程施工的成败对结构物的安全使用和工程造价有很大的影响。

以下简述典型的刚性扩大基础、桩基础和沉井基础的施工方法。

1. 浅基础施工

扩大基础的施工方法通常是采用明挖的方式进行。施工过程中应做到：

①在开挖基坑前，应做好复核基坑中心线、方向和高程，并应按地质水文资料，结合现场情况，决定基坑开挖坡度、支护方案以及地面的防水、排水措施。

②如果地基土质较为坚实，开挖后能保持坑壁稳定，可不设置支撑，采取放坡开挖，具体应根据地质条件、基坑深度、施工期限以及有无地表水或地下水等现场因素来确定。

③常用坑壁支撑形式：直衬板式坑壁支撑、横衬板式坑壁支撑、框架式支撑以及锚桩式、锚杆式、锚定板式、斜撑式等支撑形式。

④在水中开挖基坑时，通常需预先修筑临时性的挡水结构物（称为围堰），如草袋围堰、土石围堰等，围堰的结构形式和材料要根据水深、流速、地质情况、基础形式及通航要求等条件进行选择。

⑤基坑开挖时要随时注意排水，根据场地情况选择合理的排水方法，如集水坑排水法、井

点排水法、板桩法,等等。

⑥基坑开挖至设计高程后,必须抓紧进行坑底土质鉴定、清理与整平工作,及时修筑基础结构物。故明挖扩大基础施工的主要内容包括基础的定位放样、基坑开挖、基坑排水、基底处理以及砌筑(浇筑)基础结构物等。

2. 桩基础施工

从施工场地上划分,桥梁的桩基础施工可以有陆地施工和水上施工两种。从总工序而言,桩基础施工可以分成三大步骤:①陆地施工须进行场地平整和基桩定位,水上施工则须搭设工作平台和基桩定位。②利用打桩或钻孔设备进行预制桩的施打和现浇钢筋混凝土桩的钻进及混凝土浇筑。③承台施工,在陆地上则是基坑开挖排水和承台混凝土浇筑养护;在水上,则需借助于施工设备围堰,于"桩顶部位"构筑一个无水的区域,供承台钢筋混凝土施工。桩基础施工的几个关键步骤如下:

1) 预制桩制作

沉入桩所用的基桩主要为预制的钢筋混凝土桩和预应力混凝土桩,断面形式常用的有实心方桩和空心管桩两种。现场制桩过程中需注意对预制场地的平整,以免因地基土的不均匀下沉影响桩的质量。

2) 预制桩的沉桩施工

沉桩顺序应根据现场地形条件、土质情况、桩距大小、斜桩方向、桩架移动方便等因素,且考虑对地基土挤密程度的影响而确定,以免因已完成的桩被挤走移位造成桥位轴线偏差,无法保证基桩的正确就位。锤击沉桩的停锤控制标准需综合设计桩尖高程和标准贯入度确定,具体可参见桥涵施工规范的相应条款。

3) 钻孔灌注桩的钻进成桩

钻孔灌注桩施工的主要工序:埋设护筒、制备泥浆、钻孔、清底、钢筋笼制作与吊装以及灌注水下混凝土,等等。钻孔的方法有很多,如正循环回转钻、反循环回转钻、潜水钻等,应根据土质、桩径大小、入土深度和机具设备等条件选用适当的钻机和钻孔方法。钻进过程中需注意泥浆护壁,防止孔壁坍塌。水下混凝土灌注前需清孔,以免因桩底沉渣较厚而影响桩的承载力;水下混凝土灌注时要注意控制导管的初次埋入混凝土深度,灌注混凝土时应连续绕筑,并应保证在提升导管时导管埋入混凝土内有 3~5m,防止导管提升过快造成桩身混凝土夹泥或断桩;同时也要防止导管埋入混凝土过深而影响导管内混凝土压送或导致埋管。

4) 承台混凝土施工

陆地桩基础承台的施工可参照混凝土刚性扩大基础的工序和方法。

对于水上桩基础承台的施工,需要借助于围堰机具进行。对浅水低桩承台桩基础,可于桩基周围一定范围内构造土石围堰或草袋围堰等,通过井点降水等在围堰内形成一个无水状态,然后进行基坑开挖、钻孔桩破桩头、承台钢筋绑扎、混凝土浇筑养护等作业;对深水低桩或高桩承台桩基础,可利用套箱围堰、双壁钢围堰等,在基桩施工完成后,进行围堰下沉就位,浇筑围堰的封底混凝土,切断围堰内外水的流通,随后在围堰内进行钻孔桩破桩头、承台钢筋绑扎、混凝土浇筑养护等作业。

3. 沉井基础施工

沉井施工方法根据场地地质条件和水文情况可以分为两大类,陆地上沉井施工和水中沉井施工。

1)陆地沉井施工

陆地沉井施工一般比较简单,可以在墩台位置,就地浇筑沉井混凝土、挖土使沉井下沉、浇筑封底混凝土、充填填料及浇筑顶板。其主要施工工艺如下:

(1)底节沉井制作:包括场地整平夯实、铺设垫木、立沉井模板及支撑、钢筋轧焊、浇筑混凝土等。刃脚下应满铺垫木。一般常使用长短两种垫木相间布置,在刃脚的直线段应垂直铺设,圆弧部分应径向铺设。沉井垫木布置示意见图7-60。

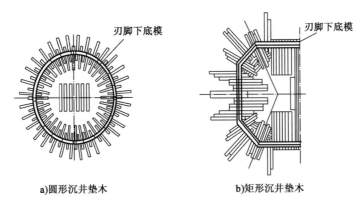

a)圆形沉井垫木　　　b)矩形沉井垫木

图7-60　沉井垫木

(2)拆模及抽除垫木:沉井下沉前的抽除垫木是沉井施工中的重要工序之一,应精心而谨慎进行。沉井混凝土达到设计强度70%以上,方可拆模,在强度达到设计强度后才能抽除枕木。抽垫时应遵循的原则:以固定垫木为中心,由远到近,先短边后长边,最后撤四根固定垫木。

(3)沉井下沉:通过从井孔除土,消除刃脚正面阻力及沉井内壁摩阻力后,依靠沉井自重下沉。井内挖土方法视土质情况而定,一般分为排水挖土下沉和不排水挖土下沉两种。必要时可辅以其他措施助沉,诸如压重、高压射水、采用泥浆润滑套或空气幕等方法。

(4)沉井接高:各节沉井的竖向中轴线应与第一节重合,外壁应竖直平滑;要保证各节混凝土间紧密接合;立接高沉井模板时,不宜直接支撑于地面上,以免沉井因自重增加产生不均匀下沉,致使新浇筑的混凝土发生裂缝。

(5)封底、填充填料及浇筑顶盖板:封底之前应对基底检验和处理,一般情况采用不排水封底,封底厚度应满足沉井排水的要求。封底后填充填料,浇筑顶盖板。

2)水中沉井施工

当水深较浅,水流速不快,可用水中筑岛法施工沉井,筑岛材料为砂或砾石,周围用草袋围护;如水深较大或水位变化大时,可作围堰防护。当河道有冲刷时应加固围堰。其余施工与陆地沉井施工相同。

在水深流急、筑岛困难的情况下修建沉井基础,可采用浮式沉井。此法是把沉井底节做成空体结构,或采取其他办法使其在水中漂浮,用船只将其拖运至设计位置,再逐步用混凝土或水灌注空心体,增大自重,使其在水中徐徐下沉至河底,且切入河床一定深度保持稳定。当沉井分段预制时,下节沉井就位后,依靠其悬浮状态接高沉井,并通过充填混凝土等方法使其逐步下沉。最后工序也如陆上沉井的基底检验、封底混凝土浇筑、井内填料及浇筑顶盖板。

浮式沉井浮运或下水前，应掌握河床、水文、气象及航运等情况，并检查锚定工作及有关施工设备（如定位船、导向船等）。沉井底节入水后的初步定位位置，应根据水深、流速、河床面高低及土质情况、沉井大小及形状等因素，并考虑沉井在悬浮状态下接高和下沉中墩位处的河床面受冲淤的影响，综合分析确定，一般宜设在墩位上游适当位置。在施工过程中，尤其是在汛期，必须对锚碇设备，特别是导向船和沉井边锚绳的受力状态进行检查，防止导向船左右摆动。沉井落河床后，应采取措施尽快下沉，使沉井保持稳定，并随时观测沉井的倾斜、位移及河床冲刷情况，必要时采取调整措施。

第八章
混凝土拱桥

拱桥是一种可以采用天然材料建造、具有较大跨越能力的桥梁结构,也是能从古代使用至今寿命最长的桥梁结构。拱桥是我国发展历史最悠久的桥型之一,也是总数仅次于梁桥的一种桥型。在长期的发展过程中,拱桥不仅在建筑材料方面从早期的石材逐渐发展到混凝土、钢筋混凝土、预应力混凝土及钢管混凝土,目前常用跨径的拱桥中混凝土是主要建筑材料;拱桥的结构体系也由早期以拱作为承重结构的简单体系发展为拱与梁等构件共同受力的组合体系,适用性能已大幅度提高。本章将主要介绍常用混凝土拱桥的结构体系和类型、适用范围及组成构造等内容,并按照简单体系拱桥和组合体系拱桥进行介绍。

第一节 概 述

拱桥和梁桥的区别不仅仅是其有拱形的桥跨结构,更多的是在受力性能方面。由力学知识可知,在竖向荷载作用下,简支梁在支点处将仅受到竖向反力的作用;但拱在竖向荷载作用下,支点(拱脚)处除受到竖向反力的作用还有水平反力的作用(拱脚固结时也有力矩作用)。该水平反力的反作用力被称为水平推力。水平反力作用的存在,使拱承受的弯矩大大减小,处于主要承受轴向压力的状态。以主要轴压方式承载的拱,弯曲变形小、截面受力效率高,刚度明显大于以弯曲变形为主的梁;同时,通过轴压作用将荷载传递至拱脚的传力路线(压力线),比以弯曲与剪切作用将荷载传递到支点的梁更为清晰直接(图8-1)。拱桥的上述受力性能优势使其具有比梁桥更大的跨越能力。尤其在山区深谷地形时,利用两侧坚固的山体为支承,就能轻松建造单跨超过百米的拱桥,实现一跨越过深谷。随着材料、结构体系及施工技术的发展,拱桥方案的竞争力大大提高。

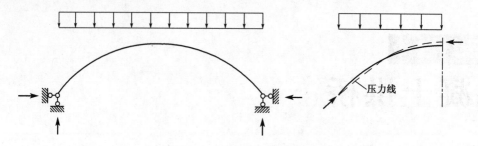

图8-1 拱桥的受力机理示意图

拱桥不仅可以采用钢筋混凝土、钢等材料来修建,而且还能依其受力特点取用适合承压而抗拉性能较差的圬工材料(石料、素混凝土、砖等)来修建。

采用圬工材料建造的拱桥,简称圬工拱桥。在环境等条件适合的情况下,圬工拱桥具有取材容易、节省钢材与水泥、构造简单、技术易掌握、承载能力潜力大、耐久性好、养护费用少等优点。目前,世界上跨度最大的石拱桥是1946年建成的瑞典绥依纳松特大桥,跨径达到155m;我国跨径最大的石拱桥是1990年建成的山西晋城丹河大桥,跨度达到146m。

以混凝土和钢筋作为主要建筑材料的拱桥,称为钢筋混凝土拱桥。相比圬工拱桥,钢筋混凝土拱桥自重小、跨越能力大,充分利用了混凝土与钢材的受力优势。钢筋混凝土拱桥也能通过选择合理的体系突出构形优势,达到良好的建筑艺术效果。目前世界上第一、二跨径的钢筋混凝土拱桥,分别为1997年建成跨径420m的我国重庆万州长江大桥和建于1980年390m跨径的原南斯拉夫KRK桥。

将钢管混凝土作为拱建筑材料的拱桥,称为钢管混凝土拱桥,它是在钢筋混凝土拱桥基础上发展起来的新结构。钢管混凝土材料优异的受压性能和钢管施工架设的便利条件,使混凝土拱桥的跨越能力得到进一步提升。目前世界上钢管混凝土拱桥的跨径已突破了500m,2020年建成的广西平南三桥的跨径已经达到575m。

钢拱桥是以钢材为主要建筑材料的拱桥,钢材的优良性能使拱桥原则上能够适应更大跨径的要求。建成于2009年跨径达到552m的重庆朝天门大桥为世界最大跨径的钢拱桥(也是第二大跨径的拱桥),1977年建成跨径518m的美国新河峡谷(New River Gorge)大桥是国外最大跨径的钢拱桥。

然而,提升拱桥的跨径并不能成为桥梁设计追求的主要目标。拱桥因其具有可将竖向荷载转换为轴向承压的受力性能,从而使其具备约2倍于梁桥的跨越能力的优势,但其也有一些有别于其他桥梁的限制条件,方案设计时需要科学、客观地论证,如果人为刻意突破合理范围则优势也将不复存在。因此,提升和合理把握拱桥的结构性能将是设计的重要目标。

施工方法是大跨径拱桥建设的关键问题。从传统的利用支架(拱架)施工发展到无支架施工,拱桥的适用范围及在大跨径桥梁中的竞争力有了很大提高。与其他大跨径桥梁相比,大跨钢筋混凝土拱桥具有造价低、抗风稳定性强、维护费用少的优点。钢管混凝土、劲性骨架混凝土及预应力混凝土材料的使用,为大跨径拱桥设计施工技术的创新和提升提供了条件。钢管混凝土材料不仅因其优异的抗压性能而成为大跨径拱桥的建筑材料,而且通过先安装不灌混凝土的钢管拱而使其成为后续施工的支架;钢管混凝土也能作为拱桥施工的劲性骨架,体积庞大的特大跨径拱桥可在没有强劲支架和强大吊装设备的条件下逐步建成。

当然,和其他形式的桥梁结构一样,拱桥也有一些缺点。传统拱桥尤其是圬工拱桥上部结构的自重大,同时也是一种有水平推力结构,下部结构工程量随之增加,因此对地质条件的要求高;拱桥的施工工序多、建桥时间也比同等跨径的梁桥长,若未能采用高度机械化和工业化的建造方法,辅助设备和劳动力用量多;在连续多跨大、中型的传统结构中,为防止一跨破坏而影响全桥安全,需要采取复杂的结构措施,或设置承受单侧水平推力的桥墩,由此造价会增加;为满足桥下净空要求,上承式拱桥因其曲线底面而提高了桥面高程,导致接线的工程量或桥面纵坡增加,结果增大造价或对行车不利。

拱桥虽然存在上述缺点,但只要在条件适合的情况下,修建拱桥往往经济合理且优点突出。因此,在我国公路桥梁建设中拱桥得到了广泛应用,而拱桥的缺点也正在得到改善和克服。如必须在地质条件不良的地区修建拱桥时,可采用钢筋混凝土、钢管混凝土等轻型的结构,减少上部结构重量;采用拱与梁等构件共同受力的组合体系结构,将拱的水平推力主要由梁或其他构件承担,改善地基的受力条件,也使结构呈现出更好的外形,扩展了其适用范围。为了节约劳动力、加快施工进度,可设法提高预制构件的比重,以利于机械化和工业化的快速施工。

在今后较长时期内,结合我国具体情况,进一步研究拱桥的结构体系、设计理论与方法,完善拱桥的构造技术,促进拱桥施工向工业化、装配化、机械化方向发展,将是我国广大桥梁工作者努力的方向。

第二节 拱桥组成和类型

一、拱桥主要组成

总体来看,拱桥同其他桥梁一样,整个结构也是由上部结构和下部结构两大部分组成。

拱桥中作为桥跨结构的拱,在传统拱桥中习惯地称为拱圈,也称为主拱圈或主拱(若结构中还有其他不作为桥跨的拱构件)。拱圈在横桥向截面布置有两种构造方式,即整体式和分离式。分离式截面的拱圈通常由若干条分离的拱肋组成;整体式截面的拱圈是横向一体的板形,其顶曲面称为拱背、底曲面称为拱腹。根据桥面系或桥面结构与拱圈在立面中的相对位置,拱桥可以构造成上承式、中承式或下承式三种形式。图8-2表示的是拱桥的各主要组成部分及其名称。

上承式拱桥的桥面系位于拱圈之上,拱圈在横桥向的截面布置可为整体式或分离式,桥面系与拱圈之间由传力构件或填充物过渡以形成平顺的桥面道路,桥面系及传力构件或填充物统称为拱上结构或拱上建筑。

中承式拱桥的拱圈由若干分离的拱肋组成,横梁及支承于其上的桥面板等所构成的桥面结构位于拱肋立面的中部,利用设在横梁处的吊杆将荷载传递到拱肋,桥面结构位于拱肋以上的部分则由立柱支承在拱肋及墩、台上。

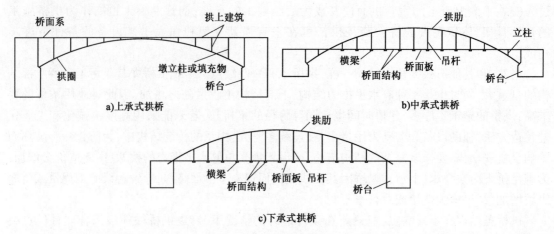

图 8-2 拱桥的主要组成部分

下承式拱桥的拱圈也由分离的拱肋组成,桥面结构与中承式拱桥相似,除其两端其余均由吊杆悬吊在拱肋上。

拱桥的下部结构由桥墩、桥台及基础等组成,用以支承桥跨结构,将桥跨结构的荷载传至地基,并与两岸路堤相连接。对于在拱脚处设铰的有铰拱桥,拱圈与墩(台)帽间还设置了既能传递荷载、又允许结构变形的拱铰构造。

有关拱桥的其他术语名称,可参见第一章的相关部分,这里不再重复。

二、拱桥结构类型

拱桥的发展历史长、使用极为广泛,形式多种多样、构造各有差异。为了便于其特点的描述,常用的拱桥分类方式如下。

1. 结构体系

按照拱与拱上建筑或桥面结构之间相互作用的性质和影响程度及联结方式,可以把拱桥分为简单体系拱桥及组合体系拱桥两大类。拱桥结构体系简图如图 8-3 所示。

在简单体系拱桥中,拱上建筑或桥面结构与拱之间无刚性联结或联结较薄弱,其不参与拱受力或与拱的共同受力作用很小,主要起着传力作用和满足功能要求,拱是拱桥的承重桥跨结构。这种体系的拱桥,按照不同的构造方式和支承条件可分为:

(1) 三铰拱[图 8-3a)],在拱脚和跨中设铰,属于静定结构,其在荷载或作用不会产生附加内力,拱脚作用水平推力。

(2) 两铰拱[图 8-3b)],拱脚铰接、拱跨结构连续,为一次超静定结构,拱脚作用水平推力,但相对竖向位移不产生附加内力。

(3) 无铰拱[图 8-3c)],拱脚固结、拱跨结构连续,为三次超静定结构,在荷载或作用下均会产生附加内力,拱脚作用水平推力及力矩。

与上述简单体系拱桥不同,组合体系拱桥(也称为组合式拱桥),是将桥面结构等构造与拱跨结构按多种方式组合成一个整体、共同承受荷载。组合体系拱桥是内部高次超静定的结构,根据不同的组合方式和受力特点,又可分为无推力和有推力、外部静定与超静定等形式。

(1)拱式组合桥,是近年来在我国使用较广泛的拱桥,其中主要形式有简支拱式组合桥、单悬臂拱式组合桥及连续拱式组合桥[图8-3d)~h)],这些桥梁结构的外部有静定的或超静定的。拱式组合桥的内部由拱和梁或拱与系杆组合而成,拱和梁或系杆共同承担荷载,且由梁或系杆抵抗拱的水平推力,基础不承受水平推力或承受很小的水平推力(也称为无推力)。

(2)整体式拱桥,是我国以前使用较广泛的上承式拱桥,拱与拱上建筑组合成一体结构,结构外部超静定,拱与下部结构间设铰或无铰,支承条件与简单体系拱桥一样。该类拱桥主要有桁架拱桥[图8-3i)]和刚架拱桥[图8-3j)],结构轻巧、水平推力较小。

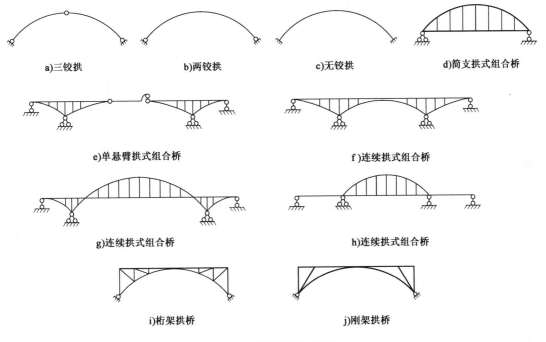

图8-3 拱桥结构体系简图

组合体系拱桥具有良好的受力性能、适用性能及经济性能,结构构形美观,得到了广泛应用。

2. 截面形式

拱圈沿其轴线可以构造成等截面或变截面。等截面拱的横截面是相同的[图8-4a)],变截面拱的横截面是逐渐变化的。无铰拱的横截面通常采用从拱顶向拱脚逐渐增大的变化方式[图8-4b)];在三铰拱或两铰拱中,因最大内力出现在约在四分之一跨径或跨中处,常采用图8-4c)或图8-4d)(俗称镰刀形)的截面变化方式。等截面拱的构造简单、施工方便,因此它是目前使用最普遍的一种形式。

拱圈横截面形式是多种多样的,常用截面的圬工和钢筋混凝土拱圈有下面几种(图8-5)。

(1)板拱。拱圈采用矩形实体截面[图8-5a)]。由于该类拱圈的构造简单、施工方便,因而使用广泛。但实体矩形截面的抗弯效率不高,若要获得较大的抗弯惯性矩,则必须增大截面尺寸,也就相应增加了材料用量和结构自重,结果加重了下部结构和地基的负担,经济性下降。所以,板拱通常只用在中、小跨径圬工拱桥中。

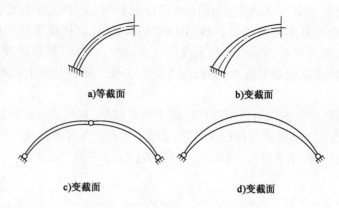

图 8-4　拱圈截面变化方式示意图

（2）肋拱。拱圈由两条或多条分离的拱肋组成[图 8-5b)]，肋与肋之间由横系梁相连。与上述板拱相比，拱肋的高度大于板，可用较小的截面面积获得较大的抗弯惯性矩，从而大大节省材料用量、减轻自重，使其成为适合较大跨径的各类拱桥。随着钢管混凝土材料技术的发展，拱肋采用钢管混凝土已逐渐成为拱式组合桥和大跨径拱桥的发展趋势。

（3）箱形拱。箱形拱分为箱形板拱和箱形肋拱[图 8-5c)、d)]，拱圈的外形与板拱或肋拱相似。箱形拱截面的抗弯惯性矩较相同材料用量的板拱或肋拱大很多，所以材料省、自重轻。更重要的是，箱形截面的抗扭刚度大，承受横向作用的能力强，能明显提高结构的整体性和稳定性，所以更适用于大跨径结构。国内外大跨径钢筋混凝土拱桥基本都采用箱形拱。

除上述截面形式的拱圈，还有一种横截面由一个或数个小拱构成、在纵向及横向均呈曲线形的双曲拱[图 8-5e)]。双曲拱圈截面的抗弯惯性矩比板拱的大，节省材料、自重小，曾在全国公路、铁路、渠道等工程结构中广泛应用。但因拱圈截面采用多次预制现浇组合而成、施工烦琐，且结合面等部位易开裂，故近年来双曲拱几乎没有再被采用。

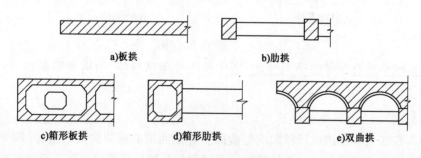

图 8-5　拱圈常用的截面形式

3. 其他分类

按照建桥材料（主要是针对拱圈使用的材料）可以分为圬工拱桥、钢筋混凝土拱桥、钢管混凝土拱桥及钢拱桥等；

按照桥面系在拱立面中的位置可以分为上承式拱桥、中承式拱桥和下承式拱桥；

按照上承式拱桥按照拱上结构为空心或实心构造可以分为实腹式拱桥与空腹式拱桥；

按照拱轴线的线形可分为圆弧（线）拱桥、抛物线拱桥和悬链线拱桥等；

按照是否对下部结构作用水平推力则分为有推力拱桥和无推力拱桥。

三、拱桥结构布置

在通过必要的桥址方案比较确定了桥位之后,根据当地水文、地质等具体情况,合理地拟定桥梁的长度、跨径、跨数、桥面高程等,是拱桥总体设计的主要内容。拱桥与梁桥有较大差异,该差异主要在结构外形和受力体系两个方面。拱是曲线形的桥跨结构,在满足道路线形、桥下净空要求等方面与梁桥均有不同;拱是有水平推力且一般是超静定的桥跨结构,对地质地基的要求及抵抗外部作用的机理等方面也与梁桥不同。因此,在拱桥设计时应首先考虑上述问题。

1. 总体布置

1) 控制高程确定

拱桥的设计控制高程主要有四个,即桥面高程、跨中结构(拱圈或桥面结构)底面高程、起拱线高程及基础底面高程(图 8-6)。拱桥的桥面高程,一方面由两岸线路的纵断面设计来控制,另一方面也要保证桥下净空能满足泄洪、通航或地面行车的要求。桥下设计水位或地面道路设计高程加上桥下净空高度,决定了拱桥跨中区段结构底面的最低高程(图 8-7);而桥面高程与跨中区段结构底面的最低高程之差,也就确定了拱桥跨中区段建筑高度的容许范围。起拱线高程主要由流冰水位、施工要求等决定。

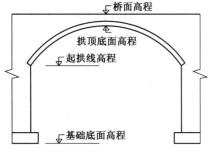

图 8-6 拱桥设计控制高程

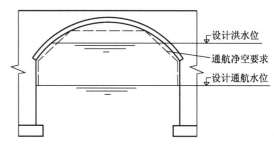

图 8-7 拱桥净空规定

拟定起拱线高程时,为了尽量减小桥墩(台)基础底面的弯矩、节省墩台的圬工数量,一般宜选择低拱脚的设计方案。但在具体设计时,拱脚位置往往又受到通航净空、排洪、流冰条件,以及结构体系等要求的限制。

2) 矢跨比选取

当跨径初步拟定后,根据跨径及拱顶、拱脚高程,就可以确定拱的矢跨比(f/l)。矢跨比是拱桥设计的主要参数之一,它的大小不仅影响拱圈内力的大小,而且也影响拱桥的构造形式和施工方法的选择。

由结构力学可知,拱脚水平推力与矢跨比呈反比关系。对于简单体系拱桥,如采用圬工及钢筋混凝土拱,水平推力大,拱圈内的轴向压力也大,对拱圈自身的受力是有利的,但对墩台基础是不利的;同时,矢跨比越小,温度变化、混凝土收缩徐变,以及墩台位移等因素,引起的附加内力也越大。然而,较小的矢跨比却能提供较大的桥下有效净空,降低桥面高程,减小引道长度。另外,拱桥的外形是否美观,与周围景物能否协调等,也与矢跨比有很大关系。因此,拱圈的矢跨比应经过综合比较后才能进行选定;但在设计高程、跨径限制很严的情况下,矢跨比又是不能随意选定的。

对于简单体系拱桥,石、混凝土等圬工拱圈的矢跨比一般为 1/8～1/4,一般不宜小于 1/10;钢筋混凝土拱的矢跨比一般为 1/8～1/5。通常情况下,矢跨比小于 1/5 的称为坦拱,大于或等于 1/5 的拱称为陡拱。对于组合式拱桥,矢跨比一般为 1/10～1/5,或者更小一些,按构造形式而变化,但一般不小于 1/12。

3) 拱轴线选择

由结构力学可知,拱轴线的形状不仅直接影响着拱圈的内力及截面应力的分布(强度影响),而且它与结构的耐久性(开裂影响)、经济合理性(材料使用)和施工安全性等都有密切的关系。因此,在拱桥设计中,选择合适的拱轴线形是一个需要解决的重要问题。

选择拱轴线的原则,就是尽可能降低由荷载产生的弯矩。最理想的拱轴线是采用拱上各种荷载作用下的压力线,即拱轴线与压力线吻合,此时的拱轴线也称为合理拱轴线,这时拱截面只承受轴向压力,而无弯矩作用,借以能充分利用圬工材料的抗压性能。可事实上是不可能获得这样的拱轴线的,因为除结构重力外,拱圈还要受到车辆荷载、温度变化和材料徐变、收缩等因素的作用。但由于结构重力占全部荷载的比重较大,结构重力作用下的压力线与拱轴线基本吻合时,一般说来基本上也就是适宜的。

一般来说,拱桥设计中所选择的拱轴线应满足以下几个方面的要求:尽量减小拱圈截面的弯矩,使其在计入拱自身弹性压缩、均匀温降、混凝土徐变、收缩等作用下各主要截面的应力相差不大、且最大限度地减小截面拉应力,最好是不出现拉应力;拱桥施工时应能满足各阶段的受力要求,并尽可能少用或不用临时性施工措施;线形美观,且便于制作。

目前,我国拱桥常用的拱轴线形有以下几种:

(1) 圆弧线

圆弧线简单,施工最方便,易于掌握。但在一般情况下,圆弧形拱轴线与结构重力的压力线的偏离较大,使拱圈各截面受力不均匀。因此圆弧线常用于 15～20m 以下的小跨径拱桥。

(2) 悬链线

实腹式拱桥的结构重力集度(纵向单位长度上的结构重量),从拱顶向拱脚是逐渐增加的(图8-8),在这种荷载分布图式下,拱圈的压力线是一条悬链线。因此,实腹式拱桥采用悬链线作为拱轴线是最合适的。对于空腹式拱桥,相应的压力线将是一条有转折点的多段曲线,压力线与拱轴线将有偏离。然而,理论分析证明,这种偏离对拱圈控制截面的受力是有利的。因此,空腹式拱桥也广泛采用悬链线作为拱轴线。悬链线是目前我国大、中跨径拱桥采用最普遍的拱轴线形。

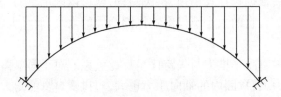

图 8-8 实腹式拱桥结构重力分布示意图

(3) 抛物线

由结构力学可知,在竖向均布荷载作用下,拱的合理拱轴线是二次抛物线。对于结构重力集度比较接近均布的拱桥,往往可以采用二次抛物线作为拱轴线。

中承式与下承式简单体系拱桥、组合体系拱桥的结构重力分布较均匀,因此二次抛物线作为拱轴线是适宜的。

在某些大跨径拱桥中,由于拱上建筑布置的特殊性(如腹孔跨径特别大等),为了使拱轴线尽可能与结构重力的压力线相吻合,也有采用高次抛物线(如四次或六次抛物线)作为拱轴线的。

由上可见,拱上建筑的形式与布置、桥面结构的支承方式,对拱轴线选择有密切的关系。在一般情况下,上承式小跨径拱桥可采用实腹圆弧拱或实腹悬链线拱;大、中跨径上承式拱桥可采用空腹悬链线拱;轻型拱桥、矢跨比较小的大跨径上承式拱桥、中承式拱桥和下承式拱桥及各种组合式拱桥,可以采用抛物线拱。

4)不等跨连续拱桥布置

简单体系拱桥和部分组合式拱桥,对下部结构作用着水平推力。为了使多跨连续拱桥(简称连拱)结构重力引起的水平推力相互抵消,减少不平衡水平推力对下部结构的不利影响,最好选用等跨分孔的方案。但在受地形、地质、通航等条件的限制,或引桥很长应考虑与桥面纵坡协调一致时,或对桥梁美观有特殊要求(如城市或风景区的桥梁)时,可根据地形和通航要求等情况,考虑采用不等跨的分孔方案(图8-9)。

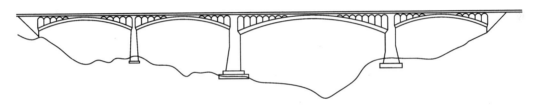

图8-9 不等跨分孔拱桥示意图

由于相邻跨拱结构重力引起的水平推力不相等,使桥墩和基础增加了不平衡的水平推力。为了减小这个不平衡水平推力,改善桥墩、基础的受力状况,节省材料和造价,可采用以下措施。

(1)采用不同的矢跨比

利用在跨径一定时矢跨比与水平推力大小成反比的关系,在相邻两跨中,大跨径用较陡的拱(矢跨比较大),小跨径用较坦的拱(矢跨比较小),使两相邻跨在结构重力作用下的不平衡水平推力尽量减小。

(2)采用不同的拱脚高程

由于采用了不同的矢跨比,致使两相邻孔的拱脚高程不在同一水平线上。因大跨径孔的矢跨比大,拱脚高程相对降低,减小了拱脚水平推力对基底的力臂,这样可以使大跨与小跨的结构重力引起的水平推力对基底所产生的弯矩得到平衡(图8-10)。

(3)调整上部结构的自重

若必须使相邻跨的拱脚放置在相同(或相接近)的高程上时(如美观要求等),则可用调整上

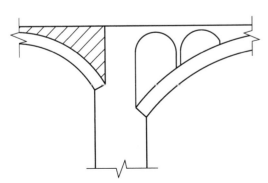

图8-10 相邻孔拱脚选用不同高程

部结构的重量来减小相邻跨间的不平衡水平推力。例如,对于上承式拱桥,大跨径拱可用自重较小的拱圈截面和轻质的拱上填料或空腹式拱上建筑,小跨径拱用自重较大的拱圈截面及较重的拱上填料或实腹式拱上建筑,以改变结构重量来调整拱桥的水平推力。

在具体设计时,也可以同时采用几种措施。如果仍不能达到完全平衡推力的目的,则须设计体形不对称的或大尺寸的桥墩和基础,来平衡或承受不平衡水平推力。

2. 体系与结构选择

1) 结构体系选取

按照本章第二节所述的拱桥分类,从拱圈与桥面结构相互作用的性质、影响程度及联结构造的基本特点来看,拱桥可分为两大体系,即简单体系拱桥与组合体系拱桥。这两个体系的拱桥,不仅在受力、构造方面有差别,而且在造价及施工方法等方面均有差异。为了选取合适的拱桥体系,总体设计应在已知桥位自然条件、通航要求、分孔及道路等级等情况下,从经济合理性、技术可行性、耐久适用性等方面进行分析研究。

经济合理是一个基本的设计原则。拱桥体系的选取应与所属道路等级、桥梁地位相协调。低等级、次要的道路,宜考虑采用构造简单、造价、维护费较低的简单体系拱桥,并因地制宜地选用当地建材;高等级道路桥梁也应依其所处环境,选择合适的体系。

技术可行性也是拱桥体系选择的一个主要因素。在技术可行的条件下,应按照技术先进的原则进行设计与施工,但是设计也必须考虑经济合理性、适用性、安全性。充分利用成熟的先进技术,结合实际设计与施工能力,才能达到与经济、适用、安全共存的技术可行性。

耐久适用性,涉及拱桥设计性能的长期维持和维护的经济性。在设计使用年限的受力和环境因素作用下,经简便和经济的维护、维修,所选体系的拱桥不应出现功能下降。在特定的荷载与桥位环境下,拱桥体系的选择应同时考虑维护的简便性及经济性。

2) 结构类型选择

(1) 结构静力图式的选择

对于简单体系拱桥,在地基较差的地区,一般可考虑采用二铰拱结构,因其仅有一次超静定,较能适应不良地基引起的墩台不均匀沉降、水平位移及转动。虽然静定结构即三铰拱更适合不良地基,但因拱顶铰构造复杂、施工困难及结构整体刚度差等原因,现已极少采用,故可不予考虑。

对于组合体系拱桥,静定与超静定结构均有。当遇到不良地基时,对于结构外部有水平推力的单跨桁架拱桥或刚架拱桥,可以考虑拱脚设铰的静力图式;对于多跨组合式拱桥,不仅可考虑拱脚设铰,而且也可将桥墩处拱座与承台之间的水平约束释放,使其成为与连续梁一样的外部静力图式。当然,外部静定的组合体系拱桥更适合用于不良地基。

(2) 上部构造形式的选择

拱桥上部构造的形式,受上部结构的设计高程控制。桥面系在拱桥上部结构立面中的位置,即采用上承、中承或下承式结构,将直接与拱桥跨中桥面高程、结构底面高程和起拱线高程有关。一旦拱桥的控制高程确定,拱桥的构造形式也就基本被限定。

对于给定的设计跨径,由上述三个控制高程和合理的矢跨比,可判断采用上承式结构的可能性。若桥面与拱脚高差较小、矢跨比不能满足上承式结构要求时,可考虑采用中承式或下承式结构。但需注意,无推力的中承式组合拱桥为多跨结构,在单跨情况下只能采用下承式结构。

对于平原地区尤其是城市桥梁,由于受到地面建筑物、纵坡等影响,桥面高程是严格控制的;同时桥下净空则受到航道等级、排洪或地面行车等要求的限制,跨中结构底面高程也被下限值所控制。采用中承或下承式拱桥可降低建筑高度,提供较大的桥下净空。

第三节 简单体系拱桥

一、结构形式与受力特性

简单体系拱桥按桥面系或桥面结构与拱圈的相对位分为上承式拱桥、中承式拱桥和下承式拱桥(图8-2)。上承式拱桥由拱圈和拱上建筑组成,拱圈为整体式曲面结构,桥面系位于拱上建筑的顶部;桥面系与拱圈之间采用实腹填充材料的称为实腹式拱,采用墩柱支承时称为空腹式拱。中承式拱桥由拱肋、桥面结构、吊杆及立柱组成,拱圈为若干分离的拱肋构造,桥面结构位于拱平面的中部;桥面结构一般由横梁和桥面板等组成,部分用吊杆悬挂在拱肋下,部分则通过立柱支承在拱肋上。下承式拱桥由拱肋、桥面结构及吊杆组成,拱圈也为分离的拱肋构造,桥面结构与中承式拱桥相似,除两端其余均由吊杆悬吊在拱肋上。

简单体系拱桥是以裸拱方式作为桥跨结构主要承重的,上承式拱桥的桥面荷载通过立柱或实腹填料传递至拱圈,下承式和中承式拱桥的桥面荷载通过吊杆或立柱传递到拱肋,拱的水平推力由墩台或基础承受,拱本身承受着压力、弯矩及剪力。

简单体系拱可采用三铰、两铰或无铰[图8-3a)、b)、c)]的构造方式和支承条件。三铰拱是静定结构,温度变化、混凝土收缩、支座沉陷等作用引起的变形不会在拱内产生附加内力。但由于铰的构造复杂、施工困难,且其也降低了结构刚度和抗震能力,因此桥跨结构中一般不再采用三铰构造。无铰拱为三次超静定结构。在结构重力和外荷载等作用下,拱圈的内力分布比三铰拱均匀,材料用量也比三铰拱节省。由于拱圈中无铰,结构刚度大、构造简单、施工方便,因此使用较广泛。但因温度变化、材料收缩徐变及墩台位移等作用都会产生较大的附加内力,所以无铰拱一般适合修建在地质条件良好的地区。两铰拱为一次超静定结构,它的受力与构造特点介于三铰拱与无铰拱之间,因无跨中铰结构刚度大于三铰拱。由于两个拱脚地基相对沉降不会产生附加内力,故因地基条件较差而不宜修建无铰拱时可考虑采用两铰拱。

二、上承式拱桥

1.拱圈构造

简单体系上承式拱桥根据拱圈的截面形式不同主要分为板拱、肋拱、双曲拱、箱形拱。

1)板拱

板拱是指拱圈采用实体矩形截面的拱。根据设计要求,板拱可以采用等截面圆弧拱、等截面或变截面悬链线拱,拱圈所用材料可为石材、混凝土和钢筋混凝土,结构主要为无铰拱,也可用二铰和三铰拱。

(1)截面尺寸拟定

①拱圈宽度。

对于实腹拱桥,拱圈的宽度主要取决于桥面的宽度。桥面的栏杆(宽150~250mm)一般都布置在帽石的悬出部分上面[图8-11a)]。这样,拱圈的宽度就接近桥宽。

为了减小实腹拱的拱圈宽度,可将人行道布置在钢筋混凝土悬臂上。钢筋混凝土悬臂的做法大致有两种,一种是设置单独的悬臂构件[图8-11b)、c)];另一种是采用横贯全桥的钢筋混凝土挑梁,在挑梁上再安设钢筋混凝土人行道板[图8-11d)]。采用悬臂式人行道结构,虽然用钢量较不设悬臂时多,但减少了拱圈宽度及墩台尺寸,节省了较多的圬工量,从而能获得更好的经济效益。

对于空腹式板拱,拱圈宽度则与腹孔形式有较大关系。如拱上建筑采用拱式腹孔时(即为多跨拱式结构),一般同实腹拱一样拟定拱圈宽度;若拱上建筑为梁式腹孔时(即多跨梁式结构),则拱圈宽度均小于桥面宽度[图8-11e)、f)]。

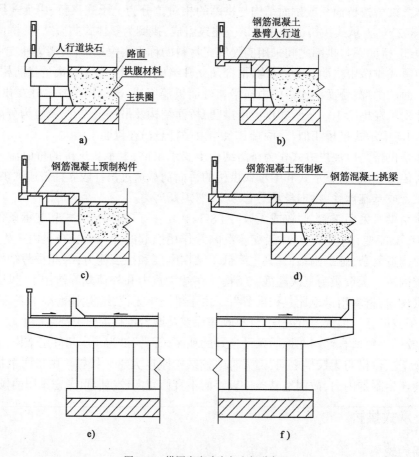

图8-11 拱圈宽度确定与人行道布置

桥面结构悬出拱圈长度一般以1.0~2.5m为宜,但个别更大。对于荷载以结构重力为主的板拱桥,拱圈宽度减小后,车辆荷载的应力略有增加。故综合考虑全桥造价,采用较窄的拱圈是经济的。如主桥全长1250m的长沙湘江大桥,桥面宽度为20m,由于采用了预制钢筋混凝土悬臂人行道,两侧各挑出1.10m,而使主拱圈宽度减小到17.80m,从而节省了工程造价,加快了工程进度。

公路拱桥的主拱圈宽度一般均大于跨径的1/20,随着跨径的增大,宽跨比也在减小。按我国《公路钢筋混凝土及预应力混凝土桥涵设计规范》(JTG 3362—2018)规定,若拱圈的宽跨比小于 1/20 时,为了确保拱圈的安全可靠,则应验算其横向稳定性。

②拱圈厚度。

拱圈高度与跨径、矢高、建筑材料、荷载大小等因素有关。

根据我国多年来实践经验,对于等厚度中、小跨径石拱桥的拱圈厚度可按下列经验公式进行估算:

$$h = 45mk\sqrt[3]{l_0} \tag{8-1}$$

式中:h——拱圈厚度(mm);

l_0——拱圈净跨径(m);

m——系数,一般为 4.5~6,取值随矢跨比的减小而增大;

k——荷载系数,对于公路—Ⅰ级为 1.4,公路—Ⅱ级为 1.2。

大跨径石拱桥的拱圈高度,一般先参照已建成桥梁的设计资料拟定或参考其他经验公式估算,然后再通过进一步受力计算调整。

对于钢筋混凝土板拱,拱顶截面高度可按跨径的 1/70~1/60 进行估算,跨径大时取小值。若采用变高度截面,拱脚截面高度和拱顶截面高度的关系可采用 $h_j = h_d/\cos\varphi_j$,其中拱脚截面倾角可近似按相应的圆弧拱取值,即 $\varphi_j = 2\tan^{-1}(2f/l)$。

③拱圈截面的变化规律。

拱桥的拱圈有等截面和变截面两种形式。变截面拱圈的做法通常有两种,一种是拱圈沿拱轴方向不变宽度而只变厚度,另一种是厚度不变而改变拱圈的宽度(图 8-12)。

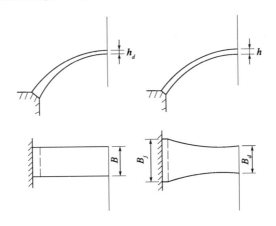

图 8-12 拱圈截面的两种变化方式

由结构力学可知,拱圈截面上作用着轴向力 N 和弯矩 M(剪力 Q 较小暂且不计),而轴向力可近似表示为 $N \approx H/\cos\varphi$,此处 H 为水平推力,φ 为任意截面处拱轴切线与水平线的夹角,由于 $\cos\varphi$ 值由拱顶向拱脚逐渐减小,故轴向力 N 由拱顶向拱脚逐渐增大。为了使各截面的应力值趋于相等,拱圈截面也应自拱顶向拱脚逐渐增大。

同时,在无铰拱中,沿拱轴截面弯矩 M 的变化也很复杂,它不仅与截面位置、荷载布置有关,而且与截面变化规律有着密切的联系。图 8-13 给出了一跨径 126m 的简单体系拱的截面惯性矩变化时拱圈弯矩的分布情况。可见,由于超静定结构的内力分布与相对刚度相关,惯性矩逐渐由拱顶向拱脚增加,弯矩也随惯性矩的增加而增加,用增大截面惯性矩来减小弯曲应力的方法并不是最有效的。因此在一般情况下,为了方便施工,拱圈一般宜采用等截面。

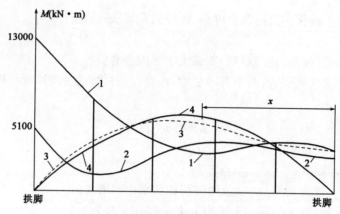

图 8-13 弯矩分布与截面惯性矩变化的关系
1-惯性矩自拱顶向拱脚增大的无铰拱;2-惯性矩自拱顶向拱脚减小的无铰拱;3-两铰拱;4-三铰拱

目前在无铰拱桥设计中,对于跨径小于 50m 的石板拱桥、箱形拱或钢筋混凝土肋拱桥,均可采用等截面拱圈。只有在更大跨径的圬工拱桥中,为了节省圬工、减轻拱圈自重,可考虑采用由拱顶向拱脚增厚的变截面形式。拱圈截面变化最常采用的规律是(图 8-14):

$$\frac{I_\mathrm{d}}{I\cos\varphi} = 1 - (1-n)\xi$$

或

$$I = \frac{I_\mathrm{d}}{[1-(1-n)\xi]\cos\varphi} \tag{8-2}$$

式中:I——拱圈任意截面惯性矩;
I_d——拱顶截面惯性矩;
φ——拱圈任意截面的拱轴切线与水平的倾角;
n——拱厚变化系数,视结构重力与车辆荷载的比值而定,n 越小,拱厚变化就越大。

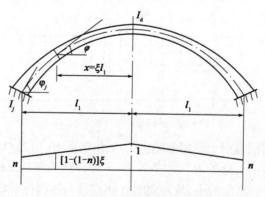

图 8-14 变截面拱圈的截面变化规律

公路空腹式与实腹式圬工拱桥的 n 值一般可取用 $0.3 \sim 0.5$ 和 $0.4 \sim 0.6$;公路钢筋混凝土拱桥可采用 $0.5 \sim 0.8$。矢跨比较小的拱,取较小的 n 值;反之取较大的 n 值。

在拟定了拱顶截面尺寸之后,由上述公式即可确定拱圈其他截面的尺寸,如在拱脚处:

$$I_\mathrm{j} = \frac{I_\mathrm{d}}{n\cos\varphi_\mathrm{j}} \tag{8-3}$$

式中:I_j——拱脚截面惯性矩;
  φ_j——拱脚截面的拱轴切线与水平线的夹角;
  其余符号意义同前。

在大跨径拱桥中,也可以采用等高变宽的变截面拱圈。这种方式由于截面高度不变而宽度由拱顶(或1/4跨径处)向拱脚逐渐增大,因此在截面惯性矩改变不大的情况下,既加大了截面(以抵抗向拱脚增大的轴向力,使其应力更趋均匀),又提高了拱的横向稳定性。但这种拱圈变截面方式,将增大下部结构的宽度、增加造价,因而一般适用于大跨径窄拱桥。如日本1974年建成的外津桥,主孔为跨径170.0m的两铰拱,桥面宽9.5m,拱圈采用等高(2.4m)变宽的形式:拱顶截面宽8.0m,拱脚截面宽16.0m,这样既提高了拱圈横向刚度,增强了横向稳定性,又扩大了拱脚铰支承的面积,有利于铰的设置。

关于两铰拱或三铰拱拱圈截面的变化规律,也应以适应弯矩变化为依据进行拟定,此处不再详述。

(2)拱圈构造

①石砌板拱。

石砌板拱,又称为石板拱。按照砌筑拱圈的石料规格,又可以分为料石拱、块石拱及片石拱等各种类型。

采用砌筑料石拱圈应根据受力需要确定砌缝构造。拱石受压面应与拱轴线相垂直,但横向可做成通缝;当拱圈较薄时可采用单层拱石[图8-15a)]。当拱圈较厚时可采用多层拱石[图8-15b)],但要求垂直于受压面的顺桥向砌缝应错开。在拱圈的横截面内,拱石的竖向砌缝应错开以增大砌体的抗剪强度和整体性。跨径较小、桥面特宽的桥梁,为防止拱圈横桥向受力不匀及温度变化等因素造成纵向开裂,可考虑采用分离式拱圈。上述所有错缝不应小于100mm,砌缝的缝宽不应大于20mm。

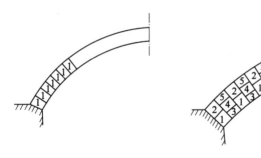

a)单层拱石砌筑　　　　b)多层拱石砌筑

图8-15　等截面圆弧石砌板拱

为了节省材料、减轻自重、改善拱圈的抗弯性能,也可砌筑成一种带肋的板拱构造。在缺乏合格天然料石的地区,可采用先预制混凝土砌块然后再砌筑的施工方法,或采用素混凝土建造板拱。

②钢筋混凝土板拱。

与石板拱相比,钢筋混凝土板拱具有外形美观、表面整齐、构造简单、板薄轻巧的特点(图8-16)。根据桥宽或施工方案,钢筋混凝土板拱的横截面布置,可采用整体式板构造[图8-16a)]或分割成若干块板(分离式)构造[图8-16b)]。

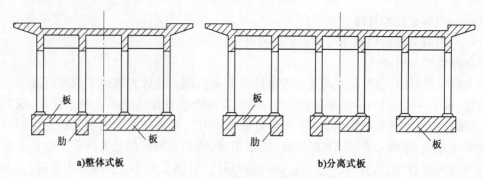

图 8-16 钢筋混凝土板拱截面

钢筋混凝土板拱的配筋由计算与构造要求确定。沿拱圈轴向所配置的纵向受力钢筋的最小含筋率一般为 0.2%~0.4%,上下缘对称布置,以满足弯矩变化的要求。无铰拱的纵向钢筋应伸入墩台并达到锚固要求。在纵向钢筋的外侧,按受压构件的构造要求设置箍筋,并在纵向钢筋的内侧设横向分布钢筋。在拱脚及其他节点处横向钢筋按《公路钢筋混凝土及预应力混凝土桥涵设计规范》(JTG 3362—2018)要求加密布置。

同石板拱相似,为了节省材料、减轻自重、充分利用钢筋混凝土强度、改善拱圈的抗弯性能,钢筋混凝土板拱也可设计成一种带肋的板拱,即钢筋混凝土板肋拱。

2) 肋拱

肋拱的横向由两条或多条分离、平行的拱肋组成(图 8-17),通常多为无铰拱,材料通常是钢筋混凝土。钢筋混凝土肋拱桥与板拱桥相比,主要优点在于:能较多地节省混凝土用量,减轻拱体重量,桥墩、桥台的工程量也相应减少。随着结构重力对拱肋内力影响的减小,车辆荷载影响相应增大,钢筋可以较好地承受拉应力,这样就能充分发挥钢材的作用。

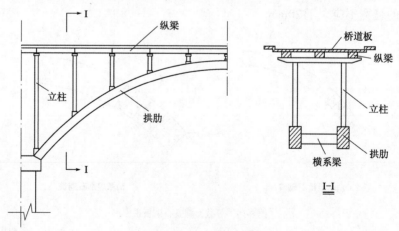

图 8-17 肋拱和截面示意图

(1) 拱肋的构造

拱肋的数目和间距,与跨径、桥宽、拱上结构构造、所用材料及经济性等因素有关。为了简化构造,宜选用较少的拱肋数量。同时,与其他形式拱桥一样,为了保证肋拱桥的横向整体稳定性,两侧拱肋最外缘的间距一般也不应小于跨径的 1/20。

拱肋的截面形式主要与跨径有关。为便于施工,小跨径的肋拱桥多采用矩形截面 [图 8-18a)];大、中跨径拱肋桥常做成工字形截面[图 8-18b)],以减轻结构自重并改善截面受力,但这种截面拱肋的横向刚度较小;跨径大、桥面宽的肋拱桥,还可采用箱形截面拱肋[图8-18c)],以提高拱肋横向受力和抗扭性能、节省更多的混凝土工量,但结构构造及施工较复杂。采用钢管混凝土材料的拱肋[图8-18d)],是一种施工方便,构造简单的结构,现已在我国广泛应用。

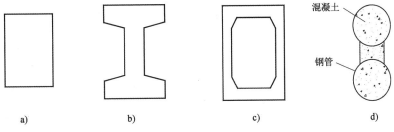

图8-18 拱肋的截面形式

在分离的拱肋之间应设置横系梁,以增强肋拱桥的横向整体性、稳定性,在拱脚及跨中段横系梁布置应适当加密。横系梁可采用矩形或工字形截面,肋(腹)板的厚度不少于100mm、高度800~1000mm或与拱肋同高。

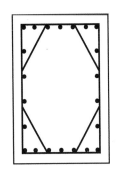
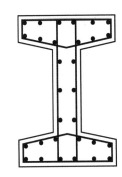

图8-19 肋拱截面配筋

拱肋的纵向钢筋配置按使用期、施工阶段的受力和构造要求确定,箍筋按受压构件要求设置(图8-19),在拱脚处箍筋应加密布置。若采用支架施工且受力不控制时,则应按构造要求布筋。采用无铰拱肋时,纵向钢筋应伸入墩台并达到锚固要求。横系梁一般可按构造要求配置钢筋,但不得少于四根(沿四周放置),并用箍筋组合形成骨架。

在分离的拱肋之间应设置横系梁,以增强肋拱桥的横向整体性、稳定性,在拱脚及跨中段横系梁布置应适当加密。横系梁可采用矩形或工字形截面,肋(腹)板厚度不少于100mm、高度800~1000mm或与拱肋同高。为了保证横系梁与拱肋之间的可靠联结,宜采用现浇湿接头的方式,即在接头处拱肋侧面预留外伸钢筋,其与横系梁端的预留外伸钢筋焊接,然后现浇混凝土。

有关钢管混凝土拱肋的构造,详见本章第三节中承式和下承式拱桥中的有关内容。

(2)拱肋截面尺寸拟定

拱肋截面尺寸与跨径和截面形式及拱肋的数目和间距等有关。

根据设计经验,矩形和工字形拱肋的截面高度,可分别按跨径的1/60~1/40与1/35~1/25拟定,也可采用如下经验公式:

$$h = \frac{l_0}{100} + h_0 \qquad (8-4)$$

式中:h——拱肋截面高度(mm);

l_0——拱肋净跨径(mm);

h_0——矩形截面取800mm,工字形截面取1000mm。

矩形截面拱肋的肋宽为肋高的0.5~2.0倍;工字形截面拱肋的肋宽为肋高的0.4~0.5倍,其肋板厚度常采用300~500mm。

我国的湖南省湘潭大桥，净跨径为60m，矢跨比1/6。钢筋混凝土工字形截面拱肋，肋高1.6m，约为跨径的1/37.5，肋宽500mm，约为肋高的0.31，肋间间距为4.0m。

根据已建桥梁的资料，箱形肋拱的截面高度可以初取跨径的1/70~1/50，或采用如下经验公式估算：

$$h = \frac{l_0}{100} + 700 \tag{8-5}$$

式中：h——箱形肋拱高度(mm)；

l_0——箱形肋拱净跨径(mm)。

箱形肋单个箱室的宽度一般可取为肋高的0.5~1.0倍，但也应满足施工期的受力与稳定要求。拱肋截面的其他细部尺寸拟定，可参照箱形板拱的有关内容，其中顶板、腹板及底板的尺寸应取箱形板拱相应尺寸的较大值。

3) 双曲拱

双曲拱的拱圈由拱肋、拱波、拱板和横向联系等组成(图8-20)。

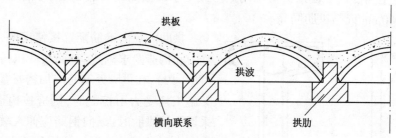

图8-20 双曲拱圈的组成

双曲拱圈采用"化整为零、集零为整"的成形方式，充分利用了预制装配施工方法，适用于无支架和无大型吊装设备的施工条件。

根据桥梁的跨度、宽度、设计荷载的大小、所用材料以及施工等不同情况，双曲拱圈的截面有多种形式(图8-21)。公路双曲拱圈较多采用多肋多波形[图8-21a)、b)、c)]。一般说来，肋间距的选取，应考虑拱波矢高要求，以确保拱圈截面的刚度，但为了便于施工吊装，也应避免拱肋间距过大。在跨径和荷载较小的单车道桥梁中，还可用单波形[图8-21d)]。

双曲拱是一种曲面板肋构造的拱结构。尽管这种结构在拱圈截面结合良好的情况下受力有其优点，但由于采用了多次截面组合的施工成形方式，造成截面受力复杂、整体性差。经多年使用发现，多数双曲拱都出现了较严重的裂缝，影响桥梁的安全性和耐久性，故目前已很少采用。

4) 箱形拱

箱形拱圈一般采用单箱多室[图8-22a)]或分

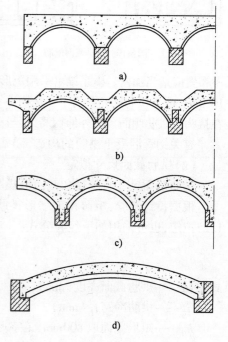

图8-21 双曲拱圈截面形式

离单箱形式。

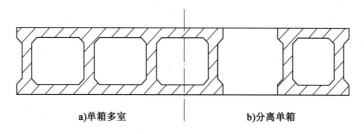

图 8-22　箱形拱圈截面

大跨径拱桥采用的箱形截面,截面挖空率可达全截面的 50% ~ 70%。因此,可以大量减少圬工用量,减轻结构自重,节省结构造价。同时,在相同的截面面积条件下,箱形截面抗弯惯性矩大,且抗扭惯性矩更大。因而截面受力性能好、材料充分利用,结构整体性强、稳定性好,能较好地满足结构各种状态的受力要求。尤其在无支架施工中,尽管构件壁板薄,但吊装时刚度大、稳定性好,操作安全。但是箱形拱的制作要求高,需要较大的吊装能力。因此,跨径在 50m 以上的大跨径拱桥才宜采用箱形拱。

(1)箱形板拱的构造

箱形拱为单箱单室或单箱多室截面,单箱单室截面仅用于窄桥。拱圈的每一个闭合箱由腹板(箱壁)、顶板(盖板)及底板组成,并在箱内设置横隔板。箱形板拱的构造与施工方法有密切的联系。箱形板拱可以采用预制拱箱无支架吊装或有支架现场浇筑等施工方法建造。若采用无支架施工时,拱箱可采用分段预制。当吊装能力较大时,拱箱节段可以采用横向整体预制的方法,这样可增加拱箱在施工过程中的整体稳定性,减少施工步骤。但是,为了减轻吊装重量或方便操作,拱箱节段的横向往往不是一次整体预制成形的,而是采用逐步装配整体化、分阶段的施工方法,最后拼装成一个整体。

由多条预制箱形肋和现浇箱间混凝土组成箱形多室截面[图 8-23a)],是目前最常用的装配整体化成形方式。箱形肋的预制可以一次浇筑成形,也可分阶段进行,如先预制腹板和横隔板,再浇筑底板与顶板[图 8-23b)]。虽然后者工序较多,但腹板和横隔板采用卧式预制,质量较好,腹板的预制厚度可较小(40 ~ 50mm)。预制箱形肋的优点是抗弯、抗扭刚度大、吊装稳定性好。这是一种目前箱形多室截面主要的成形方式。

箱形多室截面的装配整体化成形方式还有如下两种:一是,由多条预制槽形肋、顶盖板和现浇顶板组成[图 8-23c)];二是,由多条预制工字形肋和翼缘板焊接组成[图 8-23d)]。虽然这两种成形方式有吊装重量小的优点,但它们的缺点主要在于预制肋抗弯刚度较小,单肋合龙后的稳定性差。另外,前一种方式还有现浇混凝土量大、结构自重大的缺点;而后一种方式则不能保证横向连接的质量。因此,这两种方式目前已较少采用。

特大跨径拱桥拱圈的成形方式较为特殊。我国重庆万县长江大桥的拱圈为单箱三室截面,采用钢管混凝土劲性骨架、多次混凝土浇筑成形(图 8-24)。钢管混凝土劲性骨架既作为拱圈截面成形最初的施工支架,又作为截面的一部分参与受力。在截面成形过程中,每次浇筑的某一部分截面的重量,将由既有组合截面拱圈承担。

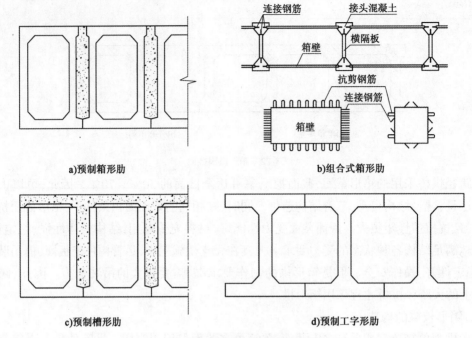

图 8-23　多室箱形截面成形方式

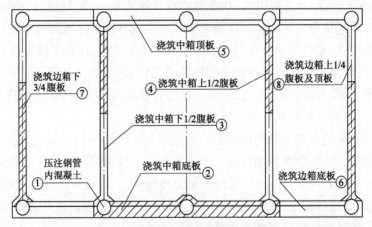

图 8-24　重庆万县长江大桥拱圈截面成形步骤

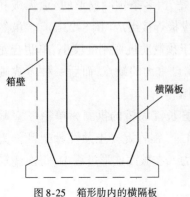

图 8-25　箱形肋内的横隔板

　　为了加强预制箱形肋在吊运及使用期的抗扭刚度,提高箱壁局部稳定性,除在预制箱肋的端部、吊点及拱上结构传力点(腹孔墩)设置垂直于拱轴线的横隔板,箱内其他部位也应每隔 2.5~5m 的距离设置一道厚度 60~150mm 横隔板,拱顶段的横隔板应适当加厚、加密。横隔板中间设人孔,以减轻重量及便于施工人员通行(图 8-25)。

　　为保证拱圈的整体性,预制箱形肋之间应有可靠的横向联结。预制箱形肋常用的横向联结构造为:底板横向预留外伸带勾钢筋,交叉分布在现浇混凝土内;在设横隔板处顶板上面预埋钢板,箱肋间用钢筋搭焊连接[图 8-26a]。在横隔板之间区段的顶板横向,也预留外伸带勾钢筋,确保箱肋横向联结整体性。为了减轻箱肋吊装重量,也可将箱肋部分厚度的顶板在拱圈安装后再现浇,这样就不必预埋钢板和搭焊钢筋,直接在后浇混凝土中布置钢筋即可。对于采用预制槽形肋方式形成的拱圈,可采用如图 8-26b)所示的方式进行横向联结。

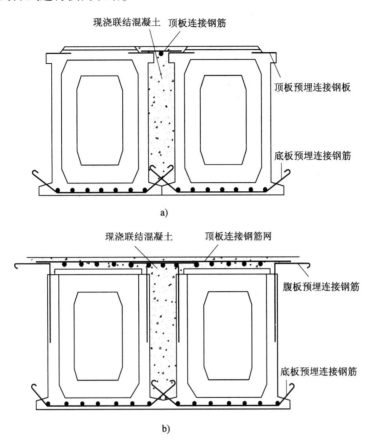

图 8-26 预制箱、槽形肋的横向联系

大跨径拱圈结构重力产生内力的比例很大,同时在设计中拱轴线都经过仔细选定,在使用荷载作用下拱圈一般以受压为主、无拉应力或拉应力很小。因此,拱圈除个别控制截面需按使用阶段受力要求配筋,其他区段仅需按施工吊装受力及构造要求布置钢筋。纵向受力钢筋对称配置在顶、底板内,在腹板高度范围内设置分布纵向钢筋(间距不大于 250mm);箍筋沿径、横向布置,但因拱圈以受压为主,必须满足受压构件箍筋的构造要求,在拱脚处的箍筋应加密布置。拱脚采用无铰构造时,纵向钢筋应伸入墩台并达到锚固要求。

预制箱形肋节段的联结构造,通常采用预埋角钢顶接定位,合龙后加盖钢板焊接、箱内填封混凝土的方式[图 8-27a)]。预埋角钢布置在截面的上、下缘并与纵向主钢筋焊接,接头处箱形肋的壁板适当加厚。预制箱形肋节段与拱座的联结构造如图 8-27b)所示。

(2) 箱形拱截面尺寸拟定

箱形板拱的拱圈高度主要由其跨径决定,并与所用材料有较大关系。根据已建桥梁的资料,拱圈常用混凝土强度等级约 C40,特大跨径时一般不超出 C60,拱圈截面高度可以初取跨径的 1/75～1/55,或采用如下经验公式估算:

$$h = \frac{l_0}{100} + h_0 \tag{8-6}$$

式中：h——拱圈高度(mm)；

l_0——拱圈净跨径(mm)；

h_0——多室箱取 600mm，单室箱取 700mm。

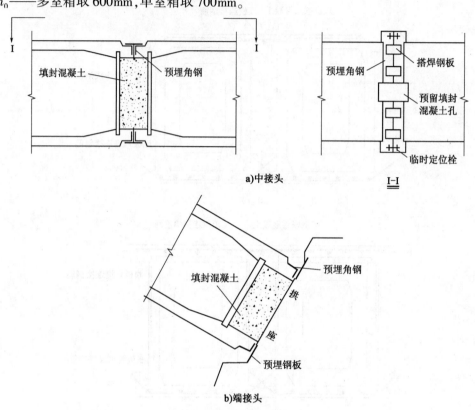

图 8-27 预制箱形肋接头构造示意图

箱形板拱的拱圈宽度，可采用与板拱相似的方法来拟定。拱圈宽度一般为桥宽的 1.0 ~ 0.6 倍，桥面结构外悬拱圈的长度比板拱更大，一般为 1.5 ~ 4m。对于特大跨径拱桥，拱圈宽度可能小于跨径 1/20（我国重庆万县长江大桥为 1/26.25），不能满足拱圈横向稳定的构造要求，故须进行必要的稳定性分析，以确保拱圈有足够的安全度。

箱形截面的挖空率可取 50% ~ 70%。腹板的厚度宜取 100 ~ 200mm，顶、底板厚度宜取 100 ~ 250mm。当采用预制装配施工时，腹板预制和现浇厚度宜分别为 50 ~ 80mm 和 150 ~ 250mm，顶板现浇混凝土的厚度不宜小于 100mm。边腹板应采用一次成形。对于特大跨径拱桥，上述尺寸将有所改动。

预制箱形肋的其他细部尺寸可参照图 8-28 拟定。

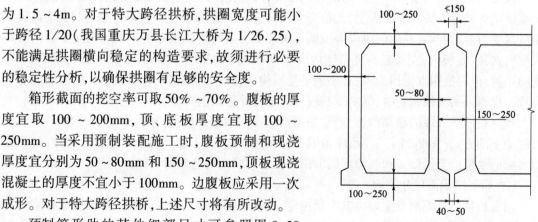

图 8-28 预制箱形肋截面细部尺寸(尺寸单位：mm)

在拱圈纵向分段确定后,箱形板拱横向分割尺寸大小,即预制箱形肋的宽度主要取决于施工吊装能力。根据我国的情况,吊装能力一般不大于800kN,宽度约为1.5m。

2. 拱上建筑构造

拱上建筑或拱上结构,是上承式拱桥的桥面系与拱圈之间的传力(或填充)构造物,以使桥面道路达到行车要求。按拱上建筑采用的不同构造方式,可将其分为实腹式和空腹式两种(图8-29、图8-30)。实腹式拱上建筑的构造简单、施工方便,但填料的数量较多,结构重量较大,故一般在小跨径圬工拱桥中采用;大、中跨径拱桥多采用空腹式拱上建筑,以利于减小结构重量,并使桥梁显得轻巧美观。

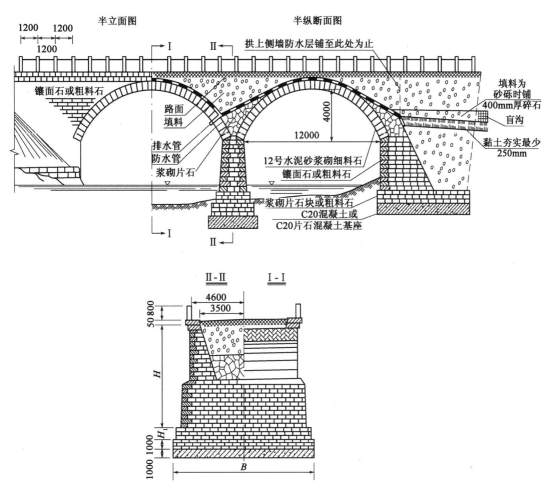

图8-29 实腹式拱上建筑(尺寸单位:mm)

1)实腹式拱上建筑

实腹式拱上建筑由侧墙、拱腹填料、护拱以及变形缝、防水层、泄水管和桥面系等组成(图8-29)。

根据所选的拱腹填料及其构造特点,实腹式拱上建筑分为填充与砌筑两种方式。

填充式拱上建筑是指在拱圈两侧筑以侧墙,其内充以填料。侧墙主要承受填料及车辆荷载所产生的侧压力,一般采用块石或片石砌筑,也可根据拱圈的材料采用混凝土或轻型钢筋混凝土侧墙。为了美观需要,可用粗料石或细料石镶面。侧墙厚度一般按构造要求确定,其顶面宽 500~700mm,向下逐渐增厚,墙脚厚度可采用侧墙高度的 0.4 倍。特殊情况下侧墙厚度应由计算确定。填料主要起填空、传力的作用,故应尽量降低成本,做到就地取材,通常采用砾石、碎石、粗砂或卵石夹黏土并加以夯实。这些材料的透水性较好,对侧墙的压力不大。在地质条件较差的地区,为了减轻拱上建筑的重量,可以采用其他轻质材料(如炉渣、石灰、黏土等混合料)作填料。

当填充材料不易取得时,可改用砌筑式拱上建筑,即采用干砌圬工或浇筑素混凝土作为拱腹填料。当用素混凝土填料时,往往可以不另设侧墙,而在外露混凝土表面用砂浆饰面或设置镶面。

在多跨拱桥中,为了便于敷设防水层和排出积水,又设置了护拱。护拱一般用现浇混凝土或砌筑块片石修筑。图 8-29 所示用浆砌片石作的护拱,还起着加强拱圈的作用。

2) 空腹式拱上建筑

空腹式拱上建筑由多跨腹孔构造、桥面结构及其支撑构造(腹孔墩)组成(图 8-30),在腹孔布置中有带实腹段式和全空腹式两种情况。空腹式拱上建筑重量小,结构轻巧,适合于大、中跨径拱桥,特别是矢高较大的拱桥。

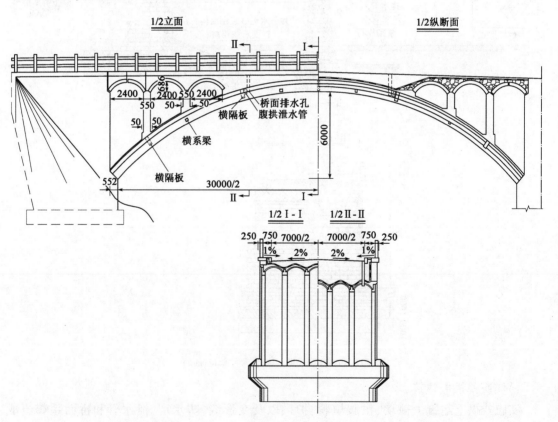

图 8-30 空腹式拱上建筑(尺寸单位:mm)

(1) 腹孔

腹孔是一种建在拱圈之上的多跨结构,通常对称布置在拱圈两侧结构高度允许的范围内。腹孔的形式可以采用如图 8-30 所示的拱式腹孔,也有采用梁式腹孔(见后图 8-33)。在圬工拱桥中,为了节省钢材,大多采用拱式腹孔;而在大跨径拱桥中,为减轻结构自重,则一般采用梁式腹孔。

腹孔的形式和跨径的选择,在因地制宜、就地取材的原则下,应考虑既能尽量减轻拱上建筑的重量,又不使荷载过分集中给拱圈受力造成不利影响。在改善拱圈受力状况和便于施工的同时,还要使拱桥外形更加协调和美观。不同结构形式的腹孔,也将对拱圈产生不同的联合作用效应。

①拱式腹孔。

拱式腹孔,也称腹拱。在带实腹段式拱上建筑的腹孔布置中,每半跨内腹拱的布置范围一般不超过主拱跨径的 1/4~1/3[图 8-31a)]。对于全空腹式,考虑到美观及有利于拱顶截面受力的要求,一般采用奇数腹孔布置方式。

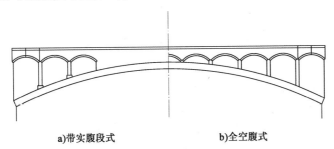

图 8-31　拱式腹孔布置

腹拱的跨径一般可选用 2.5~5.5m,但不宜大于拱圈跨径的 1/15~1/8,比值随拱圈跨径的增大而减小。腹拱宜做成等跨的,以利于腹拱墩的受力和便于施工。

腹拱的拱圈,可以采用石砌、混凝土预制或现浇的圆弧形板拱,矢跨比一般为 1/6~1/2。为了减轻重量,也可以采用微弯板和扁壳等各种形式的轻型腹拱。通常,微弯板的矢跨比用 1/12~1/10。

腹拱圈的厚度与它的跨径、构造形式等有关。当腹拱的跨径为 1~4m 时,石板拱的厚度不小于 300mm,混凝土板拱的厚度不小于 150mm,也可以采用厚度为 140mm 的微弯板(其中预制厚 60mm、现浇厚 80mm)。当采用钢筋混凝土拱时,拱圈厚度可进一步减薄,如跨径在 5.5m 时,拱圈厚度仅需 200mm。

紧靠桥墩(台)的第一个腹拱,可将腹拱的拱脚直接支承在墩(台)上[图 8-32a)、b)],或跨越桥墩,使桥墩两侧的腹拱圈相连[图 8-32c)]。

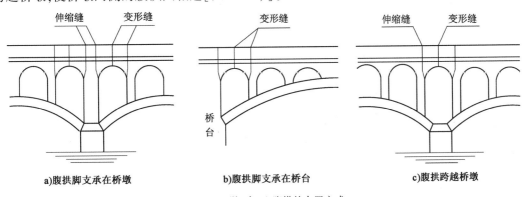

图 8-32　墩(台)上腹拱的布置方式

在长期使用中发现,带实腹段式的腹孔布置由于拱顶段上缘被覆盖,在大气温度骤变等不利因素影响下,拱顶下缘易出现开裂的情况;全空腹式的拱上建筑布置可以避免上述情况发生[图 8-33b)],同时能减轻结构重量,但也有加大拱顶截面高度、提高桥面高程的不利因素。

②梁式腹孔。

在大跨径钢筋混凝土拱桥或无支架施工的拱桥中,为了进一步减轻拱上建筑的重量,改善拱圈在施工期的受力状况,通常采用钢筋混凝土梁式结构的腹孔(图 8-33)。

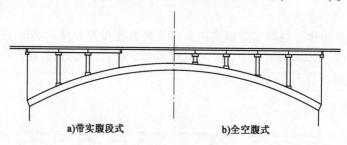

a)带实腹段式　　　　b)全空腹式

图 8-33　梁式腹孔布置

腹孔的布置要求与上述腹拱基本相同。带实腹段的腹孔布置方式一般用于板拱[图 8-33a)],但因这种布置方式使拱顶段在温度变化等因素影响下处于不利的受力状态,故在大跨拱桥(尤其是肋拱桥)的梁式拱上建筑中一般都采用全空腹的布置方式[图 8-33b)]。考虑到美观及有利于拱顶截面的受力,全空腹式的腹孔一般取为奇数。

腹孔梁的结构形式为:当腹孔的跨径小于 10m 时,通常采用钢筋混凝土简支实心或空心板;当跨径在 10~20m 时,常采用预应力混凝土简支空心板;当跨径大于 20m 时,一般采用预应力混凝土简支 T 梁。我国重庆万县长江大桥采用了跨径为 30.67m 的后张预应力混凝土简支 T 梁。简支结构时除了墩(台)支承处以外,一般可采用连续桥面构造。为了适应拱圈变形,腹孔梁宜采用活动性较好的支座,如厚度较大的橡胶支座等。与墩(台)衔接处应采用完善的伸缩缝构造。

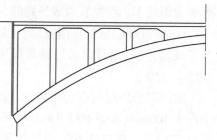

除采用简支结构的腹孔,连续与框架式等其他结构也常被采用(图 8-34)。

图 8-34　连续与框架式腹孔布置

(2)腹孔墩

腹孔的支撑结构或腹孔墩,可分为横墙(立墙)式和立柱式两种(图 8-35)。

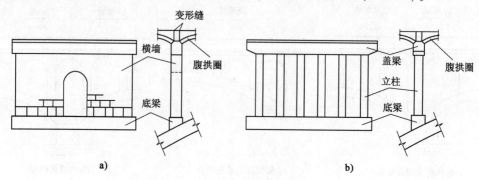

图 8-35　腹孔墩构造形式

对于砖、石拱桥,多采用石料、混凝土预制块砌筑的或现浇混凝土做成的横墙式腹孔墩。这种横墙式腹孔墩,全圬工、自重大。为了节省圬工、减轻重量,也便于检修人员在拱上建筑中通行,可在横墙上挖孔[图 8-35a)]。腹孔墩的厚度,用浆砌片石、块石时,不宜小于 600mm;用混凝土浇筑时,一般应大于腹拱圈厚度的 1 倍。

立柱式腹孔墩[图 8-35b)],是由立柱和盖梁组成的钢筋混凝土排架结构。在必要时沿立柱高度设置若干根横系梁,间距一般不大于 6m。在河流有漂流物或流冰时,如果拱圈会被部分淹没,就不宜采用立柱式腹孔墩。立柱及盖梁常采用矩形截面,截面尺寸按受力要求拟定外,还应考虑和拱桥的外形及构造相协调;钢筋配置方式同梁桥的立柱、盖梁相似,但立柱的纵向钢筋应伸入盖梁轴线以上、拱轴线之下,并具有足够的锚固长度。为了分散立柱集中传递给拱圈的压力,在立柱下面应设置横向通长的底梁,厚度不小于横向柱距的 1/5。底梁可以与拱圈一起施工完成。如采用混凝土浇筑时,可按构造要求布置钢筋。

为便于施工,腹孔墩的侧面一般做成竖直的。若采用斜坡式,则以不超过 30∶1 的坡度为宜。

对于框架结构形式的空腹式拱上建筑,拱上结构与主拱联结成整体,在温度变化或活载等因素作用下,将引起拱上结构变形(图 8-36),并在立柱中产生附加弯矩。由于矮立柱的刚度较大,附加弯矩也大,立柱上、下结点附近的混凝土极易开裂。为了避免拱上结构参与主拱受力后引起不利因素,可在靠近跨中 1~2 根矮立柱的上、下端设置铰(图 8-37),释放结点弯矩,使其成为主要承受轴向压力的构件。另外,对于较容易发生裂缝的桥面结构与拱顶相接处,可采取设置横向贯通缝的构造,以减小其联结刚性。

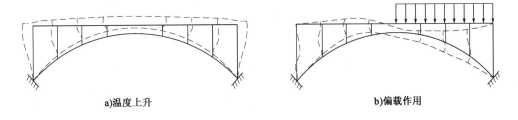

图 8-36 拱上结构变形示意图

a)温度上升　　b)偏载作用

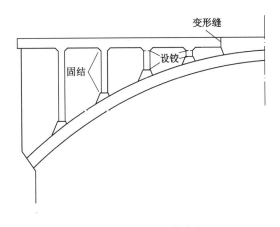

图 8-37 拱上立柱联结方式

三、中承式和下承式拱桥

在进行拱桥总体布置与构造时,当按控制高程要求采用上承式结构矢跨比太小,或上承式结构的建筑高度不能满足要求时,可以考虑采用中承或下承式拱桥。中承式和下承式拱桥的构造特点明显,在多跨连续布置时,整体外形起伏,造型轻巧、美观。

1. 总体构造

中承式拱桥的桥面系位于上部结构的中部,桥面结构部分由吊杆悬挂至拱肋、部分用立柱支承在拱肋上,拱桥的主要组成部分:拱肋、纵梁(桥面板)、横梁、吊杆、立柱等[图8-38a)]。下承式拱桥的桥面系位于上部结构底部,桥面结构全部由吊杆悬挂至拱肋[图8-38b)]。

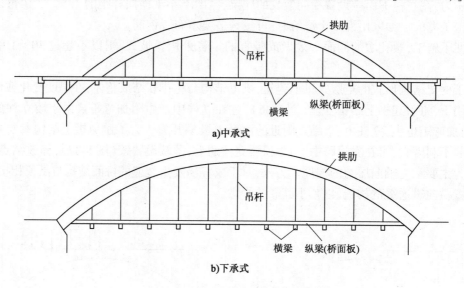

图8-38 中承式和下承式拱桥的立面布置

中承式和下承式拱桥的拱肋为主要承重构件,采用位于两个平面内分离式构造。两个拱平面可采用相互平行或相互内倾(相接或横撑相接)的方式;后者俗称提篮式拱,主要用于大跨径拱,以提高结构空间整体稳定性。因拱肋在结构重力作用下的受力较均匀,拱肋轴线一般采用二次抛物线形,矢跨比在 1/7~1/4 之间;拱肋沿轴线可采用等截面或变截面;拱脚常采用无铰构造,以保证拱肋刚度。

在两个拱肋之间通常设置横向联系,以提高分离拱肋的整体性、稳定性。横向联系可采用简单的横撑、K 形撑或 X 形撑等,中承式拱桥桥面结构以下的拱肋间常设 X 形撑。桥面以上设置横撑(也称为横向风撑)对行车与景观都有不利影响。当拱肋横向稳定性足够时可以取消横向风撑,形成桥面敞开式构造。

吊杆或立柱是中承式和下承式拱桥的桥面结构与拱肋之间的传力构件。吊杆或立柱的间距由受力、构造及美观等要求决定。按照一般构造要求,吊杆或立柱采用等间距,常用 4~10m。中承式拱桥在拱肋与桥面结构的交点处,桥面结构将支承在拱肋间的横梁上。

中承式和下承式拱桥的桥面结构一般采用两种构造:一是,横梁与纵梁联结成平面框架,桥面板铺设在横梁及纵梁上;二是,不设纵梁,桥面板或肋板梁支承在横梁上。不管采用哪种构造,横梁都是桥面结构最主要受力构件。

基于结构受力体系特点,为避免桥面结构纵向受拉开裂,在桥面结构与拱肋相交的横梁处设置断缝,或在其他地方利用双吊杆、双横梁设置断缝,或采用简支桥面构造设断缝。

2. 拱肋构造

1) 钢筋混凝土拱肋

中承式和下承式拱桥的混凝土拱肋可以采用矩形、工字形和箱形截面(图 8-39)。中、小跨径的钢筋混凝土拱肋一般采用矩形截面,拱肋的高度约为跨径的 1/70 ~ 1/40,桥宽在 20m 以内时的拱肋宽度为拱肋高度的 0.5 ~ 1.0 倍,当不设横向风撑时肋宽应取大值;大跨径钢筋混凝土拱肋常用工字形和箱形截面,拱肋高度可按式(8-7)拟定,20m 以内桥宽时的肋宽的一般取值也为肋高的 0.5 ~ 1.0 倍,特殊情况时肋宽应加大。

$$h = \frac{l_0}{100} + h_0 \tag{8-7}$$

式中:h——拱肋高度(mm);

l_0——拱圈净跨径(mm);

h_0——$l_0 < 100\text{m}, h_0 = 600 \sim 1000\text{mm}$;$l_0 = 100 \sim 300\text{m}, h_0 = 1000 \sim 2500\text{mm}$。

钢筋混凝土拱肋按偏心受压构件配筋,具体构造要求同上承式肋拱。

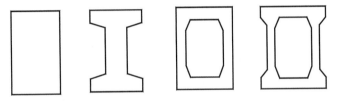

图 8-39 钢筋混凝土拱肋截面形式

2) 钢管混凝土拱肋

拱是受压为主的承重构件,钢筋混凝土是拱最常用的建筑材料。虽然钢筋混凝土拱能构造成各种截面形状,也可采用现场浇筑、预制拼装或部分预制部分现浇等施工方式。但是,随着跨径增大,钢筋混凝土拱的受力性能逐渐下降、建造难度和成本会快速增加。大跨径钢筋混凝土拱桥过大的自重消耗了结构大部分承载能力,使长期持久的安全性受到威胁,也对地基提出了更高的要求;施工工序多、工期长、安全风险高,大体量、大吨位拱段吊装时临时设备投入量大,大量的现浇接缝对结构的整体性和耐久性带来危害。这些问题已成为钢筋混凝土拱桥跨越能力发挥的瓶颈。显然,拱的受力性能决定着拱桥的受力性能,合理的受力和构造是拱桥性能设计的关键,可靠的施工质量和工艺则是结构达到性能目标的基本条件。

以钢管为外壁内充混凝土的钢管混凝土构件,在轴向压力作用下的承载力将大于钢管和混凝土各自承载力的总和;外围钢管对内充混凝土的侧向约束作用,使混凝土处于三向受压状态,从而明显提高了其极限抗压承载力。同时,钢管内处于三向受压的混凝土不仅弹性受力阶段得到加长,且在破坏过程中与钢管共同作用呈现出良好的塑性性能,变形能力大大增强。钢管自身作为受力构件的同时,还可借助其高强度和架设轻便的优势,使其成为施工的支架和灌注管内混凝土的模板,从而降低结构施工费用、施工也更安全。还有,钢管混凝土也可用于采用劲性骨架的钢筋混凝土拱中,在形成钢管混凝土拱后即成为钢筋混凝土拱的劲性骨架,再用作外包混凝土施工的支架。可见,混凝土拱桥采用钢管混凝土拱后的综合性能将明显提升。正因为钢管混凝土具有受力和施工方面的优势,其已成为组合体系拱桥和简单体系大跨径拱桥中拱的常用建筑材料,已成为跨径大于60m拱肋的主要构造形式。

(1)拱肋截面形式和尺寸

钢管混凝土拱肋的截面有单管形或多管形等,如单管圆形、单管圆端形、双管哑铃形、三管三角形及四管矩形或四管梯形等(图8-40),分别适用于从小到大不同跨径的拱桥。

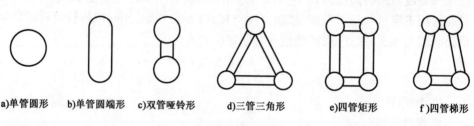

图8-40 拱肋截面形式及尺寸示意图

在跨径小于80m时,钢管混凝土拱肋常采用单管圆形截面;跨径从80～120m时一般采用单管圆端形和双管哑铃形截面;跨径大于120m后随着跨径增大分别取用三管三角形、四管矩形及四管梯形截面。随着拱肋跨径增大,单管圆形、单管圆端形及双管哑铃形截面的横向稳定性渐显不足,更大跨径时需要采用多管形截面。

钢管混凝土拱肋的高度 h 一般为其跨径的 $1/60～1/40$,宽度 b 以20mm内的双肋拱桥为标准,拱肋宽度一般为拱肋高度的 $0.5～1.0$ 倍[设横(风)撑时可取小值],桥宽更大时拱肋的总宽度按比例调整。拱肋高度与宽度也可根据受力、景观等需要进行必要的修改。由多根钢管组成的截面,钢管的直径 d 为跨径的 $1/200～1/100$ 或由构造与受力决定,最大直径一般以1500mm为限;各类截面中钢管壁厚 t 约为 $10～20$ mm,多管截面时的钢管壁厚比少管截面小些。

(2)拱肋结构及组成

①单管形拱肋。

单管形拱肋制作工艺简单、混凝土灌注方便,是中小跨径拱桥常选用的拱肋。但单管圆端形(竖向圆端或横向圆端)等非圆形截面拱肋的直线边对约束管内混凝土侧向变形的作用相对较弱,故对提高拱肋抗压承载力的效果不明显,管内压注混凝土时产生的侧向压力也会导致钢管外鼓。因此,必须采取构造措施对钢管进行加强,图8-41a)给出了一种通过横向拉筋和环肋加劲的加强措施。

与肋高相同的其他截面拱肋相比,单管形拱肋的截面面积相对较大但惯性矩并不大,管内较大截面的混凝土收缩和徐变引起的截面应力重分布,会对钢管受力产生较大影响,使钢管的纵向压应力增加很多。因此,设计时除应合理选定钢管截面尺寸,还应对纵向压应力或应力幅度较大区段的钢管(尤其是圆端形等非圆形截面钢管)通过设肋予以加强[图8-41b)]。

②多管形拱肋。

采用双钢管的哑铃形截面拱肋,是一种与圆端形截面拱肋适用跨径有重叠及更大的拱肋。为了确保两个圆截面达到全截面整体协调的受力状态,即符合平面应变假定条件,应在两个钢管之间设置腹板,并沿拱肋轴向等距设置加劲肋,以确保腹板的局部稳定性(图8-42)。

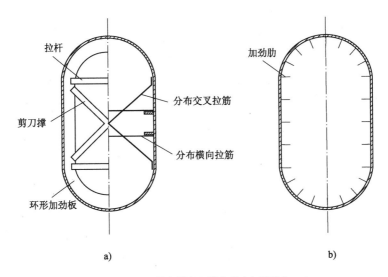

图 8-41 钢管内横向和纵向受力加强措施

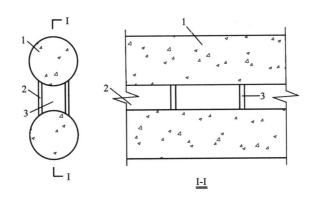

图 8-42 哑铃形拱肋的腹板及加劲肋
1-弦；2-腹板；3-加劲肋

由三根以上钢管组成的拱肋是一种空间桁架构造,截面可呈正三角形或倒三角形相邻钢管之间由杆件连接起来,其中腹杆按几何不变构形,吊杆对称于截面锚固在三角形中间的弦杆上。四管形拱肋同样采用空间桁架构造,截面一般呈矩形,相邻的上弦和下弦杆的横向间距较大时可采用正或倒梯形截面,吊杆锚固在横向间距较小的弦杆上,以利于承受吊杆拉力作用,竖向上、下相邻弦管与腹杆接近几何不变构形。

多管形拱肋的腹杆通常采用间隔与水平面垂直或间隔与拱轴垂直的构造方式。腹杆间隔与水平面垂直布置是最常用的构造方式[图 8-43a)],竖杆一般在水平方向等距布置并与吊杆间距协调,吊杆设置的位置在立面与竖直腹杆重叠,吊杆的锚固点设在上弦杆节点位置的横向联系杆上。由于拱轴为曲线形的,因此腹杆间隔与水平面垂直布置后各竖直杆和斜杆的尺寸、相邻杆间的夹角都不统一,制作的工作量和难度加大。

对于腹杆间隔与拱轴垂直的构造方式[图 8-43b)],与拱轴线倾斜的腹杆同弦杆的夹角一般在 30°~60°之间,腹杆与弦杆的节点位置与吊杆设置位置协调,吊杆一般锚固在下弦的节点位置的平联杆上,或伸入桁架锚固在上弦的节点位置的平联杆上。当拱肋为等高度时,与拱轴垂直的腹杆尺寸均相同,制作的工作量和难度降低。

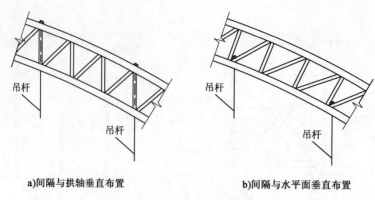

a) 间隔与拱轴垂直布置　　　　b) 间隔与水平面垂直布置

图 8-43　多管形拱肋的腹杆布置方式

由三根以上钢管组成的空间桁架拱肋，相邻弦杆横向之间应有可靠的联系，即称为平联，使桁架片形成整体共同受力。根据弦杆横向净距大小，平联可构造为带斜杆式或无斜杆式（图 8-44）。

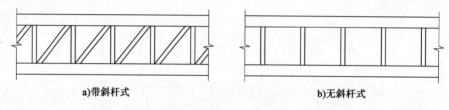

a) 带斜杆式　　　　　　　　b) 无斜杆式

图 8-44　平联的构造方式

当弦杆横向净距较大时，采用带斜杆的平联具有更好空间受力性能，几何不变的构形能较好地抵抗导致拱肋扭转的作用。但若弦杆横向净距较小不适合设置斜杆时，则平联（直杆）布置的间距应适当减小（小于腹杆节间距离）。

在多管形桁架拱肋中，上弦与下弦之间的腹杆、相邻弦杆横向之间的平联等杆件，一般采用小直径的空心钢管，直径约为上弦和下弦直径的 1/2，面积一般不大于弦杆的 1/4。在近拱脚受力较大区段的腹杆等也可灌注混凝土。

③钢管与混凝土的连接。

钢管混凝土是一种性能优良组合结构，但其最适合承担轴向压力，一旦受到弯剪作用，钢管与混凝土就可能发生相对错动，而在外界温度升高时因钢材有远高于混凝土的热传导性能，可使钢管与管内混凝土脱离。还有，混凝土收缩会使钢管与混凝土脱离，钢管因泊松比较大也有与混凝土脱开的作用。当然，受压徐变也会产生使管内混凝土横向扩张的泊松效应，但与上述其他作用的综合效应相比，仍不能消除其与钢管间脱开的可能性。因此，如何采取合理有效的构造措施，使钢管混凝土拱的性能充分发挥出来，是一个值得关注的问题。

在钢管内壁设置栓钉是一种加强与管内混凝土共同受力的构造措施。在拱肋弯矩较大部位，如拱脚、与桥面结构的连接处及多管形桁架肋的节点部位等，可采用设栓钉承受钢管与管内混凝土间的剪切错动作用。设置栓钉不仅能限制混凝土与钢管相对错动，也是约束钢管与混凝土脱开的有效构造。显然，对于抗错动栓钉应在剪力错动主要作用平面的上下（左右）侧沿轴向加密设置，而约束钢管与混凝土脱开的栓钉则应沿环向等距轴向等间隔布置更好。上述两种作用设置的栓钉可以结合一起布置。钢管内的栓钉构造见图 8-45。

3. 拱肋间的横向联系

多肋式拱桥的拱肋横向之间一般都设置横向联系，横向联系有利于拱桥的整体性和共同受力、提高拱肋平面外稳定性等作用。常用的横向联系在构造表现为几种形式的横撑，如一字形、K 形及 X 形等横撑（图 8-46）。因拱肋会受到横向风的作用，横撑能使拱肋共同承担风荷载，故桥面以上的横撑也常被称为风撑。

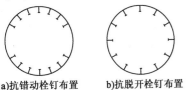

a) 抗错动栓钉布置　　b) 抗脱开栓钉布置

图 8-45　钢管内的栓钉构造

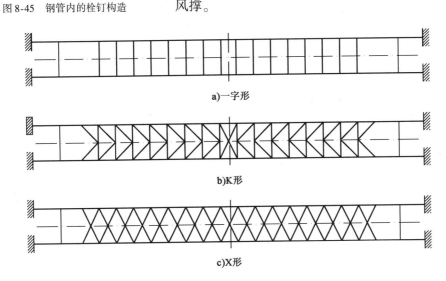

图 8-46　拱肋间的横撑构造

与梁桥不同的是，在沿跨径不对称竖向荷载作用下，拱桥除发生竖向变形还会发生量值不小的纵向变形，在多拱肋结构中纵向变形差异将影响荷载横向分布性能。因此，拱肋之间设置 K 形或 X 形横撑利于提高结构的整体受力性能。但是设置 K 形或 X 形横撑的作用并不限于上述受力需要，对于拱肋平面外稳定性不足的结构，其对提高稳定安全系数至关重要。若拱肋一阶失稳发生在平面外，且失稳形态在水平面上的投影呈现 S 形曲线时，表明失稳后拱肋之间有较大的纵向错动变形，则采用 K 形尤其是 X 形横撑便能有效阻止该种失稳形态发生，从而就能提高拱肋的稳定安全系数。对于跨径不大的结构，X 形横撑通常设在拱肋的跨中及桥面以下靠拱脚的拱肋之间，K 形横撑较多用在桥面以上最靠近拱脚的首个横撑，但大跨径结构中 X 形和 K 形横撑也会被同时采用。

然而，如果拱肋一阶失稳形态的水平面投影曲线是对称于跨中的单侧波形曲线时，拱肋间的相对纵向错动变形较小，那么采用 K 形或 X 形横撑将不能起到有效提高稳定安全系数的效果。由于出现这种情况通常是拱肋截面侧向刚度偏弱所致，因此提高跨中横撑竖平面内的抗弯刚度约束拱肋侧向变形，将成为一种提高拱肋稳定性的措施。对于钢筋混凝土拱肋，跨中段可设置全高度、弯曲刚度较大的钢筋混凝土横撑；对于钢管混凝土拱肋，跨中段可在上下弦杆位置（单管形拱肋则靠近上下缘）采用双杆一字形横撑，且上下两杆间用斜腹杆形成几何不变或带腹板哑铃形的构造以约束横撑的 S 形变形（图 8-47），达到提高抗弯刚度的目的。但是，不管是钢筋混凝土横撑还是钢管横撑，一字形横撑是一种横向联系作用较弱的横撑。对于采用上述措施仍不能达到稳定性要求的拱肋，只能修改拱肋截面尺寸、加大侧向刚度。

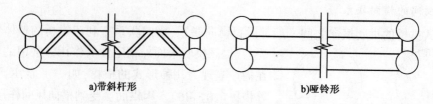

图 8-47　拱肋间双杆一字形横撑构造

综上所述,针对不同的失稳形态,选择正确的横撑是多肋式拱桥设计的关键问题。上承式和中承式拱桥面以下部分的拱肋间一般都设置横撑,但下承式和中承式拱桥面以上部分的拱肋间不是都需要设横撑的,在受力满足要求、安全度足够的情况下,也是可以不设横撑的。

4. 吊杆及与拱肋连接构造

1) 吊杆构造

中承式和下承式拱桥目前常用半刚性吊杆和柔性吊杆两种构造方式。

半刚性吊杆则为钢管混凝土圆形截面[图 8-48a)],其内可采用镦头锚具的高强钢丝、精轧螺纹钢筋、夹片锚具的高强低松弛钢绞线。半刚性吊杆两端与拱肋和横梁均采用刚性联结构造,吊杆内的预应力筋通常穿透拱肋与横梁,锚具一般埋入拱肋与横梁,故吊杆除承担轴向拉力还受到结点弯矩的作用。但半刚性吊杆的钢管外径小,主要起预应力筋的外护套作用,结点弯矩相对较小。

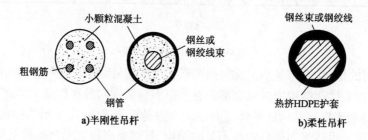

图 8-48　吊杆截面构造

需要注意的是,若钢管混凝土吊杆采用高强低松弛钢绞线,预应力须在混凝土浇筑之后施加,以免低应力下夹片锚失效。一般情况下,钢管混凝土吊杆宜设计成钢管基本不受拉、焊缝处于受压的状态。

柔性吊杆是目前使用最广的吊杆,常用高强钢丝束或高强低松弛钢绞线束制成[图 8-48b)],钢丝和钢绞线束外采取防护措施,两端采用镦头锚具或挤压锚具。目前,采用钢丝和钢绞线束的吊杆已是工业化生产的成品件,为了钢丝和钢绞线束的防腐、保证其耐久性,钢束外采用了热挤高密度聚乙烯(HDPE)工艺形成的护套(图 8-49)。

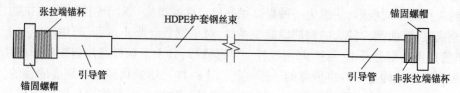

图 8-49　柔性吊杆构造

柔性吊杆的锚具可埋入拱肋与横梁,或外露于拱肋与横梁、设置防护罩。

2)吊杆与拱肋连接构造

吊杆(吊索)是桥面结构的支承构件,同时将桥面结构所受的作用传递至拱肋,吊杆与拱肋的接点应根据拱肋截面构造等因素设计。

(1)吊杆与混凝土拱肋连接

吊杆与拱肋的联结构造的关键是吊杆的锚固构造。对于钢筋混凝土拱肋,若吊杆内采用多锚头分散的预应力筋,则在锚固区的构造同一般预应力构件相似[图8-50a)];如果吊杆内采用集中单锚的高强碳素钢丝束,或吊杆采用热挤HDPE护套的平行钢丝或钢绞线成品索,因锚固力大而集中,一般须采取钢锚箱等构造[图8-50b)],这种构造也将便于以后吊杆(索)的更换。

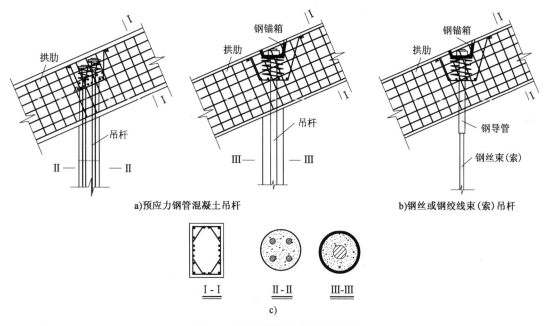

图8-50 吊杆与拱肋联结构造示意图

(2)吊杆与钢管混凝土拱肋连接

当拱肋为单管圆形、单管圆端形及双管哑铃形截面时,吊杆都采用上下穿透拱肋钢管、锚固在拱肋顶面的连接方式。在该连接方式中,吊杆的锚具可以设在肋顶面下凹的锚箱内,上有用于维护的防水钢盖板,这种构造对拱肋外形几乎没有影响但不利于混凝土灌注;另一种是将锚具等锚固构造外置,直接在拱肋顶面设置锚垫板及支承钢板等构造,便于维护简单但对拱肋外形略有影响。见图8-51。

对于三钢管以上的多管形拱肋,与吊杆的连接方式有较大差异。

三钢管拱肋与吊杆都连接在中间的弦杆上。若拱肋中间弦杆的外径足够大且不影响桁架节点的构造与制作,吊杆也可考虑穿透弦杆锚固在顶面的连接方式,弦杆顶面配以锚垫板及支承钢板等构造。基于三钢管拱肋的截面的特殊性,对于倒三角形截面,也可在中弦杆下面通过耳板销铰方式连接吊杆[图8-52a)];而正三角形截面拱肋,也可采用钢丝绳吊杆骑跨式连接[图8-52b)]。

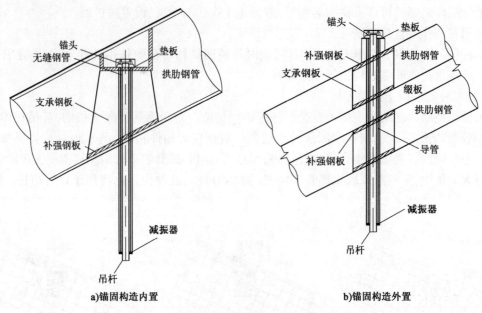

a)锚固构造内置　　　　　　　b)锚固构造外置

图 8-51　双管及双管以下拱肋与吊杆的连接构造

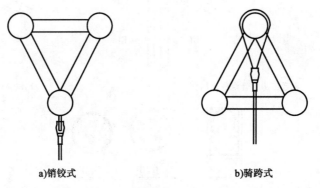

a)销铰式　　　　　　　b)骑跨式

图 8-52　三管拱肋与吊杆的连接构造

当四钢管矩形拱肋的弦杆外径足够且采用双直吊杆构造时,吊杆可采用分别穿过拱肋截面左右的上下弦杆、锚固在上弦杆顶面。在其他情况中,四钢管拱肋与吊杆一般都在上平联处连接。对于上弦杆间距较小的梯形截面,可利用平联和两侧的上弦设置锚垫板及支承钢板等构造,吊杆锚固在上平联的顶面[图 8-53a)]。当拱肋上弦杆间距较大时,应采取加强措施确保吊杆的拉力有效传递到拱肋全截面。如:在拱肋的吊杆锚固截面,弦杆和腹杆的内侧再设置内腹杆,构造适应吊杆拉力作用的几何不变构形[图 8-53b)];在拱肋与吊杆连接截面局部,弦杆和腹杆的内侧形成钢箱内灌混凝土的锚固构造等[图 8-53c)]。

5. 拱肋与拱座连接构造

中承式和下承式拱肋与拱座一般采用固结构造。钢筋混凝土拱肋与拱座的连接构造同上承式结构。钢管拱肋在施工阶段通常也起着支架的作用,从钢管拱肋到结构成型的过程中,拱肋的受力体系及变形会发生很大的变化;在拱段安装时直接采用与拱脚或桥面结构固结的方式,可能会出现拱肋的受力不利、线形及高程调整困难等问题。因此,在施工中的某一阶段,拱肋的拱脚与拱座之间需要采用临时铰接的连接方式。单管形拱肋的临时铰接可采用从拱座伸出U形托支承钢管拱脚的方式[图8-54a)];多管形桁架拱肋可临时截断上下弦杆,在拱脚处增设带铰的三角形支承构造,使拱脚与拱座临时实现铰接[图8-54b)]。

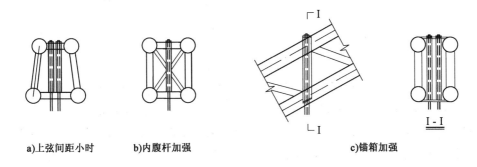

图8-53 四管拱肋与吊杆的连接构造

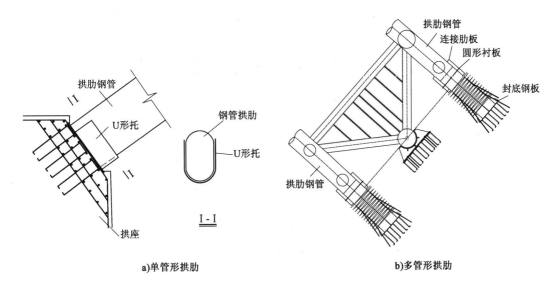

图8-54 拱脚与拱座的临时铰接方式

当拱脚由铰接转换成固结时,为了满足拱脚固结的受力要求,单管形拱肋除需将U形托与拱脚钢管焊接,还需要将拱座中预埋的沿拱轴向钢筋与拱脚钢管外表焊接,拱脚接头外周再配置其他钢筋、现浇混凝土包裹;多管形桁架拱肋上下弦的连接,采用在拱座内预埋与弦杆对应的外伸钢管、在弦杆断口外套钢管后焊接或用半圆钢管套箍后焊接的方式,拱脚接头外包钢筋混凝土。在上述连接方式中,拱座还有预埋钢筋伸入钢管内的核心混凝土。拱座与拱肋连接的预埋钢筋或钢管应有足够的锚固长度,并在预埋段套以螺旋箍筋,使拱肋的压力和钢管对混凝土的约束作用连续传递到拱座内。

6. 横梁构造

横梁是桥面结构最主要的受力构件,并决定桥面结构的建筑高度。

中承式和下承式拱桥桥面结构吊杆处的横梁,常用矩形或凸字形截面、工字形或带凸头的工字形截面(图8-55),对于桥宽与吊杆间距较大的大型横梁也可采用箱形截面。横梁受力截面的高度为1/15~1/10的横梁吊点的距离,采用钢筋混凝土或预应力混凝土材料。

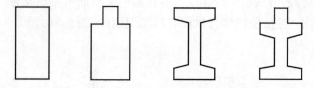

图 8-55　横梁常用截面

对于中承式拱桥,在桥面结构与拱肋相交处,桥面结构由与两拱肋刚性联结的横梁支承。由于该横梁受力较复杂,截面通常比吊杆处横梁大,根据构造要求采用混凝土横梁时可做成对称或不对称工字形、三角形等(图 8-56)。该横梁可采用钢筋混凝土或预应力混凝土材料。另外,中承式拱桥两边拱上立柱与桥面结构的支承构造,与上承式拱桥梁式拱上建筑相似,但桥面结构一般宜采用连续构造方式,见图 8-57。

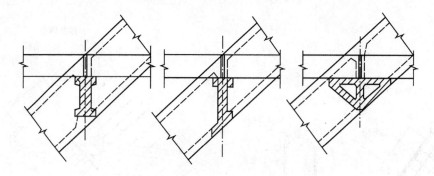

图 8-56　拱肋与桥面结构相交处横梁截面形式

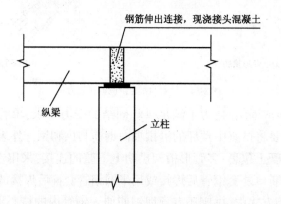

图 8-57　中承式拱桥拱上建筑连续构造

7. 纵梁及桥面板

中承式和下承式拱桥的桥面结构若设有边纵梁,可将边纵梁与横梁联结成平面框架,然后再铺设桥面板(实心或空心板)形成整体桥面结构[图 8-58a)];或者采用多根肋板式的纵梁与横梁联结组合成桥面结构[图 8-58b)];也可采用将桥面板(实心或空心板)或肋板梁支承在横梁上[图 8-58c)]组成桥面结构。

有关各种构件的联结构造,参见本章第四节组合体系拱桥的构造部分。

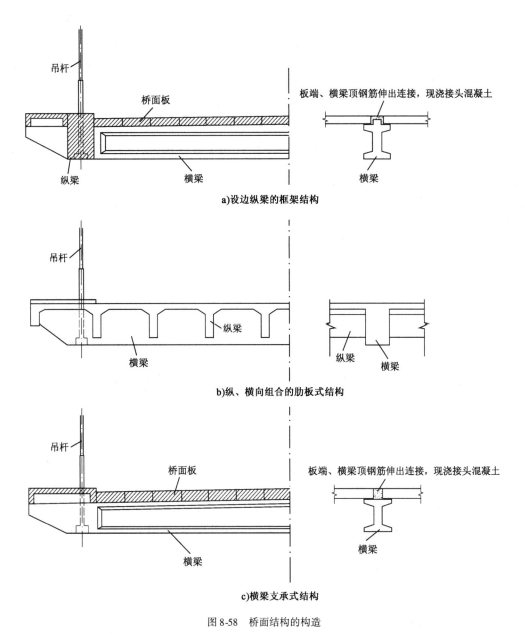

图 8-58 桥面结构的构造

四、拱桥铰、伸缩缝与变形缝

1. 拱桥铰构造

通常,拱桥中有三种情况需要设铰。一是主拱按两铰拱或三铰拱设计时;二是空腹式拱上建筑,其腹拱按构造要求需要采用两铰或三铰拱,或高度较小的腹孔墩上、下端与顶梁、底梁连接处需设铰时;三是在施工过程中,为消除或减小主拱的附加内力,以及对拱的内力做适当调整时,往往在拱脚或拱顶设临时铰。

前两种铰是永久性的,由于必须满足构造与受力的要求和长期正常使用的耐久性,因此设计要求较高、构造也较复杂。临时铰在施工结束时或基础变形趋于稳定时即将其封固,所以构造较简单。

在主拱上设置的铰(拱铰),按照铰所处的位置、受力大小、使用材料等条件,综合考虑后选择其形式。目前常用的有弧形铰、平铰或其他种类的假铰。对于肋拱桥,拱铰处拱肋之间应设置横系梁。

用石料、混凝土、钢筋混凝土等材料均可做成弧形铰。弧形铰由两个具有不同半径弧形表面的块件合成(图8-59),一个为凹面(半径为R_2),一个为凸面(半径为R_1)。R_2与R_1的比值常在1.2~1.5范围内取用。铰的宽度应等于构件的全宽,沿拱轴线方向的长度,取厚度的1.15~1.20倍。铰的接触面应精确加工,以保证紧密结合。

弧形铰由于构造复杂、加工困难,因此主要用作主拱中的铰。在支承点后的拱铰构造内,应设置不少于三层的钢筋网。图8-60为一座净跨30m的两铰拱桥的拱铰构造及钢筋布置图。为了固定拱铰中心位置,横桥方向设置ϕ32mm的定位锚杆。

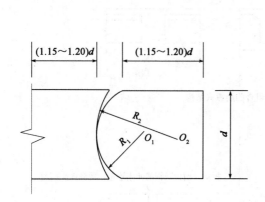

图8-59 弧形铰构造尺寸要求

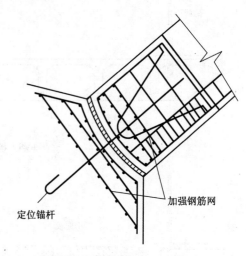

图8-60 拱铰构造及钢筋布置

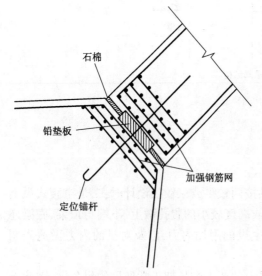

图8-61 拱脚铅垫铰构造

中小跨径的板拱或肋拱桥,可以在铰缝间设置铅垫板(图8-61),利用铅板的塑性变形达到铰的功能。铅垫铰由15~20mm铅板外包10~20mm厚的铜片构成,横桥向分段设置,总宽度为拱圈宽度的1/4~1/3。其他构造要求与钢筋混凝土弧形铰相似。

对于中小跨径钢筋混凝土肋拱桥,由于上部结构自重较小,为简化拱脚铰的构造,通常采用将拱脚直接插入拱座、砂浆填缝的平铰构造。

空腹式拱上建筑的腹拱圈,由于跨径较小,可以采用构造简单的平铰(图8-62)。这种铰是平面直接抵承,铰间可铺砌一层强度等级较低的砂浆,也可垫衬油毛毡或直接采用干砌。

小跨径或轻型钢筋混凝土拱、预制吊装的腹

拱，为了便于整体安装，还可以采用图 8-63 所示的不完全铰(或称为假铰)。这种铰构造连续但在使用时起到拱铰的作用，构造也简单，因此使用较广泛。

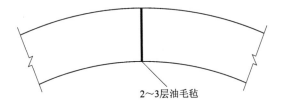

图 8-62　腹拱平铰构造

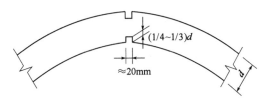

图 8-63　拱圈不完全铰构造

在钢筋混凝土空腹式拱桥腹孔墩(立柱)上、下端设置的铰，一般可采用构造简单的平铰或不完全铰(图 8-64)。由于连接处腹孔墩截面的减小(达全截面的 2/5～1/3)，因而可以保证支承截面的转动。支承截面应按局部承压进行构造和计算。

在跨径特大或在特殊情况下还可采用钢铰，如劲性骨架拱圈或施工临时设铰等。但在一般混凝土拱桥中很少采用。

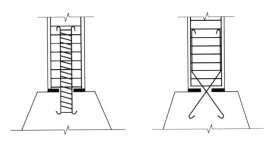

图 8-64　腹孔墩或立柱端铰构造

2. 伸缩缝与变形缝

拱上建筑与拱圈在构造和受力上都有密切的联系。由于拱上建筑参与拱圈共同作用，一方面能够提高拱圈的承载能力，另一方面也对拱圈的变形又起到了约束作用(图 8-65)，在拱圈和拱上建筑内产生附加内力。

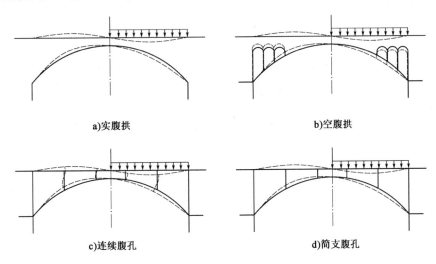

图 8-65　拱上建筑对拱圈变形的约束

为了使结构的计算图式尽量与实际的受力情况相符合，保证结构的安全性和耐久性，避免拱上建筑不规则地开裂，除在设计计算中充分考虑外，还需在构造上采取必要的措施。通常是在相对变形(位移或转角)较大的位置处设置伸缩缝，而在相对变形较小处设置变形缝。

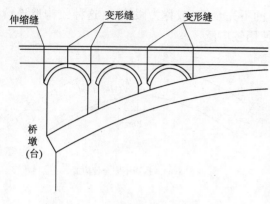

图 8-66 空腹式拱桥的伸缩缝与变形缝

实腹式拱桥的伸缩缝通常设在两拱脚的上方,并应在横桥方向贯通、向上延伸侧墙全高直至人行道及栏杆。伸缩缝一般做成直线形,以使构造简单、施工方便。

对于空腹、拱式拱上结构,一般将紧靠桥墩(台)的第一个腹拱圈做成三铰拱,并在靠墩台的拱铰上方的侧墙、人行道及栏杆上设置伸缩缝,在其余两铰上方的侧墙、人行道及栏杆设变形缝(图 8-66)。在大跨径拱桥中,根据温度变化情况和跨径大小,必要时还需将靠近拱顶的腹拱圈或其他腹拱也做成两铰拱或三铰拱。拱铰上面的侧墙也需相应设置变形缝,以便使拱上建筑更好适应拱圈的变形。

第四节 组合体系拱桥

组合体系拱桥是一种基本构造、受力及传力机理与简单体系拱桥有较大区别的拱桥,其结构整体构思、构造原理及主要细部构造的设计方法等问题都是深入探究的。由于组合体系拱桥的施工过程、使用期受力状态与简单体系拱桥有较大差异,其在施工和使用期出现的与构造相关问题,也需要通过深入分析给出可行的解决方法和技术措施。

一、组合原理及受力特性

简单体系拱桥的受力体系简单,拱为桥跨结构的承重构件,其他构件对分担荷载的贡献基本可忽略,水平推力大、对基础和地基的要求高。与简单体系拱桥不同的是,组合体系拱桥的拱与桥面结构等构件完全组合在一起,成为一个整体性强、受力效率高的结构。在无推力的组合体系拱桥,即拱式组合桥中,拱的水平推力可由桥面结构等构件承担,受压的拱与受拉的桥面结构等构件构成有效抵抗外荷载效应的受力体系,拱的水平推力基本能在结构内部抵消,基础不承担或承担很小的推力(图 8-67);而在有推力的组合体系拱桥,即整体式拱桥中,拱与拱上结构形成的整体式结构共同受力性能好且构造轻巧自重小,对基础作用的水平推力远小于同跨径的简单体系拱桥。组合体系拱桥的发展,弥补了简单体系拱桥的不足,更好地发挥了拱的受力优势,从而扩展了拱桥的适用范围。

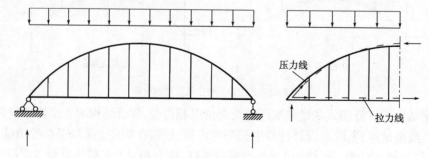

图 8-67 组合体系拱桥的受力特性示意图

二、拱式组合桥

拱式组合桥是一种拱与桥面结构等构件完全组合,拱承压桥面结构等构件受拉、共同承重,具有拱式结构受力性能的组合式桥梁结构。拱式组合桥外形美观、结构轻巧、基础不承担或承担较小的推力,适用不同环境和各种地质条件;它能够充分发挥各种材料的受力优势,结构受力合理、经济指标优良稳定。拱式组合桥近年来的新发展,也得益于预应力技术与工艺的更新,从而保证了这种体系及相应施工方法的可行性。下面重点对拱式组合桥的类型、结构性能、构造等方面进行介绍。

1. 拱式组合桥的类型组成及特点

1)主要类型及其基本组成

(1)简支拱式组合桥

简支拱式组合桥,是一种单跨、简支、下承式的拱式组合桥(图 8-68)。简支拱式组合桥有两种不同的结构形式:第一种结构由拱肋、纵梁、吊杆及横梁与桥面板等组成,拱和梁共同受力,且由梁承担拱水平推力;第二种结构则由拱肋、系杆、吊杆及横梁和桥面板等组成,桥面结构悬吊在拱肋上,拱的水平推力则由与桥面结构分离的系杆承担。

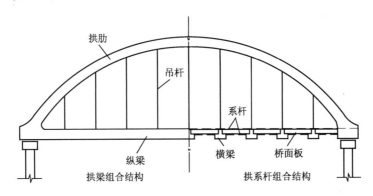

图 8-68 简支拱式组合桥的主要构造

(2)单悬臂拱式组合桥

单悬臂拱式组合桥,是一种三跨、上承式的单悬臂拱式组合桥(图 8-69)。桥梁的基本组成部分为拱肋、立柱、纵梁、挂梁及横向联系与桥面板等,它是一种拱与梁组合、共同受力、由梁承担拱水平推力的结构。

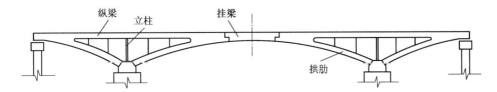

图 8-69 单悬臂拱式组合桥的主要构造

(3)连续拱式组合桥

连续拱式组合桥,是指三跨或多跨结构连续的拱式组合桥(图 8-70)。根据路面在桥梁结构中的位置,连续拱式组合桥分为上承式、中承式及下承式三种。

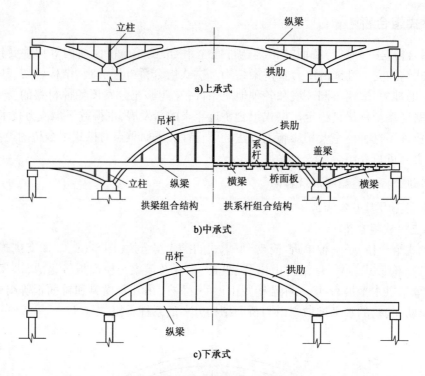

图 8-70 连续拱式组合桥的主要构造

上承式结构由拱肋、立柱、纵梁及横向联系和桥面板等组成,它是一种拱与梁组合的结构,梁与拱共同受力并承担拱产生的水平推力。

中承式结构有两种形式:第一种结构由拱肋、纵梁、吊杆、立柱及横梁与桥面板等组成,拱和梁共同受力,且由梁承担拱水平推力;第二种结构由拱肋、系杆、吊杆、立柱及横梁、边纵梁、桥面板等组成,拱悬吊或支承桥面结构,与桥面结构分离的系杆承担拱的水平推力。

下承式结构的中跨常见为拱梁组合形式,基本组成和构造形式与简支拱梁组合桥相似,边跨采用与中跨截面相似的纵梁。

除上述几种基本结构类型,目前也有一些桥梁采用了既将拱与纵梁连接在一起,同时也设置系杆的结构形式,其中系杆作为主要承担拱水平推力的构件。

2)结构特点

简支、单悬臂拱式组合桥无多余水平约束,对下部结构无水平推力作用。连续拱式组合桥,在结构形式或构造处理上可以有三种情况:完全无多余水平约束、在成桥后才形成多余水平约束,以及始终存在多余水平约束。其中,第一种情况对下部结构无水平推力作用;第二种情况时因大部分结构重力等永久作用引起的水平推力被梁或系杆完全抵消,故下部结构只承担水平约束形成后的永久作用及可变作用等引起的水平推力;第三种情况是一种有多余水平约束下的梁或系杆与拱的拉压抵抗作用,从而也大幅度减小了下部结构承担的水平推力。可见,即使结构有多余水平约束,其作用在下部结构的水平推力已远小于简单体系拱桥。

拱式组合桥的受力机理决定了其依靠拱受压、桥面结构等构件受拉形成的力偶抵抗外荷载。拱式组合桥的拱与梁或系杆的构造方式是具有与结构外部受力需求相吻合的特性。例如:简支和单悬臂拱式组合桥、上承式与中承式连续拱式组合桥的中支点附近段,中承式和下承式连续拱式组合桥的跨中段,都是通过拉开拱与梁或系杆的相对距离,利用拱、梁或系杆的压力与拉力形成的力偶抵抗外荷载弯矩的;利用拱轴线与水平线之间的倾角,以拱压力的竖向分力平衡外荷载剪力;通过对上承式和中承式连续拱式组合桥中支点旁区段的加强(较长的空腹段布置),扩大负弯矩作用区段的范围、调整结构内力分布。

然而,在下承式连续拱式组合桥中支点附近的区段,并不采用拉开拱与梁距离的方式进行加强,而是通过拱对中跨加强以增大刚度、吸引内力,中跨承担的荷载则由拱直接传递到中支点,达到了"声东击西"的效果。正是因为拱对中跨的加强作用,中跨与边跨的相互影响大为减弱,边跨出现负反力的可能性大大减小,使非通航边跨的跨度达到了最小值。结果,中跨较大的剪力主要由拱压力的竖向分力抵抗,而边跨较小的弯矩与剪力可由边梁承受。

拱式组合桥的结构刚度主要取决于拱与梁或系杆组合作用的整体刚度,但拱是一种能将竖向荷载转化为主要轴向受力的构件,在相同材料用量和跨径的情况下,拱的刚度远大于主要弯曲受力的构件,具有更高的受力和传力效率。因此,在拱式组合桥中,结构整体刚度主要取决于轴向受力为主的拱的刚度,一旦出现结构变形控制要求较高的情况,首选的是增大拱肋的截面尺寸(刚度),而设想通过增大桥面结构等构件的刚度提高结构整体刚度的措施通常是效果不明显的。近年来国内建成的一些柔拱刚梁型的拱式组合桥出现了车辆荷载下行人感到跳动明显的问题,主要是拱肋截面过小导致其对结构整体刚度贡献不足造成的。对于内部超静定、拱梁组合的拱式组合桥,拱与梁之间相对刚度变化对结构内力分配也有较大影响。从拱与梁的主要受力特点来看,当拱主要承受弯压组合作用、梁的弯曲作用较小时,通常称为刚拱柔梁结构;当拱主要承受轴压作用、梁的弯曲作用较大时,称为柔拱刚梁结构;而当梁与拱的受力介于以上两种状况之间时,则称为刚拱刚梁结构。但对于拱悬吊桥面结构、由系杆承担拱水平推力的拱式组合桥,桥面结构参与拱共同作用的性能很弱,拱的刚度对结构刚度影响较大。

目前,常用拱式组合桥主要有两种结构体系:一种是由拱与梁组合而成的结构,简称拱梁组合桥;另一种由拱与系杆组成的拱系杆组合结构,简称系杆拱桥。这两种体系的拱式组合桥,在结构构造、受力性能、跨越能力及施工方法等方面均有优势,但相互之间也有差异。

2. 拱式组合桥的构造要点

拱式组合桥的结构特点与其构造方式有密切的关系。从结构的总体构造至细部构造,均与其他类型拱桥有明显的差别。下面将对拱式组合桥的构造要点进行介绍。

1)总体构造与主要尺寸

(1)总体构造

拱式组合桥根据其构造方式主要有五种形式,每种形式都有其特殊的总体构造特点与要求。图8-71给出了它们的适用跨径、分跨比例、矢跨比等构造参数。

拱式组合桥的分跨原则可概述为:

①考虑墩身和承台外形的所占空间,土跨的跨径 l 可按通航孔宽度加 $5\sim8m$ 估计。

②在三跨布置的情况下,当采用无平衡压重的平衡转体施工时,中跨的跨径 l 一般应大于河面宽度加桥面宽度;如果旋转轴不设在承台中心,即偏心转体,跨径 l 可相应减小。

③在单孔通航的情况下可以采取简支结构,当采用多跨结构时边跨应尽量缩短以降低造价。上承式和中承式结构的边跨应以主要承受负弯矩为主,并利用端横梁的重量使边支座不受拉力作用(单悬臂结构应满足抗倾覆要求),从而利于预应力钢束的配置,即钢束主要以直线布置为主。

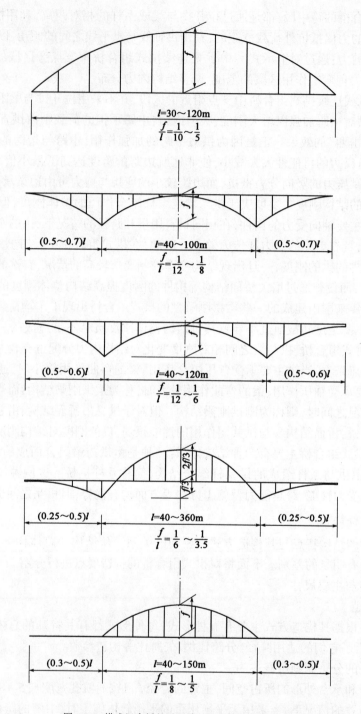

图 8-71 拱式组合桥的适用跨径及主要总体构造参数

④根据河床水文、地质及地形条件,当河宽在 100m 左右时,尽可能采取一跨过河方案,避免设置水中墩。

在总体布置时尚需注意到:中承式和下承式拱式组合桥,可以采用单拱肋式或多拱肋式;简支与下承式连续结构一般不受桥面竖曲线高低位置的影响;简支、中承式和下承式连续结构的建筑高度较小;单悬臂、上承式与中承式连续结构在总体构造时,桥面竖曲线高程、跨径及拱脚高程三者将有一定约束关系,详见相关内容。另外,拱式组合桥的跨越能力与矢跨比、结构形式有关,矢跨比较小、外部静定的结构,跨越能力相对较小。

(2)主要尺寸拟定

①上承式拱式组合桥。

上承式拱式组合桥为多肋式构造的拱梁组合结构,拱肋的中距一般可取为 4~6m,拱肋之间和纵梁之间设置多道横梁,空腹范围内立柱位置和实腹范围内的横梁间距大致为 $l/16 \sim l/10$,一般限制在 10m 以内。

单悬臂结构中跨挂梁的高度可按相应跨径的简支梁估计,一般约为挂梁跨径的 1/20,连续结构跨中拱肋截面的高度可按下式估计:

$$h = \frac{l}{100} + (500 \sim 800) \tag{8-8a}$$

或者

$$h = \frac{l}{50} \sim \frac{l}{40} \tag{8-8b}$$

式中:h——拱肋高度(mm);

l——中跨跨径(mm)。

空腹范围内拱肋截面的高度按下式估算:

$$h = \frac{l}{100} + 200 \tag{8-9}$$

式中,符号意义同上。

空腹范围内纵梁的高度可取 1~2m,并满足预应力筋布置要求,纵梁的宽度与拱肋一致。横梁的高度与空腹范围内纵梁相同或略低,宽度按是否设置预应力筋的构造要求取用。空腹范围内拱肋之间横系梁尺寸可取 600mm×800mm,主跨大于 80m 时,尺寸尚需加大。立柱的厚度可与拱肋的宽度相同或略小,立柱的宽度一般大于或等于 400mm,拱座顶立柱的宽度约为其他立柱宽度的 2 倍。剪刀撑的截面尺寸可取 400mm×600mm。

②中承式和下承式拱式组合桥。

按刚拱刚梁的拱梁组合结构设计时,拱肋截面的高度可按下式估算:

$$h = \frac{l}{50} \sim \frac{l}{40} \tag{8-10}$$

对于拱肋略偏柔(以下简称偏柔刚拱刚梁)的拱梁组合结构,拱肋截面的高度可按下式估算:

$$h = \frac{l}{80} \sim \frac{l}{60} \tag{8-11}$$

当采用刚拱柔梁的拱梁组合结构,或采用拱系杆组合结构时,拱肋截面的高度可按下式估算:

$$h = \frac{l}{50} \sim \frac{l}{30} \tag{8-12}$$

以上式中 l 为中跨跨径。

当跨径较大时,拱肋截面可以采用变高度的构造方式。

拱肋宽度与风撑设置的情况有关。当桥宽在20m左右时，双肋式的拱肋宽度可拟定为：不设风撑时按刚拱刚梁设计的拱肋宽度 $b = (1.0 \sim 1.2)h$，设风撑时 b 值减半；偏柔刚拱刚梁的拱肋宽度 $b = (1.0 \sim 1.2)h$，不设风撑时取大值。若桥宽大于20m，或肋数多于两个，拱肋宽度须相应调整。单肋式拱肋的宽度，一般与同桥宽多肋的总宽度相当。

横梁的高度按纵梁或横桥向吊杆间距的 $1/20 \sim 1/10$ 选取。对于刚拱刚梁和偏柔刚拱刚梁的拱梁组合结构，双拱肋时纵梁的高度一般大于横梁与桥面板的组合高度，以便纵、横向钢筋布置，纵梁的宽度大于拱肋；采用单拱肋时纵梁应为箱形截面，梁高主要由抗扭、箱梁构造等因素决定，高度一般为桥宽的 $1/15 \sim 1/10$。下承式连续拱梁组合结构在中支点处的纵梁高度应适当加大，一般可按 $(1/20 \sim 1/10)l$ 拟定，纵向构造成折线或曲线变截面。立柱、桥面板尺寸的拟定方法同上承式结构。对于刚拱柔梁的拱梁组合结构，纵梁的高度主要取决于预应力束的布置要求。

以上尺寸也不是绝对的。一般说来，对于拱梁组合结构，若纵梁高度取得大一些、拱肋高度可取小一些。但是，虽然纵梁的抗弯刚度大于拱肋较多，但拱肋主要承受轴向压力，拱肋的刚度体现在轴压刚度，结构变形一般由拱肋的变形所决定。因此，增加拱肋刚度对减小结构变形有重要的作用。拱系杆组合结构也有相似的特点。城市桥梁车流量大、结构振动较明显，拱肋刚度宜取大些。

2) 细部构造要点

(1) 拱肋

当采用钢筋混凝土结构时，拱肋可采用矩形、工字形及箱形截面，它们的常用跨径分别约小于60m、小于80m及大于100m。作为主要受压的构件，受力钢筋和箍筋（尤其在拱脚、空实腹交界处、吊杆及与立柱联结处），是构造的关键部分，须严格按现行规范执行。

下承式结构的拱肋、中承式结构桥面以上的拱肋，通常采用钢管混凝土结构，截面形式有圆形、圆端形、哑铃形、三圆管形成的三角形、四圆管形成的四边形等。钢管混凝土拱肋因其在受力、施工中的优势，已成为拱式组合桥中拱肋的主要构造形式。有关内容详见本章第三节中承式和下承式拱桥。

(2) 纵梁与系杆

拱梁组合结构的纵梁承受着拉弯组合作用，构造上与拱肋、横梁及吊杆或立柱联结在一起。纵梁采用预应力混凝土材料，截面形式有矩形、工字形或箱形（图8-72），根据跨径、梁高、拱肋布置形式等情况取用。对于双肋式构造，当吊杆的纵向间距较小时，也常采用矩形截面；采用单拱肋的拱梁组合结构时，纵梁应采用箱形截面，以满足横桥向偏载受力和拱肋空间稳定性要求。在截面的构造方面，尤其是工字形和箱形截面，须与其他构造要求（如预应力筋布置等）综合考虑，详见纵梁、横梁、吊杆的联结构造要求。为了保证拱肋的稳定性，非箱形截面的纵梁与桥面板之间须有可靠的联结，提供足够的整体刚度、确保拱肋平面外失稳时吊杆能产生有效的非保向力效应（图8-73）。对于刚拱柔梁的下承式与中承式拱梁组合结构，纵梁虽在构造上仍与拱肋、横梁及吊杆等联结，但已趋向主要承受拉力作用的构件。

拱系杆组合结构虽在外形上与拱梁组合结构相似，但系杆的构造、受力与纵梁完全不同。有些桥面结构虽也设（小）纵梁，或中承式结构的边跨也可设置与拱梁组合结构相似的纵梁，但这些纵梁并不承担拱肋产生的水平推力。因系杆的作用主要是承担拱肋产生的水平推力，不承担桥面局部荷载和参与拱肋抗弯作用，故在构造上系杆一般采用抗弯刚度较小的柔性构件，并且横梁、吊杆或立柱对其只有支承作用。系杆的构造方式主要有：在横梁顶面设置纵向可自由滑动的系杆箱，内分隔成多室，穿入高强钢丝或钢绞线成品索[图8-74a)]；在横梁顶面设置滚轮，其上放置高强钢丝或钢绞线成品索[图8-74b)]；在横梁上预设纵向可自由滑动的系杆孔道，内穿高强钢丝或钢绞线成品索[图8-74c)]。这是目前常用的三种系杆构造方式。

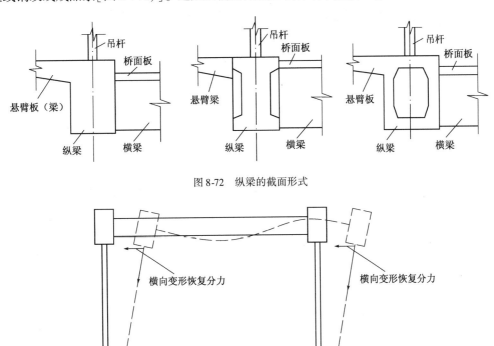

图8-72 纵梁的截面形式

图8-73 吊杆的非保向力效应示意图

(3) 横梁与桥面结构

根据纵梁或吊杆横向之间的跨径，横梁可以采用钢筋混凝土或预应力混凝土结构，截面形式有矩形、工字形、T形、凸字形及带凸头工字形等（图8-75）。为形成桥面横坡，横梁一般为变高度的。对于拱梁组合结构，矩形、工字形、凸字形及带凸头工字形横梁，在其两端与纵梁联结后，梁顶作为桥面板的支承面，并与预制桥面板通过现浇混凝土结合成桥面结构。T形横梁为带翼的肋板式梁，翼板作为桥面板的一部分，同时横梁之间也留有一部分现浇的桥面板。T形横梁钢筋用量较省、桥面结构整体性较好，但吊装重量较大。其他不带翼横梁预制截面的形心偏低、用钢量较大，梁与板的结合性能相对较差。为了保证桥面以上拱肋平面外稳定性，桥面处的拱肋横梁应构造强大，起到约束拱在平面外转动的作用，尤其对桥面以上拱肋之间无横向联系的情况。在大跨径结构中，此横梁可采用箱形截面。有关横梁端部构造及预应力筋布置等要求,见纵梁、横梁、吊杆的联结构造。

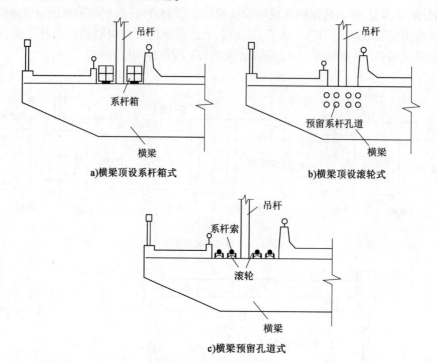

图 8-74 系杆的构造方式

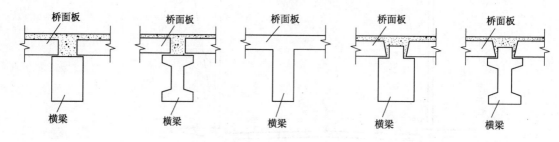

图 8-75 横梁的截面形式

对于拱系杆组合结构,横梁与桥面板或与带(小)纵梁的桥面板等构件形成桥面结构。为了不使桥面结构参与承担拱的水平推力,避免收缩、徐变和温度变化对结构整体受力的影响,常在近拱脚处(下承式结构)或拱肋与桥面交点的横梁处(中承式结构),设横向断缝并设置滑动支承。与拱梁组合桥相比,系杆拱桥的结构整体性相对较弱,除了靠系杆承担水平推力,拱的受力状况与简单体系拱相似。在已建造的系杆拱桥中,有不少桥面结构采用吊杆横梁上直接连接桥面板的构造,这种构造易出现连接问题、整体性弱,且桥面板铺设时需要有横梁临时定位措施。最主要的问题是,近年出现吊杆腐蚀断裂后桥面破坏的桥梁几乎采用这种结构,且都是横梁带着两跨桥面板一起掉落。事实上,这种结构中支承桥面板的结构仅为横梁,而桥面板与横梁的连接又不强,故在吊杆断裂时很难利用桥面结构自身的承重能力避免掉落。改进上述构造的方法:在吊杆锚固点附近沿桥纵向设置高度不超出横梁的小纵梁,将悬吊的横梁连在一起,增强桥面结构的整体性,从而就解决吊杆断裂后横梁带着两跨桥面板掉落问题,横梁与桥面板接缝的受力将有所改善,结构的安全性和耐久性也得到提高,也为桥面板铺设施工带来便利。

(4) 吊杆

下承式和中承式结构的吊杆,主要采用热挤 HDPE 护套的平行钢丝或钢绞线成品索,也可用预应力钢管混凝土材料,但后者目前已较少使用。预应力钢管混凝土吊杆属半刚性吊杆,热挤 HDPE 护套的平行钢丝或钢绞线成品索为柔性吊杆,其构造同斜拉索相似。详见本章第三节中承式和下承式拱桥中的有关内容。

(5) 立柱

上承式和中承式结构的立柱,通常为钢筋混凝土结构,采用矩形截面。立柱内钢筋应按受压构件要求配置。在拱梁组合部分,预应力引起的拱、梁不协调变形,以及车辆荷载作用下纵梁的局部弯曲变形,都将在立柱的两端尤其是上端引起较大的弯矩。这些因素往往会造成立柱端部开裂,主要发生在近实腹段的短柱。因此,靠近实腹段的几根短柱的上端一般需要设铰,常用构造见图 8-76。

释放短立柱不利弯矩通常是永久混凝土铰的构造方式。常用的构造是在立柱一端(如上端)或两端将两侧的受力钢筋向轴心弯折或斜向交叉,有时也在轴心位置沿横桥向配置一排竖向钢筋,并在设铰截面两侧边缘起一定宽度内隔离上下混凝土的黏结,达到削弱设铰截面刚度、防止不规则裂缝出现的目的。

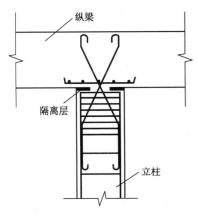

图 8-76 立柱上端设铰构造示意图

(6) 拱肋、纵梁及横梁的联结

拱肋、纵梁及横梁的联结点,是下承式和中承式拱梁组合结构的重要构造(图 8-77)。下承式拱式组合桥的端部是一个复杂的构件连接点,通常有许多纵梁预应力钢束或系杆钢束锚固、横梁预应力钢束锚固,以及很多纵、横梁的普通钢筋及拱脚斜向延伸钢筋交会。该处若构造处理不当,必然给施工带来很大问题,可能导致预应力钢束锚具部位普通钢筋大量截断、结构受害,目前已建成的不少桥梁中有类似的问题存在。解决该接点构造问题的要点是,在确保各构件的力线交会在一起、传力连续的前提下,减少各类钢筋都延伸至同一个部位。中承式拱式组合桥中,由于边拱肋与纵梁的连接位置不在梁端,拱肋的斜向延伸钢筋不会影响到梁端,若仍采用外延纵梁端头避开横向钢筋,给出布置纵向预应力钢束或系杆钢束锚具的空间,同样也不会影响桥面横向布置。但在上承式桥梁中,虽然边拱肋与纵梁的连接位置也不在梁端,但因桥面横向没有布置吊杆的区域,外延纵梁端头会对后接桥梁产生影响。

从简支拱梁组合结构的拱肋、纵梁及横梁联结点处的主应力迹线可见[图 8-78a)],主应力方向变化很大;同时,该处的构造难点在于纵横向预应力筋、普通钢筋和拱肋钢筋相互交叉,以及横向预应力筋需设置锚具,简支结构还需锚固纵向预应力筋。图 8-78b)为简支结构在该结点处钢筋的布置方式,其中为了简化构造、改善受力,采取了将纵向预应力筋的锚固端块加长、锚固点后移的措施。对于上承、中承式结构边跨的端部,拱肋与纵梁的联结构造也较复杂,应考虑纵横向的预应力筋、普通钢筋以及拱肋钢筋的构造要求。

(7) 纵梁、横梁及吊杆的联结

拱梁组合结构纵梁、横梁、吊杆联结点的构造要点,应使纵向、横向预应力筋和普通钢筋,以及吊杆及其锚固点互不干扰。为此,纵向预应力筋可避开吊杆及其结点布置范围,并让出横向预应力筋的锚固空间;横梁端部截面横向扩大、横向预应力筋在进入纵梁前向两侧分开,让出吊杆布置及锚固空间;横梁的普通钢筋避开纵梁钢筋(可取横梁高度低于纵梁)。纵梁、横梁及吊杆联结点钢筋构造示意详见图8-79。

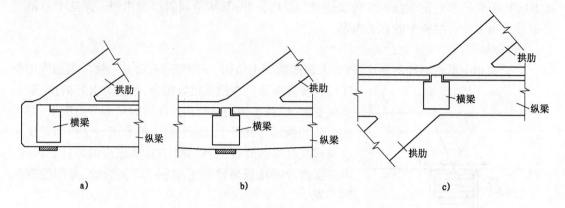

图8-77 拱肋、纵梁及横梁的联结点构造示意图

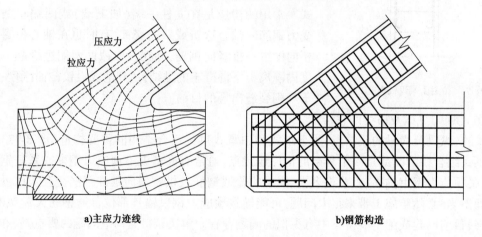

图8-78 简支拱梁组合桥拱脚结点的主应力迹线和钢筋构造示意图

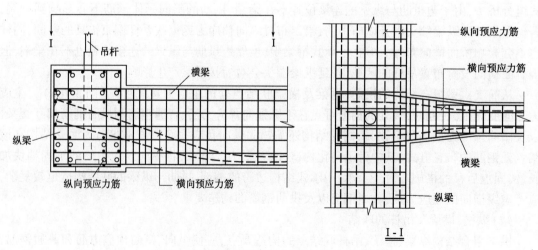

图8-79 纵梁、横梁及吊杆联结点钢筋构造示意图

(8)吊杆与拱肋的联结

吊杆与拱肋的联结构造的关键是吊杆的锚固构造。对于钢筋混凝土拱肋,若采用半刚性吊杆,则在锚固区的构造同一般预应力构件相似;若吊杆需要更换则可采用热挤HDPE护套的平行钢丝或钢绞线成品索。具体构造详见本章第三节中承式和下承式拱桥中的有关内容。

(9)拱脚与拱座的联结

为了释放施工期临时承担、不利于最终体系受力的弯矩,或成型后在永久和可变作用下的不利弯矩,拱脚往往需要设置临时铰或永久铰。拱脚产生不利弯矩的主要原因,是施工期的结构体系与受到的作用与结构成型后的情况差异过大、成形后永久作用下因一些因素导致拱肋的压力线偏离轴线较大。

释放拱脚不利弯矩通常采用临时混凝土铰的构造措施。由于全混凝土拱式组合桥通常采用支架施工方法,且拱脚截面的不利弯矩一般是负弯矩,故在施工期可将上侧的受力钢筋先断开,相应区段一定厚度内无混凝土、钢筋外露,等合适的时间将上侧钢筋连接、浇筑混凝土,从铰接转换为固结。这种临时混凝土铰利用上侧钢筋断开,使截面明显削弱承担负弯矩的刚度,从而起到释放负弯矩的作用,这种混凝土铰与完全铰在构造上不同但功能上基本一致,即构造上无铰,但作用上有铰。当然根据结构受力和施工工艺要求,混凝土拱肋也可采用更接近完全铰的临时构造措施。如上、下侧受力钢筋先全部断开,但拱轴心位置(铰中心)沿拱轴线横向设一排定位钢筋,使截面更彻底释放不利弯矩。对于采用钢管混凝土拱肋的组合体系拱桥,为了满足拱肋施工期受力要求、拱段拼装合龙时拱肋线形和高程调整要求,钢管混凝土拱肋的拱脚一般都设临时铰且都是完全铰。

上承式和中承式结构的拱肋,通过拱座与下部结构联结(图8-80)。从拱肋施工起始至桥梁建成,拱脚截面弯矩变化幅度可能很大。为此,对于钢筋混凝土拱肋,可采取在拱脚处将拱肋截面上、下缘外层钢筋暂不与拱座内钢筋相连的措施,以释放拱脚不利弯矩,待上部结构合龙后的某一工况再进行连接。对于钢管混凝土拱肋,可采取临时铰的构造措施既可以释放施工阶段的不利弯矩,也便于在安装钢管拱时调整拱肋高程。

(10)拱肋间的横向联系

在竖向荷载作用下,拱除发生竖向变形外,还会发生纵向变形,该纵向变形的最大值出现在拱跨的三分到四分点左右;另一方面,拱肋最可能发生的失稳形态主要为拱平面内的S形和

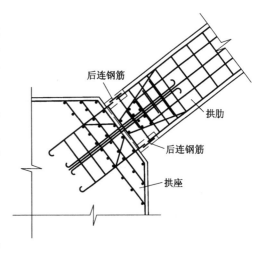

图8-80 拱肋与拱座联结构造示意图

M形、拱平面外的单侧波形和S形。综合上述受力变形状态,除单拱肋结构,凡是在拱肋平面内、外会出现纵向相对位移的情况,均应以沿拱轴线布置阻止拱肋发生纵向相对错动的横向联系;而为增强抵抗拱肋平面内、外对称位移的情况,则应布置截面长边垂直轴线方向的横向联系。因此,根据拱的变形特点设置横向联系,使各拱肋协同工作、更有效受力是构造的基本原则。

桥面以上的拱肋一般需设置风撑[图8-81a)],桥面以下部分的拱肋则采用横系梁

[图 8-81b)]。风撑的构造主要有简单的直横联形、K 形、X 形等。K 形和 X 形风撑能有效抵抗拱肋横向 S 形失稳模态,也有利于减少横向偏载引起的拱肋纵向相对错动。若拱肋平面外抗弯刚度较小时,易出现平面外单波形横向失稳模态。此时,拱顶直横联风撑截面的长边应垂直于拱轴线、竖向刚度应取得较大,以增强抵抗拱肋平面外失稳的约束。当这种构造方式也不能起有效作用时,只能从改变拱肋截面入手。桥面以下拱肋之间的横系梁应设置在立柱处,以有效抵抗立柱压力对拱肋横向失稳的不利效应;横系梁截面的长边一般沿拱轴线方向布置,以加强拱肋纵向变形的整体性。

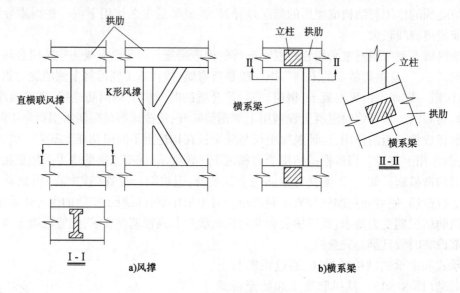

图 8-81 拱肋间横向联系形式

对于上承式和中承式结构,在拱座顶立柱的横向之间应设置斜撑或剪刀撑,拱脚与靠近拱脚第一排立柱的拱肋横向之间应设置沿拱肋轴向的剪刀撑,以保证桥梁横向及拱肋纵向相对的整体性(图 8-82)。

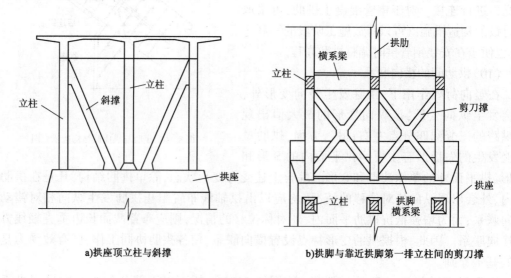

图 8-82 立柱间的剪刀撑构造示意图

三、整体式拱桥

在钢筋混凝土拱桥发展过程中,为了减轻拱桥的自重、增强结构的整体性、发挥装配式施工的优点及扩大拱桥适用范围,钢筋混凝土桁架拱、刚架拱等拱桥在我国得到了发展。限于篇幅,这里简要介绍钢筋混凝土桁架拱桥和刚架拱桥的主要构造。

1. 结构的特点

钢筋混凝土桁架拱桥和刚架拱桥,是一种有水平推力的上承式钢筋混凝土组合体系拱桥(图8-83)。这种拱桥的跨中段设有实腹段,两侧的空腹段采用主拱与拱上结构为一体的整体式构造。与传统简单体系拱桥相比,这种拱桥具有结构轻巧、受力合理、整体性强、节省材料等特点。

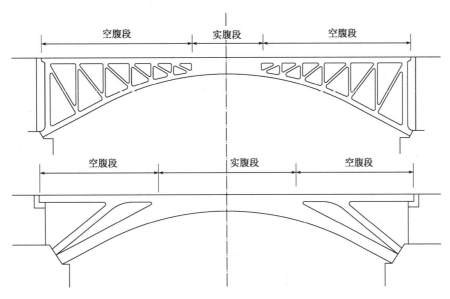

图 8-83 桁架拱桥和刚架拱桥的主要形式

桁架和刚架拱桥的实腹段,其在结构重力作用下主要承受轴向压力,在活载和其他作用下成为一个偏心受压构件,符合钢筋混凝土结构受力要求;空腹段的拱与拱上结构通过几何不变的方式构造为整体,共同受力、刚度大。

根据对建成的桁架和刚架拱桥的比较分析,其混凝土用量为轻型混凝土拱桥的1/3左右,仅与钢筋混凝土T形梁相当或稍多。而钢材用量与轻型混凝土拱桥接近,比梁式桥则节省较多。因此,这类拱桥的经济指标较好、重量轻,其对软土地基有较好的适应性。

桁架和刚架拱桥都由多个预制拱片组合而成。除桥面板现浇部分外大部分可预制施工,预制件的尺寸和重量由运输和安装能力而定,是一类适合工厂化预制、机械化安装的桥梁。通常,中等跨径的拱片可分三段预制安装。

桁架和刚架拱桥虽然结构重力小、较适合在软土地基上建造,但它们毕竟是一种有推力的结构,跨径过大时对地基的要求必然提高。还有,因拱上结构各杆件交点采用刚性联结,交会结点易开裂,影响整体性和耐久性。因此,这类拱桥一般的应用范围以中等跨径为主,地质情况较好时也可用于大跨径。

2. 桁架拱桥

桁架拱桥又称拱形桁架桥,是一种具有水平推力的桁架结构,它具有自重轻、整体性好、刚度大及经济指标较先进的优点。桁架拱的拱形下弦杆类似于拱跨结构,腹杆及上弦杆相当于拱上建筑,相互之间刚结形成的桁架,内部的超静定次数高,但外部的传力集中在拱脚,外部一般可简化为一次超静定结构的二铰拱受力图式。由于桁架拱兼备了桁架和拱式结构的有利因素,实腹段主要承受轴向压力与弯矩,空腹段除上弦杆外的桁架杆件主要承受轴向力,因此钢筋混凝土材料的受力性能得到较好发挥。

1) 桁架拱的构造

桁架拱主要由桁架拱片、横向联结系和桥面板三部分组成(图8-84)。

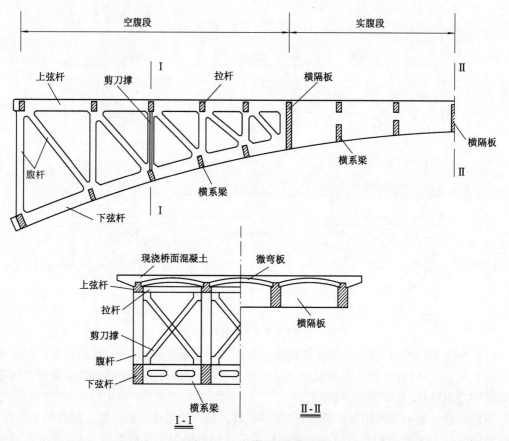

图8-84 桁架拱的主要组成

桁架拱片由上弦杆、腹杆、下弦杆构成的空腹段和拱中实腹段两部分组成,它是桁架拱桥的主要承重结构。在施工中桁架片将承受几乎整个上部结构的自重(包括施工荷载),竣工后它与桥面结构组合一体共同承受活载和其他作用。

上弦杆和实腹段上缘构成桁架拱片的上边缘,它与桥面竖曲线平行。桁架拱片拱形下弦杆的轴线一般采用二次抛物线或悬链线等。

桁架拱的腹杆有几种布置方式,分别为三角形、斜拉杆和斜压杆等三种形式(图8-85)。无竖杆的三角形桁架拱[图8-85a)],腹杆根数少、杆件的总长度也最短,因此腹杆用料省。但是当拱跨、矢高较大时,三角形桁架拱上弦杆的节间会过大,为承受桥面荷载将增加桥面构件

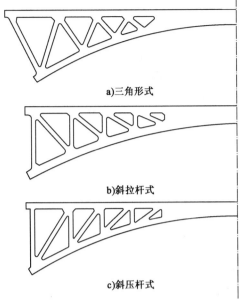

图 8-85　桁架拱腹杆布置形式

的用钢量,因此宜增设竖杆来减少节间长度。带竖杆式三角形桁架拱,根据斜杆倾斜方向的不同,有斜拉杆式[图 8-85b)]和斜压杆式[图 8-85c)]两种。斜拉杆式桁架拱的斜杆受拉而竖杆受压,斜拉杆采用普通钢筋混凝土材料时会开裂。为避免拉杆开裂并减小截面尺寸,可采用预应力混凝土斜拉杆。与上相反,斜压杆式桁架拱的斜杆受压、竖杆受拉,斜杆的长度随矢高和节间长度的增大显著增长,尤其是近拱脚第一个节间的斜杆。为了确保长斜压杆稳定性有时需增大截面尺寸。斜压杆式桁架拱的外形不如斜拉杆式美观,故较少采用。

桁架拱的空腹段尽管采用了几何不变的构造方式,但各构件的应变及变形方式并不一致,除了主要承受轴向力还受弯矩作用,各杆件的两端弯矩最大。这种在几何不变结构中构件出现的弯矩常称为次弯矩。因此,桁架拱各杆件两端的节点是一个很重要的部位,节点(尤其是拱脚处)附近杆件的箍筋应加密,杆件交点应配置包络钢筋。这些钢筋的构造随拱跨大小、腹杆布置方式等不同而有所不同,常用的节点钢筋构造方式如图 8-86 所示。

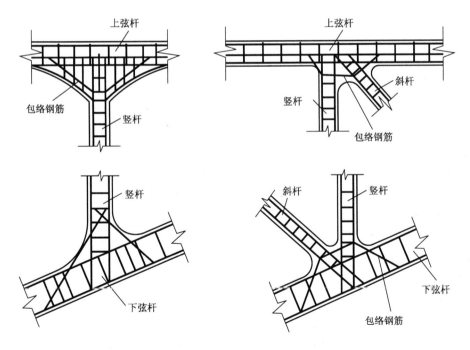

图 8-86　节点钢筋构造示意图

为使桁架拱片联成整体、共同受力,并保证结构横向稳定,需在桁架拱片之间设置横向联系。横向联系由拉杆、横系梁、横隔板和剪刀撑等组成(图 8-87)。

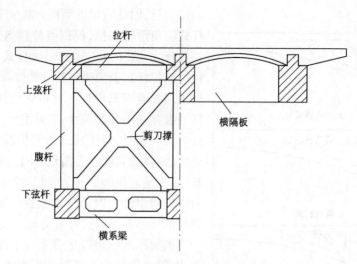

图 8-87 桁架拱片的横向联系

拉杆和横系梁分别设置在上、下弦杆的节点处，拱顶实腹段每隔 3~5m 也应设置横系梁。当跨径较小时，横系梁也可用拉杆代替。而对于城市宽桥，拱顶实腹段的横向联系宜加强，以利于活载横向分布。

横隔板一般设置在实腹段与桁架段的连接处及跨中，它在高度方向常直抵桥面板。横桥向的剪刀撑一般设置在四分之一跨径附近的上、下节点之间及跨径端部。大跨径桁架拱桥除设置竖向剪刀撑外，还可在端节间等处下弦杆的平面内设置水平剪刀撑，以加强桥梁的横向刚度。

桁架拱的桥面板，有横向微弯板、纵向微弯板和预应力混凝土空心板等多种形式。横向微弯板比较省钢材，但一般跨径较小，因此拱片数量较多。较大跨径的桁架拱桥可采用空心板或纵向微弯板，以减少拱片的数量。

在跨径较大或桥面很宽时，桁架拱也可局部采用预应力结构，一般可在受拉腹杆、上弦杆、跨中实腹段、桥面板内施加预应力。预应力可以避免杆件裂缝，减少用钢量，提高结构的整体性，另外还可以作为拼装的手段。

桁架拱与墩(台)的连接包括：下弦杆、上弦杆与桥墩(台)的连接和多孔桁架拱各跨结构之间的连接等。连接方式随上、下部结构的形式、施工方法、美观要求等而异，一般常用的连接方式如图 8-88 所示。

中小跨径桁架拱常采用下弦杆与墩台连接，在墩台帽上预留深 100mm 左右(或与肋高相同)的槽孔，将下弦杆的端头插入，然后四周用砂浆填空。在跨径较大时，由于墩台位移等原因，往往造成支承面局部承压，反力偏心引起结构内力变化，因此不宜采用上述方法，而宜采用构造较完善的铰接。

桁架拱的上部与墩台的连接，以及多跨拱间的连接，有悬臂式［图 8-88a)、b)］、过梁式［图 8-88c)、d)］和伸入式［图 8-88e)、f)］等三种，一般以过梁式为好。悬臂式因拱桥变形后会引起上、下位移，对构造处理及行车均有不良影响，故不宜采用。

2) 桁架拱主要构造尺寸拟定

桁架拱跨中截面的高度，可采用如下经验公式估算：

$$h = k\left(200 + \frac{l_0}{70}\right) \qquad (8\text{-}13)$$

式中：h——拱的高度（mm）；

k——荷载系数，对于公路—Ⅰ级为1.4，公路—Ⅱ级为1.2；

l_0——拱的净跨径（mm）。

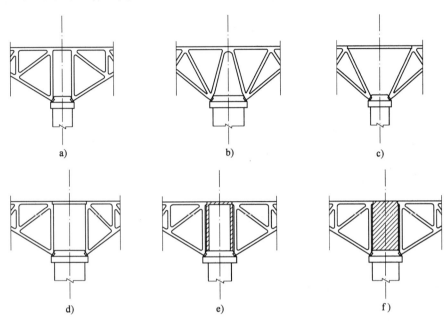

图 8-88　桁架拱与墩（台）的连接方式

对于桥墩刚度较小的多跨桁架拱桥，还要考虑连拱作用的影响，桁架拱片跨中截面的高度通常为跨径的 1/50～1/30。

桁架拱片的数量由桥梁的宽度、跨径、设计荷载等级及经济性等多方面因素综合确定。一般情况下，跨径较大时宜采用较少的片数。对于跨径在 20～50m 的桁架拱，拱片间距一般可用 2.0～3.5m，跨径再大时可稍加大一些，以减少拱片的数量。

桁架拱片跨中实腹段长度 l_1，一般取为跨径的 0.3～0.4 倍。桁架节间长度 l_2 与上弦杆局部受力、腹杆受力和桥梁外观等有关。一般跨径的桁架拱桥，最大节间长度不宜超过 5m，节间长度由端部向跨中逐节减小，斜杆大体平行并与竖杆保持在 30°～50°。

各杆件尺寸（图 8-89）的拟定方法如下：

上弦杆与桥面板组合后的高度 h_1，由上弦杆最大节间长度决定，一般为最大节间长度的 1/8～1/6。下弦杆一般均用相等的矩形截面，其高度 h_2 可取跨径的 1/100～1/80。对于中、小跨径取较大值，对于大跨径取较小值。

桁架拱片宽度 b 一般为 200～500mm，前者用于跨径较小、拱片片数较多的情况；后者则相反。宽度选择还应结合施工方法来考虑，对预制安装的拱片，还要满足拱片施工时平吊、翻身等要求。

斜杆和竖杆的宽度 b_3 和 b_4，一般小于或等于拱片厚度。截面高度 h_3 和 h_4，一般为下弦杆截面高度的 1/2.0～1/1.5，通常取 200～400mm。为使杆件尺寸比例协调，腹杆的截面高度也可随杆长的增加而加大。

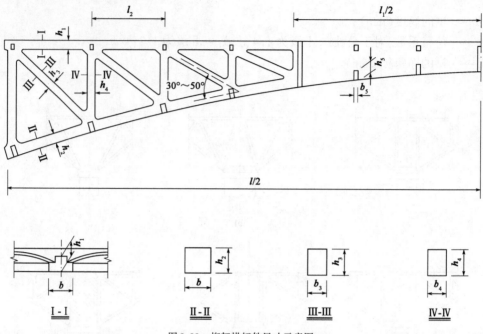

图8-89 桁架拱杆件尺寸示意图

横向联结系杆件的截面尺寸主要由构造要求决定。拉杆和剪刀撑可取边长为150～200mm的矩形截面。横系梁一般也采用矩形截面,其高度h_5与下弦杆高度h_2相同,宽度b_5不小于拱片净间距的1/15,可取150～200mm。横隔板的厚度通常为150～200mm。

桥面结构采用微弯板时,微弯板的净矢跨比一般在1/15～1/10之间。板的跨中厚度一般为板跨径的1/15～1/13,其中预制微弯板的厚度d与桥面填平层在板顶处的厚度c可取相同值,也可使后者略大于前者,两者的厚度一般为50～80mm。

微弯板沿桥横向搁置在桁架拱片的上弦杆和实腹段上。为了加强微弯板与桁架拱的联结,一般将上弦杆和实腹段设计成凸形,并在肋顶伸出连接钢筋。凸肩宽可取拱片宽度的1/5,但不宜小于50mm。

3. 刚架拱桥

刚架拱桥是在肋拱桥、桁架拱桥、斜腿刚架桥等基础上发展起来的另一种桥型,它具有构件少、自重轻、整体性好、刚度大、施工简便、经济指标较先进、造型美观等优点。刚架拱内部一般为多次超静定但外部的传力主要集中在拱脚,可简化为二铰拱等支承方式的受力图式。刚架拱兼备了刚架和拱式结构的受力特点,因此钢筋混凝土材料的受力性能得到了较好利用。

1)刚架拱的构造

刚架拱由刚架拱片、横向联结系和桥面板等部分组成(图8-90)。

刚架拱片是刚架拱桥的主要承重结构,一般由拱顶实腹段、空腹段的纵梁、拱腿、斜撑等(也称为次拱腿)构成(图8-90),其构造形式主要与桥梁跨径、荷载大小等有关。当跨径小于25m时,可采用只设拱腿、不设斜撑的最简单形式[图8-91a)];当跨径在25～70m时,为了减小腹孔段纵梁的跨径,可以设置一根斜撑[图8-91b)及图8-90];随着跨径的增大,为了减小纵梁和斜撑的内力,可设置多根斜撑。这些斜撑可以都直接支承在桥墩(台)上[图 8-91b)],也可以将斜撑支承在拱腿上[图 8-91c)]。

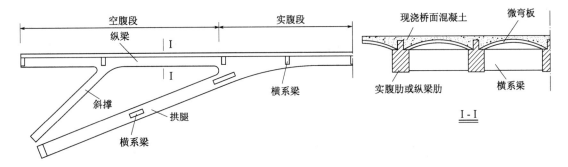

图 8-90 刚架拱的主要组成

刚架拱片的拱顶实腹段与拱腿的交接处称为主节点,纵梁和斜撑的交接处称为次节点,主、次节点一般均按固结构造设计。根据构造方式的不同,拱腿和斜撑可以采用固结或铰接(平铰或较完善的弧形铰等)的受力图式。

拱顶实腹段、拱腿所构成的拱形结构是否合理,对全桥结构的受力有显著的影响。拱顶实腹段和纵梁的梁肋上缘线一般与桥面竖曲线平行;实腹段的下缘线采用曲线,拱腿的下缘为直线或微曲线,实腹段和拱腿的下缘线也可用同一线形的曲线。

根据不同的施工方法和条件(运输、安装能力等),刚架拱片可以采用现浇或预制安装方法施工,目前大多数采用后者。为了减小吊装重量,可将实腹段和纵梁、斜撑等分别预制或分段预制,通过现浇混凝土接头连接。

横向联系是保证刚架拱片整体受力、横向稳定的构造措施。横向联系可采用预制装配式的横系

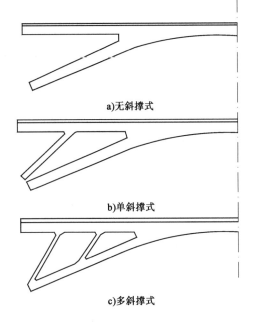

图 8-91 刚架拱片的构造形式

梁或横隔板形式,其间距视跨径大小酌情布置,一般取为 3 ~ 5m。在刚架拱片的跨中、主节点和次节点、纵梁端部等处应设置横系梁。当跨径较大或者跨径小、桥面很宽时,为加强跨中实腹段刚架拱片间的横向整体性,有利于荷载横向分布,可增设直抵桥面板的横隔板。

桥面板可由预制微弯板、现浇混凝土填平层、桥面铺装等部分组成,也可采用预制空心板、现浇混凝土层及桥面铺装等构成。

2)刚架拱主要构造尺寸拟定

刚架拱跨中截面的高度,可采用如下经验公式估算:

$$h = k\left(350 + \frac{l_0}{100}\right) \tag{8-14}$$

式中：h——跨中截面高度(mm)；
　　l_0——拱的净跨径(mm)；
　　k——荷载系数，对于公路—Ⅰ级为1.4，公路—Ⅱ级为1.2。

对于桥墩刚度较小的多跨刚架拱桥，跨中截面的高度通常为跨径的 1/50～1/30。

刚架拱片的数量也与桥宽、跨径等有关。拱片间距一般为 2.0～3.5m，当预应力混凝土空心板和预应力刚架拱片配合使用时，拱片间距离还可适当加大，减少拱片数量，可以取得较好的经济效果。

刚架拱片各主要节点的位置不仅关系到结构的受力状况，也关系到全桥的外形美观。主节点位置由实腹段长度和拱腿斜度确定。一般情况下，实腹段长度约为桥梁跨径(l)的 0.4～0.5 倍，拱腿与水平线夹角在 30°左右，主节点位置一般取在 $0.25l$～$0.30l$ 附近。

次节点的位置则与主节点位置和空腹段边纵梁(墩或台至第一根斜撑之间)跨度的大小有关，当只有一根斜撑的拱片，一般可将次节点布置在纵梁的中点附近，以改善纵梁的受力。

实腹段一般为变截面构件，其底缘的弧线可采用矢跨比为 1/20～1/16 的二次抛物线或其他曲线。拱腿可根据跨径大小和施工方法等不同，设计成等截面直杆或微曲杆，也可将实腹段和拱腿的底缘采用同一线形的曲线，这对改善实腹段和拱腿的受力和美观往往有益。

刚架拱片的厚度一般为 200～400mm，为了简化施工实腹段、斜撑均采用相同宽度。纵梁的高度由边纵梁(无斜撑水平分压力作用)的受力所控制，一般小于拱的跨中截面高度。实腹段、纵梁采用凸形截面，斜撑采用矩形截面。斜撑高度为其宽度的 2.5～3.5 倍。在初步拟定截面尺寸后，再经过试算进行调整。

其他相似构造的尺寸同桁架拱。

第九章
拱桥结构分析

混凝土拱桥结构形式多、构造复杂,施工期结构体系也有较大变化,因此结构受力分析需要精细模型和高效方法。随着计算机结构分析软件技术的快速发展,目前已能满足拱桥各项受力分析需求。但是,拱桥的结构组成及构造方式常有一定规律,横向受力也有较好相似性,故在一定范围内也可采用配合计算机结构分析软件的空间受力平面简化的方法。拱桥是主要承受轴向压力的结构,受力稳定性是一个重要的分析内容。拱桥可能在拱平面内失稳也可能离开拱平面失稳,成为空间稳定问题,因此结构分析时需采用空间模型。本章将重点介绍简单体系和组合体系拱桥结构分析的主要内容、分析方法,包括分析模型、考虑的作用、结构力学计算方法及有限元分析方法等,并按照简单体系拱桥、组合体系拱桥和拱桥稳定性分析进行介绍。

第一节 概　　述

拱桥是多次超静定结构。即使对于简单体系的上承式拱桥,拱上建筑也将参与拱的共同受力作用,这种现象称为"拱上建筑与拱的联合作用"或简称"联合作用"。研究表明,拱式拱上建筑的联合作用较强,梁式拱上建筑的联合作用较弱。对于简单体系的中承式和下承式拱桥,通过吊杆和立柱支承的桥面结构同样将与联合作用,只是这种作用相对上承式拱桥弱些。简单体系拱桥简化计算时一般不考虑联合作用的影响,即假定作用桥上的荷载或作用全部由拱圈承担,但拱顶截面不考虑联合作用往往会偏于不安全。因此,如何考虑简单体系拱桥的联合作用,使这一联合作用成为有利、合理、明确的结构安全储备,是结构分析的要点。与上述简单体系拱桥不同的是,组合体系拱桥因本身属于组合结构的受力体系,构造上已将拱和其他构件组成整体,有明确的结构构造和受力方式,因此结构分析时应根据实际构造考虑相应的作用。

拱桥是一种空间结构。在横桥方向,无论车辆荷载如何作用,在拱圈的横断面上或各拱肋间都会出现应力(内力)分布不均匀现象,与梁桥相似该现象被称为"活载的横向分布",拱桥的活载横向分布也与许多因素有关。如结构形式、拱上建筑或桥面结构的形式、拱圈的截面形式及刚度等。对于拱上建筑为立墙的上承式板式拱圈的石拱、箱形拱,当活载在横桥向的分布不超出拱圈范围,一般可假定活载由主拱全宽均匀承受,不考虑横向不均匀受力影响。根据结构空间受力的特点,双肋拱桥一般可近似采用杠杆法计算横向分布系数;对于多肋拱桥的横向分布系数,窄桥时可采用偏心压力法计算,宽桥时则可用弹性支承连续梁法计算。拱式组合桥和整体式拱桥的横向分布系数计算方法同上述肋拱桥一样。

第二节　拱轴线确定

一、拱轴线形式

拱轴线的形状影响拱的内力和截面应力的分布,选择拱轴线的原则是尽可能减小荷载产生的弯矩。最理想的拱轴线是与荷载形成的压力线吻合,这时拱只承受轴压力而无弯矩及剪力,从而能够充分利用材料强度和圬工材料良好的抗压性能。这种与压力线吻合的拱轴线称为合理拱轴线。但实际上拱桥受到的荷载不是恒定的,不可能得到上述的合理拱轴线,因为拱桥将受到结构重力、活载、温度、收缩和徐变等作用,当结构重力作用下的压力线与拱轴线吻合时,其他荷载作用下的压力线与拱轴线就不会吻合,其中活载作用下的压力线还随活载的位置而变化。然而,混凝土拱桥的结构重力占总荷载比重较大,实际工程中一般先按结构重力作用下的压力线作为拱轴线,然后再根据其他荷载引起的弯矩对拱轴线进行适当调整,使拱受力控制截面所受的弯矩尽量减小。

选择拱轴线时,除了考虑拱受力外,还应考虑外形美观、施工简便等因素。

圆弧线形是最简单的拱轴线,施工最方便。但圆弧拱轴线与结构重力作用下的压力线偏离较大,拱圈各截面的受力不够均匀,故常用于15~20m以下的小跨径拱桥。

从结构力学可知,在竖向均布荷载作用下,拱的合理拱轴线是二次抛物线(图9-1)。对于结构重力集度接近均布的拱桥(如中承式和下承式肋拱桥、矢跨比较小的上承式空腹式钢筋混凝土拱桥等),往往可以采用抛物线拱。其拱轴线方程为:

$$y_1 = \frac{4f}{l^2}x^2 \tag{9-1}$$

实腹式拱桥结构重力集度的分布从拱顶到拱脚逐渐增加,计算表明其压力线为一条悬链线[图9-2b)]。实腹式拱桥一般采用结构重力作用下的压力线作为拱轴线。空腹式拱桥的结构重力从拱顶到拱脚已不再是连续分布的[图9-2a)],其相应的压力线是一条不光滑的曲线,故不能以该曲线作为拱轴线。目前,最普遍的还是采用悬链线作为空腹拱的拱轴线,仅考虑在拱顶、跨径的四分点和拱脚处的拱轴线与压力线重合。

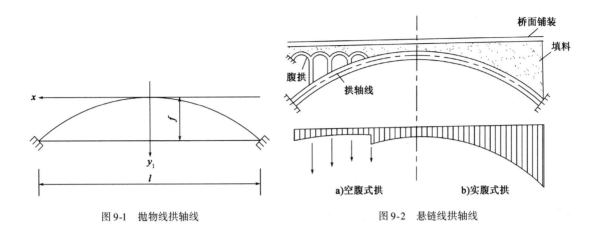

图 9-1 抛物线拱轴线   图 9-2 悬链线拱轴线

二、悬链线拱特点

1. 实腹式悬链线拱

1) 拱轴线方程

基于结构构造及在结构重力作用下压力线的线形,上承实腹式拱桥设计时采用结构重力作用下的压力线作为拱轴线(不计弹性压缩),而这一压力线的方程就是悬链线方程。下面将以拱在结构重力作用下的压力线作为拱轴线,导出拱轴线的悬链线方程。

设实腹式拱的结构重力包括拱圈、拱上填料和桥面层自重[图 9-3a)]的分布规律如图 9-3b)所示。取图 9-3 所示坐标系,设拱轴线即为结构重力作用下的压力线,故在结构重力作用下拱顶截面的弯矩 $M_d = 0$、剪力 $Q_d = 0$,而拱顶截面的轴压力即拱的水平推力 H_g。对拱脚截面取矩有:

$$H_g = \frac{\sum M_j}{f} \tag{9-2}$$

式中:H_g——拱在结构重力作用下的水平推力(不考虑弹性压缩);

$\sum M_j$——半拱结构重力在拱脚截面产生的力矩;

f——拱的计算矢高。

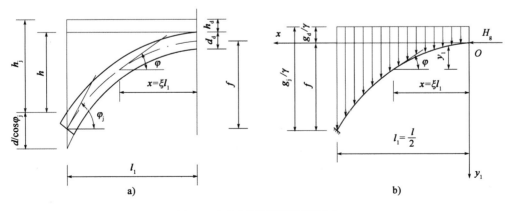

图 9-3 实腹式悬链线拱轴计算图式

对任意截面取矩,可得:

$$y_1 = \frac{M_x}{H_g} \tag{9-3}$$

式中:y_1——以拱顶为坐标原点,拱轴上任意点的坐标;

M_x——任意截面以右的全部结构重力在该截面产生的力矩;

其余符号意义同前。

式(9-3)即为求算拱在结构重力作用下压力线的基本方程。将上式两边对 x 求导两次得:

$$\frac{d^2 y_1}{dx^2} = \frac{1}{H_g} \frac{d^2 M_x}{dx^2} = \frac{g_x}{H_g} \tag{9-4}$$

式(9-4)为压力线的基本微分方程式。为了得到拱轴线(即拱在结构重力作用下的压力线)的一般方程,必须知道结构重力集度的分布规律。由图 9-3b),任意点的结构重力集度 g_x 可以下式表示:

$$g_x = g_d + \gamma y_1 \tag{9-5}$$

式中:g_d——拱顶处结构重力集度;

γ——拱上建筑材料管理重度;

其余符号意义同前。

由式(9-5)得:

$$g_j = g_d + \gamma f = m g_d \tag{9-6}$$

$$m = \frac{g_j}{g_d} \tag{9-7}$$

式中:g_j——拱脚处恒载集度;

m——拱轴系数(或称拱轴曲线系数);

其余符号意义同前。

由式(9-6)得:

$$\gamma = (m-1)\frac{g_d}{f} \tag{9-8}$$

将式(9-8)代入式(9-5)可得:

$$g_x = g_d + y_1(m-1)\frac{g_d}{f} = g_d\left[1 + (m-1)\frac{y_1}{f}\right] \tag{9-9}$$

式中,符号意义同前。

再将上式代入基本微分方程(9-4)。为使最终结果简单,引入参数:$x = \xi l_1$,则 $dx = l_1 d\xi$,可得:

$$\frac{d^2 y_1}{d\xi^2} = g_d \frac{l_1^2}{H_g}\left[1 + (m-1)\frac{y_1}{f}\right]$$

假设 m 为常数,令

$$k^2 = \frac{g_d l_1^2}{f H_g}(m-1) \tag{9-10}$$

则

$$\frac{d^2 y_1}{d\xi^2} = \frac{g_d l_1^2}{H_g} + k^2 y_1 \tag{9-11}$$

式中,符号意义同前。

式(9-11)为二阶非齐次常系数线性微分方程。解此方程,则得拱轴线方程为:

$$y_1 = \frac{f}{m-1}(\mathrm{ch}k\xi - 1) \tag{9-12}$$

式中,符号意义同前。

式(9-12)一般也称为悬链线方程。以拱脚截面 $\xi = 1$, $y_1 = f$ 代入式(9-12),得:

$$\mathrm{ch}k = m$$

通常 m 已知,则 k 值可由下式求得:

$$k = \mathrm{ch}^{-1}m = \ln(m + \sqrt{m^2 - 1}) \tag{9-13}$$

式中,符号意义同前。

当 $m = 1$ 时,则 $g_x = g_d$,表示的结构重力是均布荷载。不难理解,在均布荷载作用下拱的压力线为二次抛物线,其方程为 $y_1 = f\xi^2$。悬链线拱的拱轴系数一般不宜大于3.5。

由悬链线方程(9-12)可以看出,当拱的矢跨比确定后,拱轴线各点的纵坐标将取决于拱轴系数 m。

2)拱轴线的水平倾角 φ

将式(9-12)对 ξ 取导数,得:

$$\frac{\mathrm{d}y_1}{\mathrm{d}\xi} = \frac{fk}{m-1}\mathrm{sh}k\xi \tag{9-14}$$

因为

$$\tan\varphi = \frac{\mathrm{d}y_1}{\mathrm{d}x} = \frac{\mathrm{d}y_1}{l_1\mathrm{d}\xi} = \frac{2\mathrm{d}y_1}{l\mathrm{d}\xi}$$

将式(9-14)代入上式,得:

$$\tan\varphi = \frac{2fk}{l(m-1)}\mathrm{sh}k\xi \tag{9-15}$$

式中,符号意义同前。

3)拱轴系数 m 的确定

如前所述,当拱的矢跨比确定后,悬链线拱轴方程的主要参数是拱轴系数 m。根据拱轴系数的定义:

$$m = \frac{g_j}{g_d}$$

由图9-3可知,拱顶处结构重力集度为:

$$g_d = \gamma_1 h_d + \gamma d \tag{9-16}$$

在拱脚处 $h_j = h_d + h$,则其结构重力集度为:

$$g_j = \gamma_1 h_d + \gamma_2 h + \gamma\frac{d}{\cos\varphi_j} \tag{9-17}$$

$$h = f + \frac{d}{2} - \frac{d}{2\cos\varphi_j} \tag{9-18}$$

式中:h_d——拱顶处填料厚度;

h_j——拱脚处填料厚度;
d——拱圈高度;
γ——拱圈重度;
γ_1——拱顶填料及路面的平均重度;
γ_2——拱腹填料平均重度;
φ_j——拱脚处拱轴线的水平倾角;
其余符号意义同前。

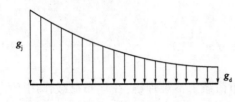

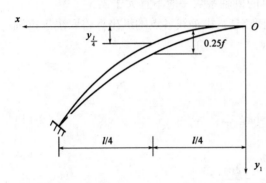

图9-4 拱跨$l/4$点纵坐标与m的关系

从式(9-17)和式(9-18)可以看出,这两式中除了φ_j为未知数外,其余均为已知数。由于φ_j为未知,故不能直接算出m值,需采用逐次逼近法确定:先根据跨径和矢高假定m值,由式(9-15)求得拱脚处的$\cos\varphi_j$值,代入式(9-17)求得g_j后,再连同g_d一起代入式(9-7)算得m值,然后与假定的m值相比较,如算得的m值与假定的m值相符,则假定的m值即为真实值;如两者不符,则应以算得的m值作为假定值,重新进行计算,直至两者接近为止。

当拱的跨径和矢高确定之后,悬链线的形状取决于拱轴系数m,其线形特征可用$l/4$点纵坐标$y_{l/4}$的大小表示(图9-4)。

拱跨$l/4$点的纵坐标$y_{l/4}$与m值有下述关系。当$\xi = 1/2$时,$y_1 = y_{l/4}$,代入式(9-12)得:

$$\frac{y_{l/4}}{f} = \frac{1}{m-1}\left(\operatorname{ch}\frac{k}{2} - 1\right) \tag{9-19}$$

式中,符号意义同前。

由上式可见,$y_{l/4}$与m值成反比关系。当m增大时,拱轴线抬高;反之,当m减小时,拱轴线降低(图9-4)。在一般的悬链线拱桥中,结构重力集度从拱顶至拱脚逐渐增加,$g_j > g_d$,因而$m > 1$。只有在均布荷载作用下$g_j = g_d$时,方能出现$m = 1$的情况。由式(9-19)可得,在这种情况下$y_{l/4} = 0.25f$(图9-4)。

2. 空腹式悬链线拱

上承实腹式悬链线拱桥从跨中到拱脚的结构重力集度是连续逐渐变化的,但上承空腹式拱桥的结构重力分布并不是连续逐渐变化的,该分布为,拱及其实腹段的分布荷载和空腹段通过腹孔墩(柱)传下的集中力[图9-5a]。由于集中力的存在,拱在结构重力作用下的压力线将是一条转折的、不光滑的曲线。显然该压力线不适合作为拱轴线。因此,在上承空腹式拱桥设计时,通常仍采用悬链线作为拱轴线。但为使拱采用的悬链拱轴线与其结构重力作用下的压力线更接近、受到的弯矩尽量小,一般采用"五点重合法"确定拱轴系数m。所谓"五点重合法",是指在拱跨上有五个点(拱顶、两$l/4$点和两拱脚)的拱轴线与结构重力作用下的压力线重合[图9-5b],按上述五点弯矩为零的条件确定m值。

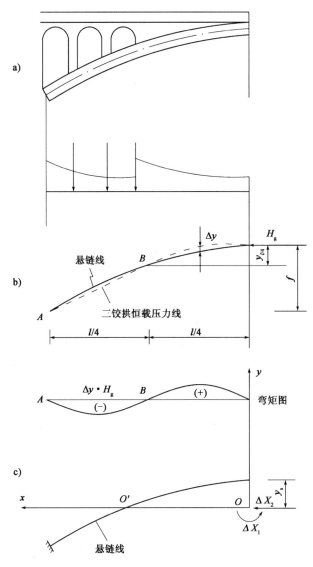

图 9-5 空腹式悬链线拱轴计算图式

由拱顶弯矩为零和结构重力的对称条件可知,拱顶仅有通过截面重心的轴力,即拱在结构重力作用下的水平推力 H_g,弯矩及剪力为零。

在图9-5a)、b)中,由 $\sum M_A = 0$ 得:

$$H_g = \frac{\sum M_j}{f} \tag{9-20}$$

由 $\sum M_B = 0$ 得:

$$H_g y_{l/4} - \sum M_{l/4} = 0$$

则

$$H_g = \frac{\sum M_{l/4}}{y_{l/4}}$$

将式(9-20)的 H_g 代入上式,可得:

$$\frac{\sum M_j}{f} = \frac{\sum M_{l/4}}{y_{l/4}} \tag{9-21}$$

式中：$\sum M_{l/4}$——自拱顶至拱跨 1/4 点的结构重力对 1/4 截面的力矩；

其余符号意义同前。

求得 $y_{l/4}/f$ 之后，可由式(9-19)反求 m，即：

$$m = \frac{1}{2}\left(\frac{f}{y_{l/4}} - 2\right) - 1 \tag{9-22}$$

式中，符号意义同前。

空腹式拱桥的 m 值，仍可采用逐次逼近法确定。即由假定的 m 值定出拱轴线，作图布置拱上建筑，然后计算拱和拱上建筑的结构重力对 $l/4$ 和拱脚截面的力矩 $\sum M_{l/4}$ 和 $\sum M_j$，利用式(9-22)算出 m 值。如与假定的 m 值不符，则应以求得的 m 值作为假定值，重新计算，直至两者接近为止。

应当注意，用上述方法确定空腹拱的拱轴线，仅与相应结构重力作用下的压力线保持五点重合，其他截面处的拱轴线与压力线都有不同程度的偏离。大量计算证明，从拱顶到 $l/4$ 点，一般压力线在拱轴线之上；而从 $l/4$ 点到拱脚，压力线则大多在拱轴线之下。拱轴线与相应三铰拱在结构重力作用下的压力线的偏离类似于一个正弦波[图 9-5b)]。

压力线与拱轴线的偏离会引起拱弯曲，并在拱中产生相应附加内力。对于三铰拱，各截面的偏离弯矩 M_p 可按压力线与拱轴线在该截面处的偏离值 Δy 计算，表示为 $M_p = H_g \Delta y$；但对于无铰拱，偏离弯矩则应根据结构力学方法算得。

由结构力学知，若采用力法求解偏离弯矩，可采用悬臂曲梁为基本结构[图 9-5c)]，恒载(包括 H_g)引起在弹性中心的多余未知力满足方程：

$$\Delta X_1 \delta_{11} + \Delta_{1P} = 0 \tag{9-23}$$

$$\Delta X_2 \delta_{22} + \Delta_{2P} = 0 \tag{9-24}$$

式中：ΔX_1、ΔX_2——压力线与拱轴线偏离引起在弹性中心处的弯矩和轴力；

δ_{11}、δ_{22}——基本结构在 ΔX_1、ΔX_2 方向的柔度；

Δ_{1P}、Δ_{2P}——恒载(包括 H_g)在 ΔX_1、ΔX_2 方向引起的变形。

求解式(9-23)与式(9-24)，可得任意截面处的偏离弯矩[图 9-5c)]：

$$\Delta M = \Delta X_1 - \Delta X_2 y + M_P \tag{9-25}$$

式中：y——以弹性中心为原点(向上为正)的拱轴线坐标；

其余符号意义同前。

对于拱顶、拱脚截面，偏离弯矩为：

$$\Delta M_d = \Delta X_1 - \Delta X_2 y_s \tag{9-26a}$$

$$\Delta M_j = \Delta X_1 + \Delta X_2 (f - y_s) \tag{9-26b}$$

式中：y_s——弹性中心至拱顶的距离；

其余符号意义同前。

由式(9-26)可见，由于拱轴线与结构重力作用下的压力线有偏离，在拱顶、拱脚都产生了偏离弯矩。因 Δy 值正、负交替，Δ_{1P} 的数值较小，于是 ΔX_1 值也较小；而大量计算证明 ΔX_2 恒为正值。因此，拱顶的偏离弯矩 ΔM_d 为负，而拱脚的偏离弯矩 ΔM_j 为正，这恰好与这两截面控制弯矩的符号相反。这一事实说明，在空腹式拱桥中，用"五点重合法"确定的悬链拱轴线，偏离弯矩对拱顶、拱脚都是有利的。因而,空腹式无铰拱采用悬链拱轴线,比采用结构重力作用下的压力线更加合理。

空腹式无铰拱桥,采用"五点重合法"确定结构重力作用下的拱轴线,与相应三铰拱的压力线在拱顶、两 $l/4$ 点和两拱脚五点重合,而与无铰拱的压力线实际上并不存在五点重合的关系。

3. 悬链线无铰拱的弹性中心

在按力法计算无铰拱的内力(结构重力、活载、温度变化、混凝土收缩和拱脚变位等)时,为了简化计算工作,常利用拱的弹性中心法。在此,我们讨论对称拱,弹性中心在对称轴上。

由结构力学知,弹性中心距拱顶的距离为(图9-6):

$$y_s = \frac{\int_s \frac{y_1 \mathrm{d}s}{EI}}{\int_s \frac{\mathrm{d}s}{EI}} \tag{9-27}$$

$$y_1 = \frac{f}{m-1}(\mathrm{ch}k\xi - 1)$$

$$\mathrm{d}s = \frac{\mathrm{d}x}{\cos\varphi} = \frac{l}{2\cos\varphi}\mathrm{d}\xi$$

其中:

$$\cos\varphi = \frac{1}{\sqrt{1+\tan^2\varphi}}$$

以上式中符号意义同前。

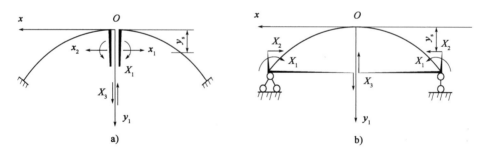

图9-6 拱的弹性中心

第三节 简单体系拱桥分析

简单体系拱桥的内力计算可以用手算或电算。手算主要采用结构力学中的力法;电算则采用计算机语言编程的有限单元法进行分析。这里先介绍手算方法,有关电算的要点将在本节的最后介绍。

当采用结构力学力法手算悬链线拱内力时,基本结构有两种取法:图9-6a)为以悬臂曲梁为基本结构,图9-6b)为以简支曲梁为基本结构。在计算无铰拱的内力影响线时,为了简化计算,常用简支曲梁为基本结构。

一、结构重力作用

采用结构重力作用下的压力线作为拱轴线,若不考虑拱变形的影响,则拱在结构重力作用下的内力只有轴向压力,即拱处于纯压状态。但是,在结构重力产生的轴向压力作用下拱会产生弹性压缩,使拱轴长度缩短。这种现象称为拱的弹性压缩。由于无铰拱是超静定结构,弹性压缩引起拱轴的缩短,将在拱中产生相应的内力。为便于设计计算,拱在结构重力作用下的内力一般分为两部分,即不考虑弹性压缩影响的内力与弹性压缩引起的内力,两者相加即得结构重力作用下的总内力。

1. 不考虑弹性压缩影响的内力

1)实腹拱

在不考虑弹性压缩的情况下,拱在结构重力作用下的内力,可按纯压拱的公式计算。由式(9-10):

$$k^2 = \frac{g_d l_1^2}{f H_g}(m-1)$$

得到水平推力为:

$$H_g = \frac{m-1}{4k^2} \frac{g_d l^2}{f} \tag{9-28}$$

以上式中符号意义同前。

在结构重力作用下,拱脚的竖向反力为半拱的结构重力,即:

$$V_g = \int_0^{l_1} g_x \mathrm{d}x = \int_0^1 g_x l_1 \mathrm{d}\xi$$

将式(9-9)、式(9-12)代入上式积分,得:

$$V_g = \frac{\sqrt{m^2-1}}{2[\ln(m+\sqrt{m^2-1})]} g_d l \tag{9-29}$$

式中,其余符号意义同前。

在结构重力作用下,拱各截面的内力(轴压力)按下式计算,弯矩和剪力均为零。

$$N = \frac{H_g}{\cos\varphi} \tag{9-30}$$

式中,符号意义同前。

2)空腹拱

上承式空腹拱桥采用悬链线拱轴线后,因拱轴线与压力线偏离,拱将存在弯矩。为了便于设计计算,将结构重力作用下的内力分为两部分:首先不考虑偏离的影响,将拱轴线视为压力线;然后再考虑偏离的影响,按式(9-23)~式(9-25)计算由偏离引起的内力。二者叠加后得到不考虑弹性压缩的内力。

不考虑拱轴线偏离影响时,空腹拱在结构重力作用下的内力亦按纯压拱计算。此时,拱的推力 H_g 和拱脚竖向反力 V_g,可直接由静力平衡条件写出:

$$H_g = \frac{\sum M_j}{f}$$

$$V_g = \sum P \text{（半拱的结构重力）}$$

式中，符号意义同前。

算出 H_g 之后，即可利用纯压拱的式(9-30)计算各截面的轴向力。此时，拱中的弯矩和剪力均为零。

按上述方法计算得到不考虑拱轴线偏离影响后，再按式(9-23)~式(9-26)计算拱轴线与压力线偏离产生的内力，最后将上述两者内力叠加可得不考虑弹性压缩损失的内力。

2. 弹性压缩引起的内力

在结构重力产生的轴向压力作用下，拱的弹性压缩表现为拱轴长度的缩短。按结构力学中的力法，将拱顶切开，取悬臂曲梁为基本结构。弹性压缩会使拱轴在跨径方向缩短 Δl，而由拱顶的变形协调条件，可求得多余未知力 ΔH [图 9-7a)]，即：

$$\Delta H \delta'_{22} - \Delta l = 0 \quad (9\text{-}31)$$

式中符号意义见图 9-7。

从拱中取出一微段 ds [图 9-7b)]，在轴向力 N 作用下缩短 Δds，其水平分量为 $\Delta dx = \Delta ds \cos\varphi$，则整个拱轴缩短的水平分量为：

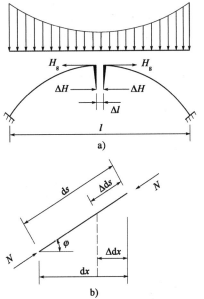

图 9-7 拱圈弹性压缩计算图式

$$\Delta l = \int_0^l \Delta dx = \int_s \Delta ds \cos\varphi = \int_s \frac{N ds}{EA} \cos\varphi = H_g \int_0^l \frac{dx}{EA \cos\varphi} \quad (9\text{-}32)$$

考虑轴向力的影响后，在 S 方向的柔度为：

$$\delta'_{22} = \int_s \frac{\overline{M}_2^2 ds}{EI} + \int_s \frac{\overline{N}_2^2 ds}{EA} = \int_s \frac{y^2 ds}{EI} + \int_s \frac{\cos^2\varphi ds}{EA} = (1+\mu) \int_s \frac{y^2 ds}{EI} \quad (9\text{-}33)$$

$$\mu = \frac{\int_s \dfrac{\cos^2\varphi ds}{EA}}{\int_s \dfrac{y^2 ds}{EI}} \quad (9\text{-}34)$$

$$\overline{M}_2 = -y ; \overline{N}_2 = \cos\varphi$$

式中：E——拱圈材料的弹性模量；

A——拱圈截面面积；

I——拱圈截面抗弯惯性矩；

其余符号意义同前或见图 9-7。

将式(9-32)、式(9-33)代入式(9-31)，得：

$$\Delta H = H_g \frac{1}{1+\mu} \frac{\int_0^l \dfrac{dx}{EA \cos\varphi}}{\int_s \dfrac{y^2 ds}{EI}} = H_g \frac{\mu_1}{1+\mu} \quad (9\text{-}35)$$

$$\mu_1 = \frac{\int_0^l \frac{\mathrm{d}x}{EA\cos\varphi}}{\int_s \frac{y^2 \mathrm{d}s}{EI}} \tag{9-36}$$

3. 结构重力作用下拱的总内力

取使拱内缘受拉为正、剪力以绕脱离体逆时针转为正、轴向力则使拱受压为正的符号规定,图9-8所示 M、Q、N 均为正。在结构重力作用下,实腹式拱、不考虑压力线偏离拱轴线影响的空腹式拱,拱截面的内力均为:不考虑弹性压缩的内力[仅有按式(9-30)计算的轴向力 N]加上弹性压缩产生的内力(图9-8)。

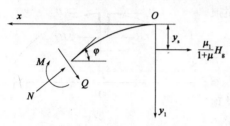

图9-8 弹性压缩产生的内力

轴向力:

$$N = \frac{H_g}{\cos\varphi} - \frac{\mu_1}{1+\mu} H_g \cos\varphi \tag{9-37}$$

弯矩:

$$M = \frac{\mu_1}{1+\mu} H_g (y_s - y_1) \tag{9-38}$$

剪力:

$$Q = \mp \frac{\mu_1}{1+\mu} H_g \sin\varphi \quad (-\text{左半拱}, +\text{右半拱}) \tag{9-39}$$

以上式中符号意义同前。

由式(9-38)可见,考虑弹性压缩之后,无论是空腹式拱还是实腹式拱,压力线将不可能和拱轴线重合。

空腹式拱考虑压力线偏离拱轴线影响后,截面内力的计算公式为:

$$\left. \begin{aligned} N &= \frac{H_g}{\cos\varphi} + \Delta X_2 \cos\varphi - \frac{\mu_1}{1+\mu}(H_g + \Delta X_2)\cos\varphi \\ M &= \frac{\mu_1}{1+\mu}(H_g + \Delta X_2)(y_s - y_1) + \Delta M \\ Q &= \mp \frac{\mu_1}{1+\mu}(H_g + \Delta X_2)\sin\varphi \pm \Delta X_2 \sin\varphi \end{aligned} \right\} \tag{9-40}$$

式中的 ΔX_2、ΔM 按式(9-24)、式(9-25)计算,其余符号意义同前。

4. 裸拱自重内力

采用早脱架施工(拱合龙达到一定强度后就卸落支架)及无支架施工的拱桥,须计算裸拱自重产生的内力,以便进行裸拱强度和稳定性验算。

取悬臂曲梁为基本结构(图9-9)。对于等截面拱,任意截面 i 的自重集度 g_i 为:

$$g_i = \frac{g_d}{\cos\varphi_i} \tag{9-41}$$

式中符号意义见图9-9。

由于结构与荷载均为正对称,故在弹性中心仅有两个正对称的多余未知力:弯矩 M_s 和水平力 H_s。由变形协调方程求得:

$$\left.\begin{array}{r}\delta_{11}M_s + \Delta_{1P} = 0\\ \delta'_{22}H_s + \Delta_{2P} = 0\end{array}\right\} \qquad (9\text{-}42)$$

式中符号意义同前。

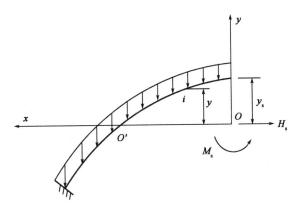

图 9-9 自重作用下拱的内力计算图式

由静力平衡条件得任意截面 i 的弯矩和轴向力为:

$$\left.\begin{array}{r}M_i = M_s - H_s y - \sum_{n}^{i} M\\ N_i = H_s \cos\varphi_i + \sin\varphi_i \sum_{n}^{i} P\end{array}\right\} \qquad (9\text{-}43)$$

式中:$\sum_{n}^{i} M$——拱顶至 i 截面裸拱自重对 i 截面产生的弯矩;

$\sum_{n}^{i} P$——拱顶至 i 截面裸拱自重之和;

n——拱顶截面的编号,在设计中 n 常采用 12 或 24 等;

其余符号意义同前。

当拱的矢跨比为 1/10～1/5 时,裸拱自重作用下压力线的拱轴系数 $m_0 = 1.305 \sim 1.079$,通常比拱轴线采用的 m 值小。计算表明,在裸拱的自重作用下,拱顶、拱脚一般都产生正弯矩。拱轴线的 m 与 m_0 差得越多,拱顶、拱脚的正弯矩就越大。因而,采用无支架施工或早脱架施工的拱桥,宜适当降低拱轴系数。

二、车辆荷载作用

在计算车辆荷载产生的内力时,通常简化为两个步骤:先计算不考虑拱轴向弹性压缩影响的活载内力,然后再计入弹性压缩的影响。拱桥上作用的人群荷载等移动荷载的计算方法与车辆荷载相同,这里不再赘述。

1. 不考虑弹性压缩的内力

不考虑弹性压缩影响的车辆荷载内力采用内力影响线加载计算。先计算多余未知力影响线,然后用静力平衡条件和叠加法计算内力影响线,最后由内力影响线按车辆最不利位置布载计算内力。

1) 多余未知力影响线

在求解拱的内力影响线时,可采用简支曲梁为基本结构[图9-10a)],多余未知力为 X_1、X_2、X_3 作用在弹性中心。设图9-10a)、b)所示内、外力方向及与内力同向的变形均为正值。此暂不考虑轴向力对变形的影响,亦不计剪力及曲率对变形的影响。在单位荷载 $P=1$ 作用下,多余未知力方向变形协调方程为:

$$\left.\begin{aligned} X_1\delta_{11}+\Delta_{1P}&=0 \\ X_2\delta_{22}+\Delta_{2P}&=0 \\ X_3\delta_{33}+\Delta_{3P}&=0 \end{aligned}\right\} \tag{9-44}$$

式中:Δ_{1P}、Δ_{2P}、Δ_{3P}——单位荷载 $P=1$ 在基本结构多余未知力方向产生的变形。

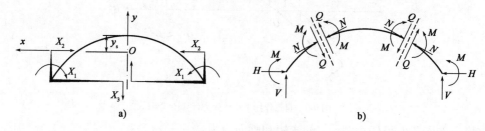

图9-10 简支曲梁基本结构

为了计算多余未知力的影响线坐标,一般将拱圈沿跨径方向分成48(或24)等分。当 $P=1$ 从图9-11a)中的左拱脚按步长移到右拱脚时,即可利用式(9-44)算出 P 在各个分点上 X_1、X_2、X_3 的影响线竖标。三个多余未知力影响线的图形见图9-11b)、c)、d)。

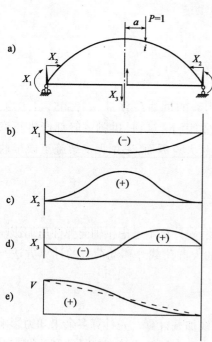

图9-11 拱的多余未知力影响线

2) 内力影响线

有了多余未知力的影响线之后,拱中任何截面的内力影响线,均可利用静力平衡条件和叠加原理求得。

(1) 水平推力 H 的影响线

由 $\sum X=0$ 可知,拱中任意截面的水平推力 $H=X_2$,因此,H 的影响线即 X_2 的影响线。

(2) 拱脚竖向反力 V 的影响线

将 X_3 移至两支点后,由 $\sum Y=0$ 得:

$$V=V_0\mp X_3 \tag{9-45}$$

式中:V_0——简支曲梁的反力影响线;
-、+——分别适用于左、右拱脚;
其余符号意义同前。

由 V_0 与 X_3 两条影响线叠加而成的竖向反力影响线 V 见图9-11e)(左拱脚的竖向反力影响线)。显见,拱脚竖向反力 V 影响线之总面积为 $\omega=l/2$。

(3) 任意截面的弯矩影响线

由图9-12a)得任意截面的弯矩为:

$$M = M_0 - Hy \pm X_3 x + X_1 \quad (9\text{-}46)$$

式中:M_0——简支曲梁的弯矩影响线;
  -、+——分别适用于左、右半拱(以下均同);
  其余符号意义同前。

对于拱顶弯矩 M_d 影响线,可按图 9-12b)、c)、d)方法形成:

$$M_d = M_{d0} - Hy + X_1 \quad (9\text{-}47)$$

式中:M_{d0}——简支曲梁跨中截面的弯矩影响线;
  其余符号意义同前。

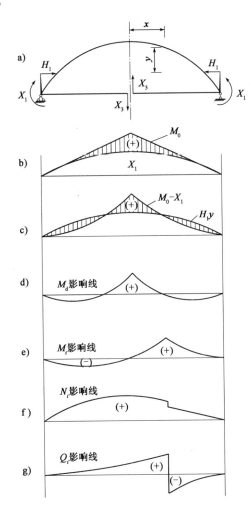

图 9-12 拱的内力影响线

同理可得,拱中任意截面 i 的弯矩影响线 M_i[图 9-12e)]。

截面 i 的轴向力 N_i 及剪力 Q_i 的影响线为:

$$N_i = N_{i0} + H\cos\varphi_i \mp X_3 \sin\varphi_i \quad (9\text{-}48)$$

$$Q_i = Q_{i0} \pm H\sin\varphi_i + X_3 \cos\varphi_i \quad (9\text{-}49)$$

式中:N_{i0}、Q_{i0}——简支梁曲梁在 i 截面的轴力与剪力影响线;
  等号右边第二、三项的上侧符号适用于左半拱,下侧符号适用于右半拱;

其余符号意义同前。

从图9-12f)、g)可见,轴向力 N_i 及剪力 Q_i 影响线在截面 i 处均有突变,故该截面两侧的 N 及 Q 也将有突变。一般可先计算 H、V,然后再由 H、V 近似计算 N_i 及 Q_i。

3)车辆荷载产生的内力

圬工拱桥计算时,认为荷载在拱桥的横向全宽均匀分布。石拱桥常取 $1m$ 拱宽作为计算对象,双曲拱桥则常取一个单元宽度来计算。

拱是偏心受压构件,一般以最大正(负)弯矩控制设计。计算拱截面的最大内力时,均根据该截面弯矩影响线按最不利情况布载,通常计算两种荷载工况:M_{max}(最大正弯矩)及相应的 N;M_{min}(最大负弯矩)及相应的 N。但在特殊情况下,也可能出现非最大正(负)弯矩控制的荷载工况。

图9-13 为拱脚截面计算最大正弯矩及相应轴向力的布载方法。

在下部结构计算时,常以最大水平推力控制设计。此时,应在 H 的影响线上按最不利情况加载,然后按 H_{max} 的布载位置计算其他相应的内力与反力。

2. 弹性压缩引起的内力

车辆荷载作用下拱的弹性压缩效应计算与结构重力作用下的计算相似,即:先确定由车辆荷载作用下的轴向压力引起的拱轴线缩短,再计算拱在弹性中心产生的水平力 ΔH(拉力)。由变形协调方程得:

$$\delta'_{22}\Delta H + \Delta l = 0 \tag{9-50}$$

式中,符号意义同前。

取脱离体如图9-14 所示,轴力 N 可表示为:

$$N = \frac{H - Q\sin\varphi}{\cos\varphi} = \frac{H}{\cos\varphi}\left(1 - \frac{Q}{H}\sin\varphi\right)$$

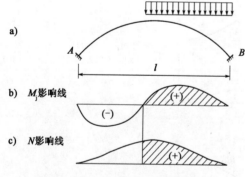

图9-13 求拱脚 M_{max} 及相应 N 布载方式

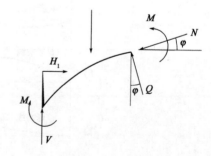

图9-14 车辆荷载作用下弹性压缩引起的内力计算简图

式中的第二项 $Q\sin\varphi/H$ 常可近似略去,则得:

$$N = \frac{H}{\cos\varphi}$$

式中,符号意义同前。

于是

$$\Delta l = \int_s \frac{N\mathrm{d}s}{EA}\cos\varphi = H\int_l \frac{\mathrm{d}x}{EA\cos\varphi}$$

将上式代入式(9-50)得：

$$\Delta H = -\frac{H\int_s \frac{\mathrm{d}x}{EA\cos\varphi}}{\delta_{22}'} = -\frac{H\int_s \frac{\mathrm{d}x}{EA\cos\varphi}}{(1+\mu)\int_s \frac{y^2 \mathrm{d}s}{EI}} = -H\frac{\mu_1}{1+\mu} \quad (9\text{-}51)$$

式中，符号意义同前。

车辆荷载作用下弹性压缩引起的内力为：

$$\left.\begin{array}{l}\Delta M = -\Delta H y = \dfrac{\mu_1}{1+\mu}Hy \\[2mm] \Delta N = \Delta H\cos\varphi = -\dfrac{\mu_1}{1+\mu}H\cos\varphi \\[2mm] \Delta Q = \pm\Delta H\sin\varphi = \mp\dfrac{\mu_1}{1+\mu}H\sin\varphi\end{array}\right\} \quad (9\text{-}52)$$

式中，符号意义同前。

将不考虑弹性压缩的内力与弹性压缩产生的内力叠加起来，即得车辆荷载作用下的总内力。其中，不考虑弹性压缩的内力可通过内力影响线加载计算，弹性压缩产生的内力可根据 μ 与 μ_1 由式(9-52)直接求出。

三、其他作用

在超静定的拱桥中，温度变化、混凝土收缩和拱脚变位等作用都会产生附加内力。我国许多地区温度变化幅度大，温度变化产生的附加内力不容忽视；混凝土收缩，尤其是就地浇筑的混凝土的收缩变形，易使拱桥开裂；在软土地基上建造圬工拱桥，墩台变位的影响比较突出，水平位移的影响更为严重。

1. 温度作用产生的内力

根据拱体材料的物理性能，当大气温度高于拱合龙温度(拱施工合龙时的温度)时，将引起拱体相对膨胀；反之，当大气温度比合龙温度低时，则引起拱体相对收缩。无论是拱体膨胀还是收缩都会在拱中产生附加内力。

在图 9-15 中，设温度变化引起基本结构在水平方向的变位为 Δl_t，则在弹性中心将产生一对水平力 H_t。由在 H_t 方向变形协调方程得：

$$\delta_{22}' H_t + \Delta_t = 0 \quad (9\text{-}53)$$
$$\Delta_t = -\alpha\Delta t l$$

式中：Δ_t——温度增值，即最高(或最低)温度与合龙温度之差；

α——材料的线膨胀系数，混凝土或钢筋混凝土结构 $\alpha = 0.000010$，混凝土预制块砌体 $\alpha = 0.000009$，石砌体 $\alpha = 0.000008$。

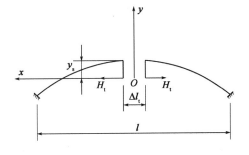

图 9-15　温度变化引起的多余未知力计算简图

其余符号意义同前。

由温度变化引起在拱中任意截面的附加内力为(图 9-16)：

$$\left.\begin{aligned}M_t &= -H_t y = -H_t(y_s - y_t)\\N_t &= H_t \cos\varphi\\Q_t &= \pm H_t \sin\varphi\end{aligned}\right\} \quad (9\text{-}54)$$

式中,符号意义同前。

对于箱形拱桥,温度计算内容尚应包括箱室内外温差效应。当无可靠资料时,箱室内外温差可按 ±10℃ 计算。箱室内外温差效应计算方法与箱梁桥相似。

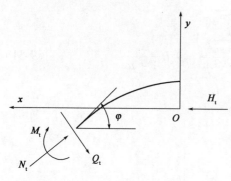

图 9-16 温度变化引起的附加内力计算简图

2. 混凝土收缩作用产生的内力

混凝土的收缩作用与温度下降相似,通常可将混凝土收缩折算为温度的额外降低。根据结构施工方法,混凝土收缩影响可按《公路钢筋混凝土及预应力混凝土桥涵设计规范》(JTG 3362—2018)建议计算:

(1)整体浇筑混凝土,一般地区相当于降低温度 20℃,干燥地区为 30℃;整体浇筑的钢筋混凝土,相当于降低温度 15~20℃。

(2)分段浇筑的混凝土或钢筋混凝土,相当于降低温度 10~15℃。

(3)装配式钢筋混凝土,相当于降低温度 5~10℃。

计算拱的温度变化和混凝土收缩影响时,可根据实际资料考虑混凝土徐变的影响。如缺乏实际资料,计算内力可乘以下列系数:温度变化影响力取 0.7,混凝土收缩影响力取 0.45。虽然这是《公路钢筋混凝土及预应力混凝土桥涵设计规范》(JTG 3362—2018)的建议,但考虑到目前已完全有能力将混凝土徐变效应在结构分析中计入,故此不建议采用折减考虑混凝土徐变的影响。因为,这种简化方法可能有碍于对混凝土徐变其他效应的认识与判断。

3. 拱脚变位作用产生的内力

在软土地基上修建的拱桥以及桥墩较柔的多孔拱桥,拱脚变位是难以避免的。拱脚的变位包括拱脚的水平位移、垂直位移(沉降)和转动,每一种变位都将在拱中产生内力。

在图 9-17 中,设两拱脚发生相对水平和竖向位移为 Δ_h、Δ_v,两拱脚发生相对转角 Δ_θ。在弹性中心处的变形协调方程为:

$$\left.\begin{aligned}X_1 \delta_{11} + \Delta_{1\Delta} &= 0\\X_2 \delta'_{22} + \Delta_{2\Delta} &= 0\\X_3 \delta_{33} + \Delta_{3\Delta} &= 0\end{aligned}\right\} \quad (9\text{-}55)$$

根据虚功原理,由拱脚变位在多余未知力方向的位移:

$$\Delta_{1\Delta} = -(-1 \times \Delta_\theta) = \Delta_\theta \quad (9\text{-}56)$$

$$\Delta_{2\Delta} = -[-1 \times \Delta_h - (f - y_s)\Delta_\theta] = \Delta_h + (f - y_s)\Delta_\theta \quad (9\text{-}57)$$

$$\Delta_{3\Delta} = -\left(-1 \times \Delta_v + \frac{l}{2} \times \Delta_\theta\right) = \Delta_v - \frac{l\Delta_\theta}{2} \quad (9\text{-}58)$$

拱脚变位引起的内力可按下式计算:

$$\left.\begin{aligned}M_\Delta &= X_1 - X_2 y \pm X_3 x\\N_\Delta &= \mp X_3 \sin\varphi + X_2 \cos\varphi\\Q_\Delta &= X_3 \cos\varphi \pm X_2 \sin\varphi\end{aligned}\right\} \quad (9\text{-}59)$$

式中,符号意义同前。

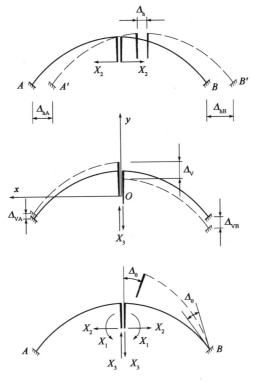

图 9-17 拱脚位移作用引起的内力计算简图

根据《桥规》建议,由于混凝土徐变效应的影响,计算由相邻墩台不均匀沉降或水平位移引起的作用效应时,可乘以折减系数 0.5。

经过上述各种作用下的内力计算后,即可按《桥规》规定进行最不利情况下的荷载组合,进而对控制截面的承载力进行验算。一般小跨径无铰拱桥,拱脚和拱顶是控制截面。大、中跨径无铰拱桥,拱顶、拱脚、拱跨 1/4 及其他截面都可能是控制截面。

四、拱桥内力调整

无铰拱桥在最不利荷载组合时,常出现拱脚负弯矩和拱顶正弯矩过大的情况。为了减小拱脚、拱顶的不利弯矩,可通过设计或施工方面的措施来调整拱在结构重力作用下的内力。

1. 假载法

当拱顶和拱脚两个截面中一个弯矩很大而另一弯矩较小时,则可采用假载法进行调整。

所谓假载法,实质上就是通过改变拱轴系数来改变拱轴线,使拱轴线与压力线偏离所产生的效应,有利于拱顶或拱脚截面的受力。理论分析表明,拱脚负弯矩过大时,可适当提高 m 值 [图 9-18a)],使拱轴线与压力线发生相对偏离,拱顶与拱脚都将产生附加正弯矩,从而可减小拱脚的负弯矩;反之,则可通过降低 m 值[图 9-18b)],使拱顶、拱脚都产生附加负弯矩,从而改善拱顶截面的受力。

设调整前的拱轴系数为 m,$m = g_j/g_d$;调整后的拱轴系数为 m',$m' = g_j'/g_d'$。由图 9-19 可知:

$$m' = \frac{g_j'}{g_d'} = \frac{g_j \mp g_x}{g_d \mp g_x} \tag{9-60}$$

式中：g_x——假想减去[图9-19b)]或增加[图9-19c)]的一层均布荷载,被称为假载。

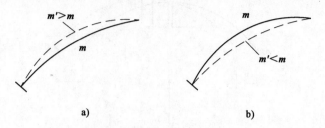

图9-18 拱轴线随 m 值变化示意图

事实上，拱轴线的微量变动对结构重力的影响是可以不计的,但因悬链线拱的拱轴系数与结构重力的特殊关系，故引出了所谓假载的概念。在图9-19b)中，减去的假载 g_x 是实际结构重力的一部分，因而，拱的实际结构重力引起的内力为按 $m'(m'>m)$ 算出的内力加上 g_x 所产生的内力。同样，在图9-19c)中，增加的假载 g_x 事实上也是不存在的，因而，拱的实际结构重力引起的内力为按 $m'(m'<m)$ 算出的内力减去 g_x 所产生的内力。

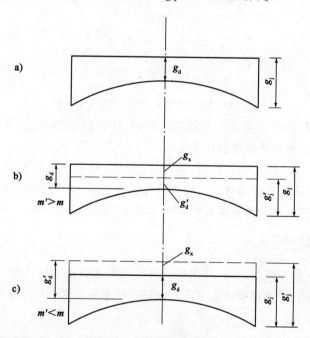

图9-19 实腹拱假载计算图式

把假载看作一种荷载,也便于理解其调整内力的作用。由于拱顶、拱脚两个截面的弯矩影响线都是正面积比负面积大，因而增加一层假载时，在拱顶、拱脚两截面都产生正弯矩，而减少一层假载时，在拱顶、拱脚都产生负弯矩。

在拱的内力调整后，拱的几何尺寸应按 m' 来计算，所有的荷载引起的内力也应按 m' 计算。按拱轴系数为 m' 计算结构重力引起的内力时，因为拱轴线与考虑假载后的压力线完全吻合，因而可按纯压拱计算内力。至于假载 g_x 所产生的内力，可以很方便地利用内力影响线计算。将 g_x 布置在 M、H 和 V 等影响线的全部面积上，即可求得 g_x 所产生的内力值。

对于空腹式拱桥,拱轴线的变化是通过改变 $y_{1/4}$ 坐标来实现的。设调整前的拱轴系数为 m,拱跨 1/4 点的坐标为 $y_{1/4}$;调整后的拱轴系数为 m',相应点的坐标为 $y'_{1/4}$。假想均布荷载 g_x 可由下式解出:

$$\frac{y'_{1/4}}{f} = \frac{\sum M_{1/4} \mp \dfrac{g_x l^2}{32}}{\sum M_j \mp \dfrac{g_x l^2}{8}} \quad (9\text{-}61)$$

式中,g_x 前的符号取法同式(9-60)一样,即当 $m'>m$ 时取负,$m'<m$ 时取正;其余符号意义同前。

空腹式拱桥结构重力引起内力的计算方法与实腹拱桥相似。在结构重力和假载 g_x 共同作用下,不计弹性压缩的推力按下式计算:

$$H_g = \frac{\sum M_i \mp \dfrac{g_x l^2}{8}}{f} \quad (9\text{-}62)$$

式中,符号意义同前。

应该指出,改变拱轴系数的办法,不能同时改善拱顶、拱脚两个控制截面的内力。例如,提高 m 值,拱脚负弯矩减小,而拱顶正弯矩则相应增加;反之则拱顶正弯矩减小,而拱脚负弯矩则相应增大。

2. 临时铰法

在拱施工时,拱顶、拱脚位置先用铅垫扳形成临时铰;拆除拱架后,由于临时铰的存在,拱成为静定的三铰拱。待拱上建筑完成后,再用高强度水泥砂浆封固,成为无铰拱。由于拱在结构重力作用下是静定的三铰拱,拱的弹性压缩以及封铰前已发生的墩台变位均不产生附加内力,从而减小了拱中的弯矩。

如将临时铰偏心布置,尚可进一步消除以后因混凝土收缩引起的附加内力。设混凝土收缩等作用在拱顶引起正弯矩 M_d,在拱脚引起负弯矩 M_j,为了消除这两个弯矩,可将临时铰偏心布置(图 9-20)。即拱顶截面的临时铰布置在拱轴线以下(距拱轴为 e_d),而拱脚截面的临时铰则布置在拱轴线以上(距拱轴为 e_j),使结构重力作用时在拱顶产生负弯矩 M_d、在拱脚产生正弯矩 M_j。欲达到此目的,偏心距 e_d、e_j 可按下述方法确定。

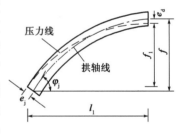

图 9-20 临时铰调整拱圈内力示意图

设置临时铰后,压力线的矢高为(图 9-20):

$$f_1 = f - e_d - e_j \cos\varphi_j$$

此时,拱的推力变为:

$$H'_g = H_g \frac{f}{f_1} \quad (9\text{-}63)$$

式中:H_g——不设置临时铰时拱在结构重力作用下的推力;

其余符号意义同前。

根据需要调整的弯矩值 M_d、M_j,可求偏心距:

$$e_d = \frac{M_d}{H'_g} = \frac{M_d f_1}{H_g f} \tag{9-64}$$

式中,符号意义同前。

用临时铰调整内力,实质上是人为地改变拱的压力线,使结构重力作用下的压力线对拱轴线造成有利的偏离。消除拱顶与拱脚不利的弯矩,达到调整拱内力的目的。

国外大跨径钢筋混凝土拱桥,大多采用千斤顶调整内力。在砌筑拱上构造之前,在拱顶预留接头处设置上、下两排千斤顶,使拱顶产生负弯矩、拱脚产生正弯矩,以消除弹性压缩、收缩及徐变产生的内力。

用临时铰或千斤顶调整拱内力有显著的效果,但其施工比较复杂。

3. 改变拱轴线形法

在前面图9-5中,由于悬链拱轴线与三铰拱结构重力作用下的压力线存在近似正弦波形的自然偏离,可不同程度地减小拱顶与拱脚偏大的弯矩。根据该特点,可基于三铰拱结构重力作用下的压力线,按实际需要叠加一个正弦波形的调整曲线(图9-21),采用逐次近似法调整,使结构重力、弹性压缩和混凝土收缩等因素作用下,拱顶、拱脚两截面的弯矩趋近于零。为了便于实现上述目标,要求调整曲线的零点通过 o' 点,并使拱轴线与三铰拱结构重力作用下的压力线具有相同的弹性中心。根据弹性中心的定义,则有:

$$\int_s \frac{y - \Delta y}{EI} ds = \int_s \frac{y ds}{EI} - \int_s \frac{\Delta y ds}{EI} = 0$$

因

$$\int_s \frac{y ds}{EI} = 0$$

故

$$\int_s \frac{\Delta y ds}{EI} = 0$$

式中符号意义同前。

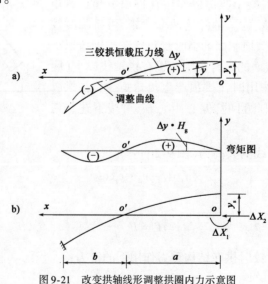

图9-21 改变拱轴线形调整拱圈内力示意图

由式(9-23)、式(9-24)可知:拱轴线偏离三铰拱结构重力作用下的压力线后,在弹性中心

的多余未知力[图 9-21b)]为:

$$\left. \begin{array}{l} \Delta X_1 = 0 \\ \Delta X_2 = H_g \dfrac{\int_s \dfrac{y\Delta y \mathrm{d}s}{EI}}{\int_s \dfrac{y^2 \mathrm{d}s}{EI}} \end{array} \right\} \quad (9\text{-}65)$$

式中,符号意义同前。

由图 9-21b)知,上式中的 y 与 Δy 总是同号的,因而上式中的 ΔX_2 必为正值(压力)。众所周知,弹性压缩和混凝土收缩在弹性中心将产生一对水平拉力。通过适当选取调整曲线竖标 Δy,使按式(9-65)计算得到的水平力 ΔX_2 与弹性压缩等所产生的水平力大小相等、方向相反,即可抵消弹性压缩和混凝土收缩在拱顶、拱脚产生的弯矩值,起到调整内力的作用。

五、有限元分析方法

随着计算机技术的迅速发展、结构有限单元分析软件功能的完善,拱桥采用软件分析早已是很平常的事情。虽然简单体系拱桥的计算相对容易些,但随着桥梁跨径的增大、控制截面及控制工况的增多,以及结构构造与施工过程的复杂、多样化等难题的出现,仍采用手算配图表的方法进行结构计算,将不可能很好地达到安全、可靠、有效的基本目标。

结构有限元分析最先的工作是确定结构分析模型。拱桥是一种空间结构,根据其构造特点,结构可看作由曲板、曲箱、曲杆、平板、直杆等构件组成。按照现有软件功能,完全能够将整个拱桥表示成分析模型。然而,若要按此要求建立模型进行分析,那将是一件较麻烦、低效的工作。因为在一般情况下,简单体系拱桥整体受力特点明显,具有空间受力平面简化的条件;桥梁结构平面杆系有限元分析软件功能较完善,配合结构设计调整修改模型方便,能够较好地模拟从施工至成桥全过程的荷载工况、结构状况,较容易地完成一般设计计算所有内容。因此,除一些结构局部空间应力分析、空间稳定及动力分析等特殊问题外,简单体系拱桥通常都采用平面杆系结构模型进行有限元分析。目前国内成熟的桥梁平面杆系有限元分析软件已有多种。

根据材料力学、结构力学的基本约定,拱桥的分析模型可以用构件轴线及相应约束条件组成。对于施工中的裸拱,根据拱脚的约束条件,分析模型可以用图 9-22 表示;上承式拱桥成形后的分析模型可以用图 9-23a)表示;中承式和下承式拱桥成形后的分析模型,可分别用图 9-23b)、c)表示,图中以柔性吊杆为例。

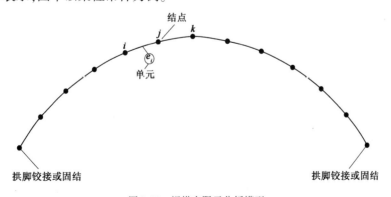

图 9-22 裸拱有限元分析模型

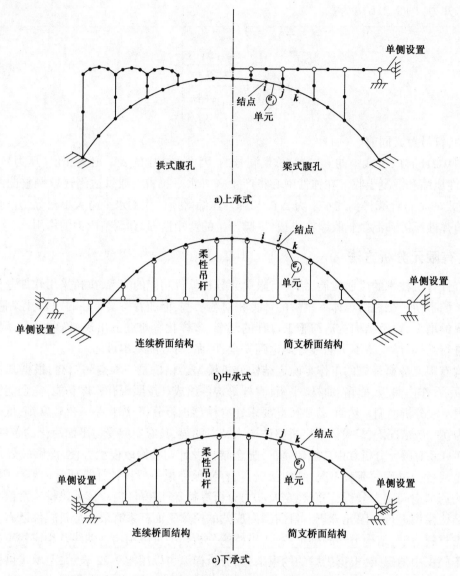

图 9-23 拱桥成桥后有限元分析模型

在上述分析模型确定过程中应注意几个问题:对于曲线形的拱都是用逐段直线杆模拟的,因此在单元划分时不宜分得太长,在各构件的连接点均应有节点,且有抗弯刚度的构件在相邻连接点之间应设节点,但柔性吊杆除其两端中间不设节点;由于结构构造原因,构件连接处的各构件轴线有时不相交于一点,或即使相交于一点但在某一区域内轴线所代表的各构件实际上是一个块体,考虑到这些区域已超出杆系模拟的范围,同时各构件在该区域也不会发生相对变形,故近似采用刚臂连接或代替这一区域的轴线。

在进行结构有限元分析时,除应按规范要求考虑各种荷载因素(施工荷载、使用荷载及附加荷载等)、时间因素(混凝土徐变、收缩),尚应逐阶段考虑结构施工步骤、体系变化等过程。拱桥的建成需经历一个复杂的成形、受力过程,结构一次落架、荷载一次施加是不存在的。以往由于受到手算能力及简化分析思路的影响,模拟施工全过程的结构受力分析未能给予足够重视。随着拱桥向大跨方向发展、施工方法的多样化,进行模拟施工全过程的结构受力分析,将是确保拱桥施工期安全的重要内容。

第四节 组合体系拱桥分析

本节将对组合体系拱桥中的拱式组合桥的分析方法作一介绍。拱式组合桥在结构构造、受力等方面有许多优点,但它对结构分析提出了更高的要求。这些桥梁的结构分析,目前主要采用有限单元法由计算机完成,同时也配合一定的手算工作。下面将重点讲述拱式组合桥分析的基本假定、计算模型,以及应考虑的施工过程等问题。

一、结构有限元分析模型

拱式组合桥是一种在构造与受力方面很有特点的组合体系拱桥,这些特点也对结构受力分析提出了更高的要求。目前,拱式组合桥的结构分析主要采用基于杆系的有限单元法。

1. 下承式简支拱式组合桥

下承式简支拱式组合桥是一种外部静定、内部超静定的结构。在进行结构分析时,吊杆一般均可看作只承受轴向力的构件,除非采用刚性吊杆,如截面较大的预应力混凝土或钢管混凝土吊杆。分析模型确定过程与简单体系拱桥一样应注意几个问题:拱的单元划分时不宜太长,在各构件的连接点均应有结点,有抗弯刚度的构件在相邻连接点之间应设结点,柔性吊杆除其两端中间不设结点。对于拱梁组合结构,在拱肋与纵梁联结处的重叠部分,按拱肋轴线延长轨迹通过刚臂与纵梁轴线[或纵梁的代表图线(纵梁的代表图线不是轴线时)]相连;当采用刚性吊杆时,其与拱肋与纵梁重叠部分也宜用刚臂替代;采用柔性吊杆时,如采用热挤 HDPE 护套的平行钢丝或钢绞线成品索,当吊杆的锚固点与拱、梁的轴线或代表图线不重叠时,则锚固点与拱、梁的轴线或代表图线之间应用刚臂相连,但若吊杆锚固点离开拱、梁的轴线或代表图线距离很小时也可不加刚臂直接相连。上述刚臂的采用与否对拱梁联结点和短吊杆受力的影响较大。对于拱系杆组合结构,桥面结构作为附属结构悬吊于拱肋,系杆表示为只承受轴向力的构件;若桥面结构有竖曲线存在,那么系杆可分为几段直杆模拟,但分段点与桥面结构的节点应在竖向满足同位移约束条件。下承式简支拱式组合桥的分析模型见图9-24(图中以柔性吊杆为例)。

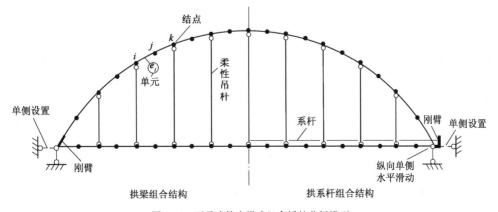

图 9-24 下承式简支拱式组合桥的分析模型

2. 下承式连续拱式组合桥

下承式连续拱式组合桥一般采用三跨连续构造方式,外部和内部均为超静定。在常见的拱梁组合结构的分析模型中,拱肋与纵梁联结处、吊杆与纵梁和拱肋联结处的处理方法,与下承式简支拱梁组合结构相同。下承式连续拱式组合桥的分析模型见图9-25(图中以柔性吊杆为例)。

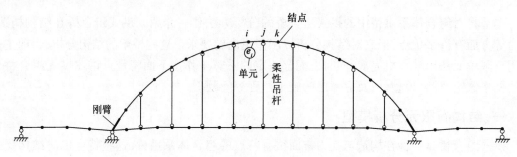

图9-25 下承式连续拱式组合桥的分析模型

3. 中承式连续拱式组合桥

中承式连续拱式组合桥一般为三跨连续构造,内部与外部均为超静定。无论拱梁组合结构还是拱系杆组合结构,均可采用同上一样的方法建立计算模型,也可采用相似的方法处理立柱与下拱肋和纵梁等处的联结问题(图9-26以柔性吊杆为例),并考虑立柱上端是否有设铰构造;边跨空、实腹交界处轴线的连接基于平面假定设置刚臂;下拱脚与拱座的联结时,应考虑在施工期是否临时设铰及其封铰等问题。还有,桥面结构纵向在拱肋位置的约束或支承条件、拱座与承台之间的联结在施工期与使用期是否会改变等问题,也均应在模型中反映出来。

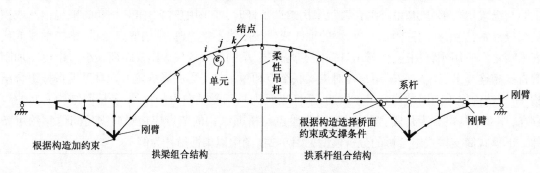

图9-26 中承式连续拱式组合桥的分析模型

4. 上承式连续拱式组合桥

上承式连续拱式组合桥是一种拱梁组合结构,结构外部一般也为三跨连续结构,内部和外部均为超静定。分析模型中有关结点、轴线连接等问题的处理均同上所述;拱脚与拱座联结的临时设铰及其封铰问题,也与中承式连续拱梁组合结构处理方法相同。上承式连续拱梁组合桥的分析模型见图9-27。

5. 上承式单悬臂拱式组合桥

上承式单悬臂拱梁组合桥一般也为三跨构造,外部超静定(若拱座与承台设转动构造则为静定)、内部超静定。按照上述相同的方法,处理分析模型中有关结点、轴线连接等问题;拱脚与拱座的联结可能也有上述问题。上承式单悬臂拱式组合桥的分析模型见图9-28。

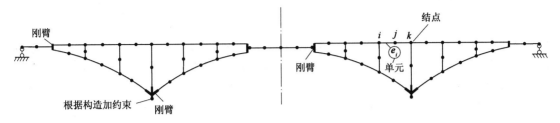

图 9-27　上承式连续拱梁组合桥的分析模型

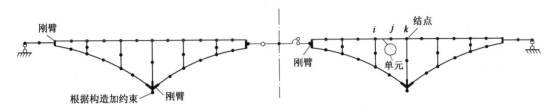

图 9-28　上承式单悬臂拱式组合桥的分析模型

上述结构的分析模型,按平面杆系有限元分析要求,除在各构件联结点设结点,还应在构件中设置适当数量的结点,尤其是一些变截面或曲线的构件;在一个构件中,两相邻结点间为一个单元。其他细节要求由所用软件决定。

二、施工阶段分析

拱式组合桥的施工方法很多、简繁都有,但无论如何都经历一个结构逐步成形、荷载变化的过程。下面介绍一些在结构分析时应考虑的特殊施工问题。

1. 钢管混凝土拱成形过程

根据常用施工方法,钢管拱内的混凝土一般以合龙成拱后的钢管为支撑,分段灌注而成;少数情况下也有在混凝土灌注时钢管外另设支架,不让钢管拱单独承担未成型的混凝土荷载。这两种不同的施工方法会对钢管混凝土拱的受力产生影响,尤其是对钢管混凝土收缩、徐变内力重分布的影响较大。因此,在拱梁组合桥的施工分析中,应注意考虑钢管与混凝土的传力、受力及截面组合等过程。

钢管混凝土拱是拱式组合桥的主要构造特点,但钢管中混凝土的收缩、徐变,使混凝土与钢之间引起不可忽视的内力重分布,尤其在拱的轴压力较大时。通过对几种采用钢管混凝土拱的拱式组合桥的分析,得到了这样的结果:当钢管截面占拱截面的含量在2%~8%时,从施工至竣工后的三年内,混凝土收缩、徐变使钢管内混凝土的压力相对卸载3%~30%,钢管的压力相应增大,截面内力发生明显的重分布。因此,结构分析时应重视钢管混凝土拱截面应力重分布问题,应区分钢管和管内混凝土的不同材料性质,而不能简单地等效为换算截面。

2. 柔性吊杆的张拉过程

拱梁组合桥的柔性吊杆,与斜拉桥的拉索相似,需根据施工与结构受力要求按程序张拉。因此,吊杆的张拉次序、张拉力、张拉次数等,是由结构的施工方法和受力要求确定的,而获得相应的最优方案往往需要经过多次调整,分析时应根据施工步骤分阶段详细模拟。

拱式组合桥桥面结构的重力是由吊杆及立柱支承的,对于跨径较大、采用柔性吊杆的下承式和中承式拱梁组合结构,吊杆在施工时的初张力对结构成形状态的影响较大。在某些施工工况中,不合适的初拉力会出现柔性吊杆受压的情况,这可能意味着吊杆需采用多次张拉工艺;而在桥梁成形状态,调整吊杆拉力是不能同时有效实现内力与变位的最优,纵梁的最优线形主要由施工预变位(拱度)来控制。因此,无论在施工期还是在使用阶段,吊杆的拉力主要取决于结构的整体受力;纵梁的成形线形,则应由施工期的初始预变位(拱度)所确定。确定柔性吊杆初张力的方法同混凝土斜拉桥的确定初始索力的方法相似,读者可参考有关资料,此不赘述。

3. 结构与体系变化过程

在拱梁组合结构的分析中还有一些需要考虑的工况,如纵梁在支架上分段施工、连续、张拉预应力筋,以及截面分次组合等;中承式连续结构采用转体施工时的临时塔架、辅助拉索;上承式、中承式连续结构的梁或拱合龙前的跨中临时固结等,均应在结构施工分析中反映出来,简单采用结构一次成形(落架)是不可取的。

三、使用阶段分析

拱式组合桥是一种复杂的空间结构,但纵、横构件构造很有规律,因此,目前实用设计计算仍采用空间结构平面化的方法。当然,利用横向分布系数反映活载的空间效应是一种较近似的方法。根据理论分析与试验验证,对于上承式拱梁组合结构,当桥宽小于跨径的1/2时(即窄桥),通常可以采用偏心压力法确定横向分布系数;对于双拱肋的中承式与下承式结构,可以采用杠杆分配法确定横向分布系数;对于多拱肋的宽桥结构,可采用弹性支承连续梁法确定横向分布系数;对于单拱肋的拱梁组合结构,主要考虑偏载对箱梁(即纵梁)内力的影响,偏载内力增大系数一般可取1.10~1.15,或者采用空间杆系模型反映偏载的影响。

双拱肋的中承式与下承式拱梁组合结构的横梁与纵梁为刚性联结构造,结点处又与吊杆联结;横梁两端的这种弹性固结作用,使其处于较复杂的受力状态,按平面结构分析时的受力图式是不能反映该受力状态的。但分析横梁在特殊荷载下的受力情况可见:在局部荷载(如单辆汽车)作用下,纵梁对横梁受到的约束作用靠近于两端刚性固结[图9-29a)];而在满跨车道荷载作用下,横梁受到的约束则接近于两端铰接[图9-29b)]。为了简化横梁活载内力分析,可偏安全地取按上述两种图式得到的内力的包络值;而对于永久作用下的横梁内力分析,考虑到横梁的整体变形受纵梁约束的影响很小,也可采用两端铰接的简化模型。

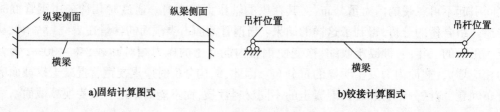

a) 固结计算图式   b) 铰接计算图式

图9-29 横梁计算简化模型

本教材所指的拱梁组合结构均需采用预应力,拱梁组合结构的预应力均施加在受拉的梁上,预应力度的大小影响梁的徐变及其结构效应。但拱内压应力的大小往往取决于结构的构造布置,尤其在矢跨比较小时拱内的压应力将明显上升。拱和梁内压应力的相对水平影响结构长期变形和受力的趋势,对于内部高次超静定的拱梁组合结构,不协调的永久作用下的受力状态将对结构的最终状态产生很不利的影响。因此,结构分析不仅是给出相应的结果,更重要的是为结构选择一种良好的永久作用下的状态。值得注意的是,尽管影响拱、梁内压应力的因素很多,但拱与梁内相近的压应力水平将利于结构的长期变形与受力。

第五节 拱桥稳定性分析

拱桥的稳定性验算,主要针对以受压为主的承重构件拱圈或拱肋进行的。若拱的长细比较大,则当其承受的荷载达到某一临界值时,拱的稳定平衡状态将不能保持而出现两种状况:在拱平面内轴线可能离开原来的稳定位置(也称为纵向失稳),或者轴线可能侧倾离开原拱平面(也称为横向失稳),结果导致拱的承载能力丧失。这两种离开原来稳定平衡状态而丧失承载能力的现象,称为第一类稳定(失稳)问题。对于轴压偏心的拱,当承受的荷载逐步增大时,其变形将沿着初始变形的方向从几乎线性到非线性的规律逐渐发展,直至最后丧失承载能力。这种平衡状态不发生瞬时突变的承载能力丧失问题,称为第二类稳定(失稳)问题。事实上,一般拱桥都属于第二类稳定问题,因为纯轴向受压的拱是不存在的。但从实用角度来看,拱桥失稳的事故主要发生在施工阶段,第一类失稳一旦发生往往先于第二类失稳,且很快使拱丧失承载能力,故在拱桥设计中应验算第一类稳定。拱桥的第二类失稳问题属于考虑非线性影响的强度问题,即为极限点失稳或极限强度问题。

精确分析拱桥空间稳定性,必须借助考虑材料、几何非线性的空间稳定有限元分析方法。若有可能按此方法进行稳定分析,可与《公路钢筋混凝土及预应力混凝土桥涵设计规范》(JTG 3362—2018)的简化方法相互校核。但也注意到,由于有限元分析过程中涉及混凝土材料的本构关系、破坏准则等一些仍处于研究的问题,故将这一方法作为实用设计分析方法还有一定困难。在目前的情况下,近似采用理想弹性的空间稳定有限元分析方法,对大跨、复杂拱桥进行稳定分析仍是一种可行的方法。

在拱桥设计中,拱的稳定性计算分为拱平面内(也称为纵向)与拱平面外(也称为横向)两个方面,分别针对拱平面内、外的两种常见失稳模态(图9-30)。拱桥平面内的稳定计算,一般可转化为极限强度计算。但是,限于目前的分析手段,拱桥空间稳定计算仍主要采用理想弹性分析方法,常用的横向稳定验算公式都是基于这种理想弹性分析方法。现有规范对弹性稳定安全系数的建议值为4~5,主要考虑材料非线性、混凝土徐变等影响因素折减后,安全系数仍不小于1.5。其中包含了经验和桥梁专家的建议。

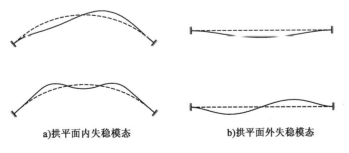

a) 拱平面内失稳模态　　b) 拱平面外失稳模态

图9-30　拱常见失稳模态示意图

小跨径上承式实腹拱桥,可以不验算拱的稳定性;在拱上建筑合龙后再卸落拱架的大、中跨径拱桥,由于拱上建筑与拱存在共同作用,也无须验算拱的稳定性。采用无支架施工或拱上建筑合龙前就脱架的上承式拱桥,应验算拱的平面内(纵向)与平面外(横向)稳定性。拱的宽度小于跨径1/20的上承式拱桥,应验算拱平面外(横向)稳定性。中承式与下承式拱桥均应进行拱的平面内(纵向)与平面外(横向)稳定性验算。

下面将主要介绍利用规范或解析方法进行拱稳定性验算的方法,对复杂结构稳定性分析提出建议。

一、拱平面内(纵向)稳定性

在验算拱的稳定性时,当长细比不大且矢跨比较小时,可将拱换算为相当稳定计算长度的压杆,以验算抗压承载力的形式验算其稳定性;当长细比超出某一范围后,则以验算临界轴向力的方式验算其稳定性。

(1)对于中小跨径砌体拱和混凝土拱,当轴向力偏心距小于《公路钢筋混凝土及预应力混凝土桥涵设计规范》(JTG 3362—2018)的限值、长细比在表9-1所列范围时,可采用下列承载力计算公式验算稳定性:

$$\gamma_0 N_d \leqslant \varphi A f_{cd} \tag{9-66}$$

式中:γ_0——结构重要性系数,按公路桥涵的设计安全等级:一级、二级、三级分别取1.1、1.0、0.9;

N_d——拱(或拱肋)轴向力的设计值,可近似表示成 $N_d = H_d / \cos\varphi_m$,其中 H_d 为拱水平推力的设计值,φ_m 如图9-31所示;

A——拱(或拱肋)的截面面积,组合截面时为各层截面换算成标准层强度的换算截面面积;

f_{cd}——拱(或拱肋)材料抗压强度设计值,对于组合截面为标准层材料的抗压强度设计值;

φ——拱(或拱肋)换算压杆的纵向弯曲系数或纵向弯曲与偏心影响系数,对于混凝土拱(或拱肋)按表9-1取值,对于砌体拱按如下公式计算:

$$\varphi = \cfrac{1}{\cfrac{1}{\varphi_x} + \cfrac{1}{\varphi_y} - 1} \tag{9-67a}$$

$$\varphi_x = \cfrac{1 - \left(\cfrac{e_x}{x}\right)^m}{1 + \left(\cfrac{e_x}{i_y}\right)^2} \cdot \cfrac{1}{1 + \alpha\beta_x(\beta_x - 3)\left[1 + 1.33\left(\cfrac{e_x}{i_y}\right)^2\right]} \tag{9-67b}$$

$$\varphi_y = \cfrac{1 - \left(\cfrac{e_y}{y}\right)^m}{1 + \left(\cfrac{e_y}{i_x}\right)^2} \cdot \cfrac{1}{1 + \alpha\beta_y(\beta_y - 3)\left[1 + 1.33\left(\cfrac{e_y}{i_x}\right)^2\right]} \tag{9-67c}$$

$$\beta_x = \frac{\gamma_\beta l_0}{3.5 i_y} \tag{9-67d}$$

$$\beta_y = \frac{\gamma_\beta l_0}{3.5 i_x} \tag{9-67e}$$

式中：φ_x、φ_y——截面 x 轴方向和 y 轴方向纵向弯曲与偏心影响系数；

e_x、e_y——作用（或荷载）设计值产生的轴向力在截面（或换算截面）x 轴方向和 y 轴方向的偏心距，其值应小于《公路钢筋混凝土及预应力混凝土桥涵设计规范》（JTG 3362—2018）的限值；

x、y——截面 x 轴方向和 y 轴方向的形心（或换算截面形心）至轴向力偏心侧截面边缘的距离；

i_x、i_y——弯曲平面内拱（或拱肋）截面的回转半径，$i_x = \sqrt{I_x/A}$、$i_y = \sqrt{I_y/A}$，其中 I_x、I_y 分别为截面（或换算截面）绕 x 轴和绕 y 轴的抗弯惯性矩，A 为截面（或换算截面）面积；

m——截面形状系数，圆形截面取 2.5，T 形或 U 形截面取 3.5，箱形或矩形截面取 8.0；

α——与砂浆强度有关的系数，当砂浆强度等级大于或等于 M5 时 α 取 0.002，当砂浆强度低于 M5 时 α 取 0.013；

β_x、β_y——拱（或拱肋）换算压杆在截面 x 轴方向和 y 轴方向的长细比，当 β_x、β_y 小于 3 时取 3；

γ_β——长细比修正系数，对于混凝土预制块砌体或组合构件取 1.0，细料石、半细料石砌体取 1.1，对于粗料石、块石、片石砌体取 1.3；

l_0——拱圈或拱肋稳定计算长度，拱（或拱肋）纵向稳定计算长度为无铰拱 $l_0 = 0.36 L_a$，双铰拱 $l_0 = 0.54 L_a$，三铰拱 $l_0 = 0.58 L_a$，其中 L_a 为拱轴线的长度。

以上符号意义见《公路钢筋混凝土及预应力混凝土桥涵设计规范》（JTG 3362—2018）有关条款。

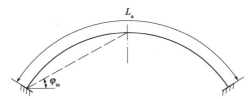

图 9-31　φ_m 计算示意图

混凝土拱的纵向弯曲系数 φ　　　　表 9-1

l_0/b	< 4	4	6	8	10	12	14	16	18	20	22	24	26	28	30
l_0/i	< 14	14	21	28	35	42	49	56	63	70	76	83	90	97	104
φ	1.00	0.98	0.96	0.91	0.86	0.82	0.77	0.72	0.68	0.63	0.59	0.55	0.51	0.47	0.44

注：b 为弯曲平面内拱（或拱肋）截面高度，其余符号意义同前。

（2）对于钢筋混凝土拱，当其长细比在表 9-2 所列范围时，也将其换算为相当计算长度的压杆，按下列承载力计算公式验算稳定性：

$$\gamma_0 N_d \leq 0.9 \varphi (f_{cd} A + f'_{sd} A'_s) \tag{9-68}$$

式中：φ——拱（或拱肋）换算压杆的纵向弯曲系数，按表 9-2 取用；

f_{cd}——拱（或拱肋）混凝土材料抗压强度设计值；

A——拱(或拱肋)的截面面积,当纵向钢筋配筋率大于3%时取混凝土净截面面积;

f'_{sd}——纵向钢筋抗压强度设计值;

A'_s——纵向钢筋截面面积;

其余符号意义同前。

钢筋混凝土拱的纵向弯曲系数 φ　　　　　　　　　　　　　　　　　　表9-2

l_0/b	≤8	10	12	14	16	18	20	22	24	26	28
l_0/d_i	≤7	8.5	10.5	12	14	15.5	17	19	21	22.5	24
l_0/i	≤28	35	42	48	55	62	69	76	83	90	97
φ	1.00	0.98	0.95	0.92	0.87	0.81	0.75	0.70	0.65	0.60	0.56
l_0/b	30	32	34	36	38	40	42	44	46	48	50
l_0/d_i	26	28	29.5	31	33	34.5	36.5	38	40	41.5	43
l_0/i	104	111	118	125	132	139	146	153	160	167	174
φ	0.52	0.48	0.44	0.40	0.36	0.32	0.29	0.26	0.23	0.21	0.19

注:表中 b 为矩形截面拱(或拱肋)的短边长度; d_i 为圆形截面拱(或拱肋)的直径; i 为截面最小回转半径,其余符号意义同前。

(3)当拱换算压杆的长细比超出表9-1或表9-2的范围时,可近似采用欧拉临界力验算稳定性,即:

$$N_d \leq \frac{N_{L1}}{K_1} \tag{9-69}$$

式中: N_d——拱(或拱肋)轴向力设计值;

K_1——纵向稳定安全系数,一般取 4~5;

N_{L1}——纵向失稳的临界轴向力,表示为:

$$N_{L1} = \frac{H_{L1}}{\cos\varphi_m} \tag{9-70}$$

其中: H_{L1}——纵向失稳的临界水平推力,按下式计算:

$$H_{L1} = k_1 \frac{E_a I_x}{l^2} \tag{9-71}$$

E_a——拱(或拱肋)材料的弹性模量;

I_x——拱(或拱肋)截面对自身水平轴的惯性矩;

k_1——纵向失稳的临界推力系数。等截面悬链线拱和抛物线拱在均布荷载下的 k_1 值分别可按表9-3、表9-4取用;

其余符号意义同前。

悬链线拱的临界推力系数 k_1　　　　　　　　　　　　　　　　　　表9-3

f/l	0.1	0.2	0.3	0.4	0.5
无铰拱	74.2	63.5	51.0	33.7	15.0
两铰拱	36.0	28.5	19.0	12.9	8.5

抛物线拱的临界推力系数 k_1　　　　　　　　　　　　　　　　　　表9-4

f/l	1/10	1/9	1/8	1/7	1/6	1/5	1/4
无铰拱	35.6	35.0	34.1	32.9	31.0	28.4	23.5
两铰拱	75.8	74.8	73.3	71.1	68.0	63.0	55.5

二、拱平面外(横向)稳定性

对于中承式与下承式拱桥、拱的宽度小于跨径的 1/20 的上承式拱桥、肋拱桥、特大跨径拱桥及无支架施工中的拱桥,均应进行横向稳定性验算。目前,工程上常用与纵向稳定相似的方法验算拱的横向稳定性。因此,横向稳定验算的关键是确定换算压杆的计算长度。

(1)对于圆弧线形的等截面无铰板拱,在径向均布荷载作用下的横向稳定临界轴向力可简化为欧拉公式:

$$N_{L2} = \frac{\pi^2 E_a I_y}{l_0^2} \quad (9\text{-}72)$$

式中:N_{L2}——横向稳定临界轴向力;

I_y——拱(或拱肋)截面对自身竖轴的惯性矩;

l_0——拱(或拱肋)横向稳定计算长度,$l_0 = \mu r$,μ 按表 9-5 取值;

r——圆弧拱的轴线半径,其他线形拱按下式近似换算:

$$r = \frac{l}{2}\left(\frac{l}{4f} + \frac{f}{l}\right)$$

其余符号意义同前。

无铰板拱的横向稳定计算长度 l_0 表 9-5

f/l	1/3	1/4	1/5	1/6	1/7	1/8	1/9	1/10
μ	1.1665	0.9622	0.7967	0.5759	0.4950	0.4519	0.4248	0.4061

表 9-5 确定横向稳定计算长度 l_0 后,若可由式(9-67)(砌体拱)、表 9-1(混凝土拱)或表 9-2(钢筋混凝土拱)确定纵向弯曲系数 φ,则横向稳定验算就能简化地按式(9-66)或式(9-68)进行验算。

(2)对于抛物线形的等截面双铰拱,在竖向均布荷载作用下的横向稳定临界水平推力的计算公式为:

$$H_{L2} = k_2 \frac{E_a I_y}{8fl} \quad (9\text{-}73)$$

式中:k_2——横向失稳的临界推力系数,可按表 9-6 取用。表中 γ 为截面抗弯刚度与抗扭刚度之比,即:

$$\gamma = \frac{E_a I_y}{G_a I_k}$$

式中:G_a——拱(或拱肋)材料的剪切弹性模量,可取 $G_a = 0.43 E_a$;

I_k——拱(或拱肋)截面的抗扭惯性矩;

其余符号意义同前。

临界推力系数 k_2 表 9-6

γ		0.7	1.0	2.0
f/l	0.1	28.5	28.5	28.0
	0.2	41.5	41.0	40.0
	0.3	40.0	38.5	36.5

参照图 9-31,临界轴向力的计算公式为:

$$N_{L2} = \frac{H_{L2}}{\cos\varphi_m} = \frac{1}{\cos\varphi_m} k_2 \frac{E_a I_y}{8fl} \tag{9-74}$$

将其表示成欧拉临界力公式:

$$N_{L2} = \frac{\pi^2 E_a I_y}{l_0^2}$$

其中

$$l_0 = \pi \sqrt{\frac{8fl\cos\varphi_m}{k_2}} \tag{9-75}$$

以上式中符号意义同前。

按式(9-75)确定横向稳定计算长度 l_0 后,如能由式(9-67)(砌体拱)、表 9-1(混凝土拱)或表 9-2(钢筋混凝土拱)确定纵向弯曲系数 φ,则可按式(9-66)或式(9-68)进行横向稳定验算。

(3) 对于双肋拱或无支架施工时采用双肋合龙的拱肋,在验算横向稳定性时,可视为组合压杆(图 9-32),组合压杆的长度等于拱轴长度 L_a,临界轴向力计算也简化为欧拉公式:

$$N_{L2} = \frac{\pi^2 E_a I_y}{l_0^2}$$

其中

$$l_0 = \psi\mu L_a \tag{9-76}$$

对于图 9-32a) 所示横向联系:

$$\psi = \sqrt{1 + \frac{\pi^2 E_a I_y}{(\mu L_a)^2}\left(\frac{1}{E_c A_c \sin\theta \cos^2\theta} + \frac{b}{aE_b A_b}\right)} \tag{9-77a}$$

对于图 9-32b) ~ d) 所示横向联系:

$$\psi = \sqrt{1 + \frac{\pi^2 E_a I_y}{(\mu L_a)^2} \cdot \frac{1}{E_c A_c \sin\theta \cos^2\theta}} \tag{9-77b}$$

对于图 9-32e) 所示横向联系:

$$\psi = \sqrt{1 + \frac{\pi^2 E_a I_y}{(\mu L_a)^2}\left(\frac{ab}{12E_b I_b} + \frac{a^2}{24E_a I_a} \cdot \frac{1}{1-\chi} + \frac{na}{bGA_b}\right)} \tag{9-77c}$$

$$\chi = \frac{a^2 N_{L2}}{2\pi^2 E_a I_a} \tag{9-78}$$

式中:I_y——两拱肋对竖轴的组合惯性矩,$I_y = 2[I_a + A_a(b/2)^2]$;

ψ——考虑剪力对稳定的影响系数;

μ——计算长度系数,无铰拱为 0.5,两铰拱为 1.0;

a——横系梁(或临时联系)的间距;

b——两拱肋中距,即横系梁的计算长度;

θ——斜撑与横系梁(或临时联系或横垂线)的交角;

E_b——横系梁(或临时联系)材料的弹性模量;

E_c——斜撑材料的弹性模量;

A_b——横系梁(或临时联系)的截面面积;

A_c——斜撑的截面面积,如交叉撑为其面积之和;
I_a——单根拱肋对自身竖轴的惯性矩;
I_b——单根横系梁(或临时联系)对竖轴的惯性矩;
χ——考虑节间局部稳定性的系数;

其余符号意义同前或见图9-32。

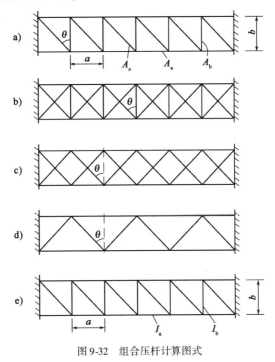

图9-32 组合压杆计算图式

在横向稳定计算长度确定时,对于图9-32e)所示横向联系,先由假定的χ代入式(9-77c)计算ψ,然后由式(9-76)计算l_0,再由欧拉公式计算N_{12},最后将此N_{12}代入式(9-78)求出χ。若此χ与原先假定值差异较大,则应重新假定χ后再试算。经试算得到χ后就能最终确定横向稳定计算长度l_0。

横向稳定计算长度l_0确定后,如能由式(9-67)(砌体拱)、表9-1(混凝土拱)或表9-2(钢筋混凝土拱)确定纵向弯曲系数φ,则可按式(9-66)或式(9-68)进行横向稳定验算。

(4) 当拱换算压杆的长细比超出表9-1或表9-2的范围时,可近似采用欧拉临界力验算性,即:

$$N_d \leqslant \frac{N_{12}}{K_2} \tag{9-79}$$

式中:N_d——拱(或拱肋)轴向力设计值;
K_2——横向稳定安全系数,一般取4~5;
其余符号意义同前。

三、非保向力作用效应

对于中承式与下承式拱桥,当拱肋离开拱平面发生侧倾时,吊杆上端将同时随拱肋侧移,若桥面结构纵向整体连续并与拱肋刚性联结,则吊杆下端的横移将受到限制。倾斜吊杆的拉力

T将对拱肋、桥面结构产生一对向内与向外的水平分力H(图9-33),前一分力对拱肋起着扶正的作用,后一分力使桥面结构发生向外的水平位移。吊杆拉力对结构产生的这种效应,称为非保向力效应。简单体系的中承式与下承式拱桥,因桥面结构纵向设断缝而非整体连续,故吊杆的非保向力效应并不显著。根据上述构造要求,吊杆具有非保向力效应的拱桥,主要是拱梁组合桥。

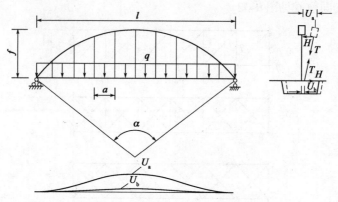

图9-33 吊杆非保向力效应示意图

中承式与下承式拱梁组合桥拱肋横向失稳的模态,一般为单向侧倾型和反对称S形鼓出型;桥面结构的模态与拱肋相似,但前者远大于后者。由于拱肋受到吊杆水平分力的扶正作用,即非保向力作用,稳定安全系数得到较大提高。下面以下承式简支拱梁组合桥为例,介绍吊杆非保向力效应对拱肋稳定性的影响。

对于下承式简支(圆弧形轴线)拱梁组合桥,以拱肋与桥面结构侧移作为失稳模式,其中将吊杆拉力T简化为间距a范围的均布荷载q,利用变分法得到考虑非保向力效应的拱肋临界轴向力计算公式:

$$N_{L2} = \eta \cdot N_{l2,0} = \eta \cdot \frac{E_a I_y}{R^2}\left(\frac{2\pi}{\alpha}\right)^2 \zeta \tag{9-80}$$

$$\eta = \frac{1}{1-C}$$

$$\zeta = \frac{1 + 2(\gamma - 1)\left(\frac{\alpha}{2\pi}\right)^2 + 3\left(\frac{\alpha}{2\pi}\right)^4}{1 + 3\gamma\left(\frac{\alpha}{2\pi}\right)^2}$$

$$C = \frac{1}{\frac{\alpha}{2}\left(\frac{2\pi}{\alpha}\right)^2}\int_{-\alpha/2}^{\alpha/2}\frac{\left(1 + \cos\frac{2\pi\varphi}{\alpha}\right)^2}{(\cos\varphi - 1) + \frac{f}{R}}d\varphi$$

式中:η——非保向力效应的影响系数;

$N_{l2,0}$——不考虑非保向力效应的拱肋临界轴力;

R——圆弧拱的半径;

α——圆弧拱的圆心角;

C——非保向力效应的参数,考虑到拱顶段u_a较大,可偏安全地近似取为

$$C = \frac{3R}{4f}\left(\frac{\alpha}{\pi}\right)^2$$

其余符号意义同前。

通过参数分析,非保向力效应的影响系数列于表9-7。考虑非保向力效应之后,拱肋横向稳定性提高约3倍,随矢跨比减小而减小。采用上述近似的非保向力效应参数计算公式,对于工程设计计算都有足够的精度,且偏于安全。

非保向力效应的影响系数 η 表9-7

	f/l	1/3	1/4	1/5	1/6	1/7	1/8
η	近似值	3.16	2.88	2.76	2.70	2.65	2.64
	精确值	3.50	3.31	3.22	3.17	3.14	3.12

非保向力效应对拱肋稳定性的影响较大,因此拱梁组合桥在进行空间稳定验算时,应考虑吊杆的非保向力效应。

第十章 拱桥施工

拱桥是一种既古老又年轻的桥梁形式。古代拱桥虽然拱轴曲线造型千变万化，但从结构体系而言，都是简单体系拱桥，施工方法单一。现代拱桥得益于计算机技术、材料科学以及工程机械的发展，结构形式与施工方法都非常丰富多彩。可以说，施工方法的不断创新是现代拱桥的一大特点，也是现代拱桥快速发展的基础。本章延续前面两章的思路，将简单体系拱桥和组合体系拱桥的施工方法分别进行介绍，前者主要包括支架、缆索吊、悬臂、转体和劲性骨架等施工方法，后者可以分为先梁后拱、先拱后梁、自平衡转体和顶推等施工方法。

第一节 概　述

拱桥施工时，一般先完成主要承重结构施工，再以其为支架完成桥面板和桥面系的施工，因此，拱桥施工的重点在于主要承重结构。简单体系拱桥和组合体系拱桥的主要承重结构不同，施工的重点和方法也有所不同。

简单体系拱桥的主要承重结构是主拱，施工的重点是主拱圈（肋）。主拱圈（肋）的施工方法，大体可分为有支架施工和无支架施工两大类，而有支架施工又可分为拱架施工法和少支架的施工方法。拱架施工方法是我国传统的拱桥施工方法，需要搭设拱架作为临时支承，常用于石拱桥、混凝土预制块拱桥及现浇混凝土拱桥。而在峡谷或水深流急的河段上，或在通航河流上需要满足船只的顺利通行，或在洪水季节施工并受漂流物影响等条件下修建拱桥时，采用有支架施工方法将会遇到很大困难或很不经济时,就需考虑采用无支架施工方法。其他拱桥多采用无支架或少支架的施工方法。少支架施工方法则是一种采用少量支架集中支承预制件的预制安装施工方法,常用于中小跨径肋拱桥的预制装配施工,而随着施工装备能力的不断提升,适用的拱桥跨度也在不断增大。

组合体系拱桥包含整体式拱桥和拱式组合桥两大类。整体式拱桥的主要承重结构是桁架拱片或刚架拱片,大多采用装配式施工,架设方法和简单体系拱桥拱肋类似。而拱式组合桥的主要承重结构是拱梁组合体系,施工的关键问题是如何形成水平力自平衡的结构体系。因此,拱式组合桥的施工需要考虑先梁后拱还是先拱后梁的问题,施工方法大体可分为先梁后拱施工方法、先拱后梁施工方法,以及拱梁拼装形成自平衡体系后的转体施工方法和顶推施工方法。

第二节 简单体系拱桥施工方法

简单体系拱桥施工时,先完成主要承重结构,即主拱圈(肋)施工,再以主拱圈(肋)为支撑完成立柱(吊杆)和桥面系的施工。因此,施工的重点和难点是主拱圈(肋)施工,可以根据地形和桥下通航要求采用有支架施工法和无支架施工法。其中,对于无支架施工法工程界一般按照主要施工装备进行分类,应用较为广泛的主要有缆索吊装施工法、悬臂施工法、转体施工法和劲性骨架施工法等四种,本节将逐一进行介绍。

一、支架施工法

支架施工法分为拱架施工法和少支架施工法两大类。前者主要用于石拱桥和混凝土拱桥的拱块预制或现浇;后者则多用于肋拱桥的预制装配施工。

少支架施工法的主要施工工序:预制拱段吊装就位在支架上,调整支点高程并考虑所需的预拱度,采用现浇混凝土联结拱肋及其间的横向联系,落架,拱肋成拱受力,最后铺设桥面板及现浇桥面混凝土,或进行立柱等拱上建筑施工。少支架施工拱桥的预制拱段长度、分段位置,取决于结构的受力与吊装能力。一般情况下,预制拱段被分为奇数段,如三段或五段等,并避开受力控制截面。

而拱架施工法的主要施工工序,包括材料的准备、拱圈放样(包括石拱桥拱石的放样)、拱架制作与安装、拱圈及拱上建筑的砌筑等。拱圈或拱架的准确放样,是保证拱桥符合设计要求的基本条件之一。石拱桥一般采用放出拱圈(肋)大样的办法来制作拱石样板,即在样台上将拱圈按1∶1的比例放出大样,然后用木板或锌铁皮在样台上按分块大小制成样板,并注明拱石编号。而拱架制作与安装、拱圈及拱上建筑的施工则是拱架施工的关键,本节将着重进行介绍。

1. 拱架的制作与安装

砌筑石拱圈、混凝土预制块拱圈和就地浇筑混凝土拱圈等时需要搭设一个拱架,以支撑全部或部分拱圈和拱上建筑的重量,并保证拱圈的形状符合设计要求。显然,拱架要有足够的强度、刚度和稳定性。同时,拱架又是一种施工临时结构,故要求构造简单、制作容易、节省材料、装拆方便并能重复使用,以加快施工进度、减少施工费用。

1)拱架的形式和构造

拱架的种类很多,按使用材料可分为木拱架、钢拱架、竹拱架、竹木拱架及"土牛拱胎"等形式。

木拱架制作简单、架设方便,但耗用木材较多,常用于盛产木材的地区。钢拱架一般为桁架式结构,大多数采用常备式构件(又称万能构件)在现场按要求组拼成所需的形式。钢拱架是由多种零件(如由角钢制成的杆件、节点板和螺栓等)组装而成的,故其拆装容易、运输方便、适用范围广、利用效率高。选定拱架类型应贯彻因地制宜、就地取材的原则,以便降低造价、加快施工进度。如在南方产竹地区,可修建竹拱架或竹木混合拱架。在缺乏木材或钢材及少雨的地区,也可用简单经济的"土牛拱胎"代替拱架,即先在桥下用土或砂、卵石填筑一个"土胎"(俗称"土牛"),拱圈砌成之后再将填土撤除即可。

在一般情况下,拱架按拱圈宽度设置。但当桥宽较大时,由于拱架费用高(有的高达桥梁总造价的25%),为了提高拱架利用率、减少拱架数量和费用,可以考虑将拱圈分成若干条施工,拱架沿拱圈宽度方向重复使用。

下面主要对木拱架和钢拱架进行扼要介绍。

(1) 木拱架

木拱架常用于修建中、小跨径的圬工拱桥,按其构造形式可分为满布式拱架、拱式拱架等。

① 满布式拱架。

满布式拱架的优点是施工可靠、技术简单,木材和铁件规格要求较低。但这种拱架木材用量大,木材及铁件的损耗率也较大。在受洪水威胁、水深流急、漂流物较多及要求通航的河流上,不能采用这种拱架。

满布式拱架通常由拱架上部(拱盔)、卸架设备、拱架下部(支架)等三个部分组成。常用的形式有立柱式和撑架式两种。

立柱式拱架(图10-1),上部为由斜梁、立柱、斜撑和拉杆等组成的拱形桁架,下部是由立柱及横向联系(斜夹木和水平夹木)组成的支架,上、下部之间放置卸架设备(木楔或砂筒等)。为了增强横向稳定性,拱架各片之间应设置横向联系(水平及斜向夹木)。立柱式拱架的构造和制作都很简单,但立柱数量多,只适用于跨度和高度都不大的拱桥。

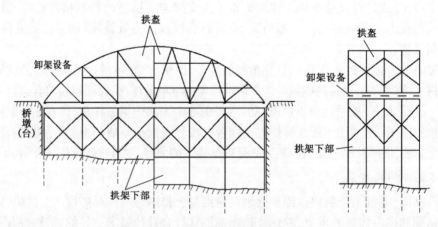

图10-1 立柱式拱架构造示意图

撑架式拱架(图10-2)的特点是用少数加斜撑的框架式支架来代替数量众多的立柱。木材用量比立柱式拱架少,构造也不复杂,而且能在桥下留出适当的空间,降低了洪水及漂流物的威胁,并在一定程度上提供了通航条件。因此,它是采用较多的一种拱架。

无论是立柱式还是撑架式拱架,都应当构造简单、受力明确,避免采用复杂的节点和接头构造。拱架构件连接应紧密,以保证拱架在荷载作用下变形最小且变形曲线圆顺。

②拱式拱架。

与满布式拱架相比,拱式拱架不受洪水、漂流物的影响,在施工期间能维持通航,适用于墩高、水深、流急或要求通航的河流。

三铰桁架式拱架(图 10-3)是拱式木拱架中常用的一种形式,其材料消耗率低,但要求有较高的制作水平和架设能力。三铰桁架式拱架的纵、横向稳定也应特别注意,除在结构构造上须加强纵、横向联系外,还须设抗风缆索,以加强拱架的整体稳定性。在施工中还应注意对称均匀地加载,并加强施工观测。

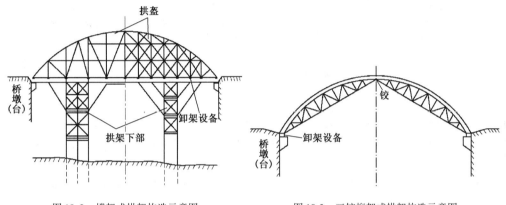

图 10-2　撑架式拱架构造示意图　　　　图 10-3　三铰桁架式拱架构造示意图

(2)钢拱架

钢拱架多为常备式构件组拼而成的桁架式拱架,并由几个单片拱形桁架组成整体。桁架片的数量视桥宽与荷载而定。根据拱圈跨径大小,钢拱架可组拼成三铰、两铰或无铰的拱式结构。拱圈跨径小于 80m 时一般用三铰拱架;跨径在 80~100m 之间时常用两铰拱架;跨径大于 100m 时多用无铰拱架。图 10-4 为一种钢拱架的构造示意,其基本构件为预制常备的标准节段和联结件,非常备构件及设备则根据拱圈构造尺寸等要求配制,如拱顶和拱脚节段、两个标准节段之间的下弦杆等构件,以及拱架卸落等需要的设备。

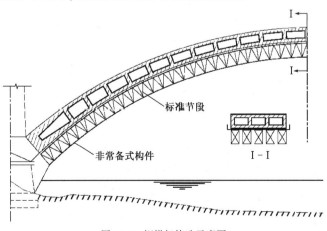

图 10-4　钢拱架构造示意图

当桥址河床平坦、施工期水位很低时,也可采用着地可移动式钢拱架(图10-5)。整个拱架由预制常备构件组拼成框架式结构,其立柱底部设置移动装置,拱架可沿横桥向移动。拱架的宽度小于拱圈宽度,拱圈横向采用两个半幅或成条带逐步建造。这种拱架施工法可以节省材料,也能缩短工期。

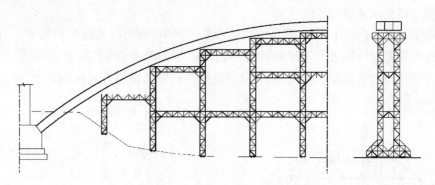

图10-5 可移动式钢拱架构造示意图

2)拱架的设计要点

拱架系临时性结构,其材料及容许应力可按有关规定采用。为了保证拱圈的形状能符合设计要求,拱架还必须有足够的刚度,故须对拱架进行挠度验算。

(1)拱架的设计荷载

拱架的设计荷载包括拱架自重荷载、拱圈重量、施工人员和机具重量,以及横向风力。拱圈重量要考虑砌筑或浇筑位置的影响,荷载强度应根据拱圈的施工方法而定,其他荷载可按有关规范及施工经验取用。

(2)拱架的预拱度及设置方法

拱架承受荷载后将产生弹性变形和非弹性变形;当拱圈砌筑或浇筑完毕,强度达到要求而卸落拱架后,拱圈由于受到自重、温度变化及墩台位移等因素的作用,也要产生弹性下沉。为了使拱轴线符合设计要求,必须在拱架上预留施工拱度,以便能抵消这些可能发生的垂直变形。

拱架的预拱度设置须考虑以下变形及压缩:

①拱圈自重产生的弹性下沉,即拱架卸落后拱圈在自重作用下的弹性下沉;

②拱圈温度变化产生的弹性变形,即拱圈合龙温度与年平均温度差异而引起的变形;

③墩、台水平位移产生的拱顶下沉,即拱架卸落后拱圈因墩、台水平位移而产生的弹性下沉;

④拱架在承重后的弹性及非弹性变形,即拱架在受力后产生的弹性变形、各种接头局部间隙或压陷产生的非弹性变形,以及砂筒受压后产生的非弹性压缩;

⑤支架基础在受载后的非弹性下沉。

拱架在拱顶处的预拱度,可根据上述下沉与变形按可能产生的各项数值相加后得到,具体计算方法可参照《公路钢筋混凝土及预应力混凝土桥涵设计规范》(JTG 3362—2018)有关内容。由于影响预拱度的因素很多,而且不可能计算得很准确,施工时应结合实践经验对计算值进行适当调整。当无可靠资料时,拱顶预留拱度也可按$l/800 \sim l/400$估算(l为拱圈的跨径,矢跨比较小时预留拱度取较大值)。

当算出拱顶预拱度 δ 后,拱圈其他点的预拱度一般可近似地按二次抛物线规律设置 [图 10-6a)]。在这里需要指出的是,对于无支架或早期脱架施工的悬链线拱,裸拱圈的挠度曲线呈"M"形,即拱顶下挠而两边 $l/8$ 处上升。如果仍按二次抛物线分配预拱度,将会使 $l/8$ 处的拱轴线偏离设计拱轴线更远。为此,可以采用降低拱轴系数 m 来设置预拱度,即将原设计矢高 f 加高至 $(f+\delta)$,再将原设计的悬链线拱轴系数 m 降低一级(或半级),然后以新的矢高 $(f+\delta)$ 和新的拱轴系数计算施工放样的坐标。这种方法的效果,实际上是在拱顶预加正值,在 $l/8$ 处预留负值(或者是较小的正值)[图 10-6b)],待拱圈产生"M"形变形后,刚好符合(或接近)设计拱轴线。

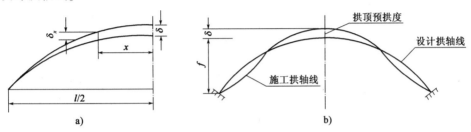

图 10-6 拱架预拱度的分布形式

3) 拱架的制作与安装

为了使拱架具有准确的外形和各部尺寸,在制作拱架前,一般要在样台上放出拱架大样,拱架大样应计入预拱度。根据大样可制作杆件的样板,并按样板进行杆件加工。

杆件加工完毕,一般须进行试拼(1~2 片)。根据试拼情况,在对构件作局部修改后即可在现场安装。

满布式拱架一般采用在桥跨内逐杆进行安装,桁架拱架都采用整片或分段吊装方法安装。安装时应及时测量以保证设计尺寸的准确,同时应注意施工安全。在风力较大的地区,拱架需设置风缆索,以增强稳定性。

拱架安装好后,其轴线和高程等主要技术指标(尺寸)应符合设计要求。拱架上用于拼装或灌筑拱圈(拱肋)的垫木或底模的顶面高程误差,不应大于计算跨径的 1/1000,也不应超过 30mm,而且要求圆顺(无转折)。

4) 拱架的卸落

拱圈砌筑或现浇混凝土完毕,待达到一定强度后即可拆除拱架。

如果施工情况正常,在拱圈合龙后,拱架应保留的最短时间与跨径大小、施工期温度、养护方式等因素有关:对于石拱桥,一般当跨径在 20m 以内时为 20 昼夜,跨径大于 20m 时为 30 昼夜;对于混凝土拱桥,按设计强度要求,混凝土块试压强度等具体情况确定。因施工要求必须提早拆除拱架时,应适当提高砂浆(或混凝土)强度等级或采取其他措施。

(1) 卸架设备

为保证拱架能按设计要求均匀下落,必须设置专门的卸架设备。

卸架设备常用木楔、木凳(木马)、砂筒(砂箱)等形式(图 10-7)。通常,中、小跨径多用木楔或木凳,大跨径或拱式拱架多用砂筒或其他专用设备(如千斤顶等)。

木楔又可分为简单木楔和组合木楔。简单木楔由两块斜面的硬木楔形块组成 [图 10-7a)]。落架时,用锤轻轻敲击木楔小头,将木楔移出,拱架即下落;一般可用于中、小跨径桥梁。组合木楔由三块楔形木和拉紧螺栓组成 [图 10-7b)],卸架时只需扭松螺栓,则木楔

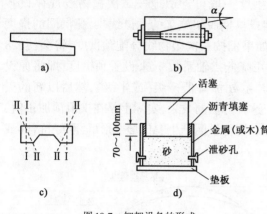

图 10-7 卸架设备的形式

徐徐下降。它可用于 40m 以下的满布式拱架或 20m 以下的拱式拱架。

木凳(木马)是另一种简单的卸架设备。卸架时,只要沿Ⅰ-Ⅰ与Ⅱ-Ⅱ方向锯去木凳的两个边角[图 10-7c],在拱架自重作用下,木凳被压陷,于是拱架也随之下落。一般用于跨径在 15m 以内的拱桥。

跨径大于 30m 的拱桥,宜用砂筒作卸架设备。砂筒是由内装砂的金属(或木料)筒及活塞(木制或混凝土制)组成[图 10-7d]。拱架卸落时砂从筒的下部预留泄砂孔流出,由砂泄出量控制拱架卸落高度,并由泄砂孔的开与关进行分次卸架。砂筒能使拱架均匀下降而不受震动。砂筒卸架设备要求筒里的砂干燥、均匀、清洁。砂筒与活塞间用沥青填塞,以免砂受潮而不易流出。

(2)卸架程序设计

为了保证拱圈(或已完成拱上建筑的上部结构)逐渐均匀降落,使拱架所支承的桥跨结构重量逐渐转移至由拱圈自身承担,拱架不能突然卸除,而应该按照一定的卸架程序进行卸架。

卸架的一般程序:对于中小跨径拱桥,可从拱顶开始逐次向拱脚对称卸落;对于大跨径的悬链线拱圈,为了避免拱圈发生"M"形的变形,也有从两边 $l/4$ 处逐次对称地向拱脚和拱顶均衡地卸落。卸架的时间宜在白天气温较高时进行,这样能够便于卸落拱架。

多孔连续拱桥施工时,还应考虑相邻孔间的影响。若桥墩设计允许承受单孔施工荷载,就可以单孔卸架;否则应多孔同时卸落拱架,以避免桥墩不能承受单向推力而产生过大的位移,甚至引起严重的施工事故。

2.拱圈与拱上建筑的施工

1)拱圈的施工

修建拱圈时,为保证在整个施工过程中拱架受力均匀、变形最小,使拱圈的质量符合设计要求,必须选择适当的砌筑方法和顺序。一般根据跨径大小、构造形式等分别采用不同繁简程度的施工方法。

通常,跨径在 10m 以下的拱圈,可按拱的全宽和全厚,由两侧拱脚同时对称向拱顶砌筑或浇筑混凝土,但应争取在拱顶合龙时,拱脚处砌缝的砂浆尚未凝结或混凝土尚未初凝。

跨径 10~15m 的拱圈,最好在拱脚预留空缝,由拱脚向拱顶按全宽、全厚进行砌筑或浇筑混凝土。为了防止拱架的拱顶部分上翘,可在拱顶区段预先压重,待拱圈砌缝的砂浆达到设计强度 70% 后或混凝土达到设计强度,再将拱脚预留空缝用砂浆或混凝土填塞。

大、中跨径的拱桥,一般采用分段施工或分环(分层)与分段相结合的施工方法。分段施工可使拱架变形比较均匀,并可避免拱圈的反复变形。分段的位置与拱架的受力和结构形式有关,一般应设置在拱架挠曲线有转折及拱圈弯矩比较大的地方,如拱顶、拱脚及拱架的节点处。对于石拱桥,分段间应预留 30~40mm 的空缝或设置木撑架,混凝土拱圈则应在分段间设混凝土挡板(端模板),待拱圈砌筑或浇筑混凝土后再用砂浆(或埋入石块)或浇筑混凝土灌缝。分段时对称施工的一般顺序如图 10-8 所示。拱顶处封拱(如石拱桥拱顶石的砌筑)必须在所有空缝填塞并达到设计强度后才能进行。另外,还须注意封拱(合龙)时的大气温度是否符合设计要求,如设计无明确要求时,也宜在气温较低时(凌晨)进行。

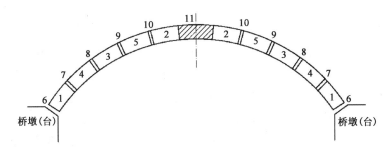

图10-8 拱圈分段施工的一般顺序

当跨径大、拱圈厚度较大时,可将拱圈全厚分层(即分环)施工,按分段施工法建好一环合龙成拱,待砂浆或混凝土强度达到设计要求后,再浇筑(或砌筑)上面的一环。这样,第一环拱圈就能起拱的作用,参与拱架共同承受第二环拱圈结构的重力,以后各环均照此进行。这样可以大幅度减小拱架的设计荷载,同时,分环施工合龙快,能保证施工安全,节省拱架材料。对于箱形板拱和肋拱,拱圈一般分成两环或三环浇筑。当分两环浇筑时,可先分段浇筑底板,然后分段浇筑腹板、隔板与顶板;分三环浇筑时,先分段浇筑底板,再分段浇筑腹板与隔板,最后分段浇筑顶板。在分段、分环浇筑时,可采用分环填充间隔缝合龙和全拱完成后一次填充间隔缝合龙的两种合龙方式。图10-9所示为一个跨径为146m的箱形拱圈分三环、九段浇筑施工方法。

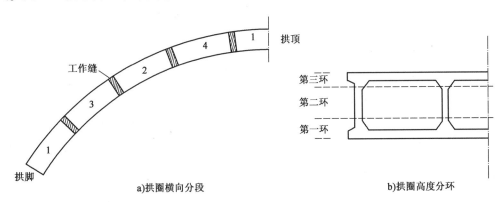

a)拱圈横向分段　　b)拱圈高度分环

图10-9 箱形拱圈分段、分环浇筑施工方法示意图

2)拱上建筑的施工

拱上建筑的施工,应在拱圈合龙、混凝土或砂浆达到设计强度30%后进行。对于石拱桥,一般不少于合龙后三昼夜。

拱上建筑的施工,应避免造成拱圈产生过大的不均匀变形,一般可按自拱脚向拱顶对称进行。大跨径拱桥拱上建筑的施工程序,应根据有利于受力的情况设计。

实腹式拱上建筑,应由拱脚向拱顶对称砌筑侧墙,再填筑拱腹填料及修建桥面结构等。空腹式拱桥一般是在腹孔墩施工完后就卸落拱架,然后再对称均衡地施工腹孔,以避免由于拱圈的不均匀下沉而使腹拱圈开裂。混凝土立柱浇筑应从底到顶一次完成,施工缝设在上横梁承托的底面;当上横梁与桥面板直接联结时,横梁与立柱应同时浇筑。

在多孔连续拱桥中,当桥墩不是按单向受力墩设计时,仍应注意相邻孔间的对称均衡施工,避免桥墩承受过大的单向推力。尤其是在裸拱圈上修建拱上建筑的多孔连拱更应注意,以免影响拱圈的质量和安全。

二、缆索吊装施工法

缆索架桥设备由于具有跨越能力大、水平和垂直运输机动灵活、适应性广、施工也比较稳妥方便等优点,因此目前在修建公路拱桥时较多采用了缆索吊装方法。尤其在修建大跨径的或连续多孔的拱桥中,更能显示这种施工方法的优越性。在广泛的实践中,此方法得到了很大发展并积累了丰富的经验。目前,缆索吊机的最大单跨跨径已达500m以上。由单跨缆索发展到双跨连续缆索,其最大跨径已达2×400m以上,吊装重量也达到750kN,能够顺利吊装跨径达160m的分段预制箱形拱桥。缆索架桥设备也逐渐配套、完善,并已成套生产。

在采用缆索吊装施工的拱桥上,为了充分发挥缆索的作用,拱上建筑也应尽量采用预制装配式构件,这样可提高桥梁工业化施工的水平,并有利于加快桥梁建设的速度。例如,主桥全长1250m的长沙湘江大桥,17孔共408节拱肋和其中8孔76m跨径的拱上建筑预制构件(立柱、盖梁、腹拱圈等)全部由两套缆索吊机吊装安砌,仅用65个工作日就安装完成。这对于加快大桥建设速度、减少木材用量、降低桥梁造价等方面都起到了很大作用。

拱桥缆索吊装施工大致包括拱肋(箱)的预制、移运和吊装、拱圈施工、拱上建筑施工、桥面结构的施工等主要工序。可以看出,除缆索吊装设备,以及拱肋(箱)的预制、移运和吊装、拱圈施工等几项工序外,其余工序都与有支架施工方法相同(或相近)。因此本节主要介绍缆索吊装施工的特点,其基本内容也适用于其他无支架施工方法。

1. 缆索吊装设备

缆索吊装设备,按其用途和作用可以分为主索、工作索、塔架和锚固装置等四个基本组成部分。其中,主要机具设备包括主索、起重索、牵引索、结索、扣索、浪风索、塔架(包括索鞍)、地锚(地垄)、滑轮、电动卷扬机或手摇绞车等。其布置形式如图10-10所示。

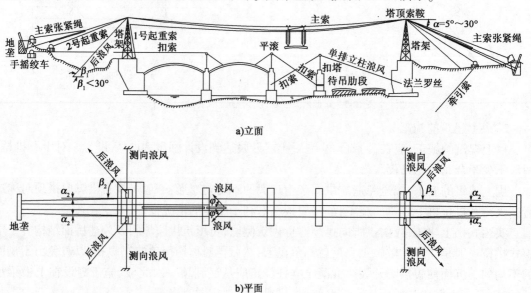

图10-10 缆索吊装设备及其布置形式

缆索吊装各机具设备及其主要功能如下。

(1) 主索

主索亦称为承重索或运输天线。它横跨桥渡,支承在两侧塔架的索鞍上,两端锚固于地锚,吊运构件的行车支承于主索上。横桥向主索的组数,根据桥面宽度(两外侧拱肋间的距离)、塔架高度(塔架高度越大,横移构件的宽度范围就相应增大)及设备供应情况等合理选择,一般可选1~2组。

(2) 起重索

起重索用于控制吊物的升降(即垂直运输),一端与卷扬机滚筒相连,另一端固定于对岸的地锚上。当行车在主索上沿桥跨往复运行时,可保持行车与吊钩间的起重索长度不随行车的移动而改变。

(3) 牵引索

牵引索用来牵引行车在主索上沿桥跨方向移动(即水平运输),在行车两端各设置一根牵引索。这两根牵引索的另一端分别连接在两台卷扬机上,或合拴在一台双滚筒卷扬机上。

(4) 结索

结索用于悬挂分索器,使主索、起重索、牵引索不致相互干扰。它仅承受分索器(包括临时作用在它上面的工作索)的重量及自重。

(5) 扣索

当拱肋分段吊装时,需用扣索悬挂端肋及调整端肋接头处高程。扣索的一端系在拱肋接头附近的扣环上,另一端通过扣索排架或塔架固定于地锚上。为了便于调整扣索的长度,可设置手摇绞车及张紧索。

(6) 浪风索

浪风索亦称缆风索,用来保证塔架、扣索排架等的纵、横向稳定及拱肋安装就位后的横向稳定。

(7) 塔架及索鞍

塔架是用来提高主索的临空高度及支承各种受力钢索的重要结构。塔架有多种形式,按材料可分为木塔架和钢塔架两类。

木塔架的构造简单,制作、架设均很方便,但用木材数量较多。木塔架一般用于高度在20m以下的场合;当高度在20m以上时较多采用钢塔架。钢塔架可采用龙门架式、独脚扒杆式,或万能杆件拼装成的各种形式。

塔架顶上设置了为放置主索、起重索、扣索等用的索鞍,它可以减小钢丝绳与塔架的摩阻力,使塔架承受较小的水平力,并减小钢丝绳的磨损。

(8) 地锚

地锚亦称地垄或锚碇,用于锚固主索、扣索、起重索及绞车等。地锚的可靠性对缆索吊装的安全有决定性影响,设计和施工都必须高度重视。按照承载能力的大小及地形、地质条件的不同,地锚的形式和构造可以是多种多样的。条件允许时,还可以利用桥梁墩、台作锚碇,以节约材料,否则需设置专门的地锚。

(9) 电动卷扬机、手摇绞车

电动卷扬机及手摇绞车用作牵引、起吊等的动力装置。电动卷扬机速度快,但不易控制;对于一般要求精细调整钢索长度的部位,多采用手摇绞车,以便于操纵。

(10) 其他附属设备

缆索吊装其他附属设备还有各种倒链葫芦、花篮螺栓、钢丝卡子(钢丝扎头)、千斤绳、横移索等。

缆索吊装设备的形式及规格非常多，必须因地制宜地结合各工程的具体情况合理选用。

2. 拱段吊装方法

采用缆索吊装施工的拱桥，吊装方法应根据跨径、桥梁总长及桥宽等具体情况而定。

拱圈是吊装施工的关键，为了满足施工吊装、构造及受力要求，拱圈的横截面和拱圈的轴向被划分成若干节段。这些拱肋或拱箱节段（以下简称"拱段"），一般在桥址处的河滩或桥头岸边预制，并进行预拼试验。

1) 拱段的吊装

预制拱段运移至缆索之下，由起重车起吊牵引到预定位置安装。为了使边拱段在拱合龙前保持预定的位置，应在扣索固定后才松开起重索。每跨拱应自两端向跨中对称吊装施工。在完成最后一个拱段吊装后，须先进行各段接头高程调整，再放松起重索、成拱，最后才将所有扣索撤去。

当拱桥跨径较大、拱段宽度较小时，应采用双拱或多拱同时合龙的方案。每条单拱横向相邻拱段之间，随拼装进程应及时连接或临时连接。边拱段就位后，除用扣索拉住，还应在左右两侧用一对风缆牵住，以免左右摇动。中拱段就位时，务必使各接头顶紧，尽量避免形成简支搁置与冲击作用。

对于一个轴向按五段划分的钢筋混凝土箱形拱，每条拱箱的吊装程序：

(1) 吊装一侧拱脚处的边段拱箱，箱段在拱座处与墩（台）直接顶接；安装扣索、风缆索，放松起重索。

(2) 吊运次边段拱箱，用螺栓与边段拱箱相接；安装扣索、风缆索，放松起重索。

(3) 按上程序吊装另一侧拱脚处的边段拱箱和次边段拱箱。

(4) 将跨中合龙段拱箱吊运至合龙位置上方，缓慢降落并与次边段拱箱相接、合龙。

(5) 各段接头高程调整，采用钢板楔紧接头；放松吊、扣索，各段接头焊接牢固，去掉全部吊、扣索。

2) 拱段吊装的稳定性措施

在缆索吊装施工的拱桥中，为保证单条拱有足够的纵、横向稳定性，除应满足计算要求外，在构造、施工方面都必须采取一些措施。

施工实践表明，如果拱段的截面高度过小，不能满足纵向稳定的要求，要在施工中采取措施来保证其满足纵向稳定的要求是很困难的。因此，所拟订或划分拱段的截面高度，一般都应大于纵向稳定所需要的最小高度。

为了减小吊装重量，拱段的宽度不宜取得过大，通常设计中选择的拱段宽度往往小于单拱合龙所需要的最小宽度。在这种情况下，可采用双拱或多拱合龙的方式（图10-11）。一般来说，跨径在50m以内时可以采用单拱合龙，跨径大于50m时宜采用双拱同时合龙。这时，拱肋（箱）之间需用横夹木或斜撑木临时连接，以便形成横向框架，增强横向稳定性。

无论是单拱合龙还是双拱合龙，都要结合具体情况设置横向浪风索，以增强拱的横向稳定性。而且在安排施工进度时，还应尽快完成拱间横向联系（如横隔板等）的施工。

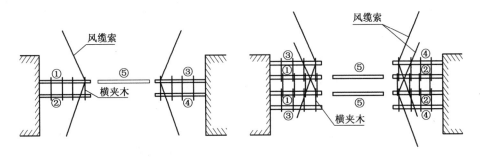

图 10-11 双拱或多拱合龙示意图

三、悬臂施工法

拱桥的悬臂施工法是从拱脚出发,沿桥梁跨径方向,对称逐段施工的一种方法;按每一节段拱肋的制作方法,又可分为悬臂浇筑法和悬臂拼装法,前者的每一节段就地浇筑,而后者的每一节段提前预制。这种施工方法不需要搭设临时支架,因此施工时不影响桥下通航或行车。

1. 悬臂浇筑法

日本首先在跨径 170m 的外津桥上采用了这种施工方法。它是借助于专用挂篮、结合使用斜吊钢筋的斜吊式悬臂浇筑施工方法,其主要施工步骤如图 10-12 所示。

悬臂浇筑施工过程中,拱肋除第一段用斜吊支架现浇混凝土外,其余各段均用挂篮现浇施工。斜吊杆可以采用钢丝束或预应力粗钢筋,但为了操作方便,可用锚固可靠、操作方便的预应力粗钢筋($\phi32mm$)。架设过程中,作用于斜吊杆的力是通过布置在桥面板上的临时拉杆传至岸边的地锚上(也可利用岸边桥墩、台作地锚)。用这种方法修建大跨径拱桥时,主要施工技术难点在于,斜吊钢筋的拉力控制、斜吊钢筋的锚固和地锚地基反力的控制、预拱度的控制,以及混凝土压应力的控制等。

2. 悬臂拼装法

悬臂拼装法是另一种悬臂施工方法。在悬臂拼装施工之前,拱片(圈)沿桥跨划分为若干奇数预制段,箱形拱圈的顶、底板及腹板也可再分开预制。

悬臂拼装法的施工步骤如图 10-13 所示,一般从两岸对称施工。首先完成基础、拱座、岸上立柱、拱脚段拱肋的施工;然后安装吊机,同步进行两侧拱肋的悬臂架设直至拱顶合龙。其间,每架设完一个拱段,需要用扣索斜拉住拱肋悬臂段,使得拱肋的弯矩值都限制在容许值范围内。架设拱肋前半段时,可利用拱座上的永久立柱作为桥塔来锚固最初的几对扣索,而剩余的后半段架设则往往需要搭设临时塔架来锚固扣索。在施工过程中,可以通过扣索的间距、

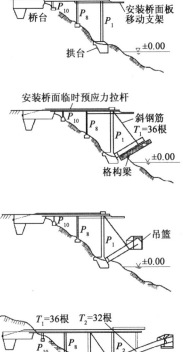

图 10-12 斜吊式悬臂浇筑施工步骤示意图

尺寸、悬拼长度以及桥塔高度、扣点位置、锚固点位置等的合理设计来控制拱肋的应力和变形。

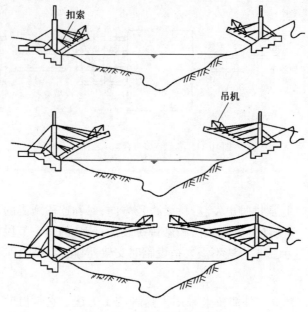

图 10-13 悬臂拼装施工示意图

四、转体施工法

桥梁转体施工法是指在偏离设计位置将桥梁浇筑或拼装成形,然后借助动力将桥梁转动就位的一种施工方法。

桥梁转体法施工始于 20 世纪 40 年代。1947 年,第一座转体施工的桥梁,一座主跨 110m 的肋拱桥,在法国采用竖向转体施工建成。我国于 1977 年在四川遂宁首次采用水平转体法建成了一座 70m 跨度箱肋拱桥——遂宁建设桥。经过近四十年的发展,转体施工法逐步从山区公路桥梁推广到铁路、市政桥梁,桥型也从拱桥发展到梁桥、斜拉桥。据不完全统计,我国采用转体施工的桥梁达到 200 余座,转体质量达 1.68 万 t,转动体单侧最大悬臂长度近 200m。

拱桥转体施工法全跨分两段且全桥宽一次合龙,减少了吊装段数,结构整体刚度大,纵、横向稳定性好。因此,转体施工法具有变复杂为简单、避免高空作业、结构受力安全可靠、施工设备少用料省、施工速度快、费用低等优点。由于转体施工不影响交通,在公路、铁路建设中,为减少对既有运营线路的干扰,确保交通运输安全,跨线桥梁将越来越多地采用转体法施工,给转体施工法带来了更大的发展机遇。

转体施工法的基本原理:将拱圈或整个上部分成两个半跨,分别利用地形或简单支架进行现浇或预制拼装,然后利用千斤顶等动力装置,将这两个半跨结构转动至桥轴位置合龙成拱。拱桥的转体施工法根据其转动方位的不同,可分为平面转体、竖向转体及竖向平面结合转体三种。其中,平面转体施工占了大多数,竖向转体施工相对较少,而竖向平面结合转体施工往往适用于特殊大桥。

1. 平面转体施工法

平面转体施工法,是将两个半跨的拱圈(肋)的桥轴线旋转至沿岸线或桥台后堤岸,利用地形及支架按设计高程进行现浇或预制拼装,然后在水平面内的绕拱座底部的竖轴旋转使拱圈(肋)合龙成拱。

平面转体施工法分为有平衡重转体和无平衡重转体两种,如图10-14所示。其中,配平衡重的转体施工法,设计和施工难度相对不大,是应用最为广泛的平转施工法;而无平衡重转体施工对设计、施工的要求均较高,在平转施工中的应用相对较少。

1) 有平衡重转体施工法

有平衡重的转体是一种在旋转过程中自平衡的转体,对于单跨拱桥通常需要利用桥台背墙重量及附加平衡压重,以平衡半跨拱圈(肋)的自重力矩[图10-14a)]。有平衡重转体的转动系统由底盘、上转盘、锚扣系统、拱体结构、拉索、桥台背墙及平衡重等组成,其特点是转体重量大(最大可达上万吨)、旋转稳妥安全、转动装置灵活可靠。因此,有平衡重转体施工应考虑转体施工阶段结构轻型化、平衡重与扣锚一体化设计等问题。

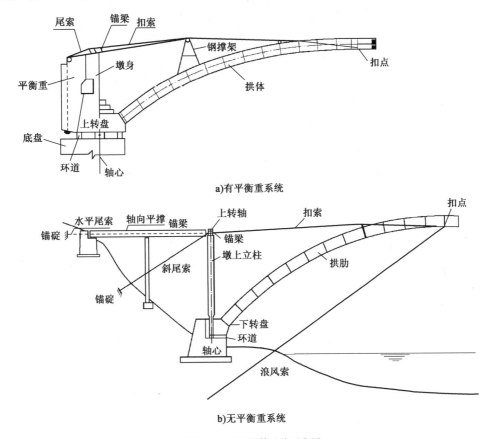

图10-14 平面转体系统示意图

有平衡重转体的主要施工步骤及内容:

(1) 底盘、转盘轴、环形滑道制作;
(2) 转盘球面磨光、涂抹润滑脂,上转盘试转;
(3) 拱体结构及桥台背墙施工;
(4) 布置旋转牵引或顶推驱动系统;
(5) 设置锚扣系统并张拉脱架;

(6) 转体、合龙成拱;

(7) 放松锚扣系统,封固转盘。

图 10-15 为湖北省黄陵洞大桥的有平衡重平面转体施工照片。2005 年建成的黄陵洞大桥为主跨 152m 的上承式劲性钢管骨架混凝土箱形拱桥,主拱圈采用单箱三室箱形截面。施工时充分利用地形,先采用有平衡重平面转体施工法架设劲性钢管骨架,然后以劲性骨架为支撑浇筑混凝土。

图 10-15 黄陵洞大桥主拱圈劲性骨架平面转体施工照片

2) 无平衡重转体施工法

无平衡重转体,是指以两岸山体岩石的锚碇锚固半跨拱在悬臂状态平衡时所产生的水平拉力,借助拱脚处立柱下端转盘和上端转轴使拱体实现平面转动[图 10-14b)]。本方法适用于建在地质条件好的深谷形河床上的大跨径拱桥。由于无平衡重,大大减轻了转动体系的重量及圬工数量。锚碇的拉力由尾索以预压力的形式储备在引桥上部的梁体内,预压力随着拱体旋转方位的不同而不同。无平衡重转体的转动系统由三大部分组成:锚固体系,由锚碇、尾索、水平撑、锚梁及立柱组成;转动体系,由上下转动构造、拱体及扣索组成;位控体系,常由浪风索、无级调速卷扬机、光电测试装置及控制台等组成。

无平衡重转体的主要施工步骤及内容:

(1) 下转盘、下转盘轴、环形滑道制作;

(2) 旋转拱座制作、转盘试转;

(3) 立柱、拱体结构施工;

(4) 上转轴安装;

(5) 锚固体系施工;

(6) 转体、合龙成拱;

(7) 放松锚扣系统,封固转盘。

图 10-16 为涪陵乌江大桥的无平衡重平面转体施工照片。1989 年建成的乌江大桥位于重庆市,桥址为 V 形河谷,水深流急。桥型为主跨 200m 的钢筋混凝土箱形拱桥,主拱圈采用 3 室箱,全宽 9m,由厚 20cm 的 40 号钢筋混凝土顶底板及腹板组成。该桥采用转体施工,先在两岸上、下游组成 3m 宽的边箱,双箱对称同步平转,待转体合龙后再吊装中箱顶、底板,最后组成 3 室箱。

图 10-16　涪陵乌江大桥无平衡重转体施工照片

3) 转盘结构

无论是有平衡重转体还是无平衡重转体，转体施工法的关键设备是转盘。如图 10-17 所示，转盘由上转盘和下转盘组成，转盘轴心位置设置转轴和铰，下转盘设环道和保险柱，而上转盘在环道上方设置一系列的撑脚。转盘轴心位置常采用钢球铰承受全部转体重量，钢球铰一般由下球铰、上球铰和转轴组成。上、下球铰在工厂用钢板精加工而成，运到现场后，在钢支架上安装定位。钢球铰凹面向下，接触面镶嵌聚四氟乙烯滑块，并填充润滑剂，以减少转动摩擦阻力。钢球铰具有承载力大、加工精度高、安装简便、转动灵活等优点。环道和保险柱组成转盘的平衡保险系统。实践表明，转盘滑道采用摩阻力很小(动摩擦系数为 0.04～0.05)的镀铬钢板与聚四氟乙烯板环道面接触方案较好。转盘直径是由环道聚四氟乙烯板工作压力及保证转动体系的稳定性确定。为了使旋转启动时环道受力均衡、转动平滑，转动部分(环形滑道以上部分)重心应恰好与转盘轴心位置重合。

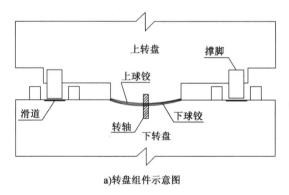

a) 转盘组件示意图　　　　　　　　　b) 安装中

图 10-17　转盘结构

4) 转动系统

20 世纪，桥梁转动体的重量一般为几百吨至几千吨，转体阻力相对较小，转动系统多采用倒链和普通千斤顶。随着桥梁转动体重量的增大，倒链和普通千斤顶的动力不能满足要求，往往需要采用液压传动系统。图 10-18 为平转施工转动系统平面示意图和工程实例。液压传动系统一般由钢绞线、反力座、穿心式张拉千斤顶、液压泵站和控制台组成。转体时，千斤顶对称布置在下转盘两侧的反力座后方，通过拽拉一端锚固在上转盘中的钢绞线，使桥梁匀速、平稳转动。

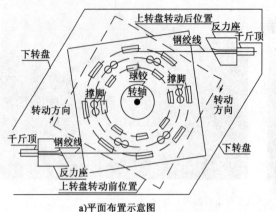

a) 平面布置示意图　　　　b) 现场照片

图 10-18　平转施工转动系统

2. 竖向转体施工

竖向转体施工法,是在河岸或浅滩上将两个半跨的拱圈(肋)在桥轴竖平面内预制,然后通过在竖平面内绕拱脚旋转使拱圈(肋)合龙成拱(图10-19)。根据河道情况、桥位地形和自然环境等方面的条件,竖向转体施工有三种方式。①正角度竖转施工:利用河流浅滩在桥面以下俯卧预制半拱,然后向上转动合龙成拱。②负角度竖转施工:在桥台处将两个半跨拱圈(肋)的轴线置于竖向,分别浇筑半跨拱圈(肋)混凝土,然后往下逐渐转体合龙成拱。③二次竖转施工:利用河岸斜坡地形作为支架浇筑拱圈(肋)混凝土,然后由两边向河心方向旋放拱圈(肋)。竖向转体施工法比用拱架施工可节省投资和材料,但如果跨径过大,拱圈(肋)过长,则竖向转动不易控制,因此一般只适宜在中、小跨径拱桥中使用。

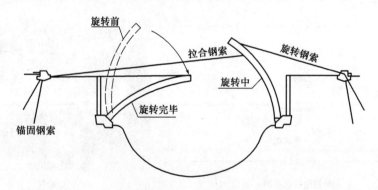

图 10-19　竖向转体施工示意图

正角度竖转施工,由于拱体通常在地面拼装完成,然后竖直向上转体合龙,竖向转动较易控制,技术要求相对较低。1990年建成的四川广元三滩沟桥是我国采用竖转法施工的第一座桥梁(图10-20),该桥为主跨60m的四肋式刚架拱桥,采用自下而上的竖转工艺,即正角度转体施工,施工阶段结构轻型化,仅采用简易设备,即2t卷扬机牵引就完成了转体施工。

负角度竖转施工,是指在拱脚处作临时竖转铰,从拱顶将主拱圈分两半在两岸分别立式浇筑或拼装,完成后通过扣于拱顶处扣索及下方装置缓慢下放,下放至预定高度,施工合龙后,封固拱脚。负角度竖转施工需要的场地小,基本不受地形限制,可以缩短工期,但竖向转动不易控制,技术含量高。2007年建成的贵州务彭公路珍珠大桥(图10-21),为跨度120m的钢筋混凝土箱形拱桥,跨越垂直落差达110m的陡峭洋岗河谷。由于洋岗河两岸是百余米高的悬崖,地势狭小,采用传统正角度竖转建设主拱不可行,于是采用负角度竖转的方式施工,两岸的半跨61.4m长箱形拱肋竖向逐节现浇成形后,竖转72°合龙。

图10-20 四川广元三滩沟桥正角度转体施工

a)拱肋竖向滑模浇筑

b)拱肋向下竖转　　　　　　　　　　c)拱肋合龙段浇筑

图10-21 贵州珍珠大桥负角度竖转施工

二次竖转施工法,是指在岸边完成拱肋浇筑或拼装,首先从岸边向上竖转成竖直状态,然后向下竖转至成桥位置。西班牙2006年建成的艾尔卡塔大桥(Alconetar Bridge,主跨220m的上承式钢拱桥),刚拱肋采用二次竖转施工方法完成,如图10-22所示。

a) 拱肋竖转成竖直　　　　　　　　　　b) 拱肋向下竖转至成桥位置

图 10-22　西班牙艾尔卡塔大桥拱肋二次竖转示意图

五、劲性骨架施工法

劲性骨架施工方法,是用劲性钢材(如角钢、槽钢等型钢)作为混凝土拱圈(肋)的配筋,在施工过程中,先完成拱圈(肋)内的劲性钢骨拱,作为拱圈(肋)混凝土施工的拱架;然后在钢骨拱上现浇混凝土,将钢骨拱埋入拱圈(肋)混凝土中;最终形成钢筋混凝土拱圈(肋)。该方法的优点是可以减少施工设备的用钢量,结构整体性好,拱轴线易于控制,施工进度快等。但结构本身的用钢量大,且需用型钢较多,故一般用在特大跨径拱桥工程中。目前,劲性骨架施工法是特大跨径混凝土拱桥施工的主要方法,实践过程中也发现该方法存在空中混凝土浇筑工序多、时间长、质量控制较难等不足,有待今后进一步改进。

劲性骨架施工法是一种较老的施工方法,1942 年西班牙就采用该法建成了 210m 的 Esla 混凝土拱桥,但之后的发展并不很快。从 20 世纪 80 年代起,随着我国大跨径混凝土拱桥的大量建造、高强经济的骨架材料(钢管混凝土)的使用,以及桥梁施工控制技术的发展,这一施工方法在大跨径混凝土拱桥的施工中得到了广泛使用。主跨 420m 的重庆万县长江大桥(建成时为当时世界跨度最大的混凝土拱桥),以及主跨 445m 的沪昆高铁北盘江特大桥(目前世界跨度最大的混凝土拱桥)都是采用劲性骨架施工方法建成的。

采用劲性骨架法进行混凝土拱桥施工的步骤:

(1)在现场按设计图进行劲性骨架 1:1 放样、下料及分段拼装成形;

(2)劲性骨架架设;

(3)拱圈混凝土浇筑。

1. 劲性骨架架设

劲性骨架安装、成拱,可以采用前述的缆索吊装施工法、悬臂施工法或转体施工法(如图 10-15)。对于钢管混凝土骨架,成拱后采用泵送法浇筑钢管内的混凝土,以形成最终的骨架结构。

重庆万县长江大桥的劲性骨架采用缆索吊装结合悬臂扣挂法施工,如图 10-23 所示。在劲性骨架施工过程中,斜拉的扣挂索体系是关键技术之一。索材应强度高、模量大、变形稳定,索长与索力调整方便、行程大、控制精度高、锚固系统安全、可靠。

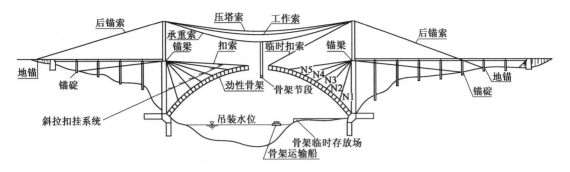

图 10-23 劲性骨架缆索吊装结合悬臂扣挂(重庆万县长江大桥)

云南大瑞铁路澜沧江特大桥为上承式劲性钢管骨架钢筋混凝土箱形提篮拱桥,全长 528.1m,主跨为 342m。该桥地处云贵高原西缘,横断山脉南段的滇西纵谷地带,桥址处地势险峻,河谷深切,呈"V"形。受地形限制,劲性钢管骨架采用二次竖转施工方案(图 10-24),即两岸半跨劲性钢管骨架拱肋均分成 2 段,利用缆索吊机,依附山势分别在支架上拼装成形,然后,先向上竖向转体形成半跨拱肋,再向下竖向转体合龙。钢管拱施工向下转体钢管拱重达 2500t,竖转技术新颖复杂,施工难度大,安全风险高。

图 10-24 澜沧江特大桥劲性钢管骨架竖转施工

2. 拱圈混凝土浇筑

劲性骨架架设完成后,就可以在骨架上悬挂模板,浇筑拱圈混凝土。但是,采用什么样的工序进行混凝土的浇筑,对工程质量和施工安全都有重大影响。如果采用的施工步骤不合理,会引起拱轴线变形不均匀,而导致拱圈开裂,严重的甚至造成事故。因此,对施工步骤必须做出合理的设计,即进行施工加载程序设计,使拱肋(箱)各截面在整个施工过程中,都能满足强度和稳定性的要求,并在保证施工安全和工程质量的前提下,尽量减少施工工序,便于操作,以加快桥梁建设速度。

1)施工加载程序设计的一般原则

(1)以受力控制计算截面验算加载程序。控制计算截面一般应包括拱顶、拱脚、拱跨 1/8 点、1/4 点、3/8 点等处截面。

(2)分环、分段、对称均衡加载。

为了减轻拱肋(箱)的负担,并使后施工的截面能尽早协助已建部分截面一同受力,可采用分环施工的方法。为了避免拱肋(箱)产生过大的不均匀变形,也可采用增加工作面的方法。在分环的同时,还应采取分段及对称均衡加载的方法,即在拱的两个半跨上,按需要分成若干段,并在相应部分同时进行等量的施工加载,如图 10-25 所示。

(3)在各施工阶段强度、稳定性、挠度计算的基础上,应预先估计施工过程中可能出现的各种问题,并采取相应的预防措施,以确保工程的质量和安全。

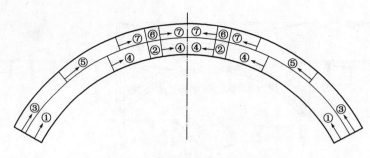

图 10-25 分环、分段施工程序示意图

2) 施工加载程序设计的计算步骤

目前在设计施工加载程序时,多采用影响线加载法计算内力及挠度,再进行强度、稳定、变形的验算。计算步骤大致可分为:

(1) 绘制计算截面的内力(弯矩、轴向力)及挠度影响线。

(2) 根据施工条件初步拟定施工阶段。

(3) 在左、右半拱对称地将拱圈分环、分段,再将已分的各环按段计算重量。分段宜小,便于调整加载范围。

(4) 按照各阶段的工序,拟定加载顺序及加载范围,在影响线图上分段逐步加载,求出各计算截面在此荷载作用下的内力及挠度,并进行强度验算。加载左、右半拱应对称进行,尽量使各计算截面的弯矩及挠度最小,截面应力及挠度不超过容许值,并尽量使计算截面不出现反复变形(挠度)。

(5) 根据强度及挠度计算情况,调整施工加载顺序和范围,或增减施工阶段。这一计算工作往往需要反复多次,才能做出较恰当的施工加载程序方案。

3) 施工加载时挠度的控制措施

施工加载程序设计时,应计算各加载工况控制截面的挠度值,以便在施工过程中控制拱轴线的变形。这是因为在施工过程中难以对拱的应力变化情况进行观测,而通常只能通过拱的变形反映出来。为了保证拱圈的施工安全和施工质量,必须用计算所得的挠度值与加载过程中的实测挠度进行对照,如实测挠度过大或出现不对称变形等异常现象时,应立即分析原因,采取措施,及时调整施工加载程序。

温度变化对拱肋(箱)挠度的影响很大,为了消除温度对拱加载变形的干扰,必须对温度变化引起拱挠度变化的规律进行观测,以便校正实测的加载挠度值,正确控制拱的受力。

第三节 组合体系拱桥施工方法

组合体系拱桥形式很多,大体可分为整体式拱桥和拱式组合桥两大类。整体式拱桥,包括桁架拱桥和刚架拱桥,施工时先完成拱片的预制架设,再完成桥面板和桥面系的施工。而对于拱片的施工大多采用装配式施工,具体架设方法和简单体系拱桥的拱肋架设相比没有明显区别,本节不再讨论。而对于拱式组合桥,施工的关键问题是如何形成水平力自平衡的结构体系,因此施工方法与简单体系拱桥有很大的不同,需要单独进行介绍。

拱式组合桥的施工方法可以分为先(系)梁后拱(肋)施工法、先拱(肋)后(系)梁施工法、拱(肋)(系)梁同步施工法。先梁后拱施工法是先搭设支架把梁拱全部做好,然后通过吊杆张拉形成系杆拱,从支架上脱架形成水平力自平衡体系。先拱后梁施工法是先架设主拱,紧接着张拉临时系杆(或部分系杆),再用吊杆安装系梁和桥面,最后形成水平力自平衡体系。而拱梁同步施工法,是在岸边先搭设支架拼装完成拱梁水平力自平衡体系,然后采用转体施工或顶推施工方法将拱梁自平衡体系就位的施工方法。本章将前者称为拱梁自平衡转体施工法,后者称为拱梁自平衡顶推施工法。

一、先梁后拱施工法

中小跨度下承式与中承式拱梁组合桥常用少支架先梁后拱施工方法,其主要步骤及内容:利用桥墩承台浇筑墩顶块和横梁;在临时通航孔外设置少量支架,预制拼装或现浇纵梁与横梁,并张拉部分预应力筋;在纵、横梁组成的平面框架上施工拱肋(浇筑混凝土拱肋或吊装钢管拱、灌注钢管拱混凝土);吊杆安装及张拉;桥面板施工;张拉完全部预应力筋(图10-26)。采用这种施工方法时,要求纵梁在构造上较强大,以便在此基础上分段进行拱肋施工。

这种施工方法的优点可归纳为:充分利用纵梁的刚度,少支架提供适当的桥下通航孔;纵梁分段预制(如为箱梁则预制成工字梁或槽形梁,而后联结成箱梁),吊装重量小、便于架设;拱肋合龙后即可由纵梁承担水平推力,无需其他施工措施。总而言之,当构造上有强大的纵梁时,少支架先梁后拱的施工方法既安全又方便,并能缩短工期、节约造价。

刚梁柔拱组合桥也常采用先梁后拱施工方法。沪通大桥天生港专用航道桥是世界上最大跨度的公铁两用钢拱桥,主跨336m的拱梁组合桥,刚性梁柔性拱。主梁采用三主桁双层板桁组合结构,上层为公路桥面,下层为铁路桥面;主拱包含三片拱肋,拱肋采用钢箱截面,中间设K形平联。采用先梁后拱施工方法,具体施工流程为,首先采用悬臂拼装法完成钢桁架主梁施工,然后在主梁上铺设支架拼装钢箱拱肋,拱肋拼装完成后搭设转体索,拱肋竖向转体施工就位。

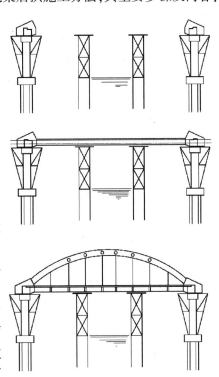

图10-26 少支架先梁后拱施工示意图

二、先拱后梁施工法

大跨度下承式与中承式拱梁组合桥常用先拱后梁施工方法,即先完成主拱的安装,然后以拱为支撑完成(系)梁的施工。其中,拱的施工包括无支架施工和少支架施工法。

1. 无支架先拱后梁(系杆)施工方法

在航道上建造60~100m的下承式、中承式钢管混凝土拱梁组合桥,同时河流的宽度和水深应满足浮吊作业的要求,可以采用无支架先拱后梁(系杆)施工方法(图10-27)。这种施工方法可以避免水中墩的施工,对航道影响小,因此可以缩短工期、降低造价。

这种施工方法的主要施工步骤及内容:利用桥墩承台浇筑墩顶块、拱座及横梁;钢管拱放样焊接、整孔吊装;将钢管拱锁定在拱座的临时铰上或拱座横梁上,利用桥台、桥墩承担水平力。若桥墩承担水平推力有困难,可在钢管拱两端焊上临时锚箱,张拉临时拉索,并在拉索中间设辅助吊杆。对于三跨拱式组合桥,可以在完成边跨结构的基础上,采用浮吊架设钢管拱,通过桥台或临时拉索承担水平推力;然后,钢管拱内泵送混凝土;安装吊杆、吊装横梁;以横梁为支点张拉部分纵向预应力筋(或安装及张拉部分系杆);浇筑纵梁现浇段及桥面板施工;最后张拉全部纵向预应力筋(或张拉全部系杆)。

为防止钢管拱安装后,拱脚及端横梁出现偏心产生转动,在端横梁和拱脚浇筑混凝土之前,应在拱脚下方适当位置设置具有足够强度的钢筋混凝土或型钢临时支墩,而临时支墩顶应设置聚四氟乙烯滑板支座,以满足拱脚在水平方向的滑动需求,如图 10-28 所示。同时,在端横梁底部应设置钢筋混凝土限位块或预埋钢结构限位块,以帮助传递施工过程中产生的不平衡水平力,限位块的抗剪强度应大于施工过程中可能发生的最大水平作用效应。

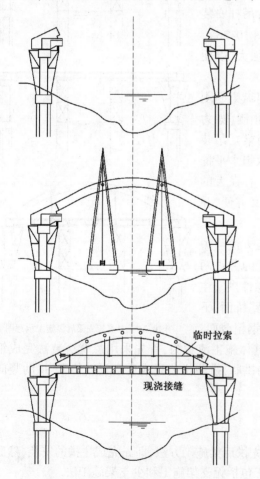

图 10-27 无支架先拱后梁(系杆)施工示意图

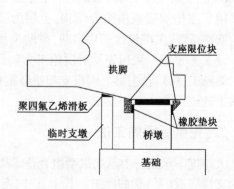

图 10-28 拱脚临时支墩和支座限位

如果钢管拱一次吊装有困难,可将其分为几段吊装。在桥台或桥墩上设独脚扒杆(或临时索架),采用前后拉索,前拉索及扣索扣住钢管拱边段,后拉索锚固在地上;吊装中段时利用预埋螺栓孔将接头固定,风撑安装后各接头焊接。

无支架先拱后梁(系杆)施工方法的主要优点:不在水中设临时支架、不影响通航,无水中支架费用;充分发挥钢管混凝土拱的作用,完成上部结构施工;所有构件均可采用浮吊安装,施工设备简单、安装速度快,既经济又安全。

建造三跨连续的大跨度拱式组合桥时,还可以先采用转体施工法将主拱就位,合龙后立即张拉临时水平系杆,然后再安装系梁,进行水平力转换。主拱施工时,如果受到河岸地形条件的限制,既不能在设计高程处预制边拱和主跨半拱,也不可能在桥位竖平面内预制边拱和主跨半拱,那么,只能在岸边适当位置预制边拱和主跨半拱,先通过竖转达到桥梁设计高程,再平转到桥位处合龙,即采用平竖结合转体施工法。广州丫髻沙大桥、东平大桥就是采用这种施工方法的典型案例。

2000年建成通车的广州丫髻沙大桥的立面布置如图10-29所示,跨径组合为76m + 360m + 76m,是三跨连续的中承式钢管混凝系杆拱桥,两边跨端部之间设钢绞线系杆,主拱采用双拱肋,矢跨比为1/4.5,悬链线拱轴线的拱轴系数 $m = 2$。

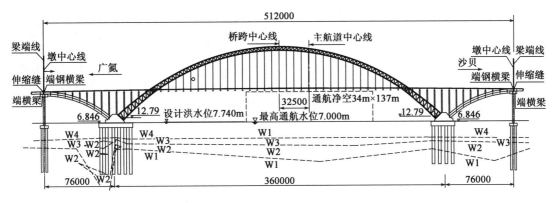

图10-29　广州丫髻沙大桥总体布置(尺寸单位:mm)

广州丫髻沙大桥的拱肋施工采用平竖结合转体施工方法,利用主拱拱肋、拱座、边拱拱肋及扣索、临时塔柱组成竖转、平转的转动体系,由承台上直径为33m的转体环道支撑,施工时不用封航。施工主要步骤为:

(1)安装两岸拱座承台上的转体环道、拱座及竖转铰,沿江岸搭设边拱劲性拱架、主拱拱肋卧拼用支架;

(2)安装转体塔架、边拱劲性骨架、主拱拱肋;

(3)安装边拱端部及其他设计规定部位压重混凝土;

(4)安装转体用扣索、千斤顶及施工检测设备;

(5)两岸主拱拱肋分别竖转;

(6)两岸转动体系分别平转92°、117°合龙。

广州丫髻沙大桥的竖转体系重约2000t,水平转动体系重13685t。采用竖转加平转施工,在7d之内将拱肋结构转体合龙。图10-30分别展示了广州丫髻沙大桥转体施工过程中的四个关键阶段:①转体准备阶段:安装主拱、拱座桥塔、扣索和张拉设备。②竖转阶段:同步张拉各扣索,将主拱肋竖转至设计高程。③平转阶段:拆除边拱支架,将两岸主拱结构平转就位。④合龙阶段:平转就位后,焊接主拱合龙段,封固转盘。

图 10-30 广州丫髻沙大桥转体施工

2006年建成通车的广东佛山东平大桥是一座连续梁-钢箱拱协作体系拱桥,如图10-31所示,跨径组合为43.5m+95.5m+300m+95.5m+43.5m,桥宽48.6m。主跨主拱肋为矢跨比1/4.55、拱轴系数为1.1的悬链线拱,箱形拱肋截面高3.0m;副拱肋为直线-圆曲线组合线形拱,箱形拱肋截面高2.0m;拱顶段及副拱合并段的箱形截面高7.2~4.0m。两岸边跨半拱跨径53.2m,为矢跨比为1/6的抛物线拱,箱形拱肋截面高度为3.0m,箱内灌注C40混凝土。

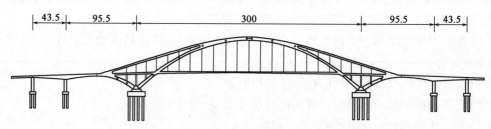

图 10-31 广东佛山东平大桥立面布置(尺寸单位:m)

广东佛山东平大桥采用竖转就位、平转合龙的施工方法,竖转体系重3000t,水平转动体系重14800t,具体施工过程如图10-32所示。主要步骤为:

(1)边跨拱肋按设计高程采用支架拼装,主跨拱肋采用低支架卧拼,同时安装肋间横撑、副拱、上下立柱、第一段系杆箱和端横梁。

(2)主跨拱肋竖转:设置提升吊塔,利用液压同步提升技术提升主跨拱肋,使主跨拱肋绕拱脚处铰竖转到位,再合龙副拱和系杆箱,形成主拱、副拱、边拱自平衡的平转体系,封固竖转铰。

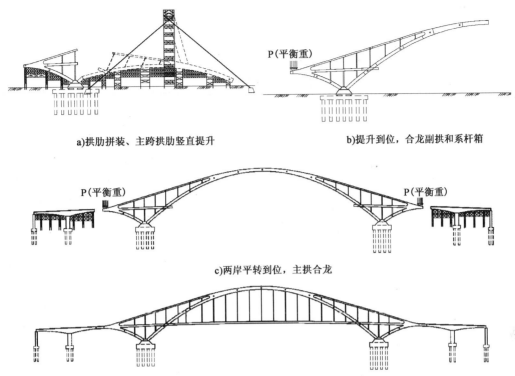

a) 拱肋拼装、主跨拱肋竖直提升　　b) 提升到位，合龙副拱和系杆箱

c) 两岸平转到位，主拱合龙

d) 边跨合龙、主跨系杆箱合龙、安装吊杆、完成桥面系施工

图 10-32　广东佛山东平大桥施工过程

(3) 边中跨拱肋平转：两岸转动体系由边拱、主拱、副拱、上转盘、下转盘及配重等结构自身构件组成，不需要其他临时辅助构件，而副拱作为平转过程中扣挂悬臂主、边拱肋的构件，是平转自平衡体系的重要组成部分。利用牵引索、牵引千斤顶（自控连续张拉千斤顶）、辅助千斤顶等组成的平转牵引系统，将两岸转动体系分别平转 104.6°、180°后合龙。

(4) 边跨合龙，主跨系杆箱合龙，安装吊杆，完成桥面系施工，成桥。

图 10-33 显示了广东佛山东平大桥转体施工的两个关键状态。

a) 主拱竖转

b) 自平衡体系平转

图 10-33　广东佛山东平大桥转体施工

2. 少支架先拱后梁（系杆）施工方法

对于大跨度拱式组合桥，如果拱肋无法一次吊装，但是具备设置临时支架的条件时，可以

采用少支架先拱后梁施工方法。具体施工步骤除了设置临时支架、拱肋分段吊装之外,与前述无支架先拱后梁施工方法无明显不同。2006年建成的广州新光大桥采用的就是这种施工方法,运用大节段提升法进行拱肋安装。

广州新光大桥(图10-34)是我国首座大跨度钢桁拱与混凝土三角刚构的新型组合桥,跨径组合为 177 + 428 + 177 = 782(m),桥宽37.62m,双向六车道,通航净高为34m。主拱拱肋净跨径为416m,矢跨比为1/4,是拱轴系数 $m = 1.2$ 的悬链线变桁高拱肋,两拱肋的横向中心距为28.1m。拱顶、脚截面径向高分别为7.5m、12.0m。拱肋上、下弦均为箱形截面,截面高、宽分别为1.58m、2.10m,腹板厚度为30mm、50mm,顶、底板厚度为32mm、40mm、

图10-34 广州新光大桥

50mm,越靠近三角刚架,钢箱的板厚越大。

广州新光大桥的中、边跨拱肋均采用同步液压提升技术进行大节段整体提升施工。边跨拱肋采用桥位处低位支架上拼装,然后利用边墩处提升支架及三角刚构边拱侧斜腿顶部提升支架,进行边拱拱肋大节段整体提升,每岸的边拱节段提升质量为1640t。主拱拱肋分三大段,先在岸上拼装场地进行节段拼装,然后分别整体浮运至桥位处,再利用相应提升架进行整体提升,两个边段各重1160t,中间大节段提升质量为3200t,提升高度85m。拱肋的提升顺序:南岸边拱提升、北岸边拱提升、南岸主拱边段提升、北岸主拱边段提升、主拱中段提升。图10-35为主拱肋中段吊升就位示意图。

a)主拱拱肋中段拱肋浮运

b)所有拱肋全桥提升到位

图10-35 广州新光大桥大节段整体提升施工

三、拱梁自平衡转体施工法

目前,国内已经有许多拱式组合桥采用转体施工法完成了无支架施工,多用于三跨桥梁,利用边跨作为中跨半拱的平衡重,形成转体施工的自平衡体系,进行平面平衡转体施工。

转体施工方法的基本步骤:完成转盘等旋转结构施工;沿河岸或浅滩利用支架现浇或预制拼装方法,完成边跨与半跨中跨组成的转体结构施工;转体结构转体就位,合龙;桥面板铺设,封固转盘。

自平衡体转动(如T构、连续梁、梁拱组合、斜拉桥等)只需考虑转动体系的问题,相对比较简单。平面平衡转体施工如图10-36所示,桥梁结构形式为三跨上承式拱梁组合桥,沿河岸或浅滩采用支架现浇或预制拼装方法,完成边跨与半跨中跨拱肋,以及纵梁、横梁组成的平面框架,张拉部分纵、横向预应力筋;结构平面转体就位,跨中拱肋、纵梁临时支撑固结;纵向预应力筋跨中连接,现浇跨中合龙段混凝土,张拉部分纵向预应力筋;桥面板铺设,完成全部预应力筋张拉;最后封固转盘。

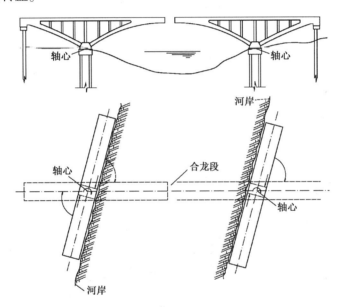

图10-36 平面平衡转体施工示意图

近年来,平面平衡转体施工法在铁路跨线桥的施工中得到了越来越多的应用。如图10-37所示,2010年,沪杭铁路客运专线跨沪杭高速公路的一座三跨上承式拱梁组合桥,采用支架现浇、水平转体就位的施工方案,实现了平转合龙。该桥跨径组合为88m+160m+88m,主拱矢跨比为1/6,拱肋采用单箱单室混凝土截面,高度4.0~6.0m。转体施工时,拱梁平衡转体长160m、重16800t,是当时我国采用转体法施工的跨度和重量最大的铁路拱桥。

对于三跨下承式与中承式拱梁组合结构,转体过程中,中跨拱、梁靠自身不能达到合理的受力状态,应经过仔细的设计与验算,通过临时索架及斜拉索帮助形成稳定可靠的自平衡转体结构。具体施工步骤为:沿河岸或浅滩利用支架现浇或预制拼装方法,完成边跨与半跨中跨拱肋,以及纵梁、横梁组成的平面框架;安装吊杆并张拉,设置临时斜拉索架并张拉斜索;结构平面转体就位,跨中拱肋、纵梁临时支撑固结;纵向预应力筋跨中连接,现浇跨中合龙段混凝土,张拉部分纵向预应力筋;若采用钢管混凝土拱肋,灌注钢管拱内混凝土;对于下承式与中承式结构,拆除斜拉索、临时索架;桥面板铺设,完成全部预应力筋张拉,封固转盘。

a)拱梁平衡转体　　　　　　　　　　b)平转合龙

图 10-37　三跨上承式拱梁组合桥平面转体施工

图 10-38 显示的是 2010 年,京沪高速铁路跨京开高速公路的一座三跨连续中承式钢箱混凝土拱梁组合桥的转体施工。该桥跨径组合为 32m + 108m + 32m,主拱和边拱分别为矢高 24m、12.6m 的二次抛物线,拱圈由两片拱肋及横向连接系组成,拱肋均采用变高度钢箱截面,边拱肋及主拱肋桥面以下部分均填充 C40 混凝土。系梁和横梁均采用钢箱梁。边跨与半跨中跨结构在公路两侧支架上拼装后,同步平转 81°、99°合龙。

a)自平衡转体结构拼装　　　　　　　　b)平面转体合龙

图 10-38　中承式钢箱混凝土拱梁组合桥平面平衡转体施工

平面平衡转体施工方法,避免了河面上高空施工及对航道或所跨线路干扰等问题,可以充分利用岸上或现有场地施工的便利条件,从而降低施工费用;平衡压重少或无需压重,合龙控制方便。

四、拱梁自平衡顶推施工法

顶推施工法一般适用于跨江河海、跨山谷或跨宽广漫滩,且采用拱梁组合结构体系和钢与混凝土组合桥面系的钢拱桥;是一种钢拱、钢梁在岸上先期组拼为一体,利用顶推设备进行钢拱和钢梁整体顶推就位,桥面板后期安装的施工方法。拱梁组合结构的拼装一般在岸上搭设顶推平台完成,之后,利用专业顶推系统(如步履式顶推设备系统)进行多点整体顶推,途经各墩最终就位。多点整体顶推方法可充分利用主桥及引桥的桥墩,在各墩顶均设置顶推设备。对于大跨度拱桥,为了减小顶推跨径,在顶推过程中,一般会在主桥永久墩中间设置一定数量的临时墩,在临时墩墩顶安装顶推设备,使主桥、引桥的顶推跨径基本一致。

1. 步履式顶推设备系统

步履式顶推设备系统采用循环托举方式将桥梁顶推到预定位置,顶推过程中采用计算机控制系统严格控制各设备之间的同步协调性。一个顶推工作循环如图 10-39 所示:先由竖向顶升千斤顶将桥梁结构整体托举,再由顶推千斤顶推进,带动桥梁结构整体前移,然后顶升千斤顶回油,桥梁结构整体降落于顶推设备两侧的临时支承块上,最后顶推千斤顶回到初始顶推位置上,准备开始下一顶推循环。

步履式顶推设备的三维构造如图 10-40 所示。其中,上下支撑架通过油缸实现顺桥向的相对运动,顶推时对桥墩几乎不产生水平推力;接触滑移系统分别设置在上下支撑架的底部和顶部,是顶推过程梁体的运动界面;顶推动力全由液压系统提供,整机体积小、重量轻,控制比较平稳,安全性比较高;同步控制系统按照机械标准设计,调节精度高,在计算机控制下,可以实现顶推梁体的顶升运动、顺桥向移动,以及横桥向调整,以此适应不同桥型、不同方向的线形要求。

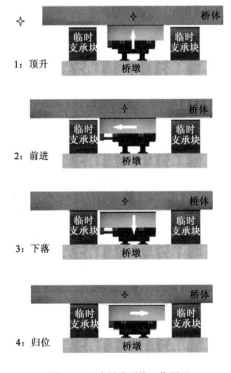

图 10-39 步履式顶推工作原理

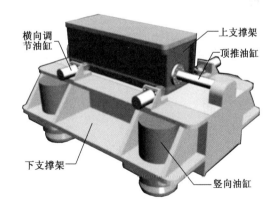

图 10-40 步履式顶推设备三维构造图

步履式顶推设备采用间歇式的顶推方式,顶推支承点的上下支承结构类似于支座的上下摆,"上摆"支撑桥梁在"下摆"上滑动前进,顶推过程中"上摆"与桥梁位置固定,与桥梁的接触点是间断的,间隔距离即为步履式顶推设备的额定行程(步长)。因此,通过合理选择桥梁支承位置,可以将顶推支承反力对结构受力的影响降低到最低程度。许多情况下,配合顶推系统的合理设计,甚至可以不必因为顶推而进行结构加强。

步履式顶推设备的"上摆"支承桥梁,其尺寸等参数选择会影响桥梁结构的受力与稳定性,尺寸越大越有利于减小桥梁的受力;"下摆"支承在永久桥墩或临时墩上,其尺寸等参数选择关乎顶推施工的效率。同时,步履式顶推设备的顶推步长、顶推支点反力及起顶高度等参数还关系到自身的经济性,需要结合工程实际需求,考虑结构受力、顶推设备性能及施工效率等方面,经过综合比选后确定。

2. 顶推施工流程

拱梁组合桥的顶推施工流程:①钢拱、钢梁以及连接钢拱、钢梁的临时撑杆在岸上先期组拼为拱梁组合结构;②在拱梁组合结构端部安装顶推导梁;③利用在各个桥墩(包括根据需要设置的临时墩)墩顶上设置的顶推设备进行多点同步整体顶推施工;④顶推到位后,拆除临时杆件;⑤分批张拉吊杆;⑥拆除临时支墩;⑦桥面板及系梁体外预应力索施工。顶推时,由于桥面板、主梁内部的体外预应力索以及拱梁之间的吊杆均未安装,所以拱梁组合结构需要在主拱和主梁之间设置临时撑杆,以改善顶推过程中的结构受力。而在拱梁结构两端设置足够长的导梁,是为了改善顶推过程中悬臂状态的结构受力。

世界上首座采用拱梁整体顶推施工的大跨度拱桥是杭州九堡大桥,该桥位处于钱塘江强涌潮河段,采用步履式平移顶推系统,实现了高度自动化的自平衡顶推施工。杭州九堡大桥的主桥为 3×210 m 连续组合拱桥,如图 10-41 和图 10-42 所示。主墩采用 V 形墩,墩梁间设支座,上部结构采用梁-拱组合体系,由钢-混凝土组合结构桥面系和钢拱结构组成。桥面标准宽 31.5m,主桥桥面宽 37.7m。拱肋由主拱肋、副拱肋、主副拱肋之间的横向连杆以及拱顶横撑等构件组成,主拱肋外倾。拱桥主梁为等截面钢-混凝土组合梁结构,钢主纵梁内部设系杆索。拱桥吊杆间距 8.5m。

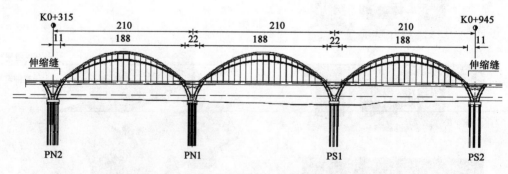

图 10-41　杭州九堡大桥主桥立面布置(尺寸单位:m)

杭州九堡大桥的主桥钢结构均在岸上拼装,采用步履式顶推设备,进行多点同步顶推施工。除主桥与引桥桥墩外,在 3 个主跨间各设 1 座临时墩,在拼装台座处设置 3 座临时墩,在每个桥墩上对称布置两套顶推设备进行顶推,主桥最多共 10 个桥墩(含 3 个临时墩)同时顶推,采用了 20 套顶推设备。杭州九堡大桥的顶推施工过程如图 10-43 所示,主要施工步骤:

(1)在下部结构桩基、承台、墩身施工完成后,在桥头场地搭设拼装支架平台,钢拱梁先梁后拱分节段在拼装平台上拼装成型,单孔钢拱梁拼装主要包括拱梁节点、主纵梁、小纵梁、端横梁、中横梁、主钢拱肋、副钢拱肋、连杆、临时撑杆;

(2)第一跨钢拱梁拼装完成后,安装临时支撑,拆除拱肋支架,采用顶推工艺将该孔钢拱梁顶推出拼装平台,然后拼装下一孔钢拱梁,再将其顶推出拼装平台;

(3)拼装第三孔钢拱梁,待三孔钢拱梁全部拼装完成后,整体顶推到位;

(4)桥梁顶推到位后,拆除临时杆件,分批张拉吊杆,进行桥面板施工。

顶推施工时,三孔简支拱桥和拱桥之间的两孔简支结合梁主梁临时连接成一体,全部顶推到位后再解除临时连接。

图 10-44 展示了杭州九堡大桥主桥第一跨顶推时的状态。

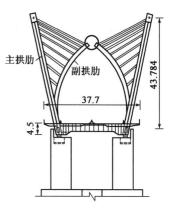

图 10-42 杭州九堡大桥横断面(尺寸单位:m)

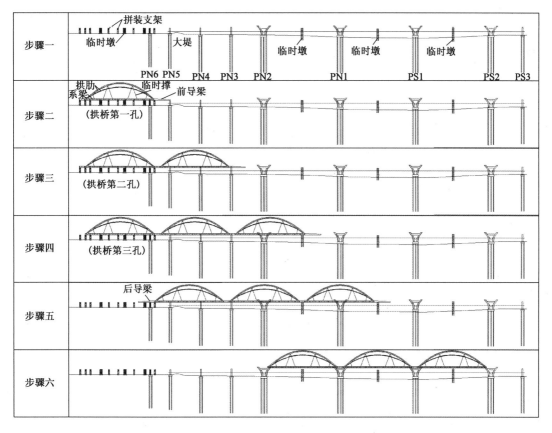

图 10-43 杭州九堡大桥顶推过程示意图

a)立面　　　　　　　　　　　　b)侧视

图 10-44　杭州九堡大桥主桥第一跨顶推

第十一章
斜拉桥

本章首先回顾了斜拉桥的发展演变历史,经历了稀索体系时代、密索体系时代、形式多样化时代和超千米及多跨时代,阐明了斜拉桥发展得益于硬件方面的高强度材料和连接构造、软件方面的有限单元法和计算机技术以及设计和施工方面的技术创新。本章主要介绍了斜拉桥结构组成与分类(包括受力特点)、结构设计与构造(包括主梁、桥塔和拉索等)、计算分析(包括合理成桥状态和合理施工状态)以及施工方法(包括桥塔、主梁和拉索施工及其监控)等。

第一节 概 述

古代人们习惯在桥梁下部增加斜撑或通过设置圆拱来扩大桥梁单跨跨度,鲜有采用上部拉索支承主梁的实例,主要原因是当时很难找到具有良好抗拉性能的材料。但在东南亚的一些地区,发现过用藤条和竹子架设的人行桥(图11-1),妙处在于借以自然的粗大树干为"桥塔",韧性良好的藤条为"拉索",其可视为斜拉桥的雏形。

近代斜拉桥的构思可以追溯到17世纪,意大利人 Faustus Verantius 提出了一种由眼杆悬吊木桥面的桥梁;欧美国家尝试修建以木、铸铁或铁丝等材料作为拉索的斜拉桥,但没有得到发展。19世纪初,两座斜拉桥的坍塌事故给该桥型的发展带来了致命打击:1818年,苏格兰 Dryburgh Abbey 附近一座斜拉桥,因风的作用导致斜链在节点处发生折断而垮塌;1824年,德国跨越 Saale 河长约78m 的 Niemburg 桥(图11-2)由于过载而倒塌,造成50人丧生。

图 11-1 爪哇的竹斜拉桥

图 11-2 Niemburg 桥

图 11-3 Brooklyn 大桥

以 Navier、Roebling 为代表的工程师对斜拉桥事故进行了研究,在肯定缆索受拉承重比以压弯受力为特征的梁式桥具有明显优势、斜拉桥比悬索桥更具刚度的同时,却更倾向于采用传统的悬索桥或者以斜拉索加劲提高结构刚度的悬索桥。这种结构在传统悬索桥基础上增设斜拉索以提高结构刚度,如1855年建成的 Niagara Falls 桥和1883年建成的纽约 Brooklyn 大桥(图11-3)等。

17~20 世纪上半叶为斜拉桥的探索时期,其发展缓慢的客观原因是:

(1)理论上对斜拉桥结构认识不足,一方面缺乏对斜拉桥成桥索力重要性的认识,另一方面也不具备对斜拉桥进行受力分析的能力。

(2)建桥材料上,拉索多以木材、圆铁、各种铁链条为主,材料强度较低。

(3)构造处置欠妥当,出现由局部破坏引起的重大事故。

1949年,Dischinger 提出了仅主跨中部由悬索系统支承、而两侧部分由主动张拉的斜拉索支承的结构新构思,称为 Dischinger 体系,如图11-4所示。该体系虽然未被当时实际桥梁工程所采纳,却为现代斜拉桥的发展奠定了基础。

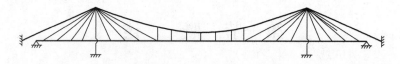

图 11-4 Dischinger 体系

20世纪50年代后,欧洲(德国、法国)兴起了现代斜拉桥的建设热潮,60、70年代后相继在日本、美国、中国等国家迅速推广。"斜拉桥的复兴"和"预应力技术"以及"各向异性钢桥面"被称为"第二次世界大战后桥梁发展中的三项最伟大成就"。现代斜拉桥的发展可以分成四个阶段。

1)稀索体系斜拉桥的发展(1956—1966年)

1956年,由 Dischinger 设计的主跨183m 的瑞典 Strömsund 桥(图11-5)建成,拉开了现代斜拉桥发展的序幕。该桥为双塔三跨,采用门式桥塔,塔高28m,高强钢丝拉索按扇形从塔顶放射布置,梁上索距35m 左右,斜拉索锚具隐藏在板梁内。主梁为钢板梁,中间用横梁连接,梁高 3.25m。在 Strömsund 桥架设中第一次系统地进行了与施工有关的计算,索力计算贯穿整个架设过程,因此保证全部拉索在该桥运营阶段能充分发挥作用。

Dischinger 关于斜拉索力学性能的论述和 Strömsund 桥的建成被视为现代斜拉桥分析理论和实践上的开端。通过斜拉索张拉来主动承担荷载而不是被动受力,是现代斜拉桥区别于近代斜拉桥力学行为的根本特征。

1956—1966 年是稀索体系斜拉桥的发展阶段,Strömsund 桥、Theodor-Heuss 桥和 Maracaibo Lake 桥等是稀索体系斜拉桥的代表作。这些桥的特点是:多数为钢主梁,仅少数几座为预应力混凝土梁;拉索索距较大,在钢梁上一般为 30～65m,在预应力混凝土梁上一般为

图 11-5 Strömsund 桥

15～30m;主梁无索区长、梁体高,受力仍以弯曲为主;单根索力大,梁上锚固区的应力集中问题突出,构造复杂,换索困难。采用稀索体系,一方面反映当时对斜拉桥的认识,其设计意图仅是用少量的拉索来代替梁式桥的中间支墩;另一方面则是受到所能求解的超静定结构赘余数的限制。

2) 密索体系斜拉桥的兴起(1967—1979 年)

20 世纪 60 年代末以后,几乎所有斜拉桥均开始采用密索体系。1967 年建成的德国波恩 Friedrich Ebert 桥(图 11-6)主跨 280m,桥宽 36m,采用双塔单索面,塔的两侧各设置 20 根斜拉索,开创了密索体系斜拉桥的先河。但该桥是单索面结构,为了保证足够的抗扭刚度,采用了梁高较大的钢箱梁,密索体系可以减小主梁尺寸的这一优点并未在该桥中凸显。

1972 年建成的法兰克福 Höchst Main 河二桥首次将密索体系与混凝土梁相结合,该桥为独塔斜拉桥,主跨 148m,从此混凝土梁密索体系斜拉桥逐渐得到发展。

1977 年建成的法国 Brotonne 桥,主跨 320m(图 11-7),桥宽 19.2m,梁高 3.8m,时为最大跨度的混凝土斜拉桥,入选 20 世纪最美 10 大桥梁。但是该桥采用了塔梁固结、塔墩分离的结构体系,因其要在塔墩分离处设置庞大的支座,经济性和可施工性差,在后期斜拉桥建设中鲜有采用。

图 11-6 德国波恩 Friedrich Ebert 桥

图 11-7 法国 Brotonne 桥

1978 年建成的美国 Pasco-Kennewick 桥(图 11-8),主跨 300m,梁高 2.13m,宽 24.3m,该桥主梁采用了抗扭刚度较小的双边主梁(此后工程界称这种主梁形式为 P-K 断面),拉索采用两

个星形平行索面布置,为主梁提供了抗扭刚度。

a) 全景图

b) 预制主梁吊装

图 11-8　美国 Pasco-Kennewick 桥

密索体系斜拉桥因具有以下优点而成为大跨度斜拉桥的主流：

(1) 主梁索间距减小,弹性支承距离减小,受力由受弯为主转变为偏心受压,从而可以减小主梁高度和工程量；

(2) 每根索拉力较小,自重轻,拉索可以在工厂制造以保证质量,同时锚固点构造简单,斜拉索也更容易更换；

(3) 主梁节段减小,有利于悬臂施工。

3) 形式多样的斜拉桥的发展(1980—1999 年)

建于 1980 年的瑞士 Ganter 桥(图 11-9),其混凝土箱形梁由预应力混凝土斜拉板"悬挂"在非常矮的塔上,这种板可以看作一种刚性的斜拉索,也称为板拉桥。

图 11-9　瑞士 Ganter 桥

1984 年建成的西班牙 Luna 桥(图 11-10)采用了混凝土主梁和部分地锚体系,以 440m 的主跨刷新了当时的斜拉桥跨度纪录。部分地锚斜拉桥适合地质较好的建桥条件,跨中主梁在恒载作用下可以是受拉状态,从而缓解跨度增大导致塔根处主梁轴力过大的问题。

1985 年建成的主跨 274.3m 的美国 East Huntington 桥(图 11-11)首创了斜拉-连续梁组合体系及梁板式主梁形式,而梁板式主梁亦在后来的双索面斜拉桥中广泛使用。此后,还演变出斜拉-连续刚构、斜拉-T 构等组合体系。

图 11-10　西班牙 Luna 桥

图 11-11　美国 East Huntington 桥

1986 年建成的主跨 465m 的加拿大 Annacis 桥,主跨跨径时为世界之最。主梁由两个"I"形钢梁及钢筋混凝土桥面板组成,是组合梁斜拉桥建造技术走向辉煌的象征。

1991 年建成的主跨 423m 的上海南浦大桥(图 11-12),开创了中国自主建造大跨度斜拉桥的先河,也是组合梁斜拉桥建造技术走向成熟的标志。

1997 年中国香港建成了汀九桥(图 11-13),为三塔斜拉桥。该桥桥塔采用单支柱形式,而不是典型的 A 或 H 字的形状,不仅节约材料,而且自重较轻,基础工程量较小。因为单支柱桥塔稳定性较低,所以设计师在桥塔上多加了一对横梁,再用拉索把桥塔顶部及下面部分连接起来,形成高强钢索和混凝土塔柱的组合形式,以加强其侧向稳定性。

图 11-12　上海南浦大桥

图 11-13　中国香港汀九桥

1998 年建成的主跨 490m 的瑞典 Öresund 海峡大桥是当时世界最大跨径的公铁两用斜拉桥,采用了 9000 t 巨型浮吊整孔架设技术(图 11-14)。

a)全景图

b)9000t巨型浮吊整孔架设

图 11-14　瑞典 Öresund 海峡大桥

4)多跨斜拉桥和超千米斜拉桥发展时期(2000年至今)

2004年建成的希腊Rion-Antirion桥[图11-15a)]跨径布置为286m+3×560m+286m,全长2252m,创新性地采用了在特定条件下允许基础与地基之间有"滑动"的加筋土隔震基础[图11-15b)]。

 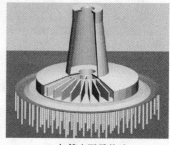

a)全景图　　　　　　　　　　　　　　　b)加筋土隔震基础

图11-15　希腊Rion-Antirion桥

2004年底,法国Millau大桥(204m+6×342m+204m,全长2460m)建成(图11-16),采用了主梁与桥塔拼装后共同顶推的施工工艺。

2008年,主跨1088m的苏通大桥(图11-17)建成通车,使得斜拉桥的跨径突破了千米级大关。

图11-16　法国Millau大桥　　　　　　　图11-17　苏通大桥

2009年,主跨1018m的中国香港昂船洲大桥建成,首次采用钢和混凝土混合形式的桥塔。

2012年,目前世界上最大跨径的斜拉桥——主跨1104m的俄罗斯Russky Island大桥(图11-18)建成。

图11-18　俄罗斯Russky Island大桥

在一些超大跨度桥梁的方案设计中,为了避免建造庞大的锚碇,进行了斜拉-悬吊协作体系的尝试。如 1997 年同济大学在珠海到香港的伶仃洋大桥设计竞赛中提出的方案[图 11-19a)]和 2016 年建成的博斯普鲁斯海峡三桥[图 11-19b)]都是这种体系。

a)伶仃洋大桥方案　　　　　　　b)博斯普鲁斯海峡三桥

图 11-19　斜拉-悬吊协作体系

现代斜拉桥诞生初期,工程界普遍认为 250~500m 是该桥型的适用跨径。随着跨越需求的不断提高和计算理论、施工方法、工程材料等的日益进步,斜拉桥的跨度早已超出上述范围。图 11-20 记录了斜拉桥跨度的发展历程。从中不难看到,从 1956 年主跨 183m 的瑞典 Strömsund 桥问世,到 2012 年主跨 1104m 的俄罗斯 Russky Island 桥建成通车,只用了短短半个多世纪的时间。

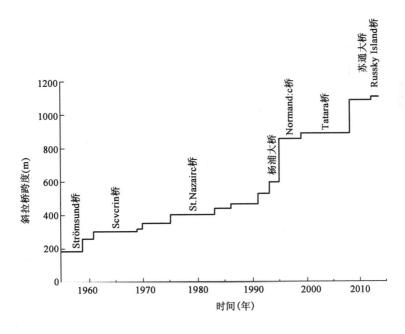

图 11-20　斜拉桥跨度的发展历程

斜拉桥的发展还得益于三方面:硬件方面,高强度材料和连接构造的研发、改进和生产;软件方面,有限单元法和计算机技术的发展,使得分析高次超静定结构的整体和局部受力成为可能;设计、施工技术的创新,是斜拉桥发展的重要支撑。

第二节 斜拉桥结构组成与分类

一、基本结构组成

斜拉桥主要由五部分组成:斜拉索、主梁、桥塔、桥墩和基础,有时在边跨还设置辅助墩(图 11-21)。斜拉索是重要的受拉构件,它起支撑主梁、传递荷载的作用。主梁是斜拉桥的主要受力构件之一,直接承受自重和车辆荷载,并将主要荷载通过斜拉索传递到桥塔,为以受压为主的压弯构件。桥塔也是斜拉桥的主要受力构件,除自重引起的轴力外,还要承受斜拉索传递来的轴向和不平衡水平力,因此桥塔同时承受巨大的轴力和较大的弯矩,为压弯构件。主墩将桥塔荷载传给基础并传至地基,桥墩和基础承受竖向力和弯矩。对于大跨度斜拉桥,在边跨常设置一个或多个辅助墩,用以改善成桥状态和施工状态下的静力和动力性能。

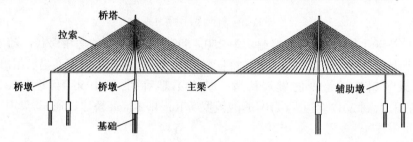

图 11-21 斜拉桥结构示意图

二、斜拉桥分类

按照不同的标准,可以从多个角度对斜拉桥进行分类。下面按用途、材料、外形和结构体系四个方面介绍斜拉桥的分类。

按用途,斜拉桥可分为公路斜拉桥、铁路斜拉桥、公铁两用斜拉桥、人行斜拉桥等。

按材料,根据桥塔的材料,可分为钢塔、钢筋混凝土塔与钢-混凝土组合塔等;根据主梁的材料,可分为混凝土梁、钢梁、组合梁与混合梁等。

按结构外形,根据桥塔在纵桥向的数量,可分为独塔、双塔和多塔斜拉桥(图 11-22);根据桥塔在横桥向的数量,可分为独柱、双柱、多柱斜拉桥(图 11-23);根据拉索索面的多少,可分为单索面、双索面、多索面斜拉桥;根据索面在空间的布置形式,可分为平行索面、空间索面斜拉桥;根据拉索在索面内的布置形式,可分为辐射形、竖琴形和扇形索面斜拉桥。

 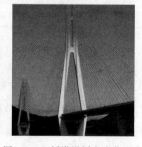 

图 11-22 桥塔纵桥向变化形式

图 11-23 桥塔横桥向变化形式

按结构体系,可根据外部约束、内部连接方式和刚度分配的不同来分类。

斜拉索外部约束按锚固方式,可分为地锚、自锚和部分地锚斜拉桥;按墩的设置,可分为无辅助墩和有辅助墩斜拉桥。

斜拉桥内部连接方式的不同主要体现在塔、墩、梁的连接方式上,即主梁与桥塔及各桥墩之间在竖、纵、横三个方向的连接方式。双塔斜拉桥主梁连接方式如图 11-24 所示,可按照塔、墩、梁的不同连接方式分为四种基本体系:塔墩固结、塔梁分离的飘浮体系和支承体系;塔墩分离、塔梁固结体系;塔、墩、梁固结的刚构体系。飘浮体系就是除两端设置支座外,主梁都由拉索支承,相当于跨内具有弹性吊点的梁[图 11-24a)]。支承体系就是飘浮体系在塔墩上增设支座,相当于跨内有弹性吊点的三跨连续梁[图 11-24b)]。固结体系就是主梁与塔柱的根部固结并支承在桥墩上,相当于配置体外预应力索的连续梁[图 11-24c)]。刚构体系也称为塔、梁、墩固结体系,主梁与塔柱和桥墩完全固结,相当于配置体外预应力索的连续刚构[图 11-24d)]。飘浮体系和支承体系的斜拉桥在纵向和横向,常常在其塔梁交接处用阻尼器或弹性约束来改变结构体系。体系的改变对于斜拉桥的结构动静力特性有重大影响。

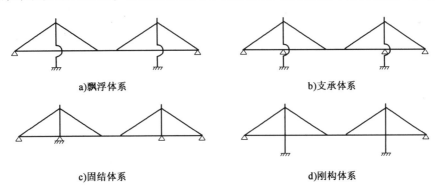

图 11-24 斜拉桥塔、墩、梁的四种基本连接方式

三、斜拉桥受力特点

一般情况下,斜拉桥的传力路径为:荷载→主梁→拉索→桥塔→墩台→基础,拉索与塔、梁之间构成了三角形结构来承受荷载(图 11-25)。无论是施工阶段还是成桥阶段,通过拉索的索力调整,可以改变结构的受力状态。

主梁与和它连在一起的桥面系,直接承受活载作用,是斜拉桥主要承重构件之一,具有以下特点:

(1)主梁受拉索支承,像弹性支承连续梁那样工作。由于拉索索力在恒载下可调,拉索对主梁的支承作用在恒载下最有效,活载次之,风荷载最差。图 11-26 是连续梁桥和斜拉桥的恒载弯矩比较图,从中可见,由于拉索的合理张拉作用,主梁恒载弯矩很小。

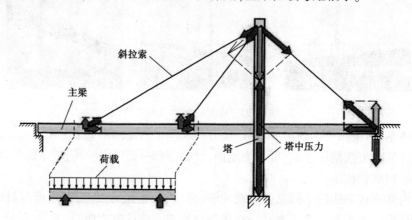

图 11-25　斜拉桥荷载传递路径示意图

(2)主梁梁高相对连续梁桥大大减小。斜拉桥的主梁高度设计一般不受纵向弯矩控制,而是由抗风、横向受力和轴压稳定控制。

(3)拉索的水平分力由主梁的轴力平衡,在混凝土主梁中提供了免费的预应力。图 11-27 是自锚斜拉桥的轴力图,由于斜拉索水平分力的作用,越靠近桥塔,主梁轴力越大。但随着跨度的增大,梁体内强大的轴向压力反而会成为控制设计的因素,阻碍了斜拉桥跨度进一步增大。

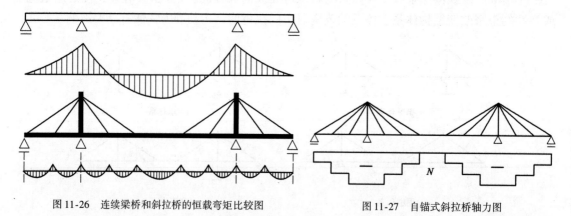

图 11-26　连续梁桥和斜拉桥的恒载弯矩比较图　　　图 11-27　自锚式斜拉桥轴力图

(4)斜拉索的索力可以进行人为调整,以优化恒载内力;运营期调索还可以消除混凝土桥塔和主梁收缩徐变产生的部分附加内力,使结构受力更趋合理。

桥塔是受压为主的压弯构件,上部结构的荷载通过拉索传到索塔,再传递给墩台及下部基础。此外,温度变化、日照温差、支座沉降、风荷载、地震力、混凝土收缩徐变等都会对桥塔的受力产生影响。塔与梁、墩既可固结,也可相互分离,其受力特点有所不同,应根据实际情况择优选择塔梁连接方式。对于单索面的独柱塔等,还应保证塔柱的侧向稳定性。

斜拉索既是受力构件也是主要传力构件,它将桥塔和主梁连接在一起,使结构成为内部高次超静定结构。主梁恒载和大部分活载都通过斜拉索传递到桥塔。斜拉索在梁上的立面布置,早期斜拉桥采用的稀索体系,现已基本被密索体系所取代。斜拉索只能承受拉力,在自重作用下会产生垂度效应,使拉索刚度下降,支承效率降低。在中小长度索中,可以采用 Ernst 公式计算拉索的等效弹性模量 E_{eq} 来考虑拉索垂度效应导致的刚度下降。

$$E_{eq} = \frac{E}{1 + \frac{\gamma^2 l^2 E}{12\sigma^3}} \tag{11-1}$$

式中:E——斜拉索钢材的弹性模量;

　　　γ——索的重度;

　　　l——斜拉索的水平投影长度;

　　　σ——斜拉索的应力。

主墩承受斜拉桥绝大部分荷载作用,并传给下部基础。墩和塔、梁的不同结合方式直接影响结构体系的受力特性。

活载作用下锚墩附近的边跨主梁会产生很大的弯矩和转角,转角易导致伸缩缝损坏;锚墩支反力和端锚索(也称为背索)应力幅较大。单靠调整边中跨比无法解决这一问题。若在边跨适当位置处设置一个或多个辅助墩,可以改善上述问题和结构的静力、动力性能,同时还可使边跨提前合龙,提高最不利悬臂施工状态的抗风稳定性,降低施工风险。

综上所述,斜拉桥结构具有以下特性:

(1)斜拉桥是由塔、梁、索组合而成的体系,结构轻巧、适用性强,可以将塔、梁、索组合变化做成不同体系,来适应不同地质和地形情况。

(2)由于是多次超静定结构,与其他桥型相比,斜拉桥包含更多的设计变量,这就给选定桥型方案和寻求合理设计带来更多可选性和复杂性。无论成桥还是施工阶段,结构受力均可通过调节斜拉索的索力来进行调整和优化。

(3)斜拉桥主梁弯矩较小,与其他体系的大跨度桥梁相比,其材料的用量均比较节省;建筑高度小,受桥下净空和桥面高程的限制少,并能降低引道填土高度。

(4)斜拉桥一般采用自锚体系,不需要昂贵的锚碇结构。

(5)斜拉桥便于采用悬臂法施工,调索和监控是斜拉桥施工中重要的技术。

研究表明,理论上斜拉桥的极限跨径可达到万米,但工程中适合做多长则是一个技术、经济问题。技术问题主要存在两个方面:

(1)结构非线性问题。随着跨度的增大,拉索垂度效应逐渐明显,加上塔梁内强大的轴力,可能导致梁体局部屈曲或强度问题;非线性将进一步软化结构刚度,对梁、塔的弯矩增大效应越来越明显,进一步加剧结构的稳定和强度问题。另外,极限静阵风作用下,存在主梁、桥塔的侧向和纵向位移,以及主梁、桥塔的角点应力超限和静风稳定等问题。

(2)结构抗风稳定性问题。斜拉桥在风的作用下将面临多种动力稳定问题,特别是斜拉桥跨径超千米后,非线性导致结构刚度下降,从而使其抗风性能下降;当跨径超过 1400m 后,其抗风稳定性与悬索桥相比已不具优势。

这些问题一般可以通过增大投入,用技术措施来解决,但是,还有经济性问题。随着跨度的增加,斜拉桥的塔、梁用材指标快速上升,当双塔斜拉桥的主跨跨径超过 1000m 后,其造价与有地锚的其他缆索承重桥梁相比已呈竞争态势。选择桥型的关键因素之一是看它在经济上是否占优。在没有实际需要的情况下,不应该浪费金钱来盲目增大斜拉桥跨度。

第三节　斜拉桥结构设计与构造

一、结构总体设计

1. 布跨

斜拉桥采用的布跨方式有独塔、双塔和多塔形成的多跨布置方式(图11-28)。

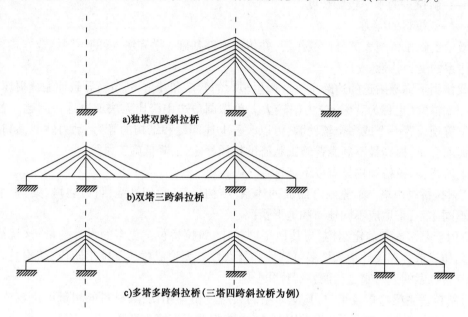

图 11-28　斜拉桥常用布跨方式

双塔布跨是最常见的斜拉桥布跨形式,适用跨径在 200～1000m 之间,特殊情况下跨径可超千米。双塔斜拉桥边、主跨的比例是一个重要设计参数,它与斜拉桥的整体刚度、端锚索的应力幅有关。当主跨作用活载时边跨端锚索产生拉力,而边跨有活载时端锚索产生负轴力(拉力减小),由此引起较大的应力幅而产生拉索疲劳问题。边跨较小时,边跨主梁的刚度较大,边跨拉索刚度相对较大,因而此时边跨对桥塔锚固作用大,主跨刚度相应增大。对于活载与恒载比值较小的公路和城市桥梁,合理边主跨之比为 0.40～0.45,而对于活载与恒载比值较大的铁路桥梁,边主跨之比取 0.25 左右。同样道理,钢斜拉桥的边跨应比相同跨径混凝土斜拉桥的跨径小。

独塔斜拉桥与半个双塔斜拉桥相仿,适用跨径在 100～500m 之间;在性能上与同跨径双塔斜拉桥有竞争,在气势上比双塔斜拉桥更加雄伟,尤其适用于两岸地质条件差异很大的场合。独塔双跨斜拉桥的主跨跨径 L_2 与边跨跨径 L_1 之间的比例关系一般为 $L_1=(0.5\sim1.0)L_2$,但 L_1 多数接近于 $0.8L_2$。两跨相等的独塔斜拉桥,端锚索对结构变形有效约束小,结构刚度变小,工程中较少采用。

多塔斜拉桥常用于跨越宽阔的江海、峡谷,可以实现多孔通航,避免超大跨度桥梁的采用。

与双塔斜拉桥相比,多塔斜拉桥中间桥塔没有端锚索的有效约束,导致其受载跨主梁和桥塔的弯矩和变形大幅增加,并在相邻跨主梁上引起反向弯矩和变形。因此,其适用跨径较双塔斜拉桥小。

提高多塔斜拉桥整体刚度是设计中的重要技术,主要有以下方法:①增大锚固索的锚固范围,即将锚固索对应的主跨拉索跨过主跨主梁的一半;②将中间桥塔做成刚性桥塔,但缺点是桥塔和基础工程量会增大;③采用长拉索将中塔顶与两个边塔塔顶或塔底连接来加劲,但缺点是索面较乱,长索垂度效应也影响加劲效果;④采用中跨斜拉索交叉锚固、调整多塔斜拉桥体系的内部连接等措施。

斜拉桥的布跨,应根据每座桥的建设条件,比较其造价、功能和结构性能,择优选取。

2. 主梁材料与外形尺寸

按主梁材料划分,斜拉桥的主梁有混凝土梁、钢梁、组合梁和混合梁。应根据建设条件、桥梁跨径和结构性能择优选取。斜拉桥不同材料的主梁截面如图11-29所示。

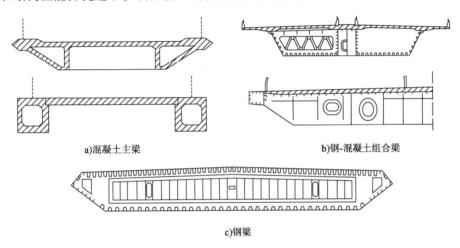

图11-29 不同材料的主梁截面

混凝土主梁的特点是刚度大,材料单价低;但混凝土主梁的自重大,与组合梁及钢梁的重量比大致为4∶2∶1,随着跨径增加,将大大增加斜拉索的用量和主塔、塔基造价。所以混凝土主梁斜拉桥跨径一般不宜过大,适合在地质条件好,基础造价低的情况下使用。目前世界上最大跨径的混凝土主梁斜拉桥跨径为530m。

钢主梁的特点是重量轻、材料强度高,但材料价格和加工费高,正交异性板桥面可能出现疲劳问题,桥面铺装易损。钢主梁只有在大跨度斜拉桥中,才能体现出其重量轻的优越性,在地质条件差、基础造价高的情况下也可以使用。目前世界上最大跨径的钢主梁斜拉桥跨径为1104m。

组合梁融合了混凝土与钢的特性和优势,用混凝土桥面板代替钢梁上缘受压的正交异性钢板,既节省了造价,又改善了桥面性能。与钢主梁相比,组合梁还增大了主梁刚度和阻尼,可以提高结构抗风性能。组合梁重量、造价和适用跨径介于钢与混凝土主梁之间,其钢结构部分如采用加工费用低的型钢,则更能提高组合梁的经济性能。

根据工程实践和试设计研究,在特定的地质条件和造价定额的情况下,上面三种主梁的斜拉桥造价与跨度的关系曲线如图11-30所示。

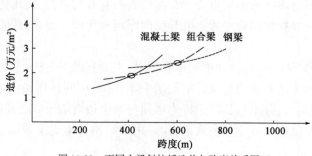

图 11-30　不同主梁斜拉桥造价与跨度关系图

从造价上看，混凝土斜拉桥适用跨径在 200～500m，组合梁斜拉桥适用跨径在 350～700m，钢主梁斜拉桥适用跨径在 500～1000m。实际工程中，还要根据斜拉桥的地质条件、跨径、施工、功能和结构性能综合比选。

当斜拉桥由于某些原因边跨设计得比常规斜拉桥更短时，在结构受力上易出现边墩上拔。因此可以在中跨采用钢梁或组合梁、边跨采用较重的混凝土梁，形成混合梁斜拉桥。其适用跨径取决于中跨主梁形式。但要解决好不同材料主梁的连接问题。法国诺曼底桥、日本多多罗桥、中国香港昂船洲桥均为此类型桥。

斜拉桥主梁是索支撑连续梁，恒载弯矩可通过索力调整进行优化，主梁弯矩以活载弯矩为主，因此斜拉桥的主梁高度不必随跨径的增大而明显增大。国内外混凝土斜拉桥的统计资料表明，梁高与主跨的比值在 1/250～1/50 之间；跨径越大，比值就越低。主梁高度与桥塔刚度、索距、索面数量、拉索刚度、主梁的截面形式等因素均有关，必须根据设计条件进行试算，从力学和经济角度确定适宜的梁高。混凝土斜拉桥的主梁除极少数在桥塔附近变高度外，通常可做成等高度形式以方便施工。大跨度斜拉桥采用扁平钢箱梁时，梁高一般为 2～5m。

主梁宽度的选择以桥面的交通需求为主，兼顾考虑体系的横向受力、抗风稳定性及其他相关问题。

3. 桥塔布置与塔高

斜拉桥的桥塔不仅是主要承载构件，也是表达斜拉桥美学效果的主要结构物（图 11-31）。桥塔设计必须适合于主梁和拉索的布置，传力路径应简单明确。在恒载作用下，桥塔应处于小偏心受压状态。

a) 日本多多罗大桥

b) 中国香港昂船洲大桥

图 11-31　斜拉桥桥塔造型

桥塔在立面上的布置有单柱形、A字形、倒Y形等(图11-32)。其中,单柱形桥塔因构造简单、受力明确和施工方便而广泛应用;A字形和倒Y形桥塔在纵桥向刚度较大,有利于承受桥塔两侧斜拉索的不平衡力,一般在多塔斜拉桥中使用,可以提高其结构刚度。

a)单柱形　　　b)A形　　　c)倒Y形

图11-32　桥塔纵桥向布置形式

桥塔在侧立面的布置方式,可分为独柱形、双柱形、门形或H形、A形、宝石形或倒Y形等(图11-33)。桥塔横向布置形式通常依据主梁宽度、主梁形式、拉索布置形式、下部结构要求等综合确定。

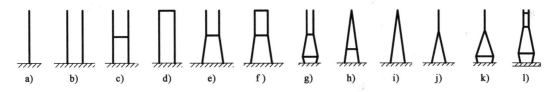

图11-33　桥塔侧立面布置形式

桥塔有效高度(用H表示)是指主梁与桥塔交界处以上的高度,决定斜拉桥的刚度和经济性。桥塔有效高度越高,斜拉索倾角越大,索力垂直分力对主梁的弹性支承效果也越大,但塔柱与斜拉索的长度也要增加。因此,桥塔的适宜高度通常要考虑桥塔形状、拉索布置、主梁断面形式,综合比较结构性能、施工方法、材料用量、工程造价及景观要求来确定。根据已有斜拉桥的统计资料,最外侧拉索的倾角,无论是双塔三跨还是独塔两跨斜拉桥,宜控制在20°~45°之间,竖琴形布置,倾角较多取26°~30°;放射形或扇形布置,倾角在21°~30°范围内,以25°最为普遍。

双塔斜拉桥桥塔一般布置成对称形式。但当考虑经济性能或遇到地质、航空,尤其是边跨跨径等条件的限制时,也可以布置成高低塔形式。

4.拉索布置

斜拉桥在立面上有三种基本索形:辐射形、竖琴形和扇形(图11-34)。竖琴形布置中的斜拉索呈平行排列,在索数少时显得比较简洁,缺点是斜拉索倾角较小,索的总拉力大,拉索用量大。辐射形布置的斜拉索在桥塔上集中于塔顶一点,其斜拉索与水平面平均交角较大,对主梁的支承效果也大,与竖琴形布置相比可节省钢材,但塔顶上的锚固点构造和受力复杂。扇形布置的斜拉索介于上面两种布置方式之间,兼具上面两种布置方式的特点,在设计中应用广泛。

斜拉桥在侧立面上的索形主要有三种基本类型:单索面、平行双索面和空间双索面(图11-35),多索面斜拉桥由于构造复杂、视觉效果凌乱等原因采用不多。单索面的优点是桥面上视野开阔。从力学上看,采用单索面时,拉索对主梁抗扭不做贡献,因此主梁应采用抗扭刚度较大的截面;采用双索面时,左右拉索的不平衡轴力可以抵抗主梁扭矩的一部分。空间双索面不仅有更好的抗扭性能,还限制了主梁的横向摆动,有利于提高斜拉桥的抗风性能。

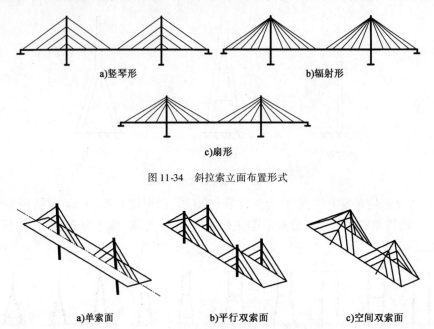

图 11-34　斜拉索立面布置形式

图 11-35　斜拉索侧立面布置形式

斜拉索的索力与拉索间距成正比,索距越大每根索的索力越大。密索体系斜拉桥中,斜拉索在钢主梁上的间距一般为 8～24m,在混凝土梁上的间距一般为 4～12m。斜拉索在桥塔上的索距主要由锚固构造尺寸及施工张拉操作空间需求确定,一般不小于 2m。

5. 结构体系选择

在图 11-24 所示的斜拉桥四种基本体系中,飘浮体系和支承体系是非常类似的结构体系,其区别是设置在塔墩处梁的支撑刚度不同,也决定了该处主梁的弯矩大小,可以调整支撑刚度大小来改善其受力,结构体系很大程度上由该处桥塔构造决定。这两种体系的优点是温度、收缩和徐变次内力较小,地震时主梁做长周期纵向摆动,有利于减小地震响应。因此,目前大跨度斜拉桥多用这两种体系。但其缺点是结构纵向刚度较小,侧向约束弱,一般可以在主梁纵向增设弹性约束、限位挡块或阻尼器;侧向应设置阻尼器或抗风支座(图 11-36),以改善结构受力性能。

塔梁固结体系在主墩上需要设置很大吨位的支座,不便养护和更换。中跨满载时,主梁在墩顶处转角位移会导致塔顶水平位移增大,从而显著增大主梁跨中挠度和边跨负弯矩。因此这种体系多见于早年跨径较小的斜拉桥中,目前在常规斜拉桥中鲜有使用。

刚构体系的优点是结构的整体刚度好,抗风性能优。缺点是塔梁固结处附近主梁弯矩大;双塔或多塔刚构体系温度、收缩次内力大,尤其是温度内力,往往是控制结构设计的主要因素。这种体系特别适用于独塔斜拉桥或通航高度大、抗风要求高、地震烈度大和年温差小的双塔或多塔斜拉桥。

斜拉桥还有一些可用于特殊场合的结构体系,限于篇幅,不再赘述。

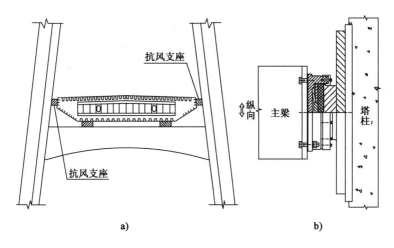

图 11-36　斜拉桥侧向抗风支座

通过选择和优化斜拉桥的布跨、结构体系、主梁材料、桥塔和拉索布置,就可以实现斜拉桥的结构设计。此后还要进一步确定各构件的尺寸和构造,并进行施工方面的考虑。这部分内容限于篇幅,仅以混凝土斜拉桥为对象展开讨论。

二、混凝土主梁构造

斜拉桥主梁的主要功能有三个:

(1)提供人、车通行通道,并将恒载、活载分散传给拉索和支座。

(2)与拉索及桥塔一起形成三角形结构来承担荷载。主梁主要承受的是拉索水平分力所形成的轴压力;主梁需要有足够的抗弯扭刚度,以防止压屈,并保证结构抗风稳定性。

(3)抵抗横向风荷载和地震荷载。

斜拉桥混凝土主梁可以采用不同的截面形式和尺寸来实现这些功能。

1) 主梁截面选择

选择斜拉桥混凝土主梁截面时,不仅要考虑换索时结构的安全储备、抗风稳定性,还要兼顾主梁的可施工性和传力合理性,合理选取主梁的截面形式和梁高。

图 11-37 是板式梁截面,其构造简单,梁高小,施工方便,适用于双索面密索体系斜拉桥。板式梁截面是混凝土斜拉桥中梁体最纤细的一种,用于跨径250m以内,桥宽15～20m的混凝土斜拉桥,其梁高一般为50～60cm。主跨215m的希腊Evripos桥采用的板式梁截面高仅为45cm,主梁高跨比仅为1/478。

图 11-37　板梁式截面

图 11-38 与图 11-39 为实体双主梁截面,适用于双索面体系。两个分离的主梁之间由混凝土桥面板及横梁连接,拉索可直接锚固在主梁中心处,也可以锚在伸臂横梁的端部。横梁间距一般取拉索索距的一半。这是一种较简单的混凝土主梁截面形式,也是近年来采用较多的一

种主梁截面形式。图 11-38 为我国主跨 444m 的重庆长江二桥主梁截面。图 11-39 为主跨 425m 的挪威海尔格兰特桥主梁截面,梁高仅 1.2m,主梁高跨比为 1/354,低高度边主梁的截面带有风嘴尖角,以适应抗风要求。

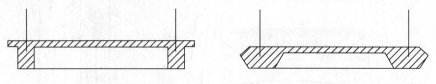

图 11-38　重庆长江二桥主梁截面　　　　图 11-39　挪威海尔格兰特桥主梁截面

图 11-40 为整体箱形截面,具有较大的抗弯及抗扭刚度,既适用于双索面体系,也适用于单索面体系。单箱三室截面用于双索面桥时应将两个中间竖腹板尽量拉开,使中室大于边室,以获得较大的截面横向惯性矩,如图 11-40b)、c)所示。而用于单索面时,应将中间两个竖腹板尽量靠拢,使拉索集中力通过腹板快速向梁体传递,如图 11-40d)所示截面。

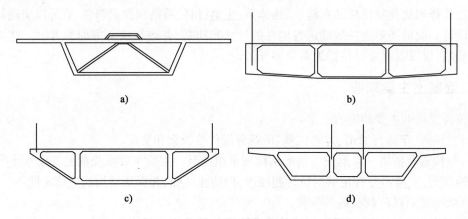

图 11-40　整体箱形截面

图 11-40a)所示截面是单索面混凝土斜拉桥常采用的一种主梁截面形式,箱室内部设置一组人字形加劲,以传递单索面的索力。一般加劲斜杆的纵向间距为拉索索距的一半。桥面中央设置索面保护带,正好用作上下行车道的分隔带。倾斜的腹板虽然施工困难,但抗风性能好,外形美观,并可减少下部结构宽度。主跨 320m 的法国伯劳东纳桥及主跨 365.8m 的美国日照高架桥均采用这种形式的混凝土主梁。它已成为单索面混凝土斜拉桥的标准主梁截面形式之一。

图 11-41 是三角形双室箱形截面,适用于桥面宽度较小的斜拉桥。目前世界上跨径最大的混凝土斜拉桥——主跨 530m 的挪威斯卡恩圣特桥就采用这种主梁截面,桥宽 13m,主梁跨宽比 40.8,已突破 40,是已有斜拉桥的最大值。

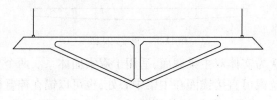

图 11-41　三角形双室箱形截面

图 11-42 为分离的双箱截面形式。图 11-42a) 为带有竖腹板的矩形箱形截面。这是上海泖港大桥的主梁截面形式,近年来已较少采用。目前分离双箱截面逐步向实体双主梁截面(图 11-38),或外侧为斜腹板、内侧为竖腹板的倒梯形箱形截面[图 11-42b)]和三角形箱形截面[图 11-42c)]发展,两箱之间为整体桥面板配以横隔梁,横截面外侧做成风嘴状以减少风阻,端部加厚以锚固拉索。这种主梁截面形式有良好的抗风性能,特别适用于风荷载较大的双索面密索体系斜拉桥,如美国主跨 299m 的 P-K 桥和我国主跨 260m 的天津永和桥都采用三角形箱形截面主梁,主梁高度分别为 2.13m 和 2.0m。

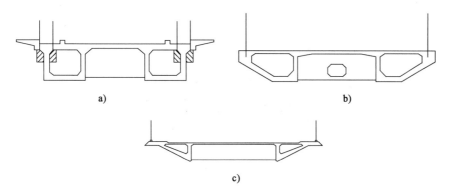

图 11-42 分离的双箱截面

在确定混凝土斜拉桥的主梁形式和横截面布置时,应综合考虑拉索布置、主梁对斜拉桥索力的传递、扭矩传递、施工方法和抗风稳定性等因素。大量的风洞试验结果表明,混凝土斜拉桥具有相当大的系统阻尼,一般抗风稳定性不控制设计,所以索面布置及施工方法是确定横截面布置的主要因素。

2) 主梁主要尺寸

斜拉桥混凝土主梁高跨比的正常范围如下:

对于双索面斜拉桥,一般为 1/150~1/100;对于单索面斜拉桥,一般为 1/100~1/50,且主梁高宽比不宜小于 1/10。

下面给出确定主梁主要尺寸的流程:①根据桥面局部荷载,按常规方法确定横梁和桥面板的尺寸;②由主梁所承受的轴向力、弯矩及构造要求确定主梁截面积大小;③依据常见的截面构造形式初步拟定主梁截面各细部尺寸;④验算初步拟定的截面尺寸是否满足强度、刚度和稳定性要求,这部分应根据《公路斜拉桥设计规范》(JTG/T 3365-01—2020)有关规定进行试算和调整,直至满足各项要求。图 11-43 示出了斜拉桥主梁截面调试的一般电算程序框图,供参考。

斜拉桥主梁除了整体受力外,桥面板还受到车辆荷载作用,因此还要对桥面板做相应验算。这一部分与其他桥型的桥面板验算相同,不再赘述。

三、桥塔构造

桥塔是斜拉桥的主要承重构件之一,同时也是决定斜拉桥整体美学效果最重要的构件。作用于斜拉桥主梁的恒载和活载通过拉索传递给桥塔,然后再传给桥梁下部结构。由于桥塔是以受压为主的压弯构件,故采用混凝土材料建造能充分发挥混凝土材料抗压性能高的优点;

且混凝土桥塔刚度大,施工方便,便于施工控制与调整。因此,现代斜拉桥无论采用哪种主梁,其桥塔采用混凝土材料居多。

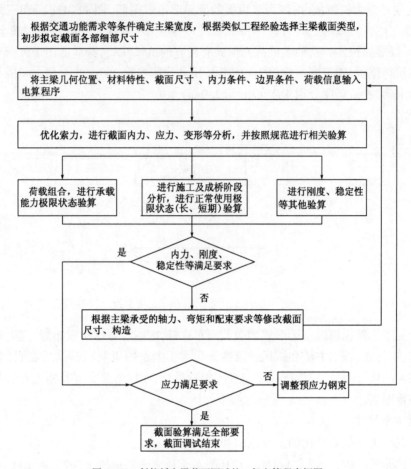

图 11-43　斜拉桥主梁截面调试的一般电算程序框图

组成桥塔的主要构件是塔柱,另外还有塔柱之间的横梁和其他联结构件,如图 11-44 所示。

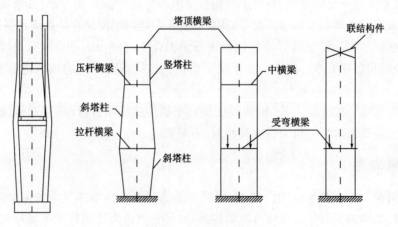

图 11-44　桥塔构件组成

塔柱之间的横梁在桥塔中发挥重要作用,并可提高桥塔刚度。设置在塔柱转折处的横梁与塔柱一起形成汇交力系,其作用非常重要,一旦横梁失效,塔柱将因横向弯矩突变而导致破坏;设置在塔顶的横梁和塔柱无转折的中间横梁,用以提高桥塔横向刚度,改善桥塔横向受力。

1) 桥塔截面形式

组成桥塔的塔柱及横梁的截面形状和尺寸应根据结构强度、刚度、稳定性计算的要求,并结合拉索在桥塔上的锚固构造要求和桥梁美学上的要求综合确定。

塔柱的截面可采用实心截面和空心截面两种,而沿塔柱又可采用等截面或变截面布置。实心等截面塔柱适用于小跨径斜拉桥;中等跨径斜拉桥可采用实心变截面塔柱;对于大跨径斜拉桥的桥塔,为了提高塔的抗弯能力,一般采用空心变截面塔柱。从锚头的防护、桥塔结构的外观考虑,空心塔柱比实心塔柱好,同时空心塔柱内可设置爬梯或电动升降设备,方便检修。

塔柱的截面形状可分矩形(图11-45)和非矩形(图11-46)两类。

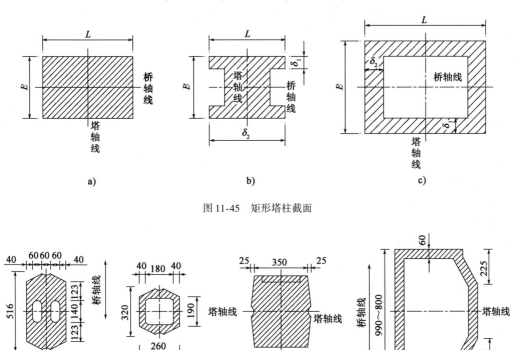

图11-45 矩形塔柱截面

图11-46 非矩形塔柱截面(尺寸单位:mm)

矩形截面塔柱一般长边与桥轴线平行,短边与桥轴线垂直,如图11-45a)所示。当采用实心矩形截面塔柱时,拉索一般穿过塔柱交错锚固,塔柱上部的拉索锚固区位于塔轴线两侧。在矩形实心截面拉索锚头部位各挖一槽口,塔柱截面就变成如图11-45b)所示的H形。当沿塔高截面变化时,一般仅变化长边尺寸L,短边尺寸B保持不变。采用矩形空心截面塔柱[图11-45c)]时,拉索一般锚固于塔柱箱室内,在箱室内壁增设锚固拉索用的锯齿形凸块,或在箱室内设置锚固横梁。为增加美观且利于抗风,矩形截面塔柱的四周常做成倒角或圆角。

为满足受力、美观和抗风等方面要求,可采用如图11-46所示的非矩形截面塔柱。这类截面包括五角形、六角形、八角形等,在截面内既可采用实心,也可采用空心截面。主跨320m的法国伯劳东纳斜拉桥采用如图11-46a)所示的六角形截面单塔柱,拉索从槽口进入箱室锚固,塔柱沿塔高采用变截面,下段是双室箱形截面,上段拉索锚固区部分则变为单室箱形截面,如图11-46b)所示。主跨175m的广州海印大桥的塔柱为实体六角形截面,如图11-46c)所示。主跨856m的法国诺曼底大桥倒Y形桥塔的斜塔柱采用空心六角形截面,如图11-46d)所示。在箱形空心截面塔柱中,一般应设水平隔板来增强塔柱局部稳定性。

2) 塔柱截面尺寸

塔柱的截面尺寸应根据塔柱受力、张拉设备所需的空间等因素决定。首先选择截面形式,然后参考已有设计,根据桥塔受力情况初定截面尺寸,再进行试算和调整,最终确定桥塔截面尺寸。

3) 横梁及其与塔柱连接构件

塔柱之间的横梁(承重横梁及非承重横梁),以及塔柱之间的其他连接构件,它们的截面形式由塔柱的截面形式决定,一般采用矩形实心截面、T形实体截面、工字形实体截面或矩形空心截面等形式。在确定这类构件的截面形式和尺寸时,应注意与塔柱截面尺寸相配合,并考虑与塔柱的连接与施工方法等问题。承受桥面重力及受拉的横梁还要考虑预应力筋的布置。为了确保横梁安全可靠,还要考虑横向风作用、地震作用下横梁的受力。

四、拉索构造

拉索在斜拉桥中既是受力构件,又是重要的传力构件,其强度、刚度、疲劳和耐久性是设计中必须关注的。拉索与塔、梁连接在锚固构造上,拉索的锚固结构必须可靠、顺畅地将索力传递给整个桥塔和主梁全截面。

现代大跨度斜拉桥中,拉索的构造基本上分为整体安装的拉索和分散安装的拉索两大类。前者的代表为平行钢丝索配冷铸锚,后者的代表为平行钢绞线索配夹片锚。本节主要介绍这两种拉索及其锚固构造。

1. 平行钢丝索配冷铸锚

平行钢丝索的截面组成和冷铸锚如图11-47所示。

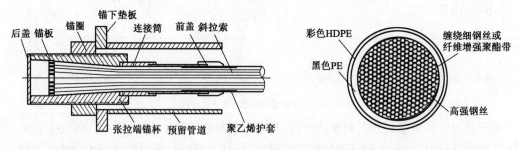

图 11-47 平行钢丝拉索

平行钢丝索配冷铸锚的拉索在工厂整体制造。平行钢丝索由 $\phi 5mm$ 或 $\phi 7mm$ 高强度镀锌钢丝(抗拉强度 $R_y^b = 1600MPa$ 左右)组成,一般排列成六角形,表层由玻璃丝布包扎定型后用热挤高密度聚乙烯(HDPE)塑造成正圆形截面。这种斜拉索具有厚镀锌层(锌层 $300g/m^2$)和厚PE层(厚度6mm)的双重防腐保护。

将钢丝束穿入冷铸锚中,钢丝尾镦头后锚在冷铸锚的后锚板上,再在锚体内分段常温浇灌环氧树脂加铁丸和环氧树脂加岩粉(辉绿岩)等混合填料,使锚体与钢丝束之间的刚度匀顺变化,避免在索和锚的交界处刚度突变。将冷铸锚头放入加热炉中加热至约1500℃养护。由于是在常温下浇铸填料,不同于传统的锌基合金填料的浇铸温度,故相对而言称为"冷铸锚"。冷铸锚的锚固力由锚筒的圆锥体内腔和筒内填料的横向挤压力承受,在正常情况下镦头不受力,只作为安全储备。

平行钢丝索配冷铸锚以其性能可靠于20世纪70年代在欧洲和日本启用,至今已被广泛使用。但由于其要求整体制造、整体运输和整体安装,在某些特定环境下应用受到限制。

为增加柔性,方便平行钢丝索在圆筒上的盘绕,在工厂制造中常将索扭转一个2°~4°的角度,此小扭角不影响索的弹性模量和疲劳性能。

平行钢丝索在运输中必须盘绕在圆筒上,为避免索的钢丝产生过高的弯曲应力和外包PE套被撕裂,一般规定圆筒直径不小于索径的20~25倍。如索径以200mm计,则圆筒直径超过4m,绕索后的圆筒将更粗,这将给陆路运输(火车或汽车)造成困难。

2. 平行钢绞线索配夹片锚

为克服平行钢丝索运输和安装过程中的不足,研发了平行钢绞线索配夹片锚的拉索,可满足拉索分散制作、现场安装成索的要求。平行钢绞线拉索体系及锚具如图11-48所示。

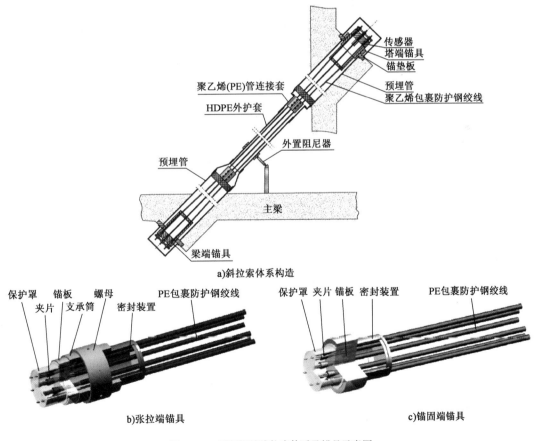

图11-48 平行钢绞线拉索体系及锚具示意图

钢绞线在索中是平行排列的,有别于早期出现过的将多根钢绞线扭绞而成的螺旋形钢绞线索,故称为平行钢绞线索。

这种φ15mm钢绞线系将镀锌钢绞线表面涂油(或蜡)后外套两层聚乙烯管而成。钢绞线成盘运至现场,在现场截取需要长度后除去两端部分长度的套管,逐根安装、张拉,两端裸线由夹片锚固定。在钢绞线的逐根张拉过程中,须使最终斜拉索中的各根钢绞线拉力相等。

当前,在斜拉索中使用的平行钢绞线索配夹片锚共有4种体系,即弗雷西奈体系(法国)、迪维达克体系(德国)、VSL体系(瑞士)和强力(Stronghold)体系(英国)。

平行钢绞线索直径一般比相应的平行钢丝索直径更大,迎风面积大,对桥梁受力不利。

3. 拉索与混凝土主梁的锚固构造

主梁上的拉索锚固区是主梁结构的关键部位。主梁上应有刚度很大的锚固实体(锚固块)把拉索锚固在主梁上,并能将锚固点处强大的集中力有效、简洁地扩散到主梁全截面。如在主梁上张拉拉索,还应考虑有足够的张拉操作空间。选择锚固构造时应确保拉索与主梁连接可靠、有防锈蚀能力,同时便于拉索养护及更换等。

拉索在混凝土主梁上的锚固构造可采用以下几种布置形式:

(1)在主梁顶板设置锚固构造(锚固块)

在主梁顶板设置锚固构造一般适用于单索面有加劲斜杆的整体箱主梁。锚固块以箱梁顶板为基础,向上下两个方向延伸加厚而成,拉索直接锚固在顶板与一对斜拉杆交叉点的锚固块上,如图11-49所示。拉索的水平分力通过锚固块传递给箱梁顶板后再扩散到主梁全截面,垂直分力则由一对加劲斜杆承受,因此,在锚固块内设置一对交叉布置且通过加劲斜杆轴线的预应力筋是必不可少的。

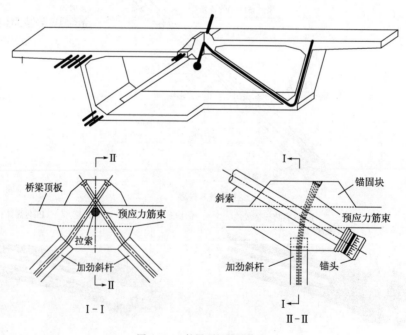

图11-49 箱梁顶板锚固构造

(2)在箱梁内设置锚固构造

在箱梁内设置锚固构造一般用于双索面分离双箱的混凝土主梁,也适用于单索面多室整体箱主梁,如图11-50a)所示。锚固构造设在箱梁顶板下的两个腹板之间,并与顶板、腹板固结在一起。拉索的水平分力由锚固块以轴压力方式传递给顶板再扩散到主梁全截面,垂直分力则由锚固块传给左右腹板。因此,锚固块与腹板连接处除需设置承托外,在腹板内还需设置竖向预应力筋束加强。双索面的上海泖港桥、单索面的长沙湘江北大桥等均采用这种锚固方式。

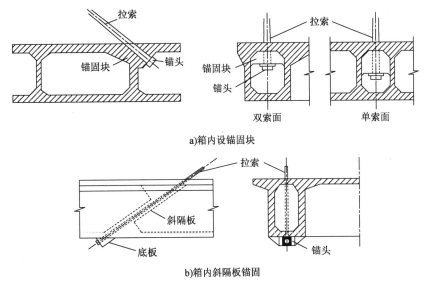

图 11-50　箱梁锚固构造

(3)在箱梁内设置斜隔板锚固构造

这种锚固构造是在箱梁内设斜向隔板,其斜度与拉索一致。拉索通过斜隔板后锚固于箱梁底板,如图11-50b)所示。若考虑美观也可把锚头埋在箱梁底板内,或在斜隔板上挖槽锚固。拉索的水平分力是通过斜隔板四周的箱梁顶板、腹板和底板等共同以轴压力传递给主梁,垂直分力由斜隔板两侧的腹板以剪力形式传递,因此,腹板内也需布置竖向预应力筋束加强,加强范围至少为斜隔板的水平投影长度。索力较大时可将斜隔板加强为斜隔梁,并从箱内以伸臂牛腿形式延伸到箱体的两个外侧,拉索锚固在牛腿梁上。我国的红水河铁路斜拉桥主梁锚固构造就采用这种形式。

(4)在梁体两侧设置锚固构造

这是双索面斜拉桥一种普遍采用的锚固构造。锚固块放在主梁梁体横向两侧风嘴形实体块下面,或较厚的倾斜边腹板下面,拉索通过预埋管锚固在风嘴形实体块上或较厚的斜腹板上,如图11-51所示。拉索的水平分力通过风嘴形实体或厚实的斜腹板传递,而垂直分力则需在斜腹板内设置一定数量的竖向预应力筋束来承受。

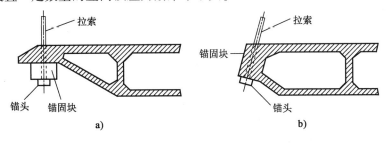

图 11-51　梁体两侧设置锚块

（5）在梁底设置锚固块

这是最简单的锚固形式，适用于梁截面较小的实体双主梁或板式梁。在梁中设置与拉索倾角相同的管道，拉索穿过管道后锚固于梁底，如图 11-52 所示。

锚固构造设于主梁底部，可以避免削弱原来截面积就较小的边主梁，并且不干扰梁及板截面内的钢筋(束)布置。从美观角度考虑，锚头也可不外露，但为了补足主梁锚固区的截面削弱，在一般区段，可采用钢锚箱和增加钢筋的办法，而在塔柱附近，由于压力过大，还应局部加厚梁肋。

无论哪种锚固，一般斜拉索穿过主梁处应设钢套筒，如图 11-53 所示。套筒下端设锚垫板，上端伸出桥面一段距离以保护斜拉索不被车辆撞击，套筒上一般要焊接多道剪力环，以帮助锚垫板传力。钢套筒管道中线应与拉索轴线一致，锚板端面应与拉索轴线相垂直，从而构建顺畅的传力路径，避免局部的接触、弯折等次内力产生。

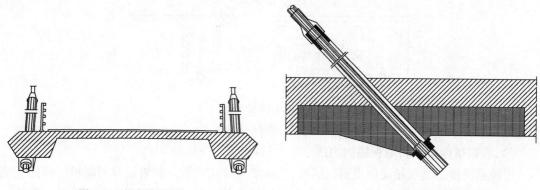

图 11-52　梁底设置锚块　　　　图 11-53　斜拉索穿过主梁底的钢套筒

4. 拉索与混凝土塔的锚固构造

塔柱上拉索的锚固构造是将拉索的锚固集中力安全、均匀地传递到塔柱全截面的重要构造。由于拉索强大的集中力作用，再加上孔洞的削弱及局部受力，桥塔与拉索的连接处应力集中现象普遍存在。拉索在桥塔上的锚固区构造应综合考虑结构受力、锚固构造要求、施工工艺要求等来确定。它与拉索的布置、拉索的根数和形状、桥塔的形式与构造、拉索索力的大小、拉索的架设与张拉等多种因素有关，需从设计、施工、养护维修及拉索的更换等各方面综合考虑确定。

密索体系斜拉桥的拉索一般采用每根拉索在桥塔上分散锚固的构造，常用的锚固构造形式有以下几种。

1）拉索在塔柱上交叉锚固

这种锚固构造一般用于实心截面塔柱，如图 11-54 所示。先在塔柱中预埋钢管，两侧拉索交叉穿过预埋钢管后锚固在钢管上端的钢板上。它利用塔壁实体上的锯齿形凹槽或凸形牛腿来锚固拉索。为了避免塔柱受扭，塔柱两侧的拉索应采用横向排列的双股钢索；或塔柱一侧用横排的双股索，另一侧用纵排的双股索，以达到能交叉锚固的目的。在布置时除考虑张拉施工、工艺要求外，还需验算塔柱抗剪，并保证塔柱轴线两侧横桥向布置的对称性。我国长沙的湘江北大桥和美国的达姆岬(D-P)桥均采用了这种桥塔锚固构造。

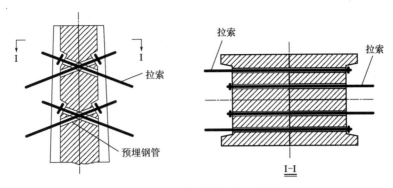

图 11-54 拉索在塔柱上交叉锚固

2）拉索在塔柱上对称锚固

对于大跨度斜拉桥,当混凝土塔柱采用空心截面时,拉索在塔柱上的锚固采用对称锚固的形式,一般有以下三种对称锚固构造。

(1)在空心塔柱壁内侧对称锚固

在塔柱的横壁上埋设钢管,拉索穿过钢管锚固在塔柱壁内侧的凸块上,形成对称锚固构造,如图 11-55 所示,塔壁中需布置平面预应力筋,用预应力筋来平衡斜拉索水平分力产生的纵桥向拉力。平面预应力筋有井字形布置和环向布置筋两种。因各种复杂原因,现在这种锚固方式在工程中已较少使用。

(2)采用钢锚固梁对称锚固

采用钢锚固梁对称锚固构造时将钢锚固梁支承于空心塔柱横壁内侧的牛腿凸块上,拉索穿过预埋在塔壁中的钢管锚固在钢锚固梁两端的锚块上,如图 11-56 所示。成桥后,钢锚固梁在两端设置顺桥向和横桥向的限位构造装置。在各种受力情况下,拉索的垂直分力由垂直支承通过牛腿凸块传给塔柱。

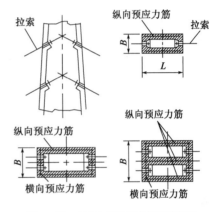

图 11-55 在空心塔柱壁内侧对称锚固

当塔柱两侧有不平衡水平力时,将通过钢横梁下的支承摩阻力或顺桥向两端的限位挡块传给塔壁。考虑到单根索破坏和换索工况,锚固梁两端应设置竖向约束,塔壁中还需布置一定数量的平面预应力筋。

采用这种锚固构造的混凝土塔柱在拉索锚固区段受力明确,确保桥塔和斜拉桥的长期使用和安全可靠。加拿大主跨 465m 的 Annacis 桥和我国主跨 423m 的南浦大桥混凝土桥塔锚固结构均采用了这种形式。

(3)利用钢锚箱对称锚固

利用埋设于塔柱中的钢锚箱锚固拉索,钢锚箱的构造和布置随塔柱的结构形式、索面布置、索力大小而不同。

图 11-57 是主跨 1088m 的苏通长江大桥混凝土桥塔上拉索钢锚箱的构造图。拉索锚固于倒 Y 形桥塔上部的垂直柱段上。每层锚箱上下焊接,通过剪力钉与混凝土塔柱连接,并设环形预应力筋束。两侧各两股拉索锚固在各自的锚箱上。拉索的水平分力由钢锚箱承担,垂直分力由锚箱以剪力方式传递给混凝土桥塔。

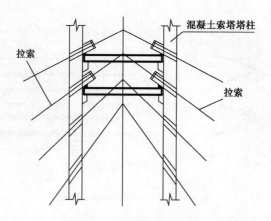

图 11-56　钢锚固梁对称锚固

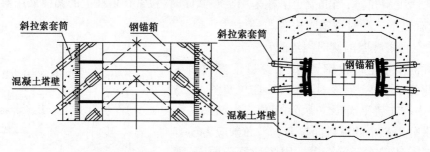

图 11-57　苏通长江大桥混凝土桥塔上拉索钢锚箱构造图

第四节　斜拉桥计算分析

一、设计计算内容

斜拉桥的计算内容可分为静力、稳定和动力三大类,静力计算又可分为整体计算和局部计算,动力计算主要包括抗风计算和抗震计算,如图 11-58 所示。

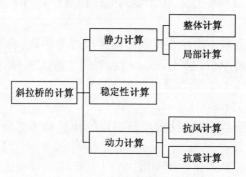

图 11-58　斜拉桥计算内容

在静力方面,斜拉桥是一种内部高次超静定结构,其静力特性与梁式桥不同。对于梁式桥,当结构尺寸、材料、恒载确定后,结构恒载内力基本确定,且无法进行较大的调整。而斜拉桥在同样情况下,结构的恒载内力很大程度上取决于斜拉索的张拉力。单根索力的大小和多根索力之间的分配比例可以组成无数组索力张拉方案,每种张拉方案对应一种结构内力状态。因此,斜拉桥的设计计算首先要确定合理的成桥索力,使成桥时主梁和桥塔恒载弯矩很小,索力分布相对均匀。

斜拉桥的活载内力状态按刚度分配。虽然混凝土斜拉桥的活载集度远小于恒载集度,活载索力增量也很小,只占总索力的20%左右,但活载在主梁及桥塔上产生的弯矩通常远超过恒载,成为塔、梁在荷载组合中弯矩的主要部分。活载挠度是衡量斜拉桥刚度的主要指标之一。

斜拉桥设计还要进行施工过程计算,以验证结构在施工中的安全性。除恒、活载外,需要考虑的静力效应还有预应力效应、温度效应、混凝土收缩徐变效应等。局部计算主要包括横梁、桥面板、锚固区和需要计算局部应力的构件和区域。

在稳定性方面,斜拉桥的主梁和桥塔都是以受压为主的构件,必须考虑成桥和施工阶段的稳定性。大跨度斜拉桥一般通过弹塑性稳定计算来验证其稳定性。

在动力方面,有时地震响应和风致振动是控制设计的主要因素,必须通过计算甚至增加试验验证来保证结构安全。

斜拉桥的非线性效应主要包括材料非线性和几何非线性。材料非线性主要是指混凝土的收缩、徐变。斜拉桥几何非线性有拉索的垂度效应、结构的初应力效应和大位移效应。斜拉桥在设计计算和施工过程分析中要计入非线性效应。

确定了合理成桥索力,合理成桥状态随之而定。但是,如何通过施工来实现这种状态,仍是一个问题。一般是以确定的合理成桥状态为目标,根据施工流程来计算各施工阶段的拉索张拉力。这项计算也是设计计算的重要内容。

综上所述,合理成桥状态确定和施工阶段索力与变形计算是斜拉桥区别于其他桥型的主要计算内容,下面主要介绍这两方面内容。

二、合理成桥状态

1. 合理成桥状态的确定

斜拉桥是内部高次超静定体系,其结构受力不仅与外荷载有关,更与拉索索力密切相关。由于斜拉桥索力具有可调性,故斜拉桥的设计可以通过调整索力来优化成桥受力状态。确定斜拉桥合理成桥状态就是选择使成桥时桥梁受力合理的一组索力问题。

对于不同的设计师,合理成桥状态的标准可以有所不同,但要遵循以下原则:

(1)恒载下桥塔弯矩不应太大,要兼顾活载影响;

(2)恒载状态下主梁弯矩控制在"可行域"范围内,在此域内,主梁在各种荷载组合作用下受力仍满足规范要求;

(3)索力分布相对均匀,荷载组合作用下拉索要有一定拉力储备;

(4)边墩和辅助墩顶支座反力应有一定的压力储备,在活载作用下不出现负反力。

为了实现合理成桥状态,针对不同布置的斜拉桥,可以采用不同的目标和方法。

对称布置的独塔双跨斜拉桥,只要保证桥塔两侧索力对称,就可以确保恒载下桥塔弯矩为零。如果拉索张拉后能使索、梁锚固点位移为零,那么主梁在恒载和索力共同作用下的弯矩就与支承在拉索锚固点处的刚性支承连续梁弯矩相同。对于密索体系斜拉桥,索距很小,所以弯矩也很小,可以将此状态作为斜拉桥合理成桥状态,称为零位移状态。求解对应于此状态的索力的方法称为零位移法。零位移状态主梁弯矩示意图如图 11-59 所示(索塔弯矩为零)。

但对于非对称布置的斜拉桥,利用零位移法确定其成桥状态就不一定合理。因为一般情况下,中、边跨主梁是不对称的,用零位移法确定的索力关于索塔也不对称,必将在桥塔上产生不平衡水平力和桥塔弯矩。只要这个弯矩超出允许范围,就是不合理的成桥状态,此时梁、塔弯矩如图 11-60 和图 11-61 所示。

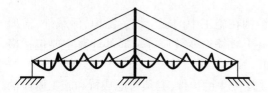

图 11-59 对称独塔斜拉桥零位移状态示意图

图 11-60 不对称独塔斜拉桥不合理成桥状态

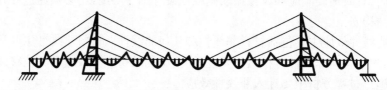

图 11-61 不对称双塔斜拉桥不合理成桥状态

改变这一状态有两个途径:第一个途径是优化设计参数,这些设计参数包括边中跨比、恒载集度沿梁长的分布(压重)等。通过参数优化,可以改善成桥受力状态,还可以改善索力分布不均匀和墩顶反力储备不足等情况。第二个途径是改变成桥状态的目标,比如将主梁的刚性支承连续梁状态,改为主梁、桥塔的弯曲能量最小,这时主梁和桥塔弯矩都可得到改善。如果此时梁、塔弯矩在"可行域"范围内,就可以作为合理成桥状态,称之为弯曲能量最小状态,相应的索力求解方法称为弯曲能量最小法。有时靠单一途径不能达到预设目标,则可以双管齐下。所以,确定合理成桥状态的过程也是设计的重要组成部分。

2. 合理成桥状态索力的实用计算方法

计算合理成桥状态索力的过程称为斜拉桥成桥索力优化。除零位移法外,成桥索力优化一般要根据优化理论编制专用程序来实现,这一过程比较复杂。限于篇幅,本节介绍一种索力优化的实用计算方法,可以借助有限元通用软件完成合理成桥状态索力的计算。

以图 11-62 所示的独塔双跨全漂浮斜拉桥为例,讨论其合理成桥状态索力的优化问题。

设成桥时中跨拉索索力和尾索索力分别为 T_1、T_2,两索的水平夹角分别为 α、β,则主梁弯矩为:

$$M_b = \begin{cases} \dfrac{1}{2}qx(l-x) - \dfrac{l_2}{l}xT_1 \cdot \sin\alpha, & 0 < x \leq l_1 \\ \dfrac{1}{2}qx(l-x) - \dfrac{l_1}{l}(l-x)T_1 \cdot \sin\alpha, & l_1 < x < l \end{cases} \quad (11-2)$$

桥塔的弯矩为:

$$M_t = (T_1 \cdot \cos\alpha - T_2 \cdot \cos\beta)y, \quad 0 < y < H \quad (11-3)$$

当索力 T_1、T_2 确定时,斜拉桥的成桥状态也随之确定。以"弯曲能量最小"为目标函数进行成桥索力优化。结构总弯曲应变能 U 可表达为主梁弯曲应变能 U_b 和桥塔弯曲应变能 U_t 之和,即

$$U = U_b + U_t = \frac{1}{2}\int_0^l \frac{M_b^2(x)}{E_b I_b}dx + \frac{1}{2}\int_0^H \frac{M_t^2(y)}{E_t I_t}dy \tag{11-4}$$

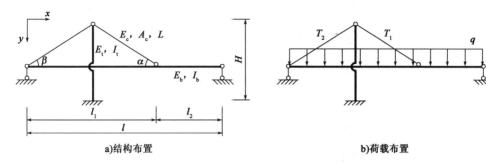

a)结构布置　　　　　　　　　　　b)荷载布置

图 11-62　独塔双跨全漂浮斜拉桥

当弯曲应变能最小时,应满足:

$$\begin{cases}\dfrac{\partial U}{\partial T_1} = \dfrac{ql(2l\,l_1^3 - l^3 l_1 - l_1^4)\sin\alpha + 8T l_1^2 l_2^2 \sin^2\alpha}{24 E_b I_b l} + \dfrac{H^3 \cos\alpha}{3E_t I_t}(T_1\cos\alpha - T_2\cos\beta) = 0 \\ \dfrac{\partial U}{\partial T_2} = \dfrac{H^3 \cos\beta}{3E_t I_t}(T_2\cos\beta - T_1\cos\alpha) = 0 \end{cases} \tag{11-5}$$

解线性方程组可得:

$$\begin{cases} T_1 = \dfrac{ql(l_1^4 - 2l\,l_1^3 + l^3 l_1)}{8 l_1^2 l_2^2 \sin\alpha} \\ T_2 = \dfrac{ql(l_1^4 - 2l\,l_1^3 + l^3 l_1)}{8 l_1^2 l_2^2 \tan\alpha \cdot \cos\beta} \end{cases} \tag{11-6}$$

由式(11-6)可知,在合理成桥状态下,T_1 与 T_2 水平分力相等。当取 $l_1 = 2l_2$ 且 $\alpha = \beta$ 时,$T_1 = T_2 = \dfrac{11ql}{16\sin\alpha}$,此时对应主梁最大弯矩为 $M_{b,\max} = \dfrac{ql^2}{24}$,而桥塔弯矩 M_t 恒为零,弯矩图如图 11-63a)所示。

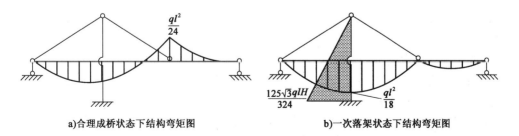

a)合理成桥状态下结构弯矩图　　　　　b)一次落架状态下结构弯矩图

图 11-63　结构弯矩图

另一方面,若按照一次落架计算,根据结构力学方法可解得:

$$\begin{cases} T_1 = \dfrac{22ql^4}{\dfrac{3888 E_b I_b H^3 L \cos^2\alpha}{\sin\alpha\ (E_c A_c H^3 \cos^2\alpha + 3E_t I_t L)} + 32l^3 \sin\alpha} \\ T_2 = T_1 \cdot \dfrac{E_c A_c H^3 \cos^2\alpha}{E_c A_c H^3 \cos^2\alpha + 3E_t I_t L} \end{cases} \quad (11\text{-}7)$$

将式(11-7)代入式(11-2)、式(11-3)中,可得到塔、梁弯矩值,其大小与桥塔弯曲刚度、主梁弯曲刚度、拉索轴向刚度的大小相关。为方便讨论,取 $\dfrac{E_b I_b}{l^3}=1$, $\dfrac{E_c A_c}{L}=296$, $\dfrac{E_t I_t}{H^3}=250$, $\alpha=30°$,并对上述计算结果进一步分析,可得:

(1) 斜拉桥一次落架的恒载索力为 $T_1=ql$, $T_2=\dfrac{37}{162}ql$,对应的主梁最大弯矩为 $M_{b,\max}=\dfrac{ql^2}{18}$,而桥塔最大弯矩 $M_{t,\max}=\dfrac{125\sqrt{3}qlH}{324}$,弯矩图如图11-63b)所示。此时塔、梁弯矩值均偏大,结构受力不合理。

(2) 由式(11-7)可知,桥塔弯矩随桥塔抗弯刚度的减小而减小,当桥塔抗弯刚度为无穷小时,得到的一次落架时的拉索索力可使桥塔弯矩为零;同样,随着主梁抗弯刚度的减小,主梁的正弯矩减小,当塔、梁抗弯刚度为无穷小时,得到的一次落架下的拉索索力 $T_1=\dfrac{11ql}{8}$,结构受力与弯曲能量最小时相同。

(3) 随着斜拉索轴向刚度的增大,主梁正弯矩减小;当斜拉索轴向刚度无穷大时,由式(11-6)得到的斜拉桥一次落架下的拉索索力 $T_1=\dfrac{11ql}{8}$,也与弯曲能量最小时一致。

上述结果表明,常规斜拉桥一次落架的计算结果一般无法达到合理成桥状态。但如果已知合理成桥状态索力值,通过索力张拉,便可实现斜拉桥的合理成桥状态;若将斜拉桥塔、梁弯曲刚度变小,将拉索轴向刚度变大,按一次落架计算,可以得到与弯曲能量最小相近的索力优化结果。这就是合理成桥状态索力实用计算的原理。

采用有限元通用程序计算合理成桥状态索力可归结为如下计算步骤:

(1) 确定斜拉桥结构布置、压重分布等。

(2) 建立斜拉桥的杆系结构有限元模型:节点坐标取用斜拉桥设计坐标;斜拉索用杆单元模拟;单元拉压刚度取为实际值,弯曲刚度人为缩小 ζ_1 倍,即将各单元抗弯刚度改为 $E_i I_i / \zeta_1$,一般可取 $\zeta_1=10000$。

(3) 施加结构自重和压重等外荷载,做一次落架线性计算,判断结构受力是否满足优化要求。

(4) 如果结构受力满足设计要求,所得索力可以作为合理成桥索力。

(5) 如果结构受力不能满足设计要求,调整设计参数和部分单元抗弯刚度、拉索拉压刚度,重新计算直至满足要求。

在计算中引入一些条件和方法,还可达到局部优化的目的:①将桥塔连接节点处的塔的抗弯刚度释放,即将桥塔锚固区段模拟成铰接,可自动达到索塔弯矩为零的目标;②对于指定索力的情况,可将拉索解除,代之以一对集中力;③为了使主梁截面弯矩为指定值,可在主梁指定弯矩点插入铰,释放相应的约束,同时在相对两部件的端部施加一对指定弯矩荷载;④释放支座约束,代之以给定力,实现给定支反力下的受力状态,等等。实用计算法既可确定常规斜拉桥的合理成桥状态的索力,也可适用于曲线斜拉桥等空间结构的索力优化。

三、施工阶段索力与高程

斜拉桥采用悬臂法施工时,随着梁体的增长、拉索的数量逐渐增加,后期梁体悬挂和拉索张拉必然对前期各拉索的索力、梁体高程和应力产生影响。因而在确定了合理成桥状态的索力 T 及成桥状态梁体高程之后,必须以此为目标确定相应施工阶段各索的初张力 T_p 和梁段初始安装高程。

1. 拉索初张力 T_p 的计算

对于一次张拉的情形,索力的相互影响可用下式表示:
第 1 对索力,$T_1 = b_{11} \cdot T_{1P} + b_{12} \cdot T_{2P} + \cdots + b_{1n} \cdot T_{nP} + T_{1Q}$
第 2 对索力,$T_2 = b_{22} \cdot T_{2P} + \cdots + b_{2n} \cdot T_{nP} + T_{2Q}$
……
第 n 对索力,$T_n = b_{nn} \cdot T_{nP} + T_{nQ}$

$$T = B \cdot T_P + T_Q \tag{11-8}$$

索力初张力为:
$$T_P = B^{-1} \cdot (T - T_Q) \tag{11-9}$$

式中: T——拉索的最终索力;
T_P——施工阶段拉索的张拉力;
T_Q——体系转换、二期恒载、徐变等引起的索力变化量;
$b_{ij}(i,j=1,2,\cdots,n)$——j 号索的单位张拉索力引起第 i 号索的索力变化量,计算中不仅应考虑新增梁段的影响,还需考虑各施工设备等临时荷载的影响。

拉索的索力发生变化后,等效弹性模量也发生变化,在施工模拟计算中,这一因素必须加以考虑。

若非一次张拉,就要根据实际施工情况做更仔细的计算。

2. 施工阶段各梁段高程的确定

梁体各控制点高程在施工过程中的变化情况可用下式表示:
第 1 号梁段高程,$H_1 = H_{10} + \delta_{11} + \delta_{12} + \cdots + \delta_{1n} + \delta_{1Q}$
第 2 号梁段高程,$H_2 = H_{20} + \delta_{22} + \cdots + \delta_{2n} + \delta_{2Q}$
……
第 n 号梁段高程,$H_n = H_{n0} + \delta_{nn} + \delta_{nQ}$

$$H = H_0 + \delta + \delta_Q$$

施工中梁体的初始高程为:
$$H_0 = H - \delta - \delta_Q$$

式中: H——成桥后主梁各控制点的设计高程;
H_0——施工中主梁各控制点的安装初始高程;
δ_Q——体系转换、二期恒载、收缩、徐变等引起的高程变化量;
$\delta_{ij}(i,j=1,2,\cdots,n)$——$j$ 段梁安装或浇筑、预应力筋张拉及拉索张拉后引起 i 点高程的变化值,当 $i=j$ 时,尚须考虑悬浇过程中挂篮负重变形的影响。

在确定了各索的初张力和梁体各控制点的初始高程之后,须做施工模拟计算,以确保施工过程中梁和塔的应力不超限,并确认成桥后恒载弯矩在可行域内。

如果有专用分析程序,上述分析也可以采用倒退分析或前进迭代分析的方法实现。

第五节 斜拉桥施工

斜拉桥的施工与设计是不可分割的。斜拉桥的施工方法多种多样,一般可分为基础、墩塔、梁、索四部分,其工作流程可归结为:下部结构基础施工→塔柱施工→主梁施工。主梁施工一般在塔柱施工完毕或塔柱锚固区施工至一半时开始,斜拉索一般随主梁的延伸逐步安装。

上述流程中,比较特殊的是斜拉桥桥塔施工,因其高度大,形式多样,塔顶锚固区构造复杂,如何保证桥塔施工的进度、质量和安全是施工中的关键问题之一。主梁一般采用悬臂施工方法,通过主梁节段施工,拉索的架设、张拉和索力转换实现一个节段的施工,具有特殊性。斜拉桥作为一个整体,其塔、梁、索的施工必须相互配合,服从工程设计意图。

斜拉桥属于高次超静定结构,所采用的施工方法和安装顺序与成桥后的主梁线形及结构恒载内力有着密切关系。在施工阶段随着斜拉桥的结构体系和荷载状态的不断变化,结构内力和变形也随之变化。为确保斜拉桥在施工过程中结构的受力状态和变形始终处在合理、安全的范围内,且成桥后主梁线形符合预期的设计效果,在施工过程中还必须进行严密的施工监控。

下面分桥塔、主梁、斜拉索的施工和斜拉桥的施工监控四方面来介绍斜拉桥施工的主要内容。

一、桥塔施工

混凝土斜拉桥桥塔根据模板和脚手架平台的不同做法,大体上可分为搭架现浇、预制安装、爬升或滑升模板浇筑等施工方法,一般每节为 2~5m。混凝土桥塔施工顺序如图 11-64 所示。

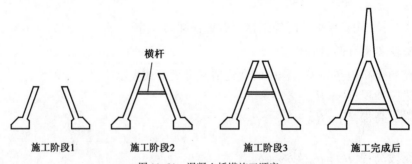

图 11-64 混凝土桥塔施工顺序

搭架现浇工法工艺成熟,无需专用的施工设备,能适应较复杂的断面形式,对锚固区的预留孔道和预埋件处理也比较方便,但是费工费料、速度慢。预制安装法要求有较强的起重能力和专用的起重设备,可以加快施工进度并减轻高空作业的难度和劳动强度,一般适用于桥塔不太高的情况或跨海工程中,在我国使用不多。爬升或滑升模板浇筑法最大优点是施工进度快,适用于高塔施工,但对于拉索锚固区预留孔道和预埋件的处理困难一些。

桥塔横梁要在高空中进行大跨度、大断面、高等级预应力混凝土的施工,难度较大,一般采用支架法就地浇筑混凝土。

由于爬升模板浇筑在斜拉桥混凝土桥塔施工中使用最多,下面介绍其工法。

爬模系统一般由模板、爬架及提升系统三大部分组成。爬模系统示意如图11-65所示。

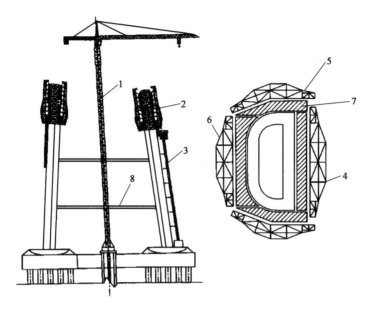

图11-65 爬模系统示意图

1-塔吊;2-爬模;3-电梯;4-1号爬架;5-2号爬架;6-3号爬架;7-活动脚手架;8-临时支架

爬模施工前须先施工一段爬模安装锚固段,俗称爬模起始段。待起始段施工完成后拼装爬模系统,依次循环进行桥塔的爬模施工。液压爬模的顶升运动通过液压油缸对导轨和爬架交替顶升来实现。

爬模施工与其他施工方法相比,具有施工速度快、安全可靠、对起重设备要求不高的特点。但此方法对折线形桥塔适应性较差,故在桥塔设计中应予以注意。

混凝土桥塔施工应注意以下事项:

(1)塔柱截面常沿高度变化,如A形、倒Y形的塔柱轴线是倾斜的,为了保证轴线、截面尺寸达到一定精度要求,应考虑每隔一定高度设置临时的横向支撑杆(塔柱内倾时设置受压支架,塔柱外倾时设置受拉拉条),以保证塔柱的安全、线形和稳定性。

(2)在桥塔上除了有拉索锚固张拉部位的凹槽缺口外,通常还有用作检查的走道,以及出于美观考虑等的截面变化区,在模板设计时应充分考虑这些因素。

(3)桥塔上除了设置本身施工需要的平台外,还应设置为架设和张拉拉索用的脚手架平台。

(4)由于桥塔混凝土是就地浇筑,随着高度的增大,对于施工用的机具、材料、起吊设备的搬运、拉索架设等宜采用爬升式塔吊作为起重设备,并设置升降设备。用塔吊和混凝土斗或混凝土泵车输送混凝土浇筑,如采用管道输送混凝土,应特别注意混凝土的配合比设计、泵送设施的布置、泵送混凝土施工工艺的特点等,并采用高性能泵车,以确保桥塔泵送混凝土的质量达到设计要求。

(5)桥塔施工是高空作业,要有充分可靠的安全措施,防止坠落事故。

二、主梁施工

一般来说,适合混凝土梁桥施工中的任何一种方法都可以在混凝土斜拉桥主梁施工中采用,如支架法、顶推法、悬臂法和平转法等。但使用最多的是悬臂施工方法,该方法可以充分发挥斜拉桥结构特点,并可用于所有跨径斜拉桥。

斜拉桥的悬臂施工方法分为悬臂拼装法和悬臂浇筑法两种,悬臂拼装法主要用于钢主梁斜拉桥,悬臂浇筑法主要用于混凝土斜拉桥。以下介绍悬臂浇筑法。

目前悬臂浇筑普遍采用牵索式长挂篮(或称为前支点挂篮),其有效长度是连续梁桥用的普通挂篮的2倍,每次浇筑一个斜拉索节间,工艺成熟。浇筑混凝土时将斜拉索临时锚固在挂篮的前端,待混凝土达到强度后再将斜拉索锚固点转移到主梁上,完成体系转换并形成永久结构。牵索式长挂篮节段施工流程如图11-66所示。

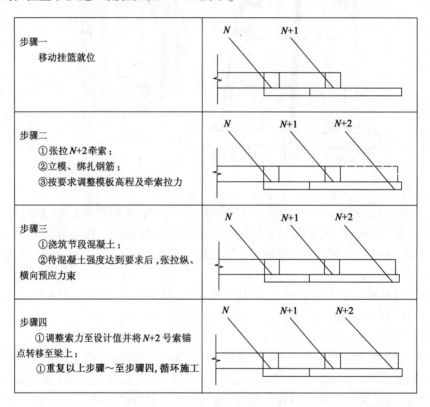

图11-66 牵索式长挂篮节段施工流程

悬臂施工法中遇到的主要问题如下:

(1) 塔梁临时固结

除塔梁固结体系外,悬臂施工法需在施工过程中设置塔梁之间的临时固结,并要考虑施工时主梁不平衡水平力的作用。固结措施主要有以下两种:

第一种是加临时支座并锚固主梁(图11-67)。这种方法构造简单,制作和装拆方便。在下横梁上设置4个临时混凝土支座,为便于拆除,在每个支座中间可设20mm厚的硫黄砂浆夹层。

第二种是设临时支承。在塔端两旁设立临时支承与临时支座共同承担施工反力,临时支承常用钢管桩或钢护筒,在下塔柱上设置预埋件作为临时支承的锚座。

(2) 边孔局部梁段的施工

斜拉桥的边跨对主跨起到锚固作用,故在悬臂施工过程中,边跨往往先于主跨合龙,以增加斜拉桥施工中的安全性。因此,在主梁岸跨的局部区段内,可根据结构高度和水深,采用合适的工法尽早与悬臂施工的梁段合龙,以发挥锚固跨的作用。设计时也可以适当减小边跨长度,以方便用导梁或者移动模架快速合龙。

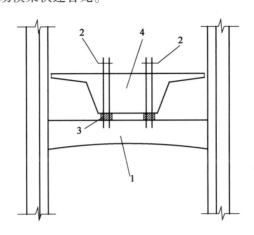

图 11-67 临时固结制作示意图
1-下横梁;2-锚筋;3-临时固定支座;4-0 号块

三、斜拉索施工

斜拉索的施工是斜拉桥施工区别于其他桥型施工的特有部分,包括拉索的制造、架设和张拉。拉索制造一般在专业工厂内完成,下面主要介绍成品索的挂索、张拉与索力量测两个过程。

1. 挂索

挂索是将成品拉索架设到桥塔锚固点和主梁锚固点之间的位置上。较短的成品索直接利用吊机起吊,借助卷扬机由钢丝绳或钢绞线将斜拉索两端分别牵入主梁和塔柱上的预留索孔,并初步固定在索孔端面的锚板上完成挂索。长索垂度大,无法直接用卷扬机将锚头牵引到锚板后方,在锚头接近锚板时用钢连接杆将锚头连接到千斤顶,由千斤顶将锚头拉到锚板后方。对于超长斜拉索,垂度特别大,连接杆已无法将锚头连接到千斤顶,必须先架设临时索,然后沿临时索将斜拉索牵引到位。常用的挂索方法如图 11-68 所示。

2. 斜拉索张拉与索力量测

(1) 斜拉索张拉

斜拉索的张拉一般可分为拉丝式(钢绞线夹片群锚)张拉和拉锚式张拉两种。其中,拉锚式张拉因施工操作方便及现场工作量较少等优点被更多地采用。根据设计要求及现场实际情况,有采用塔端张拉的,有采用梁端张拉的,也有采用塔、梁两端张拉的。其中以塔端张拉使用最为广泛。

拉锚式斜拉索张拉均为整体张拉。根据目前的技术水平,国内外拉索锚具、千斤顶、拉索的设计吨位已达到千吨级水平,大吨位拉索整体张拉工艺已十分成熟。无论是一端张拉还是两端张拉,一般情况下都需在斜拉索端头接上张拉连接杆,之后使用大吨位穿心式千斤顶实施斜拉索的张拉调索。为方便施工,张拉杆大都采用分节接长,而非整根通长,如图 11-69 所示。

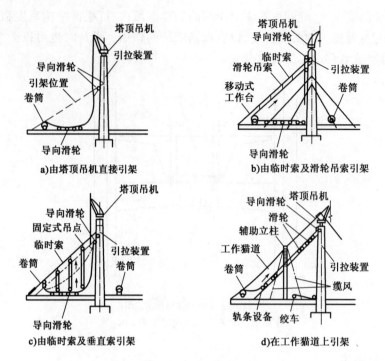

图11-68 常用挂索方法

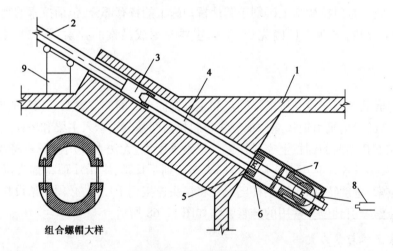

图11-69 拉杆接长法牵引和锚固拉索
1-梁体;2-拉索;3-拉索锚头;4-长拉杆;5-组合螺母;6-撑脚;7-千斤顶;8-短拉杆;9-滚轮

(2)索力量测

斜拉索的索力正确与否,是建造斜拉桥成败的关键之一,必须有可靠的方法准确量测索力。目前常用的索力量测方法有压力表测定法、压力传感器测定法和频率法等。

压力表测定法是利用千斤顶的液压与张拉力之间的直接关系,在张拉过程中通过读取油压,而后换算成索力的测定方法。压力传感器测定法通过串联一个压力传感器,张拉时直接从传感器的仪表上读取索力。频率法是利用索的振动频率与索力之间的关系,通过测定频率,间接量测索力的方法。

四、斜拉桥的施工监控

斜拉桥是高次超静定结构,施工方法和架设顺序对成桥后的主梁线形和结构中的恒载内力的分布情况都有影响。随着施工的不断变化,如果对各施工阶段发生应力和变形的误差不加以有效管理和控制,累积起来也会影响成桥后的线形和应力。拉索中的应力过大或不足同样会使结构应力分布和主梁线形与设计不符。如果竣工后斜拉桥拉索索力、主梁内力和线形与设计相差较大,就会影响桥梁的安全使用。为了确保斜拉桥在施工过程中结构的受力状态和变形处于安全范围内,成桥后的主梁内力和线形符合预期的目标,就必须对各施工阶段发生的误差及时进行调整,这就是斜拉桥施工监控所要解决的问题。

施工监控工作包括监测与控制两部分,监测是通过测量和测试手段获得桥梁在施工中的状态,控制是根据监测的结果与计算结果的比较,分析桥梁状态存在的误差,确定实时调控方案并加以实施。

监测是控制的基本手段。目前的监测变量主要是斜拉索索力、结构变位(主梁高程变化、塔顶水平位移等)、关键部位结构应力等。控制一般采用自适应控制方法,即在误差出现后不是立即实施调整,而是分析误差出现的原因,在此基础上重新确定施工阶段的斜拉索张拉力,用施工新索力降低施工误差。寻找参数误差的过程称为系统自适应过程,参数误差主要有计算参数(自重集度、预应力效应、混凝土徐变特性等)误差与现场的量测误差。图11-70给出了斜拉桥施工自适应监控系统的原理。

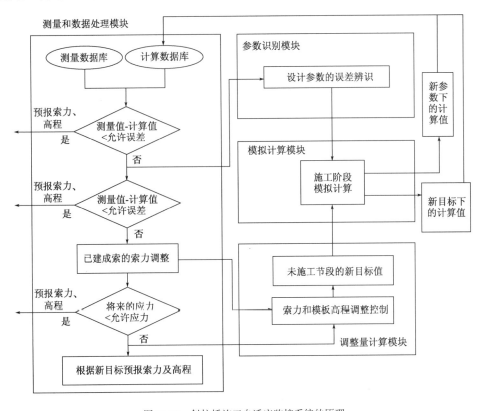

图 11-70 斜拉桥施工自适应监控系统的原理

控制中有两个问题需要特别关注,一是确定每一个施工状态的理论目标值,如果没有误差,施工最终状态就是所需要的成桥状态。这部分工作需要在设计斜拉桥时在施工阶段分析中完成。二是消除施工中的累积误差,保证成桥时索力和主梁线形与设计值之间的误差小于允许值。对于节段悬臂施工的斜拉桥,关键工作是估计结构真实参数、调整计算模型。

第十二章
悬索桥

悬索桥是四种基本桥型中跨越能力最大的桥梁，也是唯一起源于中国的桥梁。在悬索桥流传到国外之前的1705年，我国已经建成跨度达到100m的四川泸定桥，这是以铁链为主要承重构件的古代悬索桥的杰出代表。近代悬索桥改用钢丝编制主缆作为主要承重构件，1931年建成的乔治·华盛顿大桥率先突破了1000m跨度，1998年建成的1991m跨度的明石海峡大桥是目前最大跨度的悬索桥。本章悬索桥主要介绍悬索桥的结构组成与分类、结构设计与构造、计算理论与方法和悬索桥施工等，为前面混凝土梁桥、混凝土拱桥、斜拉桥到悬索桥画上圆满的句号。

第一节 概 述

悬索桥起源于中国，并在我国一直沿用至今，已经有2300多年的历史。最早的古代悬索桥是以竹、藤、麻等天然材料制的，因此跨径都不是很大，一般在60m左右，随着天然材料制索水平的提高，竹藤索桥的跨度有了进一步的增长。据记载，我国古代最大跨度的竹藤索桥是跨度达到140m的四川盐源县的打冲河桥，该桥是用竹子制索的，也称为竹索桥。始建于北宋淳化元年(990年)的四川灌县都江堰市的安澜桥是世界上第一座多跨(并列)索桥，安澜桥长340m，全桥共分8孔，最大一孔跨径达61m；全桥用细竹篾编成粗16.7cm(5寸)的竹索24根，每隔1~2m有一个由横木梁与两侧的竖直木条(杆)组成的U形木框；自清嘉庆八年"仿旧制"重建后的200余年中,经无数次的修缮已用钢丝绳代替了竹索,钢筋混凝土柱代替了木柱(图12-1)。

由天然材料制索过渡到铸铁材料制索并没有经历太长的时间,最早的铁索桥上的索是用铁链制成的,而链始于青铜器,从铜链到铁链的材料过渡,为铁索桥提供了形式、材料与技术上的可能性。2007年底在对公元前256—公元前221年(咸阳战国时期)古墓的第三次发掘中,发现了六马一车墓坑和圈马铁链。中国最早的铁索桥是建于西汉公元前206年(元年)的陕西留坝县樊河桥(图12-2)。我国最著名的铁索桥是建于清朝康熙四十四年(1705年)的四川泸定县泸定桥,该桥净跨径102m、净宽2.8m(图12-3),这是人类历史上第一座跨度超过100m的桥梁。我国古代最大跨度的铁索桥是142m的四川芦山县龙门桥(图12-4),该桥建于清朝光绪七年(公元1881年)。

图12-1　都江堰市安澜桥

图12-2　陕西留坝县樊河桥(1942年摄)

图12-3　四川泸定县泸定桥

图12-4　四川芦山县龙门桥

18世纪中叶,欧美开始出现了用铁链制成的悬索桥,一般也称为古代悬索桥。据记载,最早的欧洲古代悬索桥是1741年在英国Tees河上建成的跨径21.3m(70英尺)的铁链式铁索桥,一般认为这是对中国古代铁索桥一种直接模仿,并不很成功。1796年,美国在西弗吉尼亚建成了第一座铁索桥——James Finley桥,由于首次采用了吊杆悬吊水平桥面,被认为是近代悬索桥的雏形,并且在1801年获得了专利。此后,英国又分别在1817年和1820年建成了Dryburgh Abbey桥和联合大桥,后者跨度已经达到了137m。法国在1821年建成了第一座铁索桥,德国和俄国也在1824年分别建成了第一座铁索桥。1826年,英国建成了跨径达到177m的Menai海峡大桥(图12-5),该桥是当时最大跨度的铁索桥,全桥由每段长2.9m的熟铁双眼杆装配起来形成的一对铁链来支撑。尽管铁链作为主要承重构件的跨越能力已经非常有限，但是1864年，英国还是建成了史上最大跨度的铁链悬索桥——Clifton大桥（图12-6），该桥的跨度是214m。

图12-5　英国Menai海峡大桥

图12-6　英国Clifton大桥

近代悬索桥则是以铁丝或钢丝作主缆索为标志的。1816年，美国在费城用铁丝制成主缆索建成了第一座近代悬索桥——Schuylkill瀑布人行桥，主跨达到124m，从而揭开了近代悬索桥发展的序幕，也为美国悬索桥发展奠定了基础。美国先后在1849年、1866年和1869年三度刷新了悬索桥跨径的世界纪录——308m的Wheeling桥、322m的John A. Roebling桥和384m的Niagara Clifton桥。此外，1855年建成的Niagara瀑布桥的跨度虽然没有创造世界纪录（图12-7），只有250m，但是它开创了两个先列，首座采用空中纺线法（Air Spinning，AS法）施工主缆的悬索桥和首座采用双层桥面承受铁路和公路荷载的悬索桥。1883年，在美国纽约建成了跨径接近500m的悬索桥——Brooklyn大桥（图12-8），跨径达到了486m，该桥具备了现代悬索桥的几乎全部的优点，从而被称为第一座现代悬索桥。

图12-7　美国Niagara瀑布桥

图12-8　美国Brooklyn大桥

如果把悬索桥跨度的世界纪录分成三个阶段，第一个阶段是古代悬索桥发展阶段，从远古时代一直到Menai海峡大桥建成，古代悬索桥的主要特征是以铁链为主要承重构件的跨度较小（$L<200m$）的悬索桥，目前有历史记载的100m以上的铁链悬索桥是建于1705年的中国泸定桥；第二个阶段是近代悬索桥发展阶段，从1834年建成的Grand Pont Suspendu桥到1929年建成的Ambassador桥，近代悬索桥的主要特征是以钢丝编制主缆为主要承重构件、跨度中等

（200m＜L＜600m）的悬索桥；第三个阶段是现代悬索桥发展阶段，从 1931 年建成的乔治·华盛顿大桥到 1998 年建成的明石海峡大桥，现代悬索桥的主要特征是多索股主缆方便施工的大跨度（1000m＜L＜2000m）的悬索桥，悬索桥跨径从 1000m 增大到了接近 2000m。

在现代悬索桥发展阶段，人类历史上第一座跨度破千米的悬索桥是 1067m 跨径的美国乔治·华盛顿大桥（图 12-9）。1937 年跨径 1280m 的美国金门大桥横空出世（图 12-10），并保持悬索桥跨径世界纪录达 27 年之久；1964 年，美国又建成了跨径 1298m 的 Verrazano Narrows 桥；1981 年，英国终于打破了美国人垄断悬索桥世界纪录 130 多年的历史，创造了新的悬索桥跨径世界纪录——1410m 跨径的 Humber 桥；1998 年，同时在丹麦建成了 1624m 的 Storebaelt 东桥（图 12-11）和在日本建成了 1991m 的明石海峡大桥（图 12-12）。表 12-1 给出了 18 世纪以来曾创造跨径世界纪录的 19 座悬索桥的有关信息。

图 12-9 美国乔治·华盛顿大桥

图 12-10 美国金门大桥

图 12-11 丹麦 Storebaelt 东桥

图 12-12 日本明石海峡大桥

曾创造跨径世界纪录的悬索桥　　　　表 12-1

阶 段	建成年份	桥 名	跨径(m)	主 缆	主 梁	索 塔	国 家
古代	1705	泸定桥	102	铁链	简易梁	石材	中国
	1816	Schuylkill 瀑布人行桥	124	铁丝	简易梁	石材	美国
	1820	Union 桥	137	铁链	铁板梁	石材	英国
	1826	Menai 桥	176	铁链	铁板梁	石材	英国

续上表

阶 段	建成年份	桥 名	跨径(m)	主 缆	主 梁	索 塔	国 家
近代	1834	Grand Pont Suspendu 桥	237	钢丝	铁板梁	石材	瑞士
	1849	Wheeling 桥	308	钢丝	铁板梁	石材	美国
	1866	John A. Roebling 桥	322	AS 法	铁桁梁	石材	美国
	1869	Niagara Clifton 桥	384	AS 法	铁桁梁	石材	美国
	1883	Brooklyn 桥	486	AS 法	铁桁梁	石材	美国
	1903	Williamsburg 桥	488	AS 法	钢桁梁	钢材	美国
	1924	Bear Mountain 桥	497	AS 法	钢桁梁	钢材	美国
	1926	Benjamin Franklin 桥	533	AS 法	钢桁梁	钢材	美国
	1929	Ambassador 桥	564	AS 法	钢桁梁	钢材	美国
现代	1931	George Washington 桥	1067	AS 法	钢桁梁	钢材	美国
	1937	金门大桥	1280	AS 法	钢桁梁	钢材	美国
	1964	Verrazano Narrows 桥	1298	AS 法	钢桁梁	钢材	美国
	1981	Humber 桥	1410	AS 法	钢箱梁	混凝土	英国
	1998	Storebaelt 东桥	1624	AS 法	钢箱梁	混凝土	丹麦
	1998	明石海峡大桥	1991	PPWS 法	钢桁梁	钢材	日本

虽然1984年我国建成了500m跨度的施工便桥——西藏达孜桥,但大跨度现代悬索桥建设始于20世纪90年代初。作为中国第一座现代悬索桥——汕头海湾大桥采用了混凝土加劲梁,三跨连续桥面,桥跨布置为154m+452m+154m,该桥于1994年建成,成为世界最大跨径的混凝土加劲梁悬索桥。1996年建成了主跨900m的西陵长江大桥;1997年相继建成了888m的虎门珠江大桥和450m的丰都长江大桥,后者是中国第一座钢桁加劲梁悬索桥;1999年相继建成了648m的厦门海沧大桥和1385m的江阴长江大桥(图12-13),后者是中国自主建成的第一座超千米悬索桥,凝聚着几代中国桥梁人的梦想,是中国现代桥梁发展的重要里程碑。

进入21世纪后,中国建设大跨度悬索桥的进程步伐加快,在21世纪的前10年里,不仅在数量上平均每年建成一座大跨度悬索桥,而且在桥梁跨径上实现了两次突破,即2005年建成的1490m的润扬长江大桥和2009年建成的1650m的舟山西堠门大桥(图12-14)。表12-2给出了到2019年年底曾创造中国跨径纪录的11座悬索桥的有关信息。

图 12-13 江阴长江大桥

图 12-14 舟山西堠门大桥

曾创造中国跨径纪录的悬索桥 表 12-2

序号	建成年份	桥名	跨径(m)	主缆	主梁	索塔	地点
1	1994	汕头海湾大桥	452	PPWS法	混凝土	混凝土	广东
2	1996	西陵长江大桥	900	PPWS法	钢箱梁	混凝土	湖北
3	1997	虎门大桥	888	PPWS法	钢箱梁	混凝土	广东
4	1997	香港青马大桥	1377	AS法	钢桁梁	混凝土	香港
5	1999	江阴长江大桥	1385	PPWS法	钢箱梁	混凝土	江苏
6	2005	润扬长江大桥	1490	PPWS法	钢箱梁	混凝土	江苏
7	2009	舟山西堠门大桥	1650	PPWS法	钢箱梁	混凝土	浙江
8	2019	南沙大桥	1688	PPWS法	钢箱梁	混凝土	广东
9	2019	杨泗港大桥	1700	PPWS法	钢桁梁	混凝土	湖北
10	2012	泰州长江大桥	2×1080	PPWS法	钢箱梁	混凝土	江苏
11	2013	马鞍山长江大桥	2×1080	PPWS法	钢箱梁	混凝土	安徽

未来全世界最有可能兴建超大跨度悬索桥的有五个海峡跨越工程，分别跨越墨西拿海峡、直布罗陀海峡、圣达海峡、津轻海峡和台湾海峡。

(1) 墨西拿海峡大桥

墨西拿海峡位于意大利本土与西西里岛之间的地中海上，平均宽度 31km，最窄处约 3.3km，最浅的海底水深 110m，海底变化复杂，潮流速度 3 m/s。建设跨越海峡连接的宏伟规划始于 19 世纪末期，初步形成于 20 世纪中期，基本完成于 20 世纪末期。最终确定的桥梁设计方案的使用年限为 200 年，并按 50 年、400 年、2000 年的重现期进行极限状态设计。按 2000 年重现期设计时，距海平面高度 70m 处的设计风速为 60m/s，地震动最大水平加速度按 $0.6g$ 持续 25s 计算。主桥采用 3300m 中间一跨悬吊加上两边跨 1800m 悬吊结构，矢跨比 1/11。加劲梁采用分体式钢箱梁构造，全宽 60.4m，其中包括两个 8.25m 宽的开槽，边上两个有效宽度 11.5m 的桥面用于提供 3 条公路车道，中间 10m 的桥面用于 2 条轻轨铁路。桥塔采用 A 字形钢结构桥塔，海面以上高度达 367m。两岸采用重力式锚碇，锚固每侧 2 根 1.2m 直径的共 4 根主缆。

(2) 直布罗陀海峡大桥

直布罗陀海峡位于欧洲大陆和非洲大陆之间，是连接欧非大陆最窄水域。建设连接欧非大陆的直布罗陀海峡通道的设想始于 19 世纪，但政府间有组织地开展合作始于 1979 年。到 20 世纪末基本完成了可行性研究工作。直布罗陀海峡跨越线路主要有两条，即大陆架线路和海峡线路。大陆架线路的水深较浅，最大水深 300m，线路总长度约 28km，最终选定的方案是 3 主跨 3550m 加 2 边跨 1500m 的五跨悬索桥，加劲梁采用宽分体式双箱梁，桥塔采用四柱式桥塔。海峡线路的水深较大，最大水深可达 900m，但是两岸距离为 14km，最终选定的方案是 2 主跨 5000m 加 2 边跨 2500m 的四跨悬索桥。

(3) 圣达海峡大桥

圣达海峡位于印度尼西亚苏门答腊岛和爪哇岛之间，印度尼西亚政府从 20 世纪开始就着手对圣达海峡跨越方案进行研究，并且在 20 世纪末完成了一份预可行性研究，由于估算投资高达 70 亿美元，所以研究方案被暂时搁置了。预可行性研究推荐的圣达海峡跨越方案包括两个部分,即从苏门答腊岛到 Sangiang 岛的跨越以及从 Sangiang 岛到爪哇岛的跨越,由于这两个跨越的水深都非常大、海床非常不规则,所以最后选定的方案是在这两个跨越中,各布置一个中跨 2016m 的三跨悬索桥,如图 12-15 所示。

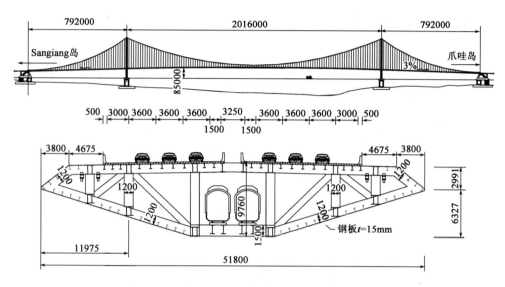

图 12-15　印度尼西亚圣达海峡大桥方案(尺寸单位:mm)

(4)津轻海峡大桥

到 1999 年,日本已经建成了宏伟的本州四国联络桥工程,创造了悬索桥跨径的新的世界纪录——1991m 的明石海峡大桥。根据日本新国土轴、新交通轴和海湾环状交通网等规划,21 世纪日本长大桥梁建设计划主要围绕 7 条跨越海峡线路来进行。其中,有 5 个海峡的跨越需要建设超大跨径的悬索桥,这 5 个海峡从北到南依次是津轻海峡、东京湾口、伊势湾口、纪淡海峡和丰予海峡。最北面的津轻海峡,是连接北海道和本州的海峡,有一条国际航道,必须确保 2000m 的航道宽度,这里气象、水文条件都十分严酷,必须考虑桥梁上部结构和下部结构创新,才能完成这一海峡跨越工程的设计和施工。最新的津轻海峡跨越方案约 18km 海上桥梁,包括一座 3500m 总长的 3 跨悬索桥、一座 2 个 3000～4000m 主跨的悬索桥以及一座 4500m 总长的 3 跨悬索桥。

(5)台湾海峡大桥

从中国未来超大跨度悬索桥建设的条件来看,主要分布在沿海通道建设中,其中包括渤海海峡、台湾海峡、伶仃洋通道、琼州海峡等。根据海峡两岸专家学者的 5 次探讨,设想中的台湾海峡通道全长 125～150km,是目前世界上最长的跨海大桥——32.5km 长的杭州湾通道的 4 倍,建设难度很高。这样巨大的跨海工程,放眼世界没有先例可循。海峡两岸专家已经设计出 3 个连接两岸的台湾海峡通道的方案,分别是:北线方案,从福建省的福清经平潭岛到新竹,长约 122km;中线方案,从福建的莆田经南日岛到台湾苗栗,全长在 128km 左右;南线方案,由福建的厦门经金门到澎湖最后到嘉义,全长约 174km。长度为 122km 的北线地区,水深大多在 40～60m 之间,最深不超过 80m,属于浅海区,且底部岩层坚硬,非常适宜建桥,需要根据通航和深水要求布置 1～2 个 5000m 跨度的悬索桥才能满足要求。

第二节 悬索桥结构组成与分类

一、基本结构组成

悬索桥主要由桥塔、主缆、加劲梁、吊索、鞍座、索夹、锚碇等构成。自锚式悬索桥主缆锚固于加劲梁上,没有锚碇。图12-16显示了悬索桥的基本组成。

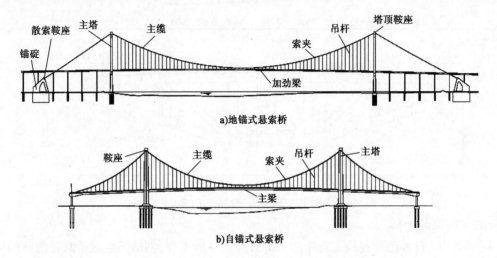

图12-16 悬索桥的基本组成

加劲梁主要提供承载刚度和荷载作用面,并将荷载传递给吊索。吊索连接主缆和加劲梁,并将加劲梁上的荷载传递给主缆。主缆是悬索桥的主要承重构件,承受活载和加劲梁、吊索及自身的恒载等。塔顶鞍座是主缆转向装置,并将主缆缆力的竖向分力传递给桥塔。桥塔起支承主缆的作用,承受缆力的竖向分力和不平衡水平力。散索鞍在主缆进入锚碇前起到分散主缆和转向作用,便于主缆分散锚固。锚碇(地锚式悬索桥)是锚固主缆的构造物,根据构造的不同主要支撑主缆缆力。

悬索桥属于柔性结构,是依靠主缆初应力刚度抵抗变形的二阶结构,整体受力表现出显著的几何非线性。成桥时,结构自重由主缆和主塔承担,加劲梁则由施工方法决定受力状态,成桥后作用的荷载由结构共同承担,受力按刚度分配。荷载传递路径:加劲梁→吊索→主缆→桥塔→锚碇或加劲梁(自锚式悬索桥)。

加劲梁是保证车辆行驶的传力构件。地锚式悬索桥加劲梁在一期恒载作用下仅受梁段节间自重弯矩,在二期恒载和活载作用下主要承受整体弯曲内力,但由于主缆强大的"重力刚度",大部分荷载都分配给了主缆承担。因此,大跨径悬索桥加劲梁的挠度从属于主缆,以致增大加劲梁截面尺寸会出现增大梁内次应力现象。随着跨径的增大,加劲梁退化为传力构件。由于加劲梁在横桥向没有多点约束,因此需要足够的横向抗弯刚度和扭转刚度。

自锚式悬索桥的加劲梁受力与地锚式悬索桥不同,主缆不提供重力刚度,加劲梁通过弯曲承担很大部分荷载。除受弯外,还要承受锚固在主梁两端的主缆传递来的轴向压力。因此,自锚式悬索桥加劲梁的截面尺寸较大。

吊索是联系加劲梁和主缆的纽带,受轴向压力。吊索内恒载轴力的大小,既决定了主缆的成桥线形,也决定了加劲梁的恒载弯矩,是决定悬索桥受力状况的关键因素。

竖直布置的吊索只承受拉力作用,但斜吊索会因为汽车荷载或风荷载作用而不断产生拉、压交变应力,存在严重的疲劳问题。

主缆是结构体系中的主要承重构件,属于几何可变体,承受拉力。主缆在恒载作用下具有很大的初始拉力,对后续结构提供"几何刚度",不仅可以通过自身弹性变形,而且可以通过几何形状的改变影响体系平衡,表现出大位移非线性的力学特征。这是悬索桥区别于其他桥型的重要结构特征之一,也是悬索桥跨径不断增大、加劲梁高跨比减小的根本原因。

主缆分担活载的大小与"重力刚度"有关。悬索桥跨径越大,主缆的"重力刚度"越明显,分担的活载比例越大。大跨径悬索桥的主缆往往承担80%以上的活载,而中小跨径悬索桥的主缆分担活载较小。主缆的"重力刚度"使大跨径悬索桥可以采用柔性加劲梁。一般悬索桥采用双主缆,但也有单主缆、多主缆或空间主缆的设计形式。如果主缆太粗,会导致鞍座处主缆弯曲应力过大和架设困难,也可以一侧安置两根。

桥塔是压弯构件,与斜拉桥桥塔相似。桥塔竖向主要承担恒载为主的主缆竖向分力(压力),桥塔顺桥向恒载引起的主缆水平分力在桥塔两侧基本平衡,不至于引起桥塔弯矩,但是活载会使桥塔两侧产生不平衡拉力,塔顶会发生顺桥向水平位移。当位移量达到一定值时,桥塔两侧主缆水平力达到新的平衡。此时,桥塔相当于一根一端固结,一端弹性支承的梁,在支承端发生水平位移,塔底会产生一定弯矩。由于桥塔水平抗推刚度相对较小,塔顶水平位移主要由中、边跨主缆平衡条件决定。塔内弯矩大小取决于桥塔的顺桥向弯曲刚度,增大桥塔顺桥向尺寸反而会增加塔底弯曲应力。

二、悬索桥分类

1. 按锚固方式

绝大部分悬索桥,特别是大跨度悬索桥,都是地锚式(也称为外锚式)悬索桥。地锚式悬索桥主缆的拉力由桥梁端部的锚碇传递给地基,因此在锚碇处一般要求地基具有较大的承载力,最好是有良好的岩层作地基持力层。

自锚式(也称为内锚式)悬索桥主缆拉力的水平分力使加劲梁产生巨大的轴向压力。为了抵抗巨大的主缆水平分力,加劲梁的截面必须增大,重量就会增加,因此,自锚式悬索桥的跨度不宜过大。自锚式悬索桥施工一般必须先架设加劲梁,然后再架设主缆,这也限制了其在特大跨径悬索桥上的应用。

2. 按主缆体系

大多数悬索桥均采用双主缆体系。传统的双主缆体系中,两根主缆分别在两个平行的竖直平面内。这种体系对恒载是非常适合的,但对横桥向风荷载则不是最佳选择。随着跨度的进一步增大,传统的双主缆体系悬索桥可能出现抗风稳定问题。为了避免传统的竖直面双主缆抗扭不利的问题,考虑两种方案。第一方案如图12-17a)所示,两根主缆间距从跨中向桥塔逐渐分开,由于梁宽沿顺桥向不变,其吊索必然是横桥向倾斜的。第二方案如图12-17b)所示,相对于传统双主缆体系则增加了交叉吊索,为了避免侵入交通净空,在跨中附近的区段不能安装交叉吊索;交叉吊索中的拉力应该尽量减小,只需能保持索的直线形状以及在振动时不丧失拉力,交叉吊索只承担桥面(包括梁体)重量的一小部分一般就能满足要求。

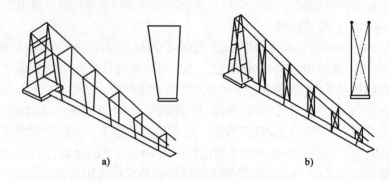

图 12-17 双主缆体系的两种新方案

单主缆体系是莱翁哈特(Leonhardt)对某几座桥(包括葡萄牙的 4 月 25 日桥和德国的埃默里希桥)提出的建议。吊索可布置成如图 12-18 所示的形式,其中顺桥向是竖直的,而横桥向是有斜度的,这种吊索抗风稳定性较好。但对超大跨度来说,通常需在跨中将主缆和加劲梁连接,以增加结构体系的刚度,而这种单主缆体系因要保持交通净空而无法实现。

三主缆体系是由单主缆体系发展而来的,它是单主缆体系与双主缆体系的结合(图 12-19)。位于悬索桥两侧的主缆既可以是竖向的,也可是斜向的。这样布置后,在三根主缆没有移动以及没有同时产生横向水平振动时梁体不能作转动,结构抗扭刚度大大提高。

图 12-18 单主缆体系　　　　　图 12-19 三主缆体系

三根主缆的刚度可通过仔细分配桥面(包括梁体)的重量来使它们匹配,如将各 35% 的重量分配给两侧的主缆,30% 的重量分配给中间主缆。该体系还可变通为采用桁架式斜吊索来增加结构体系的刚度。

四主缆体系中有两根为主要的承重缆索,也就是主缆;另外两根缆索主要用以承受风力,也就是风缆。它最早是姆斯曼西(Musemeci)对墨西拿海峡大桥的建议。位于桥面以下的两根风缆(即抗风缆索)可以只与加劲梁用吊索连接,也可同时与主缆用吊索连接。抗风缆索与加劲梁连接方式,又分为有横向交叉吊索形式和无横向交叉吊索形式(图 12-20)。四主缆体系的抗风稳定性能很好,但也有其缺陷:施工顺序较为复杂;桥下两根风缆可能妨碍通航;两根主缆负重与应力增加,初步估计的缆索总重量与传统悬索桥相比要增加 20%。

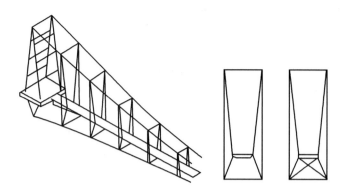

图 12-20　有、无横向交叉吊索的四缆体系

3. 按孔跨布置

图 12-21 所示为以孔跨布置来分类的悬索桥的形式。三跨悬索桥是最常见的悬索桥布置形式[图 12-21b)]，它的结构特性也比较合理，迄今为止大跨度悬索桥大部分采用这种形式。

单跨悬索桥常常是由地形条件或线路平面条件来决定的[图 12-21a)]。它适合于边跨地面较高，采用桥墩来支承边跨的梁体结构的情况，或者是由于道路的平面线形不得不有曲线进入边跨的情况。单跨悬索桥由于边跨主缆的垂度较小，因此活载刚度较大，但在架设时桥塔顶部须设置较大的鞍座预偏量。

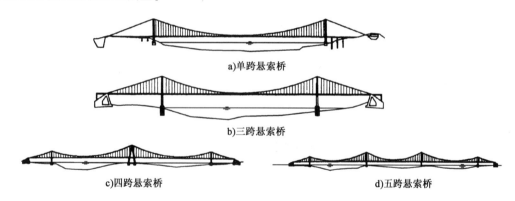

图 12-21　悬索桥的孔跨布置形式

当只有一侧的边跨地面较高或线路有平面曲线进入时，可以采用两跨悬索桥的形式，即一个边跨与主跨的加劲梁是悬吊的，另一边跨的梁体是由桥墩支承的形式。

当出现一些特殊情况，如 W 形河床地形、河中为沙洲时，采用独塔双跨悬索桥则是较为合适的。

相对于三跨悬索桥来说，通常将四跨及四跨以上的称为多跨悬索桥。多跨悬索桥常因中间桥塔相邻跨的主缆不锚固在锚碇中，当其中一跨作用荷载时，塔柱将向受荷载一跨方向弯曲，使悬索桥的整体刚度减小，因此，大跨径多跨悬索桥比较少见。如果要采用，中间桥塔必须加大其刚度，如采用在顺桥向呈 A 字形的 4 立柱桥塔，以加大中间桥塔的刚度，但是这将大大增加中间桥塔及其基础的造价，并且塔顶处主缆水平分力的不平衡将随中间桥塔的刚度成比例地增大。此类悬索桥主缆不平衡水平分力超过塔顶鞍座与主缆之间的摩阻力时，主缆将在鞍座内发生滑移，导致结构失效。为了克服这一问题，早期多跨悬索桥方案都改为两座三跨悬索桥和一个共用的主缆锚墩,如图12-22所示。

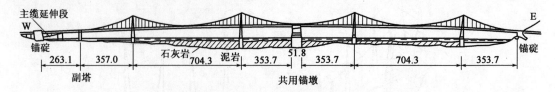

图12-22 美国旧金山奥克兰湾西桥双联悬索桥(尺寸单位:m)

一般三跨悬索桥中加劲梁在塔柱处是非连续的,而是主跨和边跨分别简支在塔柱横梁上,称为三跨双铰加劲梁。但是,目前也有相当多的大跨径悬索桥将全桥设计成连续加劲梁。单跨悬索桥一般采用双铰式,悬臂式较少见,如图12-23所示。

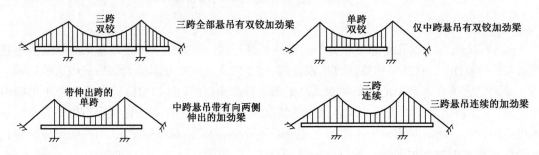

图12-23 加劲梁的支承体系

三跨双铰加劲梁的布置在受力上较合理,加劲梁的弯矩比较小,对桥塔基础不均匀沉降的适应性也比较好。但采用非连续的双铰加劲梁时,梁端的角变位和伸缩量以及跨中的最大挠度均较大。对于变位要求较低的公路桥,采用三跨双铰加劲梁较合理;对于有铁路通过的悬索桥,必须进行连续加劲梁和双铰加劲梁的比较。

第三节 悬索桥结构设计与构造

一、结构总体设计

1. 跨径

首先要根据地形和地质条件确定桥塔和桥台位置(由于悬索桥跨越能力大,一般跨径不由通航净空所控制),然后确定悬索桥跨径。桥塔把悬索桥划分为中跨和两个边跨。边跨长度根据经济条件和锚固位置来定,边中跨比一般在 0.25~0.5 之间。单跨悬索桥的边中跨比一般在 0.2~0.3 之间。在恒载条件下,为了使主缆在桥塔两侧的水平力相等,要求主缆与桥塔两侧的倾角相等,单跨悬索桥的边跨主缆为直拉式。因此,一般情况下单跨悬索桥的边中跨比应该比三跨悬索桥小,单跨的边跨跨径与散索鞍位置也有很大关系。

2. 主缆矢跨比

悬索桥的受力性能与主缆的矢跨比有关。设中跨主缆矢高为 f,则矢跨比为 f/l。从悬索桥受力来看,矢高 f 越大,主缆中的内力越小,可以节省主缆钢材,但桥塔的高度和主缆的长度都要增加,而主缆加长会增加中跨四分点的挠度。从理论分析来看,最有利的矢跨比为 1/7 ~ 1/6。但在工程实践中,欧美国家为了减小桥塔高度,常采用 1/12 ~ 1/9 这种偏小的矢跨比。对于自锚式悬索桥而言,由于主缆水平分力对加劲梁的作用,矢跨比不适合做得太小,常用 1/8 ~ 1/5。矢跨比确定后,桥塔高度由桥面高程加上跨中吊索最小高度和矢高来确定。

3. 吊索间距

悬索桥吊索间距直接涉及桥面构造和桥面材料用量,应进行经济性比较。跨径在 80 ~ 200m 范围内的悬索桥,吊索间距一般取 5 ~ 8m。跨径增大,吊索间距也应增大。有时吊索间距可达 20m 左右。例如,葡萄牙的 4 月 25 日桥,吊索间距达到 23.02m。

4. 锚索倾角

三跨悬索桥中跨的主缆称为主索,而边跨的主缆称为锚索。确定悬索桥锚索(边索)倾角的原则:主索与锚索的拉力相等或接近,锚索的倾角 φ_1 和主索在桥塔的水平倾角 φ_0 应相等或相近(图 12-24)。

以桥塔支承点为坐标原点的主索曲线方程,可近似表示为二次抛物线:

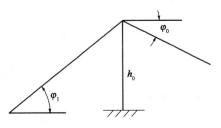

图 12-24 主缆锚索倾角

$$y = \frac{4fx(L-x)}{L^2} \quad (12\text{-}1)$$

对 x 求导数以后,就可以得到主索在桥塔处的倾角 φ_0:

$$\left.\frac{dy}{dx}\right|_{x=0} = \tan\varphi_0 \quad (12\text{-}2)$$

由此可以求得倾角 φ_0:

$$\tan\varphi_0 = \frac{4f}{L} \quad (12\text{-}3)$$

我国一般按照 $\varphi_1 = \varphi_0$ 的条件来确定锚索倾角 φ_1。当锚索倾角 $\varphi_1 = \varphi_0$ 时,根据刚度和经济条件,锚索倾角一般在 30° ~ 40°之间。如果大跨径悬索桥受地形限制,不能按照 $\varphi_1 = \varphi_0$ 来处理时,为了减少主索和锚索中的内力差值,两角差值一般应控制在 10°以内。

5. 加劲梁形式

对于加劲梁,总体设计时首先要考虑的是采用桁式加劲梁还是箱形加劲梁。桁式加劲梁的桁高 h 比箱形加劲梁的梁高 h 要大好几倍,它对布置双层桥面的适应性较好。箱形加劲梁材料省、自重轻。20 世纪 80 年代以来,除了日本明石海峡大桥和因岛大桥外,单跨大跨度悬索桥基本上都采用了箱形加劲梁。

悬索桥的加劲梁梁高,主要根据刚度条件和材料用量最少来确定。其中,桁式加劲梁的梁高为主跨的 1/180 ~ 1/70,一般取 8 ~ 14m,箱形加劲梁梁高为主跨的 1/400 ~ 1/300,一般取 2.5 ~ 4.5m。

桁架节间长度影响行车道纵梁的跨径。节间过大必然对行车道和主桁架的用钢量有很大的影响。单从桁架方面来分析,节间大小取决于桁高和斜杆与弦杆的夹角,夹角大小又直接影响斜杆内力,从而影响桁架的用钢量。从构造角度出发来分析,斜杆的倾角宜在 30° ~ 50°,因为斜杆与竖杆的夹角过大和过小,会导致节点板过高或过长,造成节点构造复杂。

桁式加劲梁的梁体是透空的，抗风稳定性较好，同时具有较大的抗扭刚度，不容易产生颤振、抖振和涡振。箱形加劲梁的抗风稳定性是需要认真研究的问题。在桥面宽度确定后，梁高小、断面的流线型好，有利于抗风稳定；但高度太小其抗扭刚度也小，容易导致涡振和抖振的发生，产生结构疲劳、人感不适及行车安全问题。为此，还要控制加劲梁的高宽比，一般控制在 1/11～1/7。对于大跨度悬索桥，通常在加劲梁断面初选之后，进行节段模型的风洞试验。根据试验结果进行必要的断面参数修正，确保抗风稳定性。

二、主要构件构造

1. 主缆

主缆是悬索桥的主要受力构件，有时也称为大缆。悬索桥的主缆形式一般是全桥设有 2 根，平行布置。迄今为止，只有少数悬索桥采用 4 根主缆的布置形式，即在大桥每侧并排布置 2 根主缆，共用同一吊点，如美国的维拉扎诺桥和乔治·华盛顿桥。另外，日本的北港桥（主跨 300m 的自锚式悬索桥）只设了单根主缆。

主缆一般在跨度范围内通过吊索与加劲梁相连。但有的悬索桥（如丹麦大贝尔特桥）为了减小竖向变位和增大扭转刚度，在跨中将主缆与加劲梁直接连在一起，形成缆结，使主缆对跨中一点相当于斜拉索作用。历史上主缆的材料有藤索、竹索、铁索、眼杆链等。在 1820 年前后，法国工程师采用钢丝制作悬索桥的主缆，到 1883 年美国修建布鲁克林桥时，跨度就达到 486m，从此开始了大跨度悬索桥的建设。钢丝强度的不断提高，使建成悬索桥的跨度已接近 2000m。目前国内外都在研究可用作主缆的新型材料，例如高强纤维材料等，主缆材料和构造的进步必将促进悬索桥向更大的跨度发展。

悬索桥的主缆可采用钢丝绳和平行钢丝束两种形式，前者一般用于中小跨度（跨度 500m 以下）的悬索桥，后者则适用于各种跨度的悬索桥。用于悬索桥的钢丝绳根据其规模大小可分别采用螺旋钢丝绳及绳股钢丝绳。平行钢丝束则根据其架设方法分为空中纺线法（AS 法）和预制平行索股法（PPWS 法）。前者是在施工现场通过移动的纺轮在空中编制以单根钢丝为单位的主缆；后者是预先在工厂按规定的钢丝根数及长度制作成索股，并做好锚头，绕在索股盘上，然后运到现场通过牵引系统架设以钢丝索股为单位的主缆，后者的主缆架设速度明显快于前者。

悬索桥的主缆一般有以下基本要求：①单位有效截面积的拉力强度大；②截面密度高；③结构延伸率小；④弹性模量大；⑤抗疲劳强度大、蠕变小；⑥易于运输、架设与锚固；⑦防腐处理容易；⑧价格便宜。

大跨度悬索桥主缆的索力大，所要求的钢丝数目多，为了减小主缆直径和提高弹性模量，基本上采用平行钢丝组成索股，再由若干索股组成密实的主缆。由平行钢丝索股组成的主缆各索股之间受力较为均匀，平行索股主缆可制作成正六边形、圆形等形状，通过施工工艺，可将其架设成密实和理想的截面形式。

索股的架设截面形式一般是正六边形，以便于索股保持稳定和相对密实。由索股排列成主缆的截面外形有尖顶型和平顶型两种，如图 12-25 所示。平行钢丝索股按设计排列架设完成后，将外层索股的定型带去掉，将索股打散，然后进行初整形；在初整形后，用紧缆机进行最终整形，将主缆紧固到要求的截面大小时，用软钢带将其捆扎，使其保持要求的形状和尺寸，如图 12-26 所示，全部紧缆完成后，再进行下一道工序。

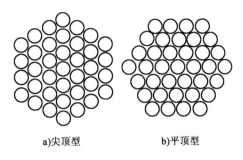 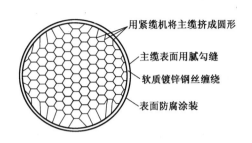

图 12-25 主缆内丝股的排列   图 12-26 紧缆后丝股的截面变形形态

主缆的容许索力可用下式求得：

$$T_\alpha = \frac{\alpha \sigma_v A_c}{\nu} \tag{12-4}$$

式中：α——材料折减系数，对于平行钢丝索股，取 0.95；

σ_v——材料的强度；

A_c——有效截面面积；

ν——安全系数。

主缆的安全系数主要由以下因素决定：主缆的构造、计算精度、恒载应力与活载应力之比、二次应力的影响、应力不均匀程度、结构物的重要性等。选取适当的值作为主缆的安全系数，做到既保证结构的安全，又经济合理，这是降低悬索桥主缆材料用量的关键。国外早期悬索桥主缆的安全系数取得比较大，小跨度桥取得更大，目前一般都在 2.5~3.0。对特大跨度桥，则由于二次应力、施工误差等的影响比小跨度桥要小，因此安全系数可取得小一些，如明石海峡大桥取 2.3 左右。

2. 桥塔

桥塔的作用是支撑主缆。悬索桥的桥塔按其材料可分为圬工桥塔、钢桥塔和钢筋混凝土桥塔。早起的悬索桥多采用由石料砌筑的门架形圬工桥塔。在 20 世纪修建的悬索桥（特别是美国和日本）的桥塔大部分采用钢结构。钢桥塔在桥梁横向的结构形式可分为带斜腹杆的桁架式、只带横杆的刚架式和以上两者混合的混合式（图 12-27）。一般来说，桁架式主塔无论在塔顶横向水平位移、用钢量、功能性及经济性方面均较有利，但在外观上刚构式比较简洁悦目。近几十年来随着混凝土技术的发展，特别是爬升式活动模板问世以来，大跨度悬索桥桥塔开始采用混凝土结构。

桥塔按结构受力特性分为刚性、柔性和摆柱式三种。悬索桥建成后，由于活载作用及温度变化，位于塔顶的鞍座与主缆之间不允许出现相对滑移，使得鞍座会沿桥轴线方向发生线位移。若采用刚性桥塔，则需要在主鞍座下设辊轴，使鞍座能够沿顺桥向移动[图 12-28a)]。若采用柔性塔，鞍座就固定于塔顶，由塔的弹性变形来适应鞍座的线位移，这种方式构造简单，维修保养容易[图 12-28b)]。大跨度悬索桥的桥塔通常采用柔性塔，塔的受力常为压弯甚至扭转共同作用，以受压为主。桥塔截面以矩形为基本形状，为美观和抗风等需要，也可适当做一些修饰。此外，在悬索桥发展的早期，有些小跨度悬索桥中曾采用过摆柱式桥塔[图 12-28c)]。这种桥塔在塔底设铰，大大减小了塔所受的弯矩，但施工困难，结构复杂，现已不再采用。

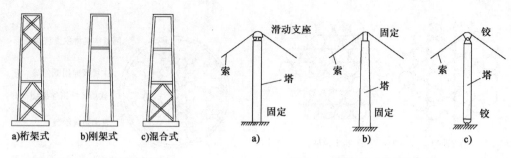

图 12-27　悬索桥桥塔的形式

图 12-28　塔与索鞍的联结形式

悬索桥一般需要设置两座桥塔,也有个别采用独塔的,例如第一座采用独塔自锚式悬索桥结构设计的美国旧金山奥克兰海湾大桥东侧新桥,该桥主跨 385m,主缆从塔顶分 4 条降下,通过斜吊杆与桥面两边相连,形成独塔非对称自锚式悬索桥。

3. 加劲梁

悬索桥的加劲梁一般都采用钢结构。早期以采用钢桁梁为主,个别中小跨度的悬索桥也有采用钢板梁的,由于钢板梁的抗风性能不佳,自采用钢板梁的美国塔科玛老桥被风吹垮后,世界各国在较大跨度的悬索桥中不再采用钢板梁。现已建成的大跨度悬索桥的加劲梁一般采用钢桁梁或钢箱梁。

钢桁梁在双层桥面的适应性方面远较钢箱梁优越,因此它适合于交通量较大的公铁两用悬索桥。我国建成的奉节长江大桥、贵州坝陵河大桥、北盘江大桥等都采用了钢桁梁。钢桁梁的立面布置多采用有竖杆的简单三角形形式,其横向布置应根据是否设置双层桥面而定,桥面常采用钢筋混凝土板或正交异性钢桥面板。图 12-29a)为明石海峡大桥加劲梁横截面(双层桥面,公路钢桥面板),图 12-29b)为美国纽波特大桥加劲梁横截面(单层桥面,混凝土桥面板)。

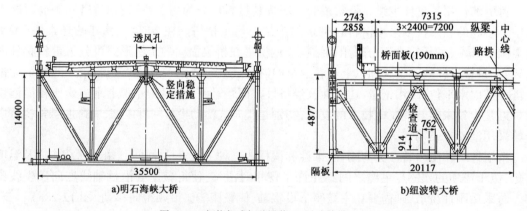

图 12-29　钢桁架式加劲梁截面(尺寸单位:mm)

采用钢箱梁作为悬索桥加劲梁是从 1966 年建成的英国塞文(Severn)桥开始的。在此之后,大跨度悬索桥中采用这种加劲梁的相继有丹麦的小贝尔特桥(主跨 600m)、土耳其的博斯普鲁斯一桥(主跨 1074m)、英国的亨伯尔桥(主跨 1410m)、博斯普鲁斯二桥(主跨 1090m)、大贝尔特桥(主跨 1624m)。我国建成的虎门大桥、西陵长江公路大桥、江阴长江公路大桥、厦门海沧大桥、广州珠江黄埔大桥等都采用钢箱加劲梁。

钢箱加劲梁外形呈梭状扁平形,其优点是建筑高度小,自重比桁架梁轻,用钢量省,风阻系数较小(仅为钢桁架梁的 1/4～1/2)。典型的梭状扁平钢箱梁的截面如图 12-30 所示,它由带加劲肋的钢板焊接而成,在箱内还设有横隔板或由杆件组成的横撑,桥面通常采用正交异性钢桥面板。

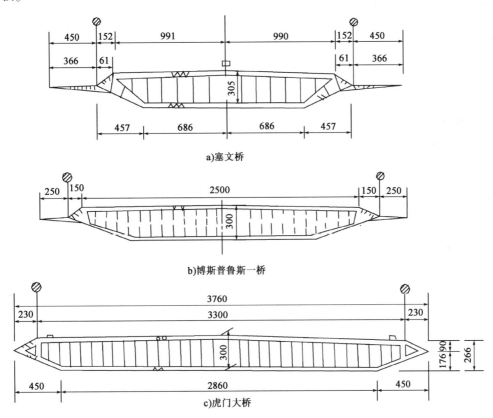

图 12-30　钢箱加劲梁截面(尺寸单位:cm)

作为"第三代钢梁"的分体式钢箱梁,是继整体式钢箱梁之后又一次重要的大跨度桥梁主梁断面的革新。分体式钢箱梁的主要优点是改善了空气动力性能,特别是提高了颤振临界风速。对分体式钢箱梁性能探索和工程应用正受到世界各国桥梁工程界的关注。我国是最早建成分体式钢箱加劲梁悬索桥——舟山西堠门大桥的国家,韩国的李舜臣大桥是第二座,尽管香港昂船洲大桥、上海长江大桥等采用分体式钢箱梁,但是,这些都是斜拉桥,更重要的是它们本身并无抗风稳定性问题,而是为了让独柱式桥塔可以从主梁中间穿过才需要分体。

自锚式悬索桥加劲梁由于受到主缆传过来的巨大轴向力,因此相对地锚式悬索桥来讲,要强大得多。自锚式悬索桥加劲梁材料既可以采用钢材、混凝土,也可采用钢-混凝土材料。图 12-31 所示为平胜大桥主桥自锚式悬索桥主跨钢箱加劲梁、边跨混凝土加劲梁的断面布置。

对加劲梁下的支座,一是要求其能将加劲梁支点反力传到塔或下部结构,二是要求其能满足结构变形。在单跨悬索桥中,由竖向及横向荷载产生的加劲梁端部的位移较大,特别是在一般桥梁中不予考虑的横桥向的位移较大,因此所设计的支座必须满足加劲梁在其端部能绕竖直轴自由转动的需求。为了满足这种功能要求,加劲梁一般在竖向与横向分别设置支座。在立面上,加劲梁两端常用吊杆或摆柱作为竖向支承。

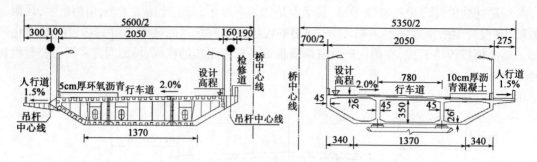

图 12-31 自锚式悬索桥的加劲梁(尺寸单位:cm)

三、其他构件构造

1. 鞍座

鞍座是设在塔顶及桥台上直接支承主缆,并将主缆荷载传递给桥塔及桥台的装置。设在塔顶的鞍座又叫作主鞍,用作主缆跨过塔顶的支承,承受主缆产生的巨大压力并传递给桥塔。图 12-32 所示为悬索桥塔顶鞍座的侧面构造图。主鞍一般由铸钢件构成,随着焊接技术的发展,目前的鞍座大多采用铸焊结合结构。鞍槽采用铸钢件,鞍槽下的支撑结构采用厚钢板焊接结构,鞍槽与支撑结构之间也用焊接。为方便吊装,往往将主鞍座在纵向分为两段或三段,吊装到塔顶后用高强度螺栓连接成整体。

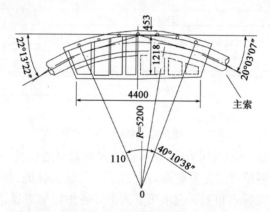

图 12-32 悬索桥塔顶鞍座侧面构造图(尺寸单位:mm)

鞍座的弯曲半径关系到主缆的弯曲应力和主缆与鞍座的接触压力。主缆的弯曲应力与弯曲半径成反比,削弱主缆拉力强度的接触压力也同样与弯曲半径成反比。因此,确定鞍座的半径时必须充分考虑这两个因素。一般悬索桥的主鞍半径是主缆直径的 8~12 倍。

就大跨度悬索桥而言,在成桥之后,主鞍应固接在塔顶,且主鞍与主缆之间不能有相对移动。过去一些大跨度悬索桥在主鞍之下设置辊轴,是因为在悬索桥架梁过程中,随着缆力增加,主缆要带着主鞍向河心方向移动,为使位于主鞍两边的主缆水平分力基本平衡,就需要利用辊轴(包括相应的水平千斤顶)来控制主鞍的纵向移动。在成桥之后,辊轴不起作用。若采用柔性桥塔,可以在施工中依靠塔身弯曲来达到同样的目的。

如果边跨较大,致使主缆在边跨靠岸端的坡度平缓,为了使主缆对水平线的倾角变陡,以便进入锚碇,可以在边跨靠岸端的桥墩或钢排架顶上设置一鞍座,称为副鞍(或转索鞍)。副鞍的主要作用是改变主缆在竖直面内的方向,因此仅在需要改变主缆方向的桥上才设置副鞍。从副鞍到锚碇混凝土前锚面,主缆还有相当长度。随着缆力的增加,副鞍将发生向河心的纵移,为此,需要把副鞍设置在摇轴、摆柱或辊轴上,以适应成桥后副鞍的(因活载产生的)纵移。但是,在施工过程中,则需要让副鞍预先有一靠岸的纵移量,使它在成桥时能进入设计位置。

在锚碇前墙处(或在锚碇之内支架处)主缆需要散开成索股。主缆在散开的同时有一向下的转折角,这就需要在这里设置散索鞍或展索鞍,如图12-33所示。其功能:一是改变缆索的方向;二是把主缆的索股在水平和竖直方向散开,然后将索股引入各自的锚碇位置。在散索鞍之下,也应该设置摇轴、摆柱或辊轴。散索鞍的形状较复杂,在主缆进口端应有圆槽,以便与主缆圆截面相适应;在索股出口处,应让外层各索股的上端交会于一点,下端指向锚碇混凝土前锚面的指定索股位置。

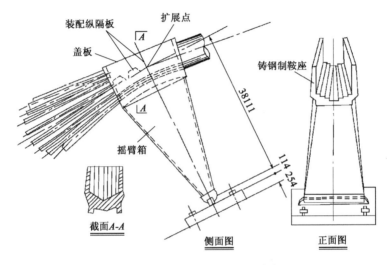

图12-33 散索鞍的构造示意图(尺寸单位:mm)

如果主缆在散索时不需要改变其总方向,则无须设置散索鞍而改用散索套。散索套呈漏斗状,主缆从其小口进入,在大口处散开。为便于安装,散索套做成两个半圆形铸件,然后用螺栓连接。为防止散索套沿主缆尚未散开的方向滑移,需要在散索套小口之外设置"挡圈"。挡圈的构造与索夹相似,分为两半,套住主缆后,用高强度螺杆拧紧,由此产生摩擦力可以阻挡散索套的向上移动。

2. 锚碇

锚碇是对锚块基础(有扩大基础、地下连续墙、沉井基础、桩基础等多种形式)、锚块、主缆锚固系统及防护结构等的总称。它是固定主缆的端头、防止其走动的巨大构件。悬索桥主缆两端的锚固方式有地锚与自锚两种形式。绝大部分悬索桥采用地锚式。自锚的情况较少,并且只限于中小跨度,其主缆锚固在主梁上,因此锚固构造也可认为是庞大的端横梁。

地锚分重力式地锚和隧洞式地锚两种,如图12-34所示。重力式地锚是凭借混凝土锚块的重量(再加上锚碇上的土重或配重)来固定主缆的两端。由于锚碇承受的竖向(向上)分力和水平分力很大,所需要的重力式锚块尺寸也很大。例如,明石海峡大桥采用外直径85m、厚2.2m、高75.5m的地下连续墙作锚碇基础,墙内填碾压混凝土260000m³;再在基础上修建锚

533

碇结构,其混凝土用量为230000 m³。

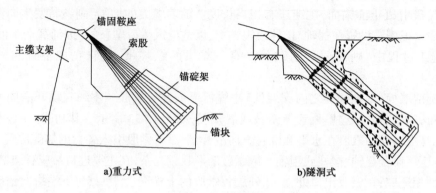

图 12-34 锚碇的形式

隧洞式地锚的工程数量较小,主要利用在坚实山体岩层内开挖的隧洞进行锚固。在锚碇范围内,主缆的索股从缠紧状态变为散开,其拉力通过锚碇的锚固传力系统分散到锚块内。若主缆是采用空中纺线法制作的,其索股在散开的终端应套在靴根中(它是专为空中纺线法主缆设置的构造);各索股所传的拉力经由靴根及销钉(或螺杆等)传递给埋在混凝土锚块中的锚杆。靴根可采用铸钢或低碳钢制作,作用是传力和调整索股长度。过去的锚杆用钢眼杆,现在则常用预应力粗圆钢。

若主缆采用预制平行索股制作,则靴根当用锚头铸钢件(常简称锚板)代替。这时,索股的锚头传力于锚板,用螺杆穿过铸钢件与前锚板相连,凭借螺母来调节铸钢件位置,使索股长度趋于一致,这种方式叫作"前锚";也可以让索股穿过预埋在混凝土锚块中的套管,到达混凝土锚块的后锚面,让索股力通过后锚面传递给锚块,这种方式叫作"后锚"。

当主缆在锚碇前墙处需要展开成索股并改变方向时,则须设置主缆支架。主缆支架可以设置在锚碇之外,也可以设置在锚碇之内。主缆支架主要有三种形式:钢筋混凝土刚性支架、钢制柔性支架和钢制摇杆支架,如图12-35所示。当采用刚性支架时,底部必须设置辊筒,以适应主缆的伸缩。

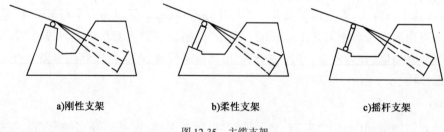

图 12-35 主缆支架

3. 吊索及索夹

作用于悬索桥加劲梁上的恒载和活载通过吊索传递给主缆。为保证传力途径的安全可靠,需在主缆上安装索夹。索夹由铸钢制作,分成上、下两半(图12-36)或左、右两半(图12-37),安装之后,用高强度螺杆将两半拉紧,使索夹内壁对主缆产生压力,防止索夹沿主缆向低处滑动。

吊索可用钢丝绳、平行钢丝束或钢绞线等材料制作。吊索的下端与加劲梁连接,上端连接有两种方式,一种方式是采用销钉连接,在索夹(此时为上下两半)下半的下垂板(又称为吊耳)上设置钉孔眼,吊索上端设开口套筒,两者通过销钉相连,见图 12-36(博斯普鲁斯一桥);这类吊索一般用钢丝绳或平行钢丝束制成。另一种方式是让吊索绕过索夹(此时为左右两半),让吊索骑挂在索夹上,如图 12-37 所示(维拉扎诺桥),这类吊索常用钢丝绳制作,为避免过大直径钢丝绳绕过索夹时钢丝绳破断力降低太多,在每一索夹处常用两对直径较小的吊索。目前销钉连接方式用得较多。

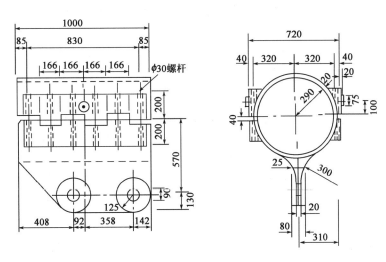

图 12-36　销钉连接示例(尺寸单位:mm)

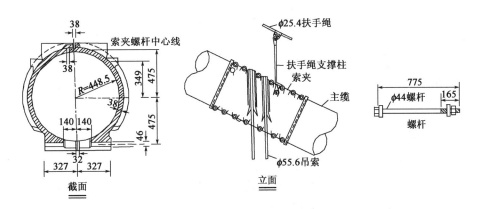

图 12-37　骑挂式连接示例(尺寸单位:mm)

传统悬索桥的吊索都是垂直的,但英国塞文桥开始使用斜吊索至今,大跨度悬索桥采用斜吊索的就仅有塞文桥、博斯普鲁斯一桥和恒比尔桥等三座桥。将吊索设计成斜索的目的是为了提高大跨度悬索桥振动时的结构阻尼值,因为将钢桁加劲梁改为钢箱加劲梁之后,加劲梁重量减轻了,担心结构阻尼比会降低。斜吊索与垂直吊索相比索力较大,因此可以在振动过程中耗能。对于小跨度悬索桥,斜吊索还能显著增大悬索桥的竖向刚度。另外,吊索也可采用竖吊索与斜吊索混合使用的方式,即在跨中部分使用斜吊索,在其余部分使用竖吊索。

吊索的安全系数要比主缆高得多,这主要是考虑到了吊索的疲劳(风与车辆引起的振动)、设计制作及安装误差等影响,国内外对吊索的安全系数一般取 3.0~4.5。

第四节 悬索桥计算理论与方法

悬索桥结构计算理论,根据年代与内容的不同,可以分为以下三类。

(1)弹性理论(19世纪末—20世纪初)

它是一种将悬索桥看作为主缆与加劲梁结合体的最早期的计算理论,是建立于超静定结构分析方法基础上的一种方法。它只考虑由荷载产生的截面内力之间的平衡,其特点是对恒载与活载的作用没有本质的区别。以当时世界上跨度最大的布鲁克林桥为首,许多美国的悬索桥都是用这个理论进行分析计算的。

(2)挠度理论(20世纪初—1980年)

悬索桥挠度理论的特点是,当悬索桥因活载产生竖向变形时,在计算公式中开始引入这样一个事实,即原有恒载已产生的主缆轴力由于变形的关系将产生新的抗力。这个理论最早应用于美国曼哈顿桥。正是由于悬索桥挠度理论的出现,改变人们低估悬索桥刚度的历史,使得悬索桥跨度一下就进入了1000m以上的行列。

(3)有限元方法(1980年至今)

随着第二次世界大战后电子计算机的发展,为了更快速和精确分析计算悬索桥结构受力,有限元方法,包括有限位移理论和非线性计算理论很快被引入悬索桥分析计算中。

三类方法的简单比较见表12-3。

悬索桥静力计算理论比较 表12-3

静力计算理论	适用的悬索桥	理论的区别	主缆的对待
弹性理论	小跨度悬索桥梁的刚度较大时	微小变形理论	不考虑主缆的初始轴力
挠度理论	大跨度悬索桥竖直吊索	有限变形理论	主缆拉力的水平分力为定值
有限元方法	大跨度悬索桥任意形状	有限变形理论、大变形理论	主缆拉力在水平方向也有变化

一、弹性理论方法

在悬索桥的发展史上,人们从开始不会进行内力分析,发展到能进行弹性分析,这是一个很大的进步。用弹性理论进行悬索桥结构分析时,基于如下假定:①主缆只受拉,其本身不承受弯矩,水平均布的恒载使主缆的几何形状成为二次抛物线,恒载完全由主缆承担。活载作用于加劲梁上时,主缆的几何形状及长度假定保持不变。②假定梁的抗弯刚度EI沿梁长不变。③将布置很密的吊索,按形成"膜"来考虑,并假定吊索长度不因活载而伸长。

按照上述假定,悬索桥就是主缆和加劲梁的简单组合体系,具有线弹性性质,叠加原理基本适用。在进行设计时,可以为其沿加劲梁各点绘制弯矩和剪力的影响线;然后将活载布置在最不利位置上,计算加劲梁的弯矩和剪力值,并按计算值对加劲梁进行验算。在这种情况下,加劲梁是承重结构体系的重要组成部分,而结构在活载下的挠度则是与加劲梁抗弯刚度EI密切相关的。

当悬索桥的跨度不大,而且加劲梁的高度取为跨度的1/40左右时,采用弹性理论分析是适宜的。原因是:更精确的分析虽然可证明按弹性理论算出的弯矩值偏大,但是改用精确分析方法所能得到的经济效益并不显著。

1. 单跨双铰悬索桥内力分析

如图 12-38 所示的单跨双铰悬索桥,是一次超静定结构。

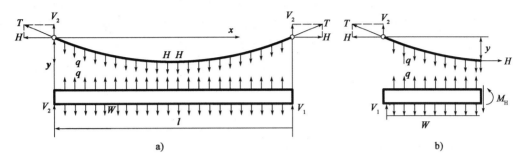

图 12-38 单跨双铰悬索桥弹性分析

如果在主缆的中点将主缆切开,就可以得到一个静定的基本体系——一根简支梁。当荷载作用在加劲梁上时,主缆切口的两面将分离,其分离值可用 δ_{HP} 表示。若在主缆切口两面加一对单位拉力,该拉力将使基本体系内的这一切口的两个面移近一个单位距离,其移近量可用 δ_{HH} 表示。当施加于切口的一对拉力为 H 时,切口两面的移近量应是 $H\delta_{HH}$。若 $H\delta_{HH}$ 的绝对值等于 δ_{HP},则基本体系所承受的力和所呈现的位移就恢复为其原来的一次超静定状态。因为,这个 H 可用下式计算:

$$H = \frac{-\delta_{HP}}{\delta_{HH}} \tag{12-5}$$

对于式(12-5),如果让 P 是沿梁各点所作用的一个单位力,则所求的 H 就是其影响线的各纵坐标。按照变位互等原理,$\delta_{HP} = \delta_{PH}$,则式(12-5)可写为下式

$$H = \frac{-\delta_{PH}}{\delta_{HH}} \tag{12-6}$$

这里,δ_{HP} 是发生在主缆切口两面的相对变位;而 δ_{PH} 是发生在梁的竖向、荷载 P 的作用方向的变位。

在用式(12-5)求 H 的影响线时,沿加劲梁移动荷载 $P=1$,计算 H 值,将该值画在 $P=1$ 的作用位置及方向上,就得到 δ_{HP} 位移影响线。当用 δ_{PH} 代替 δ_{HP} 时,因为是一对 $H=1$ 作用于主缆切口时,加劲梁在 $P=1$ 各作用点的挠度,δ_{PH} 就是一条挠度曲线。

现在来讨论 δ_{HH}。一对 $H=1$ 的拉力作用于主缆的切口,将使加劲梁各点受到弯矩 $M_H = y$,使主缆各点受到轴力 ds/dx。这样,δ_{HH} 可分为两项来计算,一项是

$$\int \frac{M_H^2 dx}{EI} \tag{12-7}$$

式中:EI——梁的抗弯刚度。

另一项是

$$\int \frac{(ds/dx)^2 ds}{EA} \tag{12-8}$$

式中:EA——主缆的抗拉刚度。

当 δ_{HP} 或 δ_{PH},以及 δ_{HH} 求出后,就可用式(12-5)或式(12-6)求出 H 影响线。参照图 12-38,

用 $P=1$ 作用于加劲梁,将加劲梁某截面的简支梁弯矩 M' 影响线求出,而相应的超静定力 H 使基本体系该截面所受的变矩是 $-H \cdot y$。因此,可用下式绘制该截面的弯矩 M 的影响线:

$$M = M' - H \cdot y \tag{12-9}$$

将 M 的影响线求出后,将活载布置在最不利位置,就可以推断加劲梁所受弯矩的设计值。

下面再讨论温度效应。当主缆的温度低于加劲梁的温度、其差值是 t 时,上述基本体系的主缆切口两面将分离,其分离量 δ_{Ht} 可用虚功法推算。一是将 $H=1$ 作用下主缆各点所受的轴力求出,其值是 ds/dx;另一是将主缆单元长度 ds 的缩短量求出,其值是 $\omega t ds$。两者的乘积则是 $\omega t (ds)^2/dx$。而 δ_{Ht} 就是乘积的积分,即:

$$\delta_{Ht} = \int \frac{\omega t (ds)^2}{dx} \tag{12-10}$$

主缆相应的水平分力 H_t 及梁的弯矩 M_t 则是:

$$H_t = \frac{-\delta_{Ht}}{\delta_{HH}} \tag{12-11}$$

$$M_t = -H_t \cdot y \tag{12-12}$$

2. 三跨双铰悬索桥分析

有些悬索桥是由一主跨与两边跨组成。如果边跨很短,可以将边跨设计成独立的简支梁,这时,主桥仍是单跨双铰悬索桥。按图 12-38,用塔来支承主缆,而在两塔之外,让主缆取直线形状,从塔顶连到锚碇。如果边跨较长,一般就将边跨简支梁也用吊索连于主缆,这样,全桥就成为三跨双铰悬索桥,它仍然是一次超静定结构。仍可用式(12-5)和式(12-6)求解主缆水平分力 H。

如前所述,δ_{HP} 的数值可用 δ_{PH} 代替,而 δ_{PH} 是当一对 $H=1$ 拉力作用于主缆切口时,加劲梁的竖向挠度曲线。对于三跨双铰悬索桥,在 $H=1$ 拉力作用下,主跨受到均布的 $q=8f/l^2$ 的向上力,见图 12-38。同理,边跨亦将受到 $8f_1/l_1^2$ 的向上力。在主跨和边跨都是简支的情况,用这些向上力,可以很容易推算出挠度曲线。

式(12-5)和式(12-6)中的 δ_{HH},在上述单跨双铰悬索桥所讨论的只是同主跨对应,现还需将边跨效应补入。由此可见,三跨双铰悬索桥的 δ_{HH} 必然比单跨双铰悬索桥的 δ_{HH} 大。这样,当其主跨受到活载作用时,无论是否满布,从式(12-5)和式(12-6)可知,其 H 值比单跨双铰悬索桥要小。

再看式(12-9),这式也适用于三跨双铰悬索桥。为求主跨的加劲梁正弯矩 M,活载将只在主跨加载,M' 将同单跨时一样。现在,随着 H 变小,三跨双铰悬索桥的 M 将增大。另外,当主跨不加活载,而两个边跨满布活载,此时的主缆缆力 H 将使主跨受到负弯矩 $-H \cdot y$。

由于三跨双铰悬索桥的 H 较小,其在活载之下的竖向挠度仍比所对应的单跨悬索桥大。就实用性而言,边跨跨度一般都设计成小于主跨的一半。

3. 适用范围

弹性理论是 19 世纪末至 20 世纪初悬索桥早期设计计算所采用的理论,以布鲁克林桥为代表的许多美国早期的悬索桥都是用这个理论设计的。弹性理论是在不考虑结构体系变形对内力影响的前提下推导出的计算理论,而实际上悬索桥结构的变形对内力是有影响的,体系的挠曲变形将减小加劲梁的弯矩和主缆的水平拉力。因为按弹性理论所计算出的加劲梁弯矩和主缆内力是随跨度的增大而减小,所以对跨度小于200m的悬索桥,当加劲梁的高度取为跨度的1/40左右时,采用弹性理论进行设计计算是可行的。而对于大跨径悬索桥,采用弹性理论计算就有两个显著的缺点:一是未考虑恒载对悬索桥刚度的有益影响;二是未考虑悬索桥结构非线性大位移的影响。这样,就使得按照弹性理论的设计计算太过保守和安全,浪费材料。因此,虽然弹性理论的计算误差是偏于安全的,但由于已经出现更完善的挠度理论、有限位移理论来替代它,所以在目前的现代悬索桥的设计计算中已不再采用,特别是大跨度悬索桥。

二、挠度理论方法

1. 基本假定

由于悬索桥主要靠主缆承重,加劲梁主要起传力的作用,所以,对大跨径悬索桥,往往加劲梁做得很柔,主缆本身又是一个柔性受拉杆件,所以悬索桥就是一种柔性结构。如何在设计计算中正确考虑其柔性就显得十分重要。通过上述分析可知:对于悬索桥,主缆的活载挠度是其几何非线性的主因,其他非线性因素相对来说是次要的。很明显,加劲梁是挂在主缆上的,在荷载作用下,加劲梁的线形变化完全决定于主缆的线形。基于这一认识分析的理论就称为挠度理论。

挠度理论与上述弹性理论的根本区别在于:挠度理论在其活载效应的计算中考虑了主缆在活载作用下的挠度;而弹性理论则是假定主缆由恒载所决定的形状,在活载作用下没有任何改变。

在挠度理论中,基本假定如下:①恒载沿桥梁的纵向是均匀分布的;②在只有恒载作用的情况下,主缆为抛物线,加劲梁内无应力;③吊索是竖向的,且是密布的,在活载作用下,只考虑吊索有拉力,而不考虑吊索的拉伸和倾斜;④在每一跨内加劲梁为等直截面梁,即截面惯性矩在一跨内为常量;⑤主缆和加劲梁都只有竖向位移,不考虑其在纵向的位移。

2. 基本方程及通用解

如图12-39所示单跨双铰悬索桥,在内力计算中计入主缆挠度的影响后,其加劲梁的弯矩计算式为:

$$M = M_0 - H_D \cdot y - (H_D + H_L)\eta \tag{12-13}$$

式中:M_0——活载P在加劲梁上所产生的弯矩(kN·m);

H_D——恒载q所产生主缆水平拉力(kN);

H_L——活载p所产生主缆水平拉力(kN);

η——主缆挠度,也是加劲梁的挠度(m);

y——主缆在恒载作用下的轴线方程。

其中

$$y = \frac{4f}{l^2}x(l-x) \tag{12-14}$$

将式(12-13)两边微分两次,并设$H = H_D + H_L$,即可得加劲梁的挠曲微分方程:

$$(EI\eta'')'' = P + H_L \cdot y'' + H \cdot \eta'' \tag{12-15}$$

式中:EI——加劲梁的抗弯刚度(kN·m^2)。

这就是悬索桥挠度理论的平衡方程,η和H_L均为待定量,还需要建立一个变形协调方程,即再增加一个条件才能求解。

图12-40表示一段缆索 ds 的位移，可建立以下关系：

$$(ds)^2 = (dx)^2 + (dy)^2 \tag{12-16}$$

$$(ds + \Delta ds)^2 = (dx + \xi_j + \xi_i)^2 + (dy + \eta_j + \eta_i)^2 = (dx + d\xi)^2 + (dy + d\eta)^2 \tag{12-17}$$

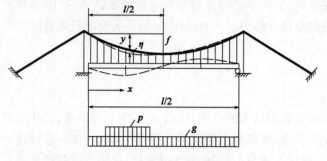

图12-39 悬索桥的挠度理论　　　　图12-40 缆索单元变形关系

两式相减，并略去高阶微量$(\Delta ds)^2$、$(d\xi)^2$、$(d\eta)^2$，得：

$$ds \cdot \Delta ds = dx \cdot d\xi + dy \cdot d\eta \tag{12-18}$$

由此得

$$d\xi = \Delta dl = \frac{ds}{dx}\Delta ds - \frac{dy}{dx}d\eta \tag{12-19}$$

Δds 为主缆的伸长量，它由轴向拉力 T 和温度变化 t 所产生：

$$\Delta ds = \frac{S}{A_c \cdot E_c}ds \pm \alpha_t t ds = \frac{H_L}{A_c \cdot E_c \cos\varphi}ds \pm \alpha_t t ds \tag{12-20}$$

式中：$A_c \cdot E_c$——主缆的截面面积与弹性模量乘积(kN)；
　　　α_t——温度膨胀系数。

将式(12-20)及 $dx/ds = \cos\varphi$ 代入式(12-19)，即可得：

$$\Delta dl = \frac{H_L}{A_c \cdot E_c \cos^3\varphi}dx \pm \frac{\alpha_t t}{\cos^2\varphi}dx - \frac{dy}{dx}d\eta \tag{12-21}$$

由于缆索在两端锚固点之间伸长的水平投影应等于零，故

$$\Delta l = \frac{H_L}{A_c \cdot E_c}\int \frac{dx}{\cos^3\varphi} \pm \alpha_t t \int \frac{dx}{\cos^2\varphi} - \int \frac{dy}{dx}d\eta \tag{12-22}$$

式中第一项及第二项沿缆索全长积分，最后一项只对加劲梁积分，此项可转化为：

$$\int_0^l y' \cdot d\eta = [y'\eta]_0^l - \int_0^l y'' \cdot \eta \cdot dx = -\int_0^l y\eta dx \tag{12-23}$$

于是由式(12-22)和式(12-23)得到求解 η 及 H_L 的第二个基本方程式：

$$\frac{H_L}{A_c \cdot E_c}L_s \pm \alpha_t t L_t + \int_0^l y'' \cdot \eta \cdot dx = 0 \tag{12-24}$$

式中：

$$L_s = \int \frac{dx}{\cos^3\varphi} \tag{12-25}$$

$$L_t = \int \frac{dx}{\cos^2\varphi} \tag{12-26}$$

式(12-15)和式(12-24)是悬索桥挠度理论的两个基本方程,含两个未知数 H_L 和 η。通常,都是以弹性理论求得的 H_L 作为第一个近似值,采用迭代的办法求出 H_L 和 η。

挠度理论计算所得的内力比弹性理论小得多,根据悬索桥的跨径大小、加劲梁的刚度大小、活载与恒载的相对大小,一般挠度理论的计算结果比弹性理论小 1/10 ~ 1/2。因为挠度理论承认并且考虑了主缆的几何非线性,叠加原理和影响线加载法对它不适用,所以计算工作量比弹性理论增加不少。

3. 实用计算方法

为了简化挠度理论的计算工作,国内外一些学者曾提出一些简化的实用计算方法。下面将介绍几种常用的实用计算方法——等代梁法、线性挠度理论法和重力刚度法。

(1) 等代梁法

1941 年我国李国豪教授率先提出等代梁法,其主要思路如下。

据加劲梁的挠曲微分方程(12-15),设想把悬索去掉,在加劲梁上作用代换的竖向荷载 $P + H_L \cdot y''$ 及拉力 H(注意:此拉力不引起加劲梁产生拉力),如图 12-41 所示,这个梁即为原悬索桥加劲梁的等代梁。

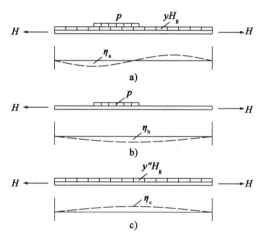

图 12-41 等代梁法

当等代梁在外荷载作用下产生挠度 η_a 时,拉力 H 对等代梁就会产生一个弯矩 $H \cdot \eta_a$,显然这个等代梁的挠曲微分方程正好与式(12-15)相同,由此证明,可以采用这个等代梁来求解悬索桥的内力。

(2) 线性挠度理论法

在加劲梁的挠曲微分方程(12-15)的最后一项 H 之中,包含由活载产生的主缆的水平附加力 H_L,形成非线性方程。但是当悬索桥跨度增大时,活载与恒载的比值渐渐变小,由活载产生的主缆水平拉力增量 H_L 相对于恒载主缆水平拉力渐渐变小,因而当 H 固定于某一定值时,此挠度理论微分方程就是线性的。当挠度理论线性化后,不仅使基本微分方程容易求解,而且由于线性化,叠加原理可以使用,从而使工程中常用的影响线分析法在此处也可使用。

(3) 重力刚度法

由于悬索桥加劲梁的弯曲刚度远小于具有很大轴力的主缆刚度,如果忽略加劲梁的弯曲刚度,而把悬索桥当作一个单纯的索结构来分析,则分析方法大大简化,而计算结果也很实用,这就是对悬索桥进行近似分析的又一方法,称之为重力刚度法。最早提出重力刚度概念的是 Roebling,他认为:悬索桥的恒载越大,则其承受活载时抵抗变形的刚度越好。其后 Hardesty 和 Wessman 认为,悬索桥结构分析中,主缆是重要构件,而加劲梁是次要构件,并基于对最不利加载位置的经验估计提出了跨度四分点和二分点处挠度和弯曲的近似计算公式,Jennings 又沿着这个思路建立了称之为重力刚度法的近似分析方法。

三、非线性有限元法

前面介绍了悬索桥静力分析的弹性理论和挠度理论。特别是用挠度理论来计算活载内力时,已经计入恒载内力对悬索桥的刚度起到的提高作用,成为近代悬索桥结构分析中广泛应用的理论。但是随着塞文桥的设计中采用了斜吊索,而且斜向索也越来越多在一些大跨悬索桥采用,如主跨短斜索和边跨端部短斜索,如何分析和计算这种新型结构的悬索桥,这就促使1980年以后发展了以使用计算机分析为前提的有限元方法。因为考虑吊索的离散状态,以有限位移理论为基础的矩阵结构分析较为适用,它不仅收敛迅速和分析严谨,并且特别适合电算。

有限位移理论还可较全面地考虑大位移引起悬索桥几何非线性的因素。一般来说,这些因素主要有:①荷载作用下的结构大位移。在进行结构分析时,力的平衡方程依据变形后结构的几何位置来建立,力与变形的关系是非线性的。②缆索自重垂度的影响。在有限元法分析中,缆索单元的计算模型常取直杆单元,而实际缆索具有垂度,在单元两端受力时,实际缆索单元的变形比直杆单元的变形大,其值与缆索的截面、弹性模量、缆索自重及张拉力等因素有关。③初始内力的影响。在进行悬索桥的非线性分析时,因恒载产生的初内力影响必须计入,即由于叠加原理不适用于非线性结构,为了得到在外力作用下大跨度悬索桥结构的平衡状态,应将结构上的初内力、引起初内力的荷载(或其他因素)及新增加的活载一起考虑,计算出结构在新的变形状态下的平衡,以得到结构真正的变形与内力。

用于求解结构大位移引起悬索桥的几何非线性问题的基本方法有增量法和迭代法及两种方法的混合法。

1. 荷载增量法

将整个荷载分成若干份,逐次施加于结构上,在每一个荷载增量作用过程中将结构作为线性结构处理,最后将由每段荷载增量引起的位置累加起来,即可得到结构的总体位移。这是一种分段线性化的方法,见图 12-42。计算步骤如下:

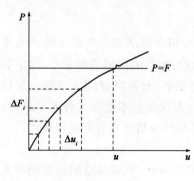

图 12-42 荷载增量法

设已知在荷载增量 ΔF_i 作用后,结构的位移、应变与应力分别为 $\mu_i 、 \varepsilon_i 、 \sigma_i$,将它作为初始状态。取这一状态下结构的总刚 $K(\mu_i)$ 为常数,作为施加下一次荷载计算其位移的总刚度,于是有下列式子:

$$K(\mu_i) \Delta \mu_{i+1} = \Delta F_{i+1} \quad (12-27)$$

$$\mu_{i+1} = \mu_i + \Delta \mu_{i+1} \quad (12-28)$$

直到计算到最后一级荷载为止。

增量法的适应性较强,特别是对于其位移与加载过程有关的问题,必须用增量法求解,但增量法计算量较大,解有漂移的现象,而且漂移程度无法估计。对于增量法来说,确定增量大小是很重要的,直接影响结果的误差及计算的成败。如果增量取得过大,则漂移现象程度就大,误差也大;如果增量取得过小,一方面会增加计算量,另一方面,由于计算本身的舍入误差,会对结果影响较大。所以,增量的大小要取得适当。通常要取不同大小的增量进行比较,从而确定最佳的结果。

2. 迭代法

在某一荷载 F 作用下求解结构位移时,可首先假定一个位移初值,一般将第一次得到的线性结果作为初值 μ_0,计算出此时的 $K(\mu_0)$,然后按下式求解 μ_1。

$$K(\mu_1)\mu_1 = F \tag{12-29}$$

μ_1 解出后,再根据 μ_1 计算出 $K(\mu_1)$,然后又可以计算 μ_2。如此反复迭代,直至两次相邻的计算结果十分接近为止。

也可以从另一思路来进行迭代法分析。设 $\phi(\mu)$ 满足下式:

$$\Delta R = \phi(\mu) = K(\mu)\mu - F \tag{12-30}$$

取初始值 μ_0 代入上式,则有:

$$\Delta R_0 = \phi(\mu_0) = K(\mu_0)\mu_0 - F \tag{12-31}$$

上式中的 ΔR_0 就是当发生位移 μ_0 后结构所受的不平衡力。将不平衡力施加于结构,求出此力引起的位移:

$$K(\mu_0)\Delta\mu_1 = \Delta R_0 \tag{12-32}$$

$$\mu_1 = \mu_0 + \Delta\mu_1 \tag{12-33}$$

再将 μ_1 代入式(12-30),得到不平衡力 ΔR_1,求出 ΔR_1 作用下的位移 $\Delta\mu_2$,则又可求出 μ_2。

假设已求出 μ_{n-1},则可用下式求解 μ_n。

$$K(\mu_{n-1})\Delta\mu_n = \Delta R_{n-1} \tag{12-34}$$

$$\mu_n = \mu_{n-1} + \Delta\mu_n \tag{12-35}$$

就这样经过多次迭代,直到 ΔR 趋近于零位置。以上的迭代过程如图 12-43 所示。

3. 混合法

对于某些结构,应用位移迭代法不一定收敛,而单独使用荷载增量法又存在精度问题。为了解决这个问题,自然想到将增量法与迭代法结合起来使用,这便引出混合法的概念。混合法的基本思路:将荷载分成若干增量,采用逐次加载法(增量法),但在每一级增量的计算中又采用迭代法。这种方法在通常情况下均可取得满意的效果。

此算法的逼近方式见图 12-44。

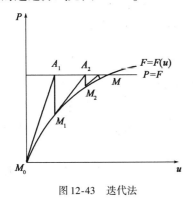

图 12-43 迭代法

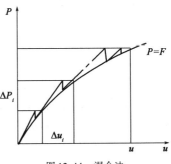

图 12-44 混合法

第五节 悬索桥施工

悬索桥的施工主要包括锚碇、桥塔、主缆、吊索和加劲梁等的制作和安装。大跨径悬索桥施工始于锚碇施工,锚碇由锚块、锚块基础、主缆的锚碇架及固定装置、遮棚等组成,显然锚碇施工始于锚块基础施工。悬索桥桥塔施工可与锚碇施工同时开始,并同样始于桥梁基础施工,无论是钢结构桥塔还是混凝土结构桥塔,施工方法都与其他桥型基本相同,区别是悬索桥的桥塔须安装塔顶主鞍座。主缆是悬索桥施工中与其他桥型有显著差别的部分,在锚碇和桥塔施工完成后,可进行主缆的安装,主缆的架设方法有空中纺线法和预制平行索股法。主缆架设完成后,可以进行吊索安装,应尽量保证吊索安装位置和长度准确,并注意吊索的防锈处理。最后进行加劲梁架设,其架设方法主要有从桥塔向跨中或从跨中向桥塔对称安装加劲梁节段等两种方法。

一、锚碇施工

由于主缆锚碇架设既要传递巨大的主缆索力,又要保证主缆进入锚碇内的每根丝股能保持精确的锚固位置,因此在工厂制造时,除了要确保焊接质量之外,对尺寸精度要求也很高。具体要求是,主缆架设安装时,各丝股交点位置的尺寸误差在±30mm。所以,制造过程中应采取如下措施:①尽量多采用机械切削加工;②制造前宜先做实体试件和试制模型;③多采用后钻孔及扩孔工艺;④应采用二次切割工序;⑤成品出厂前应在工厂试拼装,确保制造精度。

一般来说,锚碇架的重量很大,架设比较困难。在条件允许情况下,应尽量采用大型吊机进行整体架设。如日本南(北)备赞濑户桥的1号桥台锚碇,每根主缆的锚碇架重达1416t,由于地形的关系,工地无法使用大型吊机整体安装,因此在锚碇混凝土灌注到一定高度后由2000kN·m的塔吊逐件吊装。其组拼架设顺序:下部定位支承构架→锚碇架→中部定位支承架→下段拉杆→上部定位支承构架→上段拉杆。

二、桥塔施工

悬索桥桥塔的施工,根据桥塔的规模、形状、施工地点的地形条件以及施工方法的经济性,可以采取如下几种方法。

浮式起重机(也称浮吊)施工法:将桥塔施工的部件或桥塔节段由水上浮吊架设施工。其优点是可以大幅度缩短施工工期。根据浮吊的起吊能力和起吊高度,一般对于塔高在80m以下的中等跨度悬索桥较为适宜。

塔式起重机(也称塔吊)施工法:在桥塔侧面预先安装塔吊,进行桥塔节段的起吊架设施工。由于施工机具和设备与桥塔无关,所以桥塔施工的垂直度容易得到控制。

爬升式起重机(也称爬升式吊机)施工法:在桥塔塔柱上安装爬升导轨,爬升式吊机沿此导轨,随桥塔施工高度的增加而向上爬升的施工方法。由于施工中吊机的重量和吊机的爬升是靠塔柱支撑的,所以塔柱施工中的垂度要严格控制。

目前在大跨度悬索桥的钢塔施工中,多采用爬升式吊机施工法,其施工顺序如图12-45所示。

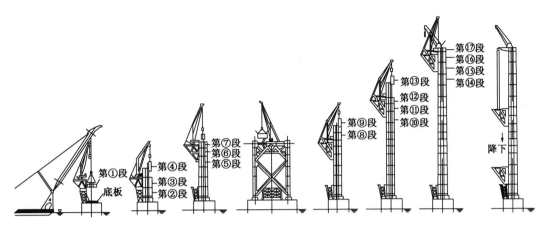

图 12-45 爬升式吊机施工法的施工顺序

三、主缆架设

悬索桥缆索工程的施工,一般按如下步骤进行(图 12-46)。

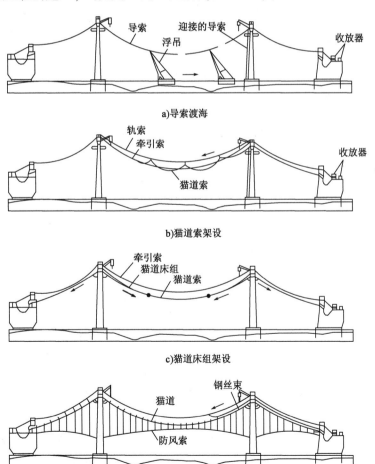

图 12-46

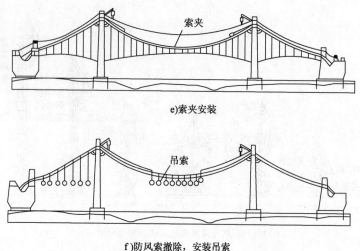

图 12-46 悬索桥缆索工程施工顺序示意图

(1) 准备工作

在架设缆索之前的准备工作有安装塔顶吊机、塔顶主鞍座、支架副鞍座、散索鞍座,以及各种绞车和转向设备等的驱动装置。

(2) 架设导索

导索是缆索工程中最先拉过江河(或海湾)的一根钢丝绳索,也是缆索工程中的第一道难关。一般架设导索有如下两种方法(图 12-47)。

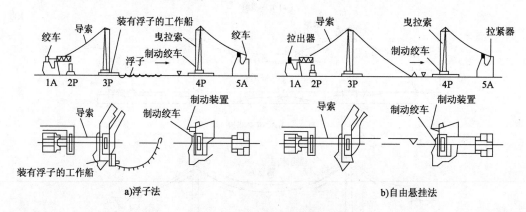

图 12-47 架设导索的两种方法

浮子法。如图 12-47a)所示,将准备渡江(或海)的导索每隔一定距离装上一个浮子,使导索由浮子承重而不致下沉水中。然后由曳船将导索的一端从始发墩旁浮拖至需到达的墩旁,再由到达墩的塔顶垂挂下来的拉索直接拉到塔顶。此法在潮流速度缓慢且无突出岩礁等障碍物时,是较为可靠的。

自由悬挂法。当桥位处水流湍急时,采用浮子法会使水面上拖运的导索流散得很远,所受水流的冲击力也大,故导索所需截面也大。另外,当桥位附近有岩礁时,导索流散越远,它被挂阻于岩礁的可能性也越大,此时就可用自由悬挂法。如图 12-47b)所示,自由悬挂法是在桥台锚碇墩附近设置一个可连续发送导索的装置,从该装置引拉出的导索经过塔顶后其前端固定在曳船上,随着曳船横越水面,可使连续发送出来的导索不沉落到水中,并在始终保持悬挂状态下完成导索的渡架。为提高安全度,有时还用重锤来平衡,以调整导索在引拉过程中的拉力。

无论是浮子法还是自由悬挂法,通常两侧主缆的两根导索都采用相同方法渡架。当渡架作业困难时,也可只渡架一根导索,而另一根导索可直接在第一根完成后设法在高空横渡。近年来,也有采用浮吊吊杆或直升机牵索渡架的施工方法。

(3) 架设曳拉索及猫道

导索架设完毕后,就可用来架设曳拉索。曳拉索是布置在两岸之间的一根环状无端头的钢丝绳索,可由两岸的驱动装置来使其走动,一来一往地引拉其他需要架设的缆索或钢丝。

曳拉索架设完毕后,就要架设猫道。猫道是悬索桥施工的特有设备,它是为悬索桥施工架设的空中工作走道,是主缆编制和架设必不可少的临时设施。每座悬索桥一般设有两个猫道,每个猫道各供一侧主缆施工所需。

①猫道的构造与布置。猫道由猫道索、猫道面板结构(包括栏杆立柱及扶手索等)、横向天桥及抗风索等组成。猫道索是猫道的承重构件,悬索桥的两侧猫道各有若干根猫道索。猫道面板结构(包括横梁及面层)可以吊挂于猫道索之下,也可固接在猫道索之上。

猫道空间位置的确定,应使猫道面与主缆之间的净空均匀一致。主缆中心与猫道面的位置关系由主缆截面尺寸及主缆紧缆机和缠丝机的尺寸等来确定,一般采用无偏心布置,如图 12-48 所示。

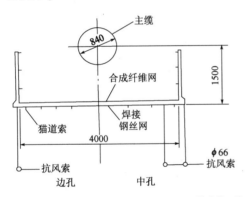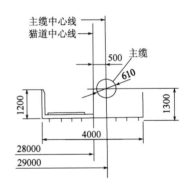

图 12-48 猫道截面与布置(尺寸单位:mm)

②猫道面板结构。当猫道索架设好之后,即可架设横向天桥及铺设猫道面板。

横向天桥是沟通悬索桥两个猫道的空中工作走道,它除了工作所需之外,还有增加猫道横向稳定的作用。

猫道面板结构包括横木和面层铺料。面层铺料早期采用木板材,后来为了防火、减轻重量、阻风、施工方便及经济等原因,一般采用在焊接钢丝网上加铺合成纤维网或钢丝网布。焊接钢丝网钉在横木上,它有足够的支承强度,但其孔眼尺寸对工作走道来说过于粗大,故在它上面用小孔眼的网材覆盖,以提供良好的走道面,并可防止小工具的掉落。

施工时,一般先将横木和面材预制成可折叠并能卷起的节段,由塔顶吊机将它们吊到塔顶后,沿着猫道索逐节滑下。在下滑过程中,各节之间进行逐节连接,待全部铺设到位后,再将横木固定在猫道索上。然后,再在横木端部装上栏杆立柱,并在立柱上安装扶手索及栏杆横索等。为了架设主缆工作的需要,沿猫道相隔一定距离还应设置门式框架及在猫道面上铺设各种管路和照明系统。两侧猫道之间的横向天桥也可和面板结构一起铺设。

③抗风索的布置。设置抗风索的目的是提高猫道的抗风稳定性，同时还可调整猫道的曲线形状。猫道的抗风体系除抗风索外，还包括连接猫道索与抗风索之间的垂直吊索或斜吊索。如图12-49所示为抗风索的两种布置形式。

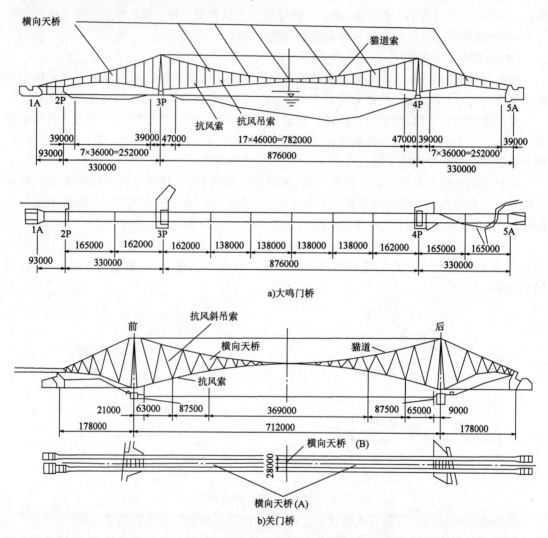

图12-49 抗风索的两种布置形式（尺寸单位：mm）

当采用图12-49b)所示的斜吊索时，风致振动的减振性能即抗风稳定性较好，但其安装调整较困难；当采用图12-49a)中垂直吊索时，抗风稳定性较差，但一般能够满足实用上的要求，故在施工中较多应用。

(4)架设主缆

在猫道之下架设抗风索后，猫道工程全部完成，就可以按照前述的空中纺线法或预制平行索股法在猫道上正式架设主缆。

(5)架吊索

主缆架设完毕后，将猫道转载于主缆，然后拆除抗风索，并在猫道上开始架设吊索的施工。

当吊索安装完毕后,即可拆除猫道。至此,悬索桥的缆索工程遂告全部完成。

四、加劲梁架设

悬索桥加劲梁的架设方法按其推进方式主要有两种:从跨中节段开始向两侧主塔方向推进,从主塔附近的节段开始向跨中及桥台推进。

无论采用哪种方法,均需考虑主缆变形对加劲梁线形的影响。故当条件允许时,应在施工前做加劲梁施工架设的模型试验,根据试验资料来验证或修正架设工序。一般在架设中,为使加劲梁的线形能适应主缆变形,架上的各加劲梁节段之间不应立即做刚性连接,如可先做上弦铰连接而下弦暂不连接,待某一区段或全桥加劲梁吊装完毕后,再施作永久性连接。

图 12-50 所示为加劲梁从跨中向两侧桥塔架设的施工步骤,一般分为如下六个阶段:

①主墩、主塔和锚碇墩的施工;
②主缆的架设;
③加劲梁从主跨中央开始架设,当加劲梁节段的重量逐渐加于主缆时,梁的线形不断变化,所以梁段间的连接仅做施工临时连接,以避免梁段过大的变形;
④边跨加劲梁开始架设,以减小塔顶水平位移;
⑤桥塔处加劲梁段合龙;
⑥加劲梁所有接头封合。

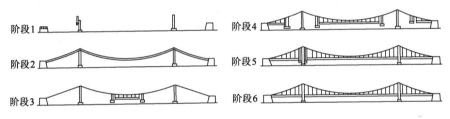

图 12-50　加劲梁从跨中向两侧桥塔架设的施工步骤图

此架设方法的优点:靠近塔柱的梁段是在主缆刚达到最终线形时就位的,靠近塔柱的吊索索夹的最后夹紧可推迟到塔顶处主缆仅留有很小永久角变的节段,因此能减小主缆内的次应力。

图 12-51 所示是加劲梁从桥塔向跨中架设的施工步骤。

从图 12-50 和图 12-51 对比可以看出,两种方法的施工步骤正好相反。

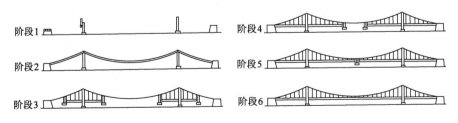

图 12-51　加劲梁从桥塔向跨中架设的施工步骤图

加劲梁从桥塔向跨中架设方法有利于施工操作和管理。这是因为,此方法中施工操作和管理人员可以很方便地从塔墩到桥面,而且很方便地在主跨和边跨之间往返。而加劲梁从跨中向两侧桥塔架设方法中,工作人员必须通过狭窄的空中猫道才能到达主跨内已被架好的加劲梁段上。

　　如上所述,悬索桥加劲梁架设的一大特点是:可以将其先架设完成的主缆作为悬吊脚手架。但这种脚手架是柔性的,它的几何形状随着梁段的逐渐增加而不断改变。当所架梁段不多时,梁段的上弦或上翼缘板会相互挤压,而梁段的下弦或下翼缘板会互相分离而出现"张口"。若过早使下弦或下翼缘板闭合,则梁段结构或连接就有可能因强度不够而破坏。这就是前文所述的要先施作施工临时连接的原因。

第十三章
总结与展望

本书主要介绍了混凝土梁桥(包括简支梁桥、连续梁桥和连续刚构桥等),混凝土拱桥(包括简单体系拱桥和组合体系拱桥)以及斜拉桥和悬索桥的现代构造设计、分析计算方法,还简要介绍了桥梁施工、下部结构和附属部件等技术内容。为了对上述内容进行横向比较和总结展望,本章从中小跨度桥梁、大跨度桥梁、特大跨度桥梁和超大跨度桥梁等四个方面简要阐述各种桥型的适用跨度、技术挑战和发展展望,并指出现代桥梁工程的使命和任务、研究与发展以及中国桥梁发展战略。

第一节 中小跨度桥梁

国际上,一般将单跨跨度小于150m的桥梁称为中小跨度桥梁,其中50m以下称为小跨度桥梁,适用的主要桥型是梁式桥。所谓"适用"指的是符合客观条件的要求,适合应用。这里的客观条件就是跨度,而适合于中小跨度桥梁应用的应当是梁式桥。梁式桥可分为简支梁、悬臂梁、连续梁和连续刚构等,并包括混凝土梁、钢结构梁和钢-混凝土组合结构梁,是应用最为广泛的一种桥型。目前,简支梁和连续梁的最大跨度分别为76m和165m,预应力混凝土和钢与混凝土混合连续刚构最大跨度分别为301m和330m。但是,最大跨度并不是适合应用的跨度,适合应用的梁式桥跨度远小于最大跨度。

大跨度连续刚构桥的最大挑战性难题是中间墩墩顶处的负弯矩承载力。1997年,虎门大桥辅航道连续刚构桥采用了双幅 $2\times15m$ 双向三车道的主梁布置形式,桥跨布置 150m + 270m + 150m,其负弯矩极限承载力控制设计,由恒载和活载引起的中间墩墩顶最大负弯矩达到了 $4000MN\cdot m$。尽管虎门辅航道桥的跨度现在仅列全世界第 7 位,但是其墩顶负弯矩数值却是最大的。

大跨度预应力混凝土连续梁桥和连续刚构桥还面临着由预应力混凝土收缩、徐变和开裂等引起的跨中挠度过大问题。混凝土收缩和徐变使得结构下挠和预应力损失,容易引起混凝土开裂,而裂缝的扩展又会造成主梁刚度的下降,下挠幅度进一步增大,形成恶性循环。表 13-1 列出了全世界 8 座跨中过度下挠问题突出的大跨度预应力混凝土梁桥,表中下挠发生的时间跨度在 3~28 年之间,平均 11 年,远远小于桥梁正常服役期 100 年。

典型预应力混凝土梁桥跨中挠度　　　　　表 13-1

序号	桥名	跨度(m)	国家	建成时间	挠度(mm)	服役时间(年)
1	Stolmasundet 桥	301	挪威	1998	92	3
2	虎门辅航道桥	270	中国	1997	223	7
3	Koror-Babeldaob 桥	241	美国	1976	1200	12
4	Stovset 桥	220	挪威	1993	200	8
5	Parrotts 桥	195	美国	1978	635	12
6	Grand-Mere 桥	181	加拿大	1998	300	9
7	Kingston 桥	143	英国	1970	300	28
8	三门峡大桥	140	中国	1993	220	10

克服连续刚构桥墩顶负弯矩挑战的方法主要有两种,一是减轻恒载降低墩顶负弯矩,二是采用更加合理的结构形式。重庆石板坡复线桥为了与老桥保持一致,被迫采用主跨 330m,设计方案创造性地提出了两端 111m 长预应力混凝土悬臂梁和中间 108m 长钢箱梁的混合梁,由于钢主梁恒载只有相同长度预应力混凝土梁的 30%,主跨 330m 钢-混凝土混合梁的最大墩顶负弯矩还没有突破主跨 270m 的预应力混凝土虎门大桥辅航道桥。采用更加合理的结构形式主要是指新的组合结构体系,譬如,采用矮塔斜拉桥通过体外索提高抗弯承载力。

针对混凝土桥梁开裂后下挠的耐久性问题,除了一些控制混凝土收缩徐变以及腹板开裂的传统方法之外,目前较为有效的方法是在预应力混凝土箱梁中采用波纹钢腹板或钢桁架腹板,不仅可以克服开裂而且主梁自重也能减轻 10%~20%。

值得注意的是:梁式桥墩顶负弯矩和混凝土开裂下挠等问题都与过大的跨度有关,如果选用适用跨度,这些问题应当都是可以避免的,至少不至于发展为病害。对于中小跨度桥梁,梁式桥中简支梁的适用跨度在 50m 以下,连续梁的适用跨度在 50~150m 之间,连续刚构桥的适用跨度在 100~200m 之间。

第二节　大跨度桥梁

单跨跨度介于 150~400m 的桥梁一般称为大跨度桥梁,适用的主要桥型是拱式桥。拱式桥最早起源于公元前 2500 年古希腊发明的石拱,随后在古罗马得到了迅速发展。中国约有

2000年的拱式桥建造历史,赵州桥建于公元605年,是我国现存最早的石拱桥,同时也是世界上第一座敞肩式石拱桥。20世纪30年代,美国和澳大利亚分别建造了两座著名的大跨度拱式桥,分别是主跨504m的Bayonne桥和主跨503m的Sydney Harbour桥,这两座桥的跨度纪录保持了45年,直到1977年才被美国主跨518m的New River Gorge桥超越,21世纪我国建成了550m的上海卢浦大桥和552m的重庆朝天门大桥。同样,最大跨度并不是适合应用的跨度,适合应用的拱式桥跨度在400m以下。

由于大跨度拱肋存在受压屈曲或稳定性以及基础需要承受巨大的水平推力等挑战性难题,限制了拱式桥跨度的增长空间。传统的大跨度拱式桥主要采用钢桁架拱肋,其主要的挑战性问题是桁架的耐久性和工程的经济性。我国桥梁专家提出了两种新的拱肋结构形式,一是便于养护且具有良好的全寿命耐久性能的钢箱拱肋,二是有效节省钢和混凝土用量并降低造价的钢管混凝土拱肋。

2003年,大跨度拱桥的钢箱拱肋率先应用于上海卢浦大桥,这是一座典型的中承式拱桥,中、边跨分别为550m和110m,拱顶距拱底垂直高度100m。两个拱肋采用了宽度5m的钢箱截面,其高度从拱顶的6m逐渐增大到拱脚的9m。十多年的工程经验表明,钢箱拱肋与其他类型拱肋相比,在养护便利性和结构耐久性方面,具有显著的优势。

钢管混凝土是在钢管中填充素混凝土形成的一种新型组合结构,其外部的钢管不仅具有类似于钢筋混凝土中纵向主筋和横向套箍的作用,而且使得管内混凝土处于最有效、最理想和最经济的三向受压工作状态。因此,与钢拱肋和混凝土拱肋相比,钢管混凝土拱肋可以有效减少钢或混凝土的用量,节省造价三分之一以上,经济效益显著。我国建成了400多座钢管混凝土拱桥,其中,300m以上跨度的就有13座,最大跨度的钢管混凝土拱桥是跨度530m的四川合江波司登大桥。

对于单跨跨度150~400m的大跨度桥梁,混凝土拱桥的适用跨度在300m以下,这个跨度也适合于建造矮塔斜拉桥;钢管混凝土拱桥的适用跨度在200~400m之间,这个跨度也适合于建造混凝土主梁斜拉桥;钢桁架或钢箱拱桥的适用跨度在300~500m之间。

第三节 特大跨度桥梁

跨度介于400~800m的桥梁一般称为特大跨度桥梁,适用的主要桥型是斜拉桥。尽管斜拉桥建造历史可以追溯到18世纪,而建于1955年的主跨183m的Stromsund桥普遍被认为是第一座现代斜拉桥。1975年,主跨404m的Saint-Nazaire桥建成,斜拉桥跨度在20年里增长了2.2倍。到1999年主跨890m的日本Tatara桥建成,24年间斜拉桥跨度又增长了同样的倍数。进入21世纪后,已有3座斜拉桥跨度突破1000m,分别是主跨1088m的苏通长江大桥(2008年)、主跨1018m的昂船洲大桥(2009年)和主跨1104m的俄罗斯罗斯基大桥(2012年)。同样,最大跨度并不是适合应用的跨度,适合应用的斜拉桥跨度在800m以下。

我国自1975年开始兴建斜拉桥以来,已有300多座斜拉桥建成完工,且超过80%的斜拉桥采用了混凝土主梁。据统计,大约有50座混凝土斜拉桥跨度超过200m,最大跨度为2002年建成的荆州长江大桥,主跨达到了500m。在这些大跨度混凝土斜拉桥中,有超过一半的主梁出现了裂缝,已经成为大跨度混凝土斜拉桥耐久性的一大挑战。大量的现场实测发现,混凝土箱梁顶板、底板、腹板和横隔板都有不同的裂缝产生,可以认为是混凝土斜拉桥的典型裂缝形式。表13-2列出了2009年调查到的6座大跨度混凝土斜拉桥的裂缝情况,这些桥梁服役时间在11~27年之间,平均服役时间只有20年,远远低于设计寿命100年。

6座大跨度混凝土斜拉桥开裂实例　　表13-2

桥　　名	位　置	跨度布置(m)	建成时间(年)	裂　缝　数　量			
				顶板	底板	腹板	横隔板
李家沱长江大桥	重庆	169+444+169	1997	许多	许多	许多	许多
番禺大桥	广东	70+91+380+91+70	1998			许多	
永和大桥	天津	120+260+120	1987	2	2		
石门长江大桥	重庆	200+230	1988	33		84	78
济南黄河大桥	山东	40+94+220+94+40	1982	1386	11	52	1794
泖港大桥	上海	85+200+85	1982	许多			

针对混凝土主梁斜拉桥的开裂等耐久性问题,目前最有效的方法是将大跨度斜拉桥的预应力混凝土主梁替换成钢梁加混凝土桥面板的结合梁或全钢主梁,并将混凝土主梁斜拉桥的跨度限制在400m以下。对于跨度400~800m的特大跨度桥梁,钢与混凝土结合梁斜拉桥的适用跨度在300~600m之间,这个跨度可以比选的桥型还有钢桁架拱肋或钢箱拱肋的拱式桥;钢主梁斜拉桥的适用跨度在500~800m之间,这个跨度还可以比选悬索桥。

第四节　超大跨度桥梁

跨度大于800m的桥梁可以定义为超大跨度桥梁,适用的主要桥型是悬索桥。自1883年第一座现代悬索桥——布鲁克林大桥建成以来,现代悬索桥的建设得到了飞速发展。从布鲁克林大桥主跨486m到1931年乔治·华盛顿大桥的主跨1067m,跨度增长2.2倍历经了48年。尽管接下来50年间一直到1981年主跨1410m的亨伯大桥建成,跨度只增长了1.3倍,而随后到1998年主跨1991m的明石海峡大桥建成,仅用了17年,跨度又增长了1.4倍。

在全世界已经建成的10座最大跨度悬索桥中,有7座曾遇到过抗风问题,其中涉及涡振的有两座——大海带大桥和南京长江四桥,涉及颤振的有5座——明石海峡大桥、西堠门大桥、李舜臣大桥、润扬长江大桥和青马大桥。大海带大桥和南京长江四桥通过在主梁安装导流板有效降低了涡振振幅;另外5座存在颤振问题的悬索桥分别选用了中央稳定板、分体式箱梁或两者组合等三种气动措施有效提高了颤振临界风速。如果悬索桥的跨度进一步增长,抗风问题特别是颤振控制问题将会成为最大的挑战。

悬索桥不仅面临抗风挑战,而且正交异性钢箱梁还面临着耐久性挑战,主要表现为正交异性钢桥面板的疲劳开裂,特别是在悬索桥中普遍存在。常见的正交异性桥面板的疲劳裂缝可以分为5种类型,即桥面板U形加劲焊缝开裂、U形加劲肋焊缝开裂、U形加劲肋连接焊缝开裂、U形加劲肋端部焊缝开裂和U形加劲肋与横隔板焊缝开裂等。

对于正交异性钢箱梁开裂问题,目前已经研发了三类钢-超高性能混凝土组合梁,第一类钢-超高性能混凝土组合梁是超高性能混凝土(UHPC)叠合板,通过剪力连接件将传统的正交异性钢桥面板和UHPC板组合,剪力连接件长度35mm,直径13mm;第二类是增强型UHPC叠合板,与第一类的区别主要是采用了球扁钢纵肋,并且在连接处将横隔板切割出苹果状的缺口;第三类由钢梁和UHPC直接做成"华夫饼干",其中的加劲肋可以采用I形或U形加劲肋。对于超大跨度悬索桥的抗风挑战,目前最为有效的气动控制措施是采用宽开槽的分体式钢箱梁,同济大学设计了主跨5000m的超大跨度悬索桥,通过节段模型和全桥模型风洞试验,证实了其颤振和静风稳定性能可以满足台湾海峡大桥的要求。

值得注意的是:虽然悬索桥是四种桥型中跨越能力最大的,同样必须考虑跨度的经济适用性问题,而不是片面追求跨度第一。悬索桥一般采用重量较轻的正交异性钢箱梁作为加劲梁,最小经济跨度在400m以上,400~800m跨度之间其经济性不如斜拉桥,800~1000m之间其经济性可比斜拉桥,当跨度进一步增大时,悬索桥成为最主要的桥型。

第五节　现代桥梁工程

桥梁工程是土木工程的重要分支学科,仿照土木工程发展历史的阶段划分,从1945—1980年是现代桥梁工程的奠基时期;1980—2020年是进步时期,20世纪50—70年代创造的许多新技术在20世纪最后20年的跨海工程和超大跨度桥梁的建设中得到了充分的应用和发展;2020年后,现代桥梁工程将进入成熟期,在这一现代桥梁工程发展的转折时刻,我们也需要展望一下桥梁工程师在今后20年的历史使命和行动目标。

1. 使命与任务

土木工程师和桥梁工程师肩负着创造世界可持续发展和提高全球生活质量的神圣使命,"可持续发展"和"提高生活质量"是21世纪两个重要的命题,也是过去60年所暴露的主要问题和面临的挑战。因此,现代桥梁工程师的使命和任务可归纳为以下五个方面:

(1)桥梁工程师不仅是项目的规划者、设计者和建造者,还应当是项目全寿命的经营者和维护者。

(2)桥梁工程师应当具有可持续发展的理念,成为自然环境的保护者和节约资源和能源的倡导者。

(3)桥梁工程师应当参与基础设施建设的决策,并通过不断创新建造优质和耐久的工程,成为提高人民生活质量的积极推动者。

(4)桥梁工程师应当成为人们免遭自然灾害、突发事件、工程事故和其他风险的护卫者。

(5)桥梁工程师应当具有团队合作精神和职业道德,成为抵制各种腐败现象的模范执行者。

2. 研究与发展

为了担负起现代桥梁工程的使命和任务,桥梁工程界必须依靠科学技术发展的最新成就,并通过持续的研究和发展(R&D)工作,不断改进现有的技术,创造和发明更先进的技术,克服存在的缺点,解决出现的问题。重要的研究和发展领域有以下五个方面:

(1)材料性能的提高是桥梁工程不断进步的重要原动力。现代桥梁工程仍以钢材和混凝土为主要建筑材料,在可以预见的未来,纳米技术和生物技术可能成为 21 世纪技术革新的重要动力,结合高性能钢和高性能混凝土将成为桥梁工程中新一代的结构材料。

(2)大数据和互联网技术的提高,为实现桥梁结构数值模拟、虚拟现实和 BIM(Building Information Model)技术创造了条件,基于大数据的概念设计、结构设计、施工控制、健康监测、养护管理等方法和软件成为新的研究领域。

(3)基于人工智能的智能设备(传感器、诊断监测仪、便携式计算机)和大型智能机器人施工设备的创造发明,将使桥梁的施工、管理、监测、养护、维修等一系列现场工作实现自动化和远程管理。

(4)自然灾害和恐怖袭击使未来的世界环境存在高风险性,为了保证人民生活的安全,必须研究桥梁结构抵抗多灾害的强健性;同时,为了提高人民生活质量,也应当研究提高桥梁结构耐久性的技术和方法,以保障重大桥梁工程的正常使用寿命。

(5)规范和标准的制定也是反映一个国家建设水平的重要标志。研究和制定新一代建立在全寿命设计和可持续发展理念上的基于性能的设计规范和标准,应当是我们今后的重要任务,以引领国际现代桥梁工程。

3. 中国桥梁发展

为了担负现代桥梁工程的使命和任务,开展现代桥梁工程的研究与发展,必须制定中国桥梁发展战略,可以归纳为以下五个方面:

(1)可持续桥梁工程及概率性设计方法

桥梁工程的可持续发展涉及:①充分认识和理解所从事的工作中优化自然、建筑和社会经济环境的要求。②在建筑施工和结构运营中,增加可更新材料和可循环利用材料的使用。③开展环境影响的理性评价。现有桥梁设计荷载的规定主要针对"现状设计"的确定性方法或针对"全寿命设计"的随机性方法,而可持续桥梁设计荷载的意义必须突出可持续性,并更加突出全过程作用和概率性设计。

(2)桥梁的精细化设计和施工方法

计算机技术和三维空间应力分析方法的进步使我们有可能建立一种基于全桥结构空间非线性应力水平的分析和设计方法,并充分考虑配筋和预应力配索以及斜拉索等的实际空间分布,同时计及不同部位混凝土的空间强度分布,以精确控制实际的应力状况和材料的强度状况,保证结构在施工和运营中的安全。

(3)结构分析由物理模拟转向数值模拟

桥梁结构分析的数值模拟方法和物理模拟方法是两种最主要的方法。数值模拟与缩尺物理模型试验相比,可以避免模型制作中带来的材料本构关系的相似性困难和其他的缩尺效应问题。可以预期:随着数值模拟方法的不断进步,将会逐步替代传统的结构试验、振动台试验和风洞试验等物理模拟方法,形成数值试验台、数值振动台和数值风洞等新的结构分析手段。

(4)高性能材料桥梁工程

钢材和混凝土作为桥梁工程两种最主要的结构材料还将会继续使用,但是,对这两种结构材料的高性能要求始终没有停止,特别是高强度、高韧性、高耐久性的要求,对于未来桥梁工程具有重大意义,结合现代化城市所要求的预制装配和绿色环保,高性能材料研究永远没有终点。

(5)桥梁健康监测及振动控制

我国大规模的桥梁工程建设虽然时间不长,但由于发展速度过快以及设计规范、施工质量等方面的问题,带来了一些结构安全性、耐久性和功能性方面的隐患,桥梁健康监测和养护管理应当是今后桥梁工程学科研究的主攻方向之一;此外,超大跨度桥梁风致振动的被动和半主动控制、桥梁结构减(隔)振技术和高阻尼化研究以及制振装置的开发也将成为必然的发展趋势。

附录
桥梁示例

附录一 预应力混凝土连续梁桥示例

一、工程概况

南京第二长江大桥北起宁扬公路雍庄桥附近，经大厂区新华路、大纬路后，跨越长江北汊副航道，穿越八卦洲，跨越长江南汊主航道，南接东杨坊互通式立交，与312国道和绕城公路相连。全线长约21km，工程项目包括北岸引线、北汊桥、八卦洲引线、南汊大桥及南岸引线五个部分。

南京第二长江大桥北汊桥全长2172m（不含桥头引道），桥面设2.957%的双向纵坡，竖曲线顶点位于主桥中心，竖曲线半径为16000m。

二、结构与构造

南京长江二桥北汊桥主桥的上部结构为90m+3×165m+90m的五跨变截面预应力混凝土连续箱梁，位于半径$R=16000$m的竖曲线上，如附图1-1所示。桥宽32.0m，预应力混凝土（PC）箱梁由上、下行分离的两个单箱单室箱形截面组成，箱梁根部梁高8.8m，跨中梁高3.0m，箱梁顶板宽15.42m，底板宽7.5m，翼缘板悬臂长为3.96m。箱梁梁高从距墩中心3.0m处到跨中按二次抛物线变化,除墩顶 0 号块两端设厚度 0.8m 的横隔板及边跨端部设厚 2.0m 的横隔板外,其余部位均不设横隔板。箱梁采用纵、横、竖三向预应力体系。为改善 0 号块受力,在 0 号块横隔板及矮横梁中设置了横向预应力钢筋。主梁的横断面构造和纵断面构造分别见附图1-2 和附图 1-3。D-D 为跨中断面。

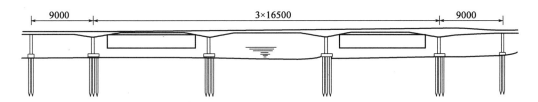

附图 1-1　北汉桥主桥立面布置(尺寸单位:cm)

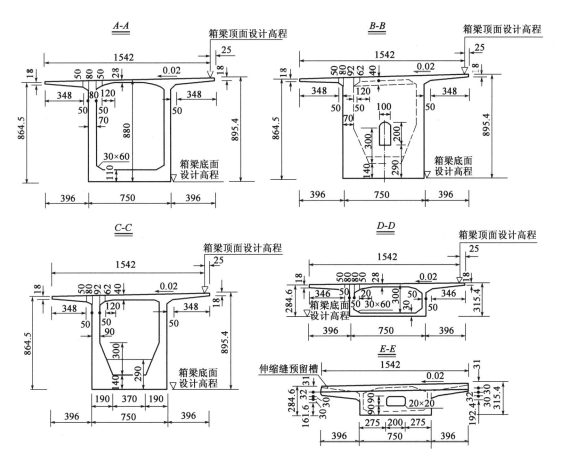

附图 1-2　北汉桥主桥主梁横断面图(尺寸单位:cm)

0 号块距墩中心 3.0m 范围内箱梁顶、底板厚度分别为 0.40m 和 1.40m,腹板厚度为 0.90m,在 0 号块中心底板处设高度为 1.50m 的矮横梁;距 0 号块中心 3.0m 处至跨中箱梁顶板厚为 0.28m,底板厚度从 1.10～0.30m 按二次抛物线变化,腹板厚度在 13 号块以前为 0.70m,14 号块以后为 0.40m,13、14 号块范围内由 0.70m 按直线变化到 0.40m。

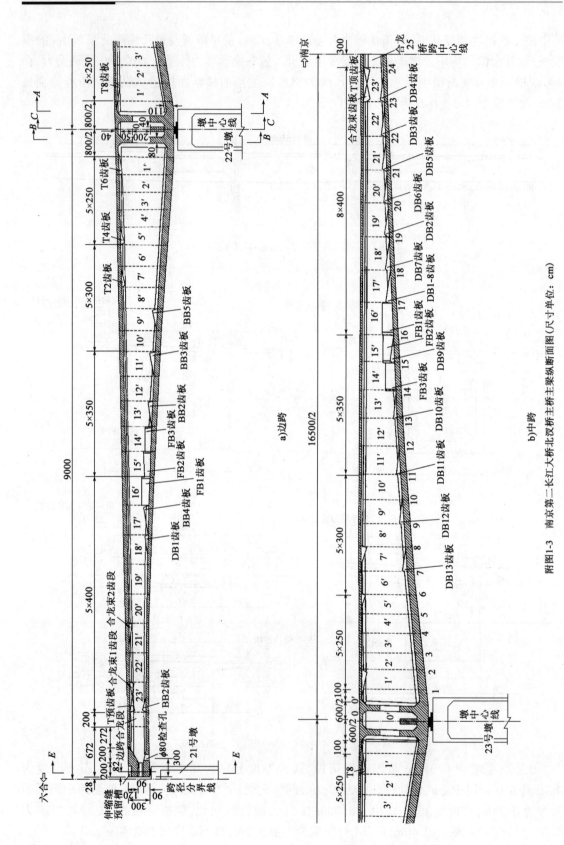

附图1-3 南京第二长江大桥北汊桥主梁纵断面图(尺寸单位：cm)

主桥纵向预应力采用 $27\phi^j15.24$、$25\phi^j15.24$、$19\phi^j15.24$ 和 $12\phi^j15.24$ 共 4 种规格的钢绞线，OVM 锚固体系，其锚下张拉控制应力为 $\sigma_k=0.75R_y^b$，设计张拉力分别为 5273.1kN、4882.5kN、3710.7kN、2343.6kN(锚口摩阻损失和千斤顶的内摩阻由试验确定)。纵向预应力在箱梁根部几个梁段布设腹板下弯束，其余梁段布设顶板束和底板束。顶板束采用 $27\phi^j15.24$ 的钢绞线，顶板下弯束采用 $25\phi^j15.24$，中跨、次中跨底板束为 $19\phi^j15.24$，边跨底板束为 $19\phi^j15.24$ 和 $12\phi^j15.24$，中跨、次中跨合龙束为 $19\phi^j15.24$，边跨合龙束 1 和边跨合龙束 2 为 $27\phi^j15.24$。

预应力束配束形式见附图 1-4。C-C 为次边跨跨中断面。箱梁顶板横向预应力采用 $4\phi^j15.24$ 钢绞线，BM-4 型扁锚，以 75cm 的间距布设，交替单端张拉锚固，设计张拉力为 781.21kN。箱梁竖向预应力、0 号块横隔板及矮横梁的横向预应力采用 ϕ^L32mm 精轧螺纹粗钢筋，设计张拉力为 542.7kN。竖向预应力筋以 50cm 等间距布置，在近支点 38.5m 范围内每侧腹板按双肢配置，其余梁段按单肢配置，为方便施工，竖向预应力可兼作悬臂施工时挂篮的后锚固点。所有预应力管道均采用镀锌钢波纹管成形。预应力损失计算中，孔道偏差系数 $K=0.001$，管道摩擦系数 $\mu=0.20$，一端锚具回缩 $\Delta=6mm$，混凝土徐变系数 $\phi=2.1$，收缩应变 $\varepsilon=2.1\times10^{-4}$，钢筋松弛率 7%。

三、悬臂施工

主桥连续箱梁两半幅分别独立采用挂篮悬臂现浇法施工，各单 T 箱梁除 0 号块外分 23 对梁段，对称平衡悬臂逐段浇筑施工。箱梁纵向分段长度为 $5\times2.5m+5\times3.0m+5\times3.5m+8\times4.0m$，0 号块长 8.0m，中跨、次中跨合龙段长度均为 3.0m，边跨合龙段长度为 2.0m，边跨现浇段长度为 6.72m。悬臂浇筑梁段最大质量为 156.2t，挂篮自重按 80t 考虑。

箱梁 0 号块及 1 号块在墩旁托架上立模浇筑施工，其余梁段采用设置临时支座并张拉预应力粗钢筋，使 0 号块与墩身临时固结后，各单 T 用挂篮悬臂对称、平衡浇筑施工直至各单 T 最大悬臂，浇筑合龙段，解除墩梁临时固接，完成体系转换，成为五跨连续梁。箱梁梁段混凝土除 0 号块可分两次浇筑外，其余梁段应一次浇筑完成。分两次浇筑的梁段第一次浇筑时应浇筑至腹板高度至少 1.50m 以上。梁段混凝土强度达到设计强度的 85% 时，进行该梁段预应力钢束张拉。预应力钢束张拉过程中，严格按张拉设计顺序、张拉控制应力及工艺进行。

施加预应力采用张拉吨位和钢束引伸量双控。当预应力钢束张拉吨位达设计吨位时，实际引伸量不得低于理论引伸量的 5%，也不应大于理论引伸量的 10%；否则，应停下检查，分析原因，采取相应措施处理后方可继续张拉。

钢束张拉时，应尽量避免滑丝、断丝现象。当出现滑丝、断丝时，其滑丝、断丝总数量不得大于该断面总数的 1%，每一钢束的滑丝、断丝数量不得多于一根；否则，应换束重新张拉。

主桥箱梁按先边跨，然后边中跨，最后中跨的顺序进行合龙段施工及拆除相应的临时支座，完成体系转换，形成五跨连续梁。合龙段采用劲性骨架和合龙预应力钢束合龙，视实际情况在悬臂端加压水箱，在合龙当天气温最低时，在尽可能短的时间内，采用平衡施工法浇筑合龙段混凝土。合龙段混凝土达到设计强度的 85% 后进行合龙段预应力钢束张拉。中跨合龙及体系转换在 20℃ 常温下进行。

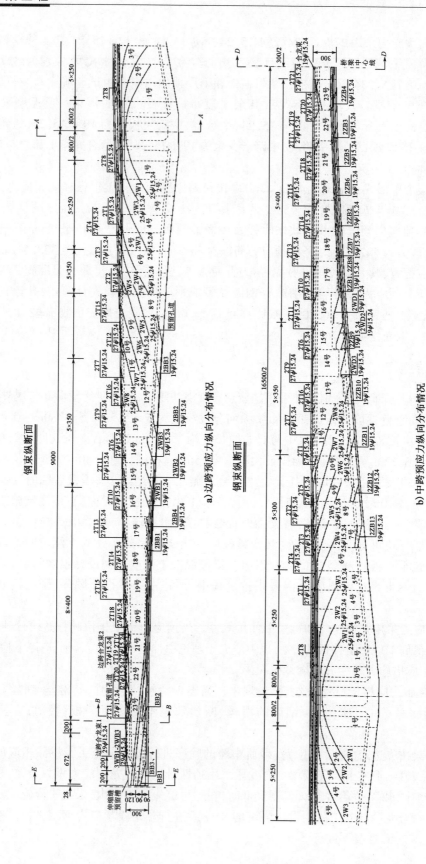

附图 1-4

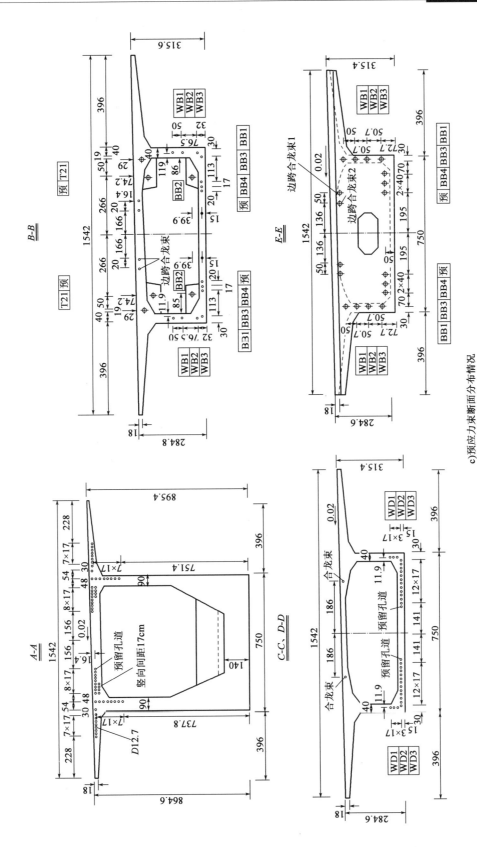

附图1-4 南京第二长江大桥北汊桥主桥主梁预应力束配束方式

c) 预应力束断面分布情况

靠近过渡墩的边跨6.72m现浇段采用支架浇筑。合龙段采用吊架施工。边跨合龙段浇筑完成，合龙段混凝土达到设计强度的85%后，进行边跨箱梁底板钢束张拉。为便于主、引桥上部结构平行施工，边跨箱梁底板钢束在过渡墩处采用固定端锚具，在箱梁内一端张拉。

箱梁悬臂浇筑时，首先锁定墩顶盆式橡胶支座，使其暂时成为固定支座，各主墩均需采用临时墩梁固接措施，在每个主墩墩顶设100cm宽的C40爆炸混凝土临时支座，以利于体系转换。在0号块两道横隔板及对应的墩壁内张拉预应力粗钢筋，以抵抗施工中可能出现的不平衡弯矩。爆炸混凝土内的炮眼数量及每个炮眼内的炸药数量均应予以控制，并应先进行试验，严防爆炸对永久支座、墩身和箱梁产生任何不利的影响。进行体系转换时，先释放箱梁内预应力粗钢筋（管道内不压浆），再爆炸临时支座混凝土，梁体自重传给已安装的永久支座，将爆炸后的混凝土清理干净，割去墩顶高出的预应力粗钢筋并磨光，最后用砂浆抹平并解除活动支座的临时锁定，体系转换完成。箱梁0号块内墩梁临时固接张拉的预应力钢筋在释放预应力后可取出，墩身内张拉的粗钢筋的预应力为结构预应力，不释放。

大跨径预应力混凝土连续梁桥、大跨径公路预应力混凝土连续刚构桥参数分别见附表1-1、附表1-2。国外混凝土梁式桥见附表1-3。

附表 1-1

大跨径预应力混凝土连续梁桥参数表

桥 名	边跨/主跨	主桥跨径(m)	桥址	建成年份	截面形式	梁高(m) 根部	梁高(m) 跨中	高跨比 根部	高跨比 跨中	混凝土用量(m³/m²)	预应力钢筋用量(kg/m²)	普通钢筋用量(kg/m²)	施工方法
南京长江第二大桥北汊桥(双幅)	0.545	165	江苏	2001	单箱室	8.8	3	1/18.75	1/55	0.96	75.54 12.81	124	悬臂浇筑
六库怒江大桥	0.552	154	云南	1995	单箱室	8.53	2.83	1/18.1	1/54.4	1.73	67	109	
内蒙古包头黄河大桥(双幅)	0.567	150	内蒙古	2010	单箱室	8.5	3.8	1/17.6	1/39.5	1.23	67	120	悬臂浇筑
广珠西线容南大桥	0.578	135	广东	2009						1.1	78.6	172.8	
宜昌乐天溪大桥	0.686	125	四川	1990	单箱室	7.7	3.2	1/16.2	1/39.1	0.91	69.2	102	悬臂浇筑
黄浦江奉浦大桥	0.68	125	上海	1995	单箱室	7	2.8	1/17.9	1/44.6				
潭州大桥(双幅)	0.6	125	广东	1996	单箱室	7	2.75	1/17.9	1/45.5				
常德沅水大桥	0.7	120	湖南	1986	单箱室	6.8	3	1/17.6	1/40	0.85	65.7	89.5	悬臂浇筑
风陵渡黄河大桥	0.763	114	山西	1994									
沙洋汉江大桥	0.568	111	湖北	1985	单箱室	6.0	2.5	1/18.5	1/44.4	0.88	49.4	75	悬臂浇筑
江门外海桥	0.5	110	广东	1988		5.8	2.5	1/19	1/44				
珠江三桥	0.727	110	广东	1983	五箱单室	5.5	2.7	1/20	1/40.7	0.83	48.8	87.1	大型浮吊拼装
天津东堤头大桥	0.7	100	天津	1988		6	3.3	1/16.7	1/30.3				
宜城汉江公路大桥	0.55	100	湖北	1990	单箱室	5	2.6	1/20	1/38.5	0.69	34.1	70.6	
顺德容奇桥	0.817	90	广东	1984	双向单室	5.35	3.0	1/16.8	1/30	0.58	33.3	118	大型浮吊拼装
松花江大桥	0.656	90	黑龙江	1986	双箱单室	5.4	3	1/16.7	1/30	0.83	49.3	92.6	悬臂浇筑
湘潭湘江桥	0.556	90	湖南	1994									

续上表

桥 名	边跨/主跨	主桥跨径(m)	桥址	建成年份	截面形式	梁高(m) 根部	梁高(m) 跨中	高跨比 根部	高跨比 跨中	混凝土用量(m³/m²)	预应力钢筋用量(kg/m²)	普通钢筋用量(kg/m²)	施工方法
广东佛开高速公路九江大桥(双幅)	0.313	160	广东	1996	单箱室	9	3	1/17.8	1/53.3				悬臂拼装
九江二桥(双幅)	0.625	160	广东	1996	单箱室	9	3	1/17.8	1/53.3				悬臂拼装
广东惠州大桥	0.5	124	广东	1989	双箱截面	7	3	1/17.7	1/41.3				悬臂浇筑
山东鄄城黄河大桥(双幅)	0.583	120	山东	2009	单箱室	7	3	1/17.1	1/40				混凝土:悬臂浇筑;波折钢腹板:悬臂拼装
乌龙江二桥(双幅)	0.546	110	福建	1998	单箱室	6	2.5	1/18.3	1/44				悬臂拼装
大洋河大桥	0.8	100	辽宁	1996	单箱室	5.8	2.4	1/17.2	1/35.7	0.956	67.3	104.6	悬臂浇筑
广湛高速公路九江大桥(双幅)	0.625	160	广东	1996	单箱室	9	3	1/17.8	1/53.3				悬臂浇筑
荆州长江大桥三八洲桥(双幅)	0.667	150	湖北	2002	单箱室	8	3	1/18.8	1/50				悬臂浇筑
湖南东阳渡湘江大桥(双幅)	0.653	150	湖南		单箱室	9	3.8	1/16.7	1/39.5				悬臂浇筑
荆州长江大桥跨荆州大堤桥(双幅)	0.62	150	湖北	2002	单箱室	8	3	1/18.8	1/50				悬臂浇筑
舟山响礁门大桥(双幅)	0.533	150	浙江	2003	单箱室	9	3	1/16.7	1/50				悬臂浇筑
汉川汉江公路大桥	0.627	142	湖北	1997	单箱室								
肇庆西江大桥	0.63	138	广东		单箱室	8	3	1/17	1/45.3				悬臂浇筑

续上表

桥 名	边跨/主跨	主桥跨径(m)	桥址	建成年份	截面形式	梁高(m) 根部	梁高(m) 跨中	高跨比 根部	高跨比 跨中	混凝土用量(m³/m²)	预应力钢筋用量(kg/m²)	普通钢筋用量(kg/m²)	施工方法
安徽涂山淮河大桥(双幅)	0.692	130	安徽	2002	单箱室	7	2.5	1/18.6	1/52				悬臂浇筑
广东德胜大桥(双幅)	0.641	128	广东	1995	单箱室	7	2.6	1/18.3	1/49.2				悬臂浇筑
广东德庆西江大桥(双幅)	0.641	128	广东		单箱室	7	2.8	1/18.3	1/45.7				悬臂浇筑

附表 1-2

大跨径公路预应力混凝土连续刚构桥参数表

桥 名	主桥跨径(m)	边跨/主跨	建成年份	截面形式	梁高(m) 根部	梁高(m) 跨中	高跨比 根部	高跨比 跨中	梁宽(m) 顶	梁宽(m) 底	板厚(cm) 顶板	板厚(cm) 底板	板厚(cm) 腹板	最大底板厚跨比	边跨合龙方法	备 注
重庆石板坡长江大桥复线桥	330	0.418	2006	单箱室	16	4.5	1/20.6(中跨)	1/73.3(主跨)	19	9	28	混凝土:40~150	混凝土:50~100	1/220		主跨中108m为钢箱梁,其余为混凝土箱梁
虎门大桥辅航道桥	270	0.556	1997	单箱室	14.8	5	1/18.2	1/54	15	7	25	32~130	40~60	1/207.7	设计建议用导梁浇筑混凝土合龙边跨,实际支架合龙	双幅,桥在R=7000m平曲线
苏通大桥专用航道桥	268	0.518	2008	单箱室	15	4.5	1/17.9	1/59.6	16.5	8.7	32	32~170	45~70	1/157.6	落地支架	双幅,1.6次抛物线
云南红河大桥	265	0.689	2003	单箱室	14.5	5	1/18.3	1/53			28~45;梁端:90	32~150;梁端:100	40~80;梁端:200	1/177	落地支架	主跨悬臂对顶30t合龙
福建宁德下白石大桥	260		2003		14	4.2	1/18.6	1/61.9			28~40	30~140	40~70	1/186	落地支架	梁底1.6次抛物线
重庆鱼洞长江大桥	260	0.559	2007	单箱室	15.1	4.6	1/17.2	1/56.5	20.3	12.9	38	35~145	边腹板:40~100 中腹板:40~70	1/179		1.8次抛物线,双幅,远期轻轨

567

续上表

桥 名	主桥跨径(m)	边跨/主跨	建成年份	截面形式	梁高(m) 根部	梁高(m) 跨中	高跨比 根部	高跨比 跨中	梁宽(m) 顶	梁宽(m) 底	板厚(cm) 顶板	板厚(cm) 底板	腹板	最大底板厚跨比	边跨合龙方法	备 注
江安长江大桥	252		2007													
四川泸州长江二桥	252	0.583	2001	单箱室	14	4	1/18	1/63	25	13	28	32~120	50~70	1/210		49.5m边跨重力式锚碇桥台
重庆嘉华嘉陵江大桥	252	0.548	2007	单箱室	15.5	5	1/16.3	1/50			30	32~110	45~100	1/229		
重庆黄花园大桥	250	0.548	1999	单箱室	13.8	4.3	1/18.1	1/58.1	15	7	25	28~150	40~70	1/166.7	落地支架	双幅,连续长度1024m
马鞍石嘉陵江大桥	250	0.584	2001	单箱室	13.7	4.2	1/18.2	1/59.5	11.5	5.5	25	32~150	40~60	1/166.7	落地支架	双幅,连续长度1024m
广州海心沙大桥	250	0.552	2004	单箱室	13.8	4.3	1/18.1	1/58.1	16.5	7.8	25;0号块:50	32~130	0号块:90;1~19号块:70;其余50	1/192	落地支架	双幅,1.6次抛物线
宜水路金沙江大桥	249	0.562			15	4.2	1/16.6	1/59.3								双幅,全宽24.5m,1.5次抛物线
黄石长江大桥	245	0.663	1995	单箱室	13	4.1	1/18.8	1/59.8	19.6	10	25	32~135	50~80	1/181.5	落地支架	连续长度1060m
重庆嘉陵江大桥	245	0.565														
江津长江大桥	240	0.583	1997	单箱室	13.5	4	1/17.8	1/60	22	11.5	25	32~120	50~80	1/200	落地支架	
贵比公路六广河大桥	240	0.605	2002	单箱室	13.4	4.1	1/17.9	1/58.5	13	7	28	28~150	40~70	1/160		
重庆高家花园嘉陵江大桥	240	0.583	2000	单箱室	13.6	3.6	1/17.6	1/66.7	11.5	5.5	25	32~120	40~60	1/200	落地支架	桥面至水面高306m
重庆龙溪河大桥	240	0.583	1997	单箱室		3.6		1/66.7	15.36	8				1/200		双幅
广西布柳河大桥	235	0.617	2005	单箱室	12.8	4.2	1/18.4	1/56.0	8.3	5					落地支架	1.7次抛物线,桥高大于190m

续上表

桥名	主桥跨径(m)	边跨/主跨	建成年份	截面形式	梁高(m) 根部	梁高(m) 跨中	高跨比 根部	高跨比 跨中	梁宽(m) 顶	梁宽(m) 底	板厚(cm) 顶板	板厚(cm) 底板	板厚(cm) 腹板	最大底板厚跨比	边跨合龙方法	备注
贵州平寨大桥	235	0.553		单箱室	13.4	4.1	1/17.5	1/57.3								
杭州下沙钱塘江大桥	232	0.547	2002	单箱室	12.5	4	1/18.56	1/58	16.6	8	15~45	30~135	45~100	1/172		双幅,4个主墩,中间两个与梁固结,边上2个设铰
重庆汤溪河大桥	230	0.565	2008	单箱室	13	4	1/17.7	1/57.5	12.1	7		32~130	50~70	1/177	托架,吊梁浇筑	梁底距地面151m,1.5次抛物线
重庆北碚嘉陵江大桥	230	0.565	2007	单箱室	13	4	1/17.7	1/57.5	19	11		32~127.5	50~70	1/181		1.5次抛物线
重庆白果渡嘉陵江大桥	230	0.565	2006													双幅
贵州镇胜高速公路虎跳峡大桥	225	0.533		单箱室	14	3.8	1/16.1	1/59.2	12	6.7		32~135		1/170.5		双幅。墩高151m,1.8次抛物线,全长1140m,合龙时顶推
南澳跨海大桥	221	0.552	2001	单箱室	11	3	1/18.6	1/73.7	17.1	8	25	32~110	40~60	1/209	设计建议用导梁浇筑混凝土边跨合龙	梁底用1.65次抛物线
重庆北碚东阳嘉陵江大桥	220	0.614	2005	单箱室	13	3.5	1/16.9	1/62.9	12.6	6.6						双幅
东营黄河公路大桥	220	0.909		单箱双室					12.5	6						刚构-连续梁体系
都汶路岷江大桥	220	0.568		单箱室	13.5	4	1/16.3	1/55	22.5	13	28	38~140	65~80	1/157.1	悬臂支架	1.5次抛物线,全宽22.5m,墩高85m
云南泽街渡大桥	220	0.527	2006	单箱室	13.5	4	1/16.3	1/55	9	6		32~120	50~70	1/183	托架,吊梁浇筑	1.75次抛物线,墩高168m
舟山金塘大桥东通航孔	216	0.565	2010	单箱室	13.3		1/16.2		12.3	6.3						双幅

569

续上表

桥　名	主桥跨径(m)	边跨/主跨	建成年份	截面形式	梁高(m)根部	梁高(m)跨中	高跨比根部	高跨比跨中	梁宽(m)顶	梁宽(m)底	板厚(cm)顶板	板厚(cm)底板	腹板	最大底板厚跨比	边跨合龙方法	备注
济南黄河二桥	210	0.762	1999	单箱室	10.5	3.5	1/20	1/60	17.15	8.35	32	32~120	40~120	1/175		双幅,刚构连续梁体系
重庆河耳沟大桥	210	0.580	2007	单箱室	13	4	1/16.2	1/52.5	22.5	11					吊架现浇	双幅,1.5次抛物线
广阳岛内河长江大桥	210	0.55														
广东永胜大桥	206	0.558	2009	单箱室	12	4.5	1/17.2	1/45.8	16.3	8	30	30~130	50~80	1/158.5		双幅,1.75次抛物线
金厂岭澜沧江大桥	200	0.65	2002	单箱室	13	4	1/15.4	1/50	22.5	12.2	33	35~140	60~90	1/142.9	挂篮悬臂合龙边跨	
湖北龙潭河大桥	200	0.530		单箱室	12	3.5	1/16.7	1/57.1	12.5	6.5	28	32~110	40,55,70	1/182		双幅,1.8次抛物线,墩高178m
浙江千岛湖小金山大桥	200	0.6														
恩施马水河大桥	200	0.55	2008													双幅
陕西徐水河大桥	200	0.55		单箱室	11	3	1/18.2	1/66.7	13.5	7						双幅
石河大桥	200	0.53														
乌江大桥	200	0.565														
黄草乌江大桥	200	0.565														
杨家岭大桥	200	0.56														
石忠高速公路忠县长江大桥	200	0.56														
月亮包大桥	200	0.55		单箱室	11.5	3.5	1/17.4	1/57.1	13.4	7	32	32~120	50~70	1/167		双幅,1.5次抛物线,墩高104m
合川涪江三桥	200	0.55		单箱室	11.5	3.5	1/17.4	1/57.1	13.4	7		32~120	50,60,70	1/167		双幅,1.5次抛物线

续上表

桥名	主桥跨径(m)	边跨/主跨	建成年份	截面形式	梁高(m) 根部	梁高(m) 跨中	高跨比 根部	高跨比 跨中	梁宽(m) 顶	梁宽(m) 底	板厚(cm) 顶板	板厚(cm) 底板	板厚(cm) 腹板	最大底板厚跨比	边跨合龙方法	备注
土坎乌江大桥	200	0.55		单箱室												双幅
广州新龙大桥	200	0.55	2004	单箱室	10.5	3.5	1/19.0	1/57.1	13.8	7.5						双幅
广东富湾大桥	200	0.56	2008	单箱室	11.6	4.2	1/17.2	1/47.6	16.38	8	28	30~120	50~80	1/167		双幅,1.6次抛物线
贵州朱昌河大桥	200	0.53														
贵州乌江大桥	200															
华南大桥	190	0.579	1998	单箱室	9.5	3	1/20	1/63.3	17.75	9.5	28	32~100	35~55	1/190	设计建议用接长的挂梁浇筑混凝土合龙边跨,实际支架合龙	梁底用1.5次抛物线
广东镇海湾特大桥	190	0.533		单箱室	10.5	3.2	1/18.1	1/59.4	13.5	7						双幅
板沙尾特大桥	185	0.584	2009	单箱室	10.8	4.3	1/17.1	1/43.0	16.3	8		30~120	50~80	1/154		双幅
蔡甸汉江大桥	180	0.611		单箱室												双幅
洛溪大桥	180	0.694	1988	单箱室	10	3	1/18	1/60	15.14	8	28	32~120	50~70	1/150	落地支架	
宁德八尺门大桥	170	0.529		单箱室	10	3	1/17	1/56.7	12	6	28	32~120	40~70	1/141.7	托架+吊架合龙	
宁波大榭跨海大桥	170	0.727	1999	双箱室	10.8	4.75	1/15.8	1/35.8	28.2	12~16						公铁两用,并在同一平面内

续上表

桥 名	主桥跨径(m)	边跨/主跨	建成年份	截面形式	梁高(m) 根部	梁高(m) 跨中	高跨比 根部	高跨比 跨中	梁宽(m) 顶	梁宽(m) 底	板厚(cm) 顶板	板厚(cm) 底板	板厚(cm) 腹板	最大底板厚跨比	边跨合龙方法	备注
攀钢专用线金沙江大桥	168	0.595	1996	单箱室	10.5	4.5	1/16	1/37.3	12.6	7		75~120	70~90	1/140	落地支架	铁路单线
丫髻沙大桥福建道桥	160	0.538	2000												落地支架	悬臂拼装
三门峡黄河大桥	160	0.656	1993	单箱室	8	3	1/20	1/53.3	17.5	9	25	25~100	40~65	1/160	落地支架	
福建平潭大桥	160	0.563		单箱室	8	3	1/20	1/53.3	17	9						
重庆渝澳大桥	160	0.6	2002	单箱室	8.2	2.7	1/19.5	1/59.2	17.5	9	25	25~100	40~60	1/160		
冷水滩湘江大桥	155	0.575	1994	单箱室	9	3.2	1/17.2	1/48.4	18.5	9	30					
广珠西线吉昌大桥	155	0.581	2010		9	3.8			16.3	8						
内蒙包头至树林召黄河大桥主桥	150	0.567	2011	单箱室	8.57	3.8	1/17.5	1/42.9	13.75	7.15	35	30~120	50~60	1/125	落地支架	双幅,1.5次抛物线
沅陵沅水大桥	140	0.607	1991	单箱室	8	2.8	1/17.5	1/50	14	8	26	30~80	40~60	1/175	一侧支架,一侧与引桥顶推悬出13.5m合龙	
厦门海沧大桥西航道桥	140	0.557	1999	单箱室	7.5	2.5	1/18.7	1/56	15.25	7	28	32~85	50~65	1/164.7	落地支架	双幅,桥在R=900m平曲线及缓和曲线上
三滩黄河大桥	140	0.557	1999	单箱室	7.5	2.8	1/18.7	1/50	16.5	8.5	25	89	60	1/157.3	落地支架	
云南大保高速公路K443+665大桥	140	0.550		单箱室	7.5	3	1/18.7	1/46.7	22.5	11.5	28	32~95	50~70	1/147.4	落地支架	
云南无磨高速公路K306+185大桥	140	0.55			7.5	3	1/18.7	1/46.7	22.5	11.5	28	32~95	50~70	1/147.4	落地支架	
无磨高速公路K306+814大桥	140	0.6		单箱室	7.5	3	1/18.7	1/46.7	22.5	11.5	28	32~95	50~70	1/147.4	落地支架	

续上表

桥 名	主桥跨径(m)	边跨/主跨	建成年份	截面形式	梁高(m) 根部	梁高(m) 跨中	高跨比 根部	高跨比 跨中	梁宽(m) 顶	梁宽(m) 底	板厚(cm) 顶板	板厚(cm) 底板	板厚(cm) 腹板	最大底板厚跨比	边跨合龙方法	备 注
元磨高速公路K308+500大桥	140	0.55		单箱室	7.5	3	1/18.7	1/46.7	22.5	11.5	28	32~95	50~70	1/147.4	落地支架	
元磨高速公路K293+367大桥	140	0.55		单箱室	7.5	3	1/18.7	1/46.7	22.5	11.5	28	32~95	50~70	1/147.4	落地支架	
舟山朱家尖海峡大桥	138	0.551	1999	单箱室					12.5							双幅
津市澧水大桥	135	0.652	1989	单箱室	8	3.5	1/16.9	1/38.6	16.5							
广东石南大桥	135	0.556	1991	单箱室	7.5	2.5	1/18	1/54	16.5	8						
顺德南沙大桥	135	0.593	2003	单箱室	7	3	1/19.3	1/45	12	6.5	30	30~75	40~60	1/193	吊梁法	
福建刺桐大桥	130	0.692	1997	单箱室	7	2.5	1/18.6	1/52	13.2	6.6	25	25~100	40~60	1/130		双幅
武汉长江二桥	130	0.638	1995	单箱室		3		1/43.3	13.2	6.8					83m与60m引桥在7号墩悬浇	双幅,130m与125m同主墩与梁连接,另一主墩设支座
云南阿磨红桥	130	0.538		单箱室												
南昆铁路清水河桥	128	0.569	1998	单箱室	8.8	4.4	1/14.5	1/29.1	8.1	6.1	50	40~90	40~70	1/142.2	先合龙中跨,后合边跨,搭架	铁路单线
珠海大桥	125	0.560	1993	单箱室	6.8	2.5	1/18.4	1/50	13.3	7	28	70	40~54	1/178.6	落地支架	双幅,梁底用1.8次抛物线
广西六律邕江大桥	125	0.64		单箱室	6.8	2.5	1/18.4	1/50	13.5	7		32~80	40~55	1/156.3		双幅
湖南白水湘江大桥	120	0.667		单箱室												双幅
吉林九站松花江大桥	120	0.625	1999	单箱室	5.71	3	1/21	1/40	14	6.5	30	32~80	40~80	1/150		半刚构连续梁体系,一主墩与梁连接,另一主墩设支座

续上表

桥 名	主桥跨径(m)	边跨/主跨	建成年份	截面形式	梁高(m) 根部	梁高(m) 跨中	高跨比 根部	高跨比 跨中	梁宽(m) 顶	梁宽(m) 底	板厚(cm) 顶板	板厚(cm) 底板	板厚(cm) 腹板	最大底板厚跨比	边跨合龙方法	备 注
广东南海广和东路大桥	120	0.550	2001	单箱室	6	2.5	1/20	1/48	17.5	8.5	28	25~80	40	1/155	用导梁合龙跨	双幅
东明黄河大桥	120	0.625	1993	单箱室	6.5	2.6	1/18.5	1/46.2	18.34	9	25	25~80	40~55	1/150	落地支架	中间4个墩梁固结，其他墩设滑动支座，为连续刚构和连续梁结合的结构体系
南海金沙大桥	120	0.55	1994	单箱室	6	2.5	1/20	1/48	21	11	28	32~60	40	1/200	用导梁浇筑混凝土合龙边跨	

附表 1-3

国外混凝土梁式桥（$L \geq 160$ m）

序号	桥 名	国家	建成年份	跨径(m)	桥宽(m)	结构	截面	梁高(m) 根部	梁高(m) 跨中	跨高比 根部	跨高比 跨中	施工方法	备 注
1	Stolma 桥	挪威	1998	94+301+72	9	连续刚构	单室箱	15	3.5	20.1	86	悬浇，72m用支架	主跨中部182m用轻质混凝土；94m边跨的37m和72m边跨内填砾石
2	Raftsundet 桥	挪威	1998	86+202+298+125	10.3	连续刚构	单室箱	14.5	3.5	20.6	85.1	悬浇，边跨和中跨各设一临时墩	桥在 $R=3000$ m 平曲线上，主跨中部224m用轻质混凝土，边跨端部7m以C25混凝土压重
3	Gateway 桥	澳大利亚	1985	145+260+145	21.93	连续刚构	单室箱	15	5.2	17.3	50	悬浇	
4	Varodd-2 桥	挪威	1994	260		连续梁						悬浇	
5	Schottwien 桥	奥地利	1989	250		4跨连续刚构							
6	Doutor 桥	葡萄牙	1991	250	12	连续刚构	单室箱	12	7	20.8	35.7		双线线路

续上表

序号	桥名	国家	建成年份	跨径(m)	桥宽(m)	结构	截面	梁高(m) 根部	梁高(m) 跨中	跨高比 根部	跨高比 跨中	施工方法	备注
7	Confederation 桥	加拿大	1995	165+43×250+165	12	带挂梁T构	单室箱	14	4.5	17.9	55.6	预制吊装	每两跨使挂梁连续,防止连续破坏
8	Skye 桥	英国	1995	250									
9	Koror-Bobelthuap 桥	帕劳	1977	18.6+53.6+240.8+53.6+18.6	9.2	有铰T构	单室箱	14.17	3.66	17.0	65.8	悬浇	1996年9月加固后突然倒塌
10	滨名大桥	日本	1976	55+140+240+140+55	2×10.65	有铰T构	两单室箱	13.7	4.1	17.5	58.5	悬浇	
11	彦岛大桥	日本	1975	132+236+132	9.5	有铰T构	单室箱	14	4	16.9	59	悬浇	
12	Norddalsfjord 桥	挪威	1987	231									
13	浦户大桥	日本	1972	55+130+230+130+55	8.5	有铰T构	单室箱	12.545		18.3		悬浇	
14	Houston 运河桥	美国	1982	114+228.6+114	18	连续刚构	双室箱	14.6	4.6	15.7	49.7	悬浇	刚性墩连续刚构
15	Parana 桥	巴西	1975	220	14.1	8跨	三室箱	11	2.65	20	83	悬浇	
16	Fray Bentos 桥	阿根廷	1976	220	11.4	多跨悬臂梁	单室箱		2.1		105	悬浇	
17	Mooney 桥	澳大利亚	1985	130+220+130	12.5	连续刚构	分离双箱	12.5	4.25	17.6	51.8	悬浇	
18	加瓦桥	日本	1985	220									
19	Shubenacadia 河桥	加拿大	1979	113.35+213.4+113.35	10.8	3跨有铰连续	单室箱	10.67	2.44	20	87.5	悬浇	
20	Selbjorn 桥	挪威	1980	68+212+68	6.2	连续梁	单室箱	12.05	3.05	17.6	69.5	悬浇	
21	多淄河桥	前南斯拉夫	1974	210	14.4	3跨连续	单室箱	11	6	19.1	35	悬浇	
22	Bandorf 桥	德国	1964	43+44.35+71+208+71+44.35+43	30.86	有铰T构	两分离单室箱	10.45	4.4	19.9	47.3	悬浇	
23	Parrotles Flerry 桥	美国	1979	195.1	12.27	3跨T构	单室箱	9.45	2.44	20.6	80	悬浇	

续上表

序号	桥 名	国家	建成年份	跨径(m)	桥宽(m)	结构	截面	梁高(m) 根部	梁高(m) 跨中	跨高比 根部	跨高比 跨中	施工方法	备 注
24	詹姆斯敦—维拉扎诺大桥	美国		193.85	22.6	连续刚构	双室箱						
25	Mosel 桥	瑞士	1974	192	36.5~49	3跨连续	两单室箱	10.0		19.2		悬浇	
26	Bomasundet 桥	挪威		97.5+190+97.5									

附录二 混凝土拱桥示例

一、简单体系上承式拱桥

昭化嘉陵江大桥是一座简单体系混凝土拱桥,位于四川省广元市昭化镇,跨越嘉陵江,是兰州至海口高速公路广元至南充段上的一座重要桥梁,2011年建成。昭化嘉陵江大桥的主桥为跨径364m上承式钢筋混凝土拱桥,两侧引桥30m跨的预应力简支小箱梁,大桥桥位处桥面与嘉陵江江面高差大于120m。桥梁总体布置立面如附图2-1所示。

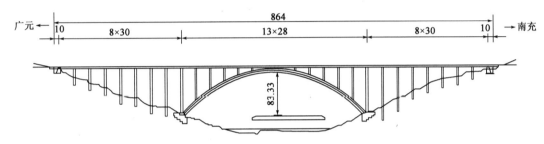

附图2-1 昭化嘉陵江大桥总体布置立面图(尺寸单位:m)

1. 概况

桥跨布置:10m + 8×30.m + 364m + 8×30.0m + 10m,全长864m。
桥面宽度:总宽27.5m,两侧各设1.5m人行道。
设计荷载:公路—Ⅰ级;地震动峰值加速度0.10g。
通航净空:库区规划航道四级通航标准。

2. 构造要点

1)拱的构造

昭化嘉陵江大桥采用等截面悬链线无铰拱,净跨径 $l_0 = 350$m,净矢高 $f_0 = 83.33$m,$f_0/l_0 = 1/4.2$;拱圈由两个分离式的箱形拱肋组成,每个拱肋为单箱双室结构,两拱肋之间设横向联系。箱形拱肋的横向宽度8m,箱高5.8m;标准段拱箱的顶、底板厚为40cm,腹板厚30cm;拱脚段拱箱的顶、底板及边腹板厚度采用渐变方式,顶、底板的厚度由80cm线性变化至40cm,边腹板的厚度由55cm线性变化至30cm。详见附图2-2。

2)箱形拱的劲性骨架构造

箱形拱肋内设钢管劲性骨架。劲性骨架为型钢与钢管混凝土组成的桁架结构,每个拱肋的上、下各三根 $\phi 457 \times 14$mm、内灌C80混凝土的钢管混凝土弦杆;弦杆通过横联角钢和竖向角钢连接而构成型钢-钢管混凝土桁架,在拱肋横向联系对应位置设交叉撑,加强横向连接。腹杆及平联与弦杆均采用焊接连接。见附图2-2、附图2-3。

3)拱上建筑构造

拱上建筑由垫梁、拱上立柱、盖梁及行车道梁等组成的多跨拱上结构,见附图2-4。拱上垫梁较低一侧的高度均为50cm,另一侧的高度随拱背线形的变化而变化;拱上立柱为横向双柱式,采用纵向变宽的空心薄壁结构,空心立柱的横桥向宽为2.5m,纵桥向墩顶宽为1.6m,壁厚度为35cm;盖梁的宽度为220cm、高度为200cm,盖梁底面水平,通过垫石的高度变化来满足桥面横坡;拱上行车道梁采用跨径28m预应力混凝土简支小箱梁,每孔横向8根梁,小箱梁高度为160cm,中梁宽为345cm,边梁宽为337.5cm。

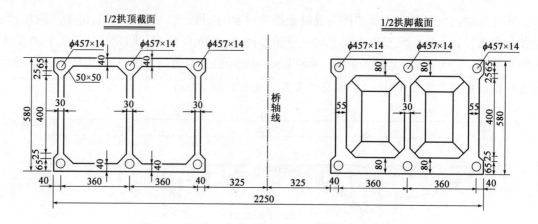

附图2-2　昭化嘉陵江大桥箱形拱肋的截面构造(尺寸单位:cm)

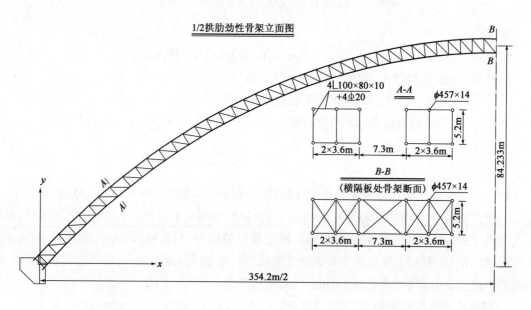

附图2-3　昭化嘉陵江大桥箱形拱肋的劲性骨架

二、组合体系中承式拱桥

小榄水道特大桥位于珠江三角洲平原,跨越小榄水道,北向于新广州、南向于珠海,属于新建铁路广州至珠海城际客运专线上的一座大桥,2015年建成。小榄水道特大桥采用中承式V形墩刚构-拱组合桥结构。桥梁总体布置立面图如附图2-5所示。

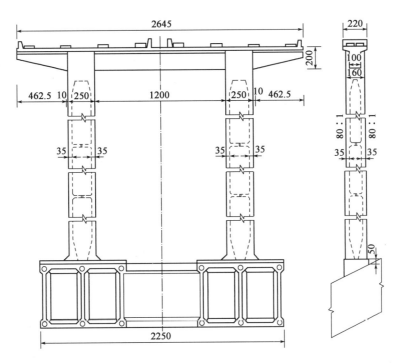

附图 2-4 昭化嘉陵江大桥的拱上建筑构造(尺寸单位:cm)

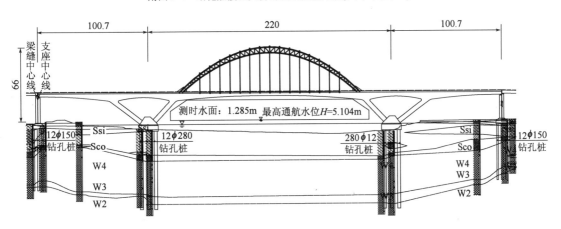

附图 2-5 小榄水道特大桥总体布置立面图(尺寸单位:m)

1. 概况

1) 总体布置及设计标准

桥跨布置:100m + 220m + 100m,桥梁全长 420m。

桥面宽度:0.5m 栏杆 + 10.6m 双线铁路 + 0.5m 栏杆 = 11.6m。

设计标准:城际客运专线,兼顾部分长途跨线客车;双线,线间距4.4m。

荷载标准:0.6UIC 列车活载图式。

速度目标值:旅客列车设计速度200km/h。

通航净空:通航孔净宽为180m,通航净高不小于18m(最高通航水位5.104m),单孔双向通航。

2) 主要设计荷载

永久作用(恒载):结构重力(自重、道砟轨道等)、预应力和混凝土徐变收缩作用、主墩和变墩基础的不均匀沉降。

可变作用:双线 0.6UIC 的静活载,列车的竖向动力系数、制动力或牵引力以及列车的摇摆力等,结构整体温差(年季节温差)、局部温差(拱肋与混凝土、吊杆与混凝土、混凝土梁顶板非线性升温)。

3) 主要建筑材料

混凝土:箱梁采用少徐变、抗开裂 C60 高性能混凝土;边主墩、斜腿采用 C40 混凝土;钢管内混凝土采用 C50 微膨胀混凝土;承台、桩采用 C30 混凝土。

普通钢筋和钢材:普通钢筋采用 Q235 和 HRB335;钢管拱材质采用 Q345qD。

预应力钢绞线及钢筋:箱梁纵、横向均采用公称直径 15.24mm,抗拉强度标准值 f_{pk} = 1860MPa 的低松弛钢绞线及配套锚具;箱梁的竖向采用抗拉强度标准值 f_{pk} = 930MPa 直径 ϕ32mm、ϕ25mm 的高强精轧螺纹钢筋及配套锚具。

吊杆:采用 PES(FD)7-73 型低应力防腐平行钢丝拉索,抗拉强度标准值 f_{pk} = 1670MPa。

2. 构造要点

1) 纵梁及斜腿构造

该桥纵梁采用单箱双室截面,主梁支点处梁高采用 7.8m,主跨跨中和边跨支座处梁高 3.8m,V 形刚构内部最小梁高采用 4.8m;桥面宽度为 11.6m,底板宽度 10m,桥面横向排水坡为 1.5%,由梁的翼板向箱梁中心位置倾斜,将雨水由排水管排出梁外;顶板厚度为 42cm,边跨和中跨腹板厚度由根部向跨中依次是 80cm、55cm 和 35cm;与内腿相交区域内主梁腹板厚度局部改为 120cm(折线变化),V 形刚构内梁段腹板厚度分 80cm、55cm 两种(折线变化);底板厚度由跨中的 35cm 按 1.8 次抛物线规律变化到根部的 120cm,V 形刚构内侧梁段的底板厚度由跨中 50cm 按圆曲线渐变到根部的 100cm,底板在 V 形刚构斜腿与主梁固结处附近局部增厚。

该桥 V 形墩的外侧斜腿与水平面的夹角为 34.6°,采用单箱双室箱形截面,横桥向宽 10m,高 4m,横桥向壁厚 1.5m,高度方向壁厚 1.2m,中隔板厚 1.0m;内侧斜腿与水平面的夹角为 46.4°,也采用单箱双室箱形截面,横桥向宽 13.8m,高 4m,横桥向壁厚 2.0m,壁厚 1.2m。该桥 V 形墩构造见附图 2-6。

2) 箱梁预应力钢束布置

箱梁为纵向、横向和竖向三向预应力混凝土结构。

纵向预应力钢束采用 27ϕ^j15.24mm 钢绞线,施工时分两端张拉和一端张拉,见附图 2-7。为减少穿过负弯矩区的钢束数量,中跨还采用了连接器。

竖向预应力钢筋采用 ϕ25mm 和 ϕ32mm 的高强精轧螺纹钢筋;腹板厚 0.80m 梁段,横桥向每个腹板布置两根 ϕ32mm 竖向预应力筋;腹板厚 0.55m 梁段,横桥向每个腹板布置一根 ϕ32mm 竖向预应力筋;腹板厚 0.35m 梁段,横桥向每个腹板布置一根 ϕ25mm 竖向预应力筋。竖向预应力筋均于梁顶张拉。

箱梁顶板内的横向预应力钢束采用 5ϕ^j15.24mm 钢绞线。

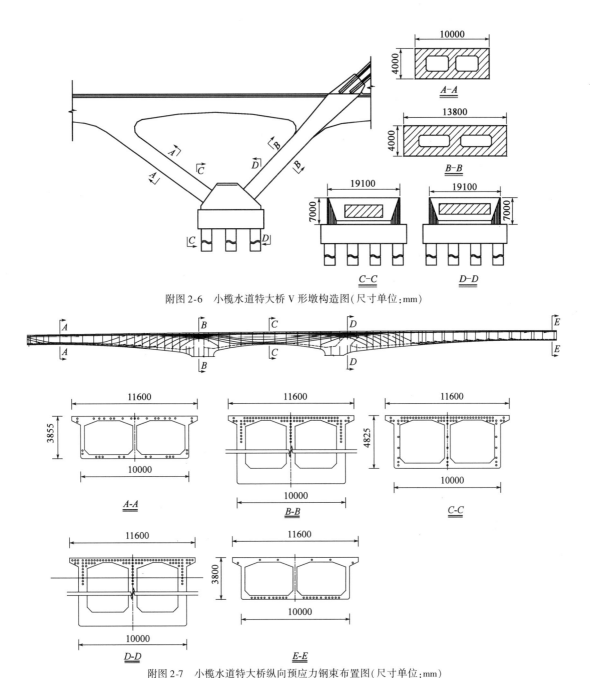

附图 2-6 小榄水道特大桥 V 形墩构造图(尺寸单位:mm)

附图 2-7 小榄水道特大桥纵向预应力钢束布置图(尺寸单位:mm)

3. 拱肋

拱肋采用双管形的钢管混凝土 N 形桁架结构。拱肋上弦钢管的矢高 40m,下弦钢管的矢高 35m,上、下弦钢管的轴线均为二次抛物线。在靠近拱脚位置双管桁架构造变为变高度的哑铃形构造。桁架的上、下弦管选用直径 900mm 的钢管,壁厚分为 24mm、22mm 和 20mm 三种,内灌混凝土;腹杆采用 $\phi 600 \times 16$ 的空钢管。小榄水道特大桥拱肋、吊杆及横撑构造见附图 2-8。

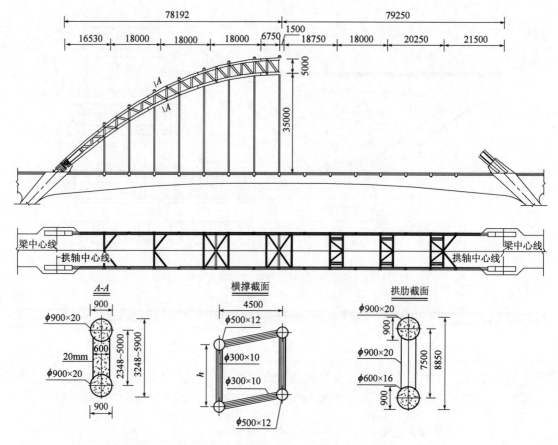

附图2-8 小榄水道特大桥拱肋、吊杆及横撑构造图(尺寸单位:mm)

4. 吊杆

吊杆顺桥向间距9m,全桥共设15对吊杆。吊杆采用73根φ7mm钢丝的低应力HDPE平行钢丝拉索及配套的冷铸镦头锚,拉索外套复合不锈钢管。吊杆的上端穿过拱肋、锚于拱肋上缘的张拉底座,下端锚在横梁下缘的固定底座。

5. 横撑

两条拱肋之间共设7道横(风)撑,靠近拱顶三个横撑采用米字形撑,其余4道横撑均为K字形撑,各横撑由φ500×12、φ300×10、φ350×12、φ200×10钢管组成,钢管内部不填混凝土。

三、组合体系下承式拱桥

义乌宾王大桥位于浙江义乌市新区中心、跨越东阳江,是义乌新区通往东阳江东岸的新区的纽带,1999年建成。义乌宾王大桥采用三跨下承式、单拱肋式简支的拱梁组合结构,桥梁总体布置见附图2-9。

1. 概况

桥跨布置:55.25m+80m+55.25m,全长201.022m。

桥面净宽:2.5m人行道+净2×12m行车道+2.5m人行道,总宽32.65m。

设计荷载:汽车—超20级、挂车—120,人群4kN/m²。

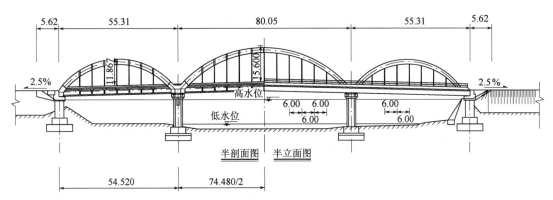

附图 2-9 义乌宾王大桥总体布置立面图(尺寸单位:m)

桥下净空:最低水位和设计洪水位差 7.5m,无通航要求。

2. 构造要点

1) 拱肋构造

义乌宾王大桥采用单拱肋式拱梁组合结构,中跨与边跨拱肋的矢跨比 f/l 分别为 1/5 和 1/4.5,二次抛物线拱轴线,采用钢管混凝土材料。为了保证拱肋平面外横向稳定性,截面外形采用横向圆端形,$b \times h = 3m \times 1.4m$,由两个中心距 1.6m、直径 1.4m 圆钢管及两块 1.6m 侧钢板组合而成,钢管和钢板的厚度均为 16mm,它们的内侧沿纵向设置间距为 900mm 的加劲肋,钢管和钢板内灌注微膨胀混凝土(附图 2-10)。

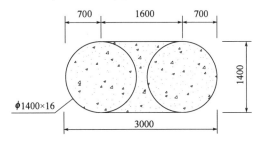

附图 2-10 义乌宾王大桥钢管混凝土拱肋截面构造(尺寸单位:mm)

2) 纵梁构造

根据单肋拱结构的受力与构造需要,本桥的纵梁采用了大悬臂单箱五室截面。纵梁高度 2.694m,顶板与底板的厚度分别为 240mm 和 200mm,边、中腹板的厚度分别为 550mm 和 400mm,横隔板厚度 300mm,各板联结处均设加腋或增厚(附图 2-11)。中间小室的腹板和箱梁横隔板(横梁)的位置,在纵、横向同吊杆位置对应。

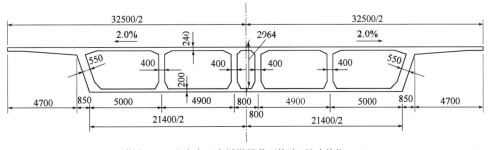

附图 2-11 义乌宾王大桥纵梁截面构造(尺寸单位:mm)

纵梁和横隔板内的预应力筋均采用9ϕ^j15.24mm高强低松弛预应力钢绞线,夹片式标准型锚具;桥面板横向预应力筋为3ϕ^j15.24mm高强低松弛预应力钢绞线,夹片式扁形锚具。

3) 吊杆构造

根据拱肋的截面构造特点,本桥在横桥向采用双吊杆,分别位于拱肋两根圆钢管的中心,吊杆沿纵向的间距为6m。吊杆采用19ϕ^j15.24mm钢绞线,外套波纹管与钢管,波纹管与钢管之间灌注小颗粒混凝土,下端固定、上端单向张拉,夹片式锚具。

4) 拱梁结点构造

拱肋在与纵梁联结处设混凝土端块,横向和高度尺寸分别扩大为3.2m与1.8m,钢管插入端块350mm。拱、梁轴线交点处垂直方向设置支座。

附录三　混凝土斜拉桥示例

以梅溪河特大桥主桥为例,介绍混凝土主梁斜拉桥的结构设计与构造、结构结算、施工与监控。一般而言,混凝土主梁斜拉桥的经济适用范围在200~500m之间,该桥的主跨跨度为386m,是混凝土主梁斜拉桥常用的跨度。

一、工程概况

梅溪河特大桥位于重庆市奉节县新城乡境内,距奉节老县城西北方向约3.0km,是一座横跨长江支流梅溪河的特大型桥梁。大桥左岸横跨邬家院子,右岸位于卸甲湾,桥位处水面宽约458m,最大水深约80m。

桥址区位于南华准地台腹地、朱衣河背斜轴部,地壳整体相对稳定,桥位区岩石较破碎,节理、裂隙发育。根据地表工程地质测绘及钻探成果表明:桥位区两岸坡被残坡积土(Q^{el+dl})覆盖,梅溪河谷分布冲洪积土(Q^{al+pl}),下伏基岩为三叠系中统巴东组(T_2b)的泥质灰岩。

桥位区属于中亚热带暖湿季风气候,具有气候温和雨量充沛、四季分明、光照适宜、无霜期长、冬干常见、伏旱突出等特点。该地区多年平均气温16.8℃;一月气温最低,月平均气温为5.1℃;7月气温最高,月平均气温为27.5℃;极端最高气温39.8℃,极端最低气温-9.2℃。桥址区多年平均风速为1.92m/s,累年瞬时极大风速24.7m/s(2001年),根据桥址地形地貌特征及桥梁建筑高度综合分析,确定桥位10m高度百年一遇设计基本风速为26.3m/s。

根据《中国地震动参数区划图》(GB 18306—2015),大桥抗震设防烈度Ⅵ度,地震动峰值加速度为0.05g,地震动反应谱特征周期为0.35s。

大桥处于三峡库区,设计水位受三峡库区淹没水位173.242m控制,根据通航论证结果,大桥满足内河四级航道的通航净空尺度和技术要求,桥梁高程由路线纵坡线形控制。

大桥的设计技术标准如下:

(1) 道路等级:双向四车道、行车道宽度2×3.75m(单向),高速公路。
(2) 计算行车速度:80km/h。
(3) 路基宽度,24.5m;桥面宽度,24.5m;斜拉桥的桥面宽度,27.5m(含锚索区)。
(4) 设计荷载:公路—Ⅰ级。
(5) 最大纵坡:3%。

(6)桥面横坡:2%。

(7)设计洪水频率:300年一遇。

(8)通航标准:最高通航水位173.242m,满足四级航道的通航净空尺度和技术要求。

(9)地震设计烈度:基本烈度为Ⅵ度,地震动峰值加速度为0.05g。

二、结构与构造

本桥跨径的选择主要受到施工条件的影响;大桥位于三峡库区,根据相关资料,受三峡三期蓄水的影响,大桥必须控制在165.0m的蓄水水位前完成基桩和承台的施工;结合场地条件,确定大桥主跨跨度为386m。综合考虑自然条件、水文地质、经济性能等因素,通过比选,确定采用双塔三跨斜拉桥作为主桥桥型,并在边跨各设置一个辅助墩,来改善成桥状态下的静动力性能并减低施工风险,最终大桥主桥跨度布置为43m+147m+386m+147m+43m,并在云阳岸连接2孔25m混凝土现浇箱梁,如附图3-1所示。主桥采用半漂浮结构体系,在桥塔处设横向抗风支座及纵向黏滞阻尼器,以改善结构受力。

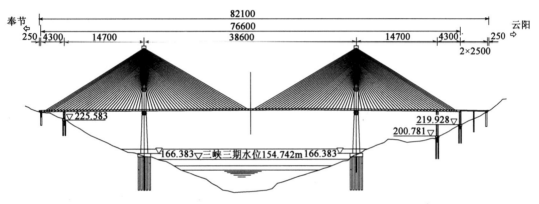

附图3-1 梅溪河大桥总体布置图(尺寸单位:cm;高程单位:m)

1. 主梁结构

主跨386m的斜拉桥,其主梁正是混凝土主梁的有力竞争区,结合实际技术经济情况,主梁标准断面选用了方便施工的预应力混凝土双主肋截面,混凝土强度等级为C60。

根据主梁主要尺寸的确定流程,经过优化计算确定混凝土主梁的顶宽27m,底宽27.5m,宽跨比为1:14.04;双主肋高2.33m,高跨比为1:165.67。标准梁段桥面板厚度0.3m,肋宽2m,并在边跨现浇段主梁肋宽逐渐变化为3.5m。主梁节段断面图如附图3-2所示。

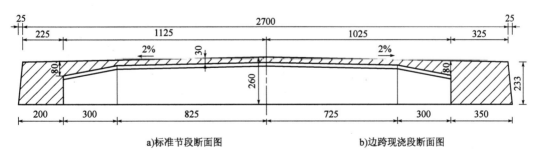

a)标准节段断面图   b)边跨现浇段断面图

附图3-2 主梁节段断面图(尺寸单位:cm)

主梁标准段均采用挂篮悬臂现浇施工,根据梁段重量和施工工艺,全桥分为0号块梁段(支架施工)、标准梁段(悬浇施工)、边跨现浇段和边中跨合龙段。其中,0号块梁段长23m,标准梁段长6m,边跨现浇段长19.86m,边跨合龙段长2m,中跨合龙段长3m。主梁分一次束和二次束张拉纵向预应力,其中一次束用于悬臂施工阶段,逐段接长张拉,二次束用于主梁合龙后的边中跨张拉束。标准段每对斜拉索与主梁相交处均设0.3m厚的横梁;为保证交会力系处具有足够刚度,在桥塔处和辅助墩处均设有一道3m厚的横梁;所有横梁均张拉预应力。

标准梁段边肋钢筋典型布置如附图3-3所示。一般来说,在施工过程中,主梁节段正弯矩最不利工况是该节段斜拉索刚张拉完毕之时,而负弯矩最不利工况是下一节段混凝土浇筑完毕之后斜拉索张拉之前;通过如附图3-3所示钢筋布置,能够保证在施工过程及成桥阶段最不利荷载工况下,截面应力均满足规范要求,并且施工过程中混凝土具有很好的可施工性。

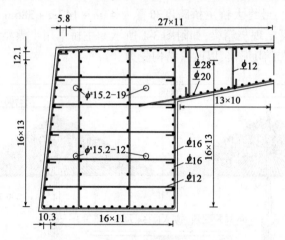

附图3-3 标准梁段边的钢筋布置图(尺寸单位:cm)

2. 桥塔及基础

在桥塔选型上,考虑到桥位处抗风不控制设计,结构可采用平面索体系,为此该桥采用了方便施工的"H"形桥塔。塔高为193m,桥塔上塔柱高78.5m,中塔柱高42m,下塔柱高72.5m。此时桥塔有效高度H与主跨跨径L的比例关系为$H=1/3L$,最外侧斜拉索倾角约为30°。

在桥塔构造方面,桥塔的造型以及各部分的断面形式、尺寸在满足受力要求的同时,也考虑了施工的方便性和可操作性。塔柱截面采用四边形预应力钢筋混凝土箱形截面。上塔柱外形尺寸为4.5m×7.5m;中塔柱处外形尺寸为4.5m×7.5m;下塔柱横向由4.5m变化到底部尺寸为9m,纵向由7.5m变化到底部尺寸为13.0m;上下横梁分别为6m×7m和7m×6.5m的空心矩形截面。由于桥位处于三峡库区,为减少船撞的危害,在下塔柱的高程170.383～206.383m的范围内设置0.8m厚的横隔板进行加强,顺桥向与横桥向各1道,在箱内形成十字撑架,可以直接抵抗可能的船舶撞击力作用。桥塔构造如附图3-4所示。

在上塔柱桥塔锚索区,布置$\phi^s15.2$-12环向预应力钢筋,并布置防劈裂钢筋防止内侧混凝土崩裂。如附图3-5所示,斜拉索锚固于塔柱内壁的锚块上,斜拉索水平分力产生的纵桥向拉力,一部分通过预应力钢筋的径向力进行平衡[附图3-5a)],另一部分通过混凝土将压力传至预应力钢筋的锚固点[附图3-5b)],由此可避免设置多余的横向预应力钢筋,并保证换索时的安全性。

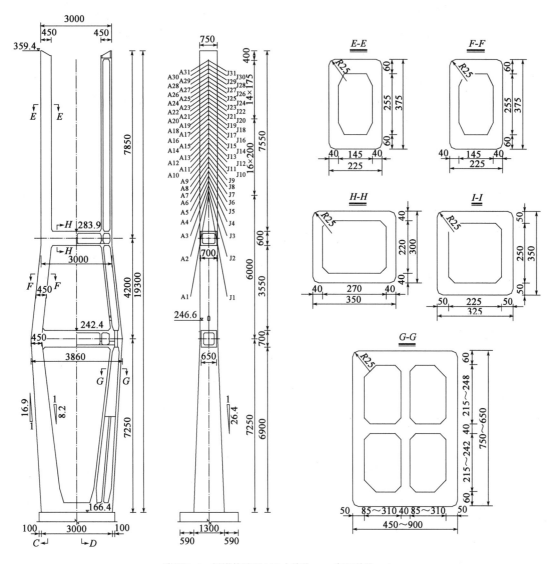

附图3-4 桥塔构造图(尺寸单位:cm;高程单位:m)

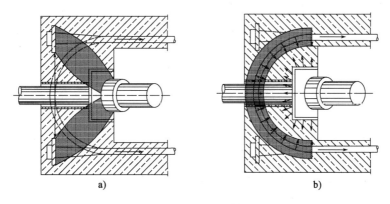

附图3-5 环向预应力传力图

根据桥位地质条件，主桥基础全部设计为钻孔灌注桩基础。桥塔承台平面尺寸为32m×24.8m，厚度为6m，桥塔每塔柱下布置25根直径为2.5m的钻孔摩擦桩，桩长60m。

3. 斜拉索

斜拉索采用平行钢丝索，由多层ϕ7mm镀锌钢丝成螺旋形集束而成，采用双层PE防护。钢丝标准强度1670MPa，拉索应力幅>200MPa。拉索在主梁上的标准索距为6m，边跨混凝土现浇部分索距为4.5m；斜拉索在桥塔上的索距为1.75m和2m。本桥采用6种类型的斜拉索，即PES7-85、PES7-109、PES7-139、PES7-151、PES7-187、PES7-211。为降低拉索的风雨振效应，在索导管内设减振装置，并且在梁端设置黏性阻尼器。

4. 辅助墩和过渡墩

辅助墩与过渡墩采用空心薄壁墩，辅助墩横桥向宽5m，顺桥向3m。高墩壁厚采用0.8m，底墩采用0.7m。承台厚2.5m，平面尺寸为6.5m×6.5m。基础采用直径为1.5m的钻孔灌注桩，每幅桥的桥墩下布置4根，为群桩基础。过渡墩横桥向宽6m，顺桥向3.5m。壁厚高墩采用0.8m。承台厚2.5m，平面尺寸为7.5m×6.4m。基础采用直径为1.5m的钻孔灌注桩，每幅桥的桥墩下布置4根，为群桩基础。

三、设计与计算

1. 索力优化原则

对于斜拉桥这种高次超静定的结构体系，索力优化是保证结构受力合理的关键。可以根据桥梁的实际情况，对恒载索力进行优化，索力优化的原则如下：

(1) 斜拉索索力应在合理区间之间，以便于斜拉索规格的选取。

(2) 斜拉索应力幅应控制在一定范围之内，以保证拉索的抗疲劳能力。

(3) 在恒载作用下，主梁的正负弯矩分布比较均衡，边中跨拉索的水平分力基本平衡。

(4) 在恒载作用下，边墩支座不产生拉应力，且在运营期间边墩支座拉应力控制在一定范围之内，以利于边墩设计及支座选型。

2. 合理成桥状态

合理成桥状态主要是指桥的内力状态，即确定一组拉索的索力及预应力布置方案，使得结构内力状态比较合理。对于该桥可以按以下步骤来确定合理成桥状态。

(1) 不计预应力作用，初定成桥状态：首先用弯曲应变能最小原理初定成桥状态，此时主梁和桥塔中弯矩均很小，但索力存在局部不合理现象。

(2) 用应力平衡法确定主梁中合理预应力布置及合理恒载弯矩上下限。

(3) 基于前两步的结果，计入预应力的作用，优化成桥状态并考虑桥塔受力，最终得到一组较为均衡、对称的索力。

经过上述计算和调整后，可以得到设计阶段合理成桥状态，从而保证恒载下桥塔弯矩适宜，主梁弯矩控制在"可行域"范围内，边墩和辅助墩支座反力有一定压力储备，索力分布相对均匀且荷载组合作用下拉索仍有一定拉力储备。

3. 合理施工状态

以确定的合理成桥状态为目标，根据施工流程来计算各施工阶段的拉索张拉力。

本工程主塔采用翻模法施工，主梁采用挂篮对称悬臂浇筑施工，先在支架上浇筑0号块，张拉纵横向预应力后，实施桥塔临时固结，然后安装挂篮，对称悬臂浇筑主梁段到最大悬臂，同时在边跨设支架进行主梁现浇段施工，最后完成边跨合龙及中跨合龙，并拆除临时固结形成结构体系。

按照上述施工流程及施工方法，从下塔柱施工开始模拟，一直到成桥施加二期荷载，一共划分231个阶段，计入结构自重、挂篮自重、预应力、混凝土收缩徐变等作用，按照正装迭代的方法，通过多次试算确定拉索的安装索力，并对施工阶段的各截面应力进行验算。计算程序使经过多次体系转换的结构成桥时达到或接近总体计算阶段确定的合理成桥状态。

4. 静力计算

根据桥梁实际施工步骤，建立空间杆系模型，进行施工及运营节段模拟分析。计算中考虑了拉索的垂度效应（按照规范要求对拉索弹性模量进行换算），其他的非线性因素则主要由静力试验来验证分析。

静力计算的主要内容包括恒载、预应力、活载、温度效应（包括体系均匀降温、索梁温差和日照温差）、基础沉降（主塔基础沉降按4.0cm考虑）、地震荷载、风荷载等作用下的响应，并按照规范进行各种荷载效应组合。

整体静力分析结果表明：结构受力状态较好，达到了截面调试阶段预期的目标。

5. 其他分析计算与试验

除了上述计算内容外，还需要进行多种分析和验算来保证结构的安全和功能。限于篇幅，此处仅加以简要介绍。

桥塔强度计算：设计时根据当时规范要求，主要是计算各种可能的荷载组合下，桥塔典型截面顺桥向和横桥向应力，以及角点按顺桥向和横桥向可能同时出现的荷载组合进行最大、最小应力迭加。

桥塔锚固区局部应力计算：为掌握桥塔锚固区在拉索和预应力的共同作用下的局部应力状态，取桥塔锚固区顶部3个节段，建立三维实体模型，按照全桥总体结构分析结果施加索力及边界断面内力，验算拉索锚固区最大主压应力和最大主拉应力。

桥塔稳定性计算：桥塔稳定性计算包括弹性稳定性计算和第二类稳定计算。弹性稳定性计算中，应分别计算裸塔状态和成桥状态桥塔的纵横向稳定性。

主梁节段受力计算：为掌握主梁在恒载、预应力和拉索等共同作用下的局部应力状态，在纵向取典型梁段，建立三维实体模型，对主梁在各种作用与组合下的空间受力，局部应力做进一步验算。

以上各项工作，在今天的计算能力下，也完全可以用一个模型完成计算。

风洞试验：包括节段模型风洞试验、裸塔气动弹性模型试验和全桥风洞模型试验等。

全桥地震反应分析研究：包括结构动力分析、地震结构响应分析以及岸坡变形特征及稳定性评价等。

四、施工与监控

1. 桥塔施工

承台为大体积混凝土结构，分两层浇筑，在对于第一层混凝土表面充分凿毛并清洗干净后,进行第二层混凝土浇筑。在整个承台施工过程中,严格进行温控设计,采取布设冷却管、覆盖养生等手段,有效降低水化热,防止开裂。

桥塔为"H"形结构,由塔座、下塔柱、下横梁、中塔柱、上横梁和上塔柱六部分组成。施工时采用翻模法施工。在塔柱混凝土施工时,将翻模系统与模板系统相分离,爬架高20m左右,翻模每节段高5m左右,模板均设计为双面板,即内外均为面板,中间为型钢骨架。模板上下两边安装铰,且各块模板之间铰轴连接,以支撑模板进行翻转。施工时,先松开模板间的连接螺栓和下铰轴,安装上铰轴。间隔翻转模板,全部模板翻转到位后,连接上铰轴和模板,完成一节段模板的安装。塔身混凝土采用泵送运输,泵管可布置在两塔柱内侧,随着浇筑高度增加而接长,混凝土直接泵送入模。塔柱内混凝土泵送浇筑后,由插入式振捣器振捣密实。每节段混凝土浇筑完成后,应洒水保湿养生。对于塔柱内竖向钢筋的绑扎,也可在塔内埋设劲性骨架,钢筋接头可采用焊接接长或冷挤压、钢套筒接长技术。

2. 主梁施工

过渡墩到辅助墩之间主梁采用支架现浇施工,其余主梁采用挂篮对称悬臂浇注施工。先在支架上浇注0号块,张拉纵、横向预应力后,实施塔梁临时固结,然后安装挂篮对称悬臂浇注主梁段到最大悬臂。一个梁段施工作为一个阶段,每个阶段分7个工况:挂篮前移并定位立模;第一次张拉前支点挂篮斜拉索;主梁混凝土浇筑一半;第二次张拉前支点挂篮斜拉索;混凝土浇筑完毕;预应力张拉,转移锚固;主梁斜拉索第三次张拉至设计值。全桥施工完毕后再做一次局部调索。

3. 施工监控

该桥跨度较大,施工工序复杂,必须进行严格的施工控制,以确保在施工过程中桥梁结构的内力和变形始终处于容许的范围内,并且成桥状态(包括成桥线形和成桥结构内力)符合设计要求。具体而言,该桥施工监控的内容主要包括以下几个方面。

(1)主梁线形监控:主梁线形监控包括平面线形监控和高程线形监控,其中高程线形直接关系到合龙施工与成桥线形,在施工过程中需实施监控,并通过立模高程和索力调整及时修正误差。

(2)斜拉索索力监控:斜拉索索力直接影响主梁承载力、挠度,决定主梁高程和应力,斜拉索索力测试是施工监控的重要部分。该桥采用千斤顶油表读数、千斤顶后压力环和振动频率控制等多种索力测试方法,并对索力偏差超过10%的拉索进行调整。

(3)主梁、主塔控制断面应力监控:施工过程中在结构受力关键部位预埋混凝土应变计,随施工进展测量每一工况前后的应力变化,并与理论值对比,保证当前结构状态安全。

(4)主塔线形监控:主塔线形监控分为竖向线形和横向线形两部分。在塔柱四个角附近焊接钢板于塔柱主筋上,在混凝土浇筑前后使用全站仪测量测点坐标,计算墩身变形并与主塔理论线形进行比较。

(5)承台水化热控制:为减少水泥水化热量引起的裂纹,从浇筑起到浇筑后10d,测量承台内部温度,并采用分层浇筑、布设冷却管、覆盖养生等手段控制温度,防止裂纹。

(6)温度监测:在长悬臂施工节段,温度对于主梁挠度的影响不可忽视,为消除温度干扰、掌握温度对主梁挠度的影响规律,对该桥主梁温度、挠度随气温变化的趋势进行观测,确保主桥顺利合龙。

该桥采用了自适应控制流程,即根据已有观测数据对主要参数进行识别、修正,通过严密的施工监控,保证了施工过程的安全,在成桥后达到设计预期的内力和线形状态,限于篇幅,不再对其细节展开介绍。

附录四　大跨度悬索桥示例

一、工程概况

西堠门大桥为主跨1650m的两跨连续钢箱梁悬索桥,主缆分跨为578m+1650m+485m(附图4-1),北边跨和中跨为悬吊结构。主缆矢跨比为1/10,加劲梁高跨比为1/471,宽跨比为1/45.8。加劲梁约束情况:在北锚和南塔各设一对竖向支座,在北锚、北塔和南塔各设一对横向抗风支座,在北锚和南塔各设一对纵向阻尼装置。主缆横桥向中心间距为31.4m,吊索顺桥向标准间距为18m。

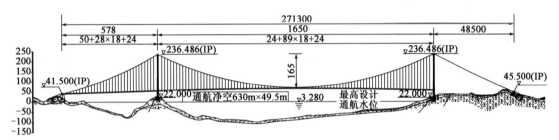

附图4-1　全桥总体布置图(尺寸单位:cm;高程单位:m)

二、结构与构造

1. 技术标准

(1)公路等级:四车道高速公路。
(2)设计速度:80km/h。
(3)设计荷载:公路—Ⅰ级。
(4)桥面宽度:2×11.5m。
(5)通航标准:通航净高为设计最高通航水位以上49.5m,通航净宽为630m。
(6)设计基准风速:运营阶段设计重现期为100年,设计基准风速为41.12m/s;施工阶段设计重现期为20年,设计基准风速为36.19m/s。
(7)地震基本烈度:7度。

2. 设计指标

(1)跨径
中跨1650.0m,边跨578.0(485.0)m。
(2)主缆
矢跨比:中跨1/10,边跨1/27.2(1/110.2)。

中心距:31.4m。

根数:2根。

组成:127丝直径为5.25mm的镀锌高强钢丝组成一根预制平行钢丝索股,175股/169股/171股预制平行钢丝索股组成一根主缆。

直径:870mm/855mm/860mm(空隙率19%),860mm/845mm/850mm(索夹处空隙率17%)。

强度:1770MPa。

(3)吊索

形式:竖向平行吊索。

间距:吊索标准间距18m,端吊索距塔中心为24m。

直径:普通吊索60mm,特殊吊索80mm/88mm。

组成:普通吊索结构形式为 $8 \times 41SW + IWR$,特殊吊索结构形式为 $8 \times 41SW + IWR/8 \times 55SWS + IWR$。

连接方式:骑跨式连接。

强度:1860MPa/1960MPa。

(4)加劲梁

形式:扁平流线型分离式双箱断面。

高度:3.5m(桥轴中心线处)。

宽度:36m(含风嘴)。

材料:Q345C。

标准梁段长:18m。

(5)桥塔

形式:门形框架。

高度:桥面以上175.611m,承台顶以上211.286m。

横梁数:3根。

(6)桥塔基础

形式:分离式钻孔灌注桩群桩基础。

钻孔灌注桩直径:2.8m。

钻孔灌注桩根数:24根。

(7)锚碇

基础形式:重力式浅埋扩大基础。

锚体形式:三角形框架式锚体。

基础平面尺寸:59m×71.7m(60m×81.7m)。

锚固系统:国产预应力钢绞线锚固系统。

三、设计与施工

1. 锚碇

本桥南、北锚碇结构形式基本相同。南、北锚碇总体布置见附图4-2。

(1)锚体

①锚体从结构受力和功能上可分为锚块、散索鞍支墩及基础、连接部、前锚室四部分。其

中,锚块主要承受预应力锚固系统传递的主缆索股拉力,散索鞍支墩主要承受由散索鞍传递的主缆压力,前锚室、散索鞍支墩及基础、连接部与锚块形成一个完整的空间受力结构,前锚室由侧墙、顶板及前墙构成封闭空间,对主缆索股起保护作用。

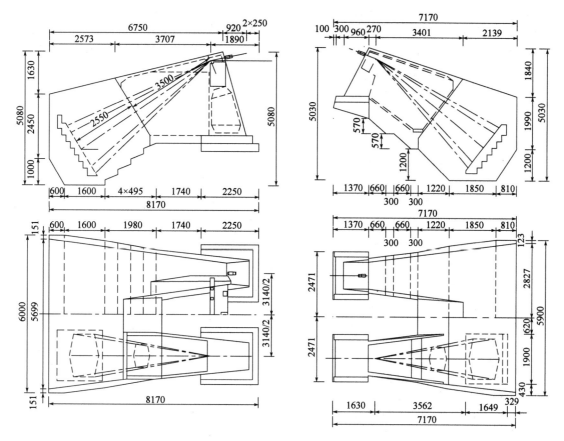

附图4-2 南、北锚碇总体布置(尺寸单位:mm)

②为提高锚碇的抗滑动、抗倾覆稳定性,减小使用阶段地基最大工作应力,结合地质条件,锚碇在基础地面采用齿坎构造,设置两级台阶,每级台阶高度为5.7m。

③由于锚碇平面尺寸较大,为避免锚块和散索鞍支墩基础浇筑施工后出现收缩与温度裂缝,锚块和散索鞍支墩基础共分4块进行浇筑,散索鞍支墩及基础、连接部与锚块及锚块与锚块之间设施工缝。各块之间设置2m宽后浇段,后浇段采用微膨胀混凝土。

④锚块、散索鞍支墩及基础均为大体积混凝土结构,为减少大体积混凝土的温度应力、防止温度裂缝的发生,锚块、散索鞍支墩及其基础分层浇筑,每层混凝土中设置冷却水管,进行通水冷却。

⑤为降低大体积混凝土水化热,锚块、散索鞍支墩基础和连接部混凝土采用低水化热水泥,并充分考虑掺入粉煤灰后混凝土的后期活性,采用60d龄期的抗压强度作为设计强度。

⑥锚碇各部分的永久外露表面钢筋保护层内均设一层直径为5mm,间距为10cm×10cm带肋钢筋焊网,以增强混凝土表面抗裂性能。

(2)锚固系统

①锚固系统由索股锚固连接构造和预应力钢束锚固构造组成。索股锚固连接构造由拉杆

组件、连接器组成;预应力钢束锚固构造由管道、预应力钢绞线及锚具、防腐油脂、锚头防护帽等组成。拉杆上端与索股锚头相连接,另一端与被预应力钢束锚固于前锚面的连接器连接。

②索股锚固连接构造有单索股锚固单元和双索股锚固单元两种类型。单索股锚固单元由2根拉杆和单索股连接器构成,双索股锚固单元由4根拉杆和双索股连接器构成。每根主缆在南锚碇端各有35个单索股锚固单元和68个双索股锚固单元。

③对应于单索股锚固单元采用15-17规格预应力钢束锚固,对应于双索股单元采用15-32规格预应力钢束锚固。锚具分别采用特制的T15-17型和T15-32型锚具,锚具构造尺寸应满足锚下C30混凝土的受力要求。

2. 桥塔

(1) 基础

①为保证开挖边坡的稳定性,合理选择了边坡的坡度并设置了必要的平台。基坑开挖边坡最大坡度为1:0.75,最小坡度为1:0.30,基坑底面高程为15.000m。

②为保证边坡和山体的稳定,确保施工及运营阶段的安全,南塔基坑边坡除微风化岩层以外,均采用挂网锚喷防护。

③在基坑顶部设置截水沟和挡块,以防施工期间地表水汇入基坑。边坡设置了排水管,以利于边坡喷射混凝土护面后坡体内水的排出。基坑底部设置了汇水沟和集水井。

④根据南塔处的地形、地质及基岩埋深情况,塔基采用大直径2.8m的桩基,桩底均嵌入微风化层,嵌岩深度不小于3倍桩径。

⑤根据北塔处的地形地貌、岸坡结构、地质构造、水温和环境等自然条件,塔基必须采取综合性技术措施,以确保老虎山的稳定性。为了确保老虎山东侧山体边坡的稳定,减小建桥而产生的工程荷载的不利影响,塔基采用大直径2.8m钻孔桩。桩底高程均在-25.000m以下,嵌入微风化层并落于F8断层的下层岩盘。

⑥为使北塔竖向荷载直接传到深层基岩,减少桩侧摩阻对浅层山体稳定的影响,采取了桩侧摩阻失效处理和在承台底加垫软木等隔离措施。

⑦为加强分离式基础的横向联系,在承台间设置了箱形横系梁。同时为避免产生温度及收缩裂缝,横系梁设置了2m的后浇段。

(2) 塔身

①桥塔为塔柱、横梁组成的门式框架结构。塔柱为普通钢筋混凝土结构,横梁为预应力混凝土结构(附图4-3)。

②桥塔设两个塔柱和三道横梁。塔柱为钢筋混凝土箱形截面,上、中、下横梁为预应力混凝土箱形截面。塔底设计高程为22.000m,塔顶设计高程为233.286m,桥塔高度为211.286m,桥面以上高度为175.611m。

③根据主缆间距及加劲梁宽度,桥塔两塔柱横桥向内倾,倾斜率为1/68.711。塔柱截面尺寸布置如下:上塔柱为等截面8.5m(顺桥向)×6.5m(横桥向);中塔柱自中横梁开始线性变化至高程67.000m,辅助界面尺寸为9.0m(顺桥向)×8.0m(横桥向);而后线性变化至塔底截面,平面尺寸为12.0m(顺桥向)×11.0m(横桥向);其中高程59.000m(距塔底37.5m)以上15m高度范围内,截面尺寸按圆弧变化。塔柱截面四角作等边0.7m的凹缺处理。塔柱壁厚自上而下分别为1.2m、1.4m、2.3m(顺桥向),1.2m、1.3m、1.5m(横桥向),并在与横梁交接范围局部加厚。

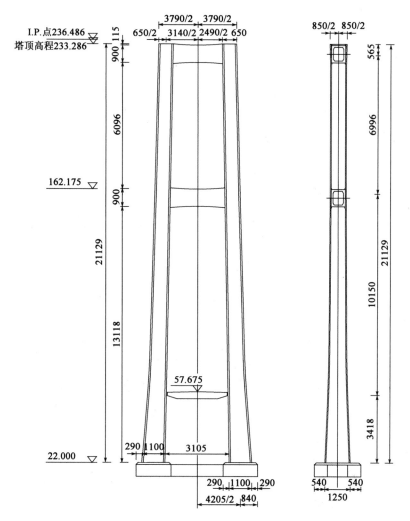

附图 4-3　北塔塔身一般构造(尺寸单位:cm;高程单位:m)

④上、中横梁的高度均为 9.0m,宽度为 6.1m,壁厚为 0.9m;下横梁高度均为 9.5m,宽度为 7.5~8.13m,壁厚为 1.0m。

⑤塔柱及横梁除设置人孔外,为降低塔柱及横梁内外温差、改善通风状况,在塔柱外壁及横梁腹板、底板设有通风孔。

⑥上横梁采用 40 束规格为 15-19 的钢束,预应力波纹管直径为 D100/D107mm;中横梁采用 56 束规格为 15-22 的钢束,预应力波纹管直径为 D120/D127mm;下横梁采用 68 束规格为 15-22的钢束,预应力波纹管直径为 D120/D127mm。预应力波纹管钢带厚度均为 0.3mm。

预应力钢束均采用两端张拉,按设计的钢束编号顺序对称张拉,水平方向先内后外。两端锚固采用深埋锚工艺。

3. 加劲梁

(1)总体结构构造

加劲梁是由两个分离的封闭钢箱通过横向连接构造连成一个整体。加劲梁全桥范围内设置检修道。检修道宽度为 1m,梁宽为 36m(附图 4-4)。

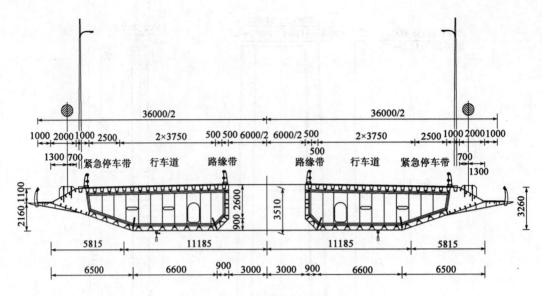

附图4-4 箱梁标准断面(尺寸单位:mm)

(2)加劲梁梁段划分

加劲梁梁段划分必须同时考虑吊索的受力情况、规格选用以及加劲梁运输和安装架设时的起吊能力。设计采用18m的标准吊索间距,标准梁段长度为18m(附图4-5)。全桥共划分126个梁段:北边跨标准梁段24个,中跨标准梁段84个,北边跨合龙段1个,中跨合龙段2个,其余特殊梁段15个。梁段标准吊装质量约为250t,最大吊装质量约为310t。

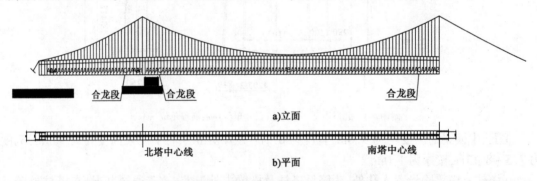

附图4-5 加劲梁梁段划分(尺寸单位:m)

4.缆索系统

(1)主缆

主缆采用预制平行钢丝索股(PPWS)。每根主缆中,从北锚碇到南锚碇的通常索股有169股,北边跨另设6根索股(背索)在北主索鞍上锚固,南边跨设2根背索在南主索鞍上锚固。每根索股由127根直径为5.25mm的高强度镀锌钢丝组成。主缆在架设时竖向排列成尖顶的近似正六边形,紧缆后主缆为圆形。其索夹内直径为860mm(北边跨)、845mm(中跨)和850mm(南边跨),索夹外直径为870mm(北边跨)、855mm(中跨)和860mm(南边跨)(附图4-6)。

索股两端设索股锚头,索股锚头采用热铸锚,在锚杯内浇铸锌铜合金,使主缆钢丝与锚杯相连。锚杯内锚固锥体的锥角及锚固长度采用经验公式计算确定,锚固力及可靠性还应通过试验验证。主缆紧缆完成后,先进行捆扎并安装索夹,待桥面系施工完成后,进行缠丝等防护工作。主缆在主索鞍鞍罩及锚室入口等处采用喇叭形缆套密封防护,主缆上方设置主缆检修道。

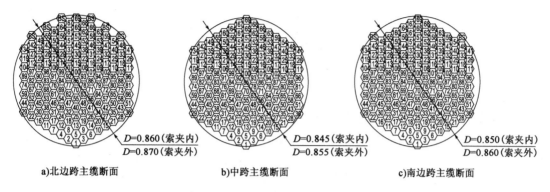

附图4-6 主缆一般构造(尺寸单位:m)

(2)吊索

根据吊索受力特点,并综合考虑材料性能、制造加工、安装维护、后期更换等因素,本桥采用钢丝绳吊索,每侧吊点设2根吊索。吊索与索夹为骑跨式连接;与钢箱梁为销铰式连接,销铰接头带有自润滑轴承,以减小吊索的弯折(附图4-7)。

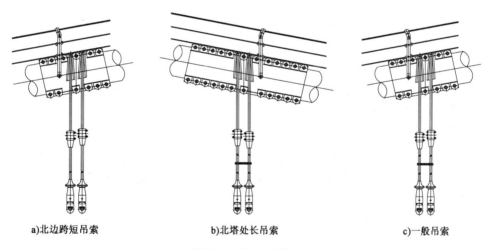

附图4-7 吊索一般构造

吊索分为两类:一类是受力较大和变形有特殊要求的北塔处长吊索和北边跨短吊索,定义为特殊吊索;另一类是除特殊吊索外的吊索,定义为一般吊索。一般吊索钢丝绳公称直径为60mm,公称抗拉强度为1770MPa,结构形式为$8\times41SW+IWR$;北边跨短吊索公称直径为80mm,公称抗拉强度为1860MPa,结构形式为$8\times41SW+IWR$;北塔处长吊索公称直径为88mm,公称抗拉强度为1960MPa,结构形式为$8\times55SWS+IWR$。

吊索两端锚头采用叉形热铸锚,锚头由锚板与叉形耳板构成。锚杯内浇铸锌铜合金,叉形耳板与锚杯通过螺纹连接;每端叉形耳板与锚杯之间的螺纹各设有±20mm的调节量,用以消除制造、架设引起的吊索长度误差。锚杯口设有氯丁橡胶浇制的缓冲器,以改善吊索的弯折疲劳性能。

为将吊索平行束紧,在主缆中心下1.8m处设置吊索夹具,吊索的相应部位设有锥形铸块,以定位支撑吊索夹具并设保护吊索钢丝绳。对于悬吊长度大于20m的吊索,需在悬吊长度的中央设置减振架,以将一个吊点的两根吊索互相联系,减少吊索的风致振动。

(3) 索夹

索夹均采用左右对合的结构形式,左、右两半索夹用螺杆相连并夹紧于主缆上,接缝处嵌填橡胶防水条防水。索夹除安装吊索的索夹外,还有夹紧边跨主缆的索夹和安装缆套的锥形索夹。由于各跨主缆的缆径、索夹安装倾角不同,所需夹紧力、索夹长度及螺杆数量均不相同,为了制造方便,将全桥的索夹分为15种类型,其中有吊索索夹10种,无吊索索夹5种。各类索夹上均设有安装主缆检修道立柱的构造。

主缆缆套是主缆出入索鞍鞍罩或锚室前墙的过渡装置。要求其在对主缆提供防护的同时具有良好的密闭性能,并在索鞍鞍罩或锚室前墙之间允许少量的伸缩活动,使主缆钢丝保持一定长度而不受缠丝约束。主缆缆套的构造形式为喇叭形管状钢套,缆套沿纵向分为上下两半,两半之间设螺栓夹紧装置和拼接条板,螺栓将两半缆套连接安装在锥形索夹和主索鞍(或锚碇前墙)连接件之间,条板连接处及两端接头均设有橡胶层防水构造。

5. 鞍座

(1) 主鞍

主索鞍鞍体采用铸焊结合的混合结构;鞍槽用铸钢铸造,底座由钢板焊成。鞍体下设不锈钢板-聚四氟乙烯板滑动副,以适应施工中的相对移动(附图4-8)。

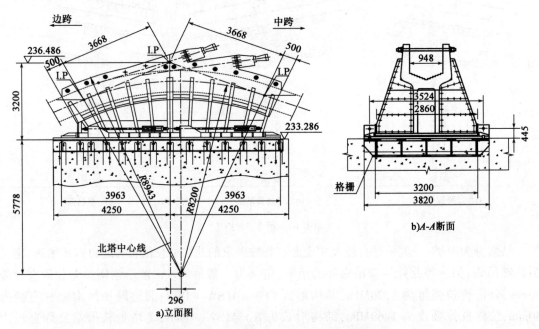

附图4-8 主鞍一般构造(尺寸单位:mm;高程单位:m)

为增加主缆与鞍槽间的摩阻力,并方便索股定位,鞍槽内设竖向隔板,在索股全部就位并调股后,在顶部用锌块填平,再将鞍槽侧壁用螺栓夹紧。边跨附加索股锚固于鞍顶的锚梁上。塔顶设有格栅底座,以安装主索鞍。格栅悬出塔顶以外,以便安置控制鞍体移动的千斤顶,鞍体就位后将格栅的悬出部分割除。为减轻吊装运输质量,将鞍体分成两半,吊至塔顶后用高强度螺栓拼接。半鞍体吊装质量不超过65t。

(2) 散索鞍

散索鞍鞍体采用铸焊结合的结构方案。鞍槽用铸钢铸造,鞍体由钢板焊成。

为增加主缆与鞍槽间的摩阻力,并方便索股定位,鞍槽内设竖向隔板,在索股全部就位并调股后,在顶部用锌块填平,上紧压紧梁,再将鞍槽侧壁用螺栓夹紧。

四、抗风与试验

西堠门大桥位于我国沿海风环境最为恶劣的地区,大桥在成桥运营阶段和施工架设阶段都将频繁经历台风和季风。针对西堠门大桥的抗风性能,设计者和研究人员通过风洞试验、数值计算和理论分析,完成了断面数值风洞气动选型、节段模型风洞试验、全桥气弹模型风洞试验、有限元计算等多项深入研究。限于篇幅,此处仅对加劲梁断面气动选型、全桥气弹模型风洞试验进行简要介绍。

1. 加劲梁断面气动选型

大跨悬索桥面临的最突出问题是气动稳定性问题。对于风的动力作用,主缆和加劲梁总是联合起来做出反应。但是,加劲梁的形状和几何尺寸在这里却具有决定性作用。研究人员拟定了中央开槽的双箱断面、单箱断面及敞开式格构的双箱断面方案进行研究,梁高分别为3.5 m、3.5 m、5 m。

(1) 双箱断面方案

加劲梁的中央开槽宽度选择了5 m、6 m、6.5 m 三个宽度,采用数值风洞进行气动选型,择优取用。之所以选择这一研究范围,主要是受北侧塔、锚的地形所限,如中央开槽的宽度增大,将导致北塔的右侧桩基进入陡坎或北锚的基坑边坡入海,施工难度有较大增加。初拟方案如附图4-9所示,附表4-1的研究成果表明:当加劲梁的中央开槽宽度为6m时,颤振临界风速达到了峰值。因此,双箱断面方案的中央开槽宽度取6m。经缩尺比为1:40节段模型风洞试验,中央开槽宽度为6 m 的加劲梁断面颤振临界风速为88.4m/s,大于颤振检验风速,气动稳定性满足要求。

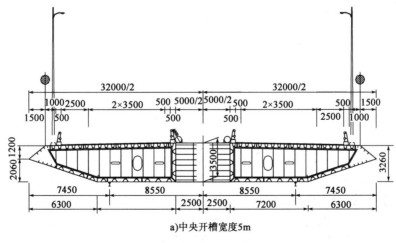

a) 中央开槽宽度5m

附图 4-9

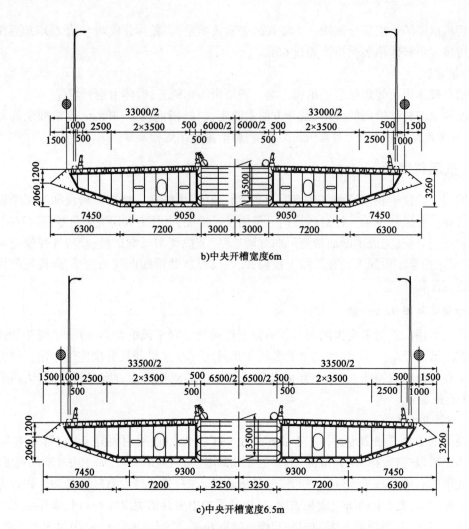

附图4-9 双箱加劲梁初拟断面图(尺寸单位:mm)

不同中央开槽宽度加劲梁断面颤振临界风速比较　　　　　　　　　　附表4-1

中央开槽宽度 (m)	振型	竖弯频率 (Hz)	扭转频率 (Hz)	数值风洞计算所得 颤振临界风速(m/s)
5	正对称	0.1042	0.2586	49.1
	反对称	0.0817	0.2655	52.1
6	正对称	0.1040	0.2616	67.5
	反对称	0.0815	0.2667	69.9
6.5	正对称	0.1040	0.2588	52.6
	反对称	0.0816	0.2627	53.8

(2)单箱断面方案

单箱断面方案的扭转频率达到了较高的数值,一阶反对称为0.3227Hz、一阶正对称为0.2897Hz,与一阶竖弯频率的比值分别为2.408、2.863。该断面经缩尺比为1:80节段模型风洞试验,测得颤振临界风速为47.5m/s,小于颤振检验风速,必须采取制振措施,以提高颤振临界风速。通过风洞试验,对增设中央稳定板的制振措施进行研究,中央稳定板的高度选择了1.16m、1.66m、2.16m三种。最终确定单箱断面方案中央稳定板的高度取为2.16 m,如附图4-10所示。

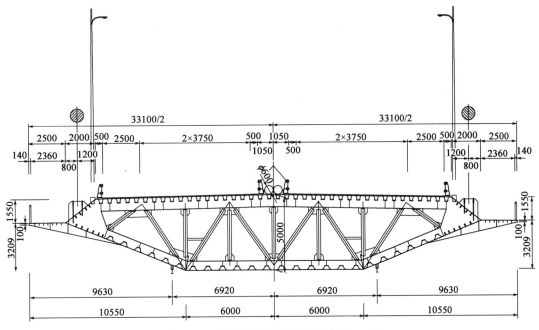

附图4-10　单箱加劲梁标准断面(尺寸单位:mm)

(3)敞开式格构方案

敞开式格构方案断面外形与双箱断面方案的相同,但加劲梁不加宽,内侧两个车道采用敞开式格构桥面板,达到中央透风的目的,如附图4-11所示。国际桥梁界多年的研究表明,这种断面的突出优点是气动稳定性好,用钢量少,是超大跨径缆索承重桥梁的发展方向。经节段模型风洞试验,该断面的颤振临界风速高于91.1m/s,大于颤振检验风速,气动稳定性满足要求。

上述三种加劲梁断面方案经节段模型风洞试验验证,均满足气动稳定性要求。其中,单箱断面方案梁高较高,造型厚重,用钢量较大、工程造价较高;敞开式格构方案经济性最好,但行车舒适性、疲劳寿命、行车安全性等存在不足,技术不够成熟;双箱断面方案技术成熟,工程造价适中,综合指标最佳。因此,西堠门大桥最终采用中央开槽双箱加劲梁。

2. 全桥气弹模型风洞试验

西堠门大桥全桥气弹模型风洞试验(附图4-12、附图4-13)主要有两个目的:一是通过全桥气弹模型风洞试验确认节段模型风洞试验所确定的颤振临界风速值,并测试各施工阶段的结构颤振临界风速;二是测定13个施工阶段桥梁结构主要加劲梁断面的抖振位移随风速的变化规律。为此,设计制作了几何缩尺比为1:208的全桥气弹模型,完成了共计13种结构状态下的93个吹风试验工况。其中,包括0°、+3°和-3°攻角,带猫道与不带猫道,各种截面面积的抗风缆,均匀流场和紊流场等风洞试验流场。根据全桥气弹模型风洞试验结果,全桥成桥状态风洞试验均未观测到颤振发散现象。其中,+3°攻角最大试验风速达95m/s、0°攻角达105m/s、-3°攻角达115m/s,而0°攻角下5°偏角和15°偏角最大试验风速达100m/s,均大于成桥状态颤振检验风速78.7m/s。施工阶段风洞试验主要针对0°攻角进行,除了中跨3个节段颤振临界风速略低于施工阶段颤振检验风速外,其余施工阶段均能满足颤振检验风速要求。

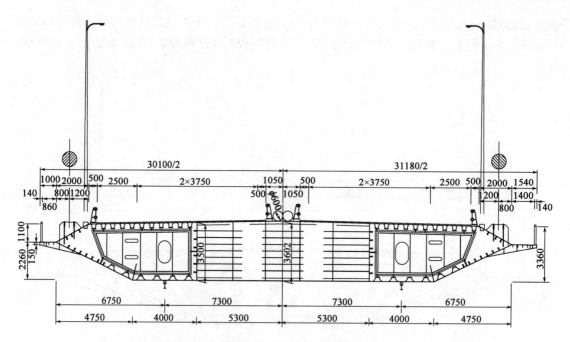

附图 4-11 敞开式格构加劲梁标准断面（尺寸单位：mm）

附图 4-12 成桥状态全桥气弹模型风洞试验

附图 4-13 施工阶段全桥气弹模型风洞试验

参 考 文 献

[1] 包世华,等.薄壁杆件结构力学[M].北京:中国建筑出版社,2006.

[2] 鲍卫刚,周永涛.预应力混凝土梁式桥梁设计施工指南[M].北京:人民交通出版社,2009.

[3] 陈宝春.钢管混凝土拱桥[M].3版.北京:人民教育出版社,2016.

[4] 程翔云.梁桥理论与计算[M].北京:人民交通出版社,1990.

[5] 丁勇.东海大桥70m连续箱梁合龙段施工与体系转换[J].桥梁建设,2005(增).

[6] 杜国华.桥梁结构分析[M].上海:同济大学出版社,1994.

[7] 范立础.桥梁工程(上)[M].3版.北京:人民交通出版社,2017.

[8] 葛耀君.大跨度悬索桥抗风[M].北京:人民交通出版社,2011.

[9] 顾安邦.桥梁工程(下册)[M].3版.北京:人民交通出版社,2017.

[10] 顾乾岗,郭兴文.兰州深安黄河大桥工程钢拱桥整体顶推施工技术[J].城市道桥与防洪,2014(2):111-114.

[11] 郭金琼,房贞政,郑振.箱形梁设计理论[M].北京:人民交通出版社,2008.

[12] 郭圣栋,刘迎春,林继乔,等.P.C连续梁桥"恒载零挠度设计"新理念[R].江西:华东交通大学,江西省交通设计院,2007.

[13] 郭文复.浙江义乌市宾王大桥设计与施工[C]//中国土木工程学会桥梁及结构工程学会第十三届年会论文集,1998.

[14] 胡肇兹.桥跨结构简化分析——荷载横向分布[M].北京:人民交通出版社,1996.

[15] 蒋劲松,刘振宇.大跨连续刚构横向、竖向预应力筋张拉顺序的研究[J].工业建筑(增),2002.

[16] 金成棣.预应力混凝土梁拱组合桥梁——设计研究与实践[M].北京:人民交通出版社,2001.

[17] 金成棣,等.桥梁结构轻型化与造型艺术[M].北京:人民交通出版社,2002.

[18] 金吉寅,冯郁芬,郭临义.桥梁附属构造与支座[M].北京:人民交通出版社,1999.

[19] 金素心,冯百义,杨世琪.厦门高集海峡大桥主桥设计与施工[J].土木工程学报,24(3).

[20] 匡明.杭州湾大桥50m整体预制箱梁施工难点与对策[J].桥梁建设,2005(增).

[21] 莱昂哈特.钢筋混凝土及预应力混凝土桥建筑原理[M].项海帆,等,译.北京:人民交通出版社,1988.

[22] 李国豪,范立础.中国大百科全书——土木工程[M].2版.北京:中国大百科全书出版社,1992.

[23] 李国豪.桥梁结构稳定与振动[M].北京:中国铁道出版社,1996.

[24] 李国平.连续拱梁组合桥的特性研究[C]//中国土木工程学会桥梁及结构工程学会第十三届年会论文集,1998.

[25] 李明昭,周竞欧.薄壁杆件计算[M].北京:高等教育出版社,1992.

[26] 李文琪.万县长江公路大桥施工[C]//中国土木工程学会桥梁及结构工程学会第十二届年会论文集,1996.

[27] 梁鹏,肖汝诚,张雪松.斜拉桥索力优化实用方法[J].同济大学学报(自然科学版),2003:1270-1274.

[28] 林同炎.预应力混凝土结构设计[M].路湛沁,等,译.北京:中国铁道出版社,1982.

[29] 刘效尧,徐岳.梁桥[M].2版.北京:人民交通出版社,2011.

[30] 刘兴法.混凝土结构的温度应力分析[M].北京:人民交通出版社,1991.

[31] 刘钊.桥梁概念设计与分析理论[M].北京:人民交通出版社,2010.

[32] 刘忠.万县长江大桥稳定与承载力分析[C]//中国土木工程学会桥梁及结构工程学会第十二届年会论文集,1996.

[33] 刘忠.万县长江大桥非线性综合分析[C]//中国土木工程学会桥梁及结构工程学会第十二届年会论文集,1996.

[34] 罗玉科,冯鹏程.龙潭河特大桥设计[J].桥梁建设,2005(2).

[35] 孟凡超.悬索桥[M].北京:人民交通出版社,2011.

[36] 邵长宇.九堡大桥组合结构桥梁的技术构思和特色[J].桥梁建设,2009(6):42-45.

[37] 石孝殊,王玉章,赵翠莲,等.牛津高阶英汉双解词典[M].7版.牛津大学出版社,2013.

[38] 四川公路桥梁建设集团有限公司、四川路桥建设股份有限公司.公路桥梁施工系列手册:拱桥[M].北京:人民交通出版社,2014.

[39] 王伯惠.斜拉桥结构发展和中国经验(上册)[M].北京:人民交通出版社,2003.

[40] 王慧东,朱英磊.桥梁墩台与基础工程[M].北京:人民交通出版社,2014.

[41] 王荣霞,彭大文.墩台与基础[M].北京:人民交通出版社,2011.

[42] 魏红一,王志强.桥梁施工及组织管理(上册)[M].北京:人民交通出版社股份有限公司,2016.

[43] 吴恒立.拱式体系的稳定计算[M].北京:人民交通出版社,1981.

[44] 夏征农,陈至立主编.辞海[M].6版.上海:上海辞书出版社,2011.

[45] 项海帆.中国桥梁[M].上海:同济大学出版社、建筑与城市出版社有限公司,1993.

[46] 项海帆.高等桥梁结构理论[M].2版.北京:人民交通出版社,2013.

[47] 项海帆.中国大桥[M].北京:人民交通出版社,2003.

[48] 项海帆,潘洪萱,张圣城,等.中国桥梁史纲[M].上海:同济大学出版社,2009.

[49] 项海帆.中国桥梁(2003—2013)[M].北京:人民交通出版社,2013.

[50] 肖汝诚,陈红,魏乐永.桥梁结构体系的研究、优化与创新[J].土木工程学报,41(6):69-74,2008.

[51] 肖汝诚,等.桥梁结构体系[M].北京:人民交通出版社,2013.

[52] 徐栋.桥梁体外预应力设计技术[M].北京:人民交通出版社,2008.

[53] 徐栋,刘超,赵瑜.混凝土桥梁结构实用精细化分析与配筋设计[M].北京:人民交通出版社,2013.

[54] 徐栋,袁洪,赵君黎,等.解读新规范——构建精细化桥梁之路(一)[J].桥梁,2018.6.

[55] 徐君兰,顾安邦.连续刚构桥主墩刚度合理性的探讨[J].公路交通科技,22(1),2005.

[56] 徐岳,郝宪武,张丽芳.连续刚构桥双薄壁墩参数设计方法研究[J].中国公路学报,15(2),2002.

[57] 严国敏.现代悬索桥[M].北京:人民交通出版社,2002.

[58] 姚玲森.桥梁工程[M].3版.北京:人民交通出版社,2021.

[59] 张士铎.箱形薄壁梁剪力滞效应[M].北京:人民交通出版社,1998.

[60] 张喜刚.大跨径预应力混凝土梁桥设计施工技术指南[M].北京:人民交通出版社,2012.

[61] 赵雷,等.丫髻沙大桥施工阶段稳定性分析的路径效应[C]∥中国土木工程学会桥梁及结构工程学会第十三届年会论文集,1998.

[62] 住房和城乡建设部.城市桥梁设计规范:CJJ 11—2011[S].北京:中国建筑工业出版社,2012.

[63] 建设部.城市人行天桥与人行地道技术规范:CJJ 69—1995[S].北京:中国建筑工业出版社,1996.

[64] 交通运输部.公路钢筋混凝土及预应力混凝土桥涵设计规范:JTG 3362—2018[S].北京:人民交通出版社股份有限公司,2018.

[65] 交通运输部.公路工程技术标准:JTG B01—2014[S].北京:人民交通出版社股份有限公司,2015.

[66] 交通运输部.公路工程抗震规范:JTG B02—2013[S].北京:人民交通出版社,2013.

[67] 交通运输部.公路桥涵设计通用规范:JTG D60—2015[S].北京:人民交通出版社股份有限公司,2015.

[68] 交通运输部.公路桥梁抗震设计规范:JTG/T 2231-01—2020[S].北京:人民交通出版社股份有限公司,2020.

[69] 住房和城乡建设部.内河通航标准:GB 50139—2014[S].北京:中国计划出版社,2015.

[70] 国家铁路局.铁路桥涵设计规范:TB 10002—2017[S].北京:中国铁道出版社,2017.

[71] 交通运输部.海轮航道通航标准:JTS 180-3—2018[S].北京:人民交通出版社股份有限公司,2018.

[72] 中交第二公路工程局有限公司.公路桥梁施工系列手册墩台与基础(上下篇)[M].北京:人民交通出版社,2014.

[73] 中交公路规划设计院有限公司.《公路钢筋混凝土及预应力混凝土桥涵设计规范》应用指南[S].北京:人民交通出版社股份有限公司,2018.

[74] 周浩恩.广东佛山市东平大桥平转工艺技术发展[J].城市道桥与防洪,2008.9:59-63.

[75] 周浩恩.广东佛山市东平大桥竖转工艺开发应用[J].城市道桥与防洪,2008.8:87-90.

[76] 周军生,楼庄鸿.大跨径预应力混凝土连续刚构桥的现状和发展趋势[J].中国公路学报,2000.

[77] 周孟波.悬索桥手册[M].北京:人民交通出版社,2003.

[78] 周履,陈永春.收缩徐变[M].北京:中国铁道出版社,1994.

[79] 朱伯芳. 有限单元法原理与应用[M]. 2版. 北京:中国水利出版社,2000.

[80] AASHTO, AASHTO LRFD Bridge Design Specifications, SI Units, 5th Edition (2010)[S]. American Association of State Highway and Transportation Officials: Washington USA,2010.

[81] ACI. Building Code Requirements for Structural Concrete (ACI 318M-02) and Commentary (ACI 318RM-02)[S]. ACI Committee 318: FARMINGTON HILLS, Michigan USA,2004.

[82] Barker R M, Puckett J A. Design of Highway Bridges: An LRFD Approach[M]. Wiley, 3rd edition,2013.

[83] Bažant Z P, Wittmann F H. Creep and Shrinkage in Concrete Structures[M]. John Wiley & Sons, 1982.

[84] Bažant Z P, et al. Excessive Deflections of Record-span Prestressed Box Girder: Lessons from the Collapse of the Koror-Babeldaob Bridge in Palau [J]. ACI Concrete International, 32 (6):44-52, 2010.

[85] Benaim R. The Design of Prestressed Concrete Bridges: Concepts and Principles[M]. CRC Press; 1st edition, 2007.

[86] Darwish M N, Gesund H, Lee D D. Recent approaches to shear design of structural concrete [J]. Journal of Structural Engineering, 126(7): 853-853, 2000.

[87] Ge Y J, Xiang H F. Aerodynamic Challenges in Long-span Bridges[R]. Keynote paper in the Centenary Conference of the Institution of Structural Engineers. Hong Kong, China, 2008.

[88] Ge Y J, Xiang H F. Towards Sustainable Development of Bridge Engineering: Chinese Lessons and Experiences[R]. Keynote paper in IABSE Symposium Bangkok 2009.

[89] Ge Y J. Aerodynamic Challenge and Limitation in Long-span Cable-supported Bridges[R]. Keynote paper in The 2016 World Congress on Advances in Civil, Environmental, and Materials Research (ACEM16), Jeju Island, Korea, 2016.

[90] Gimsing N J, Georgakis C T. Cable Supported Bridges: Concept and Design[M]. 3rd edition, John Wiley & Sons, 2012.

[91] International Association for Bridge and Structural Engineering. Structural Documents 17, Extradosed Bridges[S]. IABSE, 2019.

[92] Liu C, Xu D. Influence of Cracking on Concrete Box-girder Bridge Deflections [J]. The Baltic Journal of Road and Bridge Engineering, 7(2):104-111, 2012.

[93] Menn Ch. Prestressed Concrete Bridges[M]. Springer,2011.

[94] Mondorf P. Concrete Bridges[M]. CRC Press,2006.

[95] Podolny W Jr, Muller J M. Construction and Design of Prestressed Concrete Segmental Bridges [M]. Wiley-Interscience,1982.

[96] Rosignoli M. Bridge Construction Equipment[M]. ICE Publishing,2013.

[97] Rosignoli M. Bridge Launching[M]. ICE Publishing, 2nd edition, 2014.

[98] Shao X D, Deng L. Innovative Steel-UHPC Composite Bridge Girders for Long-span Bridges [C]//Proceedings of IABSE Conference Guangzhou,2016:614-622.

[99] Svensson H. Cable-Stayed Bridges. 40 Years of Experience Worldwide [M]. WILEY, 2012.

[100] José Ramón Diaz de Terán, Ph. D; Vladimir Guilherme Haach, ph. D; Juan José Jorquera-Lucerga, Ph. D. Improved Construction of Concrete Viaducts with Movable Scaffolding Systems in Spain[J]. Journal of Bridge Engineering, 2016, 21(9).

[101] U. S. Department of Transportation, Federal Highway Administration. Accelerated Bridge Construction: Experience in Design, Fabrication and Erection of Prefabricated Bridge Elements and Systems[M]. CreateSpace Independent Publishing Platform, 2015.